天

Borderless

下

天下，在乎正义和你

天
Borderless
下

法律文化研究文丛

明清时期的民事审判与民间契约

滋贺秀三 寺田浩明
岸本美绪 夫马进——著

王亚新 梁治平 赵晶——编

法律出版社 LAW PRESS·CHINA
北京

图书在版编目（CIP）数据

明清时期的民事审判与民间契约 / 王亚新，梁治平，赵晶编. -- 北京：法律出版社，2022

（法律文化研究丛书）

ISBN 978-7-5197-5810-3

Ⅰ. ①明… Ⅱ. ①王… ②梁… ③赵… Ⅲ. ①民事诉讼－法制史－研究－中国－明清时代 Ⅳ. ①D925.102 ②D929.4

中国版本图书馆CIP数据核字（2021）第153334号

明清时期的民事审判与民间契约
MINGQING SHIQI DE MINSHI SHENPAN YU MINJIAN QIYUE

编　　者：王亚新　梁治平　赵　晶
策划编辑：高　山
责任编辑：高　山　许莹洁
装帧设计：贾丹丹
出版发行：法律出版社
编辑统筹：学术・对外出版分社
责任校对：晁明慧
责任印制：陶　松
经　　销：新华书店
开　　本：A5
印　　张：22.625
字　　数：503千
版　　本：2022年5月第1版
印　　次：2022年5月第1次印刷
印　　刷：天津嘉恒印务有限公司
书　　号：ISBN 978-7-5197-5810-3
定　　价：118.00元

销售电话：010-83938349　客服电话：010-83938350　咨询电话：010-63939796
地　　址：北京市丰台区莲花池西里7号(100073)
网　　址：www.lawpress.com.cn
投稿邮箱：info@lawpress.com.cn
举报盗版邮箱：jbwq@lawpress.com.cn
凡购买本社图书，如有印装错误，我社负责退换。电话：010-83938349

本书封面图选自于《乾隆南巡图》（清代）徐扬绘

本书作者、编者及译者简介

滋贺秀三　日本东京大学名誉教授，日本学士院院士。（已故）

寺田浩明　日本京都大学名誉教授。

岸本美绪　日本御茶水女子大学名誉教授。

夫马进　日本京都大学名誉教授。

王亚新　清华大学法学院教授。

梁治平　浙江大学中西书院兼任教授，中国艺术研究院艺术与人文高等研究院高级研究员。

范　愉　中国人民大学法学院教授。

陈少峰　北京大学哲学系教授。

赵　晶　中国政法大学法律古籍整理研究所教授。

小川快之　日本国士馆大学文学部史学地理学科教授。

严雅美　日本京都大学大学院文学研究科美学美术史博士。

廖振旺　现改名为廖述英，台湾辅仁大学宗教研究所博士候选人。

主编者言

《法律文化研究文丛》自1996年始，先后由中国政法大学出版社和广西师范大学出版社出版，收有海内外学者专著、文集、译著约二十种，内容涉及法律理论、法律史、比较法、法律社会学、法律人类学等诸多领域。如今，这套丛书转由法律出版社出版，编者不改初衷，将通过本丛书的编撰，继续坚持批评和反思的学术立场，倡导和推动法律的跨学科研究，为深入探究和理解中国法律与社会的历史、文化和现实，改善中国的法学研究，推进中国的法治事业，略尽绵薄。

梁治平

己亥年冬月

再版说明

本书初版是在1998年，自那以后，本书所收几位日本学者的代表性论著也开始被译为中文出版。尽管如此，作为一部较早被介绍给国人的编、译精良的日本学者的中国法律史研究论集，本书似仍有再版价值。

此次再版，我们特邀中国政法大学法律古籍整理研究所的赵晶教授加入编者之列，由他负责本书新增篇目中夫马进教授的“讼师秘本《珥笔肯綮》所见的讼师实象”和“中国诉讼社会史概论”的联络和编辑工作，并增补一篇“关于夫马进教授论文的解说”。此外，赵晶教授与日本学者小川快之合作编写了“1980年代以来日本有关明清时期民事法秩序研究的论著目录”一篇，此次也以附录形式收入本书。如此，本书得以在保留初版面貌的同时，对本书相关作者的新进研究、进而日本中国法律史研究的最新发展也有适时的反映。

最后，赵晶教授通读了再版稿样，在完善全书体例的同时，对所发现的少量问题也做了校改。我们相信，这个由两代学人共同完成的新版本，会以一种令人期待的面貌与读者见面。

编　者

2021 年 5 月

序

编选、翻译日本学者关于明清时期民事审判与民间契约的部分研究成果，并作出相应解说评论的计划形成于数年之前。如果要说促使这种计划形成的最初动机，则应该追溯到更早的过去。

作为本书编者之一的笔者 1985 年到日本留学。当时，改革处于承包从农村向城市展开的阶段，“一包就灵”那样的口号正在社会上流行，笔者自己也一直以为承包是改革中刚刚“发时”出来的新生事物。然而，在日本学习期间，却了解到早在 20 世纪 40 年代后期，就已经有日本学者把中国传统的经济规定为一种“承包的秩序”（柏祐贤《经济秩序个性论——关于中国经济的研究》Ⅰ Ⅱ Ⅲ，人文书林，1947—1948 年）。这件小事给笔者留下了鲜明的印象，使人深切地体会到：确实，了解历史有助于我们认识自己的现在。

在对当代中国的民事、经济审判进行观察研究的过程中，一开始接触到以滋贺秀三教授为代表的日本学者围绕中国传统的民事审判、民间契约而发表的论著，笔者就意识到这些学术成果是帮助我们更深入地了解、把握我国现实情况的重要资源。在自己的研究告一段落时，笔者也就开始考虑，能否以某种形式把日本的中国法制史学者积累起来的有关研究成果介绍给国内学术界的朋友，达到一种学术上的资源共享。幸而，这样的考虑很快就得到了梁治平教授的共鸣和积极支持。无须多加说明，治平对学术界的贡献早已得到公认。他的法制史专业功底深厚，近年来在相关领域取得的成就和进展更是令人瞩目。有了他的赞同和参与，我们很快就形成了出版本书的计划并着手付诸实现。

当然，我们对本书中日本学者的研究成果所具有的学术价值和现实意义的认识，是受自己的研究兴趣及取向所规定的。

即使并非历史学专业的读者，仍有可能对日本的中国史学所具有的学术传统和研究成果抱有一定的印象。然而，近些年来，以东京大学名誉教授滋贺秀三关于中国法制史的研究为代表，在他影响下或与他相呼应的一部分中国法制史、经济史、社会史学者的研究动向，却开始呈现越出各个专门史领域、甚而越出历史学范围，给关于现代中国社会、经济、文化等方面的研究也带来影响或冲击的可能。本书所收四位日本学者的研究成果，可以说集中体现了这一研究动向的部分重要内容及其独特的方法论。

这个研究动向的主要特征可以归纳为以下几点：第一，日本史学界历来经常被指出的特点是史料周详、考据缜密，但常常流于琐碎，有“见木不见林”之嫌。但滋贺等人的研究却在着重史料的发掘、考证的严密以及对细小的史实也不轻易放过的学术传统基础上，进一步把较大力量放在对宏观的理论背景探讨中去。他们将对中国传统社会的经济、法制以及思想文化的分析置于比较文明论的广阔视野之中，力图通过建立某种文明类型的对比方法来揭示中华文明在世界史上的独特意义。第二，日本战后的中国史学界所具有的另一个特点是：以国际上的冷战和日本国内

“保守——革新”的意识形态对立为背景，在对于当时日本社会和政治始终保持着批判态度的学者中间，占据着强有力地位的是马克思主义的历史观。这样的学术方向在批判当时敌视中国的美日联盟和肯定中国革命等方面坚持了学术的独立，但同时由于受到意识形态对立的强烈影响，也存在过分强调阶级斗争以及用发展阶段论的框架去硬套中国历史现象等问题。而滋贺等人的研究则在认真梳理和吸取了战后这种学术潮流中出现的种种重要论点基础上，去除了过分的意识形态色彩，而自觉地保持了不断对自己从事研究时所依据的理论框架进行反思的态度。可以说，始终清醒地意识到自己采用的准据框架，并在揭示整理史实史料的过程中精心地重构这样的框架，正是这个研究动向的另一独特之处。第三，与上述特点相联系，他们一直尝试通过对中国社会自身产生出来的种种独特概念进行分析来说明史实史料，力图达到一种关于当时当地语境的内在及完整的理解。其方法论的特点就是尽量地运用中国原有的概念来再现当时的情景，并通过分析这些概念来建构能够帮助达到内在理解的框架。如滋贺秀三关于中国家族法原理中“同居共财”以及纠纷解决规范中“情理”等概念的分析，寺田浩明关于土地法制度中“田底田面”、规范秩序形成过程中“首唱、唱和”等概念的分析，都是这种方法论的典型例子。由滋贺秀三最先发展出来的这样一种概念分析方法，可以说是上述研究动向最重要的标志之一。

从非史学专业的角度出发，本书介绍的研究动向在帮助认识以及对应我们目前面临的种种问题方面可能有如下的理论意义。首先，在对外开放的时代背景下，如何解决引进、消化以及对抗西方文明影响的问题是我们关注的中心点之一。反过来看这又是怎样认识、估价和改造我们自己的文化传统这样一个问题。在这方面，日本学者的研究能够在许多具体的课题（例如，解决纠纷的样式、支撑契约的秩序等）上提供有益的素材和启示。其次，由于社会转型期大量发生的种种失范现象引起了对中华文明的忧虑和要求文化重建的呼声，于是在更广阔的视野下将我们的文化或文明相对化、对象化，以便获得反思的契机也就具有了新的时代意义。然而，将自己置身于其中的语境或生活世界相对化绝非易事，为了得到参照系而介绍、引进国外的认识框架这一努力也常常伴随着片段支离或极端实用主义的问题。在帮助理解我们自身和促进我们将自己的文化对象化这一方面，本书介绍的研究动向也有一定的优点。这就是：不是一般的抽象的讨论而总是立足于具体问题；使用中国自身的概念但分析的手法却以西方社会科学方法论的积累和长期训练为背景；发挥日本作为东西方连结点之一的特色，在根据西方社会科学的理论框架将作为研究对象的中国情况相对化的同时，也不断从日中共通的文化背景这一角度来对西方的框架进行批评和重新构成。换言之，不是单向而是双向的相对化也是这个研究动向的优点之一。

基于这些认识，我们开始着手进行编选。考虑到想介绍的这一研究动向在上述比较文明论和概念分析方法等方面的特点，仅仅是部分论文的翻译可能难以充分反映其意义。于是，经两位编者商量，决定采取编译、解说和评论同时并举的方式来构成本书。具体就是由三名译者分别译出日本学者的论文后，由笔者就每位学者的工作写一篇解说，附在其论文之后，最后则由梁治平教授通读全书，并在此基础上写出整体的评论。在此过程中，我们一直得到了四位日本学者积极的支持和合作。他们不仅迅速地同意了自己作品的中文翻译出版，而且在资料的提供等方面也给以了热情的帮助。尤其是寺田浩明和岸本美绪两位教授，在编选方针和论文内容的理解上还提供了许多极为有益的参考意见。本书的大部分译文和所有解说在写出之后都分别送给了每位学者阅读，经他们提出意见再修改后才最终定稿。由于他们这样的配合，相信本书在忠实反映原文以及作者观点这方面的质量得到了进一步的保证。

在此，谨向四位作者表示衷心的感谢。

笔者还要感谢其他三位合作者。作为本书的另一名编者，梁治平教授不仅在学术上给与了笔者许多教益，而且本书的顺利问世在不少方面得益于他丰富的出版和主编经验。另外两名译者范愉博士、陈少峰博士的工作也使本书获益匪浅。我们的合作相当愉快。

最后，谨向法律出版社的贾京平总编和本书责任编辑董晶晶女士表示我们的谢意。没有贾先生的理解和重视，没有董女士的辛勤工作，本书不可能在这样快的时间内，以这样令人满意的形式与读者见面。

王亚新

1998 年仲夏　于清华园

目　录

中国法文化的考察*

——以诉讼的形态为素材

滋贺秀三　著　王亚新　译

被邀请参加“东西法文化”专题讨论会时，也得到了就中国的法思想谈些看法可能会很有意义那样的示意，但这不是我的专长。大凡讨论“思想”的问题，作为其基础，哲学的一般素养是必要的，笔者却缺乏这种素养。在历史学这块园地上耕耘的人，还是立足于某种社会的事实来讨论问题，也许多少能对哲学界有所贡献。社会事实的内部必然有着某种在更广泛意义上的思想。正是在这种事实的深处，或许存在比思想家们雄辩地主张着争论着的各种命题更为本原的思维架构和条理。这种思维的架构和条理不待某人特意提出并加以阐释就被人们视为理所当然，而对于相互对立的思想家的任何一方都是共通的了解和前提[1]。而且，某种事实以及支持着该事实的思维架构如果是某一历史阶段的某

---

* 本文为滋贺秀三教授在日本法哲学会1985年度年会上所作学术报告，原载日本法哲学会年报《东西法文化》，有斐阁，1986年。译文最初载于中国政法大学比较法研究所《比较法研究》1988年第3期。这次收入本书时滋贺教授特意又作了几处修改。但遗憾的是译者未来得及对原来的译文进行全面调整，只是在文字上作了少量改动。——译者注

[1] 这里我考虑的是儒家与法家的对立。这两者视为法并在心里描画出的都是同样的东西，只是在给这种东西以什么样的价值上才互相对立。而且他们所考虑的“法”与欧洲人心目中的“法”并不一样。

一社会所特有的，或者说即使不完全是特有的但却特别显著地表现出来的话，就可以说这种东西不是自然本身而正是文化。在这个意义上，对于所谓法来说具有核心般意味的社会事实就是诉讼的形态，以下的讨论将就这种事实而展开。

一、欧洲与中国在法文化上的对极性

纵观世界历史，可说欧洲的法文化本身是极具独特性的。而与此相对，持有完全不同且最有对极性的法文化的历史社会似乎就是中国了。这一点大概已为大多数人所肯定。在欧洲，主要是以私法作为法的基底和根干；在中国，虽然拥有从古代就相当发达的文明的漫长历史，却始终没有从自己的传统中生长出私法的体系来。中国的所谓法，一方面就是刑法，另一方面则由官僚制统治机构的组织法、行政的执行规则以及针对违反规则行为的罚则所构成。而且，从中国法的这些类别在遥远的古代就实现了高度的发达这一点来看，也许在世界史上都是无与伦比的。但在另一面，却不得不说私法理念在那里是一个空白。

与这些具有不可分关系的是，在中国，法仅仅作为来自国家权力的成文制定法而出现。像在欧洲所能见到的，与国家权力在不同程度上相分离而具有独立地位的法律界精英们从理性的探索中产生出学说、判例，创造并支持着法这样一种现象——应当说这是欧洲法文化的核心要素——在中国几乎寻找不到。欧洲法的历史有一半可说就是法学的历史，而与此相对，言之有据地讨论中国法学史却近乎于不可能[2]。同为非欧洲的世界——例如就俨然存在可称为伊斯兰法学的体系[3]，为什么中国法学却如此没有生气呢？中国从远古以来就重视学术，千年以前已经发展起根据学问的书面考试来选拔官僚精英的科举制度，为什么在其学术体系中法学却没有重要的位置而不能发达呢？这个问题将在最后返回来加以考察。

在《现代社会的法》——一个很难引起法制史领域学者们注意的标题——这本著作中，为了从世界史的视野来把握法的形态，作为其指标，R. M. 昂格尔提出了以下的三个概念：（1）惯习的法（custom ary law——不是习惯法）；（2）官僚制的法（bureaucratic law）或者统治的法（regulatory law）；（3）法秩序（legal order）或者法体系（legal system）、法的支配（rule of law）[4]。关于中国，他把纪元前五、四、三世纪从春秋末期到战国时代这一中国历史上的大变革时期作为考察对象，主要讨论了那个时期“官僚制的法”之发生和发展。与此同时，昂格尔指出，作为使“法的支配”成立的必要构成要素而被加以分析的各种条件，在当时的中国都是不存在的。在那里完全没有“法的支配”得以发育的基础[5]。这是相当敏锐的见解，不仅战国时代，

[2] 笔者在东京大学法学部讲授面向一年级学生的“法学史”综合课程中的一节“中国法学”时，深切地感到了这一点。在洋洋洒洒地讲过罗马、中世、近世各国的法学之后，到这一节却没有在同等的层次上与前面的内容并列的东西，只好以“在中国又如何？”这种反问的形式来进行讲授。

[3] 笔者通过阅读最近出版的两本书，对此甚有体会。贝阿布多尔、哈那夫著、中村广治郎译：《伊斯兰法》东大出版会，1984 年；查伊努丁著、村田子译・解说：《伊斯兰法理论序说》岩波书店，1985 年。

[4] Roberto. M. Unger, *Law in Modern Society: Toward a Criticism of Society Theory*, New York: The Free Press, 1976, pp. 48-58.

[5] Ibid., pp. 86-109.

而且可以说完全适用于描述从那时以来直到清朝覆亡二千数百年间帝制中国的法的形态。他还认为，与其他非欧洲的法相比较，中国法也是离“法的支配”的理念最为遥远的一极，然后是印度法、伊斯兰法、犹太法这样的顺序。换言之，昂格尔显然也把中国视为处于与欧洲对极的位置上[6]。在这样一种欧洲和中国的法文化对极型差异的核心里，存在两者在诉讼观或者诉讼构造上的差异，许许多多的不同点，追根溯源都可以归结到这个差异中去，这就是笔者通过对无法从正面讨论中国法学这一现实的辨析而达到的结论性看法。在这个思索的过程中，已故野田良之教授关于“竞技型诉讼观”——他用这一术语概括出欧洲型诉讼的核心性格，并以此说明为何私法能构成法的基础和根干——的理论起了很大的指导作用[7]。

二、欧洲的诉讼

在欧洲，法与诉讼在本质上是结合在一起的。这在今日已不待言，只须想到古代罗马法是诉权（actio）的体系，英美的普通法则为判例的体系就足够了。欧洲的这种诉讼制度的形态，如果要从不同时代不同地域的各种样相上来加以具体的探究，那将成为一个极端复杂多歧的课题，不可能被任何一位学者所单独解决。但是，由以中国研究为专业的学者，也即是从外部远眺欧洲研究这样一种位置上的人们的观点来看，如果允许非常概略地提

---

[6] Ibid., p. 120.

[7] ①野田良之：《关于私法观念起源之管见——据 L. Gernet 之研究》，我妻荣先生追悼论集《私法学新的展开》有斐阁 1975 年。②野田良之：《关于权利一词》，载《学习院大学法学部研究年报》第 14 号，1979 年。

出问题的话，可以认为存在以下为欧洲历史上极富多样性的各种诉讼制度所共通的基本性质。

作为诉讼前提的是两个主体之间的争议。这种争议分析起来包括关于事实的争议和关于法的争议两个方面。总而言之，作为结论，当事者两方都持有关于什么样的利益应归于自己、什么样的非难应加之于对方的明确而具体的主张，并出现在法庭上，法庭则具有承认两个相互对立的主张中某一方为正当而作出判定的结构。这里称为“判定”的概念在理解欧洲的诉讼和法的时候是至为关键的。以下从这个看法出发试作几点讨论。

第一，所谓判定是一种被动的工作。当事者两方在主张上的对立就是给定的前提，判定的范围只限于在相互对立的主张中承认其中一方主张这样的领域内。干预当事者并未主张的事情而加以照顾，或者揭发出隐藏的恶事并给与惩罚，这些做法是与判定的概念在本质上不相容的。被委托作出判定的法庭通常由国家设立，不如此则很难被承认为具有充分权威的判定机构。而且从判定的结果即使以强制的方式也必须实现这一点来看，法庭作为国家机关也是适当的。但是相对于国家在其他方面所持有的，积极地实现和促进“公共的善”这一机能来说，法庭所进行的判定，虽同为国家的行为，其本质和理念却不一样，必须保持其独立性。建立良好的法庭当然来自“公共善”的要求，但这种法庭所进行的个别具体的判定则应该适合于关系到特定当事者的正义。司法权相对于行政权的独立即由这里产生。

第二，所谓判定从本质上讲就是“神示”（oracle）。在判定这一概念的背后，作为无言的前提有着这样一种认识：应该存在某种可称为绝对的、终极的真实那样的东西，但这却不是以人类的智力所能知悉的。与案件有关的事实关系都是些什么，这在全知全能的上帝面前应当是完全清楚的，可是人类却没有谁能直接了解。开始是当事者双方进行争议，互不相让，进而使事实关系得到确定，作为其归结让各个当事者获得什么样的利益，承担什么样的责任才是适当的呢？关于这个问题，如果是把全部的因素都加以正确地考虑而达到的结论，应该也是绝对的、终极的恰当性。但这也是不可能为任何人直接知悉的。人们的意见总是分歧。正视这样的情况并把它作为给定的现实条件，判定这样一种解决的方法便由此而生。顺便说，学问的活动也是建立在同样的情况和认识之上的。应当存在终极的真理，因而以此为目标的学术活动持续不懈。但是终极真理本身是永远不会被到达的。点点滴滴地积累着看来有相当确实性的知识不断前行，任何时候都开放着学问的大门以供将来的研究和讨论，可以说这正是学问这种东西一贯的不变的姿态。

尽一切努力不断向终极真理接近而又决不可能到达真理本身，就人类活动的一点来说，诉讼与学术是共通的。但是两者之间决定性的区别在于，诉讼关系到人的生命、身体和财产而直接左右人们的命运，因而不能设想被搁置起来留待将来解决，不得不在现在的时间和空间内就得出结论。于是，通过一定的程序——在文明各个阶段的当时条件下还不可能考虑有比此更加完善的那种程序——并以通过完成这种程序而得来的结论代替真实本身。诉讼便由这样一种构造而形成。换言之，判定被委托给某种主体。

在原始时代——实际上一直到日耳曼人的欧洲那样并不遥远的时期，判定是委托给神的，即进行神判或者在广义上可以视为一种神判的决斗。随着时代前进判定也得到合理化，被托付给积累了精致洗练的法技术的裁判官，或者委托给任意选出并在法庭上经过宣誓，使他们与世间的干扰相隔绝的陪审员。布兰克斯通的英国法注解书（Commentaries on the Law of England）的序论部分里，法庭上的法官被视为“法的受托人（depositary），血肉之身的神示者（living orade）”。这样的语言可说是充分地表现了原始神判和文明法庭之间的脉络。进言之，比起法官来，对事实问题进行判定的陪审的作用，以及他们无须提出任何理由而仅仅回答有罪还是无罪的评决形式，或许更具戏剧性的神示性质。继受了大陆法系的日本诉讼制度也许看上去并没有这样程度的戏剧性场面，但是一旦宣判，作出该判决的同一裁判所就不能加以撤回或者更改。这一所谓“判决拘束力”的大原则就可以考虑为来自判决从本质上就是神示的观念。裁判过程中的命令、决定等，虽然同为裁判所的判断及意志的表明，如果有当事者的异议，或者有些场合下即使连异议都没有，也可以根据同一裁判所的所谓再次考量而加以更正。这是因为在此阶段裁判所尚作为一种官僚机构在行动。俟本案的终局性判断被宣布之时，裁判所已经不成其为单纯的官厅而变成了受称为“国民”的法共同体委托而作出判定的神示者。为了给这样的“神示”提供载体，就出现了“判决”的裁判形式。因此判决应该被理解为不可撤回、不可更改的东西。

第三，通过诉讼而达到的结果——各个当事人得到什么或者对什么负责才被认为是恰当的那些结果，就是欧洲所谓“法”这种东西原初的意义。在欧洲有 Rechtsspruch、jurisdiction 等以“法的表述”为原义的几个语词。这里的“法”就是在特定的诉讼案件中“正义的结果”之意，而且可以认为这正是法的原初性意义。野田良之教授上溯古代希腊、罗马考察了法的这种意义。他说：如此，jus 也是同 δ1kη 的概念一样，表示对于在一定状况下的某人来说什么才是妥当的（正义的）[8]。这里所谓“一定的状况”，质而言之就是某个诉讼中被确定了的具体事实。在该案件中作为“妥当”“正义”而被宣告的结果就是 δikη、jus 或者 Recht、droit 等。用尽了诉讼上一切程序手段而在结局时宣告的判决，对于本案件来说正是被确定了的、在最为直接意义上的法。这样的判决已经不容许任何人进行争议，且具有了以强力也必须加以实现的性质。把判决的这种性质称为 Rechtskraft 并不是无缘无故的。

但是也并非不把所有的纷争一个个都纳入诉讼，不逐个地观察其结果就完全无法知道法是什么东西。如果进行诉讼大约就会有如此这般的结果——像这样某种程度的预测是可能的，而且也创造出让预测更为容易的制度，这种努力随历史的进程一直在进行。古代罗马法采取建立一个个内容明确的诉权概念的方式，英国法采取的是判例拘束性的原理；在欧洲大陆上，习惯法的编纂、城市的立法、对罗马法学与教会法学的钻研并由其精致化而导致大陆的普通法形成；还有在近代国家中进行的法典编纂，等等，都属于这种努力。像这样产生出来的，终究需要通过诉讼才得以实现的“正义”“妥当”的总括性体系，就是欧洲所谓的“法”——至少可以说是构成法的基础和根干的东西。

以上似乎是在冗长地叙述理所当然的事情，但是一旦置身于中国史来眺望这些现象，上述事实的每一个都以令人吃惊的新鲜

---

［8］　同注释［7］野田上揭“关于权利一词”16 页。

和不可思议呈现在我们眼前。

三、中国的诉讼

（一）序说

以下，讨论帝制中国——以此称呼纪元前四、三世纪战国时代在各国形成，至1911年清朝灭亡持续了二千数百年，以官僚为其手足的专制君主（纪元前221年秦始皇统一以降称为皇帝）支配体制下的中国——的诉讼形态。这里，一面把整个过程中细节性的沿革变化和其不变的性质置于意识里，而将讨论的直接对象限定在清朝时代来尝试对其轮廓进行描写，但是想预先说明的是，牵涉到高度政治性问题的事件这里将暂且不加论及，仅考察一般人日常生活中的诉讼[9]。

在清代，直接管辖人民的最下级官府通常称为县——有的地方也称州，包括某些场合下称为厅的官府，其数字在全国约有1600个。那里的制度是，根据中央的人事安排从不是该州县或临近地域出身者的人中挑选和任命称为知州、知县的地方长官，他们赴任后在比较短的任期结束时就转任。所有的诉讼案件首先是由知州、知县处理的，而诉讼案件的处理正是知州、知县的职务活动中占有最大比重的内容。换言之，朝廷以在全国配备地方长官的方式向人民提供的最大方便就是司法的服务[10]。除此之外，

[9] 关于以下所述部分的详细内容及史料的根据，参照滋贺秀三：《清代中国的法与审判》创文社，1984年。

[10] 好的地方官对这种要求心领神会，把尽量多的时间用于听讼。汪辉祖在宁远知县任内发布文告与管下的人民约定，一旬十日中以七日用于听讼。“病榻梦痕录”乾隆五十二年卷（《汪龙庄遗书》华文书局，1970年，422—423页）。

赋税的征收也是地方官的重要工作，但仅就诉讼一件件都需要费神去思考衡量这一点来说——因为无论如何在州县能作为法官而行动的仅仅只有地方长官一人——负担是相当沉重的。

在诉讼案件中，把重罪案件与称为“州县自理”的其他案件分开来考虑较容易明白。后者在数量上占有压倒性多数。

（二）重罪案件

众所周知，唐代以及日本的律令制下存在的是笞、杖、徒、流、死的刑罚体系。到了清代实行的还是以此为基本，只是多多少少变形和复杂化了的刑罚体系，如名称虽然相同实质上却多少有所差异，五刑中间也加进了几种新的刑罚名称，等等。被认为应该处以这个体系中“徒”以上刑罚的案件，在这里就称为重罪案件。

重罪案件也首先由知州知县进行审理。审理的结果，如果他判断不足以或没有必要处徒以上的刑罚，本案即同州县自理的案件一样处理。但在知州知县判断有判处徒以上刑罚的必要之时，宣告这种内容的判决并加以执行就被视为超越职权的行为。这时候，知州知县采取的程序是就认定了什么样的犯罪事实，该事实适用刑法的什么条文，应该处以多重的刑罚等作出判决原案，并把全部案卷连同人犯一起送往上级官府以俟覆审。地方的上级官府有府一级和府之上的省一级，人犯原则上要送到省。换言之这是在州县的审理之后，府一次，省一次，合计进行三次审问调查的制度。在省的最高负责人——被称为巡抚的大官裁可之后，一般的徒刑案件就此确定判决并开始执行。但是涉及人命被害以及一般相当于流以上刑罚的案件，还要由巡抚上报北京的中央政府。那里有称为刑部的司法机关。案卷送到刑部——人犯已不再送去——并要求加以审查，只有刑部给以同意之后判决才得以确定。而且死刑案件除刑部外还要由都察院、大理寺两个机关参加来共同进行审查，审查的结果上报皇帝，根据皇帝的裁可来决定判决。

在如此复杂的覆审各个阶段中，一旦某个上级官府就事实认定也好、法律适用也好提出某种异议的话，原案的进行就此被阻止住。这之后事情如何发展则依每个事件的情况不同而多种多样，无法一概而论。既有经原审官的再度辨明即完全按照原案，或仅在书面上作若干更正就得以通过的情况；也不乏派遣别的官员对原案进行重新调查的例子，以致原案不能免于撤销的事也有发生。总之，经过各种各样的波折终于到达一定的结局。根据最终的决定，如果从结果上看是原审州县错误地造成了原案，则知州知县以及轻率地同意原案的处于中间位置的上级官员就须按规定各自承受既定的惩戒处分。

不待当事者的不服申诉，作为官僚机构内部的制约，通过若干次反复调查的程序以期不发生错案的上述制度，可以称为必要的覆审制。这种制度在帝制中国的历史中渐渐地发达起来，在清朝形成如此慎重以至达到了“繁琐程度的程序”。不禁会令人感叹中国文明的精致性。在一定的意义上，或者说从一定的基本观念出发向一定的方向前进这一意义上，应该说这是高度发达的制度。中国的司法制度，就如一般的中国文明那样，绝不原始粗糙，恰恰相反是极为精致洗练的。但是另一方面——这里并不下价值判断而只提出事实——作为欧洲刑事诉讼本质要素的判定这一契机，却不得不说在那里是完全缺乏的。

首先，从事实认定来看，被告本人承认罪状的口供差不多总是被认为绝对地必要。在欧洲的绝对王政时期也重视口供，也有过“口供是证据之王”的格言。但是这与中国的情形在意义上不一样。在这个格言里，口供即便是“王”，具有支配的重要性，也还是证据的一种。判定，即是第三者据口供作出判断，口供是作为判定前提的契机。中国的情况却不是这样。口供与证据不是一回事，断罪原则上以口供为凭，仅仅例外地——承认不承认这个例外依时代而不同——才允许根据不是口供的证据来断罪。这就是中国人的思考样式。

就清代的司法实务而言，州县的重罪案件程序是以取得罪行的自供状为目标而进行的。既存在一开始就得到口供的情况，也有掷出诸般证据反复诘问直到逼出口供的局面。总而言之，把本人的供述与证据以及一切有关情况都加以对照并进行综合的考虑，供述似乎有不充足不正确的地方时又得重新进行反复的诘问，这种程序就是那样充满艰涩的调查过程。重罪案件有很多是由于被害者的私诉而开始的，因此被害者作为原告的陈述、证据的提出、对审理进程的催促等都是程序的巨大推动力。经过这个调查过程——在现代的日本这由检察官行使——并得到被告人的供述，地方官已大致得出了事实真相的心证后，于是以令犯人自己从头至尾叙述犯罪的全过程这种形式作成称为“招状”的文书，将此读给本人听后取得其签字画押。只要没有获得这样的罪行自供状，就不能认定犯罪事实。反过来，一旦自供状中记下的内容为本人所承认并被认为不会有误，关于事实的审理即告结束，以后剩下的仅仅是对照法律对此犯罪事实进行量定刑罚的工作了。

英美的刑事诉讼中被告首先在法官面前被讯问是否认罪，如果本人认罪则程序就告一段落，无须通过配备有陪审团的开庭审理即按起诉书上的犯罪事实加以认定。中国的诉讼程序或许就可以看作全部都是按类似的方式来处理案件。在帝制中国的历史上既无陪审，作为国家法庭上的制度来讲也没有过可说是陪审前身的神判。在审判中，即使被告主张自己清白无罪，也能作出有罪的判定，即使本人否认也可以进行处罚——这样的程序方法在帝制中国是不曾存在的。

近代中国的学者将以上的方式作为证据主义的对立物而呼之为口供主义[11]。这种方式下，任何人都不能被以自己没有供认的犯罪事实而问罪，因而它自有其保障人权的意义。但是采取这种原则，遇到嫌疑浓厚却坚决拒绝自认的人就会一筹莫展，作为打开局面的对策，一方面不得不允许刑讯逼供——事实上，贯穿整个帝制中国的历史，在法的一定制约下拷问经常都是作为正规的制度而存在的——另一方面，连刑讯拷问也没有效果的时候，不知何时才有结论的长期未决拘留这种弊害的产生就成为不可避免[12]。

其次，被告人即便在州县审理阶段一度在自供状上画押签字，因必要的覆审被送到上级官员面前时，什么时候都可以撤回自供

[11] 而且其弊害已被认识到并将此抛弃。滋贺秀三“从法制史的立场观察现代中国的刑事立法”，《法协百周年纪念论集》第1卷，有斐阁，1983年，289页。

[12] 关于长期拘留，上揭注〔9〕的拙著并未言及。作为史料可参见董沛：《汝东判语》卷六25a（被告因拒绝承认罪状而被未决拘禁二十八年，只有在狱中等死）、桂超万：《宦游纪略》续卷一29a（按察使判决，主犯已经在未决的状态下狱死，从犯被监禁达十五年，准其保释）、续卷一45a（按察使判决，通谋太平天国嫌疑浓厚的犯人，因巧言善辩不肯供认而不能定案，不许保释，继续监禁）、淡新档案33405（记录表明，强盗杀人的嫌疑犯，从光绪九年起监禁至光绪二十年仍在狱未决，结局不明），等等。

鸣冤叫屈，这称为“翻异”。当然完全是信口开河的一加诘问终究会理屈词穷，翻异也没有什么意义。可是在原审的证据有漏洞或不严密的场合，翻异就往往奏效。对事实的重新调查以至于原审立案的撤销，都是不难发生的。这种情况下负责原审的官员就很难免于惩戒处分。因此，并非只要有口供就万事大吉，证据依然相当重要。

再次，从对犯罪事实的法律处置，即刑的处断来看，这是必须很严格地依据法律明文进行的。中国史上刑法的发达是周知的事实。清代有称为“大清律例”的刑法典，由作为基本条文的“律”与具有对律进行补充以至实质上的更改这样性质的“条例”所构成。条例的条数和分量随时间的流逝而不断增大。之所以如此是因为皇帝时时行使他本来具有的权能进行不依照现行法的审判。像这样产生的新的先例就被条文化并写进条例中。处理重罪案件的官吏则必须引用这种律例中的某项条文，据此才能进行刑的处断。

而且，作为中国刑法在历史中不变的传统，量刑本身采取的是直接由法律文言引出严格法定刑的形式。在现代，日本的刑法规定的是具有上限和下限，其中间有一定幅度的法定刑，在这个范围内各个裁判官根据裁量来进行刑罚的量定。在中国，一直到20世纪接受西洋近代法的影响之前，这种方式连同类似的想法都是不存在的。因而在中国的法律实践中，从我们的感觉来讲是属于量刑范畴的东西，却总是被作为没有裁量余地的法律的解释适用问题而展开烦冗琐细的议论。

如上所述，重罪案件确实是依法进行审判的。但是这里所谓的法正是“官僚制的法”，是官僚机关的内部规则，是以皇帝的意志为唯一源泉并作为制约官僚的手段而建立的法。这种法并不是即将被问罪的当事者可以对其存在和解释的妥当性进行争议的法。法律问题不是法庭辩论的对象，而是通过必要的覆审制这样一种官僚机构内部的相互牵制而达到正确解释适用来解决的问题。换言之，这里不存在对相互争议的主张由享有权威的第三者来下判断的构造。

（三）州县自理的案件

没有必要处徒以上刑罚的案件，全部都委任给州县一级进行处理。只要当事者不上诉，上级机关与这类案件就不产生关系。这类案件被称为州县自理的案件。“听讼”这一语词就大致意味着这个领域内案件的处理过程。通过听讼的程序，知州知县履行着惩戒轻微的恶行和解决民间纷争的任务。

与日本的情况相比的话，如果把警察战前的违警行为即决处理和现在的微罪处分等刑事性处理与在“纠纷咨询”名义下进行的民事调解功能合为一体，并构成明确的制度，则可能得到一种最近似于清代中国的听讼那样的程序。这样来考虑听讼，对于日本人来说大约会容易理解一些。

与重罪案件的立案判决必须严格地依据法律进行相对照，在听讼程序的范围内可以说知州知县几乎完全不受法律拘束。首先就惩戒轻微的恶事而言，与地域的统治者和行政长官这一资格理所当然地相伴随，知州知县一般拥有必要时对管辖地域下的人民加以拘禁或者杖击臀部、掌脸等在一定限度内作为惯行而承认的体罚权限。因此，在听讼的场合，发动这种权限适当地处置即可，无须援用大清律例。在解决民事纷争的方面，可以供调整私人间利益对立时作为依据的条文在大清律例中也不是一点没有，但其数量既少又缺乏体系性，因而想依照法律但却无可依照的情况很多。不仅如此，即便是存在有某种关连性条项的场合，只要注意不是极端地背离法律，就没有必要受法律文言的细枝末节所束缚。毋宁说，根据“情理”，融通无碍地寻求具体妥当的解决就是地方官的职分。

所谓情理，简单说来就是“常识性的正义衡平感觉”。这里不得不暂且借用“正义衡平”这一在西洋已经成熟的概念。但什么被感觉为正义的，什么被感觉为衡平的呢？当然其内容在中国和西洋必然是不同的东西。这里不准备深入地讨论这种不同。概言之，比起西洋人来，中国人的观念更顾及人的全部与整体。也即是说，中国人具有不把争议的标的孤立起来看而将对立的双方——有时进而涉及周围的人们——的社会关系加以全面和总体考察的倾向；而且中国人还喜欢相对的思维方式，倾向于从对立双方的任何一侧都多少分配和承受一点损失或痛苦中找出均衡点来，等等。这些说法大概是可以成立的。因此，所谓“情理”，正确说应该就是中国型的正义衡平感觉。无论如何，所谓情理是深藏于各人心中的感觉而不具有实定性，但它却引导听讼者的判断。

在民事的领域难道不是习惯法在支配吗？——当然也可能会出现这样的质问。但笔者的看法却是不能设想有与“情理”不同而作为实定法存在的习惯法。在西洋，法庭采用习惯法成为促进实定的习惯法生成的重要原因，在中国却没有这样的事。从未见到过当事者在法庭上就习惯法的存在进行举证的现象。无论是私家还是官方都没有编纂过习惯法典籍。总而言之，在中国并不存在习惯法逐渐地获得实定性的机制。唯一可以说的是，所谓情理就是作为习惯的价值判断标准，而且“情理”概念中含有充分注意和尊重各地不同的风俗习惯的要求。也许可以认为昂格尔所说的“customary law”与“情理”大致相同。

如上所述，如果要把听讼称为清代的民事审判，那就是没有实定法依据的，而且不能以判例的形式来生成法的审判。之所以这样看，其理由在于，听讼类似于日本的警察实际上也在从事的民事调解，尽管由作为法官的知州、知县发动强制性权力来实施，从最终来看却是一种靠说服当事者来平息纷争的程序。知州知县开庭审理并作出某种裁定（称为堂谕，作为法庭本日的结论当场以口头宣布）。但仅此尚不能了结，还须当事者表示服判并写下一纸内容为情愿不再争议的文书呈上（称为遵依结状），听讼程序才暂且告一段落。重罪案件中，如果没有取得被告承认罪状的口供就不能认定犯罪事实并予以定罪。这样的现象与为了终结听讼程序必须取得当事人提出的遵依结状是同一性质的不同表现。两种现象都表现了在那里缺乏所谓判定的契机。与不存在即使被告主张自己无罪，也能够通过判定的程序来断定其有罪的制度一样，在民事方面同样不存在这样一种制度：即把坚持争议、不肯承服的当事人置于判定程序中去，宣告通过这种程序达到的裁决就是当事人之间的法，而无论当事人是否愿意，程序到此即告终结。因为听讼并不以获得这个意义上的“法”为终点，所以在此过程中没有以判例的形式来产生实定法规范的可能。同时，由于裁决之公平性的保障只在于当事人同意接受解决才能终结案件的程序结构之中，所以也没有必要事先准备好一套体系性的完整法典。

而且当事者虽然一时呈交了遵依结状，却又制造口实将争议重新提出以期变更裁定的情况也屡屡出现。这与重罪案件中的能够翻供大概可以说处于一种平行的关系。只要关系者还有不平不满，不是固执于已经给予了的裁定而是不辞辛劳地反复进行重新审理，这被认为是优秀的知州知县应有的态度。

不仅在州县阶段，在其上级也没有可以真正称为法院那样的组织构造。存在上诉，上诉可说是被允许无限制地提到官府的等级构造内任何级别上去。并没有知州知县进行的程序根据什么而终结的制度规定，当事者只要想争执就一直可以争下去。与此相对应，也没有在什么阶段可以提出上诉的制度规定。如果感到州县的审理不能令自己满意，当事者任何时候都可以上诉。只是即使上诉得到受理，案件也不脱离知州知县的审理而系属于上级官府。受理上诉的上级官府经常作的不过是或者对原审州县下达某种指令，或者要求得到报告，或者另外派遣官员会同州县进行审理等，以图促进正确适当的审理。通过上诉，上级官府介入了诉讼，但听讼程序并不因此而改变其调解的性质。

一言以蔽之，听讼并不以使尽了程序的手段而终结。它拥有的是当对事实本身当事者已不再争执时即告终结的构造，而以这一特定争讼的平息为目的。通过争讼发现什么是法并不是听讼的目的。

四、结　语

野田教授在竞技中寻求欧洲诉讼的原型。当然，欧洲的诉讼并不是这样清一色的。竞技型的诉讼在其纯粹的形态上非常缺乏效率，从而随历史的发展不得不借助教会或国家这样有理性的权威、权力的介入而被加以许多修正。但是，从竞技性不会从欧洲的诉讼中消失这一意义上来说，野田教授的观点是应该作为切中紧要的见解来加以深切领会的。

如果同欧洲诉讼这种内在的性质相对照而探索中国诉讼的原型，也许可以从父母申斥子女的不良行为，调停兄弟姐妹间的争执这种家庭的作为中来寻求。为政者如父母，人民是赤子，这样的譬喻从古来就存在于中国的传统中[13]。事实上，知州知县就被呼为“父母官”“亲民官”，意味着他是照顾一个地方秩序和福利的总的“家长”。知州知县担负的司法业务就是作为这种照顾的一个部分一个方面而对人民施与的，想给个名称的话可称为“父母官诉讼”。

这两种诉讼类型由根本理念的不同而形成如此的区别。两者各自都有其长处和弱点，不能说哪一方是蒙昧和落后的。这正是文化的差异。只是从父母官型诉讼中产生不出 jus、Recht 系列的概念来，这对中国来说确实是一种宿命。对于在中国的传统中生活的人们，法律（Gesetz）是容易理解的，而法 = 权利（Recht）却是一个陌生的概念。

从这里可以理解为什么中国不存在“法学”。在中国，有关法律的学问叫“律学”，是为通称。律学在帝制中国的前半期受到相当重视而颇有力量，成为产生出唐律那样优秀的刑法典的原动力，但是至此以后就不再活跃和取得进展。“律”字的含义就是阶梯，意味着音乐中的音阶，因为刑罚的轻重上下这种阶梯性

[13] 参照诸桥辙次:《大汉和辞典》“赤子”“父母”的条目。

结构也具有了法律的意义。在西洋所谓法就是正义，所谓法学是“关于正义的学问”；而与此相对，所谓律学则是“关于刑罚上下轻重的学问”。律学尽管在技术上可以精细烦琐，但作为整体却局限在一个狭窄的范围内，在自己的文明中所占的比重终究无法与西洋的法学相比。

自然，中国也不是没有正义的观念。例如有“义”的文字。但这并不是通过竞技型诉讼而得到确定并以实力加以贯彻的“正义”（Recht）。首先这是自我修养，进而靠世人的评判和后世史家的笔下评价来确定。关于这种性质的正义的知识并不形成特别的专门学科，其获得是在一般的读书和教养中耳濡目染、长期熏陶。无论如何，像中国那样，知识分子全都以获得控制自身与管理社会的能力——即“德”——为目标而努力学习、大众则各自克守生业，形成一个经济的文化的大国并维持着繁荣的社会，大概在世界上也是罕见的。至于如何把握从20世纪初叶以来进行西洋法的摄取，到现在已近一个世纪的现代中国法文化以及日本的法文化，这已经是另一个问题了。

清代诉讼制度之民事法源的概括性考察*

——情、理、法

滋贺秀三 著　范　愉 译　王亚新 校

一

在任何国家的法制史中，关于法律渊源的研究都是不可或缺的。或者毋宁说，法制史的研究首先是从对法律渊源的论述开始的。在中国法制史的研究中，法律渊源理论作为所谓法典编纂沿革的问题，很早以来一直受到关注。尽管在这个方面也仍有无数应做而未做之事，但法律渊源的研究还有另外一条途径，或者不如说是一条不可缺少的途径。这就是，着眼于现实的诉讼场景，通过分析审判事例，来揭示什么被作为审判的依据。本文就是这方面的尝试[1]。

一般在诉讼中，总会有当事人（其中的一方甚至双方）可能遭致不利的后果：或者不得不放弃所追求的利益，或者承受刑

* 本文原载《东洋史研究》40卷1号，1981年6月。后收入滋贺秀三：《清代中国法与裁判》，创文社，1984。——译者注

[1] 本文曾以《清代审判中所见的家族法》这一不太确切的题目，在东洋文库作过讲演，东洋文库书报第七号刊载了该讲演的要旨。本文是在这一讲演的基础上发展而成的。

罚、赔偿等。作为公共权力的判断或意思表现，为了强制当事人接受他们所不情愿的后果，审判必须有着某种制度性设定，使当事人即使并不心甘情愿也不得不承认这种结果并非全无道理。换言之，必须使当事人多多少少在某种程度上感受到存在一种保障：审判是依照某些普遍性判断标准对案件进行裁决，无论是谁，在相似的情况下都能得到相似的结果，谁也不致受到完全随心所欲的处置。本文拟将能够成为上述“所谓某种普遍性判断标准”的东西，在可能的限度内作广义理解，称为“法律渊源”。

清代虽然并没有像我们今天的民事诉讼和刑事诉讼那样始终在不同的轨道上运行的两种并列程序，却以是否课以徒以上刑罚为界限，形成两种性质完全不同的程序[2]。前者在州县阶段仅草拟判决，然后将全部有关书面文件及被告人正身一同报送上级机关，经规定的复审后，决定判决。判决是严格地依据法律、参照先例而作出的。如果必要，还可依皇帝的权威对其加以微小的修正，这些微小修正又成为先例，有时则成为法律的新条文确定下来。这种程序或许可以称为狭义的刑事诉讼程序[3]。

与此相对，那些不存在徒以上刑罚的问题（或者虽然有此类问题，但不须正式对待）的案件，被限定在州县进行审判，称为（州县）自理词讼，上级机关只介入当事人的上诉。这种程序的性质，可以说，恰似一种把日本战前战后的警察在违警罪即决处

[2] 当时，清代人并未明确意识到这种区别，这一点从下文的例子可以得知。“然州县断拟庶狱，自城旦以上，例由郡守审转，以达于臬司。外有督抚考其成，内有三法司，执法以议其后。其人苟非甚不肖，断无敢轻心以从事者。独至自理词讼，则并无文法之相绳，惟有利欲之是诱。且也，精详者无由登上考，踳驳者无由列弹章。是以琴堂讼牍，大半尘封”（《府判录存》朱为弼序）。

[3] 详见滋贺：《清代的刑事审判》，载《清代中国的法与审判》，创文社，1984 年，3 页以下。

分或轻罪处分中的功能，同以“相谈”（咨询）之名对纠纷所进行的民间调解功能，加以浑然一体的结合并正式使其制度化的东西。虽然，相当于法官的知州、知县，听取双方当事人及关系人、证人的陈述，使其处于相互对决的地位，通过进行调查书证、物证，把握案件的事实关系，但是，在这个过程中，并非像我们的法院那样基于自由心证主义单方面作出事实认定，而是竭尽全力争取获得当事人的认可。也就是说，对那些看起来陈述不实的当事人、证人，以及提出了怀疑是伪造、变造书证的人，采取的方法是：指出其陈述的矛盾，把相反的证据摆在他面前，以迫使他陷入无言以对的境地[4]。即使是建立在这样形成的事实认定基础上而作出的审判结论，也不能通过单方面的宣判而生效，而要求并且迫使当事人作出接受的承诺。在各当事人提交了称作“遵依结状”的誓约书，表示对裁定的认可后，一个案件才算大致解决了。然而，即使大致解决了，理论上，上诉和再诉之门仍是无限地敞开的。法官可以发动其权限范围内的强制力，拘押当事人或对其施加惯例上认可的某种体罚等——可以说这具有惩罚未履行义务的当事人、使对方当事人满意的意义，也有迫使当事人认可裁定的作用——同时晓之以为人处世的道理和大局的利害，加以劝诱、教导，两种手段并用以使一个案件得以解决。也就是说，这是一种带有强烈调解色彩的审判，可借用 D. F. 亨达森的用语，将其称为教谕式的调解（didactic conciliation）。这

[4] 这一点在阅读某些类型的判语时可感同身受。例如，读者可通过拙书《清代中国的法与审判》（创文社，1984 年）345 页以下邱煌的判语了解这一点。此外，这时，对于那些顽固地否认有力的证据事实，或顽固地主张虚假的可疑事实、拒不服从的当事人，有时也使用拷问的手段。在《府判录存》卷一 52b 的钱债案件中，债务人陈瑜主张债权人作为根据的账簿有误，而三个证人俱声称无误，“以致陈瑜屡受刑责。坚不输服。赴府申诉”，就是一例。

里，对每件案件判断的适当与否，一般不在地方官的政绩上加以评定。所谓“听讼”，大体上是指这一程序领域的用语[5]。

另外，狭义的刑事诉讼程序从何时开始是不确定的。或许有的案件从事件的发生起，就已定性为应依刑事程序进行，因而自始至终照此运作；也有在听讼过程中，感到一个案件或一个案件中的某个要素有必要转为刑事程序的。法官从作出判断之时开始转入刑事程序，案卷的制作方法也随之改变。从理论上说，直到听讼审结之时为止，都存在转入刑事程序的可能性[6]。

在上述诉讼制度中，本文的着眼点以听讼的场合为主。

二

笔者在一定程度上查阅了清代包括审判在内的有关一般民政的史料文献后，注意到当时的人士在处理公务之际、考虑作为自己判断指针的时候，时常在用语中将“情”“理”“法”三者相提并论。如果在这三个字之前各冠一字以阐明其含义的话，就成为：“国法”（或“国家律法”“国法王章”等）、“天理”和“人情”。例如，清初的汤斌在谈到为官之心得时说：“儒者不患不信理，患在信之过。而用法过严者，亦是一病。天地间，法情理二（疑为三字之误）字，原并行不悖。如官司有弗称职者，若优容贻害固不可。必嫉之过而加以重罪，至陨命析产亦不忍。有

[5] 详见滋贺“判决之确定性观念的不存在”，载《清代中国的法与审判》，创文社，1984年，145页。该论文中也介绍了亨达森氏用语的含义。但本文借用的只是其用语，而不是他关于中国事象的见解本身。他把中国民间进行的调解看作教谕式调解的观点，笔者不敢苟同。

[6] 这是笔者的初步见解，其史料的填附，留待日后进行。

仁术焉。轻其罪使之蚤去，则我亦不流于残，而民已除其害矣。”[7] 为官者容忍恶事横行固然不好，但取缔过严以致牺牲者过多也不是仁者所应为之举，这一教训是以“天地间，法情理二（疑为三字之误）字，原并行不悖”的普遍原理为基础的。

光绪年间任陕西省布政使的樊增祥，曾驳回了咸宁、长安两县所提出的由藩库、即省财政中支出设立习艺所（监狱）——当时作为刑狱制度近代化的一环而开始设立——设施和运营的申请。他指出：“（上略）查外县皆令监犯习艺，从无在司库请款者。彼咸、长两县之罪犯，何独如是之值钱耶。国计有常，库储不易。情理与法，三者皆讲不去。司库何敢出此无名之费，畀诸有罪之人。仰自与两县筹商。本司不管。”[8] 这里虽然是申斥其“情理与法，三者皆讲不去”，但作为明确将三者相提并论的例子而引人注目。

即使在刑法的适用中，也要对情理法三者加以斟酌。嘉庆年间任大名府知府的张五纬，在对一诉状所写的批词中，说到自己是如何尽心竭力听讼时，这样说：“负屈含冤者之呈诉，本府从不惮烦畏劳。或一事执法除暴；或一事委曲原情。或一事开导愚蒙一时之误，使两造永归和好，俾讼案永断葛藤；或一事讯系理不可宽，情不可容，法不可贷，立予照例究治，藉以示警愚顽。”[9] 就是说，只有在认为于理于情于法任何一面看来都属性质恶劣，毫无通融余地的情况下，才“照例究治”，即正式作为刑事案件，严格适用刑法。张五纬还在另一件儿子因遭人殴打并

---

[7] 《学仕录》卷一 14a。

[8] 《樊山政书》（近代中国史料丛书 646）卷一七 6b。

[9] 《讲求共济录》批词 14a。

无意中向其父说起这一恨事，愤怒的父亲与其一同前往报仇，结果父亲受到伤害的案件中，对作为该事件的肇事者儿子责备说："揆诸天理、人情、国法，实属罪无可逭。"[10]

在刑案中也可以看到同样的用语。乾隆八年七月刑部奉旨驳回的一个案件中说："查此案刘元熙、刘元照商同谋杀胞弟刘满仔起衅，以致伊父刘奇英、母李氏俱被刘方通、李世顺立时杀死。乃刘元熙等忍心灭性，既不首告伸冤于前，复敢抬尸弃埋于后。其逆恶之罪，已为天理人情所不容，又岂国法王章可少贷。该抚以律无正条可以引用，仅将刘元熙比照子孙毁弃祖父母父母身尸律，拟斩监候，刘元照依为从律拟流。情罪未协"[11]，就是一例。

如果从判语寻找例证，道光末年江西省潘阳县沈衍庆的判语开头部分就是一例，这里写道："盖闻父子夫妇，并重于大伦。国法人情，必衷诸天理。"[12] 这是一件在订有婚约的两个家庭之间，因发生斗殴事件而引起的诉讼。尽管斗殴事件本身已经解决，女方一家却因此怀恨在心，试图解除婚约，而男方不同意，因此而打起官司。女方一家不听劝说，其父扬言如果入花轿，女儿将于当日自尽，女儿也坚称，即使一生不嫁，也不能嫁给父亲的仇人。沈衍庆判该女终生在其父家中守节，而男方则不得娶妻，但可纳妾。判语道："如此一变通间，庶伦纪足以相维，而情法似觉兼尽。"也就是说，开头这段话里有这样的意思，即从

---

[10] 《讲求共济录》示谕 2b。

[11] 雅尔哈善等辑：《成案汇编》卷一六 91b，记载了这件奇案：因为弟偷盗，兄二人将其扼杀。父见此大怒，持斧追打，他人前来制止，混乱中误将父及母杀死。而将双亲尸体埋葬后，弟又苏醒过来了。

[12] 《槐卿政绩》（近代中国史料丛刊 378）卷六 19b，"受礼赖婚事"。

国法的立场看，仅因斗殴事件而解除婚约是不能承认的，但从人情的要求看，不应强迫不情愿的女子嫁给对方，因而依天理对二者加以折中[13]。

雍正时期的名士徐士林曾将其在安徽省安庆府和福建省汀漳道所作出的判语汇集为《徐雨峰中丞勘语》一书，光绪二十四年复刻时为该书作序的李祖年，赞赏徐士林的审判方式，说："乃观是书，握一狱之关键，晰众口之异同，而折以是非之至当。揆之天理而安，推之人情而准，比之国家律法，而无毫厘之出入。吁，何其神也。"考虑天理时并无不安，考虑人情也取得了平衡，并与国家的法律完全适合，这说明，以上三者无论从哪一面考虑都无缺憾，乃是审判的关键所在。由此可见，首先，在听讼的场合，将这三者视为本文所指意义上的法律渊源，应无问题[14]。

另外，第二次世界大战以后中国台湾地区的法学杂志中见到有几篇以此三者为论题的、随想风格的短文，也很耐人寻味。其论旨虽然各有不同，却都论及一个问题，即认为，作为衡量事物是非曲直的三种尺度，人情、天理、国法并提的传统思想，即使在现代也并未失去意义。作者从这一观点出发，论证使这种传统思想与现代相适应的途径[15]。此外，在罗斯科·庞德纪念文集中发表的曹文彦氏的论文道破："在纠纷解决中，首先依据的是

[13] 由于这仅是一种修辞，所以在何种程度上可作为正确的概念加以操作，暂不作为问题。这样，虽然看起来判决对于该女子似乎过严，但可以预料到，实际上各方都作了让步，而使事件得到圆满的解决。

[14] 方大湜：《平平言》卷四"禁幼女出家为尼"51b中，对自己的某项行政措施，自诩道："论天理，论国法，论人情，均应如此。"

[15] 陈顾远："（法务漫谈）天理、国法、人情"（《法令月刊》第6卷第11期1955年187—289页）；史延程："天理、国法、人情之解说"（《法学论丛》第5期1957年12—13页）；"（社论）国法、人情、天理"（《法律评论》第32卷第5期1966年1—3页）。

情（human sentiment），其次是理（reason），最后才是法（law），这是中国人自古以来的传统”，并引用《刑案汇览》《名公书判清明集》《棠阴比事》《白氏长庆集》等书中的审判例，说明情与理的作用[16]。这些现代中国法学家的言论，应当说也可以证明前述估价是无误的。

三

关于什么是“法”“国法”，无须另外的说明：“法”指国家的制定法。事实上，判语中时常引照法律[17]。其最明确的方式是，以“律载：”“例载：”为前置，引用条文的一部分，或全部原文照引，其例不胜枚举。此外，使用像“若其夫逃亡不还，例准告官改嫁”[18]、“夫管业必以印契，家谱例不为凭”[19]、“且该氏明有丈夫，匿不出名，胆以妇女主讼，尤干例禁”[20] 等那样的取意或暗示的文体的也有很多。还有，“女得绝产，理之当然。母以产陪嫁，例所不禁”[21]“出妻例令大归。并无告官嫁卖之文”[22] 等，强调法无规定的侧面也可作为引照法律的例证。从上述引文中可见，“例”这个字，以及“例禁”“定禁”等惯用语，是在提及国家法规时喜好使用的用语。笔者在对这些判语中

[16] Wen-yen Tsao，“Equity in Chinese Customary Law”，in：*Essays in Jurisprudence in Honor of Roscoe Pound*，Indianapolis/New York：Bobbsmerrill，1962，pp. 21-43. 在本书校正中方才得知这篇论考的存在，实为笔者的怠慢。

[17] 关于判语，参照前注（4）论文第一节。以下将“批”和“判”合并作为史料。

[18] 《槐卿政绩》卷四 11b。例，是指《户律婚姻・出妻》条例二。

[19] 《槐卿政绩》卷六 19a。例，是指《户律田宅・盗卖田宅》条例八。

[20] 董沛：《吴平赘言》卷一 6b。例禁，可能是指《刑律诉讼・越诉》条例七。

[21] 《讲求共济录》批词 65a。

[22] 钟体志：《柴桑庸录》卷二 5a。

对国法的引照作了某种程度上比较广泛的查检之后，作为对其结果的综合性意见，以为可以归纳为以下几点：

第一，绝不是所有或大多数案件中都引照国法。从数量上看，未提及国法便得出结论的案件更多。正如众所周知的那样，由于可成为民事法律渊源的国法条文数量极少，并且在如后述听讼的场合，对于属于州县自理范围的轻罪通常不另行拟律，所以这种情况是理所当然的。

第二，在判语中所引照的国法，具体地说，大体上仅限于《大清律例》这唯一的一部法典[23]。清朝虽拥有从《大清会典》《会典事例》，到各部的《则例》等很多法制编纂物，但它们在判语中被引照之处却几近于无[24]。某些单行立法并非没有被引照过。例如：

钦遵雍正四年谕旨："年久被失之地，所有无凭词告，该衙门俱行注销"[25]。

所有新涨地亩，着援照乾隆五十七年议定拨补之例，各归各号，拨给业户领种[26]。

查乾隆三十五年定例："典契十年以外补税"。又善后局新章："凡承当并拨各约据，照买卖田房，一律纳税"[27]。

---

[23] 作为对大清律例简便的解说，参照滋贺秀三："清朝的法制"（坂野正高等编：《近代中国研究入门》，东大出版会，1974年）。

[24] 道府一级的判语中，作为对官员的处分，有引用《处分则例》的例子（《徐雨峰中丞勘语》卷三18a，"徐天禧捏造文册案"）。

[25] 董沛：《吴平赘言》卷二4a。

[26] 李钧：《判语录存》卷三4a。

[27] 熊宾：《三邑治略》卷五3b。这则乾隆时期的定例的条文，在大清律例的各种私版本的《户律田宅·典买田宅》的上栏中可以见到。这当然是某件长文件的节略，但笔者尚未能找到原文件。或许，熊宾本身就只是从律例的私版本中引用的。《三邑治略》卷五15a中还有"虽定例有十年以外补税一条"，也是同样。

迎神赛会等项，教民免其派费。前经总理衙门，通行直省晓谕在案[28]。

以上都是这方面的例子，实际上，这是笔者迄今为止所检索得到的全部例子，应当说，其引照频度是极低的[29]。除此之外，可以看到若干引照地方法规——如加以编纂，就成为《省例》——的例子[30]。另外，一些虽然并不逐一核对原文，却作为官员的常识记在心里的行政惯例，被以“例”的用语而提到的情况也不少[31]。不言而喻，这里有笔者忽略和查找不详尽的可能，然而大体上，可誉为“六法全书”的《大清律例》，作为民间诉讼处理者的参考，其用途基本上仅限于这种程度。与此相对，南宋时期的法典几乎都未能流传到今天，但是在南宋的判语集《名公书判清明集》中，却可以收集到很多从其他地方无法得知的、相当重要的民事法规，然而，如果我们对清代的判语也寄

[28] 《汝东判语》卷三 12b。

[29] 此外，《汝东判语》卷二 5a，“王启等呈词判”中可见：“乾隆四十年钦遵高宗特旨，准以独子兼承两房宗祧”，这一内容被户律户役“立嫡子违法”条例五所吸收。戴兆佳：《天台治略》（康熙五十八年至六十年的判语）中可看到：“本应接照新律究拟”等提到新律的话（卷三 22b，及 32a），这是指康熙年间频频出现的新条例。及至雍正时期，被加以整理，确定为大清律例。

[30] 根据《汝东判语》卷三 1a，“曾正秀等呈词判”中的：“例载：军户准买民田。一律过割完粮”，及同书次件，“曾正秀等续呈判”中的：“军户自置民田，一律税契，业经罗前任禀藩宪，查照定例，详蒙抚宪批饬通行”（卷三 2b），可知为江西省的立法。董沛的《晦暗斋笔语》卷一 2a，“熊申阶等呈词判”中有：“例载：水冲沙壅田地，必须逐亩履勘，逐亩试掘。如淤积不厚，未能挑复，即干游惰莠民，有心荒芜之咎。如或淤积果深，详情豁免”，恐怕是同样的情况。

[31] 例如，《汝东判语》卷二 18b：“窃盗之案，典史例得查究”；《讲求共济录》堂断 21b：“查民间有父母者，其子不得自专。故凡买卖不由其亲，即为盗买盗卖，犯必重究。此定例也”等。

予同样的期望，结果却只能令人失望[32]。

此外，在清代的“刑案”类书籍所收的刑事案件中，围绕拟律的适当与否——换言之，即量刑的妥当性——的议论中，引照成案、即判例的频度很高，与此正相反，在判语中，有关事案的民事处理中引照任何审判先例的，却仍然是几近于无。光绪初年历任江西省各地知县的董沛，驳回了一个因弟无子而亡后，其寡妻对立堂侄为嗣不满，认为应立兄之子为嗣而提起的诉讼。在驳回诉状的“批”语中指出：“咸丰中湘阴县副将周清元阵亡。其妻柳氏已立堂侄继熊为子。其后周南汀欲伊兄子入嗣，与之争讼。鄂抚胡文忠公批饬该县，立将周南汀严行惩处。此旧案也。……有例可据，有案可援。即使依法惩治，以正风化，亦何所惜。”这种援引因其仅见而引人注目[33]。确实，官员们之间会自然而然地交流有关审判的信息和经验，但这样虽然可能形成某种程度上的世间通行的观念，却完全不存在产生确定的判例法的基础[34]。

---

[32] 从清明集中收集当时的法规的工作，除仁井田陞的“清明集户婚门类之研究”（仁井田陞：《中国法制史研究（法与习惯，法与道德）》东大出版会，1964年所收）以外，还有徐道邻的专论“宋律佚文辑注”（徐道邻：《中国法制史论集》台北志文出版社，1975年所收）。将两个朝代的判语合起来看，不能不得出较之清代，宋代的民事法规内容更加丰富的印象，但分析性的研究不得不留待以后的机会了。

[33]《吴平赘言》卷一5b，“彭大受呈词判”。董沛还提道：“略卖子妇，皖浙成案”、“嘉庆二十二年部驳皖省成案”、“嘉庆十九年河南成案”（《汝东判语》卷一4a，卷二5b、7a），但都属于刑案或礼部的行政先例。

[34] 胡学醇（秋潮）的审判实话集《问心一隅》中，有一篇题为“控欠别断”的（卷下26a）讲述了一个诉讼事件。有个老掌柜为一家在各地拥有十余家分店的店铺作工，使用了店里的五百余两银子而无法归还。考虑到老人为人诚实，事情又情有可原，遂裁定雇老人的五个儿子在分店干活，扣除每人工资的一半偿还其父所使用的钱，店铺的年轻主人接受了这一裁定而使事件得以了结。有人称赞这是贤明的审判，对此，胡学醇回答道：“无奇也。昔日姚实甫观察，令武进时，有控欠者，与此案大同小异。余特仿其意而行之尔”，即是对前人的审判经验的学习。

如果用对清代的此种状况已司空见惯的目光再来回顾一下《元典章》，看到当时曾相当清楚地存在过由中央政府统一包括民事案件在内的判例这种努力，就会产生一种新鲜感和惊异，引人注目的是，在同一个中华帝国的大框架中，时代特征也是会发生推移的[35]。总之，我们审视大清律例，感到其中民事法律渊源的不完备和模糊，完全可以将其视为清代民事法律渊源本身不完备和模糊的表现。

第三，引照国法，未必意味着法官严格地受到法律条文的拘束。首先，如说到国法的刑事方面，在不少情况下，即使是依照法律应处徒以上刑罚的事件，也并不依狭义的刑事程序向上级报送，而是或依州县权限内的裁量处以轻微的惩罚了事，或者在劝戒今后不得再犯之后放免。关于这一点，中村茂夫氏曾以诬告罪和威逼致死罪为例，作过详细的研究[36]。

此外，将律例的刑罚规定限于笞杖枷号的刑种正确拟律的例子，在判语中只有极少的数例。而且基本上都是上级向下级移交的案件，因此必须由下级向上级报告[37]。另外，判语中除了枷号或杖责（法律上的笞、杖，实际上是用称作“板”的刑具打臀、股部）外，还可以见到课处掌责（以掌打脸颊）、敲手心（用称作“戒尺”的刑具打手）、“罚”即罚金等的例子，特别是

[35] 笔者在接受本文的约稿时，实际上是构思对宋元时代与清代作一比较研究的，但着手时发现篇幅和时间都远远不够。所以只好留待以后再完成了。

[36] 中村茂夫：《清代判语中所体现的法的适用——特别是围绕诬告与威逼人致死罪》（新潟大学《法政理论》9卷1号，1976年）。

[37] 《雅江新政》看语30b，“祝丹徐控曹万斗案”——依侵占他人田宅律杖六十。《府判寻存》卷一36b，“道光十九八月二十五日奉督宪批一案”——依不枉法赃杖七十。《诚求录》卷四8b，“报明男命等事”——依诬告条例十杖八十。同书15b，“变计卖饷等事”——依重复典卖笞五十。同书23b，“诡占混断等事”——依盗卖官田律杖一百。等等俯手可拾。全部是上级批发的案件。

杖责和掌责不胜枚举。大多数情况下，并不说明其法规上的根据。由于掌责等那样的刑种，其名称本身都是法规上根本不存在的，当然不可能表示其法律根据。而知州、知县作为地方行政官，如果认为有履行职责上的必要，随时都可以起用类似枷号以下的体罚这类强制手段，这是作为其权限得到承认的。在审判中也同样使用这种手段。因为轻微的犯罪以此即可处理完毕，没有必要再进行正规的拟律。应该看到，在这一范围内，律例关于枷号笞杖的罚则，仅有指明某行为属轻微犯罪及起警告的作用，实际上一般没有发挥作为量刑尺度的作用[38]。而且，一方面，为律例所规定的轻微犯罪实际上也并未全部成为体罚的对象[39]，另一方面，又承认一些类型的行为虽然并无法律规定，却无论如何应受到体罚[40]。所以，何种行为应受何种惩罚，最终是听任作为法官的地方官裁量决定的[41]。

---

[38] 当然，在重罪案件中，对从犯等处以枷号以下的罪，属于正确拟律，在上司作为刑事事件命令调查的案件中，即使对所有犯人都处以枷号以下处罚，回答上级的询问时仍以为属正确拟律。《纸上经纶》卷一所收的案件中可以见到这样的一个例子（18a“宦蠹镶诈等事”等）。这意味着，在州县权限内结案的时候，（枷号笞杖）实际上一般没有起到作为量刑的尺度的作用。

[39] 例如“凡典买田宅，不税契者，笞五十。契内田宅价钱一半入官”等规定（户律田宅·典买田宅律）。白契被发现后补税，即命其从即时起纳税的情况较普通。虽然极罕见，也确有田宅价钱一半入官的例子（《诚求录》卷四32b，“假契伙占等事”），但受到笞五十等体罚的例子却绝对不曾见到过。户律婚姻·男女婚姻律的“而辄悔者，笞五十。……若再许他人未成者，杖七十”等规定也是同样。

[40] 例如，对于既非严格意义上的诬告、又实属无理的健讼行为，往往有施加体罚的倾向。

[41] 宽严依法官的为人而有所不同。乾隆年间作凤翔府知府的康某为人仁慈，体罚通常仅只打三下而已，因而其“康三板”的诨名广为流传（《府判录存》卷五86b）。反之，道光年间直隶省获鹿县知县甘崇敬，见人即以叩八百板为恐吓，被称作“甘八百”（桂超万：《宦游纪略》，近代中国史料丛刊第81辑810卷四2a）。胡学醇曾在谈到其经验时说，对偷割了几把稻穗而被捉拿送官的盗贼，一般痛打一顿了事，但他认为与其打不如枷，与其在一处枷号十日不如一日内在四门游街示众，如此考虑处置之后，因偷割而被捉拿送官的盗贼顿时绝迹了（《问心一隅》卷下，“治小窃”10a）。这说明，惩罚的手段是有较大幅度的选择余地的。

从国法的民事法规的这一方面看也是一样。例如，对于二重婚约，法律始终视前约有效，后约无效，规定如果订有前约的男方不肯放弃其主张，那么，即使后约已履行、甚至已经成婚，也必须将该女子判归前约的男方，然而尽管如此，实际上，承认后约为既成事实，以金钱赔偿解决问题的例子屡见不鲜[42]。同时，法律虽然规定，卖休买休（离婚的买卖）即将自己的妻子卖与他人为妻的行为，在必须受到处罚的同时，该妻子既不得判归本夫，又必须离开后夫返回娘家，实际上，却可以见到根据具体情况，以追认妻子与后夫的关系结案的例子[43]。还有，规定有关家产分割的纠纷出诉期限的条例等，甚至令人怀疑其存在是否几乎已经被遗忘了[44]。

另外，某些要件虽然已有法律条文加以特别规定，（法官）却未必一定受该特定要件的拘束，在此，还可以看到将盛行的法的精神加以一般化、作为判断基准的现象。道光年间陕西省凤翔县知府邱煌的判语中有一例，某人无子而亡后，同族之间发生继

---

[42]　《徐雨峰中丞勘语》卷四 60a，“黄氏告黄讲等案”，《府判录存》卷三 98a，“道光二十年三月初二日山西稷山县民韩四子具控郿民刘吉等一案”等。

[43]　《判语录存》卷四 8a，“已卖复讹事”，《槐卿政绩》卷三 15b，“活割事”。不仅是在地方的州县，刑部也是同样。George Jameson，*Chinese Family and Commercial Law*，Shanghai，1921，pp. 134-135 以及注（13b）前揭 Tsao 论文 35—36 页所译出的《刑案汇览》卷七 25b“居丧改嫁由母主婚酌免离异”（嘉庆二十一年说帖），是刑部现审之案，律例馆反驳了担当该案的江西清吏司的处置（在这一点上，Jamieson 与 Tsao 都有误解之处），认为，江西司的处置断令居亡夫丧中、由母主婚改嫁的妇女离异归宗，虽然确属“照律办理”，但考虑到本案的各种情况，使其与后夫离异不尽合理。结语说：“查本部办理现审，有因贫卖妻，律干离异，仍酌情断归后夫完聚者。似可仿照办理。将该氏断给后夫任统信，领回完聚。”所以，与居丧改嫁、卖休买休同样，“离异”的规定也未必是强制性的。

[44]　户律田宅·典卖田宅条例一：“告争家财田产，但系五年之上……不许重分再赎。告词立案不行。”然而，不仅在判语中提及此条例的绝无所见，而且，还有如正文中事例（12）那样，不用说五年，三十六年后才提起诉讼，并得到审理的例子。

承之争，邱煌以“俱系争继之人。照例不准承继”为由，将争讼的二人都排除在继承人之外，而另外选择了第三者[45]。这里所说的“照例”，显然是指“因争继酿成人命者，凡争产谋继及扶同争继之房分，均不准其继嗣。应听户族另行公议承立”[46]这一条例，但却无视该条例开头的“因争继酿成人命者”这一限定文字，而将其灵活运用到普通诉讼中，变通采用了取消争继者双方的继承资格的意思[47]。

道光末年，山东省博平县知县胡学醇在任期间，斗行（官方承认的谷物商行会）告农村的某大家族囤积居奇。胡学醇判断，如属“奸民囤积居奇，则例有明禁”，立即前往调查，结果查明实际上只是为自家食用而囤积，于是下判示说此案的贱买贵卖、囤积居奇不能成立[48]。这里，作为“例有明禁”所考虑的，不过是“五城平粜米石时，（长文中略）各铺户所存米麦杂粮等项，每种不得过一百六十石。逾数囤积居奇者，照违制律治罪”[49]这一条例。这只是一个关于在五城即北京城内进行平粜，即放卖官米的时期，禁止商店囤积超过一定限度的规定，而条例中那些关于场所和时期的限定，在地方官的头脑中完全被置之度外了。

此外，在判语中还时常可见将“本利滚算”（利息亦归入本金重复计算利息）、“准折地亩”（以土地抵债）都责斥为“例

---

[45]《府判录存》卷三 1a，“道光二十二年二月初八日，薛福凝一案”。本案是同书卷二 52b，“道光十九年十二月十四日，薛福凝一案”的重提。

[46] 户律户役・立嫡子违法条例六。

[47]《判语录存》卷三 58b，“不为胞兄立嗣”中的“积有讼嫌，例不取继”也是同样。

[48]《问心一隅》卷上 11a，“斗行公禀”。

[49]《户律市廛・市司评物价》条例一。

禁”的行为的话[50]。然而，对此作出直接规定的条文却无法确定。“准折地亩”，大约通常是指在制作买卖契约时虽然写的是已收到货款，但实际上并未支付货款而以债务相抵这种方法，所以可能考虑的是对“虚钱实契”的禁止[51]。或许，这里是必须特别提出的问题。至于“本利滚算”（同“推利作本”）是引用了“放债之徒，用短票扣折，违例巧取重利者，严拿治罪（下略）”（《户律钱债·违禁取利》条例六），而解释说：“推利作本，换写借券，即与短票扣折无异”[52]。其最后一点，确实可以视为把法的精神加以一般化的一个例证。

总之，从上述情况看，通常，法官在听讼时一般需要考虑国法中有哪些可作为其判断基准的条款。但是，“所有判断都必须根据对国法的解释才能作出”这种思想方法，从根本上是不存在的，而且，并不认为判断必须受每一条法律条文的严格制约。光绪时代的方大湜所说的“自理词讼，原不必事事照例。但本案情节，应用何律何例，必须考究明白。再就本地风俗，准情酌理而变通之。庶不与律例十分相背。否则上控之后，奉批录案，无词

[50] “查李廷株账债滚利，准折地亩，本干例禁。念已身故，姑免深究”（《府判录存》卷一 50a），“姑无论本利滚算，有干例禁。即账债折业，亦属不应”（同上，卷三 40a），“本利滚算，准折地亩，姑念乡愚未谙例禁……”（同上，卷三 50b），“且以账债滚利作本，抓典地亩，更干例禁”（同上，卷四 68b），“在他人借贷，尚不应准折庄田。岂兄弟通融，乃反可强踞产业”（《徐雨峰中丞勘语》卷三 64a）等。

[51] 户律田宅·盗卖田宅律：“若虚（写价）钱实（立文）契典买……罪止杖八十徒二年。”另外，判语中可以看到一个例子，购买已向第三者出典中的土地，虽然仅支付了卖价与典价的差额，却在契约中写卖价全额交清，被判决为“系属虚价实契。有干例禁”（《府判录存》卷二 80a—80b）。凡契约中记载的价金的全部或一部分没有以现金实际授受的情况，都属违反例禁。

[52] 《府判录存》卷一 55b。

可措矣”，恰到好处地说明了这种实际情况[53]。

四

在许多情况下，“理”与“情”都是在上述方大湜所说的“准情酌理”（或大同小异的同义语“准情度理”“衡情酌理”等）这类用语中，以及作为名词而组成的“情理”这一词而使用的。在分别考察这两个字之前，首先来看一下其连用形式。不过，其含义与其用抽象的定义，不如通过实际的使用事例来体会更为合适。下面，且试举若干从作为民事法律渊源的角度看有意义的该用语的案例。

（1）A以田四十石作抵押向B借银四十两，年息八两。B告A只在前三年支付了利息，以后，本利都全未支付。知县认为，虽然应将指定为抵押物的土地交付B，但与四十两相比，四十石田价值过高，因此下判称：“今本县斟情酌理，断令”A向B交付契文所记的四十石中的二十二石，其余十八石仍留给A。并判示曰，如此即可“情理两平”[54]。

（2）谢姓家族有一块祭田，年地租收入二百余桶。族人A在获得武生资格后，让其祖父同族众商量将该族田中的三十桶分给自己作为奖学，并主张从此自己永久管理该土地。族中反对者很多，数次在县里告状，最终上诉至道台。道台审查了县里送上的卷宗——似乎没有传唤过当事人的迹象——作出了判断。判语首先讲了一番一般的道理，指出，以祭田收入为资金来源，援助族

[53]《平平言》卷二，“本案用何律例须考究明白”63b。

[54]《天台治略》卷三15a，“一件负噬吞占等事”。A胡名世，B叶中观。

中有志读书者，使贫穷者获得祭田一、二年的收益，“此敦本睦族，鼓励读书之意。情理当然”。然而一旦入学，马上让族人将族田的一部分分给自己作为永久财产，则“情理之所不顺”，必招至争讼。即使A所主张的协议真正签署了，“而一经控断，尚当改正息争”。接着详细指出证据上的疑点，驳斥了A的主张，并斥责其健讼，命惩之以戒朴五十板[55]。

（3）陈姓兄弟二人AB未曾分家，其中A已死亡，无子留一寡妻，而B夫妻双亡，只留有一名七岁男儿C。A的寡妻招朱姓D为后夫再婚，C由D夫妇抚养，不久C被寄养于其舅父家。C长到十六岁时，提起诉讼，要求D返还其伯父和父亲的遗产园、屋（菜园、果园及住宅）。D答辩说，他在结婚时两家亲属间曾达成协定，由将来所生之子为嗣，据此协定已为所生一子取名陈E，并将E作为A的继嗣者写进了A的牌位，而且，园屋中园地本已出典，是其用六十两银子赎回的。知县判C与E均分园、屋，D扬言C如不偿还赎回园地所需的三十两银子，就不交出园屋，结果拖了三年仍未解决，上诉至道台。道台仅进行了书面审理，就以对知县发指示的形式作出了裁断。首先，认为虽然说E的改姓继嗣是根据A的临终遗嘱，但“独不思朱姓之子，何可以继陈姓。……即果有之，亦乡愚至无知之鄙见。朱叠何得执为把柄”。而C是因被虐待而寄养于舅父家，所以并未受D的抚养之恩。E与C既非亲属，亦非同族。指出，知县如此不近情理地将二人视为堂兄弟，命其均分财产，“名正言顺之谓何，天理人情之谓何”，因此审判是不当的，至于偿还六十两银子的一半的主

[55] 《徐雨峰中丞勘语》卷四12a，“永定县生员谢润堂告谢崇达等案”。A谢润堂。

张，“似属情理”。但D多年居住、管理该园屋，其房租和收益积累起来估计差不多可以相抵了。虽然本来应如此断定，但念D维持园屋并未将其私自卖掉，良心未泯，所以免其相抵，而限定C在一定年限内以六十两银子将园赎回。同时，命D将居住的房屋连同院内的果树一同立即交还C，E恢复朱姓，从牌位中除名，由C继嗣A[56]。

（4）由上属衙门命令知县审理的案件。A从家境贫困的B夫妇那里买其独生子C为仆。契约上记明身价银为三两。后因B死亡，B的兄弟等人为了让C参加其父的丧葬，不顾A的反对将C带回。B的寡妇想将C之身赎回，留在身边。A告其诱拐，B的寡妇则争辩说契约是伪造的。知县确认契约是真的，而且并非“按”（典的别名），而是卖。但是考虑到C是寡妇的独生子，因此恩准以原价买回。关于身价，A说是契约上记明的三两银子，而寡妇则说实际上只收到七钱。查俗例典卖人口，加写契价，事虽常有，亦未必四倍其数。因A养育C多年，B的寡妇想仅用七钱将其买回，“殊非情理”，所以应依契约偿还三两银子。知县如此拟案后，报上级机关请求裁决认可。[57]

（5）A之父因失明，将家产的管理委托于A的岳父。后者临终时，曾叫来A夫妇及自己的儿子B，交代了账簿，作了结算。后来，A告B，主张经计算当时B曾接管了五百八十千文钱。当时已时过二十年之久，没有确凿的证据。知县考虑到两家是亲戚，B家计丰厚，断令B慷慨援助A。向府上诉后，知府认为县

[56]《徐雨峰中丞勘语》卷四91b，“陈阳告朱叠等案”。A陈学，B陈同，C陈杨，D朱叠，E陈厚。

[57]《诚求寻》卷四1a，“拐窝谋夺等事”。A区之甲，B黄之丁妻某氏，C亚某。

的裁断“尚属情理”，命 B 援助 A 五百八十千文钱的一半，即二百九十千文钱[58]。

（6）ABC 兄弟三人中，只有 A 有一子，其余均无子而亡。同族中有二人分别主张曾被立为 B、C 之嗣，并提交了其他同族作为证人联名签署的嗣单为证。C 的寡妇说，其夫生前曾决定委托由 A 的独子兼为 BC 之后，即所谓兼祧，而立该二人为嗣之事，既未曾听说过，也并不希望如此。知府发现其中一人应考科举时提出的祖父三代的记载中记明了亲祖亲父，而并无嗣父之名，于是将此证据，以及两件嗣单均为同一人的笔迹的事实摆在他们面前，断定两件书证都是伪造的。指出二人竟以此为证据，欲夺寡妇的立嗣之权，这样平素都没有感情的人怎能立嗣为后，“准情揆理，两无一可”，驳斥了二人的要求[59]。

（7）A 与 B 曾在一个时期合伙经营，在此前后 B 从 A 处借了几笔钱。A 临终之际向在场见证人出示了账簿，并向儿媳 C 移交了债权（当时儿子外出不在）。其时曾叫 B 到场确认，但 B 却避而不见。其子返回后，与 B 交涉，也始终未得到解决。不久，A 之子死亡，B 越发装作若无其事，于是 C 先赴县告状，后又上诉到府。知府经过调查也无法准确把握真实情况，因为 B 持有道光十年正月合伙关系清算完毕的契约，而 C 也确实有账簿为证，二者都不能完全无视。于是，知府断曰：“唯于两家所执簿据，折衷定断，庶得协于情理之平乎”，命 C 放弃道光十年正月以前的债权（虽然可能有合伙关系以外另行发生的债权），在此以后发

[58]《判语录存》卷一 33a，“钱债事”。A 周景锡，B 乔理邦。

[59]《府判录存》卷二 58a，“道光十九年十二月十六日，崔彦芳一案”。A 崔崇德，B 崔顺德，C 崔成德。

生的债权合计一百四十吊钱，扣除已支付的二十吊（尽管双方对其意义尚存争议）充作还款，作为让步再从差额中减去二十吊，由B向C支付一百吊钱[60]。

（8）已定婚的女子A患重病时，接受了有医疗经验的男子B的治疗，并对其产生了热烈的感情。而A之母也因家贫无力支付B所要求的诊疗费，希望如果A与B结婚即可用聘礼与诊疗费相抵，以致两人之间发生了事实上的关系。至此，住在邻县的A的未婚夫才知道事情的经过，急忙提出诉讼。在法庭上，A表明如不能作B之妻，唯有一死，此意决不动摇。知县认为，“律宜执法，情可通权”。如果依律命A与B离婚，说不定会引起自杀。而如果变通一下原则，则“转觉准情近理”，于是命B向A的未婚夫支付作为杖罪赎金的十千文，并加倍返还聘礼三千文，追认了A与B的婚姻[61]。

（9）寡妇A有五女无子。立亡夫的胞侄为嗣，并立约分别分给每个女儿土地若干。后来A因水灾家境衰落，于是在族众的见证下，与五个女儿谈话，将已分与的土地一律削减，各收回一部分。长女B的土地由地租六石五升减为四石三斗，B之夫不服，遂持已成为废纸的契约前去告状。知县认为，五个女儿的土地一律都已削减，况且B并未声言不服，作为其夫，分得妻子娘家的财产不但不念其恩惠，反而得陇望蜀，“殊非情理”，驳回了其起诉[62]。

（10）兄与妹争讼。妹妹出嫁时，由父亲分给七亩三分田作

[60]《府判录存》卷四22a，“道光二十年三月初八日，李王氏一案”。A李成陵，B邵登福，C李王氏。

[61]《槐卿政绩》卷二20a，“灭约废婚事”。A王氏，B潘景魁。

[62]《槐卿政绩》卷六29a，“遵批呈字事”。A王黄氏，B瑞容、其夫张仰仪。

为陪嫁，该土地的所有人和纳税人的名义都变更为其夫家。后来（大约是下述的祖母死亡后），妹又从其兄处买田二亩七分，名义尚未变更。祖母死亡后，兄因家贫为丧葬负了债。该兄为了收回其妹的一部分陪嫁财产，寻找借口提起诉讼。知县认为，妹妹受父恩曾分得田产，为祖母丧事尽力援助，“本在情理之中”，但不容许兄争夺妹妹的陪嫁财产，因此，命将妹妹已买、但名义尚未变更的二亩七分田归兄所有，也就是将已支付的地价作为祖母的丧仪援助其兄[63]。

另外，在一件诉讼中，关于某一部分事实的判断或中间性判断里，提到情理之处也不少，例如以下案例：

（11）A 娶 B 家女为妻，后 A 失踪，生死不明。A 母遂提议，由 B 家择人，改嫁 A 之妻。双方约定，将后夫支付的礼银转交 A 家，用以偿还初婚时的聘财，然而，B 家以其中一部分已充作改嫁妇人的衣服费用为由，未如数转交 A 家，因此引起争执。特别是 A 之弟固执地寻找借口，试图获得高于原约的礼银，因而由纠纷导致诉讼，直至上诉到道台。道台的审判主要是以惩戒 A 之弟的健讼而结案，但作为前提，认为，A 母在其子生死不明，家贫难以度日的情况下，让儿媳改嫁，实为不得已，“而亦不悖乎情理律例者”[64]。

（12）ABC 三兄弟分家 36 年后，A 之孙借口分家时有一部分财产未分割，一直被 B 所独占，向 B 寻衅争执，后经亲属族人调停，决定由 B 父子出于情谊，以高价从 A 之孙处购买土地了结此事。后来，A 之孙却又旧事重提，再起纠纷，九年后审判提到府

［63］《汝东判语》卷四 18b，“陈协恭等控案判”。

［64］《徐雨峰中丞勘语》卷四 79b，“蔡仁告张英等案”。A 蔡才、其母陈氏，B 张某。

里。A之孙的论据之一是主张，如果B不是心存内疚，绝不会以高价购买其土地。知府认为，作为B之子，在堂兄之子不务正业而落魄，垂涎于自己积蓄的财产并挑起诉讼之时，在亲友调停的情况下，考虑到如保全友爱，可永绝争端，所以同意高价购买，这“实属天理人情之常”，不容怀疑，因而斥责了A之孙的论据[65]。

此外，情理一语不是作为规范性判断，而是在事实情节上，作为判断在常识上可能（或不可能）——也就是所谓经验法则——的意义上也经常使用，但因与本文论题关系不大，暂且置之不论[66]。

从上述案例可以看出，“情理”一词的作用，既有强行性公序良俗的意义［案例（2）（3）（11）］，又被作为妥协分担损失的折中手法而使用［（5）（7）］；既作为保持数量计算上均衡的大致标准［（1）（4）］，又作为不是单单论证权利之所在，而是试图调整社会关系整体的原理而存在［（9）（10）（12）］。情理与法律既有一致之处［（6）（11）］，尽管前者并未明言，又有依情理变通法律的情况［（8）］。总体而言，情理大约只能理解为一种社会生活中健全的价值判断，特别是一种衡平的感觉[67]。必须注意的是，事实上，情理并不被作为习惯，也不是能够进行实证性论证的东西。这一点，可以通过下面的例子而得知：

---

[65]《府判录存》卷一67a，“道光十九年十一月二十五日，马翼一案”。A马健、其孙马翼，B马训、其子马效龙。

[66] 例如，“仇雠相遇，狼狈为奸，此尤情理之所必无者”（《徐雨峰中丞勘语》卷三16b）等场合。

[67] 汪辉祖为戒读书人高谈往古而不省世务，说：“不知，通人云者，以通解情理，可以引经制事”（《双节堂庸训》卷五，“读书以有用为贵”）。认为读书如果不与通解情理、即与现实社会的良知相结合，就失去了意义。

（13）雍正初年四川省洪雅县的一个案子。黄姓 ABC 原为一家，当时已分家，但其中只有 A 真正具有黄姓血统，BC 都是赘婿之子而改称黄姓的。其先人（可能是 A 的祖父）将家产均分给三人，每人各分田九斗。近年来官方检地时发现，三人所有的土地都远远超过了九斗之数。A 主张，因为其先人分给 BC 的只有九斗，所以超过的部分都应为其所有，而 BC 则说当时为“三分均分”，与 A 发生争执。知县虽然认为证据不足，命其维持现状，但在判语的末尾写道：“夫嫡子与异宗，平分产业，非情理之正也。洪邑陋俗相沿。但可严禁其未来，不能悉追其已往。则照旧管业，亦息讼宁人之一道也夫”[68]。在此，情理之正与洪邑陋俗即习惯，不如说作为规范与事实处于对抗关系之中[69]。

国法是成文的、实定性的判断基准，与此相对，情理则既没有成文、先例或习惯等任何实证基础，也完全不具有实定性，在这个意义上，只是自然的判断基准。如果套用日本的制度，姑且相当于“条理”。现有梁启超所作的注释：“条理者，日本法律上专用之一名词。裁判官于法文所不具者，则推条理以为判决。如我国所谓准情酌理也”，就是以中国人司空见惯的准情酌理一语来说明日语中的“条理”[70]。

然而，条理与情理之间存在微妙的差异。明治八年太政官布

---

[68]《雅江新政》审单 57a，“黄世孝控黄世礼卷”。A 黄世孝，B 黄世礼，C 黄世忠。

[69] 关于这一点考虑在滋贺：《作为法源的经义与礼，以及习惯》，载《清代中国的法与审判》中再度论述（351 页）。另外，同书所收事案中也可以看到许多其他背离父权制原则的现象。可以认为，这是当地的风俗习惯。在这个意义上，《雅江新政》是很有趣的史料。

[70] 梁启超：《中国成文法编制之沿革》，台北，中华书局 1957 年版，第 12 页。另外，中国语中，“条理”这一惯用词是在整然有序的意义上使用的。《平平言》卷一，“有条理”42a：“事不论大小，总要有条理，无条理则乱次以济。韩信将兵多多益善。不外分、数、明三字。”

告第103号裁判事务心得第三条中说："民事裁判中如无成文则依习惯，如无习惯则应推考条理进行裁判"，虽然，我不了解近年来民法学家围绕这种条理讨论的详细情况，但至少笔者在学习民法时，"推考条理进行裁判"，只是指根据著名的瑞士民法典第一条之规定，依据"自己作为立法者就会定立的法规"进行裁判而已[71]。也就是说，虽然条理与情理在作为无实定性的判断基准这一点上相同，但前者毕竟是建立在以规范的严格规则形式（rule）为参照、并有力图发展到这种形式的指向这一思维结构之上的。与此相对，在情理中，除所包含的公序良俗因素作为一般条款的问题有所不同、这里暂且不论外，这种规则的指向性很微弱。相反，情理中浓厚地体现出来的是，给予眼前的每个当事人各自面临的具体情况以细致入微的考虑及尽可能的照顾。一方面，这可以说是作为情理构成要素之一的"情"的作用使然，但必须说，从起因上，更根本的是因为审判本身的性质不是根据确立的规则（rule）来判断权利（这是从人与人之间关系的整体中抽象出来的、并与这种整体相对隔离的要素）的有无，而是试图全面调整人与人之间关系的整体。

情理不过是一种修辞，并非具有明确定义的术语。法官并非只是根据某种特殊的意图，在某些场合使用这一用语，而在其他场合避免使用。无论口头上说与不说，情理经常在法官心中起作用。在这个意义上，应该说判语集都是充满这种情理的文章。国家的法律或许可以比喻为是情理的大海上时而可见的漂浮的冰山。而与此相对，西欧传统的法秩序却总是意图以冰覆盖整个大

[71] 我妻荣《民法总则》（岩波书店，1933年）16—17页。

海，当铺满的冰面上出现洞穴的时候，则试图努力通过条理来扩张冰面，以覆盖这些洞穴。这就是二者最根本性的差别。

五

不言而喻，情理是情与理的连用。如果将两个字分开，“理”是指思考事物时所遵循的，也是对同类事物普遍适用的道理。正如“有借必还，一定之理”[72]，“父在子不得自专，理也”[73] 等所说的，有借必还是理，父亲健在时儿子不得私自处分家里的财产也被视为理。前者客观地看，是对所有人，不分东洋西洋都适当的规范，后者，对于生活在过去的中国人来说，也是对所有人——夷狄姑且不论，至少是所有受到王化的人——都适当的规范。此外，从前举事例（3）的文理可以看出，人不能改变自己与生俱来的姓被认为是天理；在说到“（有）无弟债兄偿之理”时[74]，实际上是出于“父债子还”（父亲的债务在其死后应由其子偿还）为天下之理的意识，对二者加以对照。此外，“民间田产典当与人，并无不准出卖之理”，即指人可以向第三者出卖已出典的土地所有权（实质上是回赎请求权），乃是当然之理[75]。这样说到的“理”较易理解。同日本所说的条理——尽管在内容上以什么为理可能有差异——在思考上并无大的差别。

另外，在判语中所见的“理”字，可以说完全没有使人感觉

---

[72] 《问心一隅》卷下 7a。《樊山政书》卷一 10a 中也有：“欠债还钱，一定之理。”

[73] 《徐雨峰中丞勘语》卷三 61b。

[74] 《问心一隅》卷下 35a。“有”字可能是误为衍生。或许是“到底有无……之理？”这种语气。

[75] 《府判录存》卷五 46a。

到朱子理学中的那种哲学性意味[76]。因此，在听讼的场合，并没有表现出强人所难的严格主义要素。这一点，作为一般印象几乎可以断定。

“情”字的含义及其作用则颇具多面性，因而难以说明。而且，可以说这正是解明中国的“情理”一词之关键所在。情字有指情节、情况等事实关系的含义。在英国人所编的辞典中，被译为 circumstances。刑案类中的“情罪未协”（犯罪情节与刑罚略有不合）等所说的情，就有这方面的意思。虽然一眼看去相差悬殊，但这种含义的“情”，实际上与作为判断基准的规范性的“情”，有着深刻的联系。也就是说，在判断之际，不能将作为直接对象的事实和现象孤立起来，而必须将其置于与作为背景的各种事实和现象的具体关联中，加以同情的理解和评价，这种要求就体现在“情理”一词的“情”中。判语中所说的“夫大小之狱，必以其情，戴氏悔婚矣。亦察其悔婚者何情耶”等，就可以看作是这种作为沟通事实与规范评价之间桥梁的用语之例[77]。

情本来有“心”的意思。然而这里——特别是在说到“人情”时——通常照例是指活生生的平凡人之心。一般，人们通常

---

[76] 根据《判语录存》边凤翽的序，著者李钧“既已长成，乃以理学为宗”，但从他的判语中，并未特别感到这种个性。不懂朱子理学的人也并不会对此感到难于理解。或许，创立这种常识性的“理”的概念，并使其得以流行的，从根本上是宋代理学使然，笔者对此不甚了解。

[77] 《徐雨峰中丞勘语》卷四 3b，“林禋告苏送等案”。一男子隐瞒其前妻因与婆婆关系恶劣、留下一女而自杀的事实，假装初婚，并且年近五十而诈称二十八岁，甚至改变姓名，以亲属为媒人向某女子求婚。当女方家提出希望让女婿从市场中走一趟以便见其一面时，该男子又勾结媒人，指认他人骗女方相信，通过这些手段订立了婚约。事后，女方家得知真相，拒绝成婚而提起诉讼，县一级的审判不认可解约，使女方家陷入极端的困境。道台的判语推翻了该县断，对女方家给予了救济。

可以估计对方会怎样思考和行动，彼此这样相互期待，也这样相互体谅，或许这就是“人情”所代表的意思。无论是从好的方面或坏的方面超越或践踏了这种一般人的想法，就是“不近人情”(eccentric)[78]。审判中，同样必须重视这种对一般人而言是正常的、并非不合理的要求。例如，某公有土地上的建筑被判明为违法建筑，因而命将其拆除，虽然约定现居住者可获得很合算的价格的半额作为补偿，但他表示立即搬出有困难，官府认为“此亦人情”，而决定延缓令其搬出的强制执行[79]。一寡妇有婆婆和儿子，但经常不在婆家居住，而逗留于已出嫁的女儿女婿家。其婆婆因而告状，要求禁止该寡妇与其女婿家的来往，此主张被法官斥为“亦殊不情”[80]。

“情”字在像情谊那样的场合，还有人与人之间的友好关系的含义。说到“情面”，是指“给面子”“看面子”所说的脸面；而作为年节或庆贺吊唁的礼物及赠答品本身，也被称为“人情”。裁判应尽可能向着维持、修复人与人之间友好关系的方向进行，而这种要求，是由“情理”中的“情”字承担的。所谓“兄弟之间，情重于法”、“兄弟之间，总当以情胜理”等说法，像口头语一样被加以使用[81]，维持兄弟等亲属之间的友好关系，是特别需要认真考虑的。基本上，审判中常常爱使用的手法是，对无理

[78] 根据英译 H. A. Giles, *A Chinese English Dictionary*, 1892。“恐闽省中无此人情”(《徐雨峰中丞勘语》卷四 78b) 所说的“人情”，是指“常情”“习惯”的意思。

[79] 孙鼎烈：《四西斋决事》卷一 46a，“王珊友批”。这是斥责光绪年间浙江省会稽县请求“派差弹压”的胥吏（可能是）的批。

[80] 《汝东判语》卷二 15a，“乐李氏呈词判”。

[81] 《汝东判语》卷五 14ab。《槐卿政绩》卷三 28b。其他见《四西斋决事》卷一 7a，《天台治略》卷三 13a 等。

的当事人不将其逼入绝境，而给予少许满足；以及在富人和穷人之间尽量让前者作出某种程度的宽容，这也是这种“情”的作用。所谓“略法言情”[82]“格外尽情”[83]，就是指法官的这种酌情照顾，而“情让”[84]，则是指让胜诉者作一部分好意的让步。

综上所述，在法、理、情三者之间，一方面，法是实定的、人为的，而情、理则是非实定的、自然的这一对比可以成立；但另一方面，法和理所相对具有的普遍性、客观性，对比于情所具有的具体性和心情性形成另一种对立。正如“虽于法不无宽贷，而于情似可曲全”[85]、“该氏论理固有不合，论情亦尚可原”[86]、“故以人情通理法之穷耳”[87]等所说的那样，情具有修正、缓和法与理的严格性的作用。在一个案件中，众人公议决定为了防止水灾修筑堤防，但有一个人顽固地拒绝提供自己所有的一小块土地作为公用的堤防用地，众人将此人视为水利工程的障碍而对其进行迫害，结果导致诉讼，知县认为该人“有理无情”，而众人是“有情无理”，作出判决，令提供土地，停止迫害，并惩治了众人中的主谋，于是，“庶情理胥准其平，而争端可期永息矣”[88]。这段话虽然有些技巧性的修辞，但作为表明理与情的对比之例十分有趣。

---

[82]《四西斋决事》卷七 10b，《徐雨峰中丞勘语》卷一 5a，《槐卿政绩》卷六 23a。

[83]《府判录存》卷二 7b。

[84]《槐卿政绩》卷四 15a 等。

[85]《槐卿政绩》卷三 16b，“活割事”。追认了买休（买卖离婚）的既成事实。

[86]《汝东判语》卷二 15a，“乐李氏呈词判”。决定不对寡妇在女婿家长期逗留之事加以不近情理的责备。前注（30）也认为，老掌柜“论理不该，论情尚有可原”。

[87]《徐雨峰中丞勘语》卷二 7a，“复审陈阿谢立继案”。这是在说明审判中有时可以并立二人作为一人之嗣时所说。

[88]《槐卿政绩》卷六 2b，“阻筑坑陷事”。

六

正如以上所分析的那样，理与情既是对立的概念，同时又相互联结、相互补充形成“情理”，即中国式的理智（良知）。因此，可以说这是一种最普遍的审判基准。而且可以看出，其中，正是人情被视为一切基准之首。“王道近人情”[89]“王道本乎人情”[90]“王法本乎人情”[91]等成语，似乎已成为法律实务者的一种口头语。即使是王者尊崇的“礼”，也是体现人情的，而绝不能压抑人情。汪辉祖所言：“且礼顺人情。情之所不可禁，不能执礼以夺之也”[92]，中的“礼顺人情”，就是这种观念另一种经常使用的套语[93]。可以说，不伤害凡庸之人合乎道理的心情乃是王道之精髓。正如沈衍庆恰如其分地指出的：“人情之所便，即王道之所许也”[94]。

---

[89] 《问心一隅》卷下10b，“疯婿退婚”。该审判决定不强求（当事人）与疯病发作的未婚夫成婚、使婚事延期。

[90] 《徐雨峰中丞勘语》卷三69a，“黄香等争继逐继案”。情况与前注（82）相同。

[91] 《刑案汇览》卷四十9a，“两房各为娶妻，后娶之妻作妾”。这一议论认为，对民间实行兼祧的两个妻子，如依有妻更娶律判其离异，有悖人情。而可将后娶之妻在法律上作为妾加以默认。

[92] 《梦痕余录》86a。

[93] 《吴中判牍》24b。亲戚间的男女二人私定终身。女方家提起诉讼，要求制止该男子来访，否则将女儿杖杀。官府判其追纳聘财，认可了该婚姻。该判语中说：“律虽明设大法，礼尤贵顺人情。”后汉卓茂也有“律设大法，礼顺人情”的话（后汉书卷五五，卓茂传）。在汪辉祖的《学治续说》中，也可见到“法贵准情”的相同的话。当新婚者犯过，应处之杖、架处罚时，可以暂缓、延至后日执行。“通情而融法”，被说成是仁人之术。前注（75）和（81）“乐李氏呈词判”中还指出：“此国家体验人情，哀怜无告之意。如第据尊卑名分，以礼相责，往往不得其平者。”名分和礼都应为“平”（合理性）让路。《户律户役·立嫡子违法》上栏辑注中，在说明有关立嗣条例的立法理由时也说：“所谓礼顺人情也。”

[94] 《槐卿政绩》卷六16b，“夺继绝嗣事”。

然而，情理如此广泛地发生作用，绝不是说国法被无视或轻视。康熙年间任两粤巡抚的朱宏祚在一件关于立嗣纠纷案件的判语中，在引用了有关律例后，评释道："律文开载甚明，皆于情理至当"，并指出："凡民间有不公不法之事，官司斟酌情理判决。其有强梁不遵者，依法惩治"[95]。法使情理得以明确化，并赋予其强制力，情理与法决非敌对关系。嘉庆年间的张五纬更加明确地指出："律例者，本乎天理人情而定"[96]。法律本是基于情理而定的，所以依据情理，并不必然归结出无视或轻视法律，两者之间并无逻辑性的关连。光绪年间董沛的判语中，也同样引用了关于立嗣的律例，解释说："此缘人情以定例。即所谓爱继之说也。圣人俯察民隐，于立贤立爱一端，委曲周密。其例视应继为更详"，并向当事人谕示："煌煌律例出自御定。省府各大宪亦必恪遵。南山可移，此判不可易也"[97]。同一董沛还说过："惟夫亡再醮不入禁令。此圣人体恤之情也"[98]。律例是圣人体恤人情而定的，所以当提及时，通常采用"恭绎大清律例"，或"夫大清律例为万世不易之经"等用语[99]。这种思维方式怎么能够被看作"对法的轻视"呢？[100]

即使是人民，也不能说是轻视法律的。从散见的事例中可以看到，在一些作为国法认为不必要介入的领域，人们也经常提起

[95] 《清忠堂文告》卷三8a，"审断严观长承祧"。撰者朱宏祚之名引自京大人文汉籍目录。

[96] 张五纬《未能信录》卷一，"原起总论"1a。

[97] 《吴平赘言》卷一4b以下，"彭大受呈词判""彭余氏呈词判"。

[98] 《汝东判语》卷三5b，"陈王氏呈词判"。

[99] 《汝东判语》卷三19a、2b。

[100] 仁井田陞：《中国法制史》（岩波全书，1963年）中虽然有题为"东洋社会中轻视法律的意识"的项目，但其论旨是支离的并且缺乏具体性。

诉讼或申请，要求国法的介入，我们有必要以不受束缚的眼光来考虑一下这一事实。在一件要求对篡改族谱的行为加以处罚的诉讼中，当事人被斥责道："国家并无此项律文。据何按拟"[101]；一寡妇在改嫁之际，请求与因夫失踪而改嫁那样，得到官方的证明书，这一申请被驳回[102]；还有一例，某地方同族人举行传统的迎神赛会活动，要求改信基督教的人也分担费用，被拒绝后，族人提起诉讼要求取缔基督教，对此，官府引用总理衙门的通告，以"一族之祖规岂能大于一朝之王法"为由，驳斥了当事人的请求[103]。前面引用的婆婆所提起的要求禁止儿媳与其女婿之间的来往的诉讼也属于这一类。正如在受到近代民主主义的深入影响之前，日本民众之间当看到什么不满意的现象时，往往异口同声地说"为什么法律不加以取缔"所表现出的那种狭隘的思想方法一样，这里归根结底应将其视为一种对国法的依赖或利用的心理。虽然，这或许不能称为有较高的法律意识，但至少不能将其说成是对法的轻视[104]。

国家的法律是情理的部分实定化，一般而言，情理所起的作用具有提供线索的性质。因此，法律的条文还需要通过情理加以解释或变通。徐士林对关于婚约中信义诚实问题的律例进行解释时，开宗明义地指出："夫律国法也。即人情也"[105]。大海与冰山的比喻，在此意上也十分贴切。由情理之水的一部分所凝聚成

---

[101] 《晦暗斋笔语》卷一 10a，"魏汝泰呈词判"。

[102] 《晦暗斋笔语》卷一 28a，"余陈氏呈词判"。

[103] 《汝东判语》卷三 3b 以下，"艾升远呈词判""艾应辰等呈词判"。

[104] 中村茂夫："传统中国法——试论雏型说"（新潟大学《法政理论》12 卷 1 号，1979 年）第二节"民间处理说及其疑点"，对关于这一点的通说展开了批评，是必须倾听的议论。

[105] 《徐雨峰中丞勘语》卷四 3a，"林禋告苏送等案"。前注 72 的事案。

形的冰山，恰恰是法律。

作为法律渊源，应当考察的还有“礼”与经义（儒教经典的援用），以及习惯。由于篇幅所限，详细论述留待以后，这里，如果仅述及作为预见的结论的话，就是，提到礼的案件出乎意料的少。“礼”多数与“理”的一部分相重合[106]——理延伸至交易法的领域，而礼基本上仅限于身份法的领域——并且多数体现于国法之中，而很少以“礼”的名义单独发生作用。而且，“礼贵从时，非可泥古”，现在的法律是用以“补古礼之阙”的[107]，较之古礼而言，当今王朝的法律效力理应优先。有一个例子：弟为了阻止兄为其夭亡之子进行冥婚而提起诉讼，法官针对其引用《周礼》论证冥婚之非，首先表明了“生今之世，不能援古礼以妄改王章。安能执古制以妄补今律乎”的原则，然后指出，对于冥婚这种虽无礼制的根据，但民间实行的风俗，律文中并未禁止，因此不能取缔，从而驳回了该诉讼，此例在这个意义上是值得重视的[108]。

关于习惯，全部留待以后论述，这里仅只述及一事。即笔者最终未能查找到从地方习惯中发现规范，并在此基础上作出裁判的明确事例。虽然体察民情的地方官赴任后，努力了解当地风俗确实是事实，但作为普遍原理，这是为了加深了解作为通情达理前提的事实认识，即通晓人情，而并非是为了精通习惯法这种实定性的规范。这一点，从判语中实际上时时可见的“陋俗”“土风”“土例”所体现的文理中，大体上可以觉察到。

---

[106] 例如，所谓“子妇无私蓄、无私货，有父在则礼然”（《槐卿政绩》卷四 2a），与前揭“父在子不得自专，理也”，实质上是相同的。

[107] 《汝东判语》卷二 5a，“王縈等呈词判”。

[108] 《汝东判语》卷三 19a，“桂如禄呈词判”。

基于上述认识，笔者试图将习惯法从对“听讼”中的法律渊源所作的考察中排除出去。如前所述，判例法是不存在的。而且，民法学家通常认为条理不能算作法律渊源。如果依照同样的概念，不能不说情、理也并非法律渊源。结果，中国的清代除了为数极少的国法条文（况且其适用也可以根据情理加以变通）之外，并不存在任何民事法律渊源。这是事实，而且并不是不可思议的。无论如何，如果像本文开始所述那样，“听讼”是教谕式的调解，而不是性质上与体育竞技的裁判同出一源的诉讼（野田良之教授所说的 AGON 式的诉讼），那么就完全没有必要详细决定和形成规则（rule）[109]。审判的公正性保障，存在于通过当事人的承认——即使是勉勉强强的也罢——而使案件了结的程序结构之中。当事人与法官之间通过交涉谈判、讨价还价，最终达到使案件在三方都觉得可以接受、或不得不接受的“情理”范围内自然终结。

至此，这篇不完整的文稿即告一段落。然而，即使是日后将其完成，也依然存在根本上的不足。这主要是因为，如前所述，“情”“理”只是一种修辞，而不是有概念规定的术语，而像本文这种着眼于文字资料的研究方法，存在根本的局限性。或许，只有当看到了文字所无法把握的案情内容，发掘出其中审判的类型或个性之时，才能如实地解明中国式的情理之构造。由于这种方

[109] 参照野田良之：“关于私法起源之管见——以 L. Gernet 的研究为根据”（《私法的新展开——我妻荣先生追悼论文集》有斐阁，1975 年）。笔者不能赞成以下这种看法，即由于大部分纠纷是由民间领袖依据地方习惯以调解解决的，所以国家的法庭上多数法律是没有必要的（Sybille van de Sprenkel, *Legal Institutions in Manchu China*, 1962, p. 119）。无论国法所管辖的事案是如何之多——虽然事实上发生的事案是十分繁多的——却并没有产生“elaborate codification”（精密法典编纂）的必要性。这个问题的根源更为深刻。

法无法对复杂多样的案件的内容进行总体性的研究，所以，或许不得不对例如婚约、金钱债权或地界之争等事案，按分类进行分析研究。这就是本文标题之所以题为“概括性考察”的原因所在。

补遗

一、道光年间，直隶省栾城县，以往，凡衿户（官绅、生员之家）或充当官役（弓兵、门斗等）之户，均可免除按土地分担课赋的徭役。但根据总督的新指令，此后这些人家除可免除三十亩之份额外，其余与一般民户同样课赋。在彻底贯彻这一措施的过程中，某生员通过教谕（县学教师）提出不服申诉。其主张是，因为根据《学政全书》，“举贡生员，概免杂差。俾得专业肄业”，生员的按地行差（按土地分担的徭役）本该全部免除。知县桂超万断定，《学政万书》所说的“杂差”，在文义上是指“总甲、图差”等有妨肄业、侮辱斯文的差役，而并非是指按地行差之差（因其既不妨碍肄业，亦非侮辱斯文）。但是，这并非作为个人意见，而是经向府里申报，得到对该解释的承认后，向生员进行的劝谕（桂超万：《宦游纪略》卷四 3b—8a）。虽然，这不是诉讼，而是对陈情所作的答复，但这里援引了《学政全书》这样的编纂物，是耐人寻味的。作为注（20）的补记。

二、大清律例绝不是一成不变的，而是在不断地进行着条例的修正和增订。并且，在多数情况下，修正和增订是以具体的事案为契机进行的。刑事案件与条例之间的这种关系，在滋贺论文“清代的刑事审判”和“刑案中所体现出的作为私的制裁的杀害”

载《清代中国的法与审判》3页、93页可以明白看到。而围绕民事案件，也可以看到同样的关系。例如，《户律户役·人户以籍为定》条例二十规定："安徽省徽州、宁国、池州三府民间世仆，如现在主家服役者，应俟放出三代后，所生子孙，方准报捐考试。若早经放出，并非现在服役豢养，及现不与奴仆为婚者，虽曾葬田主之山，佃田主之田，均一体开豁为良。已历三代者，即准其报捐考试"（嘉庆十五年续纂），就是以嘉庆十四年，宁国县某县民的一个京控事件为契机制定的。该县民告柳姓某人捐得监生身份为违法。根据其主张，柳姓为其家世仆，虽因年代久远，未保存卖身文契，但有柳姓远祖自前明宣德年间（1426—1435年）以来，一直葬于自家山上的事实为证。因世仆身份低贱，故不能成为官绅、生员。这个案件是以府通判身份、而位据游击的高廷瑶和安庆府知府姚鸣岐二人受巡抚之命审理的，他们在驳斥了该县民的主张、作出断案的同时，提出了针对将来的立法建议，这就是前引的条例（高廷瑶：《宦游纪略》卷上48a—49b）。民事领域中虽然未见到以判例为依据的情况，但确有具有与此意义相似的情况，即将对具体的事案的处理方法加以立法化的现象。不过无疑，只是寥寥无几罢了。本段作为与本文第三节有关的内容的附记。

三、从《樊山批判》中追加以下二例，作为已述的"情"具有修正、缓和法与理的严格性之作用的例示：

"批柳罗周呈词"："据呈已悉。李积善于三年前，凭尔等作中，以七百六十金，买王赵氏房屋。因当期未满，立约而未交价。今赵氏复将此屋，卖给焦姓，致滋胶葛。在买主执理而争，自应成为在前者得业。而卖主以情相恳，总愿出钱多者得房。房主是一妇人，因穷卖屋，惟利是视。因焦姓加价百金，遂背彼而就此。虽理说不去，而情实可原。李姓既有多金，何处不可置业。何必与贫穷糊涂之妇人，争此闲气。此房著听其另卖。前约作为废纸，可也”（卷八 8b）。购买出典中的产业时，通常是在立契的同时，支付从卖价中扣除典价后的价额，日后由买主向承典人支付典价、赎回该产业。本案中未支付任何价款这一点是不可思议的，如果确属事实，李积善的立场亦有弱点，作为“理”而论大概是十分微妙的。判语并未由此分析，而是从谋求强者对社会的弱者宽大的论理切入。虽然情与理的文字本身在这里也是作为一种语言的修饰而使用，但作为注［83］的附件一并阅读体会的话很有意思。

“批姚雷氏呈词”：妇人姚雷氏告状说，在同族妇人姚刘氏在其夫未及立嗣而亡后，由其女婿居住家中，而不让有嗣孙资格的自己的儿子接近。地方官对此案批示命其等待调查处置，并解释说：“以例案言，则异姓不可乱宗。而以俗情言，则儿婿两当，亦事所时有。在姚刘氏视之，上门女婿，胜于远房侄孙多矣”（卷八 29a）。俗情即世人往往视为非正统的，但作为凡人的心情并非不合理的风俗习惯，或许，这是极需解释的用语，由此而使例案即法律的原则得以缓和。

另：注中附于页码之后的“ab”，表示的是史料作为线装书的表页和里页。这一点也适用下一篇论文。——校者注

清代诉讼制度之民事法源的考察*

——作为法源的习惯

滋贺秀三　著　王亚新　译

一

关于作为法律渊源的习惯，日本在建立近代法制的明治时期于明治八年太政官告示一〇三号中规定，“民事裁判无成文法者得依习惯、无习惯者得参照条理进行裁判”。完全同样的原则在中国的民国时期由民国二年的大理院判决所明确宣布[1]。按上述成文法——习惯——条理三者的优先顺序考虑审判的依据，对于近代法学来说属于一种一般性常识。对于已经决定拥有成文法典，然而尚处于未达到立法完备阶段的政府来说，为了补充成文法的不足而要求依照习惯进行审判可以说是一种极为自然的思

* 本论文为前一论文“清代诉讼制度之民事法源的概括性考察——情、理、法”的续篇，原载《清代中国的法与审判》一书。本译稿省略了原论文的第一节“经义与礼”。——译者注

[1] 参见郭卫编：《大理院判决例全书》（成文出版社复印，1972 年），二九页民国二年上字第六四号，“判断民事案件，应先依法律所规定。法律无明文者，依习惯法。无习惯法者，依条理”。后来的《中华民国民法典》第一条也规定了“民事，法律未规定者，依习惯。无习惯者，依法理”。

路。所以，以同样的思路来想象历史上的法制时，设想中国在不存在成文私法体系的过去，大概民事审判主要依据习惯和条理来进行也是很自然的了[2]。但是，不带问题意识地去浏览史料时经常出现的只是“法、理、情”这三者，即虽然不完备却也在一定程度上存在的成文法，相当于日语中“条理”一词的情和理。为什么“习惯”在史料中并不常见呢？看来，上述按照一般思路来进行的设想可能存在问题。

据笔者对史料的检索，从当地民间风习中找出法学上称为“习惯法”即具有一般拘束力含意的社会规范，并明确地根据该规范作出判断的案例，实际上连一件都未能发现。在地方官的判语中，意味着当地民间种种惯例的“风俗”“俗例”“土例”“土风”等语倒是时有出现，但逐一地仔细分析这些地方的上下文，就发现上述语词都没有作为法源的习惯这一含意。下面，拟对所能见到的这类事例作一稍稍详细的介绍。

有必要先清理一下问题。上述所谓“成文法——习惯——条理”这一常识性的顺序之中，似乎潜藏着一种无言的一般理解，即相对于条理纯粹是一种非实定的规范而言，习惯总在某种程度上具有一定的实定性[3]。在维持这一理解的前提下考察清代中国司法制度中作为一种法源的习惯将会得出什么结论正是这里的中心问题。但是，所谓“实定性”总体现在一定的形式或材料上，究竟根据什么样的材料来探讨习惯呢？

---

[2] 例如，田中耕太郎《法家的实证主义》（福村书店，1949年）99页指出在中国，“经济生活方面不存在成文的形式合理的法，关于纠纷的决定建立在习惯和实质性的正义判断之上”。

[3] 田中上揭书125页指出，“习惯法与成文法的区别只在于，尽管同样属于实定法规范，在实定化的程度上却仅停留在原始朴素的阶段”。

第一，可以想到的是记载习惯的书籍。如果存在这样的书籍，当然可以依据其记载来讨论习惯是什么。从比较法制史的角度寻找例子的话，法国绝对王政时期所编纂的各种习惯法书（coutumiers）是最为明显的范本[4]。但相当于或多少有些类似于这种法书的典籍在清代的中国却完全不存在。有关书志学的知识里没有这一类别，在判语中也从未出现过。所以对此不必讨论[5]。

第二，可以想到的是民间的法谚。谚语以一种机智而又容易理解的形式把社会生活中的知识凝缩在短短的句子里。具有“权利义务性”含意的社会规范通过谚语的形式表达出来就是法谚。尽管是一种极朴素的方法，法谚在一定程度上确实具有将习惯客观化或实定化的作用。中国的一般民众中流传着大量丰富的法谚或近似于法谚的谚语，可以想见这些谚语在社会生活中有很大用处[6]。但是，在听讼时，地方官引用民间法谚的例子却非常罕

[4] 参见山口俊夫《法国法概说》上（东京大学出版会，1978 年）26 页以下。

[5] 或者能够说，与法国历史上产生了大量的习惯法书相对应，中国历史上大量产生的是地方志。而且地方志中存在许多值得法制史研究参考的内容也是事实。但并不能把地方志视为记载习惯法的书籍。清末由于着手编纂民法典而感到了需要进行习惯调查，经过一番努力，到了民国时期终于出版了《民商事习惯调查报告录》（中华民国司法行政部，1930 年）一书。不过，尽管此书具有前所未见的开创性价值，如其书名所示，仍只是有关事实的调查报告，而非把习惯作为规范命题表述出来的书籍。

[6] 在《民商事习惯调查报告录》中也收集了很多法谚。如“房倒烂价”或“房塌烂价”，意思是已典出的房屋如遭火灾或倒塌，不能要求返还典价。这种情况下，只要不存在连同土地出典的特别约定，则典当关系就完全消失，只是土地本身返还给出典人。又如“租不拦典、典不拦卖”，意为出租者不能阻挡承租人把标的物出典给他人，出典人也不能阻拦承典人把标的出卖给他人。再如“拦典不拦卖”，意为出典期间中承典人可以阻止出典人为了转典给他人而赎回标的，却不能阻拦出典人为了出卖给别人而回赎。其他还有在自己土地上建房原则上雨水不能滴到邻接的他人土地上，但与邻家共用一墙的情况下却可以有例外的所谓“滴水滴自己、飞檐飞他人”等。另外，滋贺《中国家族法的原理》附有谚语的索引可供参照。

见。在判语中仅发现以下这样一件类似的例子：

道光末年山东博平县七十多岁的老寡妇高姜氏，以前将三亩地以四十五千文的典价出典给小叔子高书行及其儿子高东岱、高东山（三人共同名义），现又请求高书行每亩再加五十千文将土地买断。高书行当然予以拒绝，而且周围也没有肯出这样高价购买的其他人。于是高姜氏捏称高书行既不肯买断土地还妨害自己将土地卖给他人，向官告状。高姜氏显然无理，然而考虑到老寡妇困穷的境况，知县胡学醇开导高书行并下判称“骨肉为重，钱财为轻。高姜氏即无三亩田，典给于尔。向尔通缓急，尔们亦不能不应。倘伊无力自存，尔等将弃之不养乎。本县今有公断。高姜氏之地，既已当给于尔。自应向尔找价。所言一亩五十千之数，原不可凭。但值十当五，俗有定例。高姜氏已用过当价四十五千。高书行再找给卖价四十五千。至平至允，两无异议”。知县还说服高书行如果与两个儿子分担，上述找价也是可以承受的，结果当事者接受了这一解决方案[7]。

从这个例子可见该地有“值十当五”的谚语，即如果出典卖价为十的土地则典价为五是进行这种交易时的大致标准。知县利用这一谚语，使老寡妇撤回了过分的卖价要求，同时也说服对方当事者在兼顾扶养亲戚的意义上作出了让步[8]。不过，虽说确实引用了谚语，但这绝不意味着存在诸如承典人在对方有请求的情形下负有支付与典价同额的价款买下标的物的义务这样的社会

[7] 参见《问心一隅》下卷三页 b“当地找价”。

[8] 同书中还有一个案件，因同族之谊以接近于买价的价格承典之后，出典人进一步要求再付同样的价格买断，承典人加以拒绝，出典人竟以暴力相胁。参见《问心一隅》下卷一七页 a“杨秉奎控杨清如持刀行凶并附杨篰一案”。出典人除以“值十当五”为口实提出了无理要求外，还有其他恶行，因而受到了惩处。

规范，也不意味着知县适用了这样的规范处理案件。“值十当五”本身不过是从事典当时典价的大致参考值，谈不上是拘束承典人行为的规范，因而并不是本来意义上的法谚。

此外，在雍正年间福建省汀漳道台徐士林的判语中，还可以看到有一个案子涉及“租地盖屋”“卖屋不卖地”的“土例”。

郭倡、郭博兄弟有祖遗的建房用空地一处，不过上辈曾以此土地为担保借过钱。现在该债权已集中到许士征一人的手里，郭每年向许缴纳租谷作为利息。因郭的土地与许家相接，许欲买断取得此土地。但郭不愿卖地，于是发生了纠纷。另外，郭安、蔡国、许斌、郭都等第三者向郭倡借了该地的一部分，在上面建起了临时的小屋和厕所等，并把这些建筑卖给了许士征，从而使当事者之间的关系更加复杂。另据道台查明，许有改窜契约及其他不正当的行为。在县里解决时，知县认定债权的数额为三十二两银子，判定郭清偿此债权后保有土地。郭遵照判定向官缴纳了三十二两银子，但许不服判也不领取这些银两，再次告状。在县里第二次的解决结果与第一次完全相反，令许另外拿出三十二两银子，与以前郭提交的银两一并着郭领取，而土地则归许所有。郭被迫写下了买卖文书，但之后与从台湾归乡的弟弟郭博一起又表示不服，带着已领取的银两上告到了道台衙门。道台调来县里的记录、传讯了有关人员，通过调查发现了许的不法行为并给以了严厉惩处，最后判令许领取郭的三十二两银子，土地则如从前一样归郭氏兄弟。

在判语中，有关第三者将临时的小屋和厕所等卖给许士征的问题，再次提到了“租地盖屋”的土例。即“自后郭安、蔡国、许斌、郭都等，原租郭瑞（郭倡之父）屋地厕池，各将屋厕转卖于许士征。以漳属向有‘租地盖屋’‘卖屋不卖地’之土例也”。

在历数许之奸计时又写到，“至许士征取买蔡国、郭安、许斌、郭都各房屋厕池，其地皆郭姓地也。止有蔡国卖厕池一契，载明在郭瑞地内。其余各契，并不声明郭地。而郭安一契，又载与郭瑞毗连之语。讯问卖主，俱称原不识字，请人代笔。所以写得不明。明系许士征因靖邑租地盖屋，向无批约，欺哄乡愚，暗伏机关。数年之内，将执此弊契，举郭姓之田地而并吞之。许士征之奸弊，此其四”。最后裁定的部分则称，“至许士征所买郭安等房屋厕池，土例既系租地盖屋。不便拆屋还基。饬县吊齐原佃，讯明原纳郭姓租谷若干。着落许士征出具认状，按冬完纳郭倡租谷。郭倡卖契涂销。郭安等各卖契，批明郭地字样，以杜奸谋”[9]。

这个案件中的“租地盖屋”“卖屋不卖地”不过是不动产交易或经营中某些可供选择的行为类型之名称，并不包含任何规范命题的要素。就本来的含意而言，还称不上谚语。之所以称为“土例”，意味着这些行为类型为当地居民所容许或经常采用，属于一种事实性的现象范畴。本案不过是地方官遇到了这种行为类型的一例，并按照行为内容即当事者的约定本身下判而已。土例的引用也只是听讼查明案情并给以恰当解决之一般过程中的一环，谈不上适用了习惯来进行处理[10]。

[9] 参见《徐雨峰中丞勘语》卷四、五〇页 b “南靖县民郭博告许士征等案”。

[10] “租地盖屋”“卖屋不卖地”二者都指土地与房屋所有者不同的状态，是一个过程中不同阶段的连称。这种现象并不为漳州府所特有，在《民商事习惯调查报告录》中散见于各地。大体可分两种形态，即向借地者收取租金和不收租金而约定经过若干年后建筑物归土地所有者。后者俗称“土吃木”。不过报告集中所见例子都立有契据，借地者的权利相当有力且借地权能够自由地转让给第三者。从这里所举的判语看来，本案中租地盖屋没有立下契据，形式上相当简单，也可能因为这种特殊性而称为“土例”。无论如何，这里重要的法律问题恐怕只在于，建筑物所有者能否无须土地所有者的承诺而将建筑物和借地权转让给第三者这一点上。但是判语里关于这点并无探讨的痕迹，只是作为理所当然的道理加以肯定。看来这种肯定的观点在当时属于中国人的一般常识，即情理。

第三，作为把握习惯的途径可以想见到的是让熟知习惯的第三者在法庭上就什么是习惯作证这样的方法。日俄战争后日本租借了辽东半岛的一部分设置关东厅进行统治时，当地的法庭为了了解中国居民之间流行的习惯曾频繁地实施鉴定人讯问[11]。即使没有这样正规的程序，清代的州县衙门是否也采取了某种类似的方式来了解习惯呢？后面还将论及汪辉祖关于可从法庭的旁听人中选数人老成持重者以“体问风俗”的经验之谈，同时在判语里也不是没有稍稍类似于此的例子。

例如，光绪三十年左右湖北省东湖县熊宾的判语中，前后出现有四件关于“溜庄钱”的案子[12]。从判语中的文言可知溜庄钱指佃户于租种地主田地时除向地主缴纳押租外，另向以前一直耕种该田地的前一佃户支付的金钱（同时由前佃开具证明收取的文书）。当地主解除租佃契约，返还押租收回土地时，佃户要求还须偿还溜庄钱，否则就不退租，由此发生了纠纷。四个案件都属这一类型。地方官认为，“查溜庄乃系东湖之恶习，然积弊太深，未能尽行革去”[13]。即溜庄钱既然是在地主不知情的情况下新旧佃户之间相互授受的金钱，类似于若干代佃户的交替中自己随意给“佃作权”规定的价格，以此来对抗地主的所有权于理不通，所以称为“恶习”。但是实际上不向前佃支付这项费用就不能进行耕种，如果完全不承认溜庄钱的话，结果是使最后一位佃

---

[11] 《关东厅法庭上出现的中国民事习惯汇报》（满铁调查资料第 165 编，1934 年）就是主要收录这种鉴定人讯问笔录的资料集。

[12] 参见《三邑治略》卷五，一页 a、二四页 a、二五页 a、三六页 a。关于“溜庄钱”和其他类似的习惯，详细情况可参见寺田浩明：“田底田面习惯的规范性质——以概念的分析为中心”《东洋文化研究所纪要》第九三册（1983 年）。在那里，溜庄钱是从田面权的产生这一角度来考察的。

[13] 同上《三邑治略》卷五，二五页 a。

户承受积年恶习造成的全部后果，也不合适。当然又不能承认佃户所主张的全部金额。于是，地方官进行“酌断”，令地主支付一定数额的金钱，佃户则领取这笔钱后即行退佃。这样使当事者双方妥协是这四件案子共通的解决方法。以下为其中一件的判语全文：

> 据卢上达供，陈传甲（福）、陈宗泽伙种生田，实只押租钱二十二串文。质之陈传福、陈宗泽供，另外去有溜庄钱一百余串。查此田仅只九石四斗。讯诘杨着轩、蔡琴仙等，此处土风，若九石四斗，究有溜庄若干。复供称，至多亦不过七、八十串文。断令卢上达出溜庄钱八十串。外给押钱二十三串。限年内给钱搬家。仰原差将陈传福、陈宗汉（泽）带去，取连环的保。如不搬家，即为保人是问。各结附卷。此谕[14]。

在这个案子中，“溜庄钱”作为“恶习”的存在及其含义、性质等，对于在当地履行了一段时间知县职务的官员来讲，似乎已经很自然地得到了认识。但为了了解通常情况下其数额是多少，知县讯问了杨着轩、蔡琴仙两位居民（尽管不清楚他们以什么样的资格出现在法庭上），并以他们的证言作为参考作出了判断。这就是判语中所能见到的最接近于鉴定人讯问的例子，但问题也不过在于金额的一般幅度这种数量方面的内容，似乎不牵涉权利的获得和丧失，也未把是否承认社会规范存在作为问题。在

---

[14] 参见《三邑治略》卷五，二五页 a。

判语中所能看到的只是这种程度的事例。如果再勉强举出另一个例子的话，陕西省凤翔府邱煌的判语中有如下的一件案子：[15]

任王氏的公公任聚良于乾隆四十五年将水田十亩出典给钟建黄，取得典价十八串，并在没有移转纳税名义的情况下与钟约定税粮四斗二升四合九勺中的四斗由承典人负担。后来任王氏要求回赎，钟建黄拒绝回赎并主张土地是自己买断的。乾隆五十三年，钟将田地转卖给范守德，得价三十五串，而且征得纳税名义人任王氏的大伯子任俭的同意，把税粮四斗的名义过割（指纳税名义的转移）给了范守德。道光二年七月，任王氏与自己的兄长王春先一道要求钟建黄出示了任聚良原来交付与钟的契约文书，但两人都不识字，且当时在场的乡约侯梦莲后来所作的证言也内容暧昧。当年八月钟建黄家失火，烧毁了原契（也有可能不过是钟的故意作为），于是当初究竟是典还是卖就再也无法弄清了。任王氏自道光二年提起诉讼以来反复上诉，到了道光十九年依然未能结案。

知府邱煌认定，由于土地由任姓移转给钟姓时并未过割，只是由钟姓再移转给范姓时才过割了，这意味着最初的交易并不是卖而只是典。此外当时的税粮中只有四斗由钟负担，余下的二升四合九勺仍由已经没有土地的任姓负担，这也说明最初是典而不是卖。对此判断钟姓和范姓两当事人都“无能置辩、俯首认罪”，旁听者们也发出了心诚悦服的欢声，争讼由此得到了解决。不过，（尽管判语的行文不甚明了）土地并未交任王氏赎回，而令钟姓出二十串、范姓出十串赔偿任王氏，剩下的二升四合九勺税

[15] 参见《三邑治略》卷五，一页 a。

粮转移到范姓名下，以此结案。判语中关于钟与范的责任有以下陈述：

> 此案钟建黄，捏当作卖，构讼多年。现已身故，应毋庸议。范守德承买之时，并未索看原契。实属疏忽。但查讯此邦风俗，凡承买房地，概不索取老契。民间相沿，历系如此。是以钟建黄得售奸欺，而范守德尚无知情串买情事。[16]

所谓老契指不动产的卖主从以前的所有者买取标的物时由对方交付的卖契，具有证明现在的卖主享有正当权原的作用。通常在不动产买卖时，将老契与眼下进行的交易中新作成的卖契一起交给买主，如果有不能交付老契的缘故往往在现在的卖契中写明。但是也有一些地方没有一起交付老契的风习[17]。上述判语中所说的“但查此邦风俗”，究竟具体是怎样查的并不清楚，但可以很自然地想象到讯问范守德时他以此声辩，其他人也予以肯定，于是地方官就接受了该说明的情形。一般而言，对这种案件，尽量不要严厉地处罚某一方当事者是官员们通常的心理，本案中地方官也就很容易地接受了“此邦风俗”作为范守德的免责理由。无论如何，当地的习惯在这一点上并没有牵涉决定当事者获得或丧失权利这样重大的问题。

第四，如果当事者提出对自己有利的某一习惯并力图证明其

[16] 参见《府判录存》卷四，七〇页 a“道光二十年三月十九日审得眉县孀妇任王氏具控钟万镒一案”。

[17] 前揭《民商事习惯调查报告录》中，有许多关于买卖土地时新契老契一起移交的例子，但同时也存在“所有上手老契，及今年粮串，均不交出”的地方（如河南省确山县、洛宁县）。

存在的话，法院也必然会就是否真存在这样的习惯以及是否承认其具有法律效力作出认定或判断。通过这样的审判过程，习惯有可能得到实定化。在中国，到了已经培养出一部分接受近代法学训练的法律家的民国初年，这种机制在例如大理院判决例中已很明显地表现出来[18]。但是清代的州县衙门在这点上究竟怎样呢？关于这个方面，从判语中勉强可以发现极为微弱的有关事例。以下是光绪初年江西省清江县的一个案件：

清江县被太平天国占领，又被清军收复时，临江营花了官费约二百两银子把被战火烧毁的只剩房架，且所有者不明的一栋废屋修复，作为办公之用。二十余年后在浙江省避难的所有者李某回来，要求返还房屋。地方官同意返还，但令李某交纳修复房屋所支出的二百余两银子。李某辩称“市民修葺东家房屋，均系扣租”，自己二十多年未收取房租，积累起来早已抵销修理费用还有余。但是，地方官以修理的是所有者不明的废屋而非寻常的修理，且与李某之间也没有租赁关系为理由，驳回了李某的主张[19]。

[18] 例如，大理院判决民国三年上字第七三三号，“习惯法成立要件有四，而以无背于公共秩序为要件之一。本案上告人主张之旧习，具备其他条件与否，滋姑不论。但其因船长之故意过失所加于他人之损害，而可以免责，则……其弊何可胜言。是故此项旧习即使属实，而为公共秩序计，亦断难予以法之效力”（前揭郭卫书二九页）。还有民国四年上字第二三五四号，“当事人主张之习惯法，则经审判衙门调查属实。且可认为有法之效力者，自应援用之，以为判断之准据。不能仍凭条理处断”（同上三〇页）。

另外《民商事习惯调查报告录》中，也存在根据地方审判庭的记录，关于习惯经当事者主张和法庭审理后，其法律效力得到承认之例（如四五七页、四五九页、四七二页、四八四页等）。从这些现象可以感觉到清末民初作为法制近代化的一环，地方审判庭与县公署分别设置后，在一些较先进的地区，审判出现了向近代型方式接近的趋向。

[19] 参见《吴平赘言》卷一、一五页 b“李凌汉呈词判”。

在此案中，当事者确实主张借房人以自己的费用修理房屋时，通过与房租逐渐相抵而获得补偿是社会上一般存在的惯例。不过这并不是涉及案件核心的主张，因此被以废屋不是通常意义上的租赁房屋为据而简单地驳回。这个案件几乎是所能看到的唯一例子，但当事者以风俗为由提出抗辩的还有光绪年间浙江省太平县的一例。

叶某与林某就一处坟山的归属发生争执。因为是多年前的祖坟，双方都未能提出买契。不过，叶某持有称为“粮串”的纳税凭证。虽然林某仍以种种理由主张自己所有，地方官判他败诉并在判语中指出：“该童（林为童生）等知有祖宗坟墓，独不知有国家粮赋耶。即云太邑风俗，有粮由卖主代完者。不知典买产业，不过割者，罪应笞杖，其不过割之产入官。况亦必有卖主可指，代完粮串可凭。安得以地方有此恶习，藉为无粮霸占之护符”[20]。法律规定买卖土地时必须迅速地转移纳税名义，否则将予以处罚。但因种种理由，在许多地方买卖双方往往私下作出另外的安排，如长期以原来的所有者名义纳税，实际上粮税的负担由双方之间在内部商量解决。此案中林某以当地风俗系由已经失去土地的卖主负担粮税为由，试图表明自己虽然没有纳税名义实际上仍然可能是正当的所有者。但是，既然不能举出证明自己是正当所有者的直接证据，地方官将此作为非常勉强的诡辩而予以驳回。这里所说的“风俗”显而易见只是日常的行为，而非具有规范性质的习惯。

从以上情况可以看出，例如法国在习惯法未成文化以前的绝

[20] 参见《四西斋决事》卷五、三二页 a“叶喜意等判”。

对王政时期，诉讼程序中由当事者从当地居民中选出十位证人一起出庭，以证人们众口一词的证言来证实习惯之存在与否的场面[21]，在清代中国恐怕是做梦也想象不到的。而且，仅就地方官“听讼”即对民事纠纷的处理而言，几乎看不到任何作为先例参照类似案件的情况[22]。因此，也很难想象清代中国的审判中存在通过判例来使习惯得到实定化的机制。

以上的部分着眼于“风俗”“土俗”“土例”等词语来探讨了习惯的问题，这里还想围绕“成规”“旧规”以及有关水利的“渠规”等词语就“规”的含义作一点简单的考察。这类例子不知为何都集中在道光年间河南省河南府知府李钧的判语中。以下先举一例：

洛阳县的刘家沟、梁家村、王府庄、方家楼四村为一保，向来有惯例，临时需要出差役的时候按刘家沟五分、梁家村二分五厘、王府庄和方家楼二分五厘的比例分担。但对此比例与各村的经济力量不平衡一直隐隐地存在不满。道光八年官军路过该地时，保正地方按“旧规”分派接待所需要的差役，刘家沟村民刘士贵以分派不公为由提起了诉讼。经几度上诉，到了府衙门审理。知府下判称“查粮从地出，差随粮派。地有肥瘠，即粮有多寡，差亦当有重轻。按粮办差，实属不易之法。至按村分派，虽系一保之旧规，而今昔之情形各异，不能泥守。嗣后，办理该保一切差务均按粮分派，以昭公允”，结果是改变了旧规[23]。

---

[21] 参见前揭山口俊夫《法国法概说》（东京大学出版会，1978 年）30 页，野田良之《法国法概论》上卷（有斐阁，1955 年）277 页。

[22] 参见滋贺：《清代诉讼制度之民事法源的概括性考察——情、理、法》（已收入本书。——译者注）。

[23] 参见《判语录存》卷二、一页 a“按粮派差事”。

上文所见的“规”字，似非社会生活一般而是指就某种具体事务达成的安排，也许这种安排究竟是何时以何种方式达成的已因年代久远而被忘记，只是作为历来的惯例而保留在记忆中。但无论怎样都可以把“规”的含义理解为关于某项具体事务的安排。出现在判语中而与上文相似的例子还有：运送官府物资或押送囚犯通过县内时地方上分担所出差役的“旧规”[24]、负有义务接受充军而来的犯人之所谓“屯卫”（实际上几乎与一般农村无异）拿出一定金钱让充军犯人中的“军头”承包犯人收押管理的“旧规”[25]、运输业者的行会作为取得执照的回报承担过往官差的“旧规”、且这种负担与邻县同业者相比显得不公平时，由知府判断让邻县的同业者也分担一部分，或禁止邻县同业者运输某种货物，让承受负担的业者独占该项利权而延续至今的情形[26]，等等。此外，还可以看到地方官把一面从事粮行的牙纪一面又充任头畜行（家畜业）总行头的人物以“变乱成规”为由加以罢免之例[27]，以及由水利争议发展到诬告等情节的复杂案件中地方官命令今后必须“查照渠规秉公给放”来解决纠纷等例[28]。像这样，当围绕成规或惯例发生争议时，地方官或者斥责违反者，命令维持成规；或者对成规本身有所修正或对不明确之处加以明确；还可能像上述最初的例子那样判令废除成规，采用新的方式。换言之，成规与其说是审判的准则，还不如说只是存在于事实中的社会关系之一部，其合理性通过审判而受到审查。判语中

[24] 同上，卷二、一七页 a“派差事”。
[25] 同上，卷四、六〇页 a“收管军犯事”。
[26] 同上，卷二、一四页 a“过斋行发脚事”。
[27] 参见《判语录存》卷二、一〇页 a“公请轮充头畜行总行头事”。
[28] 同上，卷四、四页 a“领款无着事”。

出现的“成规”“旧规”多是类似于上述情况的例子，即多有关于向官府提供差役或牵涉官府的某种具体事务。但在纯粹属于私人性组织的团体及其运作、活动这一方面，这一类组织内部的规约或惯例也称为“规”或“规矩”。例如“祖规”等即是如此。不过，这类规约也可以说属于与当事者之间就交易行为而成立的约定同一层次的东西，国家的法庭虽然事实上总是尽量地按其内容进行审判，但成规本身并没有要求必须这样作的规范意义。所以，这些成规或惯例并不适于在“习惯法”这一概念范畴内来加以讨论[29]。

二

根据上面的讨论似乎可以说，显然很难把习惯或“习惯法”作为清代审判中的一种法源。不过另一方面，有心的地方官及其幕友为了更好地进行审判，作为前提总是努力了解任地的风俗习惯也是事实。以汪辉祖作幕友时写下的《佐治药言》中所述为例：

为幕之学，尚读律。其应用之妙，尤善体人情之所在。

[29] 还有牵涉到同业者行会的以下判语：“讯得黄春德控聂祥光越行买豆一案。黄春德并未能指出确据，所揭粘单，无论真伪，俱不足为凭。良临郡之牙行，向无一定章程，由以无所遵守。仰即饬令和丰等行，会同酌议，分别各色，核计多寡，确定划一之法，秉公具禀，听候示谕饬遵。以垂久远，免致歧出而再滋事端。此案即饬注销，毋庸缠讼。此判”。《吴平赘言》卷三、二页 b “黄春德等控案判”。这里所说的“章程”正相当于“规”的概念。地方官采取的是命令通过众人公议拟定明确的规约，报官认可后一体遵守的措施。换言之，所谓“规”指的是包括不成文的惯例在内的自治性规范（by-law），与习惯有所不同。此外，围绕其遵守与违反而发生纠纷时，其本身未必包含如何处理纠纷的规则。

> 盖各处风俗往往不同。必须虚心体问，就其俗尚所宜，随时调剂，然后傅以律令，则上下相协，官声得著，慕望自隆。若一味我行我法，或怨集且谤生矣。古云，“利无百不兴、弊无百不除”，真阅历之语。念之。[30]

他任知县之后所著的《学治臆说》中又写道：“人情俗尚，各处不同。入国问禁，吏者亦然。初到官时，不可师心判事。盖判或与舆情不协，即滋议论。后以持之，则较难用力矣。每听一事，须于堂下稠人广众中，择传老成者数人，体问风俗。然后折中剖断，自然情法兼到。一日解一事，则百日解百事。不须数月诸事了然也。不仅理事中肯，下令亦如流水乎。”[31]

前面已谈及两段文章中的后者建议从法庭的旁听者中选出数人，听取当地的风俗以作为判案时的参考。这样作可以指望审判达到的效果是“情法兼到”——照顾到具体而微妙的情况，不强人所难及压制人们自然的心理感情，在有利于恢复或维持良好的人际关系之同时，又不致逸出“法”（在这里应包括法律和道理二者）的基本要求。换言之，“体问风俗”反映了合乎人情、即常套语所谓“大小之狱，必以其情”这种一般意愿的一个方面[32]。

上述第一段文章同样以法律的“应用之妙”在于“善体人情”作为主题。在“人情”的概念中包括了“各处风俗不同”的

[30] 参见《佐治药言》“须体俗情”。
[31] 参见《学治臆说》卷上“初任须体问风俗”。
[32] 参见《左传》庄公十年。

种种具体情况[33]。由此可见，风俗是包容在已经讨论过的“情、理、法”这一判断结构中的东西，其自身在听讼中并无独立的意义。事实上，汪辉祖在上文所述的“各处风俗往往不同。必须虚心体问，就其俗尚所宜，随时调剂，然后傅以律令”等语，与笔者在讨论“情、理、法”结构的论文中引用的方大湜所言“但本案情节，应用何律何例，必须考究明白。再就本地风俗，准情酌理而变通之”除叙述顺序和重点有所不同外，几乎完全是同一个意思。

汪辉祖本人没有提到努力了解风俗的结果使审判达到了良好效果的具体事例，但其他人的判语中出现了近似于这种情形的案件。例如雍正年间担任福建省汀漳道台的徐士林所写判语里有如下的一个案子：

李天和叶丑就叶现有房屋究竟是典还是卖发生争执。李天称自己的祖父将此房屋出典给陈和姐，陈又把该房产分为两部分，分别转典给了李某和叶丑，李某所承典的部分现已赎回，还剩叶丑现有的这一部分未能赎回，请求官准与回赎。对此叶丑则辩称该房产是自己从陈和姐处先典、后改为买断的产业，并不知原来属于李天的祖父。陈和姐的儿子也称该房产是自己父亲的祖业，已卖给叶丑，并无向李姓承典之事。受理该案的知县先承认了李天的主张，下判让李以原价加修缮费用回赎。叶丑坚持不服，最后知县经复审后改变了判断，承认房屋为叶之产业，令李天领回为了回赎而押在知县处的金钱。李天不服，上诉到道台衙门。道

[33] “情”字在“不强人所难，不压制人们自然的心理、感情”这一意义上，指的是具体生活在特定地域的现实关系之中人们所具有的心理感情。所以地方官审案时，作为案件背景的地方上情况当然已经包含在关于“情”的判断结构之中。

台调来全部记录，经审查后指出原审有几处未能调查清楚之要点，原判也有问题，乃发回县里命重新审理下判后再行报来。以下是道台发给原审知县的判语其中之一段，指出记录上所见原审知县发问时的理解有误。

“至此屋如果系陈和姐祖业，因何又带李家地税银四钱，逐年收取？本道每见，南人房屋，若系卖绝，则契开随带地基，或几亩或几分。而典屋则有收税土例。间尝寻访其故。或云，‘典价轻而许赎。故契内不开随带地基，而每年收税’。在各省风土不同。此说自难概论。然如该县诘问李天所云，‘如果是你屋，出典陈家，为何这屋地，还是你收租’之语，恐不无以李姓之左券，而反作陈屋之把柄。”[34]

南方人有“土例”是出典房屋时不包括下面的土地，所以另外收取地租（上文之所谓“收税”）。如果主张已买断的叶丑仍向主张是典的李天支付房屋之下土地的租金，则谁都可以看出很显然这不可能是对叶有利、对李不利的间接证据。原审知县竟将此理解为对李不利的情况，用来诘问李天，确实是明显的错误。可知纠正这一错误的道台徐士林在见识上确实高过知县，这种敏锐的见识通过平时留心任地居民的交易习惯，热心地询问其缘故得到涵养。该判语在命令重新调查的结尾部分指出，“不可执泥，亦不可迎合。惟在该县听断，公平允协，合情合理而已”。由此可知“合情合理”正是关键所在，而关于土例的知识则是达到合

[34] 参见《徐雨峰中丞勘语》卷四、一八页 b“绍安县民李天告叶丑等案”。

乎情理的一种辅助。

就风俗习惯与情理的关系，还想从道光年间任陕西省凤翔府代理知府的邱煌所下判语中举出具有同样意义的一例。

寡妇王高氏无嗣。其妹有一子名成会，王高氏钟爱成会，原想以他为嗣。但因同族众议反对，不得已立了亡夫之侄王正新为嗣子。成会曾向王高氏以一分利息为约借钱三百串，其借约仍在。王高氏死后，王正新凭此借约要求成会还债，成会否认有借钱之事，由是成讼。县里下判后王不服诉至府，府里命县复审后王仍不服，再诉于府。当时刚作为代理知府赴任的邱煌开庭审理了此案。作为证据的借约并非成会亲笔，县里曾令王正新自己找出代笔之人而王无法可施。对此邱煌在判语中指出："查陕省风俗，借券内只有中见（中人），并无亲笔书字之事。本府于道光二年履任秦中，见民间具控钱债，券非亲笔，颇为骇异。今阅历十八年来，始知风俗历系如斯，不足为异。至成会供，本身识字，何以并不亲书借券。试思王高氏系属女流，本不识字。当其慨然借贷之时，自不暇辨别笔迹。况成会本意，又何乐于亲笔书券，留为异日柄据。是其所供之处，显系巧言支饰。"

当然，仅仅这些认识尚不足解决此案。且在借券中充当中人（中见）的王高氏兄弟也已死亡，他的儿子站在成会一边不愿作证。知府考虑道，"若非实有证据，不足折服其心"（成会之心）。当时王正新还举出王凝应当知道借钱之事，但据县里的记录他供述并不知情。邱煌唤来王凝讯问，得知道光绪十五年五月，王凝与中人、王正新、成会曾在酒馆里相会，当时王正新要求成会还钱，成请求延期，中人也从旁劝王同意延期。王凝还说县里的记录恐怕是胥吏之笔误。不过，知府考虑成会异常狡猾，如仅以王凝为证人，恐他会以王凝收受了王正新贿赂作伪为由，不肯折服。再查记录，得知成会还有一个亲戚名魏统，在县里也供称并不知情。知府唤来魏统“再三开导、隔别研讯”，还让他与王凝对质并威吓他说，“据本府所知，不仅王凝，尚有魏世丰、王廷才、刘兆魁三人知情。将来传来三人究明真相，若你作伪则不免诈骗之罪”。结果，魏统终于开口，承认了以前成会曾委托自己向王正新交涉，请求免去一百串债务，只还钱二百串，而王拒绝妥协，交涉没有成功的事实。在得到这些证据后知府再行开庭，面对证据，在知府的说服斥责下，成会终于俯首认罪。知府考虑到成虽然居心贪狡，但终究还是供出了真实情况且甘心服罪，再斟酌成与王本为亲戚，王之嗣母生前钟爱成等情节，最后让王放弃利息要求，令成会返还所借三百串钱，以此结案。对这一处理结果，两造均表悦服[35]。

这件案子也是知府通过多年的经验熟悉了民间借约通常的书写方式，从而表现出比原审知县高出一筹的见识。不过，在根据所认定的事实决定当事者各自的权利义务这种法律问题方面，关于民间习惯的知识并不具有作为判断准据的意义。狡猾的被告以借约并非自己书写为由否认借钱的事实，原审知县不明究里，对原告提出了无法办到的举证要求。但经验丰富熟知民间习惯的知府看出了被告所举理由不过是一种诡辩，最后终于迫使他供出了事实真相。在这里，关于风俗的知识是在发现案情真相这一事实（而非规范）层次上发挥作用的。因当事者承服而确定真实后，免去利息返还本金的简单措施就足以解决纠纷了。如果作一比喻

[35] 参见《府判录存》卷一、五六页 a“道光十九年十一月十六日审讯得扶风县民王正新控告成会赖债一案”。

的话，本案中的知府所为类似于一名杰出的侦探，关于风俗的知识不过是他查清案情的线索之一。由此可见习惯也可能包括在作为案情事实一部分的“情”这个范畴中。

邱煌在同一个关于另外的案件所下判语中还说，“但风俗不惟南北异其宜，今昔之情形亦随时迁易。必须酌量变通之。庶免胶执之弊”。这里把因地而异的风俗与时间上的情况变更一起把握，包括在千差万别的情境多样性问题中，都作为“衡情定断”的对象[36]。

看来，鼓励“体问风俗”意味着不能封闭在个人狭隘的主观上，而应充分认识到世间存在千差万别的具体情形（存在于不同地方具有微妙差异的人情风俗是其一部分），并对此保持不懈的探究精神。在这个建议或鼓励之中，并不包含着在不同地方存在各自已经成型的习惯法规范，审判应当发现并遵照这种规范，所以地方官必须把精通当地习惯作为自己的第一任务这样的意义。

体会世间具体情境的多样性与体会世间恒常普遍的道理，实际上往往是一个不可分地相互作用并逐渐得到成熟的过程。中国的文献中，之所以喜欢将“情”和“理”连称，且在连称时意识

[36]　同上卷二、六三页 a“道光十九年十二月十六日审讯得凤翔县民炊世泰具控贾珍等一案”。本案大致梗概如下：

当地的军地七八十年前因差粮繁重，许多所有者以很便宜的价格转让给他人以求免去负担。但如今徭役减轻了而土地出产上升，地价也随之大幅度提高。甲的祖父过去为了减轻负担而将自己的军地“退”与他人（因军地禁止买卖，所以不说“卖”）。现在该土地的一半碾转到了乙的手里。乙的购买价格为六串，契上写有“钱便许赎”的字样。甲以此为由要求按原价六串回赎，而时价显然要高得多。乙当然不肯，因而成讼。县里的处理是准甲回赎，乙不服上控至府。代理知府邱煌一面肯定原审“该县准理定断，本属平允”，接着在本论文所引用的文章之后，详细指出了七八十年间情况变更的过程。所以认为“钱便许赎”不过是当事者为了回避买卖军地的事实而“虚装门面”，并非他们的真实意思。结果，以“本府衡情定断”开头，邱煌下判令乙将已收领的回赎金六串再加二串还给甲，土地则承认为乙所有，并让甲立下了“许退不许夺”的文书。

到二者几乎是无法分离的价值，其理由就在这里。努力“体问风俗”的地方官之目的并不在于成为有关当地习惯法规范的专家，而在于获得无论于任何任职地都能通用的、作为一名优秀的民事法官所需的资质——在家庭、婚姻、亲族等身份秩序和财产、交易等经济秩序这方面，拥有关于包括事实和规范在内种种具体情境的广泛见识与敏锐的洞察力。

这样的资质，首先通过作为士子的一般学习与教养即读书作文以及与师友交往等人生经验的广泛蓄积来形成其基础。士子的读书绝不只限于儒家的典籍，他们也被鼓励涉猎政治、行政上有用的书籍。对于有关婚姻、继承或家产分割、不动产交易、金钱借贷等今天称为私法领域的种种知识，他们或者自己体验，或者见闻到身边亲戚、邻居、友人发生的事情，通过这种人生体验的一部分逐渐领会。等到担任地方官等从事审判业务，则他们作为官僚有了机会得到从性质和密度上都区别于一般教养和人生体验的实际锻炼。

汪辉祖强调“各处风俗往往不同”“人情俗尚、各处不同”，戒“我行我法”“师心判事”。仔细想想，如果说最初任官到达任地的地方官心中已经有一个作为“我法”的知识体系可供“师心判事”的话，则并非如此。类似于欧洲 12 世纪以后在大学里讲授的有关教会法、罗马法那样具有普遍适用性的法律体系的专门知识以及与此相关的职业训练，在中国士大夫的教养中并不存在。有大清律例这样的法典，地方官也读律，但就私法领域而言，如笔者曾所论之，那里并不存在完整的实定法体系，其片段的有关条款只能理解为在官员就情理进行判断时发挥一定的启示或参考作用。赴任而来的地方官也决不是面对着自己作为其一员的国家所颁布的一般性法律与当地的习惯法这两种规范体系之间发生的矛盾或衔接关系。毋宁说，作为听讼这种业务的实习教材，每个地方官都分到一个特定的地区，通过审判实践他得到训练并成长起来[37]。地方官开始虽然只以一个特定地区作为教材，但经过“体问风俗”的努力，他可以逐渐涵养在任何地区都能通用的见识即关于听讼的“秘诀”，日后到其他任地依然能够发挥作用。当然，转到一个新的任地会遇上许多从未经历过的场面，这样的情况下，官员可以把前任地的经验作为比较的材料，帮助自己尽快掌握现任地的不同情境。总之，通过“体问风俗”，地方官关于“准情酌理”的判断能力逐渐成熟起来。

“风俗”一词（以及其他类似的词）本身，并不一定总是与特定地区的具体情境联系起来才被提及。例如汪辉祖就在一般的意义上使用过“风俗”一词（关于族长侵夺寡妇田产一案所下判语“无此政体、无此风俗”。参见其《病榻梦痕录》乾隆三一年之段）。此外，如笔者在“情、理、法”论文中曾引用过的英判语集《诚求录》，所谓“查俗例典卖人口，加写契价，事虽常有，未必四倍其数”之“俗例”，在非规范而是世间常见的事实现象这一意义上，也表现的是一般情形。还有，徐士林在其他判语中谈到福建省的土例时写到：

> 批。凡买卖田产，或先出典于他人。立契成交之时，未

[37] 清代中国初到任地的地方官，若与现在日本的制度相比较的话，则家庭裁判所的家事调停委员或许有几分类似。本来委托这种委员的一般要求是有丰富的人生经验和健全的常识，但接受了委托的委员们实际上一接触案件，也许会发现在现实生活中存在着多种多样与自己经验和常识不同的具体情况而感到惊奇和新鲜。所以对调停委员的要求是不把自己平素的生活态度以及信念等强加给当事者。这种要求与中国的地方官所谓“体问风俗”的劝导可以说是同一性质的。

能当下取赎。即于卖价内，扣除典价。议令买主措备取赎。价清则买主执业。价未清则仍典主执业。两不相碍。此各处买田之通例也。[38]

这里所谓“通例”与俗例、土例等一样，都是指民间的习惯，也许是考虑到或意图表明这不限于特定地方而是一般通用的习惯，才不说“土例”而使用了“通例”一词。

但是，在一般意义上使用“风俗”“通例”等词语的以上例子里，下判者都不是在充分的实证性根据之基础上确认习惯。尽管他们作为地方官或幕友都是具有丰富阅历的人物，但所任地方仍然有限，不曾获得过普遍地调查各地习惯的机会，更没有接触全国规模的习惯调查报告集这类实证性研究的可能。他们并不像社会科学者作研究那样只是记录或叙述事实，而是以判定者的身份在作出判断的意义上使用这些词汇。所以，“风俗”“通例”尽管是以经验为基础的词语，同时也是超越了经验性事实而建立在深刻理解事物本性的洞察力之上的词语。在此意义上看，习惯实际上也就是“情理”的一部分，尤其与“理”字的含义有相当重合。以上所举之例中，即使将汪辉祖的“无此风俗”换为“殊非情理”、徐士林的“此各处买田之通例也”换成“此情理之正也”，也不仅不会妨碍上下文的衔接，而且实质上决不致于歪曲他们想表达的意思。事实上，上述徐士林判语在接下来的文章中，针对按照通例看来前任知县判断之不合理处就诘问道“有是理乎、有是情乎”，而且还指出未能改正前任者错误的现任知县是“未体察情理”。总之，他是以“情理”一词作为轴心来作出判断的。

---

[38] 参见《徐雨峰中丞勘语》卷四、九四页 a“沈瑞告赵威案”。

所谓“情理之正”，是笔者曾引用的卢见曾在其判语集《雅江新政》中所述之语。在他的文章里“情理之正”是与“洪邑之陋俗”相对比而言的。在继承方面，入赘的女婿即使能够分到一些财产，但通常并不与儿子一样均分家产。卢见曾把这种事实上比较普遍同时在理念上一般也被视为正统的风习视为“情理之正”，而将洪雅县在儿子与入赘女婿之间均分家产并不遭到批评谴责的风习看成“洪邑之陋俗”。从这个例子也可知情理与风俗在性质上并不相异。更重要的事实是，“体问风俗”或“就俗尚之所宜”并不意味着对当地流行的任何习惯都无条件地加以肯定并在其范围内进行审判，地方官常常站在普遍的正统的立场上对一定地域的风习作出评价。有时他会认为是陋习，有时会作为恶习（如上述的“溜庄钱”等例）加以否定。但即使作出这样的否定性评价，对陋习、恶习地方官在处理结果中仍然多少可能会保持一定的理解或同情。在这种情况下，起作用的往往是“不强人所难”的所谓合“情”的要求。

以上所讨论的内容归结起来，就是说清代中国的所谓习惯或“习惯法”，归根结底不过是一种融汇在“情理”之中的东西。“情理”与习惯不可分离也没有性格上的相异。从“情理”这一方面来追根究底的话，得到的仍然是同一结论。

例如“父在子不得自专，理也”这一说法，指的是同居共财的家族中，只要父亲在世子就不能以自己的意思处分家产。这里默认的前提是父与子把通过自己的劳动分别取得的一切报酬都作为一个共同财产的中国传统家族制度。“父在子不得自专”对于当时的中国人确实几乎可说是不言而喻的自明之理，但却不一定是适用于古今中外确定不移的道理。对于现代社会的人们来讲，子通过自己的劳动得来的报酬就是子自己的财产，不管父亲是否在世，谁都能够以自己的意思处分属于自己的财产。这也是一种不言而喻的自明之理。与此相比较，“父在子不得自专”可以说是中国人传统上的一种习惯或“习惯法”。不过这既然是一种普遍长久地维持下来的生活方式，而且因为中国文明在东部亚洲的极大影响，所以当时的中国人自己决不会意识到这只是一种特殊的习惯，而是作为“普天之下”不易的道理了[39]。

另外，“有借必还、一定之理”大体上可以说是通用于古今东西的道理。不过，如果借钱时约定了利息且发生滞纳的情况，债务者是否一定承担将元金和一直累积起来的全部利息加以偿还的责任则难以一概而论。从清代中国的审判案例来看，积年的债务（尤其是借贷初期的某段时期内债权者已取得了一定利息收入的情况下）常常以命令债权者作出某种程度的让步来解决的例子相当常见[40]。当然，并不存在规定债权者必须让步的确定性规范[41]，

---

[39] 满铁调查部对华北农村进行惯行调查时，遇到兄弟中一人挣来的钱所买之地，在分家时却在全部兄弟之间均分的事例。当被问及这样作的缘故时，当地农民称“这是中国的习惯”。参见滋贺：《中国家族法原理》75页。当时在不同文化的冲击下，人们已开始意识到自己这种习惯的特殊性。此外，这一类家族生活方式从未作为规范用抽象表达的法律条文从正面加以规定。但是以此为不言而喻的前提而规定有关各种具体问题的法律条文，在各个朝代的立法中却屡屡出现。换言之，这样的家族生活样式并非法律所创制出来的东西，毋宁说是法律的基础，浸透于法律之中并为法律所支持。

[40] 这里不能详细地进行考证，可参见“台湾私法”第三卷下四五三页。那里有根据恒春县衙门档案作出的记述，“例如诉讼中原告要求被告返还借款一百元，知县虽然承认原告所主张的事实，但以原告较富裕而被告贫穷且长年借贷原告已收取了多额的利息为理由，判决免除被告一部分债务，令他向原告支付五十元。这样的事例不胜枚举”。

此外，艾斯卡拉写到在她与有教养有道德且了解西洋法制的中国人谈话中，曾听到过上百次这样的事例。参见 J. Escarra，Le Droit Chinois，p. 82。艾斯卡拉《中国法》（日文版，谷口知平译）91—92页。

[41] 大清律例中《户律钱债、违禁取利条》作为限制利息法的一环，规定了“年月虽多，不过一本一利”。即滞纳的利息如果达到与元本同额的程度则不再计息。不过，我们这里讨论的是在上述限度以下包括元本在内命令债权者让步的情形。

关于让步的妥当程度也没有任何规定。纠纷的具体情境无限地多种多样，每个纠纷的处理都是摸索妥当的大致范围在哪里的具体过程。双方当事者以及审判者的个性也对处理的结果发生影响。有关金钱借贷积年滞纳的处理只是一个单纯的例子，摸索具体妥当的大致范围之努力往往是在“情”这一词语下加以把握的。在那里，谋求的是多多少少因人而异的衡平感觉在某种程度上的平均值。同时，虽说“因人而异”但毕竟都是在传统中国社会中生活的人们，直接说来就是双方当事者与各自有关的人们、审判者，还有作为旁观者的本地居民。最后达到的解决当然带有传统中国社会的个性。尽管纠纷的解决都是个别的和各不相同的，但总体上看来仍能够归到某种道理或某个形态中去。而且无论解决方式的差异状况还是总体上的形态，无疑都是传统中国特有的东西。与当事者或审判者的个性影响纠纷处理的过程和结果一样，发生纠纷的地区所具有的特色也会给案件的审理带来一定的倾向性差异。但听讼包含着一切性质的差异和个性同时总体上仍表现出中国传统的特点。换言之所谓“情”就是中国的“习惯”。不过，这里所说的“情”和“习惯”反映的都是在中国文明的特定文化情境里包含着千差万别的多样性同时又可以构成的一个总体上的大致形态。必须充分地注意到，在西洋法学传统影响下我们理解“习惯”一词所具有的“虽然不成文却能够得到实定化的具体规范”这种含义，在清代中国的听讼里是完全不存在的。只有在不带这种含义的前提下，才可能用习惯一词来讨论清代地方官从事民事审判时的法源问题。同时也是在这一前提下，我们完全可以说“准情酌理”的判断不外就是习惯上妥当的判断。

在任何社会中，总会有需要得到某种解决的利害对立，这些利害关系及其矛盾对立错综复杂，并总是呈现无限多样的局面，当事者各有其理、各执己见，而周围所涉及的人们看法或观点也因人而异、千差万别。但是，如果存在一种尽管人员流动却长期保持着制度连续性的强有力的审判机关，如果该机关总能以一种无论过去还是将来只要是同一类型的争讼就给以同样处理的方式来对待眼前的争讼，如果一旦确定的判决总能作为不可更动的决定而毫不妥协地予以执行的话，那么，通过这种审判机关所累积起来的判例，将会形成一个能够与社会生活的一切局面相对应的统一完整的规范体系。于是，人们尽管有着千差万别的观点看法，只要需要总能在这样的规范体系中找到具有公共性权威的统一判断。最接近的例子就是英国通过国王法院的审判而形成的普通法（common law），而国王法院所适用的最基本的法源则是“王国的一般习惯”（general custom of the realm）[42]。英国普通法实际上不外是英国人民一般通用的习惯，也正是这一点规定了英国普通法的根本性质[43]。

清代的中国并不存在这样的审判机关。虽然全国各地都设置有知县、知州这样的审判者，但他们对民事纠纷进行的审判实质上是一种调解。具有“民之父母”性质的地方长官凭借自己的威信和见识，一方面调查并洞察案件的真相，另一方面又以惩罚权限的行使或威吓，或者通过开导劝说来要求以至命令当事者接受某种解决。在那里，不存在严格依照某种超人格或无个性的规则

[42] 参见田中英夫：《英美法总论》下（东京大学出版会，1980 年）510 页。

[43] 法律辞典中关于 cunstom 有如下的说明：“指经过长年相习以及因祖先的同一而成立的不文法。如果普遍适用的话就是‘普通法’custom law；如果只是特定场合所特有的话，则就是原来意义上的‘习惯’custom”。参见 Black’s Law Dictionary，West Publishing，1968。

以及力图形成或获得这种规则的价值取向，也不存在双方当事者不同主张之间制度化的对决、斗争以及第三者对此判定胜负的结构。审判者与当事者之间所达到的最终解决只是意味着纠纷的平息。虽然存在对上诉的保障，但上诉带来的也只是具有更高权威的审判者从事的同一工作，审判的性质本身并无任何变化。关于重罪案件的罪名拟定和量刑，中央有皇帝和刑部确实发挥着使全国范围内判例统一的作用。但就民事案件而言，却没有任何机关有意发展出一套具有私法性质的规则，也不存在任何使判例得到统一的机制。正因如此，习惯决不可能结晶为一套具有实定性的规范体系，尽管有若干片段的成文法条可供参考，结果，所谓习惯也只能主要停留在“情理”这一非实定性规范的状态之中。

三

日语的“惯习”以及英语的custom、法语的coutume、德语的gewoheitsrecht等，都是相当多义的语词。分析整理这种多义性实在是笔者力所不能及的工作。不过从上面讨论的内容看来，对某种“习惯”概念的需要恐怕仍是研究中国法律传统时难以回避的。

“习惯”一词至少在主要的用法中，经常包含着标志其效力范围的某种界线这样的意思。例如W. 格尔达德的《英国法原理》中有如下一节：

> 非自由的土地领有来自于耕种领主的土地这一贡役。……这些土地的耕种者只在让自己耕种其土地的领主所主宰的庄

> 园法院（manor court）才受到保护。所以，这种样式的土地领有被称为“副本土地领有”——这种领有者按照庄园的习惯（custom），根据庄园法院记录的副本而使用土地。……到了十六世纪，这些农民开始得到国王法院的保护。国王法院强制领主也遵守庄园的习惯，于是农民们占有土地的正当条件就更系于各个庄园的习惯（custom of the particular manor）了。[44]

这里所说的习惯指由领主的庄园法院承认并赋予强制力的规则，显然庄园法院管辖所及的范围也就是习惯所具有的效力范围。此外，西欧法制史学者保罗·威诺格拉道夫指出，在中世纪前期的欧洲，随属人主义的法律身份（根据所属部族接受不同法律管辖）逐渐交错，终于在整个欧洲出现了“无论何处的裁判管辖区域（jurisdictional distrct）内都产生出自己的地域习惯（local custom），且该区域的居民通常进行交易时都遵从这种习惯”的史实。从他比喻这些普遍存在而又多姿多样的地域习惯拼接起来就构成了像教堂彩色玻璃窗户那样的图案看来，审判管辖的疆界也就是习惯效力所及的疆界[45]。绝对王政时期法国北部的习惯法地带，可以在地图上用不同颜色把不同的习惯法效力区域表示出来[46]。在更早的时期，习惯胚胎于罗马帝国末期进入帝国领土内居住的各蛮族所保持的“法的习惯”（the legal customs of the various tribes）。当时罗马帝国承认这些蛮族保持他们的习惯，而

---

[44] W. Geldart, Elements of Engish Law (1952), p. 97.

[45] Paul Vinogragoff, Roman Law in Medieval Europe (1968), p. 28.

[46] 参见山口俊夫：《法国法概说》（东京大学出版会，1978 年）43 页。

这也是中世前半期出现属人主义法律交错的前因[47]。这样的情况意味着习惯效力所及的范围不仅以地域来划定，有时也可能由所出身的部族来决定。此外还有以涉及的事项来确定习惯效力所及范围的场合。如日本现行商法第一条规定，“关于商事，若本法无规定者适用商习惯法，无商习惯法者适用民法”就是以商事这一事项来划定习惯效力范围的例子。

上述的那种习惯概念，一般而言不能被用来理解传统中国的法律形态。中国的“风俗”一词完全不包含其效力所及的范围或疆界那样的因素。就从这一点来看，也不能因中国人说过“风俗各处不同”而断定不同地方存在不同的习惯法[48]。“土俗、土例、俗例、土风”等类似的词语同样不等于西欧法律传统意义上的习惯或习惯法[49]。与这种具有规范含义的“custom”相对应的词语，在传统中国的词汇中本来并不存在[50]。所以，在清末民初接受西欧近代法制引进西欧式法学的过程中不得不新造出“习惯”这一词语来。如果有人以法国绝对王政时期那种许多习惯法的不同地域分布为背景，设想传统中国的法律形态是在无数更小的地域簇生着无数的习惯，那么不得不说那只是一幅完全与史实相背离的虚假图像。这样的例子可以在儒勒·达维德的《比较法概论》初版中找到。

---

[47] 同前注〔45〕p. 15.

[48] Sybille Van Der Sprenkel, Legal Institutions in Manchu China: A Sociological Anlysis. (University of London, Athlone Press, 1962) p. 102, note 3 等处把上文所引用的汪辉祖所说“风俗”翻译为 custom，必须说是十分勉强的译法。

[49] 英语中“practice”一词的某些用法，或许能够与中文的“土俗、土例”相对应。

[50] 艾斯卡拉说，“人们知道中国的法律是在如何微弱的程度上才可能与这种（西欧意义上‘法’的）定义相对应。同样对于中国人的思考样式来讲，罗马法、教会法中法的习惯这一概念也是难以理解的”。参见她的 La Drit Chinois, p. 62。这是一个值得注意的说法。

中国法的基本法源是习惯。只有习惯才与民众的感觉一致，根据习惯能够按照万物自然的秩序确定各人的权利与义务。中国的习惯依国内各自独立存在的共同体之数而呈现出多样的形态，实际上是不可胜数的。[51]

这显然不是我们能够采纳的观点。儒勒·达维德在此书的修订版中也删除了这一节。正如上面已讨论过的，在中国，习惯并不意味着与“情理”不同的另一种实体，并且不是“依独立存在的共同体之数”，而是依一个个案件之数而呈现出千差万别的形态来。因为具体的妥当性只能在每一个案件的特殊情境中去追求。但总体上都能归结到“情理”这一具有普遍含义的词语中去。一个个案件处理中的个性总的来看仍然可能依地域不同而呈现某种倾向上的大致差异，所谓地域的多样性也不过停留在这样的程度上而已[52]。

达维德所述的上列观点，与在他的《比较法概论》初版之前两年问世的S. 封·德尔·斯普伦格尔著作中所描绘出的图景大体一致，或许可以推测达维德的观点是根据斯普伦格尔的著作而

[51] 参见 Rene David, Les Grands Systems De Droit Contemporains, Paris: Dalloz, 1964. p. 523。这里所引用的文章到了1969年出第3版时被全部删掉了。

[52] 一般而言，许多研究者过分强调了中国情况因地域不同而相异的这一方面，有时这成为他们未能把握实际状况的烟幕。已故的亨利·麦克里维曾说过，“中国的广阔使人易于想象每一地的习惯都与其他地区极不相同。事实上，中国人自己从非常古老的时期以来就一直观察他们各地的差异。但是关于这一点，应该忠告外国人注意不要陷入过分的强调。我们的注意力与其放在中国文化的多样性上，还不如说应当放在其统一性上”。参见 Henry Mcaleavy, “China Law”, in: An Introduction to Legal Systems, ed by J. Duncan and M. Derrett (London: Sweet & Maxwell, 1968) pp. 110-111。这段话引起了笔者极大的共鸣。

提出的[53]。斯普伦格尔女士的著作把国家的审判法庭与民间的纠纷处理机构合起来视为传统中国的“司法制度”（legal institution），认为在那里存在三个层次。一是由适当的第三者居中进行的“非正式性调解”（informal mediation），二是根据宗族、行会、村落等人们直接所属的民间集团享有的权威而进行的“正式审判”（formal adjudication），三是知州、知县衙门所从事的官方审判。其中第二个层次被视为官方认可的“下级审判机构”（subordinate tribunals）。斯普伦格尔女士似乎很明显地倾向于认为村落（village）和地域（locality）的领袖们在舆论的支持下所行使的“审判权”（jurisdiction）尤其有相当大的效率和作用。对这本有时敏锐有时含混、有时行文逻辑非常勉强的著作，这里不可能全面置评，但该书的某些观点确实令人难以苟同。例如以下的这一段，就包含了上述达维德观点中的一些要素：

> 如果把这整个系统置于眼底作一评价的话，则应该说对个人进行控制的主要部分被委之于个人直接所属的集团之手，不过上诉到官方法庭之门同时也是敞开着的。案件一般都交给最了解纠纷情节和地方上规范（local law）的人们来处理，而且大部分案件到此层次也就了结了。这种情形是促进遍及整个中国且极为多样的习惯（the great diversity of custom）形成的途径之一。如果不是这样，如果适用法律的所有任务都由官方法庭承担的话，则引起的可能是花销更大的行政以及更加周密详细的法典编纂了。[54]

---

［53］ 参见前注〔48〕所引著作。

［54］ 同上，119 页。

本论文的课题是弄清楚在国家的法庭上什么样的规范被作为解决民事纠纷的法源。所以，关于当时民间自主解决纠纷的作用，仍然是有待于笔者和其他学者将来逐步去研究的问题。尽管斯普伦格尔女士所描绘出来的整个图景是否合适只是在出现了更多有关研究成果的阶段才能最终被决定，但这里不得不明确地说，每个中国人都处于无数民间法庭中某一个的审判管辖权之下这种见解，作为对史实的认识完全是不能成立的。

使斯普伦格尔女士设想村落审判权存在的直接证据都有哪些呢？仔细地重新阅读她的著作就发现这些证据意外地微弱。所引证的几乎就只是很久以前 Y. K. 隆格和 L. K. 塔尔一般描写式的合著以及马丁·扬（杨懋春）回想自己出生地山东省台头村情况的社会学著作。而且查阅这两本书中被引证部分，前一书叙述的只是村庙通过其干事对轻微的刑事案件（虽然有时对抢劫这样的重案也不报官而自己处理）进行处理的所谓“司法功能”（judicial functions in petty criminal cases），而没有涉及是否对民事纠纷也进行审判[55]。后一书所叙述的情形毋宁说应该划入非正式的调解这一类，扬自身就指出“私人的调解（private mediation）当时是全国农村地带最重要的司法机制（legal mechanism），现在

［55］ 同上，p. 19，note 2。参见 Y. K. Leong & L. k. Tao，Village and Town Life in China（London，1915；Hyperion Press Reprint，1973）pp. 34-35。惩罚犯罪或违反族规的行为等与处理民事纠纷性质不同，应当分开来考虑。经常被提及的所谓宗族或行会的司法功能，仔细考察的话恐怕多半属于前者。关于这点有待今后的研究，但至少族规中尽管有规定发生纠纷先报族内公议的例子，却完全看不到类似于民法条款那样可供适用来解决民事纠纷的实体规范。此外参见后注〔58〕。

也依然如此”[56]。两本书以及被引用段落的内容看来都不能支持斯普伦格尔女士的设想[57]。仅从这样的证据出发就想以村落审判权的概念来把握全中国的情况显然是十分勉强的。而且这一概念还不仅仅存在缺乏证据的问题。满铁的华北农村调查表明，尽管存在调解，却没有任何根据显示有与调解不同层次的所谓由村落领袖所行使的审判权[58]。这可以作为一项反证，由此也可见斯普伦格尔女士的上述描述，在整体上是没有可能成立的[59]。

那么，能够被称为村落审判机构的组织是否在任何村庄都不存在呢？关于这点也很难断定[60]。但即使存在这样机构组织，其从事的审判一定是依照情理、本质上仍然为调解的纠纷解决。既然连国家法庭上进行的审判都是这样，另一方面民间的非正式

[56] 参见前注〔48〕所引著作，p. 101，note 1；Martin C. Yang，A Chinese Village：Taitou，Shandong Province，（Columbia University Press，1945）pp. 165-166.

[57] 斯普伦格尔所引用的 Fried 只是提到存在当事者之间诉诸“感情”的解决、通过调解的解决和向国家法庭提起诉讼这三个阶段，从这里出发斯普伦格尔突然开始谈论“Village Leaders”显然并不恰当。此外，她还提到二十年代由国民党政府和地方军阀政权在村落里推进的息讼会组织，意图把这种组织理解为村落层次上原来存在的实体得到了制度性的表现。这不过是一种不明实际情况的想象而已。所谓息讼会的政策使人联想到明初的里老人制度，两者都未能成功而消失掉了。必须看到中国社会存在使类似的政策难以成功的特质。现代中国的人民调解委员会如果将来也能持续存在下去并实际发挥作用的话，那真应该说是一种革命性的成果了。

[58] 这是把《中国农村惯行调查》全 6 卷（岩波书店，1952—1958 年）大致通读一遍所得到的暂定性结论。对偷盗作物等轻微犯罪的处理，存在类似于行使村庄审判权的现象。但关于民事纠纷，散见的处理事例只能说是调解而非审判。而且还有“仲裁说合不在庄公所，在当事者家里”的例子。

[59] 此外斯普伦格尔的书里在描述中国社会的一般情况时说村庄与村庄之间在土地上存在疆界。但是，至少在华北农村，实证的调查已弄清并不存在这种疆界以及关于疆界的意识。参见旗田巍：《中国村落与共同体理论》（岩波书店，1973 年）58—120 页。

[60] 赵树理的小说《李家庄的变迁》一开头就描写了村里在龙王庙召开审判集会的情景。清代《判语录存》卷三“悔婚抗断事”一节也有“金榜纠其族人，在社场与魁争论”的记载。这似乎也属一种审判集会，但具体情况无从得知。

调解同样也建立在情理之上（不过在那里“情”尤其重要）[61]，只有被设想位于两者之间的村落审判反而根据“习惯”即不成文法来进行审判是很难想象的。

使斯普伦格尔对事实的认识发生偏差，且使她未能意识到这种偏差的原因，植根于她没有排除关于法（习惯是其形态之一）和审判的西欧式观念而以这样的先入之见为基础来试图理解中国传统的法现象。这种观念意味着：审判就是通过法律的适用以终结争讼，而法律就是审判上被适用的规范总体，如果这些规范并未成文化只是经长期沿用而得以确立的话就是习惯。实际上，无论在官方还是在民间层次，中国人本来极不熟悉这样的观念——应该说如此理解中国的法现象才更接近于事实[62]。斯普伦格尔女士自己曾指出，在考察非西欧的前工业化社会时必须接受 law 或 legal 等概念更加灵活的变通用法[63]。但结果她在最根本的层次上却未能摆脱西欧式观念的影响。倒是达维德在修订自己的著作时删去了建立在这类先入之见上的论述，从而显示了他思维方法的灵活性。

在西欧社会里传统上由法律家所承担的社会功能（这些功能

---

[61] 汪辉祖指出地方官并非只要努力听讼就能解决问题，必须认识到存在应当交给亲戚友人调解的场合。“盖听断以法，而调处以情。法则泾渭不可不分，情则是非不妨稍借。理直者既通亲友之情，义曲者可免公庭之法”。《学治臆说》卷上“断案不如息案”。听讼已经可以根据情理来变通法律，如果是调解的话，因为不具备法律上惩处的因素，就更能自由地动员“情”的力量了。大山彦一的《中国人家族制度的研究》（关书院，1952 新年）一书根据在东北地方实地调查的经验，反复强调了中国社会把依靠“人情”的解决方法看得最重要的情况（参见 41、58、76 页）。

[62] 对此可能有“中国的刑罚不就是在审判中被适用的规范体系吗？”这一反问。对这个反问的回答可参见后面关于中国刑法性质的讨论。

[63] 参见前注〔48〕所引著作，p. 119，note 1。

的大部分属于对任何社会都不可或缺、总得由谁以某种方式来加以承担的东西)，在中国则很大程度上是由一般人相互交替来承担的。例如，西欧历史上有悠久的传统并发挥重要作用的公证人（notare，notar）这一职业在中国并不存在。代替的是，举行不动产交易、家产分割，婚约缔结等重要的法律行为时，当事者必定在通常为复数的第三者即中人、（如果是缔结婚约的话）媒人等说合以及在场的情况下，确认相互的意思表示或约定内容，写下契据、文约等书面（婚约则是因礼的因素较浓而稍稍有些特殊的场合)，并举行具有公而告之含意的宴会。这些就是中国古来普遍的习惯。在不动产交易中，如果是英国人就会接受 solicitor 提供服务的确认卖主权原这一步骤，在中国则由邀请一般人中有关系且明白事理的某位或某几位在立契时及宴会上出面来加以处理。在那里，社会所需要的类似公证那样的功能，并不集中于特定的专家或制度化的机构之手，而呈现一种极为扩散的样态，由当时当地被邀请居中的任何人所承担。谁都可能在不知什么时候被邀请、谁都能够担负这样的社会功能——这就是中国的社会机制。同样，当发生纠纷的时候，第三者被邀请或自己主动出面居中调解这样的活动在中国大概比其他社会更为常见，人们在这方面似乎也显得更为娴熟。现代社会中当事人双方依靠法律的专家即律师来进行的大部分交涉，在当时的中国却是由外行的一般人交替地相互邀请或被邀请来加以处理的。

在这样的环境中，知州、知县作为一种凌驾于庶民之上且具有公共性的第三者降临任地。他必须是于外地出身因而与管下的地域内居民没有私人关系；他能够行使公共权力或发动具有正当性的暴力装置；他属于官僚机构的一员而服从国家的行政纪律。

由于有这些特点，他存在于与作为私人的第三者或调解人不同的层次上。但是，他本质上仍然不外是区别于专家的一般人或广义上所谓“法”的外行——尽管是被期待着拥有深厚的教养、敏锐的见识和洞察力并负公共威信于一身的一般人或外行。古云“君子不器”，即为民父母者不应该只是偏于某种专业知识的专家。在那里，官和民同样作为一般人或外行而共有的判断标准就是“情理”[64]。

情理判断的中心部分是任何人都不会想到提出异议的普遍和不言而喻之理，其边缘部分则依具体情况可以呈现出千变万化的灵活性。不过，这种灵活性并非完全无原则，其程度和范围是熟悉这个环境的人们大体上能够把握的东西。实际上，每一个具体案件通过当事者之间以及与居中的第三者（包括民间的调解人和听讼的地方官）之间进行顽强而有耐心的交涉，最终总能就具体微妙的解决达成某种合意。诚然，这并不是适宜类似股份公司那样的企业形态发挥其作用的环境。但是，对于当时生活于其中的人们来说，使任何必要的营生都有可能进行的交易或财产权安排，以及支持着这些活动的——用我们今天的法学专业术语来讲就是——法的稳定性，却大致能够在社会里得到维持。这一点是我们必须考虑到的。那是一个由富于理财感觉、擅长经济计算、能够根据需要和实际情况创造出关于契约和产权的种种类型的人们所组成的社会——只要读一读《民商事习惯调查报告录》等文献，我们就不禁会得到这样的真切感受。从上到下所有的人们都是法的外行，或者换言之，法只是由外行的人们所创造和支

[64] 官和民共有情理这一判断标准并不意味着某种法共同体的成立。相反，这是妨碍法的共同体成立的因素之一。

持——这一点难道不正是中国社会的底力之所在吗？

还有，关于习惯一词，我们可以着眼于保罗·威诺格拉道夫在下列文章中所用的“非争讼性习惯”（non-litigatious custom）这一概念，并予以有效的利用。斯普伦格尔女士的著作虽然引用了这个概念却没有有效地加以利用。

“作为法而被遵守的规则，其形成的最初契机并不是抗争（conflicts），而是由理性的交往以及社会合作的互惠性思考所指导、在日常生活中反复被从事的行为（practice）。继承、所有、占有、契约等，都不始于直接的立法或直接的抗争。继承的行为植根于一家之主死去时家庭成员必须采取的措施。所有因先占的行为而发生。占有能够还原到事实上的所持，契约起源于反复进行的以物易物行为。在原始社会里，关于权利的纠纷就是围绕非争讼性习惯的适用而产生的纠纷”[65]。

确实，例如《民商事习惯调查报告录》中丰富多彩的内容，都是关于日常生活中反复发生的行为类型的记录，而非被适用于解决纠纷的规范之记录。这本书可以说是开满了非争讼性习惯之花的花园。此外，日语中的“惯行”一词在相当的程度上也可以视为表示这种非争讼性习惯的概念。满铁从社会学的角度对华北农村的调查不称为“习惯调查”而称为“惯行调查”，这或许可以看作参加调查的研究者智慧的无形流露。

只要非争讼性习惯或惯行正常运作——事实上大多数时间里都是正常运作的——就不发生问题。但一旦发生问题出现了纠纷，却不能说非争讼性习惯或惯行已经为处理解决问题、纠纷而

[65] 参见前注〔48〕所引著作，p. 127；Paul Vinogradoff, Outlines of Historical Jurisprudence, Vol. 1（London, 1920）pp. 368-369。

准备好了所需的规则或规范，这种时候依靠的是关于情理的判断。从另一个方面来说，情理并不是凭空掉下来的别的东西，而是与生活中的种种惯行密切联系，或直接以惯行为素材而发挥作用的。在这个意义上无论惯行还是情理自身都属于中国所特有的现象。日本法制上所说的“条理”恐怕也是一样，没有普遍的条理，仔细观察的话就会明白各国都有各自的条理。

四

最后，想简单地讨论一下传统中国的习惯与国家法律的关系问题。一般而言，法律就是情理被实定化的部分，法律也是情理发挥作用的一种媒介，不仅法律本身的解释依据情理而且法律也可因情理而被变通。关于法律与情理的这些关系或特点，在笔者“情、理、法”论文里已经讲清。换言之，法律与情理从根本上就是相互亲和的。既然本论文已经证明习惯与情理并非另外的东西，习惯与法律显而易见同样具有相互的亲和性。可是，既然是这样，那么对中国人来说传统的习惯至高无上而国家的法律却遭到轻视或反感以至缺乏实际效果这样一类观点[66]，为什么却经常在世间上流行呢？如果找一找这类观点究竟建立在什么样的事实基础上，就会发现几乎都是以民国时期的情况为根据的。具有代表性的如 D. H. 卡尔普和费孝通的研究，都是民国时期的社会调查[67]。艾斯卡拉为了说明“在中国，义务、秩序、中庸……一

---

[66] 这是日常阅读所得到的一般感受。论述对成文法抱有“反感”的一例，可参见田中耕太郎“关于中国社会的自然法秩序”同著《法家的法实证主义》（福村书店，1947 年）。

[67] 参见前注〔48〕所引斯普伦格尔著作。

言以蔽之就是‘礼’的观念与‘法’（droit，joi）这样远为人工化的观念相比是如何地根深蒂固”而举出的例子是：尽管民法典规定了男女两性都有平等的继承权，而一位国民党的高级官员却表示，自己绝不允许妻子对娘家的遗产说三道四[68]。显然，这也是以民国时期的情况为根据的。

旨在实现法制近代化的中国法律与中国传统的生活样式有着深刻的断绝和价值观上的冲突，短期内法律很难浸透到社会中去。在这样的背景下，即便法律已经开始在一定程度上发挥影响，不难想象会出现许多法律与习惯之间发生摩擦以及人们对法律抱有反感的情形。但是我们必须注意，不能以中国历史上极为特殊的这一时期短短三十来年间发生的情形以及在此基础上形成的印象来把握过去更长的历史时期。

另外，上述对近代法典持轻视以至反感态度这种过渡时期的现象，还常常被联系到儒家与法家的对立的思想史渊源来加以讨论。阐明和强调成文法价值的法家思想只是在战国时期繁荣过一阵，作为学派没有得到更长时期的存续和发展；而不承认成文法有崇高价值的儒家思想之所以汉代以后能够长期保持正统的地位，是因为中国人倾向于爱好自然的秩序和厌恶技巧性的法律，反过来也正因为儒家思想的支配而一直培养和强化了中国人的这一倾向。这被理解为就是轻视法律现象的思想文化渊源。但是，问题并不如此简单。儒家究竟指的是什么呢？诸子百家争鸣的战国时代，儒家的称呼虽然妥当，但到了不存在学派对立的汉代之

[68] Escara，Le Droit Chinois，p. 20.

后，儒家这一称谓本身就成为问题[69]。作为儒家反对成文法之思想表现而经常被引用的文献，春秋后期晋国的叔向反对郑国的子产铸刑鼎而寄给他的书简（左传昭公六年）很有名。但必须留意到子产及孔子等在世的春秋后期是一个历史性大转型即将开始的时期。法典的制定公布属于革新的动向，因而受到站在保守立场上的人们的反对。这或许与清末制定大清刑律草案时遭到许多人批评反对是相通的现象。孔子有名的“为政之道，齐之以刑，民无免耻”（论语为政篇）所包含的意思并不一定全是以成文法为非。毋宁说从“必正名”这样的要求中，找出对轻重得宜并具有稳定性的刑法典的期待也不算勉强。“不正名……则刑罚不中。刑罚不中，则民无所措手足”（论语子路篇）也是孔子的名言。

对于我们来说，更重要的不是在解释上纷纭多歧的古代思想，而是汉以来两千年的现实。这两千年间，以孔子学派的典籍为中心而形成的学问体系成为士人必需的教养，同时由士大夫官僚所构成的历代王朝都努力建立法制也是事实。而且这种努力并没有被看作必要恶。汉初，百姓有歌称赞萧何与曹参云“萧何为法，若讲画一。曹参代之，守之勿失。载其清靖，民以宁壹乎”（汉书卷三九曹参传）。这能够作为脍炙人口的故事传之于后世，说明画一的法仍被承认有其自身的价值。据说是由萧何所立的九章律，有不少学者进行了注疏。后汉的大儒郑玄也是其中的一人。到了唐代，有长孙无忌所撰的《进律疏表》。今天来仔细阅读这

[69] 到魏晋南北朝以后道教和佛教的对立成为问题。但佛与道真正属于各自拥有圣职者的宗教，在这一点上与先秦诸子百家的对立不是一回事。所谓“儒”实际上只是知识分子（除了圣职者或修行者）一般的别称。

篇雄浑有力的文章，仍不禁会深切地体会到其意旨之所在——得事物轻重之宜的法典乃君主之德的象征。此外，世间所传苏东坡所谓“读书万卷不读律”的诗句，作为士人轻视法律之根据的看法不过是未能理解全诗的误解。苏东坡本人决不讨厌法律，这一点近来已通过考证得到确认[70]。总而言之，至少不能笼统地说儒家思想采取的是反对成文法的立场。

但是，历代王朝努力完备的难道不都是刑法和行政性的法规吗？很少有法律来涵盖私法领域，这难道不是因为人们对社会生活中用冷冰冰的权利义务关系来控制调整相互之间的关系抱有反感吗？也可能有人会这样来提出反驳意见。但上述现象与其说是因为反感，还不如说在其后面存在更深层次的问题。事实上，属于我们所谓私法领域的有关事项，也有一些法条存在，但这些条文就像笔者曾用过的比喻，类似于漂浮在情理的大海中的冰山，可以说是有也可无也不致于带来不便的东西[71]。把“法”视为划定相互争执的两个主体之间权利义务的严格准则；力图将这样的准则实定化并上升到能够对应市民生活的一切局面，给那里可能发生的任何纠纷都以明确裁定的完备体系——简而言之就是关于实定性私法体系的基本观念，在中国本来就根本不存在，或者说即便有些萌芽也没有可能生长的环境[72]。这样的观念在中国，无论什么思想学派，简单说就是从来没有被任何人想到过，而对

[70] 参见徐道邻：《中国法制史论集》（台北志文出版社，1975 年）309—326 页“法学家苏东坡”。

[71] 例如唐户令应分条所规定的“妻家所得之财，不在分限”以及其他实质上与此类似的法律规定，在明清时期的法律中没有出现。但是，妻子作为嫁妆带来的财产是夫妇的特有财产，区别于丈夫与他的兄弟们共有的家产这一法理，却并不因时代变化而有任何改变。且类似这样的情况不限于此。

[72] 这里说的只是一种逻辑上的可能性，并非发现了什么史料可以作为佐证。

从未被想到过的东西自然谈不上产生反感。法家的学说中并无关于私法的理念。也从未有人对诉讼进行过理论性的考察[73]。即便不是孔子的学说而是韩非的学说在后世占据了正统的地位，恐怕中国仍然不会产生出私法体系来的。在这里，存在超越了儒法对立而植根于中国文化深层的问题。

这一问题在于中国的诉讼、审判所具有的基本性质，即笔者通过一系列研究揭示出来的“作为行政之一环的司法”或“行政式的审判”这种基本的性质。无论是处罚犯罪的程序还是处理民事纠纷的“听讼”都只意味着作为民之父母（社会秩序和福利的总守护人）的皇帝通过官僚机构而实施的一种社会管理功能。

在这样的诉讼观之下，刑法在很早的时期就实现了恐怕是世界史上绝无他例的高度发达。应王者之法必轻重得宜的要求，中国的刑法基本上属于一种量刑的准则，而不具备在国家和特定被告之间确定刑罚权是否发生那样的性质。同时，在这样的诉讼观之下实定性私法体系无由产生。民事纠纷由听讼这样一种教谕式的调解来处理。在那里，地方官以作为官员的威信和行使一定强制力的权限为背景，主要依靠建立在情理基础上的判断——如果有相关的法律条文则不妨参考之——来劝导说服当事者以平息纠纷。正因为这种性质，并不会产生对严格而完备的法律准则的需求。在更根本的意义上，因为听讼的程序根本不负有就眼前的案件而宣布什么是“法”的使命，所以那里本来就不存在能够产生发展出一套实定性私法体系的素材及机制。总之，可以说在某种

---

[73] 孔子有名的话“听讼吾犹人也。必使无讼乎”（论语颜渊），在明确以无讼为理想的同时，言外之意里包含着只要现实中有讼仍要求士大夫具有听讼的能力这一意思。但不可思议的是无从得知商鞅、韩非等法家如何评价诉讼。

文化中正是其诉讼的特殊样式规定了该文化的法的样式，以至于法思想的样式——而不是相反。

关于这点，野田良之教授的研究成果给了我们无上的启发[74]。野田教授参照路易·杰尔尼的著作阐明了古希腊的诉讼是在与体育竞技的密切关联下发展起来的。希腊文中意思为“竞技”或“竞技场”的“阿贡”（ἀγὼν）一词同时一般也是表示诉讼的词语。在古希腊作为“阿贡”的诉讼中，当事者以证据和辩论术武装起来，遵照一定的规则进行斗争或对决。审判人不介入这一斗争，而以保证诉讼的竞技过程公正进行，且最后确认胜负并把结果宣布出来作为自己的任务。通过这样的程序，“法”（δικη）也即是权利或正义在当事者的哪一方将被宣告[75]。据野田教授分析，这样的诉讼观以及诉讼结构，其基础在于自己的事自己处理这种个人的自律精神以及把纠纷或斗争视为社会正常的生理现象并使社会得以保持活力的因素这一社会观。这些观念植根于印欧民族的共同祖先远古以来所体验的游牧生活以及通过游牧而形成的精神素质。直到今天，这些精神素质尽管发生了种种

[74]　参见野田良之“关于私法观念之起源的一个管见——以 L. Gernet 的研究为依据”（《我妻荣先生追悼论文集——私法学的新展开》有斐阁，1975 年）。

[75]　野田教授的上列论文仅仅在一个地方提到 δικη 的概念，即古希腊的诉讼里“δικη（‘法’）的定义是只给与一方的优越地位”（40 页）。在他的另一篇论文“关于权利一词”《学习院大学法学部研究年报》第 14 号（1979 年）中，野田教授还指出“δικη 以及 ius 的原有含意是“表示对于某一主体在一定状况下什么才是合适或正确的概念”。中国的“义”或“礼”等词也表示“合适”或“正确”的意思，那么接下来的疑问是这些词与 δικη 或 ius 的区别又在哪里呢？很自然地，可以理解 δικη 和 ius 限定在发生争议时能够通过诉讼（竞技式的诉讼）而得到确定的“合适”或“正确”，其特点在于或者直接或者间接地总是与诉讼联系在一起。如果真是这样，在传统中国之所以没有产生对应于现代所谓“权利”一词的概念也能够归结到是因为其特殊的诉讼结构了。关于这一点，还希望能得到专家们的指教。

差异但基本上仍绵延相传，构成了西欧人精神世界重要的一部分。对于拥有悠久的传统并成为近代西欧法律精神之一的这种诉讼观，野田教授根据作为其原初和典型形态的古希腊诉讼而命名为“阿贡（竞技）型诉讼”。关于西欧法的基本性质与这种诉讼之间不可分的内在关系，野田教授明确指出：

> 使这一斗争得以公平正大地进行，或者说是相当于竞技规则的东西，就是法。本来在这个社会里，构成社会的成员都认为自己的事应该由自己处理，更早的时期通过自力救济来解决纠纷得到广泛的承认。后来，为了使纠纷能够以和平的方式并得到更加公正的解决，当事者来到第三者之前，在他的裁判下展开言论的对决。于是就产生了“竞技型诉讼”。而这种场合裁判者所依据的规则就是法。所以，在欧洲法圈里，法的原形也就是作为裁判规范的私法。[76]

接着，野田教授试图说明为什么上述类型的私法观念只是在西欧才得以发生，为何在中国、日本等亚洲东部文明圈内却没有出现。他指出这是因为亚洲东部文明圈内并不存在“竞技型诉讼”，在其社会历史根源上，则因为农耕民族的社会本来就重视相安无事的和平，而把纠纷和斗争看作社会的病理现象。这种农耕民族特有的精神素质规定了自身社会里诉讼以及法的形态。

笔者在此前执笔写作一系列关于中国诉讼审判制度的论文时，内心里一直把西欧的诉讼观和诉讼审判制度作为参照。但是西欧

[76]　参见野田良之“比较文化论的一个尝试”（《早稻田大学比较法研究所创立三十周年纪念讲演集》1978年，39页）。

的诉讼审判制度也因地域和时代而呈现极其复杂多样的形态，要以能够涵盖所有这些多样性的眼光来进行比较是一项过于浩大的工程。笔者自觉力所不逮，因此一直不得不避免将中国与西欧进行正面的对比。幸而现在有在西欧法领域造诣深湛的野田教授把西欧法文化最为核心、最为一般的要素总结到“竞技型诉讼”这一词语中去，笔者不禁感到这项中西比较的工作容易做多了。中国的那种“作为行政之一环的司法”在中华文明这一同样具有历史普遍性的世界里保持了两千年以上不变的传统，在此意义上可以说正是与“竞技型诉讼”恰成对照的典型[77]。

最后一个问题是，为什么在中国这样的诉讼结构会成为不变的传统？也许这一点正如野田教授所说，终究可以归结到农耕民族的精神上去[78]。但作为历史研究者，还必须追究更近的时代中历史过程更具体的来龙去脉。这里提出的谜，其答案无疑就藏在中国确立帝制以前的上代。但到上代史里去探索中国那种诉讼的由来这一工作，只能留待今后去做了。

---

[77] 关于日本与中国的相似和相异之处，笔者还未能澄清自己的认识。这里的讨论仅限于西欧与中国的比较。但至少在日本恐怕不能把镰仓时期与江户时期的诉讼观作为同样的东西。参见水林彪“近世的秩序与规范意识”（《讲座、日本的思想3——秩序》东京大学出版会，1983年）。另外，日本的中世诉讼方式里存在某种广义上的神判。参见石井良助《日本法制史概说》289页。在这一点上也有些与西洋近似。而对比中国与西欧的情况则决不会出现这样的类似性。

[78] 参见野田良之“寻找作为比较法基础的‘法’的原型”（《学习院大学法学部研究年报》第一八号，1983年）。这是一篇深入开掘人类的精神结构和集团无意识与不同法律文化关系的大作。

关于滋贺秀三教授论文的解说

王亚新　著

滋贺秀三教授出生于1921年，1943年毕业于东京大学法学部并进入研究生院，从此开始中国法制史（在日本也称“东洋法制史”）研究。1948年他担任东大法学部副教授，1959年升任教授，1982年从东大退休后，曾任千叶大学教授，湘南学园校长等职，1995年被选为日本学士院成员。作为在日本的东洋法制史学界居于指导地位、在国际上亦负有盛名的学术权威，高龄的滋贺教授至今仍在第一线从事研究，时有成果发表。

滋贺教授的中国法制史研究涉及十分广泛的领域、时期及课题，但似乎可以说他的主要工作集中在三个方面，即家族法研究、唐律研究以及清代司法制度研究。其成果较集中地体现在他的三本主要著作中：《中国家族法原理》（创文社，1967年初版、1981年第3版）、《唐律疏议译注》（东京堂，1979年）、《清代中国的法与审判》（创文社，1984年）。本书中所收关于民事法源的论文选自上述最后一本著作，而“中国法文化的考察”一篇也能够理解为对该著作的内容在理论上进行的简洁归纳和阐述。无疑这部专著集中反映了滋贺教授在司法制度研究领域所获得的学术成就，但他在这方面的工作并不限于这本著作（甚至也不限于清代，在他发表的其他论文中就有例如“关于《左传》中出现的诉讼事例的解说”这样的成果——载《国家学会杂志》102卷1、2合并号、1989年）。本书中收入的寺田浩明教授所著“日本的清代司法制度研究与对‘法’的理解”一文，对滋贺教授的研究成果及其意义已有很精辟的介绍和分析可供参照。这里，拟着眼于滋贺教授对清代中国的民事审判以及民事法领域进行研究时所具有的问题意识和学术背景，就几个值得我们特别注意的观点以及方法论上的特点作一点解说。

一

如果能够以尽可能短的几句话来概括滋贺教授关于清代审判制度研究所达到的结论，那么似乎可以作如下表达：

1. 包括刑事与民事在内的审判制度本质上并不属于司法而属于行政，即“作为行政活动之一环的司法”。

2. 其中的民事审判——“听讼”或“州县自理”案件的处理，实质上也不是审判或判定（adjudication），而是调解（mediation）的一种，即“教谕式的调解”（didactic conciliation）。

3. 由于审判的这种性质，实定性的私法体系无从发生形成。这规定了传统中国法的基本特性。

4. 上述特点与西欧法与审判的传统恰成对照，但这绝不意味着中国传统的落后性。传统中国的法与审判可以说是人们从另一个方向上设想和构筑秩序并将其发展到极为成熟精致高度的产物，是另一种同样具有自身内在价值的人类文明的体现。

不用说，以上的论述都建立在引照和考证了大量史料的实证基础上，但是这些结论显然不是由史料本身“自然而然地”产生出来的东西。可以很容易地看出，在方法论上，概念的分析整理、进行分析所依据的理论框架、作为这种框架之背景的西欧法制及其历史的知识等因素，对于上述结论来说都具有极为重要的意义。例如，称为“司法”却归属到“行政”性质上去；既是“审判”又被叫作“调解”；还有，什么是“实定性”、什么是“法”等，不首先澄清概念就可能成为不可理喻的问题。

关于上述结论的内容和方法论，从本书所收有关论文能够找到相当的说明。除“中国法文化的考察”一文的一般性讨论之外，上列 1 和 4 在寺田“日本的清代司法制度研究与对‘法’的理解”中有简要介绍（参见第二节、第四节），滋贺关于民事法源的后一论文提出了 3 的观点（第四节），且这篇论文中也有涉及 2 的地方（第二节）。但《清代中国的法与审判》一书中另一篇十分重要的论文“清代司法中判决的性质——关于判决确定这一观念的不存在”，却因篇幅关系未能译出并收入本书。这篇论文不仅从民事角度深化了上列 1 的命题，而且正面提出了 2 的观点。以下，一方面简要地介绍这篇论文有关内容；另一方面，考虑到对滋贺教授在其特定语境中视为理所当然而没有明确表达出来的某些概念框架和背景知识，国内读者未必很清楚，因此拟在这方面也进一步作些说明。希望通过这样的解说能够帮助读者更深入地理解滋贺教授的工作。

二

首先想考虑在上述“清代司法中判决的性质”论文中正面提出的“清代地方官的听讼实质上并非审判而是一种调解”这一命

题。显然，这里有必要把“审判”和“调解”的概念先整理清楚。对于这组概念的考察，我们可以分别在两个不同却又有关联的层次上进行。在第一个层次上，这组概念分别是对某种纠纷解决制度的命名或一般称呼；在更具方法论意义的第二个层次上，它们却各自意味着由一系列特定要素构成且具有不同内在结构的理论模型或“理念型”模式。关于第一层次，例如我们今天有审判制度、人民调解制度，还有仲裁制度。但是，在审判制度中可以有调解，人民调解制度也并非完全不存在类似审判的性质或要素，而仲裁在某种意义上甚至可以说归根结底不过是结合调解和审判的部分要素而构成的制度而已。这种时候，第二个层次上的概念分析就成为必要。不过一般来讲，在第一层次上命名制度，主要根据的仍是这后一层次上所给与的定义。

考察过去社会里纠纷解决方式的法制史研究同样牵涉这两个层次。尽管当时的人们并不知道“审判”与“调解”的概念，这并不妨碍我们把“听讼”叫作“民事审判”，把“说合”等称为“民间调解”。滋贺教授着眼于第一层次，也同意称“听讼”为“审判”，但他是在第一层次与第二层次上的概念仅有表面的相似，实质上却完全相异这一前提下同意这种称谓的。他指出，对于为了保护和实现自己的正当权益而谋求得到公共权力之判断及支持的民事纠纷当事者，听讼就是当时的国家所能提供的最为正规的程序保障，在这样的意义上，清代州县衙门的听讼确实能够称之为审判[79]。但对照第二个层次上作为不同理论模型的“审判”和“调解”概念，滋贺教授认为听讼实质上不是审判而属于

[79] 参见滋贺秀三，“关于清代的民事审判”第九节“关于审判一词的语义”《中国——社会与文化》第13号（1998年）。

调解的一种，即“教谕式的调解”。这里有必要分两步来分析介绍这一命题。首先，必须描述这两个不同的理论模型，以便为判断听讼究竟属于哪一种模型提供根据。由于滋贺教授到最近的以前在这方面没有明确地加以论述[80]，因而有必要参照国外法学界有关研究成果给以适当的介绍。下一步，以此为依据，就可以具体介绍滋贺教授是如何在史料的实证基础上归纳出上述命题来的了。

在西欧背景的法学这一语境中，作为第三者解决纠纷方式的两种不同模型，审判与调解在一切方面恰成对照[81]。两个模型的不同特点主要可从以下三个方面来把握：第一，审判以强制性为特征，这尤其表现在最终的判定中；而调解则必须获得当事者同意或双方当事者之间的合意，才能使纠纷终结。第二，审判必须严格依据具有实定性的法律规范作出判定；而调解则可以从法律的拘束中解放出来，根据条理甚至于完全根据当事者的意思达到纠纷的解决。与此特点紧密相关，第三，审判在权利义务的归属上必有胜负，原则上必须是“非黑即白”的判定；但调解则允许妥协的解决，鼓励当事者相互让步。大致刻画出来的这些不同特点用来划分和把握包括日本在内当代西方国家的法律制度以及社会里的纠纷解决方式已经足够，但用来考察中国传统的诉讼即“听讼”则还嫌过于粗糙。下面联系听讼的结构对这三个方面的

---

[80] 滋贺教授在最新发表的论文中（见上注）已明确指出，强制还是同意正是区别审判与调解的最根本特征（因为在本稿写作过程中该论文尚未正式发表，因此这里只是部分的参照）。

[81] 关于审判与调解的一般区别，参见 Torstein Eckhoff，“The Mediator，the Judge and the Administrator in Conflict-Resolution”，Britt Pereson Blegrad（ads.），Contribution to the Sociology of Law（1966）。以及同一作者的“The Mediator and the Judge”，Vilhelm Aubert（ads.），Sociology of Law（Bultimore：penguin，1969）。

划分标准再进一步作些考察。

三

先从第三点开始，应注意允许妥协互让与分清是非并不一定矛盾，前者可以单纯地意味着利益得失上的安排，而后者则是规范或道理上谁是谁非谁对谁错的问题。调解可以而且也往往在分清是非的前提下再根据其他情况要求当事者妥协互让。同时，当事者也有可能在面对规范和事实的局面下同意接受完全由自己一方承担责任或义务的解决方案。另外，关于权利义务归属的非黑即白式判定，也不一定意味着败诉的一方当事者从事了道德或道义上有问题的行为。民事纠纷中相当的一部分其实至少在道义上无所谓当事者谁对谁错，只是需要解决法律上权利义务归属不清的问题。例如双方都无过错的离婚案件就是这种纠纷的典型之一。听讼在地方官的判断可以具有妥协性这一点上接近于调解，这种时候的基本要求仍然是首先必须分清是非。不过，仅从第三点很难断定听讼具有调解的性质，因为一方面听讼中相当多的案件既分清了是非又得到了非黑即白式的处理，另一方面所谓非黑即白式判定的原则在今天西方国家的审判中也未必受到高度重视和严格遵循[82]。

关于第二点，即是否严格依据法律规范的问题具有非常微妙的内容。调解绝不意味着可以完全脱离规范的拘束，纯粹的当事者意思也要受所谓强行法规或公序良俗的制约。在这一点上区别

[82] 当代许多西方国家现行法律中的“正当事由”等一般条款和“过失相抵”等解释技术都可能从缓和判定非黑即白性质的角度来理解。

调解与审判的标准只在于所援引的规范是否必须具有实定性。在西方法律制度的语境下，基本上以成文法或判例法这种意义上的实定性来画线，但在考虑听讼所依据的规范时显然不应该采用这样的实定性标准。听讼依据什么规范是本书中所收滋贺论文的主题，但“实定性”究竟意味着什么、规范准据有无实定性与纠纷解决的性质有何关系等，恐怕仍需要稍加说明。对这些问题较深入的讨论拟留待就寺田教授和岸本教授的工作进行解说时再作。

第一点直接牵涉到滋贺教授“清代司法中判决的性质”论文的内容。这篇论文首先依据大量史料逐次考察了听讼中的判断形式，即地方官作为中间阶段的判断且一般写在当事者所提交之诉讼书面上的“批”、开庭审理时所下的“谕”、“堂谕”或“判”。“谕”本身并不一定意味着最终阶段的实体判断，与我们今天所理解的判决不同。但如果具有实体判断内容的“谕”与当事者答应接受此内容而提交的“遵结”或“甘结”结合起来，就具有了终结案件的含意。地方官的判断从制度上必须得到当事者一定的同意表示才能生效，这一点可以说是使听讼不像审判而更像调解的根据。但是，当事者的“遵依甘结”实际上往往是在种种有形无形的强制或压力下才不得不提出的书面。仅仅以存在表示同意的形式尚不足以认定听讼的性质。滋贺教授接着讨论了“遵依甘结”提出后的局面。史料表明不仅广泛存在当事者“翻异”的现象，而且长期地到处上告以至“屡断屡翻”的情况也不在少数。与当事者不断上告的层次相对应，同一地方官可以数次改变自己原来所下之判，上级官员也可能出面要求重审或自己改判，前任官员所下之判到了后任官员手里又推倒重来等现象频频出现在史料上。总之，有错必纠、不惮改判是当时官员们履行职务的一般准则或精神。这些现象当然可以从上诉或再审——尽管当时并没有这种正式制度——的角度来考虑，事实上当事者的“翻异”上告以及官员的改判，确实起到了与上诉和再审同样的救济作用。但是，由于“翻异”和改判的时间、审级以及要件等都没有制度化而毫无限制，实际上案件的处理只是在当事者不再“翻异”上告，也就是说事实上“接受”或“同意”（当然更有可能是绝望地放弃争议而不一定是“诚心悦服”）了某一判断的情形下才得以真正终结。而在到达此终点的过程中，往往一直存在当事者与官员一进一退的交涉谈判和对解决方案的微妙调整。强制与同意同样以错综复杂的交织形式充满了这一过程，但着眼于案件的实际终结或纠纷的最终平息终究取决于当事者事实上的“同意”（不再采取争议行动这一事实本身），则与其说听讼是审判，还不如说其性质更近于调解。

与具有西欧传统的审判制度相对比的话，清代听讼的上述特点显得更加突出。以大陆法系为例，在那种审判制度中判决一经确定，法院自身就不再能任意改变（所谓“判决的自缚性”或“不可撤回性”）；且确定判决的内容拘束后诉，此后的案件处理不得与该判决内容发生矛盾（所谓作为实体确定的“既判力”或“一事不再理效”）。再审只是在满足了严格的形式性要件这种例外情况下才得以实施，内容有误等实体方面的问题一般不被直接列为再审的要件。日本民事诉讼法学的权威兼子一教授曾明确地指出过，“如‘不惮改过’这样的格言，决不能无条件地适用于审判”[83]。

[83] 参见兼子一、竹下守夫：《裁判法》（新版，有斐阁，1978年）270页。

四

可以想见对于生活在西欧法学传统这一语境中的学者而言，清代听讼所呈现出来的上述现象是如何地令他们感到不可思议和新奇。那似乎属于完全不同的另一个世界。相反，今天的我们仍很难想象“有错必纠”居然不被视为理所当然，即使错了也不改竟能成为制度上的原则，对于我们来说是极难接受的。如何才能超越这种文化或语境上的深刻差异和隔膜而达到互相间的内在理解呢？显然，停留在制度和现象层面上进行比较决不能解决问题。我们需要的是从更根本的层次上借助理论工具来弄清不同语境各自的规定性并理解其内在逻辑。

第一个可以利用的工具是“正当性”或“正当化”概念。这个概念指的是某一类型的纠纷解决或判决在制度上为特定社会的人们普遍承认或接受的状态。存在使法官的判决得以正当化的两种不同方法，一种方法的重点放在保证判决内容本身的实体正确性上，而另一种重点则在于从程序上制约法官以保证判决形成过程不受其主观影响[84]。在采用第一种方法的审判制度中，只要判决本身实体上有误，无论其形式上是否确定，当然始终是“有错必纠”的对象；而在采取第二种方法的审判制度中，只要程序确实有效地制约法官的主观性，判决的实体内容是否有误原则上并不影响其正当性。不过，把判决内容的形成归责于诉讼过程中当事人行动的这种法理或逻辑，尽管能够说明判决一旦确定后为

[84] 参见王亚新：《论民事、经济审判方式的改革》，载《中国社会科学》1994 年第 1 期。

何既不允许法官或法院依职权予以改变，也不给当事人以法官认定事实不清适用法律不妥为由提起再审申请的机会，但却不能说明即使在发现了新的证据或事实足以推翻原判决的情形下，为何仍不准当事人申请再审。为此，在上述概念的基础上，有必要再导入“法的空间”和“法的安定性”这两个理论工具。

关于西欧法学传统中“法的空间”这一概念，笔者曾在另一篇文章中加以过描述。即“从诉的提起开始（具体权利要求的设定），经过争议之点在法律意义上的形成（要件事实的确定）、证明和辩论以及上诉等阶段到达判决的确定，具体案件的处理可以被视为一个‘法的空间’形成过程。在这个过程中，程序的逐渐展开以获得具有既判力的决定为目标且有强烈的不可逆性质。（中略）这意味着程序的展开过程本身在法律意义上成为一种观念的构成物，即区别于现实生活空间的所谓‘法的空间’。这个空间一旦形成就不能直接根据现实生活中的根据随便推倒重来”[85]。而维持法的空间之价值根据则在于“法的安定性”。把已经确定了的判决放在法的空间这一背景下看，它就不再仅仅是某个具体纠纷的处理结果，同时也具有了指明对于该案件来说什么才是“法”的最终宣言性质（尽管这里说的“最终”也只是相对而言）。通过该判决宣言出来的“法”则成为此后一系列法律关系发生的出发点。如果不赋予确定判决以终局性质，不仅永远都难以把该具体案件中“什么是法”固定下来，而且还可能导致

---

[85] 王亚新：《民事诉讼的程序、实体和程序保障》，载谷口安平：《程序的正义与诉讼》，王亚新、刘荣军译，中国政法大学出版社 1996 年版，第 12 页。关于这种通过具体程序展开而形成的“法的空间”与一般广义的“法的空间”之关系，参见同上 14—15 页。作为对一般“法的空间”（legal world）进行的简洁描述，参见 T. Eckhoff and K. D. Jacobson, Rationality and Reponsibility in Administrative and Judicial Decision-Making (Copenhagen: Muksgacad, 1960) pp. 38-39。

此后产生的一系列法律关系总是处于基础未稳的不安定状态。强调“法的安定性”这一价值高于对具体案件的处理结果进行事后救济的价值可以视为西欧法制和法学传统的特点之一[86]。价值高低的这种排列或看法既可以从维持市场交易连锁的安全这一效率性角度来说明，又可以从重视“制度信赖”而非“个人信赖”（换言之，即相信“法治”而不相信“人治”）的文化角度来加以理解[87]。从更深层的宗教伦理和历史渊源的角度来看，这种价值和制度选好的背景则在于滋贺教授指出的法官能够代表“法共同体”作出具有“神示”般性质的判定[88]。

五

对滋贺教授提出的另一个观点，即清代审判制度实质上并不属于司法而具有行政的性质，是“作为行政活动之一环的司法”这一命题，同样有必要作一番概念上的整理。关于这个命题首先可能发生的疑问就是，既然司法与行政的区别基本上来自西欧的

---

[86] “法的安定性”概念尤为德国著名法学家拉道布鲁夫所强调，参见 Radbruch：《法学入门》，碧海纯一译，松村晴登：《法学的基本问题》（高文堂，1980 年）71—73 页；田中成明：“法的结构、作用和目的”；林良平编：《法的构造与功能》（有信堂高文社，1983 年）209—210 页。

关于蕴藏在法和审判内部的上述价值矛盾，参见 Daniel Boorstin，“The Perils of Indwe lling Law”，R. p. Wolff（ads.），The Rule of Law（NY. Simon & Schuster，1971）pp. 75 - 97. A. Sarat and J. B. Grossman，“Courts and Conflict Resolution：Problems in the Mobi lization of Adjudication”，The American Political Science Review，Vol. 69（1975）pp. 1206-1207。

[87] 这两个概念来自德国著名社会学家 N. 卢曼。又可译为“对系统的信赖”与“对人格的信赖”。参见 N. 卢曼著：《信赖——缩减社会复杂性的机制》，大庭健、正村俊之译，（劲草书房，1990 年）69—110 页。

[88] 参见滋贺秀三，“中国法文化的考察”第二节。

近代，把这个具有特定地域和时代背景的概念框架适用于清代法制史研究是否合适呢？确实，着眼于“司法”与“行政”等明确的概念只是出现于近代法律的理念和实践之下，在清代的中国，司法未能从行政中分离出来毋宁说是理所当然的事情。如果再进一步站在行政与司法的区分并非根源于现象本质的不同，而只是一种历史地形成的人为安排这一观点上的话[89]，则使用这套概念装置来把握清代中国的审判是否有效或是否有意义就会成为问题。

但是，滋贺教授在他提出的上述命题中，尽管确实以近代具有明确内涵的“司法”与“行政”概念作为一种典型的参照，却是在更广泛的含意上使用这些概念，并潜在地采取了“司法具有其独特的本质”这一观点。这种坚持认为司法本质上具有特殊内涵的观点在今天西方的法学界仍然是一种有力的见解[90]。从这一立场看来，“司法”（或者不用这一词语而用“审判”）则可以视为一种超越特定历史阶段的现象。明确阐述了这种见解的著名法学家就是已故的 L. L. 富勒（Lon Luvois Fuller）。

---

[89] 例如，据宪法学者佐藤幸治介绍，在日本宪法学界，关于“司法”与“行政”的概念存在“历史性的概念构成”与“理论性的概念构成”两种观点。采取前一观点的学者认为，“司法权或司法作用的观念本身不外是历史的产物，所以无法一般地抽象地讨论其‘本质’”。他们不承认“司法”具有实质上区别于“行政”的性质，而把“司法”理解为“行政”的一个部分，只是由于特殊的历史情况才从行政分离出来，构成了法院的专属权限。而后一种观点则认为“司法”与“行政”实质上具有不同的法律性质。但是，前一观点在日本宪法学界无论战前战后一直占据着通说的地位。参见佐藤：《现代国家与司法权》（有斐阁，1988 年）10—30 页。

[90] 在日本法学界，佐藤幸治教授就是坚持这种主张并有相当影响的学者之一。参见他上揭书 36—45 页。

在他去世后才正式发表的“审判的样式和界限”一文中[91]，富勒首先把“审判”作为一种“形成社会秩序的样式”（a form of social ordering）来加以把握，并将其与另外两种基本的秩序样式［以多数决为典型的“根据一般目标的组织”（organization by common aims）和以缔结契约为典型的“通过交换的组织”（organization by reciprocity）］区别开来进行了对比[92]。他指出审判的主要特征在于：首先，审判是一个允许可能受其结果影响的当事人以获得提出证据、展开辩论的机会这一方式参加进来的决定或判定过程。其次，为了使这种参加有实质意义，当事人必须把自己展开的辩论和提出的证据建立在一定的原理之上。这就使权利的主张与赤裸裸的利害要求以及与纯粹是不快或愤慨的表达区别开来。最后，审判倾向于处理那些能够作为权利的主张或作为恶行加以追究的问题[93]。

滋贺教授尽管没有参考这些观点（在富勒这一论文正式发表之前的很早时期，他已经提出了上文的命题），但是在以保障当事人参加为中心而加之于法官作用上的程序制约、作为当事人与法官两方行为基础的原理（实定性的规范）以及法官最终作出的判定等方面，可以说在他心目中作为参照的“司法”与富勒上述观点是相通的。由于当事人实质上的参加和一系列程序的制约，尽管最后似乎只是法官单方面作出强制性的判定，但该判定却能够被视为当事人（包括其他将来的或潜在的当事人）与法官共同

[91] L. L. Fuller, “The Forms and Limits of Adjudication”, Harvard Law Review, Vol. 92, 1978.

[92] Ibid., at 357-365.

[93] Ibid., at 369.

构成的一个“法共同体”通过相互作用而创制出来的“法”，规定了他们的共同生活秩序。在滋贺教授看来，具有这种内容的“司法”并不仅仅是到了近代才出现的东西，而是在西欧历史上很早就存在、作为一种特殊的“社会秩序形成样式”的“审判”。

但是，在清代中国的审判中却看不到具有上述性质的“判定”。审理刑事性的“命盗重案”时法官需要获得被告的口供才能定罪，而民事性的“州县自理案件”则必须有当事人的“遵依结状”。而且无论在哪种情况下，法官的任何判断都不具有形式上的确定力。根据这些现象以及其他特征，滋贺教授认为清代中国的法官从事的决不是通过与当事人之间制度化的相互作用来获得某种形成秩序的共同规范，而是居高临下地直接对当事人之间的关系反复进行的微调整。这种工作虽然被称为“行政”或“行政活动的一环”，但这些词语与其说具有西欧近代分权的特殊背景，还不如说是在公共权力对社会实施“管理”（management）或“调整”（adjustment）这种更为一般的含意上来使用的。

缺乏“判定”的性质具体反映在“州县自理案件”的处理中，就是实体上并不形成关于“权利义务”的明确主张与确认，作为程序的展开，则表现出理念上是法官居高临下地说服劝导以至威吓当事人，实质上却也是法官与当事人之间讨价还价的交涉过程。所以“州县自理”的审判从处理民事纠纷的方法这一角度来讲可以被称之为“调解”，而在公共权力对社会秩序进行一般的管理和调整这方面的含意上，则同样为“行政活动的一环”[94]。无

---

[94]　即使是西欧近代背景下具有明确内涵的“行政”概念，在注重调整当事人关系以及面向将来等特点上，也明确地区别于“审判”而更接近于“调解”。关于这一见解，参见 T. Eckhoff，supra note 1，“The Mediator，the Judge and the Administrator in Conflict-Resolution”，p. 166。

论从哪个方面来看，这样的活动既不会产生整套的私法体系，对以这种方式而存在的规范本来也就不会发生需求。滋贺教授是把清代审判制度作为一个具有内在的完整逻辑和结构的整体来加以把握的，所以他对这个制度在不同侧面表现出来的性质所作的种种说明或描述，也应该作为一个整体来看待。

置身于继受了西欧传统的日本法学这一语境之中，滋贺教授强调清代中国在处理与西方社会面临的同类问题时采用的却是完全不同的手法，自有其深远的意义。20 世纪 60 年代初期，当他最初发表关于清代审判制度的研究时，学术界基本上是在西方中心主义式的观点支配之下。在这种观点看来，探讨“合理”或“理性”的司法审判制度，似乎只有西方才能作为对象，而除此之外，其他社会和时代存在的纠纷解决好像不是出于温情就是建立在暴力强制之上。滋贺教授关于清代审判制度的研究实际上意味着对这种观点的正面挑战，他所描绘出来的审判形态尽管完全不同于西方或西方化的学者们所熟悉的图景，却同样具有自身内在的合理性，同样是人类文明的一种表现。他这些具有开拓创新性质的工作在当时日本的中国法制史学界产生了不小的影响，刺激了一些优秀的学者在他开拓的方向上进行更深入的研究，其结果可以说在相当程度上改变了学术界的潮流。

对于直接受到包括清代在内的法律文化传统影响，并置身于现代中国的法制建设这一语境中的我们来说，滋贺教授的工作却显示出另外的意义来。因为我们常常会有“只缘身在此山中”的问题，他的研究所提示的观察角度以及据此而揭示出来的史实，能够促使我们在对自己的传统再认识的时候深入反思甚至猛省。对于自己的历史传统，我们需要的是既不妄自菲薄，看到当时条件下其自成一体的内在逻辑和合理性，还有其一定前提下发挥的正面功能；同时又必须清醒地认识到那种制度深层存在的根本问题或缺陷。相信以这样一种态度来对传统进行再认识在当代法制建设中既可以作为一种发掘有益资源的尝试，又可能成为解决当前面临的种种问题时的参考。在这个意义上，滋贺教授的研究成果能够作为一个极为有益的刺激，帮助我们重新认识和深入思考自己的过去和现在。

日本的清代司法制度研究与对“法”的理解*

寺田浩明　著　王亚新　译

在过去的中国，“法”这一概念与西方语汇中“LAW”“RECHT”等词在内涵上有相当的区别，主要只是指国家制定的成文法，即“法律”。关于中国历史上的“法”或“法律”，从第二次世界大战前到战后的一段时期，以下的看法几乎成为西方和日本的中国法制史学者讨论中国过去的成文法性质时一致的出发点或讨论的基本背景。即旧中国的法与其说是任何人都不能逃避的强制性秩序，还不如说不过是一种“雏形”——法律倒是制定了，但一般并不能真正得到适用，所以往往只是缺乏实际效力的一纸空文而已。

大约十来年以前，针对这种当时还有很大影响的观点，中村茂夫教授发表《对传统中国法雏形说的一个试论》一文（载新潟大学《法政研究》12卷1号、1978年）进行了痛烈的批评。他详细地考察了所谓“空文说”所依据的史实，指出这种观点缺乏实证的根据，并通过考证证明了作为法律得不到适用的根据而举出的种种史料也是经不起推敲的。相反，中村教授列举了大量事实说明，在旧中国，国家制定的成文法通过各种刑罚制裁实际上

* 本稿载于《思想》杂志第792号，岩波书店，1990年6月。

确实发挥着现实的作用。他还进一步指出，否定旧中国的成文法有实效性这一观点的另一背景在于认为，国家的司法对于介入民事性纠纷非常消极，这类纠纷基本上全是由民间自身进行处理的。针对这种所谓“民间处理说”，中村教授在上述论文中同样提出了强有力的疑问，他根据清朝时期的种种史实推论，尽管存在社会性的抑制因素，仍有很大数量的民事性纠纷被提交到国家的法庭之上。总之，把旧中国的成文法和国家司法理解为与一般民众相当疏远，不过是有名无实的观点再也不能被视作理所当然了。

这篇论文在提出旧中国的成文法具有一定实效性，并进一步论证了国家司法活动的重要作用和体系性这一点上，可说是代表了当时日本的中国法制史学界一部分学者不满支配的学术观点而力图创新的动向。此后，这一动向逐渐得到了学术界的广泛认同，而由中村教授提示的，关于旧中国成文法在刑事审判上有相当程度的实效性，大量民事纠纷实际上被提交地方官处理等观点和论证，随着司法制度等领域的研究进展，也得到了更多实证性资料的支持。旧中国的成文法不过是一纸空文的单纯看法及其所谓实证性基础可以说几乎已经完全消失，从这一点来看，上述论文当初的目的已全部达成。

但是另一方面，不容忽视的事实是，随着这种共识的形成，问题的另一个侧面也浮现了出来。这就是具有一定实效性的成文法和在解决民事纠纷上也相当活跃的国家司法活动，究竟在旧中国的文明和秩序中占有何种位置或具有何种含意的课题。与所谓“没有实效”或“不起作用”的看法相比，对“有实效”或“发挥作用”的观点更有必要问一个究竟“有什么样的实效”或“发挥什么样作用”的问题。如果读者从论证旧中国的司法活动相当活跃的上述观点出发，想象旧中国社会里也存在与西洋同等类型的司法审判和成文法秩序，差别只在于发达程度不同而已的话，则这种想象本身与实证的事实也是完全相悖的。所谓“实效性”“活跃性”的主张如果不是仅作为批判通说的口号，就必然要求进一步的探究。事实上，在这个主张下进行的实证研究确实都包含了从各种角度对旧中国司法活动特有性质的考察。这样看来，可以说这十多年来日本学术界的研究动向就在于探索重新建构分析旧中国“法”与司法活动的理论框架。目前，已经是对现有的研究成果进行总结，厘清学说史上这方面问题的脉络和考虑下一步研究方向的恰当时机了。

从上述问题意识出发，本稿欲简要介绍日本的中国法制史研究者在旧中国的“法”与司法活动方面都搞清了哪些事实，根据这些事实又是如何理解旧中国“法”和司法活动性质的，在此基础上，还想确认一下目前存在问题的状况。由于日本学术界的上述动向主要由滋贺秀三和中村茂夫两位教授关于清代司法制度的研究所主导和代表，所以本稿将考察对象限定在清代以及两位教授的研究成果上。因本稿的这种性质，以下的讨论并未包含作者自身新的实证性成果。

一、清代的司法制度

由皇帝和官吏们直接承担的清代司法制度并不存在现代所谓“民事审判程序”或“刑事审判程序”之类程序性质上的区分。无论是围绕土地边界的矛盾、金钱借贷的争议、家产分割或婚约不履行的纠纷还是种种斗殴伤害或杀人案件的诉讼，全都先不分种类而直接向行政区划基层的官员即州、县的地方官提诉，然后再根据情况向上级移送。另外，对地方官自己发现并实行搜查、逮捕的犯罪者，使用的也是完全一样的程序过程处理[1]。

但不用说，这并不意味全国所有的诉讼案件最终都会到达皇帝这一级。制度上，程序的进行具有如下的流程：

官吏们能够行使的刑罚权根据他们各自在官僚制度内所处的不同地位而受到严格的限定。给以州县地方官的最大刑罚权限就是“笞杖”，反过来看，如果只是处以笞杖这个限度内的刑罚，则地方官一个人就能决定并执行判决。这就是所谓“州县自理的案件”。人们日常生活中围绕财产、身份地位而发生的争执（“户婚田土之案”）和轻微的犯罪等，由于恶性不大，大部分都是在州县这一层次解决的。但是诉至州县衙门的案件多种多样，其中也存在如关系到身份尊卑的伤害或争斗中致人重伤乃至死亡等必须重罚的情况（“命盗重案”）。因为地方官没有决定笞杖以上刑罚的权限，对这样的案件只能在进行调查后作成包含量刑建议的判决原案，把这些文件连同人犯一并解往上级。作为州县上一级的府对此再行调查后又解送至省级的按察使、巡抚、总督，而这个层次上的官员对适用于一般伤害案件的“徒”（有期劳役刑）拥有决定权，如果认为处于徒刑是适当的话，督抚自身就可以作出最终判决并命令加以执行。

但是，即使是判处徒刑恰当的案件，如果牵涉到人的死亡

---

[1] 以下概述的有关清代司法制度的种种史实，没有另外引注的主要都是依据滋贺秀三“清朝时代的刑事审判及其行政性质——包含若干沿革性的考察”法制史学会编《刑罚与国家权力》（创文社，1960年）第227—304页。此稿后来收入滋贺著《清代中国的法与审判》（创文社，1984年）。

（“人命案件”），或案件本身需要处以“流”以上刑罚的情况，则督抚这样的大官也没有作出最终判决的权限了。对这类案件，督抚自身必须再起草文件送往北京，由专门负责司法的中央机关刑部决裁。只有刑部批准之后，判处流刑的判决才能作出。但刑部也不是万能的，对于死刑案件刑部不能单独下判决，死刑判决的权限只有皇帝一人享有。所以，督抚阶段就死刑案件起案，在形式上是直接向皇帝上奏的文件。刑部接到这些文件后，对其内容进行审查，认为无问题再发往都察院和大理寺这两个有关衙门，三方取得一致后才将文件呈交皇帝。皇帝如果裁可，死刑的判决才能算确定。就这样，徒刑以上的案件根据情节的轻重不同而顺次报往各级上司，接受一再的审查。这种采取多层次复审的制度结构在日本学者的研究中被称为“必要的复审制”。

在上述意义上，清代审判制度自身虽然并没有程序上的区分，但作为一种实际状况，仍可能把案件的审判按制度内的哪个级别拥有最终处理的权限大致分为两类。即以民事案件和微罪案件为主要对象，州县地方官就拥有最终处理权限的“州县自理”审判（按今天常识性的说法就是民事审判）和以较重大的犯罪案件为对象，程序上采取“必要的复审制”在州县以上的不同级别分配最终处理权限的“命盗重案”审判（同样可常识性地理解为类似于今天的刑事审判）。从事实上看，这两者之间确实存在种种的差异[2]。日本学者围绕清代“法”的性质所进行的讨论，大多都是根据清代审判制度本身所具有的上述两种不同局面而分别展

[2] 不过，联系到以下的讨论，还不能把各级官吏享有的刑罚权限看作绝对的东西。就州县自理案件而言，只要当事者不满州县长官的处理，尽可以向上级官府最终乃至向皇帝上诉。关于命盗重案，虽然督怃、刑部享有处以徒、流的最终决定权，犯人仍然能够随时上诉，而且皇帝也可以通过事后报告的制度进行检查。

开的，从结论上看也因这种区别而呈现不同的方向来。以下根据滋贺、中村两位教授弄清楚了的种种事实，首先考虑一下所谓命盗重案的审判有什么样的具体内容。

二、命盗重案审判论中对“法”的理解

对程序上必须上报的徒刑以上案件，无论是基层地方官作成判决原案这一阶段还是各级上司进行复审的阶段，审判中所有的官吏都被要求严格地引照遵循成文法条文。《大清律例》“断罪引律令”条规定：“断罪须引律例”。而且这里所说的“引照遵循成文法”，比起现代日本司法制度要求法官依据成文法的原则来，可说具有更加具体的含意。这是因为在清代，要求得到遵循引照的成文法条文一般都采取非常具体特定的形式。

例如，《大清律例》“斗殴”条关于伤害案件的各种情况作了如下的规定：用手足殴人而未致外伤者笞二十，手足殴人而致外伤或用器物殴人未致外伤者笞三十，以器物致人外伤者笞四十；然后还有殴人致耳目出血或致吐血者杖八十，打断他人一颗牙齿或一根手指、致耳目鼻功能受损或致人受火伤者杖一百，折人二指二齿或拔人全部头发者徒一年，折断肋骨一根或伤人双目、以及伤害胎儿或用刀伤人者徒二年，折人手足或致人失明者徒三年；如此等等，一直到流三千里的刑罚。这里举出的只是规定的一部分，而且关于什么是外伤、伤害耳目指的是什么样的程度、以刀背击人是什么情形等等，都附有详细的注释说明。同样是关于伤害，日本现行刑法典仅仅规定：“伤害他人身体者，处以10年以下有期徒刑或30万日元以下罚金或科料”，而在此范围内具

体处以什么程度的刑罚则完全委之于法官的裁量。与此相对比，就很容易了解清代成文法的特点何在了。在《大清律例》上，只要犯罪事实一旦确定刑罚也就确定下来，负责审判的官员基本上没有在量刑上进行裁量的余地，或者说法典就是为了排除这种余地而构成的[3]。

所以，这里所谓“依照遵循成文法”的意思就是，地方官在作成判决原案过程中详细调查案件情节，并从成文法中找出与此相符的条文，把所规定的刑罚照原样适用于该具体案件；另一方面，上级官员在复审过程中就案情和成文法的刑罚规定是否吻合反复进行审查，在此基础上根据自己所处层次和拥有的权限作出决定。如果在复审过程中发现法律的适用有误，则作成原案的地方官和中间阶段未能看出问题的复审官员就有受到惩处的可能。在命盗重案的审判中，成文法就是通过这样的制度装置来严格地制约着所有官员的判断。

但是不用说，在这样的成文法之下并非制度的一切都可以自动运转了。意图把官员们所作的一切判断都纳入成文法轨道的这种制度，反而从一开始就伴随着几重困难。第一个难点在于，存在尽管显然是不可放过的恶行，却在成文法上找不到与此行为相对应的刑罚规定这种情况。旧中国的刑律由于极详尽之致，反而更容易导致这类情况的出现。一方面为了确保刑罚轻重适宜，另一方面又要维持案情和处罚程度一对一的平衡对应关系，于是就有必要将条文规定的构成要件加以详细展开。事实上《大清律

[3] 旧中国法立法技术的这种特点在研究上被称为“绝对的法定刑主义”。关于该特点及其制度上和现实中的含意、归结，参见前揭滋贺秀三：《清代中国的法与审判》，创文化，1984年，75页。

例》的刑罚规定也作到了这一点。但是如上所示，越是以详细记述的方法将构成要件细分下去，就越容易遇到无法精确地对应于这些要件的情况。举例来说，上述斗殴条的要件可说是精细之极了，但例如致手足脱臼的情况怎么办呢？所谓“律例有定、情伪无穷”。对致人手足脱臼的行为，恐怕在应该处罚这一点上大家意见都会一致的。但是却不存在必须引照的条文。而且即使决定给以处罚，虽然不难看出致人脱臼比折人手足要轻一些，但与折一指相比，孰轻孰重却非常难说。第二个难点在于另一种情况的存在，即有时由于犯罪行为的形态、背景等极其微妙，把既存条文所规定的刑罚机械适用的话，反而令人觉得不合适或不近情理。因为负责审理的官员没有根据微妙的情节进行裁量的权限，解决这种困难并非易事。

为了对付第一种困难，清代刑事司法制度存在“比附”的制度，即地方官在没有严格对应的条文而又认为必须处罚的情况下，比照最为相近的条文拟定适当的刑罚，作成判决原案后上奏至皇帝裁决[4]。作为针对第二种困难的方法，结果仍不外是斟酌情节在成文法之外量刑，但这样的权限仅仅归皇帝一人享有。无论哪种情况，皇帝的特殊作用都凸显出来。

居于复审制度顶点的皇帝不仅对需要比附的案件，而且对所有上奏案件的原案，都享有不受现存成文法或自己以前所下判断拘束，自由地作出最终裁决的权力。如果皇帝本人觉得原案中根

[4] 参见《大清律例》“断罪无正条”。另外，关于没有刑罚规定的轻罪，存在称为“不应为”的一般条款。作为详细讨论比附和“不应为”制度及其刑法学上含义的文献，可参见中村茂夫《清代刑法研究》(东京大学出版会，1973年)及“不应为考——关于罪刑法定主义是否存在的问题”，《金沢法学》26卷1号(1983年)。

据成文法规定而拟定的量刑对于具体案情来说实质上有失均衡的话，完全可以按自己的意思加重或减轻；如果觉得案情或背景有什么蹊跷，则可以下令重新调查。换言之，在这种制度中皇帝发挥着两种不可或缺的特殊功能。一个功能是居于以成文法为根据而展开的复审制顶点，通过保证脱法擅断的行为受到惩罚，监督并强制着官吏们严格遵循成文法。但皇帝的另一个功能却在于自由地改变官吏们严格依照成文法作成的判决原案，以超越凌驾于一切法律之上的方法来求得实质上的衡平。就后一功能而言，并不存在任何制约皇帝判断的法律，相反，在上述的比附等情况下，毋宁说制度本身一开始就期待着皇帝发挥弥补成文法缺欠的积极作用。进而言之，在旧中国的历史上，皇帝本身的这种作用正是成文法得以随时间推移而不断产生发展的最基本渊源之一。

这是因为，只要皇帝就某一特殊情况作出了成文法上找不到或不同于成文法现行规定的决定，而且命令今后同样的案件都必须照此办理的话，则该决定即被照会所有官员周知。而且在对法条每隔几年进行一次的定期修订时，皇帝的上述决定以一定形式被记录下来，作为优先于刑律本身得到适用的“条例”正式载入法律。自乾隆五年（1740年）《大清律例》刊行之后一直到清末，几乎没有对“律”本身进行过改订。在此期间，正是通过上述步骤而产生的“条例”担负着法的变化以及将变化本身公之于众的功能[5]。在这个意义上，可以说清代“法”的整体包括：

[5] 结果到清末时，虽然“律”的正文仍为436条，而“条例”却已达1900多条。关于“条例”的性质，参见滋贺秀三“清朝的法制”坂野正高等编《近代中国研究入门》（东大出版会，1974年）271—318页。另外，清朝以前在基本法典、次要法典和单行法令之间也存在同样的结构。关于这个问题，参见滋贺“中国法”《布里塔尼卡国际大百科事典》13卷（1974年）218—222页。

作为历代皇帝过去的意志集中体现在“律”里面的，皇帝过去关于犯罪和刑罚的对应关系而作出的判断；集积在“条例”中的皇帝最近的判断或最近的意志以及皇帝现在就一个个具体案件作出的个别判断或体现在这些判断中皇帝现在的意志。构成清代“法”的这三个层次可以比喻为一种经历着不断变动或逐渐在加厚的地质结构：皇帝现在关于具体案件的个别决定不断地覆盖在表层上，而随时间经过现在的个别决定又会变成“条例”。官吏们有义务遵循皇帝最近和过去所表明的意志，在此基础上以成文法为根据的复审制度才得以维持和运转；同时，正因为存在上奏的程序和皇帝独占变通法律的权力，复审制也意味着成文法不断地产生和发展出新的内容来。

以上是滋贺、中村两位教授所揭示的关于命盗重案审判的主要事实。如上所述，成文法在这样的制度中占有的位置对皇帝和对官吏来说大不一样。在两位教授展开的“命盗重案审判论”中，关于“法”的理解可以总结为以下几点：

第一，无论从司法还是立法的侧面来看，这种审判制度显然都是围绕“皇帝的意志”这一中心而运转的。在司法方面，皇帝的意志优越于包括既存成文法在内的一切意志，而且构成了此后成文法发生发展的基础。在这里成文法所起的作用就是有体系地把皇帝的意志传达给作为执行机构具体负责量刑的各级官吏，是保证官员们严格地遵守皇帝的判断，或遇到不清楚的情况时自动地把案件上奏听候皇帝决裁的一种手段。所以，成文法从根本上讲不过就是统治机构内以官吏作为控制对象的内部规范，或者说是官吏执行职务的准则、王者治理天下的工具。这也就是清代的“法”在命盗重案审判中的社会位置。

第二，从内容上看，清代刑事司法尽管有官吏严格遵循成文法和皇帝完全自由地作出判断这种区别，结果却都可以理解为在一个个具体的案件上不断追求罪行与刑罚衡平对应的持续努力。在制度上官员们根据体现了皇帝既往判断的成文法作成判决原案上报，皇帝则对这些原案自由地进行调整，然后新的判断又以成文法形式重新提示给各级官吏。如此循环往复持续不断的微调过程就构成了活生生的制度本身[6]。从这个角度看来，成文法可以说正是这种调整活动长期反复的结晶，或者可以说是反映了罪与刑均衡对应关系的精华[7]。这里所存在的机制确实完全不同于西洋的法治观念，可是其本身决非无意义或无内容的东西。尽管方向上与西洋相异，这样的制度无疑也是人类的一种有价值的社会活动或者人类为了形成秩序而努力构筑的一种文明产物。

第三，为了综合上述两方面的结论，由皇帝和官僚制所承担、包括“州县自理案件审判”在内的清代司法制度整体的性质问题就被纳入视野。在制度的整体上来看，清代的成文法并不具有西

[6] 作为通过具体事例展示这种微调过程的文献，参见滋贺秀三“清朝判例中的宗族私刑——尤其关于国家对私刑处死的态度”《国家学会杂志》83卷3、4合并号（1970年）1149页（后来收入《清代中国的法与审判》）。着眼于清代刑事司法整体上本着这种“衡平的精神”付出了细微而又持续的努力这一点并给以适当评价，正是贯穿于滋贺和中村两位教授著作中的一贯态度。这样的态度对于“因为是专制王朝的审判，当然只能是恣意擅断”这类不费力气的轻易论断（更确切地说是放弃对认识对象进行内在理解的努力）构成了一种有力的批评。

[7] 从这个角度来看，可以把旧中国的刑律视为力图把一切恶行按其形态及轻重详细地加以分类，并各自分配以不多不少正好与其恶性程度相对应的刑罚这样一种“罪刑对应一览表”。而刑律发生发展的全部历史都可以被看作不断形成这种精细的、体系性的、能够覆盖可能出现的一切恶行及其一切形态的一览表的努力过程。另一方面反过来从在刑罚上看，笞、杖、徒各五等，流三等，死二等共二十等刑罚构成一个系列，且到流刑为止的十八等各个刑等根据身份关系条款的加等减等规定排列成间隔基本相同的结构。着眼于此，也可以说刑律的发展就是意图把一切恶行都纳入这一刑罚框架中，并通过这种公共的观念性架构来确认和宣示恶行程度轻重大小的努力过程。

洋意义上法的概念所包含“为人民和统治者所共有的社会规范”这一性质，即并不是一方面要求人民直接以此作为自己的行为准则，另一方面人民又能援用来进行权利主张的法[8]。所以，清代的审判也不像西洋的审判那样意味着“终止互不相容的主张对立的权威性裁定”或“代表法共同体意志的天启神示”，而是一种统治者为了保持人间世界的和谐，针对搅乱秩序行为采取的适当处置及其程序，直接反映的是王者治理天下的意志。这种审判制度从西洋近代“行政”和“司法”的概念分化来看，毋宁说属于“行政”所具有的理念和性质，不妨称为“作为行政活动一环的司法”[9]。

三、州县自理审判论中对“法”的理解

如上所述，“命盗重案”审判中官吏们负有必须遵守成文法的义务，而且实际上也确实存在严格引照遵循法律的实务或实践。但是与此相对，前面提及的另一种在州县地方官层次上处以笞杖以下刑罚就解决了大部分问题的审判，即“州县自理”的审判，却表现出完全相反的自由裁量特征来。

中村教授以清代的“判语”（地方官记录自己处理案件过程的一种文集）为素材，对可以引照《大清律例》中“诬告”条和“威逼人致死”条的有关纠纷类型在州县自理审判中如何处理进

[8] 参见滋贺前揭著作78页。

[9] 参见滋贺“清朝时代的刑事审判及其行政性质”前揭著作86页，以及他的“清代司法中判决的性质——关于判决确定这一观念的不存在现象”《法学协会杂志》91卷8号（1974年）47—96页、92卷1号（1975年）1—64页（后收入滋贺前揭著作）。后一论文中的论述把“州县自理案件审判”纳入了视野，是对清代司法制度整体性质的理解。

行了调查考证。他发现，存在如果按照“律”显然构成犯罪的案件却被宣判无罪，或即使宣告有罪却并不引用法律而且量刑明显与律、条例上规定不同的不少事例[10]。滋贺教授在更广泛的范围上考察了“判语”中有关户婚田土案件的处理情况后，指出大部分案件的判决根本就没有涉及律和条例的参照引用，而且即使引用也只限于《大清律例》。对于微罪，地方官发动作为行政长官所当然享有的体罚执行权限予以解决，事实上几乎不存在引照《大清律例》中有关笞杖的规定进行量刑的判决[11]。换言之，州县自理的审判显然不要求在严格依照引用成文法的前提下进行。

于是，两位教授的“州县自理审判论”围绕如何理解“法”在其中的位置或性质问题也就向两个方向展开或延伸。

第一个方向上的问题在于，如果成文法不被引照，那么地方官是以什么作为基准来进行审判的呢？这是一个理所当然会被提出来的问题。中村教授首先把州县自理审判基本上理解为一种地方官行使裁量权对某种轻微罪行放弃起诉的状态，即从刑法学角度将其视为“裁量起诉原则”的一种表现。作为进行这种裁量时地方官考虑的因素，他举出了犯人的性格年龄境遇、罪行的情节轻重、犯罪后的情况等；他还指出为了便于查明事实真相和减轻诉讼当事人的负担而避免向上级移送案件也是地方官进行这种裁量的动机之一，而且地方官还有“尽量使纠纷涉及的各方面都得到妥善处置，使纠纷前和谐的人际关系得以恢复”的意图。滋贺教授对户婚田土案件也作了同样的考察，他指出指导地方官处理

[10] 参见中村“从清代的判语看法的适用——尤其关于诬告和威逼人致死罪”《新潟大学法政研究》第9卷1号，1976年。

[11] 参见滋贺“关于清代诉讼制度中民事法源的概括性考察”《东洋史研究》第40卷1号，1981年（后收入滋贺前揭著作）。

这些纠纷的主要理念一方面在于“欠债还钱”或“父在子不得自专”等旧中国文明中不成文却为人们广泛承认的种种原理原则；另一方面却在于如“给以案件的特殊性或具体情况通盘和细致的考虑”、“不能无视或压制一般人认为是自然的感觉、想法和习惯”或“应该尽量使良好的人际关系得以维持或恢复”等强调具体问题具体处理的价值观念。前者称为“理”，后者称为“情”，两者集中体现在“情理”这一词中，构成了旧中国指导纠纷处理的基本准则或理念[12]。

第二个方向上的问题是，不依照成文法而在上面所述的那些原则理念下进行纠纷处理的州县自理审判与既存的成文法秩序又有何关系呢？

中村教授在认识到州县自理审判的种种事实具有“裁量起诉原则”性质的同时，还是再次强调了命盗重案审判严格要求适用成文法的“实效性”、“准确性”以及“法的安定性”等理念的存在。他进一步指出，州县自理的审判至少在刑事性质较强的案件中往往采取了“将律例上的法律根据置于视野中再适当考虑斟酌情节”的步骤。所以“仅仅因为没有完全适用法律规定而存在斟酌情节顾及常识等事实，还不能说就是背离了法律或无视法律的做法”。与这个提法相并行，他还提出，州县自理审判与强调“法的安定”理念的命盗重案审判相比可能更着重于“衡平的实现”这一价值理念。

滋贺教授的观点一定程度上也可以理解为包含了把上述两种提法进一步展开并予以统一的内容。但滋贺教授的研究已不限于

[12] 参见滋贺“关于在传统中国作为法源的习惯——提交让·布丹委员会的报告”国家学会诞生百年纪念文集《国家与市民》（第3卷）（有斐阁，1987年）。

州县自理审判与严格依照成文法的命盗重案审判的关系问题，而是在与西洋社会中法与审判的性质进行对比的基础上，尝试描绘出旧中国的审判和审判基准所具有的特征并为其提供一种理论性解释的工作[13]。首先，他根据上面所提及关于清代民事审判的种种事实指出，所谓“情理”尽管构成了地方官处理民事性纠纷的基本准则，但却不是对于万人都同样适用的客观规范。“情理”尤其是“情”不过是地方官意图权威性地解决纠纷时给自己提出的一般要求或规范性的心理感受而已。所以，实际作出的裁定总是根据具体情况而呈现出千差万别的状态。但“情理”其实要求的也就是不作“一刀切”或整齐划一的处理，每一个案件都有其特有的内容细节，而审判官的判断随这种具体状况千变万化毋宁说正是“情理”这种基准所期待的结果。把这样的制度结构与西洋近代的法和审判相比较的话，可以说旧中国的民事审判呈现出一种完全相反的价值指向来。西洋近代型审判的制度理念在于，将先于具体纠纷已经在社会中客观存在的规则（无论是成文的国家制定法还是不成文的习惯法）作为法源，而发现这些规则并将其公平一律地适用于一个个具体案件以确定当事者双方的权利义务则是审判的任务。与此相反，旧中国的民事审判却要求细致入微地考虑每个案件个别的情况，理解并同情普通人认为是自然的、不勉强的状态，努力作出有助于在当事者之间维持或恢复形成良好关系的判断。换言之，这样的审判意味着力图在处理每一个案件时都总是一次性地分别实现对于具体的当事者和个别的案

[13] 以下内容为本稿作者根据滋贺上揭二论文以及他的“作为法源的经义、礼和习惯”滋贺前揭著作第五章以及“中国法文化的考察——以诉讼的形态为素材”《1986年度法哲学年报——东西法文化的考察》等研究中表现出来的方向而进行的一种总结。

情来说最为妥当的解决。不折不扣地一律适用既存的法规在这里并不被认为是有什么特别价值的做法。

但是滋贺教授也注意到，尽管州县自理审判的实践中地方官并不引照律例，实质上成文法也未成为纠纷处理的基准，但另一方面成文法仍然享有高度的权威。为了找出能够给以这些事实统一说明的内在逻辑，他对于旧中国“法”的性质提出了如下的观点。即“律例本天理人情而定”——所谓“法”在当时中国人的心目中并不是与个别主义的“情理”不同的东西，“法”不过是得到了明确化和被赋予了强制性的“情理”核心部分而已。如果把“情理”比喻为水，则“法”就是其中固定冻结成冰的部分，或换句话说，成文法不过就是漂浮在“情理”大海中的一座冰山而已。在这样的世界里，尊重存在于每个人胸中的“情理”就体现了“法”的精神，反过来看，作为“情理”核心部分的法律在适用于具体案件时总需要根据“情理”来解释或变通，与“法”本身的要求绝不相悖。

这样的观点在旧中国法的内容与形式两个方面都构成了一种全新的说明，并包含着向多种方向展开的微妙的可能性。通过发现和揭示“情理”这一旧中国民事审判中固有的价值或力图达成的目标，滋贺教授意在表示成文法本身并不只是种种刑罚的集积，而是植根于与“情理”相统一的某种秩序理念或价值基础的文明建构。另外，由于纠纷的解决具有要求符合“情理”这样一种个别主义的特征，可以说在旧中国的审判中并不存在所谓客观普遍的、强行性的规范，即西洋意义上的法。反过来看，旧中国的“法”是一种不被普遍适用也未必违反其自身价值指向的特殊规范，“法”从根本上就内在地具有不强求一律适用的特殊性质。

换言之，旧中国的社会里实质上并不存在依据客观规范进行整齐划一式审判的价值要求（尽管表面上可以观察到这样的现象），对于这种状态下成文法存在的意义和性质依然能够作出统一及具有理论体系性的深刻说明正是滋贺学说的新意所在。

滋贺教授的议论由于与旧中国社会的纠纷解决中客观普遍的规范是否真正存在的问题紧密相关，其包含的意义必然地超出官方从事的审判和成文法在那里的位置这一问题范围。实际上他也确实明确地指出，与学者们一般都期待出现的情况相反，实证的事实表明清代民事审判的记录中几乎见不到引用了“习惯法”的事例。以这一事实为基点，滋贺教授把自己通过考察官方审判而获得的观点进一步扩展到社会领域中来。在西洋的历史和语汇中，“习惯法”指的是虽然不成文却客观地存在于社会里的“活的”规范。就这种意义上的“习惯法”而言，旧中国的官吏们进行审判时是否引用其作为依据其实并不能成为问题，因为在中国社会里本来就缺乏这种客观地存在并可供他们引用的规范。于是，不仅能够说旧中国的国家制定法不具有西洋的法那种作为客观规范的神圣化含义，而且还可以说就是在社会本身的任何一个角落也同样找不到以这种形式存在的规范。作为行为准则的判断标准始终只存在于每个人的心中，却缺乏任何制度性的安排和程序来把这种主观的规范从制度上还原为客观的、外在的或具有可视性的法，且旧中国的文明本来对这样的制度性努力就不提供价值支持。滋贺教授所展开的这些主张意味着，上文介绍的成文法特点以及民事审判不引用成文法等事态，都不过是与西洋相比具有自身特殊性质的旧中国文明或法文化在一定局面上的表现。对审判和“法”的理解就这样涉及了旧中国的法律文化传统有何特质这一更广泛和更深层次的问题。

四、现阶段关于“法”与法的认识

上面简单介绍了滋贺和中村两位教授这三十年来围绕清代“法”的性质所展开的见解和作为其背景的基本史实。从这里可以看到，立足于西洋的法律传统而不费力气地笼统断定旧中国的成文法缺乏“实效性”显然是没有实际内容的观点。但要想进一步说明旧中国的“法”具有什么样的“实效”却也面临着极其复杂的局面和结构性的问题。

首先，在命盗重案审判中发挥控制官吏们量刑的作用这一方面，成文法具有无可置疑的“实效性”。但是在州县自理审判的这一方面，官吏们却并不依据成文法作出判断，也很少起草引用成文法的判决。为了理解看上去相互矛盾的这两个方面的事态，必须指出与西洋的审判不同，旧中国的文明并不把严格依据事先存在的客观性规范作出最终判断视为具有特殊或重大价值的纠纷解决方式。最理想的审判就是立足在当时一般的价值观基础上，却着力于分别找到与每个具体案件的微妙之处相适合的最佳个别方案，即合乎“情理”的解决。而且，所谓“情理”和“法”在当时的中国人心目中并不是什么相互矛盾对立的东西。所以，尽管有严格引照成文法的事实，却不能据此断定旧中国的文明也像西洋文明那样赋予“依法审判”的做法以某种特殊价值；但另一方面，举出成文法在许多纠纷的解决中都未被援用这一事实同样不能说明清代的“法”缺乏“实效”或无用。换言之，无论在西洋法秩序的观念下否定旧中国的“法”能够发挥作用，还是以西洋的价值体系为标准来试图找出旧中国的法现象中也存在与西洋同等性质但程度不同的东西，可能都是没有多少意义的做法。

滋贺、中村两位教授的工作就是在这种困难的局面下一方面从不同于既存观念的角度揭示了不少关于清代司法制度及实际情况的新史实，同时立足于清代的审判也具有自身独特的价值和局限这一新的视点，探索了可能给种种复杂事实以统一和体系性说明的理论框架。如上所述，他们的研究正是从命盗重案审判和州县自理审判这两个局面入手，逐渐地弄清了两种审判各自的基本面貌，并进而对看上去相互矛盾的这些复杂现象进行了初步的理论综合。在这个过程中，无论是新史实的揭示还是理论框架的建构，日本的中国法制史学界的认识、观念通过他们的工作得到了更新或深化的地方绝不在少数。

不过也必须指出，两位教授自身都尚未明确地提出能够把上述两种局面统一起来的理论说明。中村教授关于考虑“情”和“理”并不意味着忽视成文法的看法给滋贺教授关于“法”和“情理”之间实质上并不对立这一观点开辟了道路。此外，中村教授对“衡平的实现”加以强调，也给滋贺教授进一步在“情理”基础上统一把握清代司法审判的尝试不少影响。尽管两者的工作有先行和深化拓展之分，但是都还没有有意识地提供一个明确的框架来统合命盗重案审判和州县自理审判这两个局面。确实，由于证明了不同局面的审判都有其内在的价值，两位教授的工作使关于旧中国的司法审判缺乏实际意义的一般印象失去了存在基础。然而，尽管问题的领域得到了深化和拓展，问题的提出方式也发生了重要的转换，但如何从时期及细部等角度统一地说明命盗重案审判和州县自理审判这一问题却仍然存在。

那么，关于清代司法审判和“法”的位置，我们现在得到了一幅什么样的图景？依然存在的又是哪些问题呢？从目前已达到的认识来看，研究的对象可以分为两个领域，一个领域关系到皇帝和官吏们从事的审判活动具有什么性质以及在皇帝官僚制度的内部成文法占有何种位置等问题；而另一个领域则越出了国家司法的范围，与整个帝制中国的法秩序具有什么样的性质、在旧中国的社会中所谓一般的社会规范又占有何种位置等更广泛或更深层次的问题相关。就第一个领域而言，通过上面所介绍的滋贺、中村两教授关于命盗重案审判和州县自理审判的研究，尤其是通过滋贺教授最近进行的理论性综合，可以说大部分问题都已经有了答案。如果在上述研究成果的基础上再略加发挥的话，则关于清代司法制度可以描画出以下这样一幅图景。

滋贺教授在其研究的后期所讨论的“情理”及州县自理审判的性质问题，直接的目的当然在于弄清当时地方官从事的民事审判依据什么样的“法源”。但这项工作并不只是着眼于民事审判本身，而意在发展滋贺教授本人早期提出的“作为行政活动一环的司法”这一观点，力图对清代司法整体的性质作出内在的统一的理解，并从正面加以说明。事实上，滋贺教授在州县自理审判中所发现的地方官作为审判者的形象，如果在命盗重案审判中寻找的话，就可以在皇帝的作用中看到这个形象的完整体现。如前所述，皇帝在整个司法体系中扮演的角色决不是机械适用既存的成文法或先例，而是超越于所有这些规范之上来考虑与眼前的具体案情最相适合的个别妥善解决，并通过这样的活动匡正风俗、教化臣民。而且他的判断标准至少从制度上看决非恣意，就“王道本乎人情”而言，归根结底也就是“情理”二字。所以说，地方官审理民事案件不引照成文法这种情况，既不仅是因位于官僚制边沿的一种失控或事实性状态，也不是与当时审判的原理原则相背离或抵触的现象。而应当把这种情况看作植根于旧中国文明的根本价值，或者是作为旧中国社会秩序维持方式的一种原型。

于是，在这些事实中我们可以看到，关于统治者、审判者的位置和作用以及规范的性质，在旧中国存在着与西洋社会完全不同的另一种秩序类型。那里期待统治者、审判者发挥的作用并不是发现事先存在的客观性规范，再严格按照其形式或字面普遍不变地适用于同类案件。相反，统治者、审判者应该作为“通情达理”的君子，具有很高修养和人格素质，他的任务则是根据一个个案件的具体情节找出最为适合的个别解决方案，说服教育相争不休的当事者，并给以作了坏事的人恰如其分的惩罚。通过这种旨在从根本上调整当事者之间以至全社会人际关系的不断努力，为政者就起到了类似于严厉而又慈爱的父亲斥责教育顽童、平息弟兄争吵的作用。皇帝从“天”那里得到了这种权力和责任，对“天下”即在全国范围内行使任何可能的刑罚，而地方官则在自己管辖的区域内从皇帝那里得到授权来行使笞杖以下的刑罚。尽管有管辖范围和刑罚权限的不同，但在作为匡正风俗、教化人民的严师慈父这一点上，地方官扮演的角色实质上与皇帝没有什么根本的区别（事实上，地方官确实被称为“亲民官”）。皇帝和官僚同样是通晓“情理”的君子，同样“为民父母”，同样对改善“风俗”负有全面责任，他们的关系或相互位置可以显示为一种同心圆似的图形，同时又体现在官僚制的垂直型组织之中。各种恶行与刑罚之间详细的对应关系则以成文法的形式表现出来，构成了整个帝制统治机构实行惩罚时所依据的价值标准的外部形态。

不用说，在皇帝和地方官之间，尽管是同心圆式的结构却也存在明明白白的上下关系。皇帝以下的官僚制按道德教养的多寡分为高低不等的官阶，制度上的前提是官阶越居上的官员就越应该通晓“情理”。上级关于“情理”的判断从内容上被认为（而不是在制度上被决定）优于下级的判断。位于顶点的皇帝一旦就某个案件作出判断，当然成为具有最高权威的合乎“情理”的决定。这些权威的判断被总结起来构成了成文法，所以注重个别具体情况的决定与成文法并无结构性的矛盾。大大小小的官僚们在日常的审判业务中各自根据自己心目中的“情理”标准不断地作出具体判断，而所谓“法”不过就是这些判断积累起来的金字塔顶点，是具有最高价值的“情理”判断或“情理”的结晶。另外，越是尊重具体情况的差异，就越不可能认为存在完全同样的案情。所以，成文法虽然采取一般规范的形式先于案件而存在，却不是什么客观的、或只能发现而不能变更的东西，一旦遇到难以适用的案件就可以根据“情理”予以变通正是其前提。在这个意义上“法”本来就不是具有确定内容的行为准则，而不过是人们每天在具体情景中就是否合情合理而反复作出评价时的一种权威性参照或准据。

不过，“法”的作用样式或变通“法”的主体可以根据官僚制的制度设计不同而变化，这种设计的要点在于作为权力来源的皇帝如何向自己以下的各级官吏分配权限。清朝的制度设计是笞杖以下的刑罚权限分配给地方官（州县自理），在此限度内州县长官可以自由地变通“法”或根据自己的“情理”标准来处理案件或纠纷。只要当事者不上诉，案件到此就结束了。所以，在州县自理审判这一局面，地方官关于“情理”的判断在制度的层面浮现出来。与此相对，处以徒刑以上案件的变通权限则向皇帝集中，于是命盗重案审判中担任起草判决原案和负责复审的官员们都必须严格按照成文法来从事日常业务，一旦出现变通法律的必要就自动地将案件上奏皇帝。所以，成文法作为保证这套制度设计有效运转的关键，在命盗重案审判的制度层面凸显出来。但是也正因如此，清代司法过程中这种严格遵照成文法规范的现象并不是“依法审判”这一近代性价值理念的直接体现，而不过是官僚制内部围绕刑罚权限分配的一种制度设计，或者官僚制内部根据上下级别进行控制的反映而已。归根到底，“法”在这种制度内的位置仍然是“王者治天下之具”。

就皇帝和官僚制度内部的情况而言，把滋贺和中村两位教授的观点结合起来，关于清代司法制度以及“法”在其中的位置就得到了这样一幅相对完整的图景。在这一方面，可以说结论已经相当清晰。但另一方面，如上所述，滋贺教授最近的研究中关于“法”的性质问题已不仅仅停留在国家制定的成文法或国家从事的审判制度这一范围内。在那里，问题的提出又展现出另一种新的局面。

滋贺教授后期在研究州县自理审判的过程中提出，旧中国的民事审判基本上是一种依据“情理”的判断，反过来看也可以说，那里既不认为依照客观性规范作出普遍不变判断的做法具有像在西方那样的重大价值，实际上也不存在这种形式的规范。这个观点从他思路的发展来看，可说是他早期在关于命盗重案审判的研究中提出的，旧中国的“法”不是由统治者和人民所共有的社会规范，而不过是官僚内部的实务性操作规则这一见解的展开和扩大。通过这个理论性的发展，成文法得到严格遵照和能够自由变通的两个局面为何同时存在的事实就获得了统一的说明，由此关于法在作为清代统治机构的皇帝官僚制内占有何种位置这一问题也达到了一个相对完整和有说服力的结论。但是，这样的理论发展同时也在旧中国社会中规范存在的整体形态方面带来了新的重大问题。因为滋贺教授进一步指出，不仅国家或皇帝官僚制内部不存在西洋意义上的法或社会规范，而且在作为一种独特文明的旧中国社会本身同样找不到类似的规范样式。于是，接下来必然发生的问题就是，旧中国那样大规模的社会中究竟存在的是一种怎样的规范秩序呢？这时候需要考察的对象已不限于成文法在官僚制内部的作用和位置这一最初的研究范围，而涉及旧中国的社会秩序通过什么样的规范形式而形成、形成的秩序又具有何种原理或特质等有关文明的根本层次问题。换言之，与西洋意义上的法在其最广义上发挥作用的空间相对应，旧中国的广域社会中发挥类似作用的规范采取何种样式而存在就成为研究考察的出发点。这也就是消去了引号的法在旧中国社会中的位置问题，而上面讨论过的所谓加引号的“法”即成文法不过是这个问题不可或缺的一部分，两种意义上的“法”必须结合起来加以考察才有可能得到完整的结论。

但是，要想在这个层次上回答上述问题，无论在理论框架的构成还是史料的收集考证上，准备都极不充分。目前这方面的工作与关于“情理”标准等皇帝官僚制司法过程的研究成果相比只能说尚未真正展开。不仅如此，正因为滋贺教授对旧中国民间的规范秩序提出了上述观点，到现在为止一直存在的种种虽然模糊却也支配着一般人看法的印象或理解就遭受到了深刻的冲击。关于旧中国民间的规范秩序，现有的几种理解归根结底或者或明或暗地都是以西洋式的审判和近代法秩序作为其观察基点的。例如，把国家和民间团体各自担负的秩序维持功能都看成类似于西洋式的“司法审判”，再考虑两者的管辖范围及其关系；或者只把国家的作用作为“司法审判”，将此与民间进行的“调解”相比较；或者反过来把国家的审判视为恣意擅断的专制，认为另一极存在一般民众立足于习惯法的或自律的“法共同体”。然而，滋贺教授的观点正是对这些以规范的共有或在某种封闭性“共同体”中适用规范为前提的理解构成了强烈冲击。当然在目前的研究状况下，还不能肯定地说民间存在什么样的规范秩序，所以关于旧中国法秩序的整体性质尚没有确切的答案。但是，现在已不能继续安心地依靠原来认为是理所当然的印象或理解，原有的图景已处于解体状态这一点却是千真万确的。

不过，并非完全不存在力图正面回答上述问题的努力。以下简单介绍两个研究动向：

一方面是依靠具体的史料对民间解决纠纷、维持秩序的机构与国家官僚制度的结合部进行重新考察，力图了解其实际存在的结构形态。近年来，岸本美绪教授以清代初年上海知识分子的回忆录《历年记》为素材，指出诉讼提起以及诉状被受理后民间仍然继续调解是当时常见的现象[14]。另一方面是滋贺教授根据州县的审判记录指出，虽然提起了诉讼，但不等判决作出当事者就主动撤诉或消极放弃诉讼的情况并不少见。他的研究表明，向官

---

[14] 参见岸本美绪“从《历年记》看清初地方社会的生活”《史学杂志》第95卷6号，1986年。

府提起诉讼与民间进行调解同时并行的现象值得注意[15]。

从现有关于州县自理审判的成果出发，上述研究动向采取的角度可以说是很自然的。无论如何强调官府的司法审判功能，旧中国社会中一旦发生相持不下的纠纷，在那里总会因当事者的请求或不愿看到纠纷继续下去的人们主动介入而出现民间的第三者。这个第三者也总会努力用眼前或长远的利害来说服纠纷当事者，力图使他们的关系能够得到修复调整。而且，由于人们总是置身于一定的社会关系网络中，这些网络重叠交错而形成的复杂结构也总能为发挥调解的作用提供多样的社会圈子。这些都是不争的事实。而且人们在这样的调解中谋求的恐怕也不是什么“依据适用客观规范的解决”，民间调解多半是日常生活中熟悉双方当事者的第三者着眼于纠纷的前因后果以及对周围的影响来全面地调整双方关系的尝试，其目标往往在于友好关系的修复或维持。另外，根据上面所述关于清代司法制度性质的新见解，地方官从事的州县自理审判其实也是同样类型的纠纷处理，即依据“情理”的解决。这样来看，至少在纠纷处理的性质这一点上，民间的调解与官府的审判并无根本的区别，或者说从这个方面无法考虑两者的关系问题。在这里需要的不是一开始就将两者区别开来再进行量的比较，而应该把民间的调解与官府的审判先看成同样性质的纠纷解决方式，再设法把握两者在功能上的相关。上述的第一个研究动向正是在这个方向上的具体展开。

[15] 参见滋贺“关于清代州县衙门诉讼的一些看法——以淡新档案为史料”《法制史研究》第37号，1988年。把官府的审判视为实质上仍然是调解的一种，所以认为这种审判与民间的调解不能被单纯地作为相互对立区别的东西，而应从功能上来考虑其区别及关联的观点，在滋贺教授从事研究的很早时期即已经被意识到。

如果像这样着眼于两者的同质性，则把已经搞清楚了的清代司法审判机构内部所具有的逻辑结构推广到社会的一般领域，用来解释民间调解现象也不是不可能的。例如，单纯适用上述已知的逻辑，也可以作出以下的推论。即官府的审判与民间的调解并不意味着国家与社会的区别对立，两者的差异只在于关于“情理”判断的高低以及作出判断的人物所享有的权威程度，还有这种判断的影响力大小等方面。关于是否合乎“情理”而作出判断的人们就像一个金字塔式的序列，在顶上是“天命所归”、集“有德”之大成的皇帝，以他为赋以权威的源泉从上至下排列着大大小小的官吏，在底部则分布着因其高低不等的道德修养而可能在各自居住的地域进行调解的绅士或一般人。通过这些“有德者”在各个地区的日常生活中从事的“情理”判断，社会关系就得到了不断的调整和再生产。而以这种基层的秩序形成过程为起点，一直延续到君临天下的皇帝，关于“情理”的判断按此系列集积起来就构成了一幅有关统治或法秩序的统一图景。当然，在研究的具体化过程中，即不必拘泥于这样强调连续性、同质性的印象，也不可能停留在这种单纯的图景上，需要深入探讨的地方很多[16]。不过，尽管纠纷处理的不同质或相区别的侧面要求得到更细致的描述和说明，上述那样一个初始的印象仍然可能是有用的。

第二个研究动向与第一个动向以处理解决纠纷的主体或机构为对象这一角度相反，是从规范本身的角度来接近问题的尝试。

---

[16] 在强调区别的方面，滋贺教授已经提出了以下的问题并在一定程度上作出了自己的回答。即：既然官府的审判实质上与民间的调解并无区别，为何地方官的审判有必要存在呢？在调解盛行的社会中官府占有一种什么样的位置呢？参见上注所引论文。

上面已经讨论过，旧中国的“法”并不构成人民的行为规范，而且依据客观性规范发现唯一正确判断的审判样式作为一种制度结构无论在皇帝官僚制内部还是在社会自身之中都不存在。换言之，表面看来与西洋的法并无很大区别的旧中国成文法，从作为社会规范的角度来看却不具有指示一般人日常生活中如何行动的性质和功能。于是，在社会规范这一最广义的考察范围内把法的含义扩展到“惯行”这种非形式性的日常行动样式，再通过把握惯行的实际形态来了解成文的规范在其中的位置和作用就成为必要和可能的研究方向。从这个角度获得的新知识有可能使关于成文法性质的现有见解重新受到挑战。

关于“情理”的判断既然如上所述是一种具体个别的、与判断者的人格个性紧密相关的过程，则尽管有巧拙深浅之分，一般说来却是任何人都能够做、实际上也是人们每天都在做的事情。就民间的调解而言，不仅调解者，而且当事者和周围的一般人在调解前后一直也在就是否合乎“情理”作出自己的判断。从史料看来，清代社会中正充斥着这样据“理”相争，“情”尽则或以暴力相见的人们。但是，虽然一方面可以说“情理”就是人们所共有的社会规范，而其结晶则是成文的律例，反过来看成文法仍然不过是皇帝一方宣示的命令，只是在官僚制内部控制官吏们量刑的范围内起作用，却不能发挥现实的功能来综合或统一人们日常生活里关于“情理”的判断。那么，在社会生活中的什么层次上究竟存在什么样的规范实体呢？这种规范的实体又是怎样获得或者又是如何缺乏社会性、共同性的呢？在这方面有许许多多的问题需要探索[17]。

当然，以上两个方面的研究动向都不过刚刚起步，成体系的实证性研究成果还只能寄希望于将来，但现在已经可能预见到研究的内在逻辑将会有什么样的展开或归结。上述两种动向只要以关于清代司法制度性质的新见解作为出发点，则其前提就是一致的。即把民间通过处理解决纠纷而形成秩序的过程与官府的审判活动从性质上区别开来加以考察可能是没有意义的，并无必要把国家和社会的分离当作普遍的或不证自明的公理，而应该把两者统一起来作为一个连续的秩序整体考虑其结合形态或内在结构。但这样看来，在没有真正了解民间动态秩序的情况下把官吏们从事的审判作为一个封闭的体系并仅仅从制度上来加以考察是不够的。国家的司法制度不过是更广阔的社会秩序中一个有机的构成部分或要素而已。随着逐渐把握民间的秩序形态，以皇帝为顶点或中心而描述出来的关于旧中国社会秩序的图景因为只是从国家角度或皇帝统治这一事实出发的秩序观，将不得不受到挑战。在这个意义上，本稿中所介绍的关于“法”在旧中国皇帝官僚制度内部占有何种位置的新见解也不过是目前所达到的一个暂定结论而已。

[17] 作者曾在这个研究方向上就官和民双方围绕“惯行”的行动特征作过一个初步的描述。参见寺田浩明“清代土地法秩序中惯行的结构”《东洋史研究》第48卷2号，1989年。

明清时期法秩序中“约”的性质*

寺田浩明 著 王亚新 译

一、明清法制史研究与“约”的问题

（一）法的领域与契约的领域

从明代到清代，“法”这一用语首先指皇帝发布的以《明律》《清律》为中心的成文法典。这些法典就各种各样的恶行应处以何种刑罚作出了全面而有体系性的规定。法典的权威最终来自皇帝，官僚们在行使刑罚权时被要求严格遵守这些法典的规定。所以，如果仅仅着眼于成文法典，则所谓“法秩序”指的就只是皇帝以官僚为执行机构对民间发生的种种恶行坏事进行惩戒，即所谓“信赏必罚”的过程。从逻辑上讲，其成功的最终标志就是人们不再作任何坏事，从而法也就失去了自身存在的必要。

但另一方面，如果把所谓“法”或“法秩序”理解为人们不直接依靠暴力而通过语言和交往形成秩序的行为总体，则关于明清时期法秩序的讨论就有了另一个层面。本来无须说明，明清时代的社会并非处于人们只要不做坏事，现存的秩序就可以照原样

---

* 本论文原载沟口雄三编《社会与国家》丛书第四卷：从亚洲思考，东京大学出版会，1994 年。

无限延续下去的静止状态。相反，那里呈现的是一幅变动不居的图景：因诸子均分的家产分割制度，家庭财产不断地化整为零；一个个孤立的家庭必须设法在此条件下维持家计或尽力争取上升，在它们之间随着其经济地位的沉浮，土地财产极为频繁地转移；人们为了谋求经济上或生活保障方面的相互帮助，还不得不与他人结成各种各样的社会性关系。只要是接触过明清时期民间文书史料集的人，对于当时的一般民众在日常生活中如何大量地写下和交换称为“契”或“约”的书面材料，对于大部分日常生活或日常的社会关系是如何依靠这些相互性契约来支撑的，必定都会得到深刻的印象[1]。在此意义上，完全可以说正是这些契约关系构成了明清时期法秩序的实体部分。

例如，作为全部农业生产的基础，土地关系首先就是建立在契约之上的。土地的每一次买卖、每一次租佃，当事者都要订立契约。而且为了从事农业、商业、矿业或手工业，当时的人们常常各自拿出一定的资本和劳力进行合股经营。这种时候通常会写下记载有出资份额和分红约定等内容的“合同约”，按合股者人数作成一式数份，附上证明同为一式的印记，股东们分别联署后各执一份为据。

---

[1] 关于契约文书的收集整理和文书史料集的出版状况，参见岸本美绪“明清契约文书”，滋贺秀三编《中国法制史——基本资料的研究》（东京大学出版会，1993年）。（此论文已收入本书。另外中文材料可参见寺田浩明“日本对清代土地契约文书的整理和研究”，中国法律史国际学术讨论会论文——译者注）。

对“某契”和“某约”这两种名称的差异，没有强调的必要。实际上例如“卖契”和“卖约”之间并没有法律效果上的差异。不过相对于“某契”，总可以发现存在具有类似内容的“某约”，反之则未必如此。由此看来似乎可以说，“约”字广泛地用于人与人之间作出相互安排的一般场合，其中特别是有关于土地买卖等性质较重大的安排，且当场作成文书交付对方（一般是买方）作为今后管业凭据的场合，则人们更倾向于使用“契”字。

通过“合同约”建立某种持续性关系的尝试并不只限于经济活动，而且也涉及生活中一般的互助关系。在契约文书史料集中可以看到记载如下内容的合同约：为了举行葬仪时相互帮助，8个人结成了“清明会”共同购买土地[2]；四姓之间因“祀神演剧之需”而成立了“卞王古会”并购置了田土山野[3]；同一宗族的44名成员“同心创立”一项基金，以资族内春秋的祭祀之用[4]，等等。这种合同约有时以碑文的形式出现。例如咸丰三年广东的“悟洞三股乡约碑记”，就是记载了属于同一宗教圈的“各村衿耆父老”为了减轻三年一轮的保正公务负担，“联一乡约社，捐资财、置田产”，并使用其产生的利息雇人来承担保正业务的一个合约[5]。如果再浏览一下地方志等文书，还会看到如“澎人有所谓父母会者，或数人，或数十人，各得其类立约。何人丁忧，则会中人助理丧事，各赙以资，视所约多寡，不得短少。尤睦姻任恤之遗意”（澎湖厅志卷九）之类的记载[6]。从中可知农民们当时在日常生活中是如何根据需要通过“合同约”及

[2] “嘉庆十一年朱太常等清明会稽查约”，载《清代乾嘉道巴县档案选编》，四川大学出版社1989年版，第252页。这个清明会似乎在乾隆四七年就已创立，史料集中的“约”是嘉庆十一年对该会的宗旨再一次确认时所立。

[3] “金汪陈宋四姓轮管租银议墨”，载《明清徽州社会经济史料丛编》（第一集），中国社会科学出版社1988年版，第569页。这件契约书本身是设立会之后过了一段时间由四姓十户人家聚集在一起作成财产目录时所订立的。

[4] “歙县黄氏春秋二祭祀会合约”，载《明清徽州社会经济史料丛编》（第一集），中国社会科学出版社1988年版，第578页。

[5] “悟洞三股乡约碑记”，载《太平天国文献史料集》，中国社会科学出版社1982年版，第348页。不过碑文末尾有“前人碑内有名者，累代子孙，无庸均派保甲公费。但与伊兄弟叔侄无涉”的记载，表明这个乡约的效果并不覆盖整个村落。

[6] 参见戴炎辉《清代台湾之乡治》（联经出版事业公司，1980年）341页所引用的史料。

由此而结成的“会”来展开各种各样互助关系及活动的[7]。

总之，同其他文明的法文化一样，明清时期的中国法中契约和法律本身同等重要，它构成了法秩序另一个不可或缺的侧面。不过也要看到，仅仅把法律和契约作为两个不同侧面的话，要在它们之间找到具体的接合点几乎是不可能的。如“国有律例，民有私约”这一谚语所显示的，法律基本上由国家，具体说就是由皇帝和官员发布实施的东西，绝非一般民众所能参与。另外，庶民相互之间所立契约尽管在官员审案时可能大体上得到尊重，从当时关于法的一般观念来看，民间的契约关系本身却是不会作为法的问题而正面提出来的。日本的明清法制史学以前也一直以这种法和契约的分离、对比作为不言而喻的前提，基本上把两者看成性质上完全不同的对象来进行考察[8]。如果把这两个领域的不同逻辑单纯地延伸下去，就可以顺理成章地得到以下这样两极对应的理念型图景。即一方面是以皇帝为顶点，其不证自明的权威统治着全体人民，而法律则作为其统治手段的政治支配空间；另一方面是在皇帝“一君万民”式的一元性同等支配下，同时又

[7] “会”或“社”在旧中国农村生活里的重要性向来为旗田巍氏所反复强调。他曾指出，“华北的村落里，普遍存在着由于农民共同生活的需要而产生的‘会’或‘社’。这种团体是农民们在从事如农作物的看守、庙里的祭礼、节令的种种庆事、金融、娱乐以及村庄事务的处理、还有生活方面各种共同活动时，根据不同需要而形成的结合，也是他们集体生活的一般存在形式。”旗田“华北村落里以庙祭为中心的会”，小林弘二编《旧中国农村再考——探索变革的起点》（亚洲经济研究所，1986年）。关于这种互助性团体根据需要的功能分化以及社会关系选择的多样性或多重所属性的观点，在日本的学说史上，构成了对试图按日本历史上“村落共同体”的框架来考察旧中国社会这样一种方法的批判。关于这一点，还请参见注［27］。

[8] 关于日本战后对明清时期“法”的研究史，参见拙稿“日本的清代司法制度研究与对‘法’的理解”，《思想》792号（岩波书店，1990年）（已收入本书——译注）。关于“契约”的研究史，参见注〔1〕岸本论文。

通过相互合意结成种种社会关系的人民以及他们以契约为媒介而形成的经济生活空间。但是，随着研究在这个方向上的进展，反而产生了官和民、垂直性的社会整合和水平性的社会结合、“国家”和“社会”之间在逻辑上出现越来越深的鸿沟这样一种悖论[9]。

（二）考察“约”的视角

如果着眼的不是典型事例而是处于上述两极之间的“边缘性”事例，则明清时期存在的社会状况无论在概念上还是在实际状态上都很难用两极对应的图式来加以把握。例如，以下将介绍的在所谓“乡村大”范围内形成“约”的种种事例，尽管从形式上看很多都是以“合同约”即相互合意的方式来订立的，但其内容却往往有包括处罚条款的禁止性规定，因此又近似于“法律”。而且这样订立的规范有时还超越合同约直接参与者的范围，声称对整个乡村拥有拘束力。在这个意义上，合同约表面看来是通过相互合意订立的契约，实质上却往往带有有势力者针对该地域其他居民单方发布命令的性质。当然，虽说这样的“命令”不过是

---

[9] 顺便说，在这里想作为问题来展开讨论的并不是法律与契约具有各自不同的根据这一命题本身。更重要的理论问题发生于进一步追求两者各自的具体根据究竟是什么之际。如注〔8〕拙稿所介绍的，战后日本的明清法制史研究逐渐弄清楚了旧中国的“国法”并不是为统治者和被统治者所共有的审判规范。而且滋贺秀三氏还指出，不仅国法，就是民间的惯行也不是“虽然不成文却客观地存在于社会中的规范”这一意义上的所谓“习惯法”。在这个见解的基础上他进一步考察了旧中国法文化的整体性质并提示了如下的见解：“把法作为在相互争执的两个主体之间严格地划定权利义务的准则，使这样的准则实定化从而创造一套能够对应于人民生活的全部局面、给任何纠纷都提供确定性解决的完备体系——即创制出完备的实定性私法体系这样一种构想”，在旧中国的无论官还是民的思维方式里，从来就不曾存在过。滋贺《清代中国的法和审判》（创文社，1984 年）367 页。但是，越是考虑到契约的广泛存在，就越有可能提出与上述见解不同的另一种观点。即至少在契约的当事者之间存在“共有的客观规范”即契约文书。这两种观点究竟相互矛盾还是可以相容？本稿最终想解决的就是这个层次上的问题。

“民”之所为，不能与皇帝赋以权威的官“法”相提并论。但反过来，把它们看成具有对等地位的庶民之间缔结的水平性契约关系也有困难。不用说，所谓一般庶民相互之间不存在政治性支配关系的观念只不过是一种理念性命题，现实可以完全是另一回事。

再者，如果考虑到中文的“约”字还有以下用法，不得不说即使在概念层次上也不能轻易地把“约”的含意与契约等而论之，也很难简单地把契约和法作为现象的不同两极来加以对比。

明清时期地方官发布的禁令中，有时可以看到“着族长约束族人”等语。这里的“约”字并不意味相互的契约行为[10]。此外还存在不少官员“给禁约”，即向人民发布禁令的例子。所以说，具有规范内容的文书冠以“约”的名称，却不限于民间的契约，有时其性质更近似于“法律”。如果上溯到战国秦汉时期的话，则“约”的用法更是主要在于禁止命令之意。关于这段时期“约”字的意思，存在增渊龙夫“论战国秦汉时期集团性的‘约’”这一权威性的研究。以下依照这篇论文简单介绍一下“约”在当时的用法[11]。

当时，“约”字或“约束”意味着单方面的命令、禁止和拘束。军事集团的长官“约束”士卒就是发布军令并以刑罚强制他们遵守，而“约”指的正是军法、军律本身。这种“约”具有要

[10] 关于这里所说的“约束”具体怎样实施，缺乏史料说明。但类似的其他史料有“寄住流民，各听房主地主约束”，或“乐户家奴及佣工佃户各属，房主地主挨查管束”等记述。从这些记载可以推断，“约束”并不是“通过约定加以管束”之意，“约”和“束”一样指的都是地位较高者直接指挥控制地位较低者的情形。因本稿旨在考察社会本身，对家庭内秩序不多加涉及。但确实不应忘记家庭内经常存在的是家长单方面命令和控制的情况，而且家长的控制有时还超出家庭范围。

[11] 增渊龙夫：《中国古代的社会和国家——秦汉帝国成立过程的社会史研究》（弘文堂，1960年）。

求得到遵守的明确内容，必须事先对士卒们“三令五申”，一旦发布就具有拘束力。总之，这里所说的“约”完全不存在理解为相互之间通过合意达成协议的余地，指的就是长官宣示罚则、统率士卒的行为以及所宣告的命令或罚则本身。

但据增渊氏的研究，当时使军事集团结合在一起的纽带又不是专制或纯粹强权性的，而是一种“建立在相互信任人格的基础上，从内心产生的侠义感情式结合”。于是他的考察就集中在“概念上”不同的命令约束和相互信任两个方面在现实的历史场面下是如何融汇在一个社会关系之中而不发生矛盾冲突、这种融合又是通过何种结构而实现的等问题上。接着，他逐次考察了其他有关“约”的种种事例：首先，汉王朝统一之后为了统治帝国而发布的法或律令往往表达为“约”（如“约法三章”或“以三章之约制之”等）；其次，皇帝家以及民间豪强家中的家规也称“家约”；最后，群居聚落中为了实行水利、农耕和集团性自卫等公共事务而由该聚落的领袖一方宣示的规范也称为“约”。从这些事例看到了其共通点都在于“感情上的结合”。即强调在士卒与军事长官、一般居民与“父老”以及他们与聚落领袖之间，“尽管采取外部强制的盟誓等形式，更主要还是依靠内心感情的人格性结合”。例如，东汉末年田畴在自己的移民聚落里宣示规范的过程就采取了以下的顺序：田畴在移民大致安定下来时把“父老”们招集在一起，陈说公共性结合的必要，并要大家推举“贤长者”为领袖。父老们“曰善”并一致推举了田畴。田畴接受推举，即“为约束”，宣示了一些规范要大家共同遵守。于是，“众皆以之为便，至道不拾遗”。正因为有人格上的信赖，众人推举的领袖即使单方发布或宣示命令——“约”，其规范性拘束力也能得到来自感情上的支持或强化。作为结论，增渊氏最后指出，从历史上看，由于春秋中期以后氏族纽带和“歃血为盟”等对等的巫术性结合方式已不能继续在整体上维持政治秩序，于是逐渐产生了上述众人以人格或感情上的信任为基础推举长上，再由他单方地“约束”集团成员的方式。这种通过“合约”性的强制来形成秩序的方法终于逐渐地压倒和取代了原有的社会结合方式。

增渊氏的以上研究把战国秦汉时期存在的军约型的“约”作为主要对象，且研究的重点并不放在对“约”这一概念自身的探讨，而放在单方面下达命令的首长领袖所具有的权力基础或根据之上，因此与本稿关心的方向是不同的。但他的这项研究同时又包含了一般关于“约”的丰富知识和深刻见解，能够给我们以明清时期为考察对象的研究以种种的启示。如果把重点放在“约”本身的含意上来重新理解上述研究成果，关于概念间的关系我们至少可以得到以下的启示。

首先，无论并非双方相互的契约性合意而是首长单方发布命令或宣示罚则的“军约”，还是处于对等地位的人们之间通过合意而形成的“盟约”，在中国的传统上都共同使用一个“约”字。从这一事实看来，“约”自身是跨越两者的上位概念，显然意味着两个不同现象中某种共通的东西。从法制史研究的角度着眼于规范方面考虑的话，恐怕只能说这种共通的东西就体现在一定范围内的人们通过某种方式而达到了共有一个行为准则或赏罚标准的状态。无论军约拘束下的士卒还是盟约的当事者，都处于这样一种状态。所以，那里存在的共通准则或标准有时就直接称为“约”。于是，这两种现象都可以理解为达到行为准则统一状态（被“约束”的状态）的不同过程，或视为具体订立、形成共有行为规范的不同方法。从春秋到秦汉时期，作为人们使彼此之间的行动服从于同一标准的做法，一个就是对等的当事者缔结“盟”或“约”的方法，另一个则是集团首长或领袖单方面地宣示“约”并强制进行约束的方法。前一种做法在当时的政治状况下往往主要依靠神明的力量来保证其拘束力，随着对神的畏怖或信赖逐渐淡薄，这一做法也就渐渐地失去效果。另外，要实行后一种做法，则要求宣示规范进行强制的主体必须拥有一定的背景或资源。例如也有可能通过武力恐吓或恐怖政治来实行，逻辑上存在种种可能性。战国秦汉时期的军伍中，发生现实拘束力的背景在于士卒和将领们对于宣示“约”的主君具有人格上的归依关系。

总之，把视野扩展到这里，就可以看到简单地把“法”和“契约”作为两种不同现象，而且因有“约”这一字样就把乡村范围上所谓“乡村大的约”视为与契约同类性质的观点显然是成问题的。在历史上，称为“约”的种种现象，实际上都是人们为了形成某种共有规范或为了使彼此间的行动达到服从某种共有规范的状态而作出的努力，或者说也就是通过这种种努力而形成或达到了共通行为规范的社会存在形态总体。就明清时期而言，不仅乡村大的约如此，即使是位于法秩序两极的“法律”和“契约”，也不过是这种传统的动态在一定历史过程中的具体表现或归结而已。以上的讨论构成本稿最低限度地出发点。

（三）明清时期行为准则的共有形态

首先，如按照上述框架对明清时期的状况进行一下整理，则可以很容易地看到，明清时期的国家成文法秩序基本处于战国及秦汉时期出现的帝制国家原理之延长线上，这个原理的内容就是主君单方面地宣示某种行动基准，并通过这种方法来强制性地把人们纠合在一起（“约束”）。虽然明清时期的法律已不是“三章”那样简单的东西，而已经形成了律和例组成的庞大体系，但到目前为止的研究证明，追根溯源的话，这一体系的根本渊源仍来自于皇帝单方面的意志[12]。所谓“法”只是为了便于皇帝统治人民而存在的工具，而非人民能够以此作为根据向权力方面提出任何要求的基础。在这里并没有讨论君和民之间契约关系的丝毫余地。而且到了皇帝的权威广被天下即“一君万民”的帝制后期，单方面地宣示法律的正统性为皇帝所独占。皇帝的权威已不必再依靠任何个别或具体的“相互信任关系”，而建立在天命这一具有超越性逻辑的意识形态基础之上。

但同时在皇帝一元化的支配下，人民相互之间也大量缔结具有“相互对等”性质的“约”。当然，由于帝制秩序业已完成，像春秋战国时期那样独立自生的权力主体之间政治性的结盟也失去了形成国家政治秩序的意义和存在的可能。另外，明清时期这些不带政治性的经济关系，只要作为日常生活中反复发生的契约现象，无须神明的力量，只靠“礼尚往来”的精神就获得了相当程度的保证或安定性。

结果，“根据对等者相互合意而产生的约”和“由享有较高地位者单方面作为规范宣示的约”在体制理念的层次上就分离开来。即这两种“约”不再是同一现象中可以进行选择的不同方法，而已经成为区别不同现象世界的两种原理。一方面是以“一君”为中心而形成的“国法”体制；另一方面则是“万民”处理

[12] 参见前揭注〔8〕拙稿。

日常生活关系的“私约”世界。在这里出现了两个基本原理及其作用范围都大不一样的现象领域，并构成了上面已提及的把“法与契约”作为分离的两极来看待这一观念的基础。[13]

但是，如果不从理念、而从实际状况的角度来看，超出个别具体的契约关系，同时比起国家行政区划来其范围又较小的乡村这一社会空间中，存在无论“法”还是“契约”都很难完全包括的种种事态。这些事态的存在对于考察明清时期法与契约这两极性原理之间的关系以及对于了解不能用这种原理的两极性观念来加以把握的实际情形提供了一个重要的研究领域。以下，我们将介绍一些乡村层次上的“约”的事例，同时确认那里存在“自上而下的命令（约束）”与“基于相互合意的和约”这两种契机的混合状态。接着我们还要对在内部结构上结合了两种契机的“约”本身的概念进行探讨，弄清旧中国的法秩序以及规范结构中命令与合意具有什么样的内在关联。最后，在这些讨论得到的知识基础上，就“法”与“契约”这两个看上去并无直接联系的现象形态在明清时期社会的行为规范整体结构内占有何种位置这个问题，再简单地作一些反思。

二、乡村层次上“约”的存在形态

（一）乡禁约

在乡村范围内形成的“约”首先可举出乡民们所缔结的村

---

[13] 应当说，本稿并不是关于一个个“约”具体内容的实证研究。史实和史料基本上以所引用的先行研究成果为基础，本稿没有提出新的材料。由于着眼于宏观结构的分析，恐怕还有可能未能充分反映出先行研究在史实细节等方面的成果。但是相信这种概念性、整体性的分析对于今后实证性的个别研究也是有意义的。

规。在史料上，这些规约往往以“某某约”“禁约”“乡约”等名称出现，一些研究则称其为“村规、乡规、民约”等。以下为方便起见，把它们统称为“乡禁约”。

在明代的史料中还未能发现这种“约”的实际例子，但在研究者统称为“日用百科全书”（尺牍）的类书里，尤其是把契约文书的格式收集在一起的这类书里，可以找到不少乡禁约的例子。以前，仁井田陞教授在《元明时期村庄的规约与租佃证书及其他》这篇论文中曾以四十三种尺牍为素材，对这种约进行了较全面的讨论[14]。可以根据他的研究介绍几例。如《三台万用正宗》一书中“民用门”下的一项“乡约体类”，开头以“乡约”为标题的文章有如下内容：

本乡居民稠密而无他业，众皆赖农耕维持生计。故禾苗生长之时，各家宜各自关好牛马鹅鸭，不得纵放践人田土、啄人庄稼。“爰自某月某日会众议约以后，倘有无籍者不依条约，照例惩罚。如有抗拒不遵，定行呈首官府，众共攻之，以一科十。纵律无正条，其情可恶。必敬必戒。故论。”

该书同一项下的“禁田园山泽约”表现了建立更为紧密的组织形式时使用的格式。其内容是为了取缔践踏破坏山野的不良之徒，“会集一方宰猪置酒，歃血预盟”，定下新的禁约，“同盟之人皆在所禁之中”。这份格式还规定以后要每日巡逻，而且每月轮班交替时要开“交牌之会”。

乡里的民众汇集在一起，就乡村的日常生活相互约定立下一

---

[14] 参见仁井田陞“元明时代村落的规约与租佃证书等”《中国法制史研究——奴隶农奴法、家族村落法》（东京大学出版会，1962 年），《中国法制史研究——法与习惯、法与道德》（东京大学出版会，1964 年）。下面所引用的尺牍如无特意说明均为明代后半期的史料。

些具体的规则或罚则（“会众议约”），同时通过这种行动达到共有某种规范的状态，有时还形成较为紧密巩固的组织。从这些格式可以想见到的就是这样一幅图景。

但是，并非上述格式的全部都符合这一想象的图景。例如《云锦书笺》一书中的“坟山禁约”一项具有如下的内容：“立禁约人某等”于某地有祖坟山一处，近来屡遭盗伐。于是，“会集族众坟邻护近人等，置酒告明设立严禁”，此后不得入山采伐草木，本家子孙分派巡守，邻里则应相互看视。若再有窃盗之事即行送官究治，“为此特禁，决不轻宥”。确实这里也进行了“会众”，但“约”本身与其说由与会的人们共同订立，还不如说是坟山所有者为了禁止盗伐自己的山林而单方面作成并向与会者们宣示出来的书面格式。实际上，这种约的格式在内容上与元代刊行的《事文类聚启劄青钱》中“占墓山榜式”，即墓山所有者为悬赏举报盗伐、对盗伐者则宣告送官惩处而立的告示格式没有多大差别。

在《三台万用正宗》一书里还有如“禁盗田园瓜果菜蔬约”这样的格式，虽然冠名为“约”，且与上述“乡约”“禁田园山泽约”规定的内容基本一样，但以“某境为禁约事”起头，接着列举蔓延于该地的种种恶行并宣称“理合给约通禁”，若行恶事者再不洗心革面、立即改悔，则定行严惩不贷，最后以“如此使人心知所忌惮”结尾，诚如一般的告示格式。关于想定谁是“给”此约或告示的主体，这里并未明示出来。但从文章所显示的方向看来，可以说表现了被自明地认为居于社会上层的乡里头面人物向乡村内全体居民发布或宣示地域性规范的行为[15]。

---

[15] 这件史料的后半部分有“赴亭从公审治”，罚金等“入本乡某处充会”等记载。此外，同书“禁六畜竹践禾苗约”也有“倘有无籍之徒，恃强之辈，出首言争，即投申明亭上，从公断治”等语，反映出其背景似乎是明代的里老人制度。

总之，从尺牍类中看到的明代乡村之“约”，就其订立的主体而言，既包括“会众议约”那样接近于“对等者通过相互合意而订的约”，又包括一部分人（不一定是上层人物）单方面所立的“告示”，还包括如“给示禁约”或“通禁”所表现的，类似于“由享有较高地位者单方面作为规范宣示的约”这样的情况。反过来看，可以理解“约”这一词正是被用来概括如此广泛而不同的现象的。

关于清代，我们可以看到戴炎辉教授所收集的规约文书，而且还可以从这些乡村的“约”看到其具体的社会背景。例如戴教授所介绍的咸丰十年“合约字”就有如下的体裁和内容：

自祖先移住台湾地区以来，数百年间一直保持了当地的安宁。但近年却出现了“奸宄由放纵，间有无知不法之徒，恃强籍端滋扰，擅敢纠恶，逾庄抢夺”的状况。为此，“会集我老东势等庄公议”，各自约束子弟，并立下严规。今后若有不法之徒擅敢借端结党滋事行抢，无论本庄他庄，应即鸣锣聚众拿捕。拿获人犯者有赏，因此负伤者给金养伤，有隐匿犯人者则严罚之。所需费用由受害者负担三成，其他七成“系通庄田甲均派”。人犯轻者罚款，重者送官。该合约字的另一个部分则列举了与明代尺牍中各种禁约相类似的禁止内容。

这是一件禁止村落内的个人暴力行为，并为了实施禁令而在整个村庄的层次上组成自卫组织的事例。从“合约字”这一名称也可看出其契约文书式的特点。事实上这件文书就是以能够包税的实力派人物“干事”黄粤钦和“业主”（清代台湾地区土地制度中的大租主）吴恒记为中心，会集了该庄 40 名“头家”（一般租主）议定的合同，在结尾还署下了他们全体的名字。从其形式可以想见到多数的主体聚集在一起进行商议，并把合意事项以契约或合同约的形式写下来的场景。这还令人联想起与上述明代“会众议约”时相仿佛的现实情况。

另外，在这里署下姓名的人们究竟在何种意义上代表全体村民仍存在疑问。此外从台湾地区北部一个地方衙门的卷宗《淡新档案》所包含、并由戴教授整理的另一件实例来看，即使就“合约字”的联署者们而言，他们之间的关系也未必就一定是对等者通过相互合意形成契约的关系[16]。

例如，铜锣湾八庄同治十年的“合约字”，是作为向淡水分府知府“具禀”的附件而出现在史料中的。该合约字首先陈述了订立的经过，“予等目击时艰，爰集众庄等，议定规条”，且规定“凡在约内人等”若有蔑视约定、相互包庇等情，即送官究办。而议约之后，“各庄诸姓，努宜父教其子，兄勉其弟，各安生业”。然后列举了与上述咸丰十年合约字大致一样的规约内容，在末尾有 27 人的姓名联署。

作为主要文件的具禀则有铜锣湾庄的联庄庄首以下 23 人的署名（其中 5 人也署名于上述合约字上），向官府提出了如下要求：如国家有“律令之政”，乡闾也有“条约之规”，“规残而俗败”，致使近来地方上治安日益恶化。于是他们就“清庄合约联庄”一事聚而议之，“即日经众，举得妥人生员李逢年，公事谙练，为人诚实，兼有家室，可以倡联庄约束，办理公务”。因此举李为约首，着手取缔匪徒、维持治安（上述“合约字”估计就是作为公议的证据而与此具禀一起提出的）。不过，如果在拘捕匪徒时

[16]　参见“台湾银行经济研究室”编：《淡新档案选录行政编初集》（台湾地区文献丛刊第 295 种）481 页以下，文书号码 12212。

出现杀伤等不测的事态，在草野“固可执约而行”，“在朝庭，其何以凭见乎”？为了使官府不要把可能出现的这种事态视为一般的杀人伤害案件，特请求发给李逢年“约首谕戳”的公印，以方便他办理联庄事务、以靖地方。

对此请求，地方官最初还觉得“察核规条，尚属简妥”，只是关于拘得犯人的赏金和负重伤时的养生银等所需经费出处，只有“由公议给”或“由众酌议”等不明确的内容，所以令具禀者再行议定呈来。但对第二次呈上来的具禀，知府则指出虽然换了名目，内容却仍然暧昧，看来这不过是庄首等人以维持治安为名向庄民强征资费的“假公济私”行为。结果驳回了发给“约首谕戳”公印的请求。

从这里可看到，所谓“合约”的缔结往往随着“约首”的推举，而且成为约首的人能够“倡联庄约束”。这种行为，有时被地方官视为“假公济私”，是约首和他背后的某些庄民“武断乡曲，百姓反遭鱼肉”的一种现象而加以谴责。虽然我们能够得知上述合约字及具禀的情况只是这些，但缔结合约的行动背后存在“约首”、庄首或其他村落里头面人物在地方上的结构性支配是没有疑问的。所以，即使把“约”限定在共同订立“合约字”这样的场合，仍很难断定这就是对等者之间形成的相互合意。有时候，订立合约的相互行为与居于上位者“约束”在他之下的众人这种单方面行为是重合的。

（二）乡约

从明代中叶开始，在一部分士绅或地方官的率先提倡发起之下，各地的乡村里出现了制定乡约的活动[17]。这种乡约的出现可以追溯到宋代。北宋的吕氏兄弟首先在故乡蓝田发起制定乡约，南宋的朱熹将他们定下的乡约加以补充修订，成为“朱子增损吕氏乡约”。明代的乡约运动先是以朱熹的这个文本为范例，在同时代的王阳明发起制定并实行“南赣乡约”之后，该乡约又成为新的范本并流传开来。乡约本身的出现虽可追溯至宋代，但真正得到普及和实行则始于明代的这一时期。

“朱子增损吕氏乡约”的内容大致如下：首先列出“德业相劝、过失相规、礼俗相交、患难相恤”四大纲目。在组织方面，大家推举一名年长有德者为“约正”，再举学有所长、品行方正的二人为辅，并确定每月轮流当值。置下三册文书，分别记录情愿入约者的名字以及他们的德业和过失。“同约之人”在每日各自修身养性的同时要相互督促作好事和互戒过失（过失被分为赌博之类的“犯义之过”、未履行上述四大纲目所列义务的“犯约之过”以及没有努力修养的“犯修之过”）。每个月都要集会，在会上推举有德行者并记录在显彰之册上以资表彰，对有过失经规劝还未改正者由约正在会上进行教育，如果道歉和表示悔改，则仅记录于过失之册。至于累教尚不思悔改者，将被处以“出约”即开除的处分。此外，对于日常的交际往来和红白庆吊等事，同约的人应克尽礼节。如有人遭遇水火盗贼疾病困穷等艰难

[17]　就史料上的用语分布而言，如《三台万用正宗》“乡约体类”的标题所示，“乡约”这一用语显然有时也包括“乡禁约”在内。而且从现实状况来看，随着乡约保甲制的形成展开，两者的区别变得更加模糊。不过，本稿着眼于这两个词开始使用时的差异，且为了分类的方便，按日本史学界的惯用方法，把“乡约”概念限定在以下讨论的“吕氏乡约”这一系统。另外，在中国史学界，存在如陈柯云：“略论明清徽州的乡约”，载《中国史研究》1990年第4期。这样把本稿开头所列举的契约性会约也包括在乡约之内加以讨论的研究。

时，同约者应尽力援助。还有街坊邻里若有缓急困难，虽非同约也应鼎力相助。这种时候即使自己没有能力，也鼓励与同约的人们互通信息，一起考虑帮助的对策。如果在这些方面怠惰，则是“犯约之过”；反过来如果常行善事，则记入德行之册。

另一个作为范例的王阳明“南赣乡约”，开始的文字则稍有不同。“凡尔同约之民，皆宜孝尔父母、敬尔兄长、敬训尔子孙、和顺尔乡里、死丧相助、艰难相恤、善相劝勉、恶相告戒、讼息罢争、讲信修睦、务为良善之民，共成仁厚之俗”。不过，推举“年高有德为众所敬服者一人”为“约长”，置下三册文书并定期集会扬善纠恶等方面则蹈袭了上述乡约以来的传统。此外，规定了“同约之人，每一会，人出银三分，送知约，具饮食”，以及“无故不赴者，以过恶书，仍罚银一两公用”。可以看出采取的是缴纳会费和出席会议义务等具体运行方式。

由此可见，所谓的“乡约”，一方面从“乡里之约”或“犯约”等语也可看出属于规定了一定范围内成员在伦理上相互督促和生活上相互扶助等义务的规范、规约；同时在另一方面，从“情愿入约”、“同约之人”和“出约”等关于成员资格的三种典型状态看来，乡约也指有领袖、有成员名单、有内外之分的一种具体组织。将两方面合起来看，则可以说乡约的实体就是由集结在一定的规范之下、愿意遵守该规范的人们所构成的一种集团或组织。

从“吕氏乡约”最后规定的在非同约者遭遇困难时设法伸出援手这一点还可看出，在乡约集团的周围始终存在没有进入约内的人们，所以不能说这种集团的范围与整个乡村的范围相重合。此外，从这种集团所具有的一个个功能来看，例如婚冠葬祭时互助的方面与仅为了举行葬仪而订立合约的“父母会”在功能上有着连续性，还有相互督促修养的侧面与绅士文人为了促进学习古典或吟诗作赋时进行交流所结成的“某社”（这种情况有时同样形成某种规约）有许多共通之处。在这些意义上，乡约可以被视为当时随处可见的一种结社或约会现象。

另外，在禁止赌博等恶习这一点上，乡约与如尺牍《五车拔锦》中所载乡禁约“禁赌博约”等又有共通之处。而“禁赌博约”则属于上述乡禁约第三类上位者单方面的“给示禁约”，此约以“为禁约赌博事”起头，宣告禁革赌事，规定有赌博恶习者须痛改前非，若不遵禁约轻者会众训导、重者送官究办。另外，从督促遵守规范的方式来看，乡约与另一尺牍《万锦全书》中“乡方禁约”的运行方式也颇有类似之处。此禁约也属单方面给示的禁令，但是因未设约首等主体来负责监督禁令的执行，而采取了把参加者分别划为几区“每月朔望置酒交会以唤醒众心”的方式来互相督促。再者，王阳明的乡约中提出，“亲属乡邻，往往有因小忿，投贼复仇，残害良善，酿成大患。今后一应斗殴不平之事，鸣之约长等，公论是非”。这个方面与上述台湾地区的合约字中禁止私人自力救济的功能同样有共通之处。从这些意义上讲，乡约又与乡村中各种其他禁约性质相似[18]。

关于乡约到明代末期及之后如何演化，根据学者们到目前为止的一些研究可画出其大致的历史路径。首先作为乡约中心的伦理规定为《太祖六谕》或《圣谕广训》等皇帝下达的谕旨所取代，其次讲解宣传这种谕旨的仪式逐渐成为乡约集会的中心内容。在组织主体方面，地方官主导型的乡约更为多见，与此相

[18]　三者在历史上具体的社会背景里究竟有什么样的关系成为另一个课题。这里不可能正面讨论这个问题。迄今为止对这一点最全面的涉及，可参见山田秀二“关于明清时代的村落自治”一、二、三《历史学研究》二卷三号五号六号（1934年）。

关，乡约的组织本身渐渐与保甲制结合，所谓“乡约保甲制”成为主流。进入清代之后，在这个方向上更进一步，乡约成了地方官指导下覆盖所有地区的国家制度。但是，虽然同以“乡约”冠之，在此名目下举行的活动却已演化为每月两次在乡村的公共场所招集民众进行圣谕广训的讲解宣传，即类似于钦定道德的宣讲会。至此，乡约已逐渐失去了明代中叶那种有具体的规约并包括一定范围成员的集团性质。而且，在这样的宣讲会上同时也进行律的解释宣传（《大清律例》吏律公式“讲读律令”，乾隆十年议准），乡约的实际存在形态也更接近地方官单方面发布告示或向民众进行法制宣传的情况。如果以上面使用的一对概念来形容乡约演化过程的话，则是发生了从“对等者通过相互间合意形成合约”向“上位者单方面宣示的约束”这一重心的转移，最后与宣传国家法令的内容完全重合这样一个历史过程。同时此全部过程也意味着，虽然有一些例外（如对应朝廷反复的强调督促，有时出现几位热心这种活动的地方官）但乡约逐渐成为一种具文。最后，所谓“乡约”更多表示的只是乡村里头面人物的一种职务称谓了[19]。

不过，如西川喜久子和稻田清一就广西贵平县的“安良约”所作的分析和详细介绍，清代后期在太平天国革命时期等社会状况动荡不安的情况下，为了与叛乱势力或盗匪对抗，各地乡村里又出现了和明末相类似的自发结社型乡约组织[20]。在此意义上，

---

[19] 乡约的这种事态与后面将要谈到的调解相关，但这里已无力涉及。关于作为职务名称的乡约，参见佐伯富“清代的乡约、地保——清代地方行政的一个局面”，佐伯《中国史研究·第二》（东洋史研究会，1971年）。

[20] 参见西川喜久子“十九世纪前半叶的广西社会与农民的存在形态”，《讲座中国近现代史》一（东京大学出版会，1978年），稻田清一“关于太平天国前夜的客民——以广西省桂平县乡约、保甲制的变革为素材”，《名古屋大学东洋史研究报告》十一（1986年）。

上述的一般演化过程也只是一种长期趋势而已，在清代的各个地域，乡约如何出现仍然依具体状况而呈现多种形态。

总而言之，围绕乡约而发生的实际情况，往往很难单纯用相互合意或单方宣示这两个极端来分别整理。乡约是一种连接或横跨这两极的奇妙现象。

（三）抗租运动中的盟约

明清时期关于抗租的史料中，可以找到一些有关“约”或“盟”的材料。这种“约”或“盟”同样涉及乡村范围内不特定的多数人，以下作一简单介绍。

首先可举经常作为抗租的代表性史料、明末崇祯年间黄中坚的“征租议”为例。“今乡曲佃民，无不据金演剧，诅盟歃结，以抗田主者。虽屡蒙各宪晓谕，而略不知惧。间间有一二良佃愿输租者，则众且群起而攻之，甚至沉其舟，散其米，毁其家，盖比比然也。……诸绅士有田业者，皆恐犯众怒，不敢发言。刁风之可畏如此”。

从“诅盟歃结”等语可看出，佃民们饮血向神佛发誓、相互结“盟”是推动抗租运动的一种方式[21]。所谓“刑牲誓神”的同样例子还可以发现于以下的史料。“横金镇奸恶唐左耕……等，借蝗灾为由，讹言倡众，纠合沿湖三十余村，刑牲誓神，村推一长，籍罗姓名，约佃农勿输租业主”（崇祯《吴县志》十一卷）。

---

[21] 有时在这种场合，抗租运动的组织采取的不是神秘性“盟誓”而是一般的会约形式。如乾隆《乌青镇志》卷二有如下记载。“小旱涉涝，动辄连圩结甲，私议纳数。或演剧以齐众心，或立券以为信约。侦有溢额者，黠者遂众噪其家，责以抗众，否则阴中以祸。”根据重田德《清代社会经济史研究》（岩波书店，1975年）186页引用。

还有，“金邑沈掌得，起议团社，齐心吞租，有不从者，辄殴击之”（咸丰《当湖外志》）[22]。

不知是否由于史料作者对于抗租运动的否定态度，抗租者的组织始终被描写为一种暴力性的集团。在上述第一件史料里，结盟的民众对试图交租的佃户采取了沉舟毁家的暴力行动；第二件史料中，缔结盟约时推举的一村之长把全村佃农的姓名掌握起来，要求（“约”，即“约束”）他们不得输租；第三件史料也记述了对不愿“团社吞租”的人进行暴力攻击的情形。

因为史料有限，很难具体地确定这些攻击行为究竟只属于盟约组织内部的纪律规制措施，还是组织中的人员向外部行使的暴力行动。比如说，第一史料中被参加抗租运动的人们“沉舟毁家”的佃农究竟是否出席了“结盟”的仪式、第二史料中推举一村抗租首领的佃农们与“籍罗”在名单上的人们是否重合，等等问题都不清楚。但是，仅从以上记述也可看出，这些运动一方面以相互间缔结的盟约为中心，却并不总是完全依靠自发的意志和互相合意而形成并维持的。在组织流动的边界上，经常出现以暴力迫使他人加入、以暴力防止成员脱落的场面。这些维持组织的手法可以说是一种常态，抗租运动的盟约确实可能时时伴随着暴力。

不过，如果着眼于众人聚会在一起缔结盟约并推举出首领来“约束”大家这一形式，则可以说抗租运动的“约”与上述铜锣湾八庄同治十年缔结“合约字”时的情景并无多大差别。就实际的状态而言，“合约字”中关于负伤者给金养伤的规定意味着一开始就想见到了执行“约”过程中可能发生死伤的情况。还有，乡禁

[22] 根据滨岛敦俊“明清时代江南农村的‘社’和土地庙”，《山根幸夫教授退休纪念·明代史论丛》下（汲古书院，1990年）1332页引用。

约本身也常常显示出暴力行使的可能性。在这些方面，所谓“约”，无论是乡禁约、乡约还是抗租盟约，都体现出类似的性质来。

三、乡村层次上“约”的内在结构

（一）合约的形成与规范的宣示之间

上面介绍了关于明清时期乡村层次上“约”存在形态的一些事例。仅就上述三种“约”而言，因为各自具有不同的性质和社会背景，如果着眼于差异的方面，完全可以把它们分开来讨论。但是如果着眼于那里共同行为规范的形成方式，则也可以说三种“约”之间存在某些内在联系或共通之处。

首先，无论是乡禁约、乡约还是抗租抗粮的盟约，其基础的一部分在于参加者们相互之间的合意是没有疑问的。乡里的人们聚会在一起议决禁约，或具有同样道德观念的人们基于相规相助的宗旨立下乡约，或佃户们在共同抗租的意图下通过歃血结盟的形式团结在一起，从这些现象可以很容易地看到存在相互合意缔结合约的因素。

另外，如果着眼于他们的活动所涉及的范围，则可以明显地看到也存在无法以相互间缔约来说明的因素。例如，抗租盟约和台湾地区的乡禁约等场合，因不服从这些规范而可能遭受攻击的人们（输租者或违禁者），就规范本身的目的来看，并不只是自愿缔结了合约的参加者，也不一定是停留在通过缔约而形成的集团内部的成员。就乡约来说，如果与乡村保甲制结合的话，也超出了同一志向的人们自愿结合的性质。在那里，能看到一种广域性、强制性的宣示规范或命令的因素（“约束”的契机）。实际上，无论在哪一种“约”的形成过程中，都可以找出把规范提示或宣言出来的特定主体，如乡约里的“约正”，抗租运动中的“起议”者或“讹言倡众”者，乡禁约里“目击时艰”而纠集众人开会、“倡联庄约束”并被推举为“约首”的人物等。实际情况往往是出现这样的主体，提倡某种规范，并把人们组织到一起形成集团的过程。

不过，仅仅着眼于命令、“约束”这一方面的困难在于，上述各种“约”与春秋战国时期经“三令五申”即发生效力的“军约”以及明清时期国家的法律之间，依然存在一定的明显差异。

例如作为乡禁约的一种，《一雁横秋》中的“地方禁约”开头写道，“朝庭有法律，乡党有条禁。法律维持天下，禁条严束一方”。接着，在陈述了近来乡禁弛坏的现状后，“目击斯祸，风俗日偷，居民受害，深为未便”的主体“某等”就登场了。从这些写法来看，此禁约颇类似于前文所述乡禁约的第三种所谓“通禁”的类型，即发起者单方面地发布或宣示禁令、规范的样式。另外，着眼于禁约的宣示方式，则该禁约与“会众议约”的第一种类型同样，采取的是“为此置酒会众，严立禁条”的方法，且后面部分把与会的人们称为“我同盟”。同类的《词林武库》中“地方禁约”则更详细地写道，“某等目击心伤，不忍俗漓民薄，思欲禁革……挽回风习，以靖地方，为此会众，宰猪置酒，歃血定盟，写立禁条，以弭后患”。虽说是宣示禁约，但仅仅单方面地宣布出来并不一定解决问题，还必须（即使实质上是强制性地）把众人邀集在一起，当场结盟缔约。此外，在某处有坟山一座的某人“严设明禁”的场合，即前文所述乡禁约第二种张贴告示式的类型中，情况也是类似的。同载于《词林武库》的“坟山禁约”

描述了这样的情景，“于是鸣锣聚众，杀猪置酒，遍请山邻当年里老乡约地方，及本族长子孙一切亲朋，并管山人役，眼同开立禁条”。还有把会众称为“尔同盟”这一点也与上列乡禁约一样。

根据这些文章可看出，即使是特定主体颁布禁约的场合，作为缔结乡禁约的实际程序，总伴随着聚众结盟的方法[23]。同样的结构也见于抗租运动。在那里虽然存在“起议”或“讹言倡众”的人物，但接着参加者们总是会进行“团社”“刑牲誓神”的活动。在乡约的订立过程中同样存在倡首者，但那里所谋求的并不是对倡首者的服从，而是“同约之人”相规、相劝、相交、相恤的关系。总之，这些“约”里，规范的单方面宣示并不总是意味着强制、“约束”的契机。

这样，乡村层次上的“约”中，可以同时发现上述“对等者之间通过相互合意缔结的约”和“居于上位者作为规范单方面宣示的约”这两种要素。而且，仅仅着眼于其中任何一种要素都不可能完整准确地把握当时的事态。

只要以这一类“约”为研究对象，总不得不意识到上述这两个方面。以前的研究，如仁井田陞关于乡禁约曾写道，“在清代，村庄里的规约由村里的头面人物会集地主议决。……虽号称‘公议’，但从不与佃户们商议。即使形式上征询他们的意见，也不过是为了获得合作而采取的一种便宜手段而已。这种场合就算称他们为‘伙伴’，也不意味那里存在着平等的关系。”他还引用今堀诚二所收集关于行会的谚语“耆老一唱群相和”，指出在旧中

[23]　从这些史料很难看出禁约的给示者在结盟时扮演什么角色。如果设想给示禁约者本人也参加结盟的话，则给示禁约与第一种“会众议约”的类型即使从形式上也更加难以区分了。

国所谓“共同体”或“同道者的结合”内部总包含着“一种寡头支配以及对此的从属意识”。在这里可以理解他所意识到的问题与村落、行会的规约以及这些团体结构里包含的两面性正相对应。如果着眼于是否存在自发的意愿，则实际情况确实很难用纯粹的合意来解释，需要进一步的说明。像仁井田陞这样以“寡头支配”为基础来把握实际情况的话，确实只能把参加聚会议论的因素评价为“便宜性手段”了[24]。

另外，研究者中关于乡约而展开的两种对立性见解，即把乡约作为国家针对明初里甲制衰退而采取的一种乡村统治政策和将其理解为“乡人们就自身的事务而约定的事项”或“乡人们的自治规约”这两种观点，其中有一部分与这里所讨论的问题相重合。如果看到集结在“一乡之约”下的人们绝没有创造出某种纯粹的水平或对等结合式的秩序，同时看到这也不单纯是以约正为顶点的礼制或政治支配性的命令体系，则可以说两种对立的观点确实都各有其道理。

但是，这些见解的问题却在于，不能单纯地把“约”归结到“相互对等的约”和“命令性的约束”之中的哪一个方面，如果这样作就无法完整地把握事态的特殊性质。显然，问题的产生与“约”的实际状态所具有的特殊性直接相关。对两个方面采取二

[24] 参见仁井田陞“中国社会的‘伙伴’原则和家族”，前揭注〔14〕《中国法制史研究——奴隶农奴法、家族村落法》394页，“中国的同族以及村落土地所有问题”，同上书686、694页。仁井田氏把支配命令的契机作为中国式“共同体”的一种性质。但这之后学说的展开逐渐否定了这种共同体的存在，而提出中国社会结合的基本形式在于经济性功能性的互助关系这样一种观点。不过，在这个过程中，仁井田氏提示的支配命令这一契机并没有得到充分的讨论。关于中国社会集团或组织的性质，还可参见伊藤正彦“义役——南宋时期社会结合的一种形态”，《史林》70卷5号（1992年）。

者择其一的态度或把一方作为实际情况、而将另一方看成意识形态的幌子，都未必是说明现象的合适方法。我们不必硬把现象框到某个侧面里去，而应当通过两个方面或两种契机如何结合的具体考察，把围绕“约”而发生的现象整体作为一个完整的结构来加以把握。以下，先从构成“约”中心部分的结构来开始考察。

（二）首唱和唱和

如上所述，乡村层次上的“约”在一个方面，即能够体现参加者自发性、主体性这一方面类似于其他一般的、经济性的会或约。尤其是作为抗租运动中心的盟约和明代中期以修养伦理为目的来相互督促的乡约，就其意图来看，有较强的结合力并由发自内心的自发性所支持这一方面是相当明显的。不过，就是从实质性的核心部分来看，这两种“约”虽说是建立在自发性基础上的结合，其形成集团的方式仍存在与其他一般会或约不同的某些特点。

首先，一般的会或约，无论是合股还是钱会或为了举行葬礼时互助的“父母会”，总是在特定的目的下聚集一定数目的成员而设立，之后即使有成员的更替但一般并不考虑招纳新人加入，此外，在达到当初目的后往往即行解散[25]。与此不同，上述乡村层次的各种“约”尽管在具体的时点上总是由一定范围的成员所组成，但在较长的时间段上看来，就会发现都有一种扩大自身范围的倾向或对外部感化、吸引的动机。

以明代中叶的乡约为例，从前述“出约”的处罚规定可知其

[25] “父母会”“钱会”等不用说具有一达到目的就解散的性质，但即使是本来以长期持续存在为原则的“合股”等结合形式，现实中往往也具有一种短期内就清算解散的倾向。参见村松祐次：《中国经济的社会态制》（东洋经济新报社，1949 年）。

具有严格的会员制度来划分约内约外。另外，作为“德业”而举出的“能广施惠、能救艰难、能为众集事、能解斗争”这样的善行，却不局限在同约的人们这一范围内。就其组织形态来看，既然在规定“出约”的同时提到“愿入约者”，仅以发起时的参加者为限并不是这种乡约的特点，不如说其组织结构正建立在希望通过同约之人的善行或表率作用吸引“愿入约者”，并期待着今后这种人不断增加。在此意义上，乡约一方面是乡村里一部分具有道德主义倾向的人们为了彼此提高修养和互助而结成的一种“会”，只具有部分行动的性质；另一方面是这个“会”自身作为一种启蒙组织在整个乡村范围内积极推进改善生活的运动，又具有向整体扩散的趋势。

同样的特点在前述太平天国时期的“安良约”里也可看到。在“安良约”中有不少关于这种结合对于乡村整体影响的记述，如“一时才智之士、殷实之家，相与联络以为之倡率，则愚懦之辈，有所依附而相引来矣”，“爰集绅耆、共商联约、以为联甲之先声”，“此风一倡，则善类奋兴，恶党渐息”，等等[26]。这里出现的也是少数前驱式的人物先结成约，意图以此为中心或重心来逐渐改变整个乡村的风气这一现象。

再以抗租盟约为例，不用说这种约具有把周围的佃农都卷进来力图扩大声势的倾向。不仅如此，与基本上依托现存体制而形成的乡约等组织不同，抗租的组织本身始终只是在抗租反乱的运动中存在，并随着运动的消灭而消失。不过，尽管有方向上的不同，这些约都有一种作为“运动”而存在、随“运动”而兴衰的

[26] “安良约第一碑记、安良约第二碑记”，《太平天国文献史料集》第 345 页以下。

性质。

其次，这些“约”在使内部意志统一的方法上并不只是单纯地取得相互之间的合意。

例如，抗租反乱的组织形成过程，史料显示出在那里构成盟约的核心部分绝不是作为一种自然发生的事态而形成的。上面已举过的史料“借蝗灾为由，讹言倡众，纠合沿湖三十余村”而结成盟约的记述就表现了这一点。数名首谋者首先倡导“今年遭蝗害，租应全免”，在佃农们群起响应的过程中逐渐扩大抗租队伍，到了一定阶段则“刑牲誓神”，举行了相互确认团结的仪式。换言之，参与者达到意志统一状态未必依靠相互间的商议确认，而是人们为某个或某些特定的首唱者提出的主张（当然一开始是单方面的）所打动，并群起相和的结果。所以，在那里产生的盟约，一方面确实是赞成首唱者主张的人们相互统一意志加强团结的一种方式，另一方面也具有反乱的领导者或抗租主张的首唱者召募同道并把他们结合到一起的“约束”行动这样一种性质。

同样的结构也见于明代的乡约。乡约也并不是自然发生的现象，而是以某个或某些具有伦理感召力的人物为中心而有意识地开展的“运动”。约的内容不同于当事者根据特定经济或社会性目的而分别具体地加以议定的合同或契约，其主要的骨架由上述中心人物“首唱”提出（也许是他个人的主意，也可能参考了某种范本）。对于乡约的参加者来说，这些内容基本上只是事先给定了的，具有先验的正确性，他们只有赞成的份。在史料上通常记述道“众推有齿德者一人，为都约正”（吕氏乡约）或“同约中，推年高有德，为众所敬服者一人，为约长”（王阳明乡约），描绘的是形成乡约的组织后由“同约之人”自由地推举选出约首的情形。但首唱者以外的人员被推举为约首的情况是很难想象的，没有首唱者的这种“同约之人”的组织本身就不可能存在。在此意义上，乡约也同抗租反乱的盟约一样，响应首唱者号召的人们集结在他的领导之下，具有一种“首唱”和“唱和”的结构。

上面已指出这些约的组织具有向外扩张发展的倾向，这种倾向完全可以与这里所说的结构联系起来加以理解。围绕“约”而形成的集团、组织并不是事前就具有共识的人们经过对等的讨论就能达成的结果，而是某个主体的首唱和众人对其唱和的过程。在此意义上，这种类型的集团或组织结构不能由其外延或范围而必须由其核心部分来加以说明。虽然特定的时点上可以根据对首唱进行唱和的人数来确认约的范围，但这不过处于过程的途中，这种组织的结构决定了其不断扩大外延的倾向。

如果用本稿开头时提出的框架来进行整理的话，则这里所谓“行为规范的共有状态”既不单纯是对等的参与者通过交涉谈判而达到的结果，也不仅是事前就享有权威的首长单方面发布或宣示命令就取得的效果。行为规范的共有状态只是在特定主体的“首唱”和众人的“唱和”这种相互作用中逐渐形成。这一过程因为存在“首唱”的契机，所以区别于“建立在相互合意上的约”这种理念型；同时又因存在“唱和”的契机而与“命令型的约束”区别开来。如果简单地加以定义的话，不妨就称为“建立在首唱和唱和基础上的行为规范共有状态”。可以说，人们通过“约”而结合在一起的这种状态构成了与上述两种理念型不同的第三种类型。

对事态的核心部分进行了这样的分析整理之后，再来看边沿部分，就能够获得一些新的视野和观点。

（三）自发与强制

从有关乡村层次上“约”的史料看来，既存在首唱者和唱和者构成部分集团的事例，也存在某些具有权威的特定主体针对一定空间内全体居民单方面发布禁约的事例[27]。前者类似于一般经济性的“会”或“约”，包含着参加者一定的自发性，就乡禁约来看的话属于第一种“会众议约”的类型。而后者则以居住在一定空间内的人们已经构成某种整体作为前提，属于乡禁约的第三种，即“给示禁约”或“通禁”的类型。后一情况不仅见于乡约，在抗租反乱运动中也可能发生。例如，滨岛敦俊在介绍上述“起议团社、齐心吞租”事例的论文里指出，那里所说的“社”就是当地以土地庙为中心而形成的地缘性结合。所谓“团社”并不只是同道者的结盟，而更接近于企图对包含在这种地缘关系中

---

[27] 不过，面对这些史料会产生一个问题，即在“约”之前就存在的社会结合或社会组织是如何成立的呢？当然，可以想象一种自然形成并具有协同性关系的自然村。另外，学者们也指出在清末民初的农村社会，村落财产的所有主体或村落的管理机构往往与看青会、树山会、庙会等具有“约”性质的组织重合。如果着眼于这种现象，则有必要考虑村落等集体本身也是通过某种类似于“约”的方式才得以形成和维持的可能。

在这里不可能深入探讨社会结合或社会集团的问题，只想指出一个有趣的现象，即例如庙祭等村落的集体活动中，其费用向全村“照田科派”的情况（史料表明存在从大家都“乐捐”一直到众人对拒绝承担者实施攻击的例子），与本稿讨论的给示禁约之间有着某种结构上的共性。在讨论明清时期社会的结合或集体的形成时，无论从规范的侧面还是从经济的侧面，在设想首先确定集团的外延再考虑其组织内部的规范内容或经济负担分配情况的同时，也有必要设想另一种理解集团或社会结合的框架。即首先从少数核心向人们提示规范或要求他人承受经济上的负担开始，然后由接受了规范或负担要求的人们构成集团本身（接受的过程伴随着说服和暴力，而且集团的范围始终是不清晰的）。而这正是“约”的结构。

的全体居民进行统合的行动[28]。事实上，这个事例中“有不从者、辄殴击之”的记载就说明了这一点。前面已说过，不清楚所谓“不从者”指的究竟是拒绝参加“团社”者，还是参加了团社仪式却又有输租行为的佃户。但至少那里的情况绝不限于志同道合者们基于相互合意的结合这一点却是肯定的。强制乡村居民全体加入的乡村保甲制与此相类似。

不过，把事态的核心部分单纯地理解为享有权威的人士单方面进行强制或统合的行为，并将此与“会众议约”等对等的结合相对比显然也存在困难。因为那里至少在形式上总是伴随着人们会集起来缔结盟约的程序，实际情况与纯粹的“约束”有一定距离。另外，即使是志同道合者们缔结的“约”，也不完全是对等的合意，而是在某个主体“首唱”之下，通过众人“唱和”而形成的结果。单方面发布或宣示规范与众人议决规范之间的差异似乎并没有史料作者们想象的那样大。如果考虑到被发布的禁约本身可能与乡民们潜在的愿望或“公共的需要”相一致，在适当的时间和场合一经宣布出来就立即得到参加集会的众人拥护这一“理想状态”的话，则要区别什么是一方的命令、什么是大家相互的合意就变得更加困难。有关“给示禁约”的大多数史料确实也在这样地主张自己的正当性，在不存在例如上述台湾地区乡禁约中关于“假公济私”记载这种反证材料的情况下，我们是没有办法弄清实际情形究竟如何的。

另外，我们也必须考虑与上述“理想状态”相反的情况。在与“团社”不同的另一些关于抗租运动的史料中，存在对“输

[28] 前面已提到的“村推一长，籍罗姓名”或“连圩接甲”等例子，都使人想象到在“约”之前存在某种地缘性的社会结合。

租”的佃农进行攻击或以实力制止的事例。前面已谈到过，很难确定这种攻击或制止究竟只是针对抗租集团内部成员还是针对外部一般佃农的。但即使把这些攻击理解为针对外部的行为，在存在行使暴力的情况下，恐怕很难想像集团内部的人们都是因自愿而参加进来的了。既然预想到不参加抗租运动或违反抗租者的主张而进行“输租”将会遭受攻击，就会出现虽然内心未必情愿也不得不参加进去的情况。所以，即使现象上是在“一唱百和”中缔结了盟约，其实际情况仍然可能是多种多样的。所谓“首唱”和“唱和”的典型事例未必能够与某个或某些主体硬把众人纠合在一起，强使他们缔结盟约的情况完全区别开来。对于实际上发生的事情，我们同样很难得到明确的认识。

总之，无论从首唱者和众人之间究竟存在的是实质上的一致意思还是实质上的强迫这两极来看问题，都难以理解围绕“约”而发生的事态。在那里存在的恐怕正是难以区分“自发与强制”的一种微妙状态，而且乡村层次上“约”普遍地总是多多少少伴随着这样的状态。其结构上的表现就是“首唱”和“唱和”，而享有权威者单方面地“约束”众人的情况也不过是其中的一种极端性局面而已。

如果进一步探索隐藏在“约”中的强制因素所具有的实质性基础，我们就能意识到尽管自发与强制两种因素在不同情景下比重不一，两者之间却存在一种循环性的结构。

例如就乡禁约中发生违反规约情况时由谁执行惩罚的侧面来看，第一种“会众议约”的类型规定的是“众共攻之”。此外从“同盟之人皆在禁约之内”的内容也可看出，成员间的相互监督和惩戒是保证“约”拘束力的基础。另外，属于第二种“告示”

类型的《词林武库》中，聚集在一起立下“坟山禁约”的人们似乎规定的是“本家子孙”必须进行巡逻，“左右邻近”则负有“互相戒儆”的义务。另外，包括在第三种“给示禁约”类型中的《雁鱼锦笺》“禁夜行”，其规定的内容是各家每夜轮流当班，持铃巡回，发现犯禁者则鸣锣示警，其他未当班的各家必须持武器前来进行取缔。总之，即使在享有权威者单方面发布禁约的类型里，对违反者进行监视、执行惩罚的主体首先仍然是“众”人而非发布禁约的个人。在这一点上，乡约和抗租反乱的盟约也没有什么大的差异。乡约中对“过失相规”的自然是同约的人们，抗租盟约里“村推一长、籍罗姓名、约佃农勿输租业主”，但用实力阻止输租的还是集结在此“一长”之下的佃农们。

“约”之所以有这些规定，从一些史料的说明部分看来，不得不给示禁约的前提正在于“强者依势横行，弱者缄口畏缩，或徇情以容隐，或贪利以偏护，卒致禁令败坏，风俗日颓”（《云锦书笺》“地方禁约”）那样的状况。为了对抗“无知不法之徒，恃强籍端滋扰”而组织庄人“登即鸣锣，统众捕拿”的咸丰十年“合约字”也似乎属于这种情况下动员“通庄人出力抵御”而缔结的盟约。但是，即使有这样的盟约存在，仍然不得不预先想定出现“恃强不服”者以及“阿纵不举”者（《云锦书笺》“田禾禁约”）的情况，或者始终得担心有人会“阳奉阴违、徇情庇袒”（同治十年“合约字”）。在那里，“同心协力”的要求始终与“袖手旁观”的可能性互为表里式地存在[29]。如果大多数人都“袖手旁观”的话，则“强者依势横行，弱者缄口畏缩”的现

[29] 根据戴炎辉，前揭注〔6〕266页道光二三年“合约字”引用。

实无从改变，情况又回到“约”以前的状态。

当然针对上述情况也有一些对策。如《雁鱼锦笺》“禁夜行”中规定，如果鸣锣之后有不出来参加集体行动者，则次日将“会众共罚之，决不轻贷”。不过，如果“众”的大多数都违反禁约不出来的话，次日恐怕将无人参加集会，保证禁约拘束力的结构本身也就随之自然地消灭了。

换句话说，使人们服从“约”的契机（强制性的因素）依存于通过“约”结合起来的人们所采取的共同行动（自发性的因素），但同时采取共同行动的自发性契机又依存于强制性的契机。这就是两种因素的循环性结构。人人都不希望因未响应鸣锣而在次日面对“会众共罚”的处分，但同时人人也不想或不敢自己单独去攻击“依势横行”之辈。大家都懈怠的话最后就不再有出面攻击懈怠的人了。但是仅靠自发而没有强制的话，问题似乎完全没有得到解决的可能。

关于那里存在的情况可以看出两点：第一，一般的大多数民众尽管明白“同心协力”符合大家的利益，但却感到只有在别人出力的前提下自己也出力才会有自己的利益。超出个别主体之间相互交换关系的结合往往相当困难。在涉及多数人的公共性层面上，个人相互间的自发性反而难以得到保证。这样的情况下，如果出现不问是否情愿就明确地宣示禁约、在赏罚分明的前提下强制大家都遵守规范的主体，无疑会因其能够切断各自只顾一己利益而相互观望这种恶性循环而得到普遍欢迎。第二，但是在围绕“约”而发生的事态中，具有充分的权威和力量来强制性地实行赏罚的主体，作为单独的个人往往并不存在。虽然通过“约”明确了大家的行为规范，但担保其效力的方法仅在于让大家相互

“盟誓”。一旦出现不守盟约的连锁反应，则很难维持“约”不遭崩溃。

从这个角度来看，在“安良约”前言中提出的下列建议令人很感兴趣。首先，与把全乡都组织起来的保甲制（结果因此而成为空架子）相对比，“盖保甲之法，合一乡之富贵、贫贱、智愚、贤否而一以例之者也。其间品流错出，识见回殊”，所以“其不相习而互相猜也，彰彰明矣”。而自己采取的方法却是“将欲联之，必先择其人之相类者，使为之会约，以坚其心”。这里强调的似乎确实是参加者的志同道合性，表现了“约”自发性的一面。但前面所引史料中也有“一时才智之士、殷实之家，相与联络以为之倡率，则愚懦之辈，有所依附而相引来矣”的记载，表现了“约”作为“愚懦之辈”前来依附的核心这另一个侧面。尽管着眼的是整个乡村，但首先由少数人建立一个使大家可以依附的坚实基础或紧密核心，这样可以更有效地影响事态的趋归。重要的就是那里表现出来的这种认识。

结合到上文所提出的关于“约”核心与边缘的问题，从以上分析可以将该问题作为围绕“约”的历史状况而发生的两种经过情形、或形成“约”的两种策略来考虑。第一种情形是像“安良约”那样先根据参加者的共同意志形成核心集团，再通过面向外部的精神感召和实力性强制来逐渐扩大其范围。第二种情形则是如“通禁”的类型那样针对一定范围的人们“给示禁约”，让他们缔结盟约后再通过内部的“约束”来维持组织。这两种情形同时也能够被理解为首唱者根据自己具有的权威和力量并衡量流动的具体状况而作出的策略选择。不过，从目的都是使乡村全体达到某种“规范的共有状态”这一点看来，两者的差异只存在于过程的前后顺序不同而已。

相信上述分析已经揭示了乡村层次上“约”的特有结构。从外观看来，那里一方面既存在“给示”或宣布禁约的现象，同时另一方面也存在相互间订立的合约。但实际上事态却往往是首唱者向众人提示某种规范并使大家接受该规范的过程，换个角度看也是人们以某个主体提示的规范为契机逐渐达到相互间共有某种规范的状态这一过程。在理想的状态下，这两个方面可以达到完全一致，没有必要再问究竟谁是发起人或规范的宣示者。那里确实存在命令和强制，但所命令或强制的内容同时也是在此以前已潜藏在人们的心里，是大家都真心希望的东西。不过，现实的历史中，并不可能经常出现理想状态，更常见恐怕只能是在两个方面或两极之间循环往复的运动过程。

这种运动的最初推动力显然是首唱者。但是结果是否能够达到大多数人共有某种行动规范的状态，最终却依存于“众”的意向或动向。现实的情况往往以首唱主体（或少数在“约”的先驱分子）的人格力量强弱和首唱的内容不同，在完全的合意、完全的强制以及完全的失败这三者之间推移。

如果着眼于即使是给示禁约的事例往往也伴随着会集众人缔结盟约的现象，似乎可以说首唱者相当重视众人的意志或要求他们的自发性。但考虑到那种场合下缔结盟约的实际过程，则又可以说不仅首唱者，就是被要求缔结盟约的众人也并不真正重视“相互合意”的形式。大家心里都明白，所谓“约”本身并不能带来与其庄重形式一致的拘束力，拘束力只在于大家都真正地遵守它。另外，给示禁约或首唱者除了使众人都参加缔约之外，往往也没有什么有效的保证手段。结果，对于首唱和唱和者来说，

“约”就是这样不得不依靠又难以依靠的东西，在这个程度上简单地成立又简单地消失。

在这个意义上，当时的史料中频繁出现的“人心不一”这个词的两种用法很发人深思。一种用法是指人多意多、众心难齐的情况，另一种用法则是指人心易变的情况[30]。针对第一种情况，史料反复地呼吁“同心”“齐心”，尽力想使大家的意志统一，能够结合在一起。但是，即使一时达到了“齐心”的状态，仍会因第二种情况的出现而导致“约”的组织分裂以至崩溃。与近代西欧的根本观念不同，在传统中国的文化价值中，似乎人们的自由意思以及这种意思的相互结合并不被视为一切社会规范存立的实体基础，也不像法律上的根据那样稳定牢固。不如说在当时中国人的心目中，人心本来就只能是“不一”的东西，而且人们也只能以这种“不一”的状态作为不得已的前提来采取或选择自己的社会行动[31]。但是另一方面，老是“人心不一”的状态也无法

[30] 前者的典型可举出“歙县胡宗朝等保护风水文约”[原文的标题为“齐心合同文书”，载《明清徽州社会经济史料丛编》（第一集），中国社会科学出版社1988年版，第567页]。该文书指出“皆因人心不一”而使祖坟遭他姓侵犯，于是规定“齐心约束，歃血定盟。自立以后，俱要同心，毋得结外害内”（除此之外这件史料没有其他具体内容）。后者的例子则是“今恐人心不一，立合约为照”等在一般契约结尾频繁出现的句子。

[31] 当然，这绝不意味着中国的文化传统没有赋与恒心以很高的社会价值。“信”是最高的社会价值之一，而“言不忠信”在《朱子增损吕氏乡约》举出的“过失相规”中也是代表性的恶行之一。但是，尽管在价值层面上是这样，在制度层面上，旧中国的人们却似乎不认为一旦作出的约定轻易不能改变是形成社会秩序绝对不可或缺的基础，而且也没有建立一套严格的制度来保障明确表示出来的意思得到尊重。相反，看来人们更倾向于认为把秩序的基础放在不得轻易改变的意思表示之上违反一般人的天性，所以绝不是一种理想或应有的社会状态。当然由此传统中国的社会秩序也产生了另外一系列内在的困难。

反过来看，外国的研究者总把规范的共有状态归结到个人的意思，即不是从上至下的命令就是对等的合意。我们所持有的这种极为强烈而又很难自觉意识到的潜在价值指向，往往使我们难以理解用不是命令就是合意这样的分类为何不能全面把握中国现实的社会状态。我们的问题可能正在于这种“前理解”的层次上。

构筑或形成秩序，于是为了实现哪怕只是暂时的“齐心”状态，就出现了反复订立并宣示共同行为规范、力图把众人“约”到一起的持续努力。围绕乡村层次上“约”而发生的种种动态正意味着这样的努力。

有关秩序形成的状况也许比我们想像的还要困难。如果根据以上的分析再来看看当时的法秩序，则会发现上述结构以及由此而来的困难状况并不限于乡村里的“约”这一领域。

四、“约”与地域性的秩序

（一）告示、惯行、唱首

不用说，当时的乡村并不是封闭的世界，乡村层次上的约与州、县这样更大范围内的规范秩序必定存在联系，属于这种广域的行为规范共有状态中的一个部分，或作为形成这种状态的契机之一。

关于州县层次上日常行动规范的存在形态，笔者以前曾在“清代土地法秩序中‘惯行’的结构”一文中以有关土地法的习惯行为为素材，就人们（主要是“官”和“民”）围绕土地关系的处理而形成共有行动规范的过程作过一个初步的分析[32]。因讨论上的必要，以下对此文关于当时的民事惯行究竟以何种形态存在于地域性社会中的结论作一简单介绍。

首先，地方官基本上并不把各地的“惯行”作为习惯法或规

---

[32] 参见拙稿“清代土地法秩序里‘惯行’的结构”《东洋史研究》48卷2号（1989年）[已有中文翻译，参见王莉莉译、周蕴石校“关于清代土地法秩序‘惯例’的结构”载刘俊文主编：《日本中青年学者论中国史·宋元明清卷》（上海古籍出版社1995年版）——译者注]。

范的问题来考虑，而作为当地的“风”、“俗”或“习”的问题。如果他认为是“恶风”、“恶俗”或“恶习”的话，地方官就可能为了改变这些惯行而发告示、立碑文，积极地试图“移风易俗”。但是，地方官并不一定享有绝对的权威，也不一定掌握充分的人力物力资源来彻底贯彻自己发布的规范内容。因此，他“移风易俗”的努力有时成功，有时却毫无成效。情况既可能是尽管发布了新的规范从前的惯行却依然如故，告示成为一纸空文；也可能是尽管地方官的努力一时奏效，但随着他的转任旧的惯行又重新出现，而所立之碑也只有倒坏或覆满青苔的份。在这个意义上，“官”所提示的规范决不等于当地的惯行，他只具有一种“介入”性的位置。换言之，地方官始终在惯行之外，并试图从外部对此施加影响而已。

但是，如果惯行并不完全在官的控制之下，那么能否反过来说完全属于民众自己能够掌握的东西呢？问题在于也很难这样说。通过史料仔细地观察当时存在的实际情况，则会发现说是有某种惯行存在并不意味着人们的每一个具体行动或具体要求只要合乎该惯行就可以得到不言而喻的承认。当然，大部分的这种行动或要求确实能够无条件地得到承认，但在其边缘上，围绕合乎惯行的行动或要求却也不断地发生日常性的质疑和争议。反过来看，并不合乎惯行或很难作为惯行而被认知的行为，尽管可能遭到不同程度的抵抗或反对，却也相当自由自在地被人们所从事。关于什么是对什么是错，往往只能在日常生活中通过实际的行为来不断地加以尝试和相互确认。

在这个意义上，与其以某种客观性规范的存在为前提，把那里发生的实际情况视为该规范的“遵守”和“违反”这样的两极现象，还不如看成一极是接近于大家都从事的行为类型的中心（所以关于这种行为的主张更容易得到一般承认），另一极则是行为者自己认为有理，却背离了这个“中心”从而显得“突出”的个别行动（当然也就更可能发生争执以至流血冲突）。实际上的情况可以理解为分布在这两极之间无限多样的状态。即使从事的只是接近中心的行为，有时也难免引起争执；反过来即使采取了“突出”的行动，有时也可能就此获得通过。就这样在无数的行为和纠纷中，人们不断地以自己的行动或实践来相互确认在什么范围内行为就可以不至引起争执、超过什么限度就会遭致别人反击。而正因如此，这种“中心”与“突出”之间的关系也在随时间变化而不断推移。史料上频繁出现的“效尤”“成风”等词语指的是，有谁作了坏事而未被追究的话，不久人们就会群起效法，致使恶事蔓延而不可收拾。从这种情形也可以想见“突出”的行为在一定条件下并不难在明日成为当地的“风习”。

综合以上的分析可以看到，旧中国所谓在某个地域存在某种惯行，与我们从西欧历史上得到的有关客观性规范（包括习惯法）存在的形象完全不同。我们心目中的这种形象意味着：某种规范作为一种团体的组织原理而事先存在于民众个别行为之外，同时却对这些行为具有拘束力（或反过来说能够使这些行为作为权利而得到保障），民众对这种规范即使内心不服也只能尊重其客观存在的权威，而且针对违反规范的行为有一套进行制裁的机制；如果需要把违背既存规范的行为作为新的权利要求加以主张的话，则有必要按照一定的程序来修改原来的规范。但是，关于规范存立的这种所谓客观的、制度化的框架在旧中国却完全不存在。那里所谓的惯行，无论在官府还是在民间都不具有上述意义上的程序性或制度化空间。个别人主张自己有理而开始从事的个别行动，可能随承认其合乎情理的人们在数量上的增加而逐渐扩大范围，最后成为一种由中心和边缘构成的“风气”或“风习”，但也正如“风”这一比喻所象征的那样，存在的始终只是不断在流动推移的状态。

当然，行为规范的共有这种不断流动、或仅仅停留在“事实”层次而不能达到制度化的状态，对于一般民众来说也是很不方便的。因此，在民间出现了种种促使其保持安定的动向。具体的行动往往体现在立碑这一象征性的手段上。例如，参加抗租的佃农们，聚集数千人“抬碑直竖县门”，迫使县官承认自己的主张，并将其作为“例”刻石立碑。如这个事例所显示的那样，民众的行动并不停留于民众自己的生活世界里，而更经常地表现为向官的诉求，要求地方官对其规范或惯行以刻石立碑的方式加以确认。不过，即使地方官立了碑或出了告示，事态也未必能够就此确定。在那里，经常出现的只是上面已指出过的、地方官的告示可能一时奏效也可能完全遭到无视而成为一纸空文的情况。

以上就是笔者在前一篇论文里达到的结论。总之，旧中国的所谓“惯行”（一般民众日常生活中行为规范的共有状态）具有一种非制度化的、事实性状态的性质，而且这样的性质规定了整个社会秩序的内在结构。

那么，如果把围绕乡村层次上“约”而产生的种种现象与惯行在州、县这样大的地域范围里具有的上述结构联系起来考虑的话，首先可以很容易地看出抗租盟约与所谓“效尤”“成风”的局面非常相似。例如，光绪十年《江阴县志》卷九中“风俗”一项有如下的记载：“秋收稍欠，强悍者倡首抗欠，群相效尤。谓之霸租”。这个记载与前文举过的“讹言倡众……约佃农勿输租业主”的事例可以说完全是互为表里的。所谓“效尤”就是从一般民众的角度看对首唱者进行唱和的行为，而首唱者的目的既然是扩大影响使抗租行动“成风”，他总希望通过言论和暴力来尽量把更多的人卷入盟约。

同样，给示或缔结乡禁约的背景也与地域性秩序那种极为流动的性质紧密相关。作为给示禁约的理由而被举出的“使举家有所倚靠”，反过来看正意味着那里存在的是“无所倚靠”这样一种无序或缺乏共同行为规范的流动状态。人们渴望或要求有谁、不管用什么方法，只要能够带来秩序和规范的统一就行。作为对这种要求的回答，出现的就是“目击时艰”而给示禁约并使大家缔结盟约的主体。他们的目的同样在于所谓“以正风俗”或“庶几则风同道一”。但是，无论禁约还是盟约，结果都与惯行一样难以结晶为客观的、制度化的规范。一旦发生大多数人背离规范的事实（“风气”的“中心”发生了移动的话），则它们也就自然而然地归于消灭。在这个意义上，乡禁约也不过是一种“纠风”或“整风”的行动而已。

如果我们把视线转到官员的行动上，则会发现与民间之约不同而构成规范秩序另一极的所谓“法”，其实也接受着同样结构的支配。

上面已提及，地方官如果觉得任地的居民中普遍存在某种不端行为，即认为当地有恶习、陋俗、刁风在蔓延时，他可能会主动出具告示，试图改善这些风气。这类告示多为明确的禁令，如“有犯必惩，决不宽贷，特示”或“不得以身试法，各宜凛凛，特示”等就是其老套的结尾。地方官单方面颁布这些禁令，且一经发布立即生效。许多情况下，省以至中央新近制定的禁止性法令也通过地方官的告示向人民公布。如“伏查，新例内开……煌煌功令，炳如日星。且现奉各上宪三令五申。……但不教而杀又所不忍，除现在密访严拿外，合行出示严禁。为此示仰阖邑各饼匠知悉。嗣后…… 一经访闻告发，定照新例，通详治罪。特示”就是其中一例[33]。

地方官的告示从形式上看完全属于“居于上位者单方面宣示的规范”或“约束”，其中一部分还与国法本身内容重合或直接以国法为根据。但另一方面如上所示，这些告示实际上的效果却很不确定。当然国法或告示因官的权威而得以“三令五申”，也没有人会正面对其正统性提出异议，不过现实情况往往在于这种规范的发布本身未必能够使人们的行动立即统一到某个共有的基准上去。确实，与乡村层次上“约”不同，国家拥有正当的暴力机构，对违反行为可以实施惩罚。但是在“有犯必惩”的威胁后面，总存在对出现“以身试法”者的预期。当时的国家并没有充分的强制装置或执行能力来威吓抑止潜在的违法者。结果，国法与告示也不过对人们行为规范的流动状态（“风习”）发挥一种事实上的影响作用，且只是在事实的层次上有效。即使有时候成功地达到了“移风易俗”的目的，但由于只是一种事实性状态，最终仍然避免不了“日久禁弛”的结局。正是在反复不断地发禁令、立碑文这样一种不得不持之以恒的过程中，地方官的统治才得以实现。

---

[33] 这里的引用都来自（清）戴兆佳：《天台治略》，浙江古籍出版社 2013 年版，卷之四“告示”。

总之，如果不从理念而从日常性共同行为规范的形成方面来看[34]，官的“法”与民间乡村层次上的“约”在“首唱”和“唱和”这一结构上并无决定性的区别。在这个意义上可以把地方官的告示本身理解为不过是“首唱”的一种，发布告示的行为也就是在州县层次上意图获得“唱和”或“齐心”的尝试而已。国家正是通过地方官的这种具体作为与人民发生联系的。

同时还可以看到，与“法”不同而构成整个规范秩序另一极的“契约”，在实际状态上其实也具有和乡村层次上的“约”相类似的结构。

（二）审判、调解、契约

两方当事者为了确定相互间的权益而立下的合约中，存在从内容上可以清楚地看出是纠纷实现了和解时缔结的协议文书。

例如，嘉庆十年四月初九的“孝义合约”就具有以下内容[35]。文天齐弟兄一直分别耕种父母分给各人的土地，在水利上共用一个水路。但同月七日弟兄间因水堰发生争吵，弟天齐用扁担将其兄的左手击伤。当即“族约邻亲”介入进来对二人进行了“理剖”。弟受到众人斥责后醒悟到自己的错误，于是对大家作出保证，今后不再妨害兄长的水利。“自合约之后，弟兄永敦和睦，不得以大欺小，以小犯上。若堰水有阻，不安本分，罚银

[34] 不过，这里的问题并不完全是“法实际上是否得到执行”的问题。如本稿开头所述，明清时期的“法”主要指的是官吏在行使皇帝赋予的刑罚权时应当遵循的实务标准，在那个意义上，则可以说“法”通过严格的覆审制度和对违反该标准的官吏进行惩治的制度，确实在相当严格的程度上得到了执行。

[35] 参见《清代乾嘉道巴县档案选编》上，二页“文天齐兄弟孝义合约”。选编的文书只有弟弟出具的一份，但从“合约”的名称可以想见可能还存在另一份兄长出具的同一内容文书。

五两”。结尾则表明以上内容均为天齐自己情愿，并无威逼强加等情，特立此文书为据，云云。

围绕土地尤其是坟墓或坟山的归属，当然也存在同样的例子。如乾隆五十七年的“合约”写到，姚思忠、思维兄弟以前曾出卖农地给唐正伦，只是卖地时约定保留位于该地内的坟墓部分。但是此后唐正伦并不提保留的部分就欲转卖该土地，思忠向官告状，并已有差役传正伦出庭。在这个阶段，有“约邻人等，不忍二家参商，从中剖明，二家悦服。和息之后，其祖坟园内，任思忠人等迁葬，思维弟兄同蒋姓人等，不得异言阻滞。此系三家心甘悦服，中间人等并无押逼等之情。今恐人心不一，立此合约各执一纸，永远存据”[36]。

以上两例都是对等的当事者就双方各自的权益或应得之分达到一定合意，并固定在合同约这种形式里的情形。但是很显然，这些合约都不是仅仅由当事者自身任意订立的。在订立合约之前发生了争执，且前一例涉及伤害行为，后一例则有具控告官以及派遣差役等情节。在此过程中，“族约邻亲”或“约邻”等似乎实在看不下去，于是出面居中调解（“理剖”或“从中剖明”），结果就是订立了这样的合约。

此外，后一事例因为已经告官，作为正式的程序，调解者应该向官提出“和息呈”。事实上在同一史料集中可以见到报告这类过程的另一件文书，这就是“乾隆五十六年二月约邻李君用等

[36] 参见同上书“姚思忠等人合约”。

息状”[37]。关于订立和解性合约的过程在那里有如下记述：上面派遣差役拘传诚不得不谨从，但作为两当事者的近邻，某等因不忍坐视两家参商，已邀集双方进行了“理剖”，使他们各自吐露了真情。在了解真相的基础上，某等会集双方当事者根据原契勘察了土地的边界，并“鉴石定界，立清界合约二纸，各执一纸为据，永杜事端”。显然，正因为有这些调解者积极的介入，才使双方当事者达成合意，合约得以成立。

为了解决纠纷而在两当事者之间订立合约的情形并不限于民间的调解。在上述同一史料集中，有地方官审结案件时的“遵依结状”末尾记载“书立合约各执”的事例[38]，还有地方官直接要求“谕令书立合约，从宽免究”的事例[39]。两个事例都显示出当事者一方面承诺接受地方官的判决，向他提出“遵依”的书面表示，另一方面在彼此之间还订立了（或被迫使订立了）合约。当然，这样的记载并非在所有关于遵依结状的史料里都能找到。同样是关于水利权争议的案件，同一史料集中“道光四年十二月十一日刘仕漠结状”却没有提到合约[40]。不过，这些案件处理的类似性并不因这种记载上的区别而发生变化，这里的情况还可促使我们进一步理解合约的性质。

上面所举的最后一例中，两当事者之间权益分配关系的确定

---

[37] 参见《清代乾嘉道巴县档案选编》五十五页。在《淡新档案》中也能看到一些“和息呈”的例子。令人感兴趣的是，有些案件里当事者接受和解之后，与和解的合约一起还要向地方官提出一份发誓决不“翻异滋事”的“甘结状”（例如，其中文书号码22615—37“和息禀”，38—40“甘结状”，41“永不翻异合约字”等）。关于“和息”，参见滋贺秀三“关于清代州县衙门诉讼的若干所见——以淡新档案为史料”《法制史研究》37号（1988年）。

[38] 同上书九页“道光十六年十月初二日田庆芝结状”。

[39] 同上书十一页“道光八年四月二五日周亨书结状”。

[40] 《清代乾嘉道巴县档案选编》四页。

完全是由地方官用“堂谕”来判决的，两当事者各自以遵依结状的方式表示接受该判决，纠纷就此了结。但与此稍微不同的还有当事者不仅表示接受官的裁决，还进一步在彼此之间订立合约的事例。在此延长线上再移一步看，则又有经过众人调解说合或“理剖”，两当事者就彼此间权益关系的重新确定而订立合约的例子。像这样延伸下去，就能够达到未经纠纷与和解，纯粹是双方当事者成立合意订立契约的情况。但这样的情况下同样往往存在第三者。如兄弟间围绕分家析产而订立合同约的例子，一般从一开始族人们就会积极地参加进来，居中说合或临席作证。此外，就是说服双方当事者相互让步这种程度的功能，在买卖、租佃等更加日常性的契约里也往往由中人来承担。总之，在日常生活频繁的契约缔结行为中，当事者双方的相互合意及合同的成立，多多少少总要依靠第三者的居中“说合”已成为一种具有普遍意义的结构。如果万一在利益分配上出现争执，最早出面进行调解的人也往往是中人。或者不如说，正是考虑或预期到万一出现争执的情况才事先请求中人参加契约缔结过程的。从这个意义上讲，从平时的契约成立和纠纷和解一直到官府审判案件，其实是一条结构上具有连续性的延长线。日常的现实状态似乎总在这条线的两极之间推移或分布在这两极之间。两当事者与说合者或调解者在决定事态归结上的比重也随在事态在两极之间的推移而变化。而地方官单方面的堂谕与纯粹由当事者双方自己缔结的合约就构成了这条同一结构内的延长线的两极。

再者，关于这种结构中第三者宣示规范的契机，还有必要考虑到另一个重要因素。即滋贺秀三教授所指出的清代审判缺乏“确定力”或“既判力”的现象。例如，在相当于民事审判的

“州县自理”或“户婚田土”案件里，尽管当事者已经以遵依结状的形式表示接受地方官的堂谕，但一俟该官员转任他又会要求新来的官员重新审理，或反复地向上级官府上诉。同时，对这种就同一纠纷反复提诉的行为，官员们似乎把发现存在某种理由时重新再审作为自己应尽的职务。而且再审的结果同样似乎并不具有确定性的效力，在事实上，存在当事者无限地向后任或上级官员提出申诉的可能性[41]。从这种现象得出以下结论：关于民间的调解当然用不着说[42]，就是作为最强的第三者即由地方官作出的堂谕，尽管是对当事者间权益分配的最权威判断，事实上却不一定能够带来确定的权益分配状态。纠纷本身一直到双方当事者都在事实状态上接受了判决，即不再争执而按照判决所提示的行为标准行动时才告终结。审判者也似乎有充分的耐心等待、或有思想准备反复地形成新的妥协方案，一直到当事者在事实上接受某个方案为止。

以上事实或现象所具有的最重要含意，就是必须于当事者之间形成行为规范在事实上或现实的共有状态。至于是通过缔结合约的方式还是用堂谕再加上遵依的方式才达到这种状态，或进一步说，是根据当事者自身的意思还是由第三者发出的权威判断，并不成为最重要的问题。就实际的情形来说，只要成功地达到了行为规范的共有状态，则几乎不可能区别是根据当事者自己还是第三者的意思。因为无论是在契约、和解的合约还是遵依甘结文书中，当事者通常都会写下“系心甘悦服”这样的字样。但反过

[41] 参见滋贺秀三，第三“判决确定力观念的不存在——民事审判的实态”。

[42] 《清代乾嘉道巴县档案选编》上，三页“嘉庆二四年胡文连告状”。这件史料显示了围绕水利纠纷的民间调解中立下的合约反复遭破坏的情形。

来一旦出现当事者之间的不一致现象，即使官的权威也不足于遏止规范共有状态的解体。

讨论到了这里，就可以比较容易地看出调解者（包括契约的中人、居中说合来解决纠纷的“族邻”以及民事审判中的地方官）与前面所分析过的“约”的首唱者，在行动样式上有明显的类似性。在这些不同主体采取的行动后面，显然存在某种共同的社会结构。当然，中介或调解着眼于眼前的具体情况，所以提示的总是个别的或有妥协性的内容。但调解者作为背后存在社会一般人的第三者，不仅有时可以采取居高临下的教育说服方式，而且提示的方案往往意味着人们应当共同遵守的行为规范，中介或调解也就成为一种整合人们行为方式或社会关系的活动。在此意义上，调解和通过“约”使人们达到某种规范共有状态的活动并无根本性的差异。这一点，尤其在地方官要求原被告立下合约同首唱者要求唱和者们缔结盟约的相似性里表现得更清楚。不过，尽管有合约或盟约，第三者提示的规范总得当事者或参加盟约的人们事实上也按照此规范行事才真正发生效力，且这种效力随他们共有此规范的状态解体而消失。在规范共有状态不断的形成和解体过程中，调解者或首唱者也在反复不断地从事着提示或宣示规范的行为。旧中国日常的社会秩序就存在于这种持续不断、无穷无尽的努力及其整体的集积之中。

还可以说，调解的活动以至其前一阶段的契约缔结行为，都不意味着通过合意来确立某种牢固的规范，而不过是力图使不统一的“人心”暂时达到一致状态的一种“尝试”而已。人们一开始就明白人心的一致是一种极为脆弱的状态，因而不得不无穷无尽地尝试下去。而且，这个过程中所需要的合意很难仅仅由当事者自己来达成，往往必须通过从一般的中人到权威更高的人士以至地方官的介入才能获得。即使是“契约”的范畴，也不仅意味着对等的当事者相互间从事的交涉和合意。

（三）权力在“约”中的存在方式

总之，乡村层次的“约”建立在“首唱和唱和”这一基础上的结构，与当时有关于行为规范共有状态的两个领域，即法的领域和契约的领域都有密切的内在联系。实际上，由于这两个领域在形成规范共有状态上各自所特有的困难，很多情况下不得不依靠同样的结构从而通过“约”的媒介而相互融合。

这就是说如果换一个角度，如本文开头所指出的那样，明清时期的法秩序可以分为享有超越性权威的皇帝单方面宣示的法和一君之下的万民们彼此之间对等地缔结的契约。这两个领域的原理完全不同，所以表面看来并无结构上的连结点。但是现实中无论是单方面的规范宣示还是对等的相互合意，似乎都不足于解决获得一种稳定的秩序或规范共有状态的问题。于是，地域性的秩序实际上处于这样一种状态：面向一般人有“倡首”者提示某种标准，在较为微观的层次上则有中人或调解者为特定的当事者提供某种方案，而围绕这些标准或方案反复展开的“首唱和唱和”全部过程以及通过这种运动或尝试而不断地达成又解体的行为规范共有状态，就构成了动态的社会秩序本身。换言之，日常生活中反复出现，力图把一定范围内的人们“约”到一起的无数“首唱和唱和”行动，实际上同时支撑着“国法”和“私约”这两个表面看来极不相同的领域，并使命令和合意这两种不同的原理在社会现实中交错结合起来。上面已提到过的一方面试图以发布告示等来改善风俗、另外通过听讼问案来处理纠纷的地方官，正是在这样的状况下且只能以符合这种现实的方式来从事自己的职务。如果把“国家”的存在放到这个层次来看，则统治的内涵也可以理解为无非就是“首唱和唱和”而已。

同时，只要着眼于结构，则可以说不仅皇帝或官员从事的是这样性质的活动。乡约的首唱者、“目击时艰”而给示禁约的“某等”、契约的中人、不忍坐视纠纷发生发展的“族约邻亲”、还有鼓吹抗租的领导者等，无一不是通过提示某种行为基准而试图把一定范围内的人们“约”到规范共有状态中去的主体。“人心不一”的现实不断地要求着这样的主体出现，社会的秩序形成不可能使所有人们之间都保持单纯的水平关系。围绕“首唱和唱和”的结构，在形成一定范围内的规范共有状态过程中，总是随着行使实力以至暴力性的对内制裁或对外强制。即使是寂寂无名的一介佃农，只要他的首唱能够获得“一唱百和”而达到“成风”的效应，则出现的就是如“诸绅士有田业者，皆恐犯众怒，不敢发言。刁风之可畏如此”的状态。换言之，只要拥有实际上获得众人唱和的首唱能力，或者说把人们“约”到一起去的能力，也就拥有了一种社会性的“权力”[43]。而在当时的社会里，如果不问巧拙的话则几乎任何人都能充当中人或调解者；不考虑实际上是否获得或在多大程度上获得人们赞成唱和的话，则没有哪个纠纷的当事者不能“唱其说”，即讲出一番自己的道理来。

[43] 如果考虑到首唱者的力量基本上存在于人们是否唱和这一事实中，首唱本身并没有强制他人行动的决定性契机，那么也许不应称这种力量为“权力”，而使用“权威”或别的什么概念。不过，这里想指出的是，至少就民间地域社会的日常生活而言，与上面所分析的结构不同而又能够在秩序形成中发挥主导作用的制度性强制力并不存在。那里存在的只是通过组织化和运动的过程而产生，又随这种组织或运动的解体而消失的非制度化的权力。

在这个意义上，无论就首唱的机会还是首唱的主体来看，这种“权力”的细胞是日常性地普遍存在于社会之中的。

既然这种形式的“权力”是这样地分散，现实中的地域性秩序于是不得不通过各种各样主体围绕“约”的行动而呈现一种对抗与整合的动态。

即使把事例限定在前述乡村层次上的三种约上，也可看出通过给示乡禁约或发起乡约来统合乡民们的行动，很多情况下正是针对类似于抗租运动那样的反抗行动[44]。在有关乡禁约的事例中，一方面有像上述同治十年台湾地区铜锣湾八庄“合约字”那样被地方官作为“假公济私”而驳回的情况，另一方面也存在根据地方官的指示而缔结合约，甚至由地方官自己直接起草和发布乡禁约的例子[45]。但从上介入的情况并不一定都是出于地方官自己的主动，例如某地数十户经“协同公议”后向官具禀，称“虽已议明，不敢擅专，理合禀请赏示严禁”，结果地方官准其所请，将他们合意的内容用告示向“该处军民人等”进行了公布[46]。那里实际存在的状况既可以理解为乡村里的首唱者动员借用了地方官所具有的权威和力量，又可以看作地方官试图通过“约”的结构来整合该地域的秩序。

---

[44]　最典型的表达可以见于有关“安良约”的以下史料，“至有事之日，则恶者一招而集，善者累约不来。此非恶党多而善类少也。为匪者有要质之誓言，而从善者无重申之禁约也。或欲联之，必先约之”。(黄体正：“上陈观察书”载《太平天国革命时期广西农民起义资料》(上册)，中华书局1978年版，第32页。

[45]　例如，咸丰三年台湾地区某村落的六名头面人物缔结的“和庄公禁约字”写道，“兹我众人等，奉官示谕，欲立清庄连庄公约”。另外，伊能嘉矩《台湾文化史》(上)(刀江书房，1928年)944页所引用的道光十六年“庄规禁约”，就是由淡水府同知自己起草并颁布的。

[46]　“嘉庆二四年十一月初十日巴县告示”，《清代乾嘉道巴县档案选编》(上)，280页。

关于乡村层次上的“约”，最后还有一点应该指出。前面曾提到过，明代自发结合式的乡约到了清代逐渐演化为国家在乡村里的宣讲制度，即官方的乡约。从上述观点来看，这一变化也可理解为国家对民间“首唱”行动的组织化，或国家及官僚自身开始积极地作为进行首唱的主体而出现在地域社会里。不过，关于这种宣讲制度，从武内房司对四川省的研究可以看到还有另一个侧面[47]。从清代中叶起，出现了所谓无业游民借口宣讲，到处设台鼓吹因果鬼怪等妄谈以图觅食，且有联络党类流传异教者等现象（民国《新修武胜县志》卷六“礼俗”）。对宣讲制度的这种利用还与民间流传的“扶鸾”等仪式结合起来，到清末甚至开始成为“抗粮斗争等民众反抗运动或新兴宗教宣传中不可缺少的工具”。把大众聚集在一起进行宣讲的活动，结果对于统治者来说成为一种“双刃剑”。在借宗教传播反抗意识的所谓“神命”与“天命”之争里，皇权遭受到未必肯定能克服的挑战，弄得不好连皇帝本身都被相对化而成为无数的首唱者之一而已。

明清时期的行为规范共有状态或者说规范秩序，就是在这样的结构中发生和存在。当然，各种因素的对抗和整合会表现出无限丰富的现象，而围绕“首唱与唱和”结构而产生的种种现实状况也绝非以上所述就能全部概括[48]。最后还应该指出的是，这

---

[47] 参见武内房司“清末四川的宗教运动——扶鸾、宣讲型宗教结社的诞生”《学习院大学文学部研究年报》（第37集）（1990年）。此外，光绪《广州府志》卷五“徇典”同治四年中所引御史贾铎的奏折也有“城乡士民，多以讲约为名，敛钱聚众，烧香结盟”的内容。

[48] 与乡禁约相类似的现象和结构，在宗族的“族规”和行会的“行规”里也不难发现。关于民间的“权力”，例如明末朱纨弹劾当时具有代表性的乡绅林希元的文章里写道“……以此树威，门揭林府二字。或擅受民词，私行拷讯，或擅出告示，侵夺有司”（《甓余杂集》卷二，根据重田德前揭书引用）。可以说这里所指责的行为与上述“权力”的存在形态正相对应。

里所讨论的结构并不是到了明清时期才出现的东西[49]，而且，这样的结构也没有随着明清时期的终结而消失[50]。

[49] 似有必要指出，在考察历史时，本稿所提示的跨越合意和命令两者的“首唱和唱和”这一结构之存在（或从研究的角度讲，对这种理论框架的需要），与这一结构在不同时期、不同状况下的各种表现形态，应当有所区别。

对“首唱和唱和”结构的起源进行考察既有可能也有必要。例如，本稿开头所介绍的秦汉时期，田畴招集村落里的父老们集会，并在得到他们推举后发布“约”的情形，与明清时期村民们所推戴的“约正”宣示乡约的情形显然十分相似。所以，作为一种结构，“首唱与唱和”贯穿相当长的历史时期完全是可能的。当然，需要在从事大量的实证研究之后才能最后下结论。另一方面，就这种结构的表现形态而言，即使在明清这一相对较短的时期内也有很大变化。例如，从明初的《教民榜文》可看出，此后通过乡约或仅仅由父母会、钱会等个别结合形式所承担的婚冠葬祭或其他互助性功能，在当时却被作为“本里人户”全体的义务。另外，后来通过乡禁约来实现的禁止私人自力救济或解决纠纷等功能，明初似乎也是由里老人制度所承担的。实际情况究竟如何还须等待进一步细致的实证研究，但至少与明代后半期相比，明初的乡村中由“里老人”直接“约束”村民们而实现的秩序所占比重可能是相当大的。

[50] 例如中华人民共和国现行法制中就存在“乡规民约”的范畴，类似于我们所说的乡村层次上的“约”。典型的如拥军公约、爱国卫生公约、计划生育公约等“公约”类。从“人民群众为了贯彻党和国家的政策方针，通过集体讨论约定一些明确的条文，并作为共同遵守的规范确定下来”等教科书式的定义［详细内容可参见如《中国实用文体大全》（上海文化出版社，1983 年）“公约类”］来看，可以说公约处于社会与国家、自发与强制的两者之间。

根据土歧茂的研究，1950 年到 1951 年发动的“爱国公约运动”不仅在全国所有的单位都要求缔结公约，而且发展到要求各家庭也缔结“家庭爱国公约”。通过土歧氏对数次爱国公约运动的分析可以看出，公约的特点在于：规范内容广泛涉及日常生活、运动向全国规模的逐渐扩大、党的号召指导与群众的自发性相结合、运动与当时的政治形势紧密相关、规范的实际效果随“运动”高低潮的推移而消长并在很大程度上依赖于群众的自觉性，等等。这些特点与明清时期“约”的结构显然有很多内在的共通之处。不过，在人民自发性的唤起动员以及形成全国规模的运动和组织这方面，现代中国远远地超过了明清时期的国家。这可能因为交通通讯手段的发达和现政权与人民大众的历史渊源关系等因素。同时，这里所出现的规范形式与其他国家的“法律”“契约”等相比，显然也是颇为不同的。而且这样的结构还与社会秩序过度的政治化以及缺乏安定性的情况互为表里。从这些角度看来，本稿所提示的理论框架对于研究当代中国的规范秩序也会有一定的参考作用。

权利与冤抑[*]

——清代听讼和民众的民事法秩序[**]

寺田浩明　著　王亚新　译

序　言

关于清代的民事法秩序（尤其是财产法秩序），即使把现在学术界已得以明确的知识都收集起来也难以描绘出一幅稳定的整体图像，或者甚至不妨说越是把这些知识收集拢来，这项工作就显得越困难。

根据到目前为止获得的研究成果，清代民间的民事法秩序呈

---

* 本稿原载东北大学法学部《法学》61 卷 5 号，1997 年。

** 1996 年 9 月在日本镰仓市召开了题为“后期帝制中国的法、社会、文化：美国与日本的研究者之间的对话”（Law，Society，and Culture in Late Imperial China：A Dialogue between American and Japanese Scholars）的小型研讨会。本论文是笔者以同一题目提交该会议的报告经过大幅度修改后的改订稿。在此谨向当时于会场内外给予了笔者有益批评的各位参加者表示感谢。关于这次会议的情况介绍，参见寺田浩明，“后期帝制中国的法、社会、文化：美国与日本的研究者之间的对话”（《中国图书》1997 年 1 号）。此外在相当一段时间内，笔者与王亚新教授围绕现代中国民事法秩序的定位问题进行了反复的意见交换。本论文的问题意识有不少地方直接、间接地得益于这种个人之间的学术对话。在此也向王教授表示谢意。

现以下这样一种状态[1]。在那里，以男性家长为核心，家庭成员们构成一个个“同居共财”的小家。这些家既是日常消费生活和财产归属的基本单位，同时也往往是进行生产经营的基本单位。大部分农地已经完全商品化（能够自由买卖），分别为一个个家庭所私有，在农地上的经营也常常已经把市场交易作为前提。超越这些小家庭的宗族、村落、行会等共同性的组织一般都很软弱且不稳定，所以社会秩序的实质性部分是由这些不得不单独谋生的一个个小小的家通过在彼此之间缔结契约关系来承担的。这种契约的结合具有市场的任意性质，不断地发生又不断消灭，大部分都只持续很短的时期。而且，家自身随着世代交替，通过反复在男性兄弟之间进行的析产均分而不断分裂，具有变得更加零细的倾向[2]。作为政治上最大资源的士绅地位是因科举考试而由男性个人取得的，并不能成为继承世袭的对象。当然，既有没落之家也有上升之家，随着它们的沉浮，土地财产也频繁

[1] 关于历史上中国社会的这种流动状态，参见斯波义信，“中国的社会与经济环境”［桥本万太郎编《汉民族和中国社会（民族的世界史、5）》山川出版社，1985 年］；关于社会关系整体的契约性质，参见寺田浩明，“明清法秩序中‘约’的性质”（沟口雄三编《社会与国家》丛书第四卷：从亚洲思考，第四卷，东京大学出版会，1994 年）。（已收入本书——译者注）

[2] 当然，分家析产并不是义务，只要不分家而增加同居共财的成员，把一个越来越大的家庭维持下去（累世同居）不仅可能，甚至也是儒家伦理所鼓励的。但是一般的情况却是一旦家长在世代间发生交替就分家析产。这种缩小同居共财范围的行动，其理由无疑在于通过将上升没落的单位化整为零来获得分散风险的利益，以防止整个家族一起没落的危险。在那里起基本动力作用的则是家自身的生存欲望。例如分家文书中就有这样的表现，“自此一分永定，日后各房或侵或长，皆系造化。不敢生端滋事。所愿子子孙孙，勿替引之，庶公业永远，而房分炽昌矣”。参见三田裕次藏、张炎宪编《台湾地区古文书集》（南天书局有限公司，1988 年）125 页，c3087。

地在家之间转移[3]。这里出现的是一个由无数主体构成，且在他们之间充满了个别的不同利益主张和利益冲突的竞争社会。由此，主体间的纠纷自然会不断发生[4]。而且由于共同性组织的软弱，对于纠纷的处理往往不能被限定在近邻社会的内部。实际上，全国统一的国家权力通过每二十万人口左右就设置一名的州县地方官（亲民官）直接向人民敞开着诉讼的门户，在此人口范围内每月平均可有千份以上的诉状提交给地方官[5]。对于人民来说，地方官主要就是为了听取告状给以善处而存在的；而地方官也把听讼理解为“答民所劳”的最重要手段[6]。

---

[3] 例如，高见泽磨，“台湾地区凤山张氏文书”（滨下武志等编著：《东洋文化研究所所藏中国土地文书目录、解说（下）》东京大学东洋文化研究所附属东洋学文献中心刊，1986年）介绍了土地买卖时卖主将自己手里历年传下来的“老契”（有时达十多张）与本次买卖所立契约一并交付给买主的习惯。当然，只要分析这一系列契约的日期，就可以判明该地买卖的频度。平均算下来，在十八九世纪的台湾地区，农地每十来年就有一次买卖。

[4] 关于地方上纠纷发生的频度，熊远报，“村庄的纠纷解决”（1995年度东北中国学会报告）报告了下列令人深感兴趣的数字。通过分析当时居住于安徽省庆源村（人口约为500到800人）的下层知识分子詹元相所写《畏斋日记》（《清史资料》第四集，中华书局，1983年）中从康熙三十九年（1700年）到四五年6年间的记载，发现共有47件关于纠纷的记录（换言之一年大约有8件左右），其中涉及告官的8件（包括两件“命盗重案”），剩下的纠纷都由近邻民间的主体通过调解予以解决了（其中有11件提到了“族”的干预）。

[5] 嘉庆年间（1800年前后）的中国人口约为3亿350万余人，州县数为1603个。每一州或县由出身于别地的科举合格者在一定任期内充任长官。此外，州县衙门还有数名科举官僚出任辅佐，但清代只允许正印官一人受理人民的诉状。关于诉状的数字以及成讼的频度，参见中村茂夫，“对传统中国法雏形说的一个试论”（新潟大学《法政研究》12卷1号，1979年），以及夫马进，“明清时代的讼师与诉讼制度”（梅原郁编：《中国近世的法制与社会》京都大学人文科学研究所，1993年）。根据这两位学者及以前其他研究，估计平均人口为20万人的县每月约有一千数百件诉状提出（每月大约有6天的诉状受理日，平均每日二百余件），其中新受理的案件数约为一百多件（一个案件可有复数的诉状），每月的断案判决数为五六十件左右（案件的2/3未到达最后判决就由当事者自己撤回）。

[6] 参见汪辉祖《学治臆说》“听讼宜静”和“亲民在听讼”。他把听讼视为教化人民的最重要手段。

流动的且建构于契约之上的民间社会以及国家民事司法的存在感及其作用的重要性，这两个论点，都是战后日本的明清法制史学在与强调固定而封闭的共同体以及共同体内部处理纠纷的学术界旧有观点相对抗中提出并尽力发展论证了的观点[7]。当然，这种新观点并不打算、实际也没有主张旧中国存在着与西方近代同样的财产法秩序。不过，既然主张这样的观点，至少在大的轮廓上，由多元的个别的主体通过利益交换或契约而形成的经济秩序、社会秩序与负责解决纠纷的统一性国家权力相加，确实显得非常地类似于西方近代的财产法秩序。由这一类似性就产生出下面这样朴素的疑问来。

最直接的问题在于听讼解决民事纠纷的性质。先举一例：19世纪中叶在山东某县，一位年老的寡妇向衙门控告已故丈夫的兄弟及侄子们妨碍自己买卖土地。其侄则反驳辩称并无此事实，只是老寡妇要求他们以高于市场价格之值购买其土地遭到拒绝而已。审理下来，看出事情实质上是穷困的老寡妇为了向亲戚告帮而制造借口的地方官采取了以下判断：“余想。高书行（亡夫的兄弟）之所供言语，却在情理。但查，高姜氏（老寡妇）年逾七十。或竟恃老迈，抵死向高书行硬找田价若干。高书行恃理直，丝毫不拔，官司打到何时才了。余便开导高书行曰，‘骨肉为重，钱财为轻。高姜氏即无三亩田，典给于尔。向尔通缓急，尔们亦不能不应。倘伊无力自存，尔等将弃之不养乎。本县今有公断’。”于是命侄子们以相当于双方主张中间的金额买断了土地，

[7] 关于笔者对学说史这一具体的发展过程及其遭遇到的难关的看法，参见寺田浩明，“论明清法制史学的研究对象”（东北大学法学部《法学》58卷3号，1994年）。

结果当事者两造各自依判写下了遵依结状，讼遂息[8]。

从这个例子可以看出，地方官受理人民的诉讼，并不是按照某种客观的规范来判定当事者双方谁是谁非，而是提示一定的解决方案来平息争执，进而谋求双方的互让以及和平相处。当时人经常高唱的“情理”这一用语之所以重要，是因为其代表了对调和当事者人际关系的重视和一种衡平的感觉，而非强调遵循某种预先客观存在的严格规则。其实，在针对围绕民事利益而发生的争执进行裁决时，能够作为一整套具有具体内容、且在程序上得到了实定化的规则而被予以适用的实体规范本身，无论在国家还是在民间都是不存在的[9]。

上述清代民事诉讼持有的特征与从前的理解有很大的不同，以一种更为明确的理论精度把它们揭示出来也是日本战后的明清法制史学最大的成果之一[10]。但是，被揭示出来的这种审判理念、审判形态与上述清代社会契约性、市场性的秩序结构究竟有什么样的内在关联，却成为一个显然很难一目了然的问题。权利和契约的意识应该很强烈的人们，为何会把纠纷交付给那样一种

[8] 胡学醇《问心一隅》(咸丰元年序) “当地找价”。胡学醇于道光二十四年(1844年)至咸丰三年(1853年)任山东博平县知县。此书是就他自己审理的一件件案子所作的回想录风格的记载。关于文中所举之例，在买断土地的请求之前当事者双方还存在“典”的关系，因此裁决进行了对“找价”金额的认定。但这里所述问题的本质与此并无关联。

[9] 在那里既无民事法典，也不存在地域性的习惯法书。正如滋贺秀三：《清代中国的法与审判》(创文社，1984年) 367页以下所指出的那样，在旧中国，无论官还是民都不曾有过“把法视为划定相互争执的两个主体之间权利义务的严格准则；力图将这样的准则实定化并上升到能够对应市民生活的一切局面，对那里可能发生的任何纠纷都给以明确裁定的完备体系——简而言之就是实定性私法体系的基本观念”。

[10] 滋贺教授的上揭著作就是最具代表性的成果。关于学说史发展的详细过程，参见寺田浩明，“日本的清代司法制度研究与对‘法’的理解”(岩波书店《思想》792号，1990年)。(已收入本书——译者注)

结果难以预测的审判来处理并服从其裁决呢？反过来看，在只有那样一种审判制度的状态下，所谓契约性、市场性的秩序又如何能成立呢？

再进一步展开视野，从当时的国家或官府与民间民事秩序的相对位置来看，则更难容许单纯的理解。国家权力一方面确实如上所述向万民敞开着出诉的门户，但另一方面却举胥吏衙役（其本身就是国家设置的诉讼制度有机的一部分）的横暴腐败等来劝导人民兴讼之不利，甚而公开对人民坚持主张权利的行动表示不满和非难[11]。此外，官员们允许人民告状却极端地厌恶帮助诉讼的主体（讼师），将他们视同蛇蝎[12]。总之，尽管大部分农地已经在频繁地买卖流转，税收制度也早经确立，但官府却无意构筑维持所有权秩序所需的基础制度设施。简单说来政治权力本来就对权利秩序的维持毫无兴趣。可是，要说国家向民众提供的最重要服务，却仍然是民事案件的处理。

显然，国家和社会、审判权力与民事秩序在那里呈现的相对位置或关系，很难用我们在法与秩序方面一直持有的理解框架来加以把握。那里存在的事态整体上既难使用“封建制”或“前近代社会”的框架来理解，其内涵又不容以近代法秩序的框架来把握。但是，把现有的说明组合起来，就只会成为“民间社会由权利性秩序所构成但却不存在保障权利的公共性制度”，或“没有法而只有权利”这样一幅相当奇怪的图景。

于是，近些年来，针对关于清代民事审判性质的上述学说，

---

[11] 明初皇帝的《教民榜文》明明白白地教导人民，只要不是“被人凌辱太甚，情理难容”，就应“互相含忍”，参见“两浙江西等处”之条。

[12] 关于清代“讼师”的活动以及国家对他们的态度，参见上揭注〔5〕夫马进论文。

作为一种批评，森田成满和黄宗智分别提出了清代衙门的审判属于“权利保护”的观点。

黄宗智通过对州县衙门所藏大量文书档案的分析，发现存在着以妥协为内容的判决意外得少，而实际上大部分案例都明白地宣告了正当权利者一方胜诉的这一倾向性事实。再加上他自己认为完全可以从律例（刑法）条文后面找出以保护权利为核心的各种民事法原则，于是展开了清代存在的审判类型是法官遵循法的规范来保护人民权利这样一种主张[13]。森田成满则把清代审判的种种事态分为建立在实现权利这一逻辑之上的“法理”部分和对此进行“调整”的部分，并强调了“法理”部分的意义[14]。确实，当时的案例中存在的并不限于如上文所举之例中那种妥协互让的要素，也可以看到明确保护拥有正当权利一方的例子频繁出现。如果持正因为存在原理原则才会有让步这样的观点，逻辑

[13] 参见 Philip. C. C. Huang，Civil Justice in China：Representation and Practice in the Qing（Stanford University Press，1996）。

[14] 参见森田成满《清代土地所有权法研究》（劲草出版服务中心，1984 年），同“清代土地所有权法补论”（《东洋法史的探究——岛田正郎博士颂寿纪念论集》汲古书院，1987 年），同“清代法中官的活动与不法的救济”（《星药科大学一般教育论集》第 11 辑，1994 年）。

最近，森田氏在“清代民事法秩序的结构”（《星药科大学一般教育论集》第 12 辑，1995 年）一文中进一步提出了以下主张。“把审判中官的意志作为官法”。官法分为“通常应当遵循的一般准则”和作为其妥协的“调整准则”。官法的正当性来自皇帝。在官法中，既存在官吏在内部遵守而人民不过接受其间接性利益的部分，又存在“官给与人民并承诺予以保障”的部分。这种“官向人民明确承诺予以保障的利益”就是“权利”。围绕“权利”并依照“一般准则”进行审判时，就出现了类似于西欧依法的审判和权利保障那样的现象。不过在清代，也存在仅仅是“调整”的情况，还有“未给以承诺”的例子。“官通常根据一般准则考虑人民的利益，但这并不绝对，并非毫无例外地一律加以保护”。确实，如果采取只要官府承认的利益就算作权利这样的逻辑，官的审判规范与民间权利秩序显然是相互协调的。但问题是，究竟什么历史事实指出了存在“官对民的承诺”呢？所谓“对一般准则的遵循”究竟是一种事实性的倾向还是一种制度上规范上的义务？关于森田氏新说的考察，想在他对这两个问题作出回答后再进行。

上甚至还可能达到所有让步的基础都在于决定正当利益归属的原则之存在这一结论。于是，立足于官和民之间出现的权利主张和权利保护这一侧面，单纯地讨论这类现象在量上所占比重及其功能的话，还可以引出当时的审判尽管制度并不完备，却在相当程度上有效地发挥了保护权利功能这样的估价。

就他们具体提示的清代民事审判“权利保护性质”说而言，黄宗智与森田成满的观点都很难说取得了成功。对黄来说，难点在于旧中国并非不存在要求严格依照成文法的制度（如“命盗重案”）；对森田来说，难点却是如果应该在什么地方什么程度上适用“法理”只在于法官个人的独自判断，则审判整体上归根结底也只能说是一种“调整”而已。此外，比较审判记录与民间契约的内容、并找出两者之间的共通性这一“事实的统计性分布”层面上的分析，逻辑上却不一定能够归结到起诉和审理本身都基于实现民间客观存在的权利规范这一“制度性当为要求”层次上的结论[15]。

---

[15] 对于黄宗智的著作中有关狭义的民事判例研究部分（注〔13〕所引书的第三章到第五章）所具有的实证意义及其实证方法上和理论上的问题，笔者曾加以详细地考察。参见寺田浩明，“清代民事司法论中的‘审判’与‘调解’——关于黄宗智氏最近的业绩”（《中国史学》第5号，1995年。以下引用时简称寺田“清代民事司法论”）。

另外，就黄的研究与滋贺的民事审判论之关系而言，黄以滋贺为代表而加以批评的大部分有关清代民事审判性质的论点，其实不过是美国学术界旧来的俗说，与滋贺氏毫无关系。在这个意义上，黄对滋贺的批评多半是无的放矢。但在黄的近著中，加进了一个新的观点。即把清代民事秩序视为“表象”（意为地方官们对自己的听讼业务持有什么样的观念且如何表达这些观念。其内容大致是有德者对无德者的教化）和“实务”（意为司法系统现实的运作以及达到的结果，黄氏认为就是依法实现权利）的一种悖论式结合来加以考察。这个观点与本稿的内容无论在正面反面都有不少关联，但因笔者尚未充分地理解黄氏的新观点，在此不能予以置评。这里仅停留于指出该观点具有较大的启示意义，但详细的讨论批评只能留待日后了。

不过，在上述问题意识下再度阅读这两位学者的著作，着眼于他们都把“权利主张与权利保护”作为现象上的共通出发点，则可以意识到这其实是一种试图把民间社会秩序与司法秩序内在地连接起来的工作。确实他们提示的民事审判论存在许多问题，但作为其批评对象的学说理论尽管着眼于清代审判的规范性框架，却没有能够另外提供一种关于两种秩序之间内在联系的有充分说服力的回答[16]。反过来看，可以说只要在这方面未能获得充分的回答，则如上述那样的“权利实现”论就必定会反复出现[17]。

[16] “合乎情理的审判”这一理论模型究竟在整个秩序中占有何种位置、发挥的又是什么样的作用？对此，本稿的全部内容将构成一个完整的回答。关于在滋贺氏以“情理”为核心而构成的审判模型中，“民事规范”究竟占有何种位置和发挥何种作用的讨论，将于下文第三节中进行。

另外，笔者曾经在上揭“清代民事司法论”一文中，从“是审判还是调解”这一黄宗智氏设定的问题角度对滋贺理论提出了两点批评。第一，当事者向地方官提出承诺接受判决的所谓“遵依”，逻辑上并不一定能表明那里的审理是尽力说服当事者。第二，关于判断的准据这一问题的设定，如果要讨论现实的准据，在法和情理之外还有其他种种规范。而且考虑判决的正当性根据时，情、理、法本身并没有成为现实的正当化基础。这二点都关系到判决中能够作为根据向当事者提示的究竟是什么规范的问题，但由于笔者当时正处于对这个问题进行摸索的阶段，设定的提问角度并不准确，对滋贺说的批评本身也未必中肯。与其围绕个别论点作无益的争论，不如首先尽自己所能积极地描绘出一幅完整的图景，以便更容易地确认问题的所在和对立之点。本稿就是这个尝试所迈出的第一步。

[17] 黄宗智的工作就其实质性部分而言，就是把从衙门档案等获悉的地方官判断与根据各种契约文书了解到的民间秩序情况加以对比，并考察它们之间原理上的共性。这种工作其实在日本学术界早就有一定的传统和积累。不仅如此，如果不提审判制度而谈到实体法规范研究的话，这简直可以说就是日本的明清法制史中心的研究领域。代表性的研究成果是滋贺秀三《中国家族法原理》（创文社，1967年），此外注［14］森田成满的著作以及笔者自身的土地法研究都集中在这一领域。不过，通过这些研究而获得的论点仅构成了契约性的民间秩序这一观点的论据，至于现实的审判时一个个案件的处理中实体法性质的规范究竟占有何种位置，却没有得到充分的考察。黄宗智提出的问题，从日本的学说史这个角度来看，也就是如何解决民事实体性规范的研究与民事审判制度的研究之间存在的断裂状态。这一学术上的断裂状态在黄氏提出问题之前即已存在，即使不考虑他的问题提起及其内容本身妥当与否，也应该由日本学者独自予以解决。

那么，现在应作的是什么呢？如上所述，对以前关于清代民事审判性质的说明所作的批评派生于下列问题：既然民间的秩序都建立在权利这一概念上，为什么民事审判却完全是另一种性质呢？不过回顾起来，对究竟在什么意义上说民间的秩序具有“权利”性质这一问题，到目前为止并没有做过充分的考察。而未作这样的考察就着手讨论民事审判的性质这一更困难的问题，意味着已经埋下了可能引起混乱的种子。

关于清代社会的民事法秩序，有下列的问题需要考虑。即当时的人们构想的是一种什么样的民事法秩序？或者说，无数各自有其利害的个别主体聚集在一起，在日常的相互合作又相互竞争中是如何使一种秩序得以成立的呢？为了使秩序得以成立需要的是什么呢？实际上人们又是怎样作的呢？不用说，民事审判只是作为这样一个更大的构图之一部分而存在。本稿的意图在于，通过提示一幅包括从民间的民事秩序到民事审判场面的完整图景（尽管只是一幅大致粗略的图景），从而把以前过份地集中在法官判断的基准这一焦点上的清代听讼性质问题重新置于更广阔的社会背景中去。

首先，在第一节以清代土地法秩序为素材，探讨所谓“权利”在那里具有什么样的内容，又存在于什么基础之上。第二节则考察当时的人们在什么认识框架下来把握理解一个个小家庭之间的利害冲突，又存在什么样的制度性框架来对这些矛盾纠纷进行处理。最后的第三节用来讨论这样的审判制度不得不面对的各种内在的矛盾或难题。以下，先从考察民间的“权利”秩序开始。

一、财产法秩序的实态

(一) 私人的土地所有权秩序及其社会基础

通过相互合作和相互对抗来各自谋求生存和繁荣的一个个小家庭，其基础在于家产，而家产最主要的形态就是农地的所有。因为农地的归属和流转都委之于市场的买卖，所有状况是明显不均等的。不过，土地既然只是通过市场集中，即使是所谓大土地所有，实际上也不过是许多分散的小片土地在量上的简单相加而已。因此，像西欧封建制那样依托土地占有而展开领域性的政治支配几乎没有可能。实际上，那些小地块重新通过一个个称为“租佃”的契约关系，由无产的农家（佃户）分别耕作。在此意义上农地所有就是以小片地块上的经济收益为中心的所有，整个土地法秩序或者也可以单纯地称为私人的土地所有权秩序。

对于这样的情形，当时一般民众的理解及表达就是土地的“有”和“卖”。土地的卖契上往往写明“将某所之地卖与某人”，而所有者则被称为“田主”或“业主”。所有者的地位还与只是用益或占有的情况区别开来。例如，与“卖”相并列的契约形态是“典”，即所有者接受约为卖价之半的金额而允许他人使用自己的土地获得收益，经过预定的期间后他随时可返还最初领取的价额，重新取回土地。即使在某人将土地出典而失去了具体的用益与占有这一过程中，他仍然可被称为田主或业主[18]。如果要从法律学的角度来说明这样的情形，似乎可以很自然地想

[18] 关于当时的契约习惯与契约文书类型以及日本的契约文书研究史等，参见岸本美绪，“明清契约文书”（滋贺秀三编《中国法制史——基本资料的研究》东京大学出版会，1993 年）。(已收入本书——译者注)

定，在区别于现实用益的“所有”以及通过买卖改换业主这种常识性理解后面，存在“私人土地所有权”这一抽象的权原（title）以及该权原通过买卖契约来变更其归属这样一种法的结构。

但是，这种样式的理论说明将会碰到一个比较有趣的（如果从近代的土地所有权制度看来恐怕也是有几分奇怪的）问题——当时在那里，对于一种能够达到不言而喻地向社会主张并得到确保的“请求权”以及与这种权利成为一体并构成商品的“土地所有权”而言，却似乎没有支撑足以称为这种权利的特定制度基础存在。无论国家还是社会之中，都找不到离开事实上的领有关系而证实抽象的权原存在和保护其存在的所谓“土地所有权制度”。在国家与社会中较清楚地存在的，只是一种通过契约文书形成的“土地买卖制度”。在那里，买卖时由卖主写下并交给买主的契据本身就是买主唯一的权限证书，发挥着争取来自社会的一定支持或保护这一功能。

当然也可以不拘于所谓“权原”（title）移转归属的思考方式，如果循着买卖的连锁追溯下去，同样可能想象“最初的土地所有权”或持有这种权利者的存在。但是，历史知识却告诉我们，在宋代以后广泛出现这种土地制度之前存在的是唐代的“均田制”（土地的国有制：国家根据各户的耕作能力和生活上的需要从行政上反复再分配耕作权的体制），而且唐宋之间并没有发生什么明确的土地革命。不仅如此，即使到了清代，如果要问国家凭什么根据向农地征收税粮，则能够提出的根据却是“普天率土”皆为皇帝所有这样一种土地国有论[19]。而且当时就连主张

[19] 在清代，围绕土地的所有，关于当时的士绅官僚之间都有什么样的议论，参见岸本美绪，“‘租核’的土地所有论”（岸本美绪：《清代中国的物价和经济变动》研文出版，1997 年）。

民地所有的论者也不否定这一理念。

在民地所有的体制下，现实中人们所作的事不过是“在一开始就负有固定税粮义务的土地上交替进行经营”而已。从向国家所负义务的角度来说，买卖双方从一开始就不言而喻地把税粮看作应该从土地收益里扣除掉的“支出”。确实，只要无论是谁耕种土地，国家都能够向他征收税粮这一原则不动摇的话，有一种事后把握耕作者交替的制度，对于国家来说基本上也就足够了。实际上，关于土地的私有，国家只是追认现状，并没有设立任何更积极或旨在事前确认经营者交替的制度[20]。

把那里存在的实际状态加以整理的话，首先就“土地所有”的内容而言，可以得到的大致是下列这样一幅图景：

根据契据而被交易的对象，与其说是完整的无负担的“物”（土地）本身，还不如说是在不言而喻地负有税粮义务的土地上自由进行经营收益（当时称为“管业”）的一种地位。所谓“土地的买卖”，指的是现在对某土地进行“管业”的人把这一地位出让给他人，而且今后永远允许后者对该地进行“管业”；所谓

[20] 清代国家在土地买卖之际要求买主缴纳“契税”（约为该地价款3%的金额。缴纳契税的手续称“税契”，缴纳之后契约文书的价款部分盖上县的公印）和改换负担“税粮”的名义（这一手续称“过割”）。对不主动履行这两种手续者律例上规定有刑罚（户律田宅“典卖田宅”）。此外至少如果按律的原则，承典的情况也同绝买一样负有税契过割的义务。换言之，税粮并不一定由“土地所有者”而由“管业者”负担。确实，契税手续具有为契约文书提供公证的作用，如果及时履行过割手续也能够帮助确认土地所有者（或管业者）的权利。但是就现实情况而言，就连在官府审判时，没有契税也并不意味着立刻否定契据的证据能力。在过割方面，负担税粮者与实际上的管业者往往并不是同一主体，所以这一手续也不能发挥整理维持管业秩序的作用。还有，虽然也是空文，但清朝的法律要求地方官吏负有劝农的义务，同时对不事耕作而使土地荒芜的农民规定有刑罚。这里表达的逻辑十分意味深长：对于国家来讲，耕作者是谁都没有关系，但如果其人不事耕作的话则成为问题。

“土地的所有”，指的是自己现在享有的“管业”地位能够通过前一管业者交付的契据以及正当地取得该地位的前后经过（当时总称为“来历”。具体表现为前一管业者写下并交付的“绝卖契”）来向社会表明的状态。实际上，围绕土地的交易行为整体上都是以土地的经营收益及其正当性这一理解为基础而展开的。作为其反映，例如“典”和“买”的关系，与其以用益权的设定和所有权的转移这一近代法的框架来加以对比，毋宁说当时通常都是用“活卖”向“绝卖、死卖”逐渐移行的框架来理解的。“典”是今后仍可能通过返换原价款而取回管业正当性（与对方的关系仍然是“活”的“买卖”），而“卖”则意味着一旦把管业的正当性赋以对方就不能够再以返换价款的方式重新取回（与对方的关系完全断“绝”了的“买卖”）[21]。尽管从这种土地的买卖、所有秩序中仍可能在某个程度上抽象出某种权原（title）性的因素，但归根结底这也不过是由“来历”作为基础的“管业”秩序达到一定稳定性时的结果。确实，持有契据并日常从事着管业的主体总是处于这种“活”或“绝”来历之链末尾的人。但既然周围的人们明了活与绝的区别，即使将土地出典，只要持有最后的绝卖契就是该土地的田主（“绝业主”）这种程度的了解，总可能在社会中获得充分的稳定性。

总之，那里所成立的土地所有秩序，就其整体上来说，就是围绕特定农地的经营收益行为前一管业者与后一管业者之间通过

[21]　在有的地区，把绝卖和典合起来总称为“卖”，甚至只要不是特意写为“绝卖”而仅为“卖”字，指的就是典（“活卖”）。在这种情况下，“卖”这一词的含意就成了本稿所说的“管业赋以的全部来历”。关于“管业”与“来历”及其结构的详细分析，参见寺田浩明，“田面田底惯行的法的性质——以概念的分析为中心”（东京大学《东洋文化研究所纪要》第93册，1983年）第一节二项“田主与土地买卖”。

支付代价而发生的“活、绝”两种正当性的赋予与继受关系以及社会上对此结果大体上的尊重和由此而来“管业来历”在社会结构中获得的较固定位置[22]。如果要问为什么没有进一步发展到形成如今天的不动产登记机关那样的一般性管理机构，则能够引出的回答恐怕只能是这样也就足够了。实际上，管业者们各自主张自己现在经营收益的正当性；这种主张基本上以提示“来历”（继受管业正当性的前后经过及其证明）的方式来展开；且为了方便提示“来历”，在土地交易时前一管业者总会写下契据交付给后一管业者。正因为这种相当简单而又一般存在的机制，才使旧中国那样大规模的土地交易秩序可能在低成本上得以维持。

于是，所有的对象与其说是“物”，不如说是一种“经营权”，因为成为移转和持有对象的始终是眼下的经营收益行为。同时，土地所有权本身并没有成为一种国家的制度。因为所有者的地位并不由国家在他相对于社会以及国家权力的位置与作用这一制度层次上进行设定和承认，而只是体现在所有者从前一管业者手里取得的、眼下正在从事或转让负有税粮义务的经营收益以及周围人们对这种状态的一般了解和尊重。上述两个特点带来的结果是，在土地所有权与社会中人们为了谋生而自然形成的种种经营性权利之间，缺乏一种制度性的根本区别。

例如，如果去检索清代北京的契约文书，就可以看到其中有

---

[22] 如果这样来把握旧中国民间土地秩序的结构，关于这种土地秩序在历史上是怎样发生的这一问题，就不能够再以“最初的土地所有权”在什么时候开始出现这样的方式提出，而应当考虑管业与来历的循环式的结构如何通过一个长期的过程在社会中逐渐形成，并弄清这一过程的机制。实际上，民间的土地秩序在中国历史上确实是一种于“不知不觉中”成立的秩序。

把所谓“水钩担”作为买卖对象的契约[23]。在缺水的北京，用手推车载着井水或其他饮用水沿街叫卖是一种重要的谋生手段。“水钩担”指的是一定区域中能够在从某胡同到某胡同的范围内卖水的地位，这种作为谋生手段的地位不仅同样能够买卖继受，其“来历”及契据等与土地契约文书在内容上也十分类似。

物权性质的耕作权、永佃权等，同样通过“管业与来历”的结构在佃户之间转让继受。令人感兴趣的是，一旦佃户之间形成这种管业来历的连锁，人们就把它与原来的土地买卖关系（田主之间形成的另一个管业来历的连锁）相并列，或者称为“一田两主”，或者表达为“田面、田底”“皮业、骨业”“小业、大业”，将其理解为田主与佃户各自分别进行买卖和所有的两种对象。确实，如果从一个个小家各自谋生而产生的行为类型这一分析角度出发，则尽管一方是收取地租，另一方是在负有交租义务的土地上经营，双方各自的“营业内容”不同，却也可以说在同一土地上展开了两种经营，或者说两种谋生手段都依托同一土地。而且这两种“业”在取得了“绝的来历”这点上完全是一样的。一旦形成这样的状态，当时的人们就不再追问对象的内容，而努力把这些“业”都理解为所有和买卖[24]。反过来看，那里所谓的“所有”，正是到了这样的程度，以至完全不被视为空间或物的支配，而被理解为从事或确保“生业”的地位。

---

[23] 参见寺田浩明，“北京文书”（前揭、滨下等编著：《东洋文化研究所所藏中国土地文书目录·解说（下）》）。

[24] 在“业主”“管业”“为业”“皮业、骨业”“小业、大业”等说法中出现的“业”字，恐怕应理解为指示这种抽象的“所有”之对象物的一般名词。

(二)权利与事实之间

有关所有权的领域，就是以这样围绕种种经营行为的“来历”为基础，并因周围人们的承认而呈现出来的一种相对安定状态。管业来历的机制只要在社会一般的认可之下，持有“绝”的“来历”总可能获得一定的安全感。不过，就每一个家庭所从事的“生业”而言，并非都能采取“管业来历”的形态而相对安全地继受和保持（换言之，人们并不总是“所有”财产）。当然存在许多没有财产的家庭，在更不安定的基础上从事某种生业。明清时期无产的家最普遍的生业就是以耕作他人管业的土地来谋生。这种情况意味着一块土地上重叠出现了两个家的不同生业，即租佃关系。

所谓租佃契约，基本上是一种田主答应把自己无力或没有耕种的土地交给请求承佃的佃户耕作而产生的债权式关系。通常不付期限（一旦缔结契约，下一年度在同样的条件下自动延续）。但如果有佃户欠租或田主需要自耕以及将土地出卖出典等事由，中止原来的契约（“夺佃”或“退佃”）就被认为是理所当然的事情[25]。

但是，现实中究竟采取什么经营形态，完全依田主佃户双方的社会经济状况而定。既存在佃户自立程度很低、好像是作为附加的劳动力被吸收到田主一家的家族式经营中去那样的情况，也有田主出土地和肥料、佃户出劳力和农具，在田主指示下进行共

[25] 关于租佃契约，参见寺田浩明，“中国近世的自然领有”（“丛书·向世界史发问”第一卷《历史中的自然》岩波书店，1989 年）“二、租佃观”。（已翻译成中文，参见冯潇译，“中国近世土地所有制研究”，法律史研究第二辑《中外法律史新探》科学出版社 1994 年版，425—440 页——译者注）

同经营（当时的人们作如此理解）这样的形态。不过到了清代后期，田主往往搬往远离农村的城市居住，土地经营的大多数情况实际上也渐渐地向佃户缴纳定额地租并承担包括荒年风险在内的完全承包形态演化。这种形态意味着除了缴纳地租之外，佃户土地经营的日常状态实际上已经与自耕农相差不大。换言之，与田主直接或参加经营时不同，负有缴纳定额地租义务的土地经营本身已开始在社会中形成一种定型化的“管业”形态。于是，佃户们也开始向社会主张这种经营形态具有独立的正当性基础[26]。

佃户经营的这种“管业化”倾向，在一定程度上起源于田主采取的措施。由于田主们大都不在乡间而开始失去对农村社会有形无形的控制能力，所以，在缔结租佃契约时为了防止欠租，田主往往要求佃户缴纳大致相当于一年间应交之租数额的抵押金（“押租”）。尽管存在每年按押租利息的累积相对减少地租负担这样经济上较合理的做法，但一部分地区的倾向却是押租的金额逐渐提高。既然采取了这种防止欠租的手段，佃户要求退佃时田主当然不得不将扣除了欠租的抵押金予以返还。但是反过来，即使有欠租，通常不到原来抵押的租金被扣除完毕田主就很难要求退佃，佃户因而可以向社会主张一种只要未返还押租就一直在土地上耕作下去的地位。结果，就好像是田主通过获得押租而给以了佃户“负有缴纳地租义务的土地经营”一种“管业”性质的

[26] 有关以下的叙述，尤其是佃户间自相授受的“工本费”，参见上揭寺田，“田面田底惯行的法的性质”第三节3项“在佃户之间的展开”，以及寺田，“关于《崇明县志》中见到的‘承价’‘过投’‘顶首’——田面田底惯行形成过程的一个研究”（东京大学《东洋文化研究所纪要》第98册，1985年）第三节1项“过投授受的法的性质”。

“活”的“来历”[27]。

另一方面，佃户们自己的行动也促进了上述“管业化”倾向。如果在定额地租条件下全面地承包土地经营，承佃后在经营中发生的附加利益首先归属于佃户。这种后来发生的利益有时表现为土地肥力等生产效率的上升，有时是仅因为周围邻近土地的地租涨高而该地原定租额不变所产生的相对利益。享受到这种附加利益的佃户在退佃时当然不愿意无条件放弃，于是以各种名义要求获得补偿。最典型的例子就是因欠租而被田主要求退佃的佃户，主张自己为了“肥培”（提高土地肥力）而投下了“工本”，因此除了扣除后的押租外田主还应返还工本，否则就决不退佃。

可是，虽说要求的是返还工本，但这与押租不同，田主最初并未从佃户手里获得收入。而且佃户作为理由所主张的“肥培”，本来就可能包括在无论谁耕种土地都通常会从事的施肥翻耕等农事之中，说土地的肥力或地力上升，当时条件下也是极难论证的事情（左右收成的不仅有农地本身的质量，还与每年的气候紧密相关）。即使与从前相比地力或产量确实有某种程度的提高，但一般也不存在这种情况下田主应当怎样办的约定。究竟是否应该补偿、如果补偿的话究竟又应该支付多大的金额？（以佃户投入的实际费用还是以一切可能获得的利益为标准）这一切都不一定存在正确解答。于是，事态一方面显得好像是对土地进行了追加投资的佃户要求获得正当的补偿，另外，同时也好像佃户是在无

[27] 而且在此之后，出现了当事者双方一开始就把租佃关系理解为“管业”来历的赋与、并在此共同认识下进行缔约安排的契约类型（一般常用“顶与”一词来表达）。但同时，同样的事态也有可能被视为缴纳地租的典，一些情况下确实被理解成典的一种类型（“明租暗典”或“半租半当”）。参见上揭寺田，“田面田底惯行的法的性质”第二节1项“‘顶与’的类型”。

理地捏造借口以谋取不当利益。

当然，这之后事态的展开，往往在一个个具体情境中因事实关系和田主佃户双方相互采取的行动不同而多种多样。既有田主以无据无理为由而完全无视佃户要求的情况，也可以见到田主支付一定数量的金钱让佃户退佃的例子。而且，仔细分析存在于田主承认佃户要求之例后面的种种因素，就会意识到问题意外地困难和复杂。

首先，很难否定使佃户的要求得以贯彻的原因之一在于他们事实上能够采取的骚扰破坏行为。田主尤其害怕的是即使将佃户赶出土地，此后他仍可能趁夜晚来毁苗、决渠，实行种种破坏农事的活动。自然，仔细阅读史料就会明白，这类行为的实施者本身并非意图以此直接获得什么利益[28]。不过类似于单纯的出气、泄愤。但正因为只是这种程度的行动，反而有了谁都可以随便简单地实行这样的性质。与骚扰、破坏相当容易相比，要完全地防止这类行为则非常困难且需要很高成本，可见这种事态发生的基础就在于农事自身的脆弱性。如果仅仅把它用来作为要挟（“不付工本的话今后的事情恐怕更麻烦!”），这类行为本身确实没有必要实现任何直接利益，甚至有时也不必真正着手实行。

---

[28] 在这点上，这些行使实力或诉诸暴力的行为一开始就持有比“自力救济”更广的含意。滋贺秀三氏通过对台湾地区淡水新竹衙门档案的研究，深刻地指出了当时在债权的确保等局面下诉诸暴力行为的事例中，“很难看到类似于西洋法传统上为了正义而严正地自力执行那样的意识”，“不如说包含着更多‘巧取豪夺’式的因素”。但他的结论大致是：虽有暴力行为，却没有必要说那里就不存在权利的秩序，“实现权利的自力执行行为有时候也能够具有相当的暴力性”。参见滋贺，“关于清代州县衙门诉讼的若干所见”（《法制史研究》37 号，1988 年）“一纠纷和暴力”。至于笔者本身早期对暴力与权利关系的言及，参见寺田浩明“书评：草野靖《中国近世的寄生地主制——田面惯行》”（千叶大学《法学论集》4 卷 2 号，1990 年）。

再者，随着事态的发展，弱者一方作为最后的对抗手段，能够采取“图赖”的行为（牺牲家族中的一人——多为妇女老媪，以自杀来迫使对方承担责任）[29]。明清的律例有规定，“凡因事（户婚田土钱债之类）威逼人致死者（审犯人必有可畏之威），杖一百。……并追埋葬银一十两，给付死者之家”（刑律人命“威逼人致死”）。引起他人自杀者如果被证实有“威逼”之情，将被科以刑罚；即使是最后查明并无威逼等情的场合，也不免在调查审讯阶段遭受胥吏衙役的勒索诛求。到了这种境地，无论对于哪方当事者来说，当时人们生存之艰难与脆弱已暴露无遗。

就这样，即使是弱者一方也常常保有某种攻击或反击的手段，因弱者的选择可能在某一阶段突然爆发。而且这类行为，即使仅仅是暗示其可能性，实际上往往也有极大的效果[30]。反过来看，既然许多人都生活在一种接近最低生存线的极限状态之中，对于当时社会的人们来说，确实存在在采取行动时把这种可能性时刻置于心头的必要。无论理由是什么，把他人逼得无路可走总是极

[29] 关于“图赖”，参见三木聪，“抗租与图赖——《点石斋画报》中‘刁佃’的空间”（《海南史学》32号，1994年），同“轻生图赖考——尤其关于与‘威逼’的关联”（《史朋》27号，1995年），同“死尸的要挟——中国近世的图赖”（盗贼研究会编《偷盗的文化史》青弓社，1995年）。另外，关于从刑法学角度对“威逼人致死”条的考察，参见中村茂夫：《清代刑法研究》（东京大学出版会，1973年）第四章“引起自杀的罪责”。顺便说，这一条文在中国“律”的历史上最初出现于明律。关于其背景，是否可以看出本稿末尾描述的明清民间社会“挤来挤去”的历史状况，将来想另外予以考察。

[30] 例如作为这类情况的一个综合性事例，可举《湖南省例成案》工律河防，卷一“失时不修堤防”第二项“堤顶冲之处”中段所引岳州府同知陈九昌的议论。在论及催讨欠租上诉讼并不管用之后，他指出“亦有田主不甘，将田另召别人耕种，而旧佃虎踞鸠占，刁恶多端，或将老病之父母放死图赖，或将撒泼之妇女辱骂上门，或称价顶之世业横索陋规，或称肘腋之良田谁敢接种。于是新佃畏不敢撄，情愿裹足而退，而此田竟为佃户之世业，永无还租之日矣”。（上揭寺田，“田面田底惯行的法的性质”99页所引）。

其危险的。即使是单纯地计算得失，无视邻人的生存权主张而试图彻底贯彻自己权利的做法经常会得不偿失。

另外，这也被作为做人的伦理道德问题来看待。如上所述，“图赖”行为之所以发生效果其原因之一就在于法律上存在着“威逼人致死”条文。如果没有此条文，“图赖”大概也不致那样常见。可是如果反过来考虑为什么需要立下该条文等伦理道德方面的背景，则归根结底会到达一种存在于社会根底的感觉。即无论因为什么样的理由也不应把他人逼到走投无路的境地，在“户婚田土钱债之类”事情上决不存在即使到了这样的事态也要实现的正义。然而，现实情况往往是一方当事者既然不肯退让，另一方只好“威逼”。禁止威逼实际意味着在某种程度上对弱者的保护。正是通过这样的方法，弱者一家保卫自己“生业”的行为即使只是依据一种赤裸裸的生存权主张，也能在某一相应的程度上获得社会的承认。

还有，更麻烦的事态是，这种生存权性质的利益主张与建立在管业来历之上的权利主张在形式上并不能截然区别开来。实际上，两者之间有时呈现的是一种相互推移、相互渗透的连续性关系。

例如围绕退佃时要求补偿工本费而发生的严重纠纷中，不少情况是在田主与佃户进行争执以前，前佃和后佃之间事实上早已经开始了金钱的授受。被夺佃的佃户往往不向田主而向与田主缔结新的契约并前来接受土地的后一佃户要求支付补偿。尤其是租佃关系当初就建立在高额押租之上的场合，前一佃户的租佃条件一般照原样适用于后一佃户。这种场合下，随农地在佃户之间的交接，押租也往往不采取先由田主交还前佃，再由后佃重新向田主缴纳的程序，不少情况是直接由后佃返还给前佃。同时，在这样的交接之际，前佃经常除押租之外再以工本费或“谢仪”等名目要求附加支付一定的金额。在实际上交代接替耕作农地的佃户之间，这类补偿费用的要求与向田主提出的场合相比，似乎更容易得到实现。首先因为作为前佃要求补偿之基础的土地本身如果确有魅力的话，对于后佃来说也是同样的。有时前佃还可能暗示骚扰破坏来要挟补偿费用的支付。后一佃户当然可以说得到田主许可租种是自己，但如果遭受骚扰破坏的话，受害者同样也是自己。于是，为了避免麻烦，许多后佃自然会想稍微出些钱算了，实际上往往也就这样办了。这就是所谓押租的“时价化”，而且不少情况下作为代价，前佃会写下以退佃后决不搞骚扰破坏为内容的“退契”并交付给后佃。这样，一旦向前佃支付过这类费用，现在的佃户在下次退佃时当然要向下一个佃户要求补偿。而且与最初要求补偿的佃户根据的是土地肥力提高等不确实的理由不同，自己确实是在向以前的佃户支付了这项费用的前提下才得以租种的，还存在前佃立下的退契这样明白的证据。在并不居住当地的田主默认下或完全不知情的情况下，这种金钱的授受往往又形成另一个连锁。当然，这里所包含的问题到了如田主想自己耕种而向佃户夺佃的场合，就会一举浮现或暴露出来。被迫使退佃的佃户自然会向田主提出源于上述连锁的费用应该得到补偿，但作为田主肯定会主张，除了当初的押租之外，完全不存在自己必须支付这类费用的理由。

从田主这方看来，这不过是起初的工本费等无理要求发展到更恶劣更难控制的状态而已。但是，到了这个阶段，在佃户主张的后面，已存在长时间积累起来的一系列既成事实的沉重的连锁。对于处在这种既成事实的连锁末尾、并不得不直接与田主相争的佃户来说，自己向前佃支付了费用，而且这种费用支付与移交土地的关系在当地早已成为惯行，这一切都明明白白地说明自己是按照“正常”的做法交了钱才平安地取得耕作土地资格的。在佃户的主观上，自己就是从前佃那里正当地继受了负有缴纳地租义务的土地经营这样一种“管业”权利的主体，而且持有退契作为凭证。于是，与这样的主张相伴随而形成的，就是前述的“田底田面”惯行。正因为这种惯行在当时人们的观念世界中已取得了相应位置，所以有时佃户的主张可能会采取“自己购买了田面，决无理由承认退佃”这样的形式。

使事态更加复杂的情形，还在于事先抵押了高额租金的土地，往往佃户不变而土地所有者本身却已经换人。这种场合买卖之际买主所支付的土地价格，通常以发生夺佃或退佃时由买主承担返换佃户押租的负担为条件，相应地低于包含押租金额在内的一般价格。结果，田主所继受的土地所有权本身，不仅就其实质内容来看，一开始就不过是从现正耕种该地的佃户那里取得定额地租的一种经营性地位，而且买卖的价款也只是与这样的地位相对应而已（也许比“正常的”土地价格低得多）。所以，说不定完全像佃户所主张的那样，田主购买的不过是田底。佃户提出的决不是无理要求，而是抵抗田主的压迫、勇敢主张“来历”、确保自己的“管业”权利。所以，这种主张可能也算是一种应在“管业来历”结构中占有一席中心之地的行为。但是，在那个具体的时间点上，两种“管业来历”连锁的源头都已年代久远而难以溯及。而现实的事态就是双方都不得不以这样模糊的根据，背负着模糊的连锁背景来进行争议。

即使着眼于向国家缴纳税粮这方面而强调田主拥有的业主权，却也很难断定现在正在耕作的佃户仅仅是为前佃所欺骗而没有对抗田主的足够根据。可是另一方面，如果承认佃户的耕作具有来历的正当性，产生的状态就是一块土地上同时存在两种管业来历，即田面田底的分离。“业主权”不知不觉地变成了“田底权”，佃户的耕作行为本身于是从正面进入了管业来历的观念世界。

（三）竞合性的处理——秩序的实际状态

围绕种种生业而形成了来历管业的结构。即使仅把佃户的耕作作为管业或生业的一种形态而言，也可能有着其基础在于从无理占据到基于来历的管业等多种多样的形成方式。在那里，围绕生业的基础，在对象、方法和强烈程度上各个不同的多种主张，在同一社会中被提出来并相互竞合。那么，这些关于管业正当性基础的主张究竟处于什么样的竞合关系中呢？以下想再度分类来进行一个简单的整理。

第一，如上所述，完全根据来历而得以管业的田主，与完全只是依据租佃契约而进行耕种的佃户之间，因具体情况也会围绕同一产业的正当性基础发生冲突。既然现实中始终存在妨碍农事的可能，而且社会上一般意识非难逼人过份的行为，所以即使看上去无理的事实性主张有时候也不可完全无视。如果将此理解为当时条件下为了能够安心从事农业而应该支付的代价（至少，这比彻底依靠自己的力量来保证农事安全所支出的代价更为便宜），则与其进行争执不如花钱算了。这显然是更为合理的行动。不过，人人都这样行动的话，尽管管业来历这一结构本身并不受到怀疑或否定，但权利的实质性内容已开始点点滴滴地流失掉了。

第二，存在佃户的土地耕作获得“来历”的基础并从正面进入所有权领域的情况。反过来说，通过这种事态的发展，土地所有权公然地被重新解释为不过是收租这样的经营权。

当然，从逻辑上讲，上述那些处于金钱授受连锁末端的佃户所展开的主张是否正当，可以参照在他接替耕种之时当地已经存在的有关管业来历的习惯性制度框架。但是，旧中国的社会却从未产生过宣告或确认这种框架是否存在的制度或机制。有的只是周围社会的人们对佃户耕作该地是否有正当性的一种默示性判断或承认。例如，只要不是想将土地出售或自耕，向没有欠租的佃户夺佃并不合适；只要没有返还押租佃户继续耕作就是妥当的（田主不还押租却要夺佃与没有权利的人用暴力妨碍佃户耕作一样，都没有道理）等，都属这样的判断。结果，只要佃户在土地上投下的肥培工本未得到返还，佃户当然可以继续耕种这一主张终于出现，并且在社会上得到了一定程度的承认。那里展开的事态意味着佃户最终形成了完全不以田主承认为基础的另一种管业来历的正当性赋与方法（从前佃那里承继的来历），并能够据此向世间主张自己的正当性。在具体场面的争执中，“权利的归属”、即买卖的来历这一问题，总会与“权利的一般结构”、即只要提示来历，管业的正当性就能得到社会承认这一问题一起提出，并在相互间发生竞合冲突。而且一个个具体个别的争执累积起来，就会左右该地域社会内整个规范框架的流动及其趋归[31]。

---

[31]　关于对这种结构及其展开的详细描述，参见寺田浩明，“清代土地法秩序中‘惯行’的结构”（《东洋史研究》48 卷 2 号，1989 年）。（此文已译成中文，参见王莉莉译“关于清代土地法秩序‘惯例’的结构”，载刘俊文主编；《日本中青年学者论中国史·宋元明清卷》，上海古籍出版社 1995 年版——译者注）

就算以一田一主式的土地所有或土地经营为典型，其管业来历的结构也是同样的。即如果追溯其正当性基础的话，归根结底也只是在于买卖交接关系的框架为周围的人们所承认这一历史的事实，不过这种承认显得更稳定而已。换言之，即便是作为当时家庭财产之代表的土地、作为权利之王的土地所有权，在旧中国社会中与其他家产或生计相比，也不具有根本性质的区别这一意义上的正当性。同时，并不存在任何将土地所有权与其他权利明确区分开来的制度性安排。

如果像西欧的前近代社会那样，把土地所有权按对物或空间的排他性支配这一框架作出安排，或如近代这样从国家制度上给以强有力的保障（如设置全国统一的登记机关和设定登记义务等），那么即使承认佃户具有可处分的物权性耕作权且该权利实质上与所有权相同，也能够采取给以土地所有权特殊地位的政策。至少国家可以掌握全国土地的分割状况以及土地各自的主人都是谁。但是在旧中国，尽管说是土地所有，着眼点却只在于把税粮负担作为不言而喻的义务之后的土地经营。极而言之，持有土地只意味着以某种方式获得收益后扣除税粮而剩下的差额，或者说是靠这种差额谋生的一种称呼而已。而且其持有形式不过是用前一经营者私人立下的契约文书证明自己正当地继受了该土地的经营而已。所谓地域性的秩序，在当时人们的观念中无非就是皇帝支配下各自依靠一定生业谋生的无数小家或万民的共存状态。没有单把田主的生业特别提出来给以特殊待遇的道理。实际上事态发展总的趋向是，只要认定佃户的耕作同样具有管业来历的结构，人们就不再认为这种权利与所有权之间有任何质的不同，而只是单纯地把它们视为两种并列的所有。

第三也是最后，即使在形态上最为安定的管业来历结构内部，也存在管业者相互之间的冲突或竞合，且竞合本身往往一开始就包含有强烈的事实性因素。例如，关于相邻的土地所有者之间如何确定和保护其各自的疆界，回答是只能依靠当事者日常的努力。虽说各自的权利都有明确的来历，单契据上写下的通常只不过是邻接土地为谁所有的所谓“四至”，与邻接土地的境界究竟在哪里很难仅根据契据来确定。契据大体上证明的只是来历的正当性，实际上的范围以及与周围的相邻关系等一开始就都留给日后田主自身通过日常的努力去确定和保证。管业来历的结构本来就建立在这样的大前提之上。反过来看，也可以说在生业的内容本来就有限这一前提下，仅仅着眼于其根据的合理化这一部分而成立的，就是管业来历的结构。当然，根据土地的具体情形能够采取某些确定疆界的办法，例如若是农地可能设有田埂或埋下界石，若是山林可能会给境界上的树木刻下印记，等等。但是，既然同时也与此相应地存在类似于“换段移丘”（从地形较低的地方渐渐挖进来使土地境界移动的手段）那样的方法，结果保卫自己的疆界仍不得不依靠日常的监视。而且如上所述，当初的境界线很可能已经只不过是既成事实性质的产物，一旦进入争执状态，要提示明确的正当性根据往往十分困难。于是，在那里出现的争议场面，常常就成了两个家庭之间为了确保各自的生业而图穷以匕首见式的赤裸裸的力量对比。

如本节 1 项所述，在旧中国，围绕以土地经营为代表的种种生业，确实相对稳定地存在并展开着买卖和所有的社会空间，且这种空间构成了以小家为单位的“私人所有权”秩序的基础。但是这种空间同时也不断地遭受着来自内部和外部的竞合蚕食，而且蚕食的一方一旦在同型的结构下成长起来，就会遭遇自身反而受到蚕食的悖论。当然，如果是围绕同一土地的管业而发生的正当性之争，可以通过核对契据的有无真假来进行判断；另一方面，要求补偿工本费而不肯退佃的佃户既不是就所有权提出争议，也不会要求等同于土地价格的工本费。对于所争执的对象和作为根据的道理等，当事者自己很明白其强弱程度。在这些根据之中，持有“绝”的来历的田主地位相对而言占据着最强的位置。但同时，即使只是单纯的生存权主张，其位置也未必完全等于零。如果看到人们都以某种根据为基础来谋求维持和保证自己的生业，而其区别只在于根据的强弱不同，则可以说那里存在的只是“程度的问题”而已。

总之，如果寻找整理社会整体共通的问题所需要的共同基础的话，只能从所有的家族各自都持有一定根据来确保自己的生业或生存这一事实出发。建立在来历之上的管业不过是这些生业的正当性根据中最为有利、最为稳定的一种而已。来历管业与其他生业之间并没有质的断绝，而只是位置于同一条连续轴线上的一极。实际上，既然按照同样的观念生活在同一个社会空间里，谁都不会说某一家族没有经营任何生业的资格。而且考虑到高度的社会流动性的话，今天自己对手的处境很可能就是明天自己子孙的处境。即便自己持有的论据如何地强有力，许多场合下对方也多多少少总有一点道理。自己虽然有权利或完全正当的地位，但考虑到遭受妨碍的种种可能，权利在现实中未必能够落实；而根据对方的行动和社会上人们看法的变化，在伦理上，正当的地位并不一定绝对，甚至也有成为问题的时候。认识到自己生业的脆弱性，同时又有一定余力的话，在每日的生活中为了避免暴力冲突而支付某种程度的代价，对于生活在那个空间的人们来说属于一种常识性的选择[32]。对于对方得让且让，自己有理也不要过分——于是，自然而然出现的就是这种厌恶“硬要”、尊重“让性”的社会伦理。

在互让的伦理下展开的事态多种多样。例如田主或新佃户因惧怕农事遭破坏而向旧佃户支付一定的金钱，或者邻地的田主想回避冲突而对少许的换段移丘等侵占行为装作视而不见，等等。但围绕这些状态，究竟是权利的实现，还是弱者得寸进尺和强者好意让步，或者甚而是强者的横暴和弱者的忍辱吞声？要想这样区别开来不仅非常困难，而且恐怕也没有多少现实意义。一般情况总是围绕同一个事态双方各自抱有自己的看法，且那里总存在一定的“灰色领域”。

这种充满了互让或者是忍气吞声的社会空间，正是对应于缺乏制度性的装置来明确认定究竟从哪里到哪里才是正当地归属于自己的利益这一状况而发生的现象。不过，也同样正因为这一状况，那里存在的同时又是一种“反·互让”的空间。只是处于好意的一时让步（或者对方很强而不得不暂时忍让）与本来利益就属于对方，这两者之间的境界并不总是清楚的。如工本费这样只要支付就能解除关系的情况还算好，如果是持续性的关系，忍让或默认到了一定程度以后，不仅对于对手来说，就连社会上一般人也可能不再认为是让步，而看作了对方应得的利益。再如佃户

[32] 在近代所有权的观念世界中，自力救济的这种局面也许会被理解为“为实现权利的斗争决不只是为了确保自己的利益，而是每一个人为了创造和保卫法的秩序都应当履行的义务”。这种观念可能会鼓励人们去明确自己权利的所在、去争取权利的稳定性。但是在旧中国，“权利的主张”并没有这样绝对的信念作为理念上根据。不如说在社会的公共性上被赋予更高价值的是好意的互让。

之间自行授受金钱的情况，表面上只是当事者们自己在让步，而累积起来最后的负担总会向田主转嫁。总让步决不是办法，这也是那个世界里的常识。于是，归属于自己的正当利益之不稳定性和事实状态上的模糊性，反而在另一个方面促成了人们不愿让步、不能让步的倾向。实际上，一旦发生争执，为了保卫自己的利益，人们往往可能作出过份的反应。日常的生活世界于是充满了“反・互让”的主张和过剩的自我防卫。

在这样的意义上，相互无争的日常生活秩序也意味着一方面持有某种正当性（而且当然得到了社会的一定承认），另一方面又不得不时时暗示诉诸暴力的可能来确保各自生业的互相竞合或对抗的状态。就像一种相互之间不做声地挤来挤去、推来推去的状态，一种暗暗地较劲的状态。即使大体上大家都共有一种社会性了解作为基础，现实中则总是在使用暴力的可能和让步的余地之间你挤过来，我推过去。而现状往往就是这种相互间力量对比关系和主观认识的一种“半事实性”的均衡状态。于是，看上去像是保卫正当权利的情形以及似乎不过是巧取豪夺、得寸进尺的情形，都发生于上述那种挤来挤去的状态之中，且只能在那样的状态里才得以展开。反过来看，本节一开始指出的那种私人的土地所有权秩序，正是作为这种状态中的大体框架或较为安定的重心而出现的。不过，一到个别的具体的场合，秩序本身却可能显得非常地流动和不分明。对于眼前的现状，人们往往很难确定什么才是正当的。

当然，忍耐本来也是有限的。如果有一方觉得对方的推挤已经越过了可以忍让及应该忍让的限度，不做声地暗暗较劲就会一变而成为公开的冲突。不用说随后可能会有直接导致杀人伤害并惊动官府拿捕的局面，但通常发生的却都是伴随着或明或暗暴力的“争吵”。如果近邻的人们没有介入进来调停或者即使介入也未能收拾事态的话，这种争吵的归结之一或展开过程之一环就是“打官司”——不堪忍耐的一方向衙门提起诉讼[33]。

接下来的问题是：告状针对的是什么，又以什么样的方式提起？审判针对的又是什么呢？在这种公共的场面，告状者以什么理由来争取社会的支持以实现自己的利益？审判者又通过什么样的机制来使自己的判断成为当事者行为基准的呢？总起来说问题就在于，在那个社会里共存的秩序以什么方法形成，而形成过程中人们所依照的又是什么样的理解框架呢？

二、告状与审案的制度结构

（一）冤抑与伸冤

清代的诉讼与审判不具有近代法秩序下“民事诉讼”的一般特征。这一点已经由滋贺秀三氏全面而周到地加以了论证[34]。

---

[33] 不用说，并非所有的纠纷都被提交官府处理。注［4］引用的数据表明村庄上发生的纠纷（在其他人有所知觉的意义上是明显的纠纷），只有六分之一左右发展到“打官司”的局面，剩下的都由民间调解所解决。从史料看来，调解下的和解似乎多采取第三者帮助立下“合同约”的方式。自然，“衙门审判”与“民间调解”的性质之异同、两者之间现实的或程序上的关系等等，都是问题。而且与后面将提及的“诉讼中纠纷消失”现象的理解相关联，这些问题必须放到对官府审判的研究中来考察。不过，仅就现在已有的研究成果而言，清代的打官司制度上并不要求民间调解的前置；而且民间调解基本上被理解为同样由有德的主体对当事者进行开导教育；再者不满民间调解的当事者一般最后总会采取打官司的方法——在这些方面学术界已有共同的认识。这些认识都牵涉到如何理解官府审判的性质。以下将把考察集中在官府的审判上。

[34] 参见滋贺上揭《清代中国的法与审判》，尤其是第三论文“判决确定力观念的不存在”。关于诉状的性质，参见滋贺，“淡新档案的初步知识——诉讼案件中出现的文书类型”（《东洋法史的探究——岛田正郎博士颂寿纪念——》汲古书院，1987年）262页。

清代的诉状内容往往在“叙述对方如何地无理、自己如何不当地被欺侮的冤抑之情——（中略）上花费大部分篇幅”，最后请求官府立刻采取“着即究问”等“程序上的措施”。换言之，清代的状子与近代民事诉讼中的起诉文书不同，并不是根据法律主张自己的权利和请求得到保护的书面。从审判者这一方来看，也不存在明确依据法律作出判断的制度性要求，而且那里完全没有“判决确定”的观念。清代的民事诉讼不是两方当事者各持明确的法或权利主张出现在法庭上，而法官对两者的主张依照法给以判定那种西洋式的审判。

对滋贺氏的研究所揭示的事实和据此而展开的见解，几乎不存在表示异议的余地。确实，如果把“法”理解为当事者和法官所共有，即赋与当事者主张也赋与法官的判定以正当性基础的客观性规范，则清代的告状和审案并不以这种意义上的法为基础而展开。告状者只要能够说明自己如何有理对方如何不是，连日常生活态度或个人习惯等都可以全盘端出。援用的根据以及涉及的事实在范围上的无限制性正是这种告状的特征。另外，审判者本身也没有必须把某种实定的客观规范（位于一般和个别两极的中间、具有更多操作性且有限定的规则）通过具体的逻辑推论来构成自己判决基础的意识。那里的法官作为拥有儒家教养的知识分子，不仅考虑眼前具体的事态，也会顾及人生一般的生存状态这种具有普遍性的侧面。但是，这两方面都很难说就是“准据”本身——它们或者过于具体或者过于抽象。

不过，这些情况如果不是与具有强烈的形式性特征的西欧式审判相比较，而单纯作为人类社会中集体的相互行为类型之一，则既可能也有必要赋与其另一种位置。清代的打官司尽管确实不意味着特定化的“权利主张”，但显然也是人民的两造向地方上的一位权威（地方官）指明特定的对手，并相互指责对方不法不当的一种行为。而且尽管确实不是对两个不同主张的“判定”，但清代的听讼问案显然也意味着针对人民相互的争执，地方官给与某种表明妥当与否的判断。总之不用说，在那里显然也是围绕着某种当为（尽管不是西洋式审判中可见的那种围绕客观性规则而展开的逻辑推论）而展开了一定的意义交换的相互作用（communication）。如果这样理解的话，把告状和审案连接在一起的规范基础又是什么呢？换言之，告状者想诉诸的对象、法官甚至还有对方也共同抱有的规范意识、或者使双方当事者和法官能够各自赋以自己行动某种意义的“准据框架”——这一切究竟是什么呢？到目前为止，尚无人正面地提出这样一个单纯的问题[35]。

当然，正如滋贺氏的研究所指出的那样，如果想找出一套既能成为一个个当事者主张的根据、又是使判决得以正当化的共通基础那样有具体内容的“论据”或“判断基准”，那么一开始找的就不是地方[36]。这里所说的“当为”并不以那样的形式而存在。但是反过来，如果没有任何共通的基础，意义的交换与沟通也就失去了可能。应当寻找的也许是一种与文法或讲述方式极为

[35] 在滋贺氏的研究中，关于法官对诉的反应这一问题的考察，基本上仅集中在审判者的判断基准方面，即考察的只是民事法源的问题。而且由于分析集中在“情、理、法”这一用语的内容上，滋贺氏指出了当事者提出的是对方之不是与自己的冤抑等情之后，不知为何却并没有从判决性质方面适当地提示与此对应的内容。

[36] 如果真存在这样的“论据”或“基准”，那就是“法”。滋贺氏的“判定论”所否定的，正是既然是审判就应该预先存在或公认某种限定性的推论基础这一观念，以及基于这种观念主张可以依据当事者的请求和判决从逻辑上重新构成某种实体性规范体系的见解或方法。

接近的东西，一种审案时隐藏在当事者与法官的种种表达或对话之后、却能够使这些话语整体获得意义和内在联系的规范性结构。实际上，当我们不是着眼于诉状都说了些什么，而是注意诉状如何描述事物这一侧面时，就可能意识到那里确实在某种不可思议的共通程度上存在特殊的表达方式或惯用语词。而这些表达与西洋法的观念世界里对事物的描述似乎是很不相同的。

不仅暴行等对身体的伤害，而且如土地的不法占据、债务的不履行等经济性侵害也向地方官提诉。不过令人感兴趣的是，即使当事者主要目的在于经济利益的场合，被作为问题的也不是关于权利的所在等事物的客观方面，而像暴行伤害的场合一样基本上是对方的行为或态度。当事者追及并诉诸于地方官的往往只是这些行为态度的妥当与否或适当与否。在诉状描述自己与对方关系的行文中可以看到一种不可思议地相互雷同的结构。其典型的表达就如："视某怯弱无力、若鱼肉之易啮。弃道义而不顾，夺人之分而若入无人之境。如许此横暴则无法无天矣。恳请至公至平无私之青天大老爷，主持公道惩此巨恶，俾使此等无法之辈知有苍天在上，而孤寡良善得以偷生矣。"告状者总显得是可怜无告的弱者，被告则是毫无忌惮横行霸道的无法之徒。

在概括对方这类行径时，最常用的词就是"欺压"二字。这里的"欺"字指的不是"欺骗"而是"欺侮"。所以往往与"恃、倚、挟"（以某种特定条件为后盾或依靠）等字组合起来使用。对方所"恃、倚、挟"的东西不用说依场合不同而多种多样。即有单纯恃他个人的"强横""财势""威势""武勇"的场合，也有如"恃尊欺卑"那样指某种身份上优越地位的情况，还有如"交结衙门""浓交吏皂"等以官府或有权势之人为护符的情形[37]。对方正因为有所恃，或有恃无恐，才毫无忌惮地欺压人。

而概括地表示自己由于受这等恶人欺压且无有效对抗手段而导致的悲惨处境，则是上述滋贺氏关于诉状的研究所指出的“冤抑之情”这一词汇。这里所说的“冤”不是“无辜”的意思，而带有“无端而遭受不当之待遇”的含意。由于对方蛮不讲理的行径，自己从应有的“分”或地位陷于或沦落到一种被压抑的不正当状态。而且邻人们或因“循情”或“摄于淫威”而只是拱手旁观，无人伸出援手。于是，只能求救于“至公无私”的青天老爷了。

关于地方官应这样的请求而从事的活动，正好对应于“冤抑”的描述之语就是“伸冤”。在这类话语情境中，法官作为主持公道、惩治恃强凌弱横行霸道之辈的主体登场，使陷于“冤屈”“压抑”状态的当事者一方得以“伸展”，恢复到理应如此的原有状态。在那里，要求公共权力所作的就是解除“申冤无门”的状态，实现“无向隅之人”的状态。

这样看来，欺压、冤抑与惩恶、伸冤这一对比，确实可以被视为把告状与审案内在地联系在一起的概念装置（至少是其中之一）。

这种关于诉讼的观念，其实完全与上节所述的社会实际状况

[37]　这里所述的常套例文并无具体所本，但却常类见于当时的诉讼文书。例如，可参见尺牍《三台万用正宗》卷八“律例门”词讼体段。这部分的内容与所谓《讼师秘本》相类似。另外本稿序言所举的山东省一例，纠纷正是在“恃老迈，抵死向高书行硬找田价若干”的老寡妇与“恃理直，丝毫不拔”的侄子们之间展开的。只要是老人，谁都可以“恃老迈”（如“图赖”，则任何人都可以“恃”）。另一方面，任何人当然都可以主张自己有理，但如果过份的话则可能成为“恃理直”的非难对象。

相对应。那是一种主体（一个个小家）之间默默而不断地挤来挤去推来推去的动态。只要双方都顾及对方的难处，各自抑制自己过分的利益主张，呈现的就是共存的状态。“恃”自己某种事实上偶然的优势而无端“欺压”他人的行径无疑是天人共愤的恶行。于是，对于尽管充分地理解互让的必要性（而且也对过分主张自己权利有所顾虑），但同时又深深地感到自己一方正在被不当欺压的当事者来说，“冤抑”确实是一个安全而有效的词语。

在那样的情境下，所谓打官司的过程，就当事者而言就成了使用各种方法从不同的侧面展示对方欺压的横暴和自己不堪凌辱的惨状；就地方官而言则是通过阅读听取这些冤情（有时来自当事者双方），形成关于双方究竟是如何推来挤去的这一纠纷实际状况之认识，并在此认识上作出判断。考虑到打官司的这种性质，清代衙门的听讼所常见的下列情形就更容易得到理解了。在那里，诉讼往往开始于为了“耸动”地方官“视听”的所谓“验伤讯究”请求，而一旦诉讼走上轨道，暴行伤害的侧面就退而成为背景，而最初似乎只是作为背景情况的经济性争议则逐渐成为诉讼的中心，争执的焦点于是发生了推移。而且无论什么论点以什么顺序被提出来，到了最后，地方官总是就在此过程中掌握的纠纷总体状况提示一定的解决方案。这种审判样式确实与“冤抑”“伸冤”的话语结构是一致的。

（二）无刑罚的纠纷处理及其基础

不过，只要像上文那样地理解事态的话，听讼整体上就不得不作为对恶行的惩罚来考虑。而且在有的“逼人过甚”的场合，欺压的行为自身造成了杀人伤害等后果时，国家代表全社会惩治这样的恶行当然是很明白的逻辑。但是，诉诸于地方官的纠纷中也存在完全没有出现暴力行为的案件。与这种情况相对应，地方官所下的判断中有许多显然没有科以刑罚的例子（如序言中介绍的山东省老寡妇请求买断土地一案）。考虑到第一节所揭示的清代社会状况，这类案子中无疑存在许多权利的归属本身并不清楚，即当事者双方主观上都相信正义在于自己一方，从而相互告发对方欺压、痛陈自己冤抑的纠纷。

如果在西欧近代型的法制度下，这类纠纷首先会被作为“依照法律的话权利应当归属于自己”这样围绕法解释而发生的意见分歧或主张的对立，然后对当事者双方关于法的理解有分歧的部分（且仅仅只针对这一部分），由法官代表公共权力作出判断。而民事诉讼就是作为请求和给与这种判断的公共领域或制度装置被建立起来，一开始就带有无刑罚的性质。败诉的一方并不是犯罪者。但是，在清代听讼的场合，连这样的问题都会被力图按照某一方的欺压、不法行为来看待。负责为民伸冤的法官进行处理的必要性和正当性也正是作为欺压行为的对立面而成立的。但是，这种围绕经济利益而相争的情况下，究竟依照什么来决定一方行为之“恶”呢？（如上述老寡妇请求买断土地之例，最后被命令买下土地的侄子们究竟“恶”在什么地方呢？）另外，如果是“恶行”，为何又有许多不科以刑罚的情况呢？

从这样的问题出发来看正当行为与不正行为之间的关系，清代中叶的思想家戴震的“欲之失为私”这一名言，能够成为帮助我们理解的最佳契机。

沟口雄三氏着眼于中国的公私概念在历史上的演化尤其是其

内容在明末清初的转换，对戴震上述名言的性质进行了如下的分析[38]。即在中国从明末以来，对“社会的欲（物质欲望或对所有的欲望）”开始给与肯定。另外“天理”这一词也开始被理解为“规定社会的欲之间关系的道理”。戴震在思想史上的地位就在于确立了这样的“理”观。“他把‘己和私’、‘私和欲’区别开来，把‘己、欲’作为肯定性概念确定下来，另外再次明确地把‘私’定义为否定性的概念。对于他来说欲之所失就是私。自然的欲是值得肯定的。……但如果偏离了自然，欲就失之于私了。欲之所失即‘私’不仅是不正、偏邪而且也是不自然的。在他那里，相对于自然天理的偏私、相对于公正的自私、相对于普遍中正而作为特殊的、不正的私等概念重新得到了确认”。同时，“所有一切的‘生’相互充足的和谐互补关系被规定为‘仁’（公）”。在不偏向任何一方当事者的意义上这是“公平”，在超越个体而代表全体的意义上则是“公共”。

从清代地方官处理纠纷的行动背景中，确实也可以看到与上述说明同样的关于“欲”的理解与同样的纠纷观。

第一，在那里，社会中每日都在发生的纠纷从某种角度上也被作为一种无法避免的现象来看待。民众就自己的生活或生存提出一定的利益主张，即“欲”的本身不可否定，也没有被否定。举土地所有秩序为例，那里的一个个主体为了确保自己生业的努力正是促使民间秩序实体部分形成的基本动力。不过在另一方面，各人主张和追求自己所“欲”有失节度乃至犯禁的话，共存将成为不可能。实际上，如果自己真有什么可“恃”之处，也很

[38] 参见沟口雄三《中国的公与私》（研文出版，1995年），尤其是第一节“中国的公私概念之展开”。

容易导致欺压他人。所谓“民生有欲、不能无争”[39]。只要并非人人皆圣贤，则纠纷就不能不发生。于是诉讼不可避免，而听讼也就成为必要。

第二，那么，是否共存的秩序本来就是不可能的呢？或者纠纷自身是否就不可能回避呢？当时的人们似乎也不这样考虑。就像邻接的两块土地之间总存在正确的境界那样，在暗暗地相互推来挤去的人们之间，也应该存在最适当的分界线、最合适的利益分配或者对于各自来说最合乎节度的“欲”。换言之，存在能够综合照顾到全体的状况，使所有的人们都能互让和共存的“规定社会的欲相互之间关系之道理”（既然人们必须共存就应该存在这样的道理）。如果所有的人都时刻注意照顾到左邻右舍，自觉地只在应该属于自己那一份的利益范围内活动，不要说诉讼，连纠纷本身都不会发生了。反过来说，只要现在事实上已发生了纠纷，那显然一定是某一方（或双方）有“欲之所失”的地方。于是，审判就是从“公”的立场、即全体共存的高度来矫正“欲之所失”、使冤抑得以伸张的过程。确实，如果像这样地把握问题，当然能够视一切纠纷的根源都在于“不正、偏邪”了。

把上述第一点与第二点合起来考虑的话，就可以从逻辑上想像下面这样一种空间的存在。首先，作为衡量是否越轨、谴责偏邪不正的基准，设想有一种弃绝一切“私”的所谓“至公无私”者之间达成的状态，在那里“人人皆圣贤”。但是另一方面，既然说“民生有欲、不能无争”，对普通人一开始就不能也不该抱有这样的期待。于是出现了一种中间的阶段或中间性的空间，在

[39] 这大概是一种常见的说法。例如可参见《皇明条法事类纂》卷三八“在外问刑衙门官员务要亲理词讼不许辄委里老等保勘例”。

那里既可以用如果是圣人就不会这样行事为理由来进行谴责，又可以用因为不是圣人而只是一介小民为根据来给与宽恕。这种空间介乎于按照律例规定应当进行惩处的犯罪行为和无任何可非议之处的行为（无争议无诉讼的空间）之间，并成为无刑罚的审判（民事诉讼）之基础。在此空间内的纠纷处理整体上虽然不施刑罚，但使过分者有所收敛、助受抑压者得以伸张的审判正当性，却建立在“欺压”行为具有的较轻微的非难可能性上。

不过，还应注意到，以圣人的行动为一极、向所谓达不到圣贤基准的行为而展开的这一广阔领域，与“杀人者死”这一犯罪者惩罚的典型为另一极而展开的、必须用刑罚来处罚或矫正的行为领域之间，并不能以一条固定的境界线来截然分开。相反，两个领域在逻辑上和现实中都明显地有所交错。

例如律例上一开始就设有“不应为”条（从事了一切不应从事的行为）这样一个缺乏任何构成要件的罪名（法定刑为重者杖八十，轻者笞四十）。其具体的适用，如仅仅是发生导致人死亡的争吵时在场，也可能因未能帮助避免死亡后果而据此条文被科以杖刑。尽管国家没有事前列举什么行为该罚，但从应“以刑罚正之”的行为领域一直到仅仅是达不到圣贤标准的行为领域，国家任何时候都留有以刑罚来干预的余地。反过来看，也可以说一切犯罪行为显然都是对圣贤基准的越轨。所谓律例，对人民而言，就是作为圣人的皇帝为了使大家知道什么才是合适的行为，将典型的犯罪按其恶性轻重而列出的行为与刑罚一一对应的一览表。仅仅是达不到圣贤标准的行为向犯罪行为方向延伸（或者反过来，可罚的行为向反方向延伸）的话，最后两个领域可能会以一种相互表里的方式重合起来。换句话说，两个领域能够以不同比重相互混合。

无刑罚的审判逻辑上处于行使刑罚惩处最弱的一端，相反死刑则是对逸出圣人基准的行为科予的惩处中最重的手段。令人感兴趣的是，如果对杀人者没有处以死刑，在当时人们的理解中这也是一种死者的“冤抑”未得到伸张的状态[40]。确实，具体作出刑罚决定的是国家，而且刑罚首先被视为维系全社会行为规范的手段，但同时刑罚也被理解为是给死者、被害者“伸冤”的方法。就两方当事者关系而言，通过杀人者“一命一抵”，他与受害者的均衡关系就得到了恢复。在惩戒欺压伸张冤抑这同一个主题之下，案情轻微时对经济利害关系的调整成为审判的主要内容，而行为恶性重大时则执行刑罚的侧面就凸现出来。

于是，作为审判主体的国家居于“公”（公共和公平）的位置上，对人们之间推来挤去时发生的各种过分行为（从失之于私的“欲”到伤害杀人等程度的各种偏邪不正）给与惩处纠正，从而构成了审判制度最重要的一个部分。

（三）审判主体在制度上的排列

在帝制时代的中国，国家权力的全部正统性被理解为渊源于由于极高的德行而受天命的皇帝个人。官僚对人民享有的权威基本上也被认为来自他个人的德行。不过，官员的德行之有无和多少，全都系于皇帝的评价，其地位和权威也由皇帝单方面地赋与和剥夺。在根据这种理解而建立的制度性安排下，案件的处理究竟如何在皇帝和官僚内部进行分配，就成了一个权力内部的制度

[40] 例见刚毅《秋谳辑要》卷首，乾隆二二年十月十三日上谕。

编制的问题，或者不过是作为一切权威之源泉的皇帝如何向作为其手足的官僚分配权限的问题。以下在必要的限度内简单描述一下这种分配的大致情形。[41]

首先，在皇帝的名义下立有称为律例的成文刑法体系。其内容是将代表性的恶行按不同的行为情节层层细分，并与此一一对应地从“笞杖徒流死”的五刑二十等刑罚体系中选出轻重适当的刑罚作为固定的法定刑。于是，律例就有了类似于一一对应的犯罪刑罚一览表那样的性质。而官员们在“断罪”时被要求严格引照律例（刑律断狱“断罪引律令”）。当案件为“命案”“盗案”或其他需要判处徒刑（以半年为一格从一年到三年共分五格）以上的重案时，对基层（州县）地方官的要求是必须把案件逐级上报。州县地方官经过调查取证并认定罪状事实，按律例拟定罪名后，将作成的判决原案和人犯等一并解送到上级衙门以候上司覆审。这样报上来的案件经过官僚机构层层阶梯的覆审，最后在享有最终决定权的衙门或官员批准下，才能够结案发落，即进行宣判和执行刑罚（有时甚至会到达皇帝那里才能结案）。

由于律例本身对应于一个个具体行为分别规定了固定的刑罚（绝对的法定刑主义），只要确定行为者和属于何种行为，应处什

---

[41] 关于清代司法制度的一般情况，可参见寺田，上揭“日本的清代司法制度研究与对‘法’的理解”，详细内容可参见其中所引用的滋贺氏论文。顺便说，本稿在这个层次上引述的制度规定，都可以在以下的条文中找到。即光绪《钦定大清会典》卷五五“户婚田土之案，皆令正印官理焉。罪至徒者，则达于上司以听覆。若命案若盗案，得报即通详，狱成则解上司以审转，总督若巡抚审勘乃具题焉”。

从这件史料可以看到不是州县自理案件就是具题案件（皇帝处理的案件）这两种分类。不过这一史料并未明确既不是“户婚田土”又不是“命案盗案”的案件如何处理。但从州县自理案件有时又称“户婚田土及笞杖轻罪”或“户婚田土钱债斗殴赌博等细事”看来，这类案子大概一般先作为州县自理处理，如果需要处以“徒以上”刑罚才予以上报。总之，命案、盗案以及需处徒刑以上刑罚的“重事”必须上报，其余则都为州县自理。

么刑就自动地得到明确，官僚自身并无量刑的余地。当然，关于刑罚以外有些部分的处理，地方官的原案能够反映出一定创意。关于徒以上案件最终决定权限的分配，应处以徒刑的案件由总督巡抚决裁，应处以流刑的案件则由刑部的长官决裁。不过，这些地位更高的官员们所能作的也不过是许可法定刑的执行，在没有任何裁量权来调整刑罚轻重的意义上，他们与地方官毫无区别。而且至少在制度上，对这些官员已作出最后决裁的案件，皇帝也可以通过直接间接的事后报告来随时加以改正。在此意义上，臣下的决裁只是一种“先予执行”（正因如此，不可能事后纠正的死刑案件，许可执行的权力被置于皇帝之手）。

同时，皇帝自身却能够自由地斟酌案情，不受律例束缚地调节刑罚轻重（律例本来就被视为皇帝的意志）。原则上只有皇帝本人才能够直接向人民指示如圣人之作为应是何种状态，官僚们所能作的不过是方便皇帝决裁的准备工作以及日常化的部分处理而已。律例和上报覆审制度第一位的作用就在于控制官僚们的职务行为，使其保持在合乎皇帝意志的范围之内。

不过，并非所有的案件都要求履行这种上报覆审的程序。另外，皇帝又把命案盗案以外而且达不到处以徒刑的案件，连同最终完结发落的权限，全部委托给受理告状的地方官处理（在徒刑以下，除了法定的笞、杖之外，还有枷号这一附加的刑罚存在）。这就是“州县自理”的案件。所谓“户婚田土钱债斗殴赌博等细事”，人民相互之间日常生活中发生的大部分纠纷，都被放在“州县自理”的范畴内加以处理。而且这种案件的审理现实中几乎不援引律例[42]。

在律例中，对笞杖以下的刑罚也分别规定了法定刑，且有“断罪必引律令”的规定（实际上，含有其他重罚相当的行为而逐级上报的案件中，地方官的判决原案对从犯较轻的行为也一一按法定的笞杖刑进行拟罪）。从与这些法条和事实的关系看来，州县自理案件不引律例的现象当时在制度上如何加以理解并不很清楚。不过，联系到相关的一些现象来考虑，把形式上是否引照法律的问题从清代审判的本质这一层次上来过分地加以强调或重视显然并不合适。

首先，皇帝给以了地方官在处理一切行政事务方面的广泛权限，相当于笞杖的惩戒权、体罚权也包括在其中。而且这类权限是无须任何实定性法律的根据而以地方官的裁量自由行使的[43]。律例上的笞杖规定一开始就不包含制约地方官在律例所规定以外的场合对人民行使笞杖刑罚的意思[44]。

而且一般而言，清代的情况并不是只要法律没有规定的行为就不能科以刑罚。当然，对于需要上报覆审的案件如果找不到适

[42] 滋贺，上揭《清代中国的法与审判》第四“民事法源的概括性考察”根据“判语”资料指出了以下三点：引照国家法律的情况极少；即使引照也只限于《大清律例》；引照律例时并不被条文严格拘束。另外，Mark A. Allee，“Code，Culture，and Custom：Foundations of Civil Case Verdicts in Nineteenth-Century County Court”，Kathryn Bernhardt and Philip C. C. Huang eds. Civil Law in Qing and Republican China，Stanford University Press，1994. 一文在详细调查了《淡新档案》中222件民事案件记录的基础上，指出其中明确提到律例的只有4件（而且关系到案件中心问题的只有2件）。

[43] 参见上注滋贺著作。

[44] 不过，当案件牵涉到外州县，地方官写判决意识到其他官员可能阅读时以及当事者是知识分子或有钱有势者等场合，可以见到明确引用律的情况。参见上揭，黄宗智著作（第四章）。关于当事者有知识或有钱有势的情况，大概因为案件上控的可能性更大。这些例子反而告诉我们成文法的引用只是官僚相互间统一办事基准的一种手段。

用的律条，官员们就会比照最相接近的条文并适当增减法定的刑罚进行拟罪，然后呈报给皇帝以求最终的决裁（比附制度，见名例“断罪无正条”）。与此相对，作为立法者的皇帝自身并无依照律例的义务，他理所当然地享有对任何行为科以任何刑罚的权限。地方官在行使笞杖刑罚方面所享有的自由裁量，就程序上来说，意味着笞杖限度内的案件处理不仅免除了上报义务，也免除了进行比附时的报批义务。但更重要的是，就像天地间任何案件的自由处置都由“天”委托给了皇帝一样，不需要处以徒刑以上的案件（州县自理案件）的全部处理又由皇帝委托给了地方官。就这类案件而言，地方官本人就直接成为诠释什么才算圣人之所为这一基准的主体。这样来理解当时的整个制度安排，其内在的逻辑就比较清楚了。

另外，还有一些尽管制度上的理念并不很清楚却值得注意的现象。即无论何种案件总是先由地方官受理（所以实际上不仅对州县自理案件，而且对所有的案件，地方官都成了第一位负责处理的主体）；由于上报覆审制度的基准是“相当于徒刑以上”，首先判断案件是否应当处以徒以上刑罚就成为必要。作为其结果，对于看起来按照律例似乎可以处徒以上刑罚的行为，实际上地方官却判断为无此必要（处之以笞杖就算完事或干脆无罪开释）而不予上报的余地，现实中却是广泛存在的[45]。这些现象可以说体现了前面所谈到的“以刑正之”的行为范围（刑罚领域）与无

[45] 地方官负有立案义务的领域基本上只限于必须向上级“通详”的“命盗重案”，尤其是其中严禁“私和”的几种牵涉人命的犯罪类型。关于审判实践中这种裁量处理（类似于日本的“起诉犹豫”）的实际情况和理念基础，参见中村茂夫，“从清代判语所见的法律适用——尤其关于诬告和威逼人致死”（新潟大学《法政理论》9卷1号，1976年）。

须惩戒的行为范围（圣人的领域）两者之间逻辑上和现实中的重合。现实的审判中，对某一行为既可能按正规的上报覆审程序予以惩罚，也可能作为“本该科以刑罚，但斟酌某情，予以免除”的情形来处理。而且这样的选择事实上很大程度被委于地方官之手[46]。

这样的情况，一方面如后面将要提到的那样给理解听讼带来困难的问题，但另一方面确实清楚地为我们展示了无刑罚的纠纷处理究竟以什么为基础。失之于欲而犯禁，但经过用道理开导又能够认识到自己之非者，仍不失为能够进入圣人领域的预备生。对他们用不着科以刑罚。但如果是听不进道理的愚顽之徒，则只有用刑罚来让他醒悟了。地方官心目中的当事者大致总是这两类，而诉讼案件的处理一开始总着眼于开导教育这一方面。所以，地方官在法庭上进行无刑罚的处理时总是以圣人的标准作为基础。

在当时的中国，置身于相互间默默地推来挤去这一上文已描写过的秩序中，人民和官僚还有皇帝，就是以这样的词汇，在这样的认识框架中理解并处理各种纠纷的。其中所发生的一切事态，都可以在这样一幅图景中找到其位置。但是不用说，不能想像这样一种制度框架不存在任何问题。例如仅就上面的说明而言，马上就会产生下列的疑问。

问题越是微妙（或者说行为的恶性越是轻微），使用来开导当事者的道理就越可能是“如果是圣人就不会如此行事”这样的标准。当然只要大家都这样来理解问题并停留在一般而论的层次

[46] 此外，自理的案件本身还存在处以一定体罚和完全不加体罚这样一种较小的区别。关于这种区别以及影响地方官作出选择的要素，今后再予以考察。

上，很显然在当事者各自的“分”之间总存在一条双方都能承认是最适当的境界线，而且纠纷的发生意味着某一方（或双方）事实上越过了这条线。可是，相互争执的当事者所关心的，具体来说只是究竟谁、在多大程度上越出了自己的境界（谁是谁非的问题，或归根结底自己能够占有多大利益的问题）。但遗憾的是，关于如何行动才符合圣人的标准，问题的情境越是微妙，其答案的获得就越是困难。而且，这样的标准本质上就不适于逻辑性的论证。

当然在那里，首先由作为享有天命的皇帝之代表而派遣到各地的地方官来提示这种判断。人民也正是因为承认地方官的这种权威才来打官司的。不过，地方官本身并不是圣人或皇帝自身。人们是否把他所提示的判断视为圣人的标准本身来加以接受呢？他是否真能够提出让双方当事者都心服的标准呢？关于行为适当与否的判断，只是在让人领会了确实还存在更加合适的行为余地这一前提下才有意义。

不用说这是一个由不断地努力确保各自利益的人们所组成的社会，而相互间推来挤去的结果之一就是打官司。如果设想人们一旦到了法庭上就会循规蹈矩地尊从权威，则对这种社会秩序的理解决不会得到深化。“我们并不宣告王权的意识形态口号。因为，我们要研究的是这种意识形态的实质内容，因此必须从王权之下的社会决不是柏拉图式理想国观念的自我发现这一不言而喻的事实出发”[47]。以下，将按顺序来考察听讼的理念和制度在现实社会环境中表现出来的种种动态与特性以及这种伦理中心的纠

[47]　参见关本照夫，“东南亚王权的构造”（伊东亚人、关本照夫、舟建夫编《现代的社会人类学·3通向国家和文明的过程》东京大学出版会，1987年）10页。

纷观和纠纷解决制度所付出的代价或包含的问题。

三、冤抑·伸冤型审判的内容

(一) 审判的正统性——具体的审判与审判的形态

当然，如果对地方官的判决，两方当事者都承认其公正性而感服的话，则判断内容在逻辑上的不可论证性也不会暴露出来。这种情况下，地方官所提示的解决意味着“公”这一理念与作出公正判决的地方官本身是“至公无私”德行高尚的主体这一理念获得了外观上的一致[48]。但是相反的情形下，即当事者的某一方或双方对判决内容不肯或不能承认感服时（或者因为地方官的审理有问题、或者因为当事者方面过于固执于自己的主张或利益），又会出现什么样的局面呢？

实际上，判断主张的正确适当与否之不可论证性，对于当事者方面来说也是同样的。且如果情况处于上述“虽可罚之姑且免之”的领域（只要地方官愿意，民事性纠纷的几乎一切情况都可以被置之于这个领域），地方官就总有采取强硬措施的回旋余地。如斥责当事者“既愚顽至此而不明理，何异畜生？抑不醒悟，则

[48] 关于这样的状况，如果着眼于当事者不得不无条件地承认接受法官所作判决这一可能，则意味着两者之间存在类似“命令—服从”或“权威—从属”的关系；但如果着眼于当事者“悔悟自新”，自发地（“心愿悦服”地）把法官的判断内容作为自己的行动准则这另一种可能，则又可以说两者的关系建立在“说服—合意”的原则之上。由于被命令者自发地向命令者提示的基准靠拢（或者说“提高自己”），实质上就消解了命令关系本身。换言之，最富于强制性质的关系或秩序形成手法，却能够以最缺乏强制性的样式表现出来。关于旧中国社会中形成行为规范时共通的这种悖论式结构，参见寺田，前揭“明清法秩序中‘约’的性质”。对于地方官所下的堂喻，要求全体当事者写下并提交表明自己“甘愿”接受的“遵依甘结”这一审判的制度性安排，如果放在上述结构中就更容易得到理解。

只有笞之”，即以体罚等来威吓当事者改变态度[49]。面临这样的局面，当事者往往也会想“判决内容决不能让人心服，但自己不想显得固执己见而不顾他人，如果只有这样那就只好委曲一点吧”，于是屈服[50]。这里存在的是一种以强制来迫使同意的结构[51]。正如下文将要提到的那样，当事者最后是否接受判决，

[49] 不过这种情况在二重的意义上与后述具体审判的正当化问题相区别。第一，地方官可以自由行使体罚的权限并不意味着禁止当事者出诉。即使当事者不再争议也被解释为是他自己“醒悟”或自愿的。第二，采取这种强硬手段往往导致冤罪的主张（更容易引起上级的主动介入）或当事者进行上控。

[50] 这并不是对判决内容积极的赞同或响应，但同时也不是不加思考的单纯服从。这里的同意或屈服可能位于上述两种情况的中间，即类似于表白自己所具有的道德感，或对自己愿意继续作为共存重视型的共同体之一员的意思表示。另外，在集体行动的层次上围绕共同规范的形成和遵守，同样存在强制合意的问题。而且那里所谓“自愿性合意”的本质，却反而在于消解了作为“自愿性”逻辑基础的个人意思这一悖论机制上。有关集体行动方面的这些问题，参见寺田浩明，“合意与齐心之间”（森正夫、滨岛敦俊他编《明清时代史的基本问题》汲古书院，1997 年）。如果从“个人自愿放弃自我”（“去私”或“消除私心”）的角度来看，注〔48〕所提到的对判决内容无条件接受或“悔悟自新”，即使在最理想的状况下，也只是意味着放弃“过去那个固执己见的自我”，即“去私”或“消除私心”的一种形态。这里存在的至多只有“发自内心地”还是“不经心地”放弃自我的区别，而且对于当时的人们来讲，这个区别恐怕远远比我们在这里分析时所能想像的要小得多。

[51] 顺便说，这种接受判决的理由与西欧近代式的“法—权利”型审判中“对判决内容不满，但因为是根据既存的准则而得出的结论，应该予以接受”这一逻辑相互照应。不过，在“法—权利”型审判中，当事者进入审判之前已经被要求持有一种对既存准则的制度性认同，而且在程序和法律推论等方面存在一系列对“依法审判”的保障（正因如此，准则本身不得不加以明确化、实定化）。而与此相对，清代中国的审判中，作为支持强制保证获得同意的基础，则是要求人们拥有一种能够恰如其分地互让的能力（以此划分贤与不肖）这样一种框架。而且人们一旦生活在那个空间，无论如何总会被纳入这样的框架之内。由于这个框架包容了整个社会，出现就是一种这样的状态：既可以说完全不存在“法庭”这样一种特殊的制度空间，也可以说普天之下都在一个“法庭”内；既可以说没有任何明确的共有的规范准则，又可以说所有的人（以“天下”为范围，一切“浴于王化”的子民都应该做到的是）对于准则都有一种无言的了解和承认。不用说，由于准则扩散或弥漫到了这整个观念空间的规模上，具体的审判中当事者既难以展开“法律辩论”，法官也不可能严格依据这种准则作出判定。至于其具体表现为什么样的状态，参见以下第三节 3 项。

并不一定与地方官提示的理由直接相联系。既然接受判决并不意味着完全心服口服，当事者即使对具体的内容或理由有疑问或不服气，也有可能承诺接受判决。

同时，现实中也可见到当事者采取种种手法来回避或拒绝接受判决的事例。

当然，一般情况是当事者不敢直接就地方官所下判断正确与否提出异议，一方面说“金批公正如神”，但另一方面又提出“还有如此这般的事情尚乞大老爷斟酌”。而且在那里，即使地方官下了堂谕当事者也提交了承诺接受的“遵依”，再次向同一地方官提起同一诉讼也并非不可能（不存在“一事不再理”原则）。滋贺秀三氏的研究已经清清楚楚地揭示了：当时的审判具有一种只要当事者坚持争议下去就不能终结的结构，而且官僚机构内部在理念上并不主张禁止或压制当事者反复申诉，或者说那里本来就缺乏把决定的终局性本身视为一种特殊价值的观念（不存在“判决确定”观念的司法制度）[52]。反过来说，当事者提出种种尚待解决的问题并不意味着明确地拒绝接受判决。在某种意义上，当事者正是因为相信审判官公正诚实的敬业精神才反复“缠讼”。

但是在这种审判制度中，同时也允许当事者以审判官的“审断不公”和自己的“冤屈”为理由（哪怕正处于审判进行之中）向上司以至皇帝提起上控、京控。换言之，心怀不满的当事者必要时完全可以向上级官府诉苦，指责审理自己案件的官员貌似公正实则偏私。考虑到地方官作为皇帝代表的理念，这种制度安排

[52] 参见滋贺，上揭《清代中国的法与审判》，尤其是第三论文“判决确定力观念的不存在”。

确有其危险的一面。但是地方官有贤有愚[53]，而且地方官判断的有效性之基础全在于当事者愿意将其视为代圣人立言这一事实上，所以当事者一旦正面对地方官的权威提出疑问，制度上就不得不作出相应安排。而实际上的制度安排意味着承认这种情况下州县一级的审理本身已失去使其成立的基础条件，案件在上控的层次上展开。现实中，当事者确实时时利用上控的机会。

不过另外，上述的制度安排似乎告诉我们另一个重要的事实。即人民尽管指责某次审判、某个法官“不公”，但追求的却仍然是另一更加“至公无私”的主体所主持的更加“公平”的审判，而不是在要求其他种类、其他基准的审判。拿演剧来作比喻的话，那里发生的只是主角配角的交替，而“圣人标准的宣示者与倾听者”这一剧情和舞台装置却毫无变化。当事者不满而进行上控意味着特定的判决未能得到正当化，但是对“所谓审判就是公平无私的人考虑照顾到一切方面而作出能够最大限度地达到和谐和均衡的判断”这一审判的“形态”本身，他们的信任却从来不曾动摇过。

只要社会中还有秩序，在某个地方总会有、也必须有毫无偏心至公无私的主体存在。实际上，人们正是在这种信念下寻找代表“公”的“青天老爷”。从制度上讲地方官就是国家为了满足人民的这种需求而配置在各个地方的“公”的代表。当事者如果觉得民间调解中的调解者“循情不公”就会打官司的行动样式显示，地方官的权威正是由人民向上寻求公正主体的内在需要所支

[53] 而且地方官并不是由皇帝直接选定和指派的。地方官以及任地由吏部通过抽签决定或直接由省一级的长官指名。参见坂野正高《近代中国政治外交史》（东京大学出版会，1973 年）第二章第七节“官僚制度”。

持着的。正因为对大公无私的主体人民始终抱有期待，清代的司法制度才得以成立。而且为了对付当事者不满地方官之“不公”的事态或局面，国家还准备了一套逐级排列一直到皇帝的审判主体系列。这种系列与官僚制内部按德行的高低多寡而安排的上下关系相对应，意味着由低向高的“至公无私”程度。抱有不满的当事者则可以沿着这一阶梯向上寻求更加“至公无私”的主体（在这方面，州县以上的官僚各自在握有完结发落权限的上控案件中扮演这样的角色）。这无疑就是上控制度的意义之所在。

而且，制度上还允许人民通过科举考试自己成为官员、审判者，成为公平的主体。如果找不到至公无私的官员，那么自己完全可以通过努力自己来充当。人们并不会想到要问一问“至公无私的主体是否可能真正存在”这种“无用的问题”。至少对于争取进入代表“公”的空间或想成为“至公无私”者的人们来说，公私的对比只是一种人生的努力目标、一种进取的对象，而决不会成为需要反思的问题。在这个意义上，中国的公私概念并不是由某种社会制度派生出来或给以支撑的观念，而是给一切社会行动和社会制度带来根本意义的最基本的“神话”或意识形态。

就这样，个别的特定的判断或判决内容之不可论证性以及由此而产生的不安定，通过被理解为作出判断的主体之无德无能而控制在制度的框架之内，取而代之的是寻求更加公平的主体和提供这种主体的制度安排。

于是，当时已经出现而且现在的研究上仍然存在的关于“当为的审判”（应当如此的审判或理想的审判）问题以及围绕该问题的种种学说所具有的含意和位置，都有可能从上述“个别的特定的审判”和“审判的形态”这一分类出发来更容易地加以理解。

滋贺秀三氏指出，既然是审判，就应该有某种制度性的设定或基础，以“强制当事者接受他们所不情愿的后果”。而且在“审判是依照某些普遍性的基准对案件进行裁决”，“谁也不致受到完全随心所欲的处置”等问题上，总应该“存在一定程度的保障”。那么，旧中国的审判中所谓“普遍性判断基准”究竟是什么呢？对于自己提出的这一问题，滋贺氏的研究所找到的答案就是“情理法”三个要素[54]。

但是，从这个问题的内容即能够迫使当事者接受判决的根据或这种审判所依照的普遍性基准这一角度看来，对滋贺氏所提示的上述结论是否有效的答案仍存在一些疑问。历史上确实有过合乎情理的审判，许多情况下审判的结果确实使当事者心服口服。但是指出有这样的历史事实并不意味着情理本身就是能够迫使当事者接受审判结果的正当性根据，也不意味现实中一个个具体的审判都通过情理的力量而达到了当事者的心服。换言之，关于情理的议论很难成为揭示一个个具体的审判都依照什么基准的正当性理论。实际上，所谓合乎情理，只是在审判进行得十分顺利的时候（谁都没有对审判正当性提出异议的场合）才能作为有效的正当性根据。从这个意义上讲，情理论未能提供一种全面的说明，也不是一个个具体审判的正当性基础本身。

不过在另外，就上述“审判的形态”而言，滋贺氏所描绘出来的这一幅“合乎情理的审判”图景，却拥有别一种理论力量。通过这幅图景，我们对于当时优秀的地方官之所作所为能够获得

[54] 参见滋贺，上揭《清代中国的法与审判》第四章“民事法源的概括性考察——情、理、法”。

某种内在的理解。滋贺氏所提供的这一理论框架与本稿中所说的“审判的形态”本身是完全契合的[55]。而且从历史的现实来看，“情理法”等语在当时那种缺乏制度性基准的审判中作为至少比“公”这一概念更加具体的根据，确实给以了地方官们审案的某种指针。有心的地方官在那样复杂的困难情境中总是尽力追问什么才是恰如其分、合情合理的解决。而且实际上他最终达到和提示的具体方案时能够争取到人们发自内心的共鸣，并导致纠纷的圆满解决。这些一个个成功的案例，一个个优秀地方官的故事有时记录下来，鼓励着同僚和以后的审判人员。作为促使人们去确认和肯定这种审判形态拥有的可能性与正统性的媒介，当时的社会里流传着许多这样的美谈。从长时期和整体上看，正是由于这些成功事例或模范的存在与流布，才使人们不会对审判的形态本身发生疑问，也不致于想到这种形成和维持秩序的方法或样式本身会不会存在根本的缺陷。在公私对比的框架中，滋贺氏所描绘的以“情理”为中心的审判图式，如果作为当时的当事者们把什么视为理想的审判，而地方官努力想达到的又是怎样一种境界等问题的说明，确实是具有充分说服力的。

这种审判制度不断地要求法官个人尽力去达到最善的纠纷处理，但同时其本身就建立在具体的一个个审判终究不可能得到正当化的前提上。就其达到的结果或成绩而言，法官在具体的案件处理中付出的努力既有成功也有失败，部分的混乱是日常性地存在的。但是，建构在“公与私”框架上的这种审判类型，作为一

---

[55] 寺田，上揭“清代民事司法论”一文中所作的分类是“具体的审判”与“一系列审判的整体”。这个分类现在看来并不妥当，所以本稿采用了新的分类，即“具体的审判”与“审判的形态”。

个整体本身却始终保持了其正统性不会受到任何挑战的稳定状态。这种具体审判之缺乏正当性基础与审判形态整体上不可动摇的正统性就构成了清代审判内在的悖论。

（二）审案之后与告状之前

那么，通过上述形态的审判所达到的状态具有什么样的性质呢？

首先，既然这种审判原则上以“若是圣贤就该如此行动”为指导而展开，其达到的结果理应是惩处制止了欺压，消除了冤抑。且理念上当事者经过审判应该已各自获得了恰如其分的利益分配，所以可以说审判后双方所拥有的利益处于一种得到社会一般承认的状态。实际上，已经通过官府审理并下判这一事实本身，能够为当事者此后向社会主张自己的利益提供相应的论据。

不过另外，考虑到第一节所描述的那些情形就会明白，无论得到了怎样有力的论据，如果将此绝对化而对周围的人们采取“反互让”态度的话，无疑会招致“恃”官断而肆无忌惮的非难和反对。而且一般情况下审判中地方官正面指出并确定下来的只是对某一方不法的欺压行为之谴责，而不一定明确被害者一方存在什么“确定性权利”[56]。更不用说在法官提示的解决显然是妥协的场合，法官的判断与其说为某种利益主张提供了论据，还不如说只是就两方应该互让的现状划出了一条境界线而已。所以，如果出现新的事态，彼此各自应得的份额可以改变。甚至随着时

[56] 这种情况在纠纷处理发展到国家“执法”断罪的局面时仍然不变。在刑事色彩最明显的场合，明确作出判断的只是关于特定犯罪者特定行为的犯罪性、非法性，而这种判断并不意味着承认受害者有什么“确定的权利”。

间推移或事态发展，只要有一方觉得自己遭受了“冤抑”，围绕同一标的物再次提诉在制度上和现实中也是完全可能的。

换言之，通过这种公共权力性质的解决而给当事者带来的状态，结果仍不过是在特定时点上达到的一种暂定性安排，至多也只是此后当事者们又开始默默地推来挤去时一个新的出发点而已。在此意义上，那里的所谓审判即使在最理想的状态或理念形态上，也不能从根本上克服当事者始终推来挤去的“半事实性状态”。旧中国的审判似乎本来就没有把树立某种性质上完全不同于这种状态的确定性秩序作为目标。

可以见到的有些极端事例更显示了对秩序的暂定性程度恐怕不能作太乐观的估计。例如有如下一案：十八世纪后期在湖南省，有一吴姓人家与张姓围绕土地的边界打官司，地方官已经下断。但此后张姓不遵官断，又越过边界不法地侵占了吴姓土地。这次通过保邻调解，划定新的境界而达到了解决（大概张姓从已侵占的线有所后退，同时比起原来的官断吴姓又作出了一定让步）。这以后，谢某从吴姓那里买下了该土地，买卖契约上照官断标明境界，而实际上谢某却惧怕张某的强横而照保邻划定的境界进行管业，回避了与张某的冲突。可是，张某这回又得寸进尺，越过境界建了一所茅屋。听到此事后谢某赶到现场，在双方的相互斗殴中张某死亡[57]。

即使在县里得到了官断，这之后的状态却仍然像进行诉讼前一样继续推过来挤过去。就算法庭上已经指明了什么是错误的行

[57] 参见中国第一历史档案馆、中国社会科学院历史研究所编《清代土地占有关系与佃农抗租斗争（乾隆刑科题本租佃关系史料之二）》（中华书局，1989 年），案件号码 028。这件史料是对纠纷最后发生的致死人命进行审判时由刑部尚书上奏皇帝的题本。

为并对此进行了惩戒，但关于民事上利益的再分配，通常法庭只是作出指示，让当事者双方提出遵依结状表示接受，而现实中这一利益关系的实行或实现主要就得依靠此后当事者的自觉履行或自助努力了。实际上，官的指示有时并不能得到执行。有的情况是愤怒的当事者再度出诉，地方官也随之采取更强硬一些的手段[58]；而有的情况则是如上例中那样因惧怕对方的强横而暂时隐忍下去；同时，还有的情况就像上例的结果一样，推来挤去的后果达到暴力冲突的公开化，甚至造成有人死亡这一最糟糕的结局。在上述例子那样的情况下，向官府提诉并获得判决也不过是纠纷逐渐扩大升级以至最后致死人命这一过程中的一个场面而已。

不用说，把矛盾激化到这种程度的事例视为一般情况是成问题的[59]。诉状中见到的如“可虞不测之事态”等语表明人们期待打官司本身能够发挥防止纠纷升级、抑制矛盾激化的作用，而且诉讼确实也起到了一定的这种作用。但是，考虑到上述事态的可能性，只得说当事者打了官司得到了官断而回到的世界，却仍然是与出诉前那一个同等性质的、每个人都不得不相互推来挤去的生活空间。在那里必然会有暴力的冲突，也少不了告发对方欺压诉说自己冤抑的告状。究竟将此状况理解为共存秩序出现破绽

---

[58] 如果在结案之后不久当事者又告状的话，一般将诉状附在原来的卷宗里，所以形式上看就像同一个案件程序的继续。另外，还存在曾经开庭审理或下过堂谕，但没有结案而暂时中止审理，一段时间后因当事者的请求又重新开庭审理的情况。这种诉讼程序的持续状态与诉讼终结后又反复申诉审理的状态通常很难区别。

[59] 不过，即使是结案后反复争执的上述例子，至少在下了堂谕并提交了遵依结状的那个时点上，无疑也显得问题似乎已经完全解决。着眼于这种局面的话，对于没有交代作出判决后事态如何发展的大部分民事审判史料来说，恐怕很难假定所有这些案子都顺利地达到了纠纷平息的结局。

而一时发生纠纷，纠纷得到解决后又恢复到共存的秩序状态；还是理解为所谓共存秩序也不过是纠纷与纠纷之间短暂的休战而已？无论作何种理解，审判后或通过审判实现的状态与出诉前(虽然不知道究竟是互助互让的理想状态还是一方暂时隐忍不发的状态，但至少没有人出头公然地主张他人的欺压和自己的冤抑）的状态，在“秩序的性质”上来说，却似乎很难说存在多少区别。

站在这种理解的标准上，再回过头来看第一节所指出的那种互让与忍受并存的小推小挤局面或半事实性的均衡状态，就能认识到那种秩序状态自身具有的难得价值。确实，换种角度的话，也可以说那里暂时并不存在使人不得不告状的欺压和冤抑，尽管谁也未下命令却实现了建立在互让上的共存，而这种状态正是国家通过听讼审案力图达到的局面。如果官府的审判所指向的目标与民间日常的秩序内容一样，不待地方官断案，当事者自身能够自愿地回到互让状态中去的话，无论内容如何，地方官一般是不会否定其结果的。对听讼过程中的当事者撤诉或民间调解者的介入，地方官往往持鼓励的态度，或者即使不鼓励也不会积极地否定和排除。把这种态度放在上述理解框架内来看，就更容易对其加以说明[60]。

对于接受审判的当事者来说，面临的局面也是类似的。无论怎样，照原样完全实现自己主张本来在现实的日常生活中就不是一种常见的状态，而且也不是维持那种秩序的必要条件。将能够得到的利益与回避冲突的成本相衡量，减去成本而剩下的就是自

[60]　例如可参见汪辉祖《学治臆说》“断案不如息案”，同《佐治药言》“息讼”。

己眼前所享有利益，或者说是无须争执就能确保的利益。所谓不得不争的情况，一般来说属于当事者主观上认为连这种相对的利益也受到了威胁的情况。当然，双方当事者都以照原样完全实现自己利益主张为目标而争执的情况，现实中并不是不可能发生。但既然双方的目标不可能同时达到，而双方都一直不肯让步的话，这种纠纷显然是不会有终结的，其结果往往十分悲惨[61]。作为当事者，总不得不在某个地方作出适当妥协来结束纷争。当事者这种对成本和结果的计算，尽管有程度的差别，却每日每时都在进行。能够作出适当妥协的地方既可能在民间调解过程中找到，也可以是听讼的场面，而对于后者，当事者也未必抱有什么与民间调解不同性质的期待[62]。

当然，就现实的场面而言，正因为不会很容易地达到自愿的互让才有打官司，也正因为适当妥协的地方不容易找到，审判才难以终结。当事者不满民间调解的结果而开始打官司，打过了官司双方仍继续争执的话还可能在法庭内外几进几出，这之后如果当事者仍不服气可以通过上控进一步争执下去。不过应该指出的是，不管处理纠纷的程序发展进行到什么地步，处理解决的样式却总是停留在同一性质上：一方面，缺乏决定性说服手段的处理主体必须摸索寻找一种能够使当事者双方都不再争执或不再主张

---

[61]　在序言所举老寡妇要求买断土地一案中，地方官所忧虑的就是老寡妇“竟恃老迈，抵死向高书行硬找田价若干。高书行恃理直，丝毫不拔，官司打到何时才了”。另外参见滋贺，上揭“关于清代州县衙门诉讼的若干所见”的“结语”，有关“终讼”的讨论。

[62]　顺便说一句，当时对判决本身在逻辑性论证方面要求不高的事实，无疑在很大程度上有助于减少前项所述的“对圣人的标准不可能加以论证”这一问题的尖锐性。审判者只要在一个较大的幅度内提示大致的妥协点就算发挥了“代圣人立言”的作用。

自己冤抑的解决方案；另一方面，当事者则摸索寻找在某个适当的地方接受这种逻辑上缺乏确定性的某一解决方案。这一过程中尽管处理的场所和处理的主体改变了，那里的区别却只在于处理者找到这种方案和当事者接受这种方案的难易程度而已[63]。

换言之，与民间的纠纷解决相比较，官府进行的纠纷解决既不存在什么不同的特殊程序和准则，其达到的结果也没有什么性质上的重大区别。对民间调解主体的“偏私”不满而打官司的当事者向官府要求的，仍然不外是不偏向于对方的“公正”“公平”。纠纷既然只能以诉诸于共存伦理的样式来解决，审判者持有代表“公”的权威（审判者与当事者之间存在的“公私”对比）就成为必要和有效的因素。越是困难的问题就越容易被当事者追求“公”的动机和力量所推动，上交到“公”的权威程度更高的主体那里去[64]。

同时还不应忘记，这里所谓需要解决的问题之“难易程度”并不仅仅指客观存在的纠纷状况，通常是纠纷的复杂性与双方当事者进行争执的主观意欲（通常被从固执、刁悍等否定的方面来

---

[63] 在此意义上，滋贺氏所说的“一言以蔽之，纠纷并不因使尽了一切程序上可能利用的手段而终结，只是到了在事实上谁都已经不再进行争议的情况下，纠纷才最后平息”这一见解，仍然是我们最终应该维持的结论。参见滋贺，“中国法文化的考察——以诉讼的形态为素材”（1986 年度《法哲学年报、东西法文化》）51 页。（此文已收入本书——译者注）

本稿所作的工作实际上就是对滋贺氏所说“事实上谁都已经不再进行争议”这一部分（或者滋贺氏在别的地方所述“因当事者双方被说服而达到解决”的部分）重新进行较深入分析的一种尝试。

[64] 此外，把民间的主体所从事的调解与官府进行的审判先作为性质上同样的纠纷解决样式，再讨论两种样式之间在功能上的互补性这一见解和方法，在日本学术界已经成为定说。参见滋贺，上揭“关于清代州县衙门诉讼的若干所见”，以及岸本美绪，“《历年记》中反映的清初地方社会生活”《史学杂志》95 编 6 号，1986 年。

评价）相乘的结果。关于很快就得到了解决的案件，既可以肯定这是由于当事者理解到互让共存的重要而痛快地接受了法官的判断，也有可能指出连这样容易解决的纠纷当事者也需要来打官司的不明事理。同样在另一方面，关于涉讼经年仍难以解决的复杂案件，既可以谴责当事者的刁悍和愚顽，又可以同情他们在不存在明确的是非标准和统一的逻辑推论方法这样的情况下不得不坚持自己认为是正确主张的困难处境。不用说，实际状态究竟属于哪一种很难一概而论，且随着法官与当事者相互行为的推移，对同一处理过程完全能够作出这两种不同的理解[65]。

从上述角度再来看地方官面对原告提诉而决定是否受理的场面，地方官在那里所表现出来的几种表面上矛盾的态度也可以作为这种两义性的反映而得到统一的理解。

首先，既然共存互让与打官司的分界其实只在于每个人是否肯“忍耐”，而且忍耐的限度也只是一个程度问题，那么地方官很可能采取的一种态度就是“相互再稍微忍一忍就不至于发生争执”。于是有了以“各自谨慎，何至讼事”为由而不予受理的现

[65] 对于问题的解答显然总是存在于一个有限的范围内。但却没有什么可以帮助从逻辑上推论到这个结论的有效手段，而且归根结底究竟什么才是正确的解答（以及如何说明这是正确的解答）只取决于诉讼参加者们在具体情境下的相互作用。在这样的意义上，地方官的听讼就有些类似于在一面宽阔平滑的墙壁上设法为一幅画找到最佳的悬挂位置。一般人往往很难一下子就挂到最恰当的位置。而且考虑到每一次墙壁和画等场景都会有所不同的话，一下子就解决问题之难度更可想而知了。但是，在那面墙上总应该有某个位置最合适或最有和谐感，而具有较高审美意识的人（或大家都这样认为的人）一旦把画挂到了合适的位置，人们不用讨论推理就可以通过直觉感受到其恰到好处。不过反过来说，最合适的位置并不一定只有一处，而且如果愿意的话，实际上对任何挂法都总能表示不满。很难判断这些不满究竟是因为观众的审美能力更高还是因为他们缺乏足够的审美能力。但是说到底的话，无论是名人经过苦心斟酌而挂到的位置，还是小孩不经意地挂上的地方，终究都不过是在墙壁上挂一幅画罢了。

象（“多一事不如少一事”式的处理方式）。而且当事者仍在忍耐、冲突没有表面化的阶段，若有人介入进来，对当事者指出应该争议的话，基于上述同样的原因，地方官将会认为这是“籍端生事”或“教唆词讼”而深恶痛绝[66]。为了在有限的资源下实现和平共存，有时候除了社会的全体成员各自忍耐（每人都自我放弃一定利益）之外并无其他更好办法。这样的背景下，确实总存在问一问“是否忍耐得还不够”的必要[67]。

但是对于当事者来说，是再忍下去还是出头开始争执的分界，许多场合可能只是一个利益成本的计算问题。而且诉讼本身根据其具体展开也总会要求种种的成本。当时有名的地方官关于听讼写下的体会中，包含着对同僚和后辈的如下劝告：如果诉讼只是意味着把胥吏衙役讼师等牵扯进来使纠纷更加复杂的话，不受理告状对于原告本人可能更好。这一劝告的意义正在于为当事者节约成本的考虑。不过反过来，即使在已忠告尽量别打官司的前提下，如果当事者坚持诉称已经不堪忍耐或到了忍无可忍的状态，地方官也可能会作出“看样子另一方也许实在太过分，应该受理”的决定。只要读一读当时的诉状就会明白那里充斥着关于自己如何地“情穷”、对方如何地“跋扈”等大同小异的类似内容。

不过，在那样的情况下，通过听讼的整体努力，真的能够实现一个不再有冤抑的互让世界吗？再进一步，作为这一切基础的

[66] 所谓“教唆词讼”的讼师，在当时确实不会得到类似于近代司法制度上律师那样的地位，也决不会被视为给权利和正义的实现提供法律援助的职业。另一方面，即使不采取这种当时流行的观点，也不能把讼师的所作所为理解为相当于近代法中帮助“实现权利”那样的工作。讼师所从事的，结果也不过是在听讼的制度装置中帮助当事者形成和叙述“告发欺压诉说冤抑”的“话语”而已。

[67] 把这种情况放到地域层次上看，就会引出“健讼之风”一说。

民间社会本身，即使完全不发生争执是否就处于没有不当欺压的互助互让状态之中呢？（会不会只是因为豪强土霸把持压制了周围所有的人们而造成了“有冤难伸”的状态呢？）我们很难消除这些朴素的疑问。实际上根据社会经济史学的研究，当时的社会现状确实不允许作太乐观的估计。

另外，就当时秩序形成的日常生活环境而言，除了人们感觉到“冤抑”并出头告状这一主观的方面，究竟是否还存在另一种“客观性标准”来衡量审判结果有没有达到最妥当的均衡状态，或者衡量社会中存在不存在欺压行为呢？恐怕回答只能是，寻找或讨论这种“客观性标准”并无多少意义。在清代社会中，本来就不存在一种可以作为参照来客观论证现实与其是否相符的“秩序样本”。事态总是处于推过来挤过去的流动过程之中[68]。人家挤过来了自己只好再挤回去，但究竟该挤回到什么程度则根据具体情况而千变万化。对于感到自己被不当地挤压到不堪忍受的人们，国家广泛地开放了诉说冤抑的途径，一旦出现告状也总是会给以某种回应。但无论这些回应具体内容如何，其性质却都只是小修小补式的。国家既没有足够的装备与力量来提供或实行超出这类回应性质的日常服务，而且社会本身就似乎根本不期待国家

[68]　究竟是因为缺乏“秩序的样本”才推来挤去的呢，还是因为总是推来挤去以至不能形成这种“样本”呢？这无疑是一个“先有鸡还是先有蛋”式的问题。在那里，关于正义的讨论往往不从某种客观的基准（如某种理念性的抽象的“权利”及其实现）出发，而经常与“态度”或“行为方式”等主体和主观方面联系起来。这一特征恐怕与“缺乏秩序样本”的问题不无关系。

发挥另外的作用[69]。

不过当时的意识形态或当时的一般人们并不这样认识听讼和自己的秩序本身。在那里，眼前谁都没有提诉的现实往往被表达为“谁都没有冤抑”，从而与所有的人们都充满互让互助精神的理想共存状态划上等号。即使出现纠纷，经过双方争执和民间的调解者或地方官提示解决方案而最终平息这一事实，也往往与通过说理人们意识到互让和共存的必要从而达到了一个新的伦理高度这种意识形态的宣传划上等号。

于是，无论现实的状况及其推移如何严峻，只要当事者不再相互争执，纠纷和纠纷处理就可能被理解为：经过有德之人的开导，双方当事者的认识上升到了互助互让的道德高度，从而使矛盾得到解决。这种意味着“人人皆可为圣贤”的“故事”或“话语”（discourse）在当时的环境中，只要当事者自觉的话任何场面下都可能成立，而且受到人们的普遍欢迎和喜爱。事实上除此之外，并不存在任何可以肯定和支撑共存的秩序并赋与符合共存要

[69] 例如，作为清代的统治阶层，“士绅”的人数包括没有出任官职资格的生员在内据说有百万左右（具有任官资格的举人以上士绅约为 50 万人。官员的职位约为 4 万）。将士绅的人数加上他们家族的平均成员人数，占总人口的比例也不过在 1.5%到 2%之间（参见斯波义信，上揭“中国的社会与经济环境”）。国家权力从社会中征收的税粮约为生产总量的 1/10。与此相对，在日本的江户时代，统治阶层的“士”约占总人口的 1/10，每年将生产总量的五成左右作为“贡赋”收归己有。这两个在数量规模和夺取的财富上都大不相同的公共权力面向社会时显然不可能以同样的方式进行统治或提供同等程度的服务。在清代中国，州县以下并不存在拥有自己的暴力装置来强制解决纠纷的领主制权力（关于州县以下的政治秩序如何形成，参见寺田，上揭“明清法秩序中‘约’的性质”）。封建领主制在某种意义或一定程度上意味着要求自己利益得到彻底实现的民众与拥有高度集中的暴力来回应这种要求的权力（社会因这种要求的存在而承认暴力的高度集中）。而这样一幅图景在清代中国是完全看不到的。

求的行为以意义的“故事”或“话语”[70]。

(三) 判决的内容与审判的结构

总之，告状与审案意味着相互推挤的当事者之间一个个互让关系的破裂与修复，基本上表现为一个个相互独立的案件。不过，把地方官收集自己所下判决的文集（判语）以及州县衙门的诉讼记录（档案）综合起来看的话，就会发现本来应该只是就一个个具体案件作出的判断，整体上却呈现一定的倾向。例如许多研究者曾经指出过的那样，对这些判决的内容予以整理时，可以把尊重管业来历的根据并努力给以保护的现象作为山顶，而把反映了对此进行调整和修正的因素等现象作为山腰，这样就呈现具有层次高低和规模大小的有序分布这样一幅倾向性的图景[71]。本稿序言中所介绍的力图以“实现权利”的框架来整理清代州县审判种种现象的学说，其基础也正在于这里。

但是，正如本稿一直论述过来的那样，清代的审判无论从理念上还是在具体的操作上，都很难在对“权利”的保护这一框架下加以理解。并不以“权利保护”为理念的这种审判总体上看，反映的是一种沿着“对管业来历的保护”这一基轴而分布的内容。关于其背景和原因可以作以下的说明，而且这样的说明也就

---

[70] 从这一视角来看，告状时关于“欺压与冤抑”的叙述或话语本身实际上不过是内容更广泛的意识形态之一部分。一位日本学者指出，中国的审判制度中，当事者、法官以及旁听者都不过是在一出按“说理与心服”的脚本上演的戏剧中各自扮演一定角色。参见高见泽磨，“罪的观念与制裁——中国的纷争与审案”（《丛书、向世界史发问、第五卷、规范与统合》岩波书店，1990 年）。本稿从上述论文得到了许多启发。

[71] 关于黄宗智的研究成果及其实证意义的局限，参见寺田，上揭“清代民事司法论”。另外，关于判决内容上的分布，滋贺氏指出的状况与黄氏的见解其实并无多少差异。这一点也参见同一论文。

足够了[72]。

首先，理念上那确实是一种根据抽象的“圣贤”基准来惩罚欺压行为并为民伸冤的审判。但是，地方官最终不得不处理的问题总是当事者关于自己不当受压的不满，或者进一步说，是他们对于对方以及周围人们不尊重不理解自己所提出的“正当根据”而产生的不满。当事者所感受到的“冤抑”，以及他们衡量自己受压程度的标准线或平均线，其实都来自他们通过日常的社会生活而获得的关于“应当如此”的生活感觉。当事者双方究竟依据什么来主张自己所受到的不当待遇、控诉对方的不是和过分的问题，在地方官自身认定是否有欺压的时候，自然成为他考虑的对象，他确实也不得不考虑这一问题。

就财产的归属而言，如第一节所述，民间社会的财产法关系中占有中心地位的是管业来历的理念。尤其在私人的土地所有这个方面，管业来历已成为中国近千年以来财产法秩序的基轴。实际上，只要某人持有“绝的来历”，他的一家所拥有的土地管业至少在周围人们很难否定的程度上得到了相对安定的社会基础。也正是由于能够获得这样一种对稳定性的预测，人们才为了拿到一纸契据而支付高额的地价。管业由来历所证明、绝的来历首先受到尊重。这一道理成为人们日常生活中对彼此行为抱有的相互期待的一般基准。人们之所以将此作为规范而给以尊重，正因为社会中存在的相互性或相互依存的性质本身，作为国家的法律写

[72] 民间关于财产交易活动等的种种自生的规范性安排，通过地方官对当事者具体情形的考虑和照顾而导入了审判，但这些安排中反映出来的规范因素在审判中起到的作用不过是为法官的判断提供大致参考。这些论点已经由滋贺氏指出。参见滋贺，上揭《清代中国的法与审判》，尤其是第五“作为法源的经义与礼、习惯”。

下来也无不可，但似乎并无特意写明的必要[73]。不过不用说，正如已经指出的那样，立足在某种正当性基础上力图确保自家生业的并不限于田主，而且能够作为生业正当性基础的也并不限于来历。

确实，如果当事者双方各自拿出契据来（也许有真有假）围绕特定管业的来历进行争执的话，管业来历的道理本身就是双方共同持有而付诸于不问的前提。但是如果是佃户提出生存权性质的主张与坚持管业来历的田主相争，处理这种纠纷时只注重管业来历的理念就可能引起“偏私”的怀疑。毋宁说给与种种论据适当的轻重排列正是那种秩序形成的要谛，或者说正是纠纷的处理者显示其能力与技巧之处。归根结底，纠纷处理所追求的目标终究是共存本身，但这一目标实际上并不一定能靠一个个论据之间的逻辑推论而达成（生存权性质的主张因此能够直接地“侵入”所谓“权利的空间”）。对立或争执越是包含生存限度的问题，当事者们所提示的论据整体上就越容易被作为不过是“私”的事情。与此相对，共存的价值本身或互助互让的道德义务作为“公”的要求就更明显地凸现出来。例如，本稿序言中所举的围绕老寡妇土地买卖之案例，面对以土地法规范作为根据的当事者，地方官却（在我们看来是“唐突地”）提出了“骨肉为重、钱财为轻”的道理。这本来是双方当事者都没有涉及的命题，但

[73] 滋贺氏在讨论清代社会中习惯的位置时援引保罗·维诺格拉多夫的话“合理的交往与社会性合作中因互惠的考虑而发生的日常惯行（practice）”恐怕就是形容这类稳定存在的规范最合适的表达了。参见滋贺，同上注。此外，滋贺氏在解释“人情”的定义之一是“有血有肉的平凡人之心”时所举出的“平凡的一般人通常对于他人的行动相互抱有的一定期待以及可能相互给与的适当照顾”，作为这类规范的说明也非常恰当。

对于生活在旧中国文明中的人来说，谁都明白这属于人人都应保持和应当履行的伦理义务。在此意义上，这才是最大的不言而喻的前提，一旦被提出来当事者很难进行反论。

来历管业的根据与其他根据发生竞合时相应地受到限制，这一点甚至对于一般民众来说也属于常识的范围。官的审判既然尽量通过唤起人民的互让意识来解决纠纷，不拘泥于彻底实现建立在管业来历上的“权利”而要求“妥协”的处理自然不在少数[74]。另外，在简单的案件里（如双方当事者争执的只是来历的确认或存在明显的霸占、欠租等确定债务的场合），惩罚欺压行径为民伸冤的审判内容可以单纯地表现为如对两份不同契据的真伪作出判断，对土地进行丈量划线埋下界桩，派遣差役催交欠租以及要求当庭履行债务等。无论采取的是什么措施，这些审判都意味着公共权力对管业来历的生业秩序内在的弱点（权原基本上只是由私人文书证实的不稳定性以及利益的实现基本上只是通过当事者自身努力的不确定性）给以适当的弥补或救济。其中有些事例如果硬不叫作“实现权利”，反而显得过于勉强。存在这样的事例应该说是理所当然的。因为对于民间日常性的土地买卖以及土地所有的秩序来说，正当的权益和“欠债还钱”等道理无疑正是其基础或核心，依仗威势而侵犯这类核心准则的行为显然就是“欺压”的典型。

[74] 不过，如以上述老寡妇土地买卖案作为一例来看，此案的解决要是着眼于土地法规范或财产上利益的归属，确实应该说是“妥协性”的。但反过来如从亲族之间本源的互助义务这一伦理上的要求出发的话，则该案的解决则又可以说是原理的贯彻。在作出“妥协”的评价时，显然潜在或无意识地以前一个着眼点为根据，对此没有觉察的话就有可能引起议论的混乱。

换言之，这一审判制度在通常的案件审理时表现为一种如实反映当时社会生活实际状态或立足于一般人常识上的纠纷处理。这就是官的审判一面以管业来历的道理为核心，但又不完全拘泥于此而自由地斟酌了如互助共存等理念，并灵活地调整种种论据的分量甚或考虑超越现有一切论据的要素等。从案例史料中反映出来的上述种种情形很清楚地显示了审判的这些内容。

现象似乎很单纯。但这些现象又使研究者在说明清代民事审判的性质时感到十分头疼。如果要说其原因，恐怕就是我们用来整理和说明这种审判中“判决内容”的位置或性质的理论框架存在不成熟、不清晰的问题。作为最低的限度，或许也有必要划分以下三个层次来进行分析。

第一，无论对案例中保护管业来历的倾向评价到什么程度，却很难说那里存在的主要都是当事人依据管业来历“主张权利”的现象。而且法官并没有一种规范性的义务（没有写下任何法条来规定这种义务），要求必须绝对地实现管业来历的理念。所以，尽管有不少类似于“实现权利”的情形，但从制度上讲，管业来历的道理只不过是地方官在判定当事者之间推挤中是否有过分之处时随意参照并适当地决定其轻重缓急的一种“事实性的大致尺度”（也许只是许多尺度中的一个）而已。

实际上，正如第二节所述，面对各自提出一定论据相互对立的当事人，法官作为没有“偏私”（并不把任何一方提出的论据绝对化）的主体，从“公平”的立场（同时对双方的生存愿望给以肯定性理解）出发，指出并谴责有过分之处的当事人“欲之有失”，帮助重新树立互让共存的状态。清代的审判就是被理解为具有这样内容的工作，也是在这样的理解下运作的。于是，作为审判者越要显得公平就越需要与当事人举出的各种论据或理念（管业来历只不过是其中之一）保持一定距离。反过来看，即使是全面承认管业来历根据的判决，也不外意味着对于该特定案件来说，这就是依据“圣贤作为”的准则而得到的适当判断而已。如果以管业来历为论据的当事人面对主张最起码生存权的对手丝毫不让，就像自己的论据不言而喻地应当得到绝对保护那样地行事的话，他很可能被视为“恃理直”而欺压人的典型。在审判这样的公共场所，当事人一般不会冒触犯众怒的危险来采取这种不明智态度的。

对审判只要像上面这样地加以理解，则无论审判显得如何地尊重管业来历的理念，这个理念本身也决不能成为构成审判形式空间的规范框架，或者为告状和判决提供应然性的基础。一些研究者力图从判决建立在这一规范性基础上的前提出发来分析理解清代的审判，而他们的努力之所以都未能获得成功，其原因也正在于这里。对大量的判决或案例按不同的纠纷领域分别进行整理，从而描画出一个个领域里存在的（审判时得到了相应重视的）一定实体规范总是可能的。但是，如果据此而展开审判本身正是围绕实现这些规范而构成或运作的见解，则会发现许多制度性的现象与此见解相矛盾。另外，把个别的判决内容进一步抽象化，从中推导出更高层次上判断标准的存在，逻辑上也总是可能的。但是，这种抽象化、一般化的层次越高，最后就会发现到达的并不是当事人们以及社会本身所共有的规范框架，而是审判者用来使任何规范都相对化的“圣贤之所为”等修辞或“话语”[75]。

第二，不过如果把使审判得以成立的形式性基础这一问题暂时放在一边，而着眼于日常的审判实际上实现的是什么这个实质性部分的话，就会意识到讨论判决内容还有另一个理念上的空间。

虽然使审判得以成立的形式性框架就是“惩罚欺压、为民伸冤”，但地方官通过使用这些“话语”、修辞而实际从事的，仍然是使民间已经存在的某个或某些理念得到部分或整体的实现。例如说侵犯土地财产的人是欺压，“横暴难容”，而实现的则是“根据来历的管业”这一理念。这也是上述类似于“权利实现”的现象背后的实质。

回顾上文中的讨论，可以说“惩罚欺压、为民伸冤”的理念尽管高度地重视全面的共存互让这一价值，而反过来看在共存究竟有什么内容这一点上却不具有任何特定的具体的理想。这样的逻辑，正像西欧法传统中“当事人依据法主张权利、法官依据法作出判定”的逻辑（这个逻辑同样不问什么是“法”的内容）一样，只不过构成了审判的“形式性框架”而已。审判的具体内容

[75] 顺便说，黄宗智的研究表明，来历管业的理念在判决内容里占有一种重心的位置是既无时代变化又无地域差别的现象。确实，如果通览各地的判决，越是关于中心的问题就越难以否定那里存在一种逻辑上的共通性。考虑到这种全国范围的共通性，黄氏从判决内容的统一性应该建立在统一的立法之上这一观点出发，认为这种现象表明州县审判实质上体现了国家所制订的法律原则。但是笔者对这种现象的解释是，各地民间的民事活动样式本身就是共通的。实际上，关于并不共通的部分，地方官总是毫不犹豫地照顾各地特有的惯行。不过，民间的活动样式为什么能够在那样广大的地理范围内保持共通性仍然是一个问题。作为对此问题的一种可能的回答，也许地方官定期在全国范围内转任的功能值得考虑。

只有通过日常的运作由其他方法去填充[76]。而通常我们谈到法的时候，则谈到的主要是其内容。

而且由于实际上审判的目的总在于追求“停止争议”，对于置身于第一线的地方官来说，无论充满敬业精神还是满足于没有大错就行，总是不得不努力达到使双方当事人都不再诉说冤抑的结果或状态。于是，地方官进行判断时与其说依据自身的正义感，还不如说总得沿着当事人的日常生活感觉，或者说沿着双方当事人都共同接受的日常性规范意识来考虑解决的方案。在制度上这确实不是规范的要求，而只是一种“事实性的参照”，但着眼于纠纷的解决建立在这些日常生活感觉上的实际状态来说的话，也可以讲判决“依照”或“遵循”了当事人之间已经存在的某种共有规范。如果，“依据”的正好是管业来历的理念这种场合，则特定的审判无论从内容还是形式上都更加类似于按照规范要求来“实现权利”的现象了。

换言之，只要审判以上述方式运作，即使没有国家的正规立法，通过法官对规范意识的“事实性参照”，判决就获得了一种日常性地直接把民间社会中种种行为规范吸收进来成为自身内容的机制。通过这样的机制，审判完全可能与当事人以及社会本身进行时间上同步的交流沟通[77]。一个个案例所反映的，就是官

[76] 例如，把那里存在的事态按“当事人依据法主张权利、法官依据法作出判定”的公式表述为“当事人依据共存的要求告发对方的欺压、法官依据共存的要求作出判定”也不是没有可能。不过，对于当事者和法官来说，共有的规范究竟是“法”还是“共存的要求”情况将会大不一样。实际上中西方的诉讼与审判在结构与过程上完全不同。关于这点，还可参见注〔51〕。

[77] 关于这种情况，既可以说是公共权力对社会条件的变化采取了灵活的对应方式，也可以说是在至公无私的主体全面考虑社会整体的福利来进行审判这一理念无谬的基础上，公共权力随时改变宣言内容来谋求长久维持统治的一种手段。

所要求（或者也是当事者之间现存关系所要求）的互让共存这一理念与当事人各自抱有的“私”的生存欲望暂时相互折衷妥协的结果。也可以说一个个案件处理通过调整现实存在的一个个矛盾冲突而具体体现了互助互让没有冤抑的抽象理想。民间社会与官的审判相互作用，或者说双方当事人在官的介入之下展开的冲突和妥协中产生和实现的，无疑就是当时的民事规范的内容。

以这些案例为素材，当然有可能考察当时的人们（包括官与民）在处理各种矛盾纠纷时关于“法”的内容或“正义”的基准都抱有什么样的观念，而且无论有意识还是无意识地，到目前为止的清代民事实体规范研究可以说都是以这种方法来进行的[78]。只要不把那里找到的规范理解为“审判规范”（判定的制度性准据），州县自理案件的判决等资料确实是这种研究素材的宝库。在那里发现某种民事规范的存在与本稿一直在阐述的种种论点毫无矛盾。

再将上述第一方面的论点联系起来看，就很难避开一个问题：为什么从“判决内容”的角度能够讨论民事规范的存在，但所发现的这些规范却很难被理解为告状和审判自身的制度性基础呢？这个问题归根到底恐怕只能用当时社会中规范共有的整体状态以及这种状态内在的性质来加以说明。

正如笔者曾在另一篇论文中指出过的那样，当时社会中有效的规范共有状态就是“齐心”或“同心”的状态。这些词语意味

---

[78] 这种规范在滋贺秀三《中国家族法原理》（创文社，1967 年）一书中表述为“法意识”。即如果“不是从规范的形式而是从内容来寻找法的特质，则所谓法……就是关系到正义的规范”，在这一定义上“法意识”被作为考察的对象。关于“正义的基准”这一说法，参见岸本美绪，“明清时代的‘找价回赎’问题”（《中国——社会与文化》12 号，1997 年）264 页。

着人们现实中各自将行动统一到一定基准上去，而这种齐心状态基本上是靠有权威的主体“主唱”或“首唱”和其他人对此“唱和”而达成的[79]。这一过程的逻辑在于，至公无私的主体诉诸于众人内心深处存在的“公心”，而受到启发感召的群众则自发地进行响应。更具体地说不外就是群众接受“公”的宣示而自发地“去私”即主动放弃自己的主张。相反，越是需要众人响应，且只要有必要追求行动基准的共有状态，众人反过来就越需要出现能够与之进行唱和的主唱。而这种来自一般人的要求正好保证了上述理念上逻辑的现实性，尽管实质上主导权始终在主唱者手里[80]。

这样的规范共有状态，说到底只是在眼前的人们之间实际上已经发生了“首唱和唱和”的局面下才得以成立，只要离开这种具体场面，任何关于规范的主张都不过是某人提出的“一说”而已。在审判中，根据已被当事人接受的判决而讨论“法”即民事规范的存在与内容尽管完全可能（就像根据谁都不加争议而作为日常生活常识静悄悄地普遍存在的“非争讼性习惯”来主张“有秩序即有法”那样），但这样的“法”或民事规范却不能像在西欧近代“法与权利”型的审判中那样，作为逻辑上先于纠纷和审判而“客观”存在的规范，起到既为起诉的当事者又为作出判决的审判者提供同一种准据的作用。这是因为在旧中国，纠纷和审判正是行动基准或规范的共有状态趋于崩溃和重新生成的场面，

[79] 参见寺田，上揭“明清法秩序中‘约’的性质”。

[80] 顺便说，滋贺氏指出的“审判公平性的保障在于只有当事者承诺接受——哪怕是很不情愿的——才能最终完结的程序结构。通过当事者与法官之间讨价还价式的反复交涉而最后达成的，一般而言就是情理判断的具体内容”这一观点与本稿在这里表述的内容和结论一致。就这个方面而言，寺田，上揭“清代民事司法论”中对滋贺观点提出的批评在此予以全面撤回。

而且规范共有状态的重新获得靠的也不外就是审判者的主唱与当事者对此的唱和这一形式上自上而下、实质上却是相互性的作用过程[81]。

在这一过程中，实体性的行为基准与其说是纠纷的进行和纠纷的解决本身所依据的既成规范性框架，还不如说只是通过纠纷和纠纷解决才得以发生的对象领域。这一点在因佃户之间“私相授受”工本费而引起的纠纷及其解决中看得最清楚。

而且，由于规范的成立结构具有上述那种“齐心”的性质，当事者一旦接受了“主唱”，逻辑上这是出于自己本心所以不觉得存在规范的强制意义，反过来如果不接受的话则视为与己无关的“一说”而不承认有遵守规范义务的发生。因此，在这个社会中很难设想一种建立在承认规范抽象的妥当性本身以及承认获得这种形式性妥当的程序机制上的“审判规范”。如果试图把那里现实发挥规范作用的行动基准按这种“审判规范”来加以理解的话，必然很难自圆其说。在那样的状况中，仍要寻找使审判得以

[81] 滋贺氏提出的“情理”论尽管在前述一定语境下作为审判实体内容的说明很具说服力，但在抽象的层面上却令人感到存在不足。恐怕这是因为“情理”论只着眼于判决内容，而且将此抽象到斟酌具体情节和照顾整体上普遍性要素这两者的一般均衡高度。这样一来，同时地考虑具体个别和普遍一般就显得好像成了清代审判的规范基础，而隐藏在判决具有实际效果的现象后面、使规范生成并存立的结构本身，却没有进入研究视野。确实，地方官们进行审理时总是想着应该斟酌细节又顾及一般的因素，而且通过审判而形成的规范意味着地方官的主唱获得了当事者的唱和。但是，如果问这种反复发生的现象其基础、原因究竟是什么，仅仅回答是因为地方官做到了全面地衡量和照顾了具体和一般的话，就不过是对当时支配性意识形态的一种再表述而已。这样的回答也许在相当程度上符合当时的实际处理情况，但不仅没有对上述问题作出正面回答，甚至会妨害阻塞寻找答案的途径。以清代社会为对象来论述其社会规范在内容上的价值，总伴随着这种危险。寺田，上揭“清代民事司法论”对滋贺氏“情理”论提出的批评尽管不尽准确完全，着眼点却在于想指出如果在规范生成的结构没有另外被弄清的情况下仅集中讨论规范内容的话，无论论者的意图如何，其结果可能包含着上述的危险性。

成立的某种形式性结构的话，也不应向规范的内容去找，这种结构也许只能在主唱者与唱和者之间个人人格的感召关系中找到。所以，从审判的特殊结构来看判决内容，最终达到的只是“有德之人所言不谬”这样近乎于空虚无内容的循环论而已。

第三，判决既然以上述那样的结构和逻辑顺序而成立，在判决的内容与当时当地一定范围内社会共有的行为规范之间，就呈现不同于单纯提供准据的另一种动态性相互关系来。

仅有整体性互让共存的抽象理念不足以解决任何问题，这一点对民众来说也是同样的。互让共存的伦理完全得以实现只能是在同居共财的小家庭各自的范围之内。但是清代社会的现实却是一个个小家之间进行着激烈竞争且沉浮无常的世界。以自己一家的生存“私欲”为前提，同时又以生存的相互性为基础，关于生产和交换的形式就产生了和存在许许多多契约性、市场性的具体安排，或者说人们围绕相互间的行为和关系编织出了许多行动框架。尽管多数行为框架的最终基础仍不得不建立在维持相互生存的互助互让义务上，但这样的框架越多，人们就越要追求其具体的内容。实际上，在从事日常的交换时，当事者不得不时刻考虑目前双方共有的、或在周围人们之间占主流的（因为万一发生纠纷时需要争取周围的同情支援）行动基准或框架都有什么具体内容，这些内容在出现争议时作为支持自己的根据有多大力量。不过如在第一节中已经指出的那样，这些行动框架基本上由人们日常生活中个别地取得的契据等凭证和周围人们对此类根据比较松散的一般承认而构成。如果发生类似于佃户之间授受工本费的连锁最后导致冲突那样的纠纷，则当事者双方各自以相互矛盾的不同框架作为根据，其结果就是难以确认框架究竟是什么，或者说框架本身成为争执的焦点。

在审判者与当事者双方之间展开的具体纠纷处理过程，同时也是在上述社会状况下进行的规范确认过程。对于周围那些关心究竟什么是眼下有效的共有规范（既可以说是现行规范也可以说不过是“当地的大致行情”）这一问题的一般民众来说，这无疑是一个确认规范的绝好指标。

考虑到周围民众的注视以及具体审判可能取到的波及效果，地方官不能采取只要当事者愿意息讼就万事大吉的态度。正是出于这样的考虑，地方官的判决要求具有一定的规则性，而且个别的审判也要照顾到长期的社会性的一般要素[82]。于是，在民众关注下，地方官通过苦心斟酌而提示的判决内容（或者说法庭上确认的民事规范）往往能够发挥一种整理和统合民间大致存在却有许多微妙矛盾之处的共同感觉这样的作用，从而促进对规范共有状态的确认。对于有能力的地方官来说，公开的审判是教化民众的绝好机会。用上面已提到的理论框架来把握的话，地方官与民众之间的关系仍不外是首唱和唱和的关系。更精确地说，地方官与当事者之间在个别案件中成立或确认的共有规范，作为一个模范事例，在当时整个地域的民事规范共有过程中发挥“首唱”的功能。而且一旦在该地域得到“唱和”而成为支配性的共有规范，又能对其他地域产生波及作用。于是规范的共有状态就呈现一种同心圆式的波及扩大态势，而个别判决则作为同心圆的中心

[82] 这不仅是州县自理审判固有的要素。律例规定上典型地反映出来的刑罚轻重的规则性、命盗重案与涉及“风化”问题严禁“私和”而要求一律通过刑事程序的重案处理，都体现了这种对一般性的考虑。地方官在选择决定究竟是“依法”一惩百戒还是作非刑事性处理时，所斟酌的因素中也包括这方面的内容。换言之，为了理解这种面向一般性、普遍性的考虑，仅仅着眼于“息诉”并基本上就当事者双方以及特定案件具体情况的层次来展开分析的话，很难获得充分的说明。

而存在。

不过，只要注意这种功能上的关联，就可以清楚地看到地方官对地方上的习惯发挥影响力的局面并不限于听讼审判（如地方官可以发布告示，有时候告示甚至与审判直接有关）。作为向周围波及的“模范事例”，地方官的判决与第一节所述的民间一个个“推来挤去”的成功与失败事例（如佃户以“肥培”为理由获得了田主补偿，或者该理由遭到田主家人的坚决反击等事例）功能上并无根本差异。对于处于类似状况中的佃户和田主来说，这些事例决不会没有关系。而且一旦大家都“群起效尤”的话，任何“模范事例”转瞬之间就可能成为在当地一定程度上能够安心地依照其行动的准据。

使民事规范得以形成或者使行动基准趋向共有的行动，在当时的民间社会中每日每地都在发生。在民事规范整体的动态之中，官的审判只是这类行动中的一种，或者说不过是同种行为之一而已。有时候官的判断确实能够左右整个地域的规范动向，但考虑到一个佃农或某一无名的市民“倡某说”而采取勇敢（或是“狂妄”）的行动同样能够风靡整个地域社会的现实，则只能说两者之间实在没有什么本质上的差别[83]。

确实，在审判中成立或地方官在法庭上确认的民事规范对于当地可能是一种“典型”，但研究者如果把地方官在判决中提示的规范命题视为民间规范意识整体的基础，则是过于局限于社会整体的规范动态中一个小小的局部了。而且进一步把这样的认识抽象到社会整体层次上去的话，则很可能陷入逻辑上无意义的循

[83] 笔者关于这些实际状况的见解，可参见寺田，上揭“清代土地法秩序中‘惯行’的结构”，以及同“明清法秩序中‘约’的性质”。

环论中去。

结　　语

在社会关系的主要部分已经由各自持有自身利害的无数主体通过竞争竞合而形成这样一种多元的动态之下，一定的共存秩序如何得以成立呢？本稿所讨论的，其实就是旧中国的民众和公共权力怎样对付或处理这样一个恐怕世界上任何近世社会都会面临的共通问题。

在那里，许许多多的小家为了维持生业、确保生存，每日都在努力以至苦苦挣扎。围绕着生业的移转和确保，已经存在建立在管业和来历两个概念上的一定财产法秩序。人们为了在这个社会中达到最为确实的生业保障，总是想尽力取得“绝”的来历。以一个个小家为单位、各自负有维持自身生存责任的情况越是普遍，对人们为此而付出的心血和汗水越不能忽视。同时，即使没有财产的家庭，其生存欲望也不容否认，而且他们为了确保自己的生业也拥有相应的手段（包括自杀在内）。如果在更长的时间段上考虑问题，则对方的现在可能就是自己家族的将来。没有人会否定互助互让的必要性。于是，当时的人们把围绕自己的社会状况首先理解为各有特殊情况以及相应论据的一个个小家默默地相互推来挤去的事态，而把社会秩序的形成视为一个相互调整的问题。当然，不能否定“欲”的存在，但是欲的膨胀如果超过一定限度，必然要引起受压的他人坚决反击。存在某个恰当的均衡点，或者说人们总相信无疑应该存在。如果人人都以达到均衡为前提适当而有节度地行动，秩序自然就会成立。不过，这样的秩序形成原理尽管确实是简单明快，但一旦付诸实行却非常困难。在这种困难的状况中展开的种种现象或局面，就是本稿一直在描述的内容。

那么，像这样形成的秩序与市民革命以前或者市民革命以后的西欧法秩序有何异同呢？其差异又是怎样产生的呢？而且，旧中国社会的秩序不久也开始进入了近代。有了民事法典，有了近代式的依法的审判。这些新的状况与原来的秩序在哪些方面相互联系，在什么地方又发生了断绝呢？换一种表达方式的话，在个体的集合与总体秩序形成这一对于人类的过去和现在都具有普遍意义的问题中，清代中国社会中所尝试的上述那些秩序形成样式具有什么样的意义和性质呢？与前近代和近代的西欧法秩序所具有的意义相比较的话，又该怎样把握中国式的秩序形成样式呢？如果从这种比较文明论的角度来对“权利”和“冤抑”加以对比，也许更加便于考察。但是篇幅有限，对这个问题只能另找机会来进行讨论了[84]。

[84] 笔者在1996年于镰仓举行的专题研讨会上提出的论文花了相当篇幅来讨论了这个问题。此后不久，又有机会参加“第一届亚洲法哲学研讨会”（1996年10月于同志社大学）并提交了题为“满员电车的模型——明清时期的社会理解与秩序形成”的大会报告。在这一报告中扩充了自己原来的见解，把中国明清社会秩序形成的特征及其一定的普遍性比喻为在满员电车中发生形成的事态，并进一步进行了整理和理论说明。该报告与其他大会文件一起译为英文，将于《国际法哲学社会哲学杂志》（Archiv Fuer Rechts und Sozialphilosophie）上发表。现在笔者的观点并无大的变化。拟不久后将这些观点整理出来，补充本稿中所缺的这一部分。

关于寺田浩明教授论文的解说

王亚新　著

寺田浩明教授出生于1953年，1977年毕业于东京大学法学部之后即留校任教，这期间在滋贺秀三教授的指导下开始了中国法制史的研究。后来，他转至千叶大学法经学部历任助教、副教授，现为东北大学法学部教授。在日本当前的中国法制史学界，寺田教授是一位多产而活跃的“少壮派”学者，不仅其研究成果在学术界有广泛的影响，而且在日本法制史学会的组织运营以及学会机关刊物的编辑等方面他也发挥着积极的主导性作用。

一

寺田教授最初的研究对象集中在清代的土地法这一领域，先后发表了“田底田面惯行的法的性质——以概念的考察为中心”（东京大学《东洋文化研究所纪要》第93册，1983年），“关于《崇明县志》中所见的‘承价’、‘过投’、‘顶首’——对田底田面惯行形成过程的一个研究”（东京大学《东洋文化研究所纪要》第98册，1985年）以及“清代中期对典的规制中所看到的期限之含意”（《东洋法律史的探究——岛田正郎博士颂寿纪念论集》汲古书院，1987年）等论文。在这些初期的工作中，他使用丰富的史料对史实进行了详细的考证（这些论文一般都长达数万到十多万字），同时在滋贺教授所开拓的研究方向影响之下，他也非常注重概念的整理和分析框架的形成。通过这种建立在扎实而细致的实证基础上的概念分析，寺田教授在清代土地法研究领域对学术界一直未能解决的难题取得了重要的突破。关于他在这方面获得的成就，可参见已收进本书的岸本美绪教授所著“明清契约文书”一文。

自20世纪80年代末以来，寺田教授不仅将研究对象扩展到了审判制度等领域，而且，在通过对传统中国固有的概念进行深入的整理和内在的理解来形成或建立关于中国法秩序独特的整体形象这一研究方法上，也达到了更为成熟的境地。这段时期他发表的主要论文包括“清代土地法秩序中‘惯行’的结构”（《东洋史研究》48卷2号，1989年）、“中国近世的自然领有”（丛书·向世界史发问，第一卷《历史中的自然》岩波书店，1989年）[1]、“关于明清法制史学的研究对象”（东北大学法学部《法学》58卷3号，1994年）、“清代民事司法理论中的‘审判’和‘调解’——对黄宗智氏近作的一个回应”（《中国史学》第6号，1995年），“合意与齐心之间”（森正夫、滨岛敦俊他编《明清时代史的基本问题》汲古书院，1997年），等等。本书所收进的三篇论文可以说都是他在这段时期内发表的代表作，其中，1997年刚刚问世的“权利与冤抑”一文更可以说是他自己到目前为止的中国法制史研究集大成之作。

---

[1] 这两篇论文都已译为中文在国内发表。参见王莉莉译，“关于清代土地法秩序‘惯例’的结构”（刘俊文主编《日本中青年学者论中国史·宋元明清卷》上海古籍出版社，1995年）；冯潇译，“中国近世土地所有制研究”（丛书：法律史研究第二辑《中外法律史新探》科学出版社，1994年）。

寺田教授从上述“清代土地法秩序中‘惯行’的结构”一文开始正面着手解决的问题是：如果像滋贺秀三教授所指出的那样，清代中国的民事习惯或“惯行”不仅在相当于民事审判的听讼中没有在制度上被作为地方官解决纠纷的判断基准，在社会内这种规范也并不以西洋意义上的“习惯法”形态而存在的话，那么当时的民事习惯究竟是什么样的一种社会规范、在社会里占据着什么位置又发挥什么功能呢？此后他的一系列研究涉及了习惯、契约（以及整个乡村层次上的“约”）、听讼中所谓的“情理”等种种规范形式。在此过程中他逐渐就当时的民事规范成立的空间范围、规范形成、变化和消失的机制与过程、决定规范结构的内在逻辑理念等方面提出了一些独特的见解。在最近发表并收入本书的“权利与冤抑”一文中，他尝试将这些见解统一起来，提供了一幅关于清代中国民事审判与社会中民事法秩序的完整图景。

二

关于寺田教授对中国传统的民事规范都提出了什么观点，或者说就当时社会的民事秩序描绘出了一幅什么样的图像，他的观察是否具有充分的说服力等，读者自可以从本书所收译文中寻找自己的答案。但对于他从事这些观察时作为背景的参照系或准据框架，似有必要作一定的说明。当然，在稍稍精确一些的意义上讲，寺田教授从事的并不是比较研究，他也没有严格地设定某一具体的框架或某些特定的历史现象来作为与传统中国的类似问题或现象逐项加以对照的基础。但他作为一名外国研究者在观察中国社会里固有的种种现象时，无疑会受到他所置身于其中的学术界所共有的知识和问题意识影响。这些知识以及问题意识作为一种学术传统在他的语境中很大程度上已经是理所当然、不言而喻的东西，然而对于我们自己的语境来说仍然可能相当陌生。因此，有必要对寺田理论在这种意义上作为参照的学问背景作一定的解读和介绍。不过由于笔者本人在专业范围上所受的限制，这种解读和介绍将只能停留在一种相当笼统模糊、概而论之的大致程度上。考虑到这种程度的解说仍可能有助于读者较深入地理解寺田教授所做工作的意义，以下就姑且一试[2]。

为了展示和整理寺田理论所涉及的领域，首先可以建立一个分类或者有关领域划分的模型或框架。这一模型所包含的第一个分类就是“国家”(或者更直接地说就是国家的民事审判或由公共权力实施的民事纠纷解决）与“社会”(或具体讲就是民间社会中的民事秩序)。关于这个分类，寺田论文中已有明确表述，且我们对这些词语本身也比较熟悉，这里不再多加解释。但另一个分类对于读者来说却可能相当复杂而陌生，这就是可用“规范成立的空间”和“规范成立的过程”来表达的、有关规范秩序形成的两个侧面。任何一种建立在规范认同上的秩序（区别于如以暴力和恐吓等方法来构成和维持的“秩序”），至少包含三个侧面。一个侧面直接涉及人们所认同的规范内容，例如“有借有还、一定之理”或“父在子不得自专”等就是这样的规范内容。围绕不同的规范内容可以形成种种的规范领域，如身份关系或身份法领域、财产关系或财产法领域以及财产关系中的土地、借贷、合股等具体的规范领域。这个侧面对于理解特定的规范秩序来说固然非常重要，但本书所收的寺田论文重点却没有放在探究

[2] 当然，以下的这些说明主要是笔者的理解，不一定完全代表寺田教授的观点。

传统中国的民事规范内容这个方面，而只是主要以他已在规范内容的实证考察方面下过扎实工夫的土地法领域为素材，集中探讨了规范秩序所包含的另外两个侧面。不用说，这两个侧面就是上述“规范成立的空间”和“规范成立的过程”。前一侧面指的是人们认同一定的规范并在此基础上形成、认知某种秩序存在的范围，或者说是规范以及秩序成立的空间单位。这种范围既可以表现为地理空间的特定界限，又可以指人们在一定规模上结合而成的群体，但最为基本和重要的是意味着一定范围内的人们围绕规范认同而形成的共有或共通的观念空间，或者观念世界。后一个侧面，即“规范成立的过程”则指的是在一定范围或空间中规范如何产生、演变乃至消失的过程，换一角度看也可以说是此范围内的人们怎样确认、改变或保证规范得以实现的过程。对这种过程的认识和把握同时也意味着理解或解读建立在规范认同上的秩序究竟具有何种结构或机制这一问题。

将以上所述的两种分类结合起来，就可以得到表示秩序问题之不同领域的下列图式。

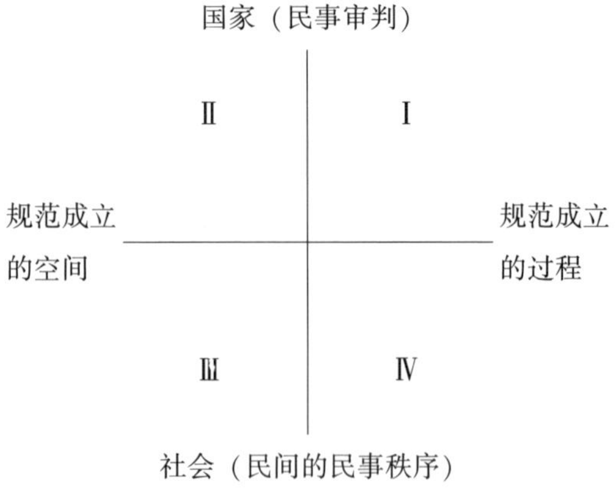

上图中的四个象限表示规范秩序的不同侧面或不同的问题领域，这些侧面或领域具有内在的相互联系，综合起来就构成一个秩序的整体。按照笔者个人的理解，寺田教授所从事的工作就是分别对这些领域进行描述和分析，最终把它们统一起来，刻画出了一幅关于清代中国民事性规范秩序的整体图景。那么，接下来的问题则是：他的这项工作所参照的大致是一种什么样的框架，或者说作为对照物的是一种什么样的规范秩序呢？如果以上述图式来加以整理的话，这种规范秩序在不同的象限或领域里又表现出什么样的特点呢？

三

在极其一般的意义上，可以说构成寺田理论之学术背景的参照系就是西欧“前近代”（pro-modern）与“近代”（modern）类型的规范秩序。前者主要限定在欧洲西部若干国家或地域，指存在于从中世纪到市民革命之前这段时期的秩序形态，也在一定程度上包括江户时期的日本。而后者则是已扩散到世界范围，但仍以欧洲的多数国家、北美、澳洲和日本为主，通过所谓“近代化”（modernization）而形成且目前依然存在的规范秩序。涉及如此多样的地域和这般漫长时期的秩序形态，其表现形式自然是千差万别、千变万化。尽管这样，在“前近代”与“近代”这一概念框架之下，它们仍然可能被归属到同一个关于特定规范秩序成立和演化的模式中去。

作为一种“理念型”的一般模式，前近代的国家或公共权力所从事的民事审判建立在一种以封建等级制和地域习惯为基础的规范空间里（上述图式的第Ⅱ象限）。这往往意味着审判权按一定等级分散在大大小小的领主手中（领主审判权，或不存在统一的国家审判权），领主们各自按照自己所领有管辖的地域之内固有的习惯法规范进行审判。即使是在王权相对强有力的英格兰和绝对王政时期的法国，国王派出的巡回法院仍为特定地域内固有的习惯法规范所拘束。在规范的确认或发现方面（第Ⅰ象限），法官采取让具有一定资格并达到一定人数的证人经过宣誓就当地的习惯法是什么提供证言等程序，或者由国家出面编纂习惯法书。贯穿这些程序、方法的观念则是规范为一定社会空间里既成或固有的存在物、法官的任务只在于发现、找出这些规范，并适用它们来解决纠纷[3]。另外，关于在社会中规范成立的空间（第Ⅲ象限），村落共同体（village community，Dorfgemeinde）具有极为重要的意义，作为不同的共同体，城市以及商人、手工业者的行会在一定程度上都可能视为村落共同体的拟制或延伸。村落共同体的成员是一种原则上不能改变的世袭身份，土地基本上为村落共同体共有而不得买卖流转，村落之间存在明确而严格的境界。与这种界限分明而又相当固定的小范围规范空间相对应，作为社会里民事性规范最主要形式的习惯通过传统的累积一旦形成就显得相当稳定，而且也较容易得到确认（第Ⅳ象限）。一定时期在某些地域的共同体中为了方便纠纷的处理还更进一步采取了把共同体的习惯规范以书面形式记录下来的措施。这就是西欧史上有名的“判告书”（Weistumer）或“村法”（village

[3] 关于西欧前近代社会中民事审判的一般情形，参见染野义信《向近代转换的审判制度》（劲草书房，1998年），尤其是第四篇“审判制度在欧洲的近代化过程”。

by-law)[4]。

随着前近代向近代的转换，分散且各自独立的审判权统一到了称为“国民国家”的广域空间。在这个新的规范空间内，重要的民事规范通过国家立法而正式成立，并在全国统一的审判中得到一般的、普遍的适用。民事审判所特有的一系列制度化程序以及高度专业化、技术化了的法律解释构成了确认和发展规范的机制。于是，民事规范的形成、变化以及失效取消等过程获得了一种可见的制度性外观。在社会这一方面，旧的共同体全部崩溃或解体，在此基础上出现了与国民国家范围一致的统一市场和市民社会。民事规范秩序在那里一方面以这种统一的市场和市民社会为母体而产生，另一方面又由国家的立法与审判所宣示的结果等形式表现出来，规范在社会里形成、变化和消失的过程已经基本上被纳入了一种高度制度化、实定化的机制之中。

四

在如上所述的一般背景之下，寺田教授努力揭示的问题之一就是：作为规范成立的空间单位，既然清代中国民间社会中不存在西欧以及日本的前近代那种界限相对分明、结构比较固定的共同体，在那里存在或展开的究竟是什么样的规范空间呢？

首先，可举出的是称为“天下”或在日本史学界经常称为

[4] 作为以上介绍的一般参考文献，参见住谷一彦：《共同体的历史构造论》(有斐阁，1963年)；石坂昭雄等共著：《西洋经济史》(新版，有斐阁，1994年)；野崎直治编：《概说西洋社会史》(有斐阁，1994年)；M. 布洛克著：《封建社会》，堀米庸三监译(岩波书店，1995年)。

“中华世界”的广域空间。这个空间以汉民族的文化和汉字为中心，与帝制王朝的支配范围大致重合，具有极为广阔的地理外延。作为一种规范成立的统一空间，这一范围已经和近代较大的国民国家没有区别。在这个空间之内，远至从宋代以来就不存在对土地买卖的禁止，也基本上没有世袭固定的身份和职业，同时已经看不到以小范围领地为单位的超经济强制以及农民对土地和领主的人身依附。在民间秩序大致建立在契约和竞争这一意义上，这个广域的空间看起来非常接近或类似于近代。那里成立了许多具有普遍意义或只为中华世界所特有的规范（前者如“有借有还”，后者如“父在子不得自专”等），但以这些规范为内容的却几乎完全是一种自生的民事秩序，国家既未积极地向社会提供任何秩序框架，也不能为已经形成的规范秩序提供充分的保障。这个空间里的规范和秩序因而显得如此的难以把握、如此的流动和不安定，以至在某种意义上与其说它本身是一种规范成立的空间，还不如说只是规范空间成立的广域背景。换言之，人们并不能安心地只依靠这样广阔的空间内成立的规范来支持自己的日常生活与社会行为，从而不能不渴望和追求更小范围内更可靠的规范秩序。寺田教授的“权利与冤抑”一文中有许多关于这个空间及其性质的描述。

其次，应该举出的是可称为“地域社会”的规范空间。这种空间以地域习惯或“惯行”的成立为单位，在地理范围上常常大致相当于州、县，有时也许达到省的层次，但是不一定与行政区划相吻合。寺田教授的“清代土地法秩序中‘惯行’的结构”一文就是以这样的规范空间为对象的。他指出由于在其中成立的习惯或惯行这种规范根据地方官的介入和民众的“效尤”等行动而相当自在地发生、变化和消失，常常被以象征着漂移不定的“风”这一词来表达（如“风习”“风俗”“风气”等），结果是使得这一空间完全不同于西欧历史上的习惯法地域。人们同样很难安心地依靠这里所成立的规范秩序，因而进一步产生了种种寻求更稳定的规范或秩序的行动。

第三种规范空间则是寺田教授在“明清时期法秩序中‘约’的性质”一文里提出的所谓“乡村层次”或“乡村大”的范围。这种空间在范围上小于州县，一般而言又大于一村一庄，其边缘界限是非常模糊的。通过对这个层次上三种“运动”式的秩序或规范成立过程，即乡禁约、乡约和抗租盟约进行考察，寺田教授提出了“首唱和唱和”这一有关规范共有或秩序形成的结构模式。看来，这一层次一般只是在社会动荡不安的“问题局面”下才构成规范空间。然而，也许是由于寺田教授认为生活在明清时期的人们本身就始终处于一种竞争和沉浮相当激烈的动态局面，他把从这一空间内获得的上述结构模式理解为能够适用于当时人们寻求规范和秩序的一切行动、一切场面之一般框架。

再往下就到了村落、宗族、行会等团体组织形式的层次。关于在这个层次上规范成立的空间，寺田教授并未给以详细的考察。但是，主要根据40年代满铁调查部在华北进行的农村调查所提供的资料，日本的中国史学界整体上所持的基本观点是：旧中国并不存在西欧或日本前近代那样边缘清楚、成员固定、内部结合紧密的村落共同体，至少在北方地区宗族也不是一种普遍的组织形式，行会以及较小的合股企业等则具有较短时期内反复形成又解消的倾向。总之，很难说这个层次上的种种团体组织构成了具有重要意义的规范空间。在寺田教授看来，这类团体组织尽管带有更明显的地缘、血缘或职业的印记，但根本上仍不外是通过“首唱和唱和”的机制或结构而形成的规范空间，因而不可能为当时的人们带来更为稳定、更为可靠的秩序。

最后，作为能够使某种规范秩序得以成立的最小单位，可以举出同居共财的家来。寺田教授在“合意与齐心之间”一文中集中讨论了这种规范空间的结构和含义。按照滋贺教授通过《中国家族法原理》一书所提供的研究成果，关于同居共财的家所拥有的共同财产，原则上一切决定都由男性家长作出而其他成员只能服从，但是家长并不能按自己的意志随便处分财产。家长只是代表家的“公意”，这种公意不因一个个家庭成员个人的意思结合而成。同居共财意味着消除了一切个人意思的“一心同体”，这种结合的逻辑则以男性成员“同气分形”的血缘关系为基础。寺田教授认为，这种以“去私”和“齐心”为内容，最终达到“一心同体”境界的结合形式是当时人们心目中关于一切规范秩序形成的原型或理想。在这种不分自他地结合为浑然一体的理想里，无论是“合意”（个人意思的结合）还是“强制”（某一个人的意思强加给他人）都失去了意义。

综上所述，现在可以尝试就寺田教授关于规范空间的结论作出以下归纳。

事实上，在明清时期的中国，无论在与西欧的近代还是前近代对比的层次上，都不存在相对稳定的、可以安心依靠的规范空间。唯一的一个真正稳定（而且是“超稳定”）的规范空间就是同居共财的家。但是，这种家正好也是广域的社会空间中在相互之间进行激烈竞争且不断上升下降的最基本单位。渴望获得安定和保障的人们把通过“去私”而达到“一心同体”的境界作为形成规范秩序的理想原型，然而面临的却是“人心不一”“各顾其私”的现实。反过来也可以说正是不安定的现实促使人们把绝对安定的共同性或结合形式作为理想。在这种理想与现实的矛盾冲突中，无尽地呈现出来的就是通过“首唱和唱和”来获得规范、建构秩序的反复尝试。而贯穿了一切规范空间层次上的这些尝试，当时的人们总是坚持根源于“一心同体”理想的“公私”对比（或者说，除此之外不知道也没有想到过可能存在其他的理念或逻辑）。这就使“去私”成为支配社会生活或社会行为一切场面的最高伦理要求，而且把人们建构秩序的所有注意力都引向了寻求更具“公心”或具有更高道德感召力的主体这一方向上去。这些原理和作为构成了当时的整个社会秩序本身，同时又体现在种种有时相互矛盾的动态现象之中。

五

通过以上对有关规范成立的空间这方面进行的整理和介绍，关于在上述空间内规范的成立过程具有什么样的特点这另一个问题，寺田教授持有的见解也基本上呈现出来。如果用一句话来表达他的见解，当时规范的成立就是在“公私”对比这一认识框架下，于种种层次或空间内展开的“首唱和唱和”过程。根据他的研究，关于明清时期的人们如何形成或获得、确认和改变发展民事规范，我们可以描画出以下这样一幅大略的图景。

经过长期的历史演化和传统积累，当时在一种极为广阔的范围内人们共有许许多多关于财产关系和身份关系的规范。这些规范不仅有几乎为人类普遍持有的“有借有还”等观念，更重要的是包括了旧中国社会特有的如民地的私有和自由流转，职业选择和营业的自由，家产由诸子均分的继承等。正是这些规范构成了当时社会里民事秩序的基础，使一般情况下人们的日常生活能够在平静而无大碍的局面下进行。在通过传统而逐渐形成、被置身于其中的人们视为理所当然，以及构成了人们日常生活的一般基础等方面，如果不问其具体内容，这类民事规范的存在无论在旧中国还是在西欧前近代社会其实都并无区别。但是，继承了滋贺教授关于“非争讼的习惯”（non-litigatious custom）等见解[5]，寺田教授认为，清代中国社会里的这类规范在纠纷一旦发生而需要得到解决时不能发挥决定性作用这一点上却明显地区别于西欧前近代的习惯法规范。这首先表现在缺乏以强制力为切实后盾，能够通过一系列制度化的程序来确认规范并保证其得到实现的公共权力装置。社会里也不存在以地域共同体为基础，能够实施制度性暴力强制的如领主等权力来充当发现、确认和实现规范的主体。另外，仅靠双方或多方的契约以及建立在合意之上的组织，同样不足于提供这样的装置或发挥这样的功能作用。当然，在民事规范的形成、确认或实现以及演化等方面，无论国家还是社会又不是完全无所作为的。于是，出现的就是寺田论文中所描写的官与民、社会精英与民众之间围绕规范秩序的那种运动式的相互作用过程和复杂多样的情景。

与西欧的前近代社会相对而言，考虑到明清时期中国社会里的人们已经不受来自领主或封建共同体的强制和束缚而得到了种

[5] 参见本书所收，滋贺秀三，“清代诉讼制度之民事法源的考察——作为法源的习惯”。此外，似乎出于同样的观察角度，滋贺教授在《中国家族法原理》一书中把这类规范称为“法意识”。

种自由，同时又考虑到当时不可能出现如近代社会里存在的保障这些自由的有效制度，寺田教授关于规范成立过程的描写给我们一种极度不安定的印象可以说也是意表中之事。似乎还可以说规范成立与秩序本身的不安定正是当时人们享有自由而不得不付出的一种代价。或者可以更进一步说，所谓“自由”和“安定”都不过是相对而言，以“自由”和“安定”这样的概念装置来把握旧中国社会中的民事秩序问题，其实归根结底也只是取决于寺田教授等日本学者采取的观察角度和使用的准据框架。然而，对于同样关心民事秩序问题却不熟悉这种观察角度和准据框架的我们来说，他的研究成果无疑具有极为深刻的启示性。

最后，与观察的相对性相联系，对寺田论文中有关规范性质的“客观”“实定”“事实状态”等形容词还有必要作一点考察。不用说，规范是否具有“客观性”“实定性”，或者是否只是处于“半事实状态”等，都不过是相对而言。与西欧前近代种种较固定的秩序框架内的规范相比，在不存在这类框架的旧中国社会，规范的性质显得颇为流动和模糊也是比较容易理解的。然而，如果与近代的规范存在形态相比较的话，则必须注意到准据框架本身的多样性。具体而言，关于西洋近代型的法律规范，与概念法学等传统相联系的所谓“法的科学性”或“客观性”观念已受到了极大的冲击，很大程度上这是因为一些西方国家的法学界出现了新的潮流，如在美国从 20 世纪 30 年代的法律现实主义（legal realism）到现在的批判法学等流派，其批判的对象之一就是法律的客观性、实定性问题[6]。寺田教授在观察清代中国社会时使用的准据当然不可能是否认近代法具有客观性、实定性的观点，但同时他也没有采取类似于概念法学那样僵硬的立场。必须看到，在这两种极端之间，在西方法学界占有主流地位的是仍然承认规范的客观性、实定性但给以了更加灵活和更具包容性的说明的观点。

在这一类观点看来，法律规范确实并不具有本体论意义上的客观性或实定性，所谓“客观性”或“实定性”可以说只是一种通过观念而建构（construct）起来的社会性“实在”（reality），因而实质上属于“间主观性”或“相互主观性”（intersubjectivity）的范畴。但是这种客观性或实定性又决不是一种空虚或“虚伪”的观念或意识。相反，它们构成了一定法律规范的“实在”特性。在一系列程序和制度性安排的制约下，由法学家、律师和法官等法的专家们通过高度专门化的法律知识和技术而建构的所谓“法的解释共同体”，有可能在不同程度上使一种作为规范秩序实质内容的“客观性”与“实定性”得以实现[7]。与此相比，清代中国无论在听讼这样的国家审判场面还是在民间解决纠纷的场面，既不存在这种法的专家，也不存在相应的程序和高度专门化的法律知识与解释技术来发现和确认民事规范。在此意义上也仅限于这种相对的意义上，旧中国的民事规范确实可以说是一种缺

---

[6] 关于“法律现实主义”，参见加藤新平：《法哲学概论》（有斐阁，1976年），第338—345页；碧海纯一、伊藤正己、村上淳一编：《法学史》（东京大学出版会，1991年），第277—280页。关于批判法学，参见D. 凯立兹编、松浦好治、松井茂记编译：《作为政治的法——批判法学入门》（风行社，1991年）。

[7] 这种观点的代表人物之一是美国耶鲁大学法学院的菲思教授。关于“解释共同体”的概念，参见Owen M. Fiss, *Objectivity and Interpretation*, Stanford Law Review, Vol. 34, 1982, 746。

乏客观性、实定性，且许多时候处于“半事实状态”下的规范形态。至于这究竟是怎样一种状态，以及规范依具体情境而流动、带有强烈的人格及伦理色彩、非专业化等性质，则可以在寺田教授的研究中找到正面的描写。

明清契约文书*

岸本美绪　著　王亚新　译

一、明清时代的“契”“契据”

在明代和清代，对证明某种约定存在的文书，民间广泛使用的称呼是“契”或“契据”等。关于“契”或“契据”具体指的是什么样的文书，当时似乎并不存在具有明确外延的定义，但这些词的日常用法确实与今天我们所说的“契约文书”有很多共通之处。关于在“明清契约文书”这一标题下应该考察哪些文书有几种可能选择的方案，但这里就且把明清时代“契”或“契据”的一般用法大致作为以下考察的对象范围。

“契”究竟指的是什么？关于这个语词的含义，讨论中国社会契约关系的学术著作总会多少有所涉及。这里不追根溯源到上古如殷代等去考虑“契”的原义，从明清到民国时期的一般用法看来，“契”“契据”的概念在从不动产买卖契约、“租契”、“退契”、“揽契”（关于承包的契约）到结拜兄弟的“金兰契”等极为广泛的范围中被用于各种各样的约定。在研究史上，有的学者

---

* 本稿原载于滋贺秀三主编：《中国法制史——基本资料的研究》，东京大学出版社，1993年。

从强调作为不动产证书（地券）的角度来定义“契”字（如矢野春隆，1935，清水金二郎，1946 等）。一方面他们把“执照”、“田单”或“契尾”等官府发行的证书也作为“契”的重要部分，另一方面却把“租契”等买卖以外的契约文书从“契”狭义的概念范围排除出去。但我个人认为，清代虽然存在将统一印制的官颁格式纸写上契约内容称为“契”的情况，却极少把“执照”“田单”等官府发给的文件本身也叫作“契”。就当时一般人的语感来说，“契”字的外延与其扩大到包括不动产的归属证明，还不如说被限定在当事者相互合意而达到的约定这一范围内。

不过，“契”也并非总是以同样频度用于任何约定。在明清时期，这个字多用在不动产买卖中也是事实。当时只要一提及“契”，恐怕人们头脑中首先浮现出来的形象就是不动产买卖文书。如果查阅一下东京大学东洋文化研究所收藏的两千多件清代土地契约文书的标题，就会发现无论哪个地区的文书，“绝卖文契”“典田文契”等用在买卖或抵押关系上的“契”占压倒多数。而“租契”“借契”虽然不是完全没有却非常少见，更常见的是“租约”“借字”等标题。一般来说，尽管“契”与“约”“字”的用法因地域和时期的不同有较大差异，但“契”似乎多用于重要而且正式的文书，“约”和“字”则给人一种略式文书的印象。当然很难说二者之间有质的区别，不过“契”字在不动产买卖上的广泛使用可能显示了这一词具有更重要或正式的感觉。

另外，虽然是建立在当事者双方合意基础上的约定，当时的“契”却未必在文书中明确记载双方的权利义务，而且也不一定采取双方签名的方式。像这样强调双务关系的契约往往特意冠以“合同”的特别名称。当时大多数的契，如果是买卖则多表示为从卖主这一方给予买主的文书。就其内容而言，“契”就是卖主表示在接受买价的前提下把不动产的权利让渡给买主，有些类似卖主一方提出的保证。而当时在证明不动产归属的种种文件中，这种由原所有者所作的文书占有中心位置。确实，“契”是在当事者双方达成合意的基础上才制作的文书，但里面关于权利义务的记载却往往采取当事者一方的表现方式值得特别注意。如果查阅英汉辞典，对应于“contract”的中国语主要有“契约”和“合同”，而今天中国的现行法制上多采用“合同”一词。这是否也表明，与明确表示双务性质的“合同”相比，中国语中“契约”这一词到今天仍然保持着某种单务性的语感呢？

从以上考察来看，明清时期所说的“契”“契据”尽管是日常生活中种种约定及记载约定的文书的泛指，但实际上往往意味着不动产买卖中由卖主一方提交给买主的证书，该证书在证明不动产归属的文件中占有最为重要的地位。

对契约文书的研究可以根据研究方向的不同加以分类。例如，在社会经济史的方向上，为了查明某一时期某一地域经济活动的实际情况，收集该地域包括契约文书在内的文字资料以及整理分析这些资料所记载的经济活动内容就成为中心课题。可以说第二次世界大战后明清史研究者对契约文书的关心主要来自这个方向。另外，如果在法制或行政实践的角度上希望了解不动产或家族关系等私法方面的惯行，则包括官府发行的证书在内，有关私法关系的各种文书在法律形式上的结构将是关心的主要对象。战前日本学者进行的惯习调查就代表了这样一种研究方向。但是，作为一种更为本源的探究，在旧中国社会里，支持着私人之间契约关系的观念或秩序究竟是什么，这一问题值得认真考虑。从这个角度出发，则相对于契约文书中写下的内容而言，从外部支撑着契约关系的社会秩序或契约文书发挥作用的社会空间本身构成了更为重大的课题。

以下，本稿首先在第二节大致介绍一下对明清契约文书的收藏和整理情况，并简单地说明以前法制史以及社会经济史的研究过程中这些材料是在什么样的方向上被如何整理分析的；第三节讨论契约文书中显示出来的契约关系问题；第四节则对支撑着契约关系的外部秩序进行考察。

此外，本稿后面所列的文献目录分为两个部分。第一个部分按地域不同列出收录契约文书原文的资料集，第二部分按著者名字列出利用契约文书进行研究而获得的成果。不过，后者中收录契约文书原文的文献也不在少数，因此两个部分的区别未必很清晰。

二、契约文书的收集和整理

中国古代的契约文书史料中最早的可举出西周金文里已存在证明土地交易的铭文，另外还有敦煌、居延等地发掘出来的汉代残简以及墓中出土的后汉时期的买墓券等。但最为集中的则是在敦煌和土鲁番发现的从三、四世纪到九、十世纪的 500 多件契约文书。关于宋元时期的契约文书，存在泉州和徽州的少量事例。作为本稿主题的明清契约文书正是这些前代文书的延长，“明清”的时代区分也不意味着与前面的时代有什么质的差异。只是涉及这样丰富的研究史超越了作者的能力，所以这里将考察对象仅限定在明清到民国时期的契约文书上。关于古代契约文书的整理状况，可参照池田温的简要介绍（池田，1986）[1]。

我们今天可能利用的明清契约文书，是因什么契机被收集整理的呢？可以举出两个主要的契机，一个是从19世纪到20世纪中期，为了弄清当时中国社会的法律惯行而进行的收集整理，另一个则是20世纪的后半期作为明清史研究的史料而从事的契约文书收集。

上述第一种契机下的收集活动，首先由在陌生的环境中活动的外国人为了了解中国社会而进行的。最初的资料集是法国人HOANG（1920）编纂的，以基督教会在中国购买土地时获得的契约文书为主要资料，并对中国的土地交易惯行加以说明。后半的“契约样式”部分收录了上海、苏州等地的28种中文契约文书，并加上了法语翻译和注释。但以契约文书为中心资料分析介绍中国法律惯行的研究中，最大规模的还要数日本霸占我国台湾地区时“临时台湾旧惯调查会”花十余年时间所编纂的“台湾私法”（1909—1911年）。其附录的参考书共七卷一千余页，收录了以契约文书为中心的各种资料。此外，前些年重印的《清代契约及书简文类集》（1973年·8—②）则是作为上述调查副产物的各种文书解说，对于阅读契约文书原文很有帮助。比“台湾私法”迟几年出版的《满洲旧惯调查报告书》（1913—1915年，2—①）反映了中国东北地区官地多的情况，收入许多官府发行的执照等文件，后编第一卷《典的惯习》、第二卷《押的惯习》、

[1] 本篇行间注需配合本书第343页到第356页所附“文献目录”使用。——译者注

第三卷《租权》也分别收录了很多有关的民间契约文书。

中国人自身对民间法律惯行进行有组织的调查，则是以清末编纂民律、商律为契机，从1907年前后开始的。辛亥革命后北京政府司法部也组织了这样的调查，其成果是两卷本的《民商事习惯调查报告录》（1930年，10—①）。这部报告书虽然收录的契约文书原文不多，但调查员详细报告了全国各县的民事惯习，使这两卷本成为契约文书研究中不可或缺的基本文献之一。

20世纪30年代到40年代是在中国城市和农村进行社会调查最盛的时期，由不同的主体根据各种各样的目的而实施的调查多多少少都对民间的契约惯习有所涉及。中国人研究者进行的实态调查多种多样，这里无法一一列举。而由日本人进行的调查中对契约文书、契约惯习予以了特别关注的，可以举出根岸佶关于合股的研究（1943年）、林惠海关于苏州近郊农村土地惯行的研究（1953年）等。

满铁调查部从1940年到1943年在华北农村实施的中国农村惯行调查虽然也是对日本侵略下的地域调查，却与以前对台湾地区或东北地区进行的调查有所不同。如该调查的主要计划者末弘严太郎所说，这项调查“不是为了获得立法及行政方面的参考资料，而想了解中国的民众是在什么样的社会习惯下生活，换言之，目的在于通过把握中国社会中广泛存在的惯行而描画出中国社会的特殊性质”。在意图了解“构成现在中国社会各种关系的法的惯行”这一点上，该项调查和以前的所谓旧惯调查是共通的，但因为其方针是着眼于法惯行变动的一面而非“稳定的旧惯”，调查的中心被置于向村民们的口头询问，契约文书等书面资料的收集则被放到了辅助的地位上。尽管如此，在这次调查中仍然收集了数百件契约文书，战后出版的调查报告书（1952—1958年）第六卷和其他各卷的“租佃”、“土地买卖”以及“农村金融及交易”等篇目中收录了不少契约文书原文。由该项调查的参加者发表的研究包括：矶田进（1942—1943年）、盐见金五郎（1942年）、杉之原舜一（1947年）、杉浦贯一（1953、1954、1954—1957年）内田智雄（1951—1952年）、安藤镇正（1966年）、本田悦郎（1990年）等人的研究。这项调查已成为第二次世界大战中到战后关于中国契约惯习研究重要的资料来源。

从以上介绍可看出，战前和战时主要是立足于了解现状来从事契约文书收集和整理的，但战后经过土地改革，有关土地的契约文书被大量废弃，史料保存的状况发生了剧变，对于明清契约文书的研究也从新的史学观点重新出发。在战前，关于以敦煌文书为中心的唐宋时期民间契约文书，已经存在一些主要来自法制史角度的研究，尤其仁井田陞的《唐宋法律文书的研究》有较详细的分析，而且谈及了元代和明代日用杂书中收录的契约样式。但是，战后历史学界对明清契约文书研究的浪潮，则可以说发端于社会经济史学者傅衣凌的福建文书研究。傅衣凌于1939年在位于福建省西部山地的永安县发现了从明代中叶到清末的一百多件契约文书。他从土地价格和地主佃户关系等社会经济史的角度，引用大量原文来介绍了这些文书的内容（傅，1944年）。当时正是日本战后的明清社会经济史研究从依据正史食货志或实录等制度史的研究转向根据地方志、文集等研究农村实际状况的时期，与此动向相呼应，傅衣凌的契约文书研究很快就被山根幸夫和田中正俊等人介绍到了日本。此后，傅衣凌又发表了根据新发现的徽州文书介绍佃仆契约等成果（傅，5—①），在利用契约文书资料方面始终走在中国史学界的前列。此外，中国史学界利用契约文书的研究中应该特别举出的还有邓拓关于北京近郊门头沟煤矿的研究（邓，1956年），该论文在“资本主义萌芽”研究中因注重利用新的史料而得到了关注，对此汤明檖等较年轻的研究者发表了详细的批评论文（汤，1958年）。邓拓论文所利用的契约文书中，有一部分已被收录在史料集《清代的矿业》（3—⑥）里。

战后在日本史学界，以战前战时的调查结果为基础，有关中国社会契约关系的研究有相当的进展，以仁井田陞等为中心的一些研究者仍然努力收集中国的契约文书。但是，日本学者首先进行的工作并不是对大量契约文书原件的整理，而是利用和介绍元明清时期日用杂书中收录的契约样式和附在宗谱中的契约文书。关于日用杂书里的契约样式，仁井田陞发表的三篇论文（仁井田陞，1956、1962、1964年b）介绍了不少这种样式，本身就可以作为资料集来读。同样利用日用杂书中收录的合股契约文书，今堀诚二关于合股的研究成果最近已编入一书出版（今堀，1991年）。此外，东洋文库明代史研究室所编的《中国土地契约文书集（金代—明代）》，把除“台湾私法”之外的各种调查报告和论文中分别收录的四百余件契约文书史料集中整理在一起，作为资料集是比较便于利用的。

如上所述，战后中国和日本的明清史研究中，尽管对作为地方史料的契约文书时时有所关注，但真正开始对现存契约文书的整理却是在“文化大革命”终结后以“实事求是”为指针着手大量整理出版各种档案资料的20世纪80年代。现在，利用徽州文书而进行的地方史研究、利用四川自贡文书进行的盐业研究等吸引了许多研究者，在中国史学界成为“热门”。下面在作者所知范围内就中国内外对明清契约文书史料的收藏、整理及出版的现状作一个大致介绍。

考虑到从明清到民国时期所作契约文书的庞大数量，即使经过土地改革对土地文书的大量废弃，仍不难想像中国国内依然残存着相当数量的契约文书。对于各地文书档案馆中明清契约文书的收藏状况，到目前为止似乎还未进行过大规模的调查。杨国桢在一篇短文中介绍了契约文书的收藏概况（杨，1987 年）。关于现在对明清契约文书的整理出版，可以根据地域或文书群的分布举出几个中心来。

第一是以徽州府为中心的所谓徽州文书。20 世纪 50 年代土改时由农民们出售，通过徽州的古书店为全国的博物馆或研究机关所收藏的徽州文书，据估计数量达到 10 万余件（周绍泉，1992 年）。这些文书分别收藏在黄山市博物馆、中国社科院经济研究所和历史研究所、南京大学、安徽省博物馆、安徽省图书馆、中国历史博物馆等处。美国学者马克德默特的介绍（J·MCDERMOTT，1985 年）对于了解徽州文书的全貌很有帮助。一些收藏机关和学者对这批文书进行了整理出版，如安徽省博物馆和中国社科院历史研究所收藏的部分文书已经整理为《明清徽州社会经济资料丛编》第一集、第二集（5—⑦、⑧）出版。另外，由于周绍泉、王钰欣主编的《徽州千年契约文书第一编》共二十卷（5—⑨）最近问世，使利用包括从宋代到明代的置产簿、租簿和商店账簿等大量文书的影印本成为可能。徽州的契约文书以有关土地买卖的资料为中心，也反映了徽州地理和社会的特定环境，在山地经营和佃仆制度等方面很有特色。由于通过这批文书中多种且大量的资料可能了解当地有势力的宗族进行经济活动的长期状况等，徽州文书作为今后明清社会史研究的中心史料群备受期待。

第二是台湾地区对清代契约文书的收集。因为“台湾私法”以收集文书的积累、没有土地改革等大量废弃土地文书的经历以及战后较早时期由人类学者开展了田野调查等因素，使台湾地区成为收集整理清代契约文书的中心地域之一。王世庆所编《台湾公私藏古文书影本》（8—④）照原件尺寸汇集了台湾地区公共机关和私人所藏的古文书影印件，是现存清代民间文书资料集中最大的出版物之一。由于台湾地区在清代才大量开垦土地，围绕开垦而形成的惯行是这些契约文书的重要特色。关于原先的居民与汉民族之间签订的土地契约，战前已经存在村上直次郎所编的资料集（8—③），最近又出版了三田裕次藏和张炎宪所编的《台湾古文书集》（8—⑤），包含了许多有关平浦族的契约文书。在人类学者的田野调查过程中现在仍不断发现古文书，《台湾文献》和“中研院”的《台湾史田野研究通讯》等杂志经常有关于这类文书的介绍。

第三是自傅衣凌以来在契约文书研究上已有相当积累的福建。目前在福建省（还有广东省）作为一种新的学术方向，以社会调查和民间文书的收集为基础的地方史研究开展的颇有声势。以厦门大学的杨国桢为中心，明清契约文书的收集整理工作也很有进展。厦门大学和福建师范大学从20世纪50年代到80年代收集的契约文书达到五千余件，其中的一部分已发表在《清代闽北土地文书选编》（7—②）和《闽南契约文书综录》（7—④）等资料集上。

第四是四川省自贡的盐业文书。四川的井盐业具有悠久的历史，清代中叶以后已发展起有相当规模的经营组织。这些组织作为清代典型的企业形态，在近些年关于“资本主义萌芽”研究中备受关注。自贡市档案馆据说藏有三千余件有关盐业经营的契约文书，其中从1732年到1949年的八百余件文书已汇集为《自贡盐业档案选辑》（6—④）刊行问世。与一般的土地契约文书相比，这批文书涉及共同出资和股份的转让等复杂的内容，是非常有价值的史料。此选辑还包含了吴天颖、冉光荣写的一篇长达三百页的“引论”，对自贡盐业中契约关系的各种类型有详细的讨论。

除以上介绍的之外，关于浙江省博物馆和广西省博物馆收藏的当地清代契约文书，可以在杨国桢所著《明清土地契约文书研究》（1988年）中略窥一斑。这本书作为力图把握明清土地契约文书全貌的研究，可说是目前唯一存在的专著。该书第一章、第二章讨论了明清时期契约关系的发展与一田两主的关系，以下的各章分别涉及安徽、山东、福建、江苏、浙江、台湾地区、广东、广西等地域的契约文书，并留意到了全国各地契约文书中表现出来地方特点，如徽州的山地经营、孔府的祭学田或台湾地区的大小租等。此外，关于广东和香港特别行政区的契约文书，有科大卫等人的整理介绍（9—①、③）；关于山西也有若干件契约文书得到了介绍（3—⑦）。再有，最近正在积极整理的中国第一历史档案馆所藏刑科题本（10-②、③）中，由于牵涉契约的纠纷存在，有一部分引用了契约原文的内容；同样正在整理之中的台湾地区淡新档案和四川巴县档案等地方衙门档案中，也包含着相当数量的契约文书。

与中国国内收集的明清契约文书相比，国外收藏的文书件数只能说为数甚微了。简单介绍一下：在日本，收藏明清契约文书最多最集中的地方估计要算东京大学东洋文化研究所了，那里收藏了以北京和江苏为中心并包含浙江、台湾等地的二千余件文书。关于这些文书的编纂及解说等，已经出版有《东洋文化研究所所藏中国土地文书目录和解说》(1—③)。由原来的东亚研究所和满铁等机构收集的一部分土地文书，现在分别收藏在日本的一些大学和研究机关里，由于尚未进行充分的调查，这里只能就管见范围内略加所述：东北大学附属图书馆、筑波大学中央图书馆、国立国会图书馆、东洋文库、东京大学东洋文化研究所、一桥大学中央图书馆、京都大学人文科学研究所及九州大学等都分别藏有部分契约、租册和鱼鳞册等土地文书。就其中的租册而言，已经有村松祐次（1979年）、夏井春喜（1981年）、川胜守(1992年）等人的研究；关于鱼鳞册则有仁井田陞（1936年）、鹤见尚弘（1989年）等人的研究。最近通过川胜守的研究，已经了解到九州大学和京都大学所藏的租册和东大东洋文化研究所所藏契约文书属于同一文书群，今后研究这些文书时必须对照同一文书群的其他文书。从这一意义上看，也希望将来能够把散在日本全国各地的契约文书作成一个联合目录。

对个人收藏明清契约文书的情况很难把握。除三田裕次出版了他收集的台湾地区的文书之外，已知渡边幸三收集有南京的房产买卖文书和今堀诚二收集有湖南新化县的田土买卖文书。前者已由收藏者编目介绍（渡边，1953年），后者收集的“龙源田业文书”共六十余件的原文内容也全部收录发表在他最近的著作中(今堀，1991年)。

关于美国的收藏，已知斯坦福大学胡佛研究所藏有广东的明清契约文书、哈佛大学燕京学社主要收藏了苏州的土地文书。其大致情况可参见杨国桢（1988年）和村松祐次（1970年）。杨对中国国内外的研究机关所藏的明清契约文书作出估计说，“少说也会超过一千万件”。这个估计可能过大，但民间契约文书作为明清史研究的第一手史料，具有不亚于故宫档案或地方衙门档案的数量和重要性却是千真万确的。

三、对契约内容的理解

要想对数量庞大的明清契约文书内容进行体系性的说明，在现在的研究状况下是非常困难的。这不仅是因为契约文书的内容近于无限地丰富多样，更由于能够有体系地说明其内容的理论框架目前还在形成过程之中。以前的明清契约研究确实从数量庞大的文书中抽出了几种典型的契约，在解释其内容的基础上尝试展示当时契约关系的全貌。但是或明或暗地作为这些研究基本前提的都是西洋近代法的各种概念和以生产关系为中心的发展阶段论，而这些理论前提是否能够提供理解中国社会中契约关系的有效框架现在看来却很成问题。所以，下面的讨论与其说是说明解释明清契约文书的内容，还不如说是对研究史上学者们如何解决这一问题的理论努力作一个大致的概观。本节讨论契约内容的问题，下一节则考虑支撑着全部契约关系的社会秩序这一更加根本的问题。

（一）契约文书的具体例子

在介绍研究史之前，关于明清时期的契约文书实际上像什么样子，这里先给一个实例。

所附影印件是从东大东洋文化研究所收藏的文书中随意抽出的一份契约，为道光十六年（1836年）浙江嘉兴县的田土绝卖文书，比较端正地书写在长59公分、宽50公分左右的纸上。开始的“立杜绝卖契陆门……”等字样表示契约的种类和立契者，“杜绝卖契”的意思是与能够还钱赎田的“典”或“活卖”不同、是不能回赎的“绝卖”契约书。可能出于偶然，本契约的立契者似乎是陆姓寡妇金氏和其孙子三人，但这种情况下一般都由男性家长充当立契人。关于家长处分家产的权利，在滋贺秀三和仁井田陞之间曾经进行过争论，与此相关，今堀诚二还对契约文书上立契人的名义实施了统计调查（今堀，1976年）。

“今因正用”是表明卖掉土地的理由，“正用”等抽象的表现比较多见，但也有具体写明如“祖葬讼费无措”等的情况。“情愿央中……”以下是麻烦人作中卖却土地，并写明了土地所有的由来（“祖遗”）、所处位置、田的性质（“水田”）和面积等。“凭中杜绝卖与怀处为业”意为请中人证明绝卖给怀氏作为其财产。不过，买者姓名为空栏的契约书也不少见。接着写的是卖、买和中人“三面”议定的卖价以及立契当日交付银两的事实。在写明的价格上盖有朱红的嘉兴县印，为的是防止篡改。这个部分对于社会经济史研究来说就是契约文书的核心，可以得知土地价格以及使用的货币种类等经济史上重要的信息。而往下的内容似乎多是为了预防纠纷而写下的：“并无准折等情”指没有强制把田土作价还债的情况。接着担保土地的权利关系没有问题，即得到了亲族的承认、也不是一族的共同财产、如果出现问题由卖主负责对付等。然后记明了卖却之后改换田主名义收租纳税，以及卖主不得要求回赎或追加的价款等。最后强调了此契约根据当事者双方合意而立。结尾有日期和立契者（卖主）、中人以及代书人的名字，名字下是画押。日期两侧附记的事项包括土地的边界（不过本契约为空栏）、对收到银两的确认、佃户姓名以及各自耕种的面积和租额，卖主所持原契的交割等。左边的一行文字是确认改换名义的过户手续，在上面可看见官印的一部分，表明此契已经报官并缴纳了契税，是得到了官府盖印公证的所谓“红契”。没有官府盖印的契约则称为“白契”。

契约的书写形式当然会根据不同内容有所变化，但整体上文字表现的结构不会出现太大差异。而且就明清时代而言，可以说没有多少因时期或地域相异的区别。

（二）西洋近代法体系与明清契约文书

对契约文书中写下的这些内容，到目前为止研究者们都作了些什么样的分析呢？对于外国的研究者来说，尽管明清时代的成文法中几乎找不到有关的规定，民间的日常生活里却自生地形成和展开了复杂多样的契约关系，为了把握理解这些陌生的契约关系，把自己熟知的法律概念类推到明清契约文书的内容上就成为一种最先被使用的方法。上述的“台湾私法”可说正是使用这种方法最初的大规模尝试。例如，关于不动产权，该书认为“无论具有何种内容的契约，人民都可以自由地缔结，所以存在各种私法性关系”。尽管承认把现实中存在的不动产权分类为几种法律范畴极为困难，“台湾私法”仍列举了①业主权、②役权、③噗权、④典权、⑤胎权等五种类型来说明不动产权。这些类型倒也不一定与西洋近代法中的有关概念一一直接对应，而是在看到它们互相类似的同时，也审慎地指出了各自有区别的一面。例如，关于“业主权”，虽然认为这是“在对土地的实权中最强最重要的”权利，与西洋近代的所有权概念非常近似，但同时也作了下列的保留。首先，在“普天之下莫非王土”观念的影响下，这种权利在法理上不过是一种“使用收益权”。其次，因为“任何人对特定不动产只要多少享有某种系统经营的权利”，都可视为“业主”，在此意义上同一土地上可以存在复数的业主。不过，中国法的本义在于“一业不能两主”之原则，所以所谓“业主”还可以被定义为对特定土地享有最大实权的人。最后，台湾地区普遍实行“大租小租制”，以前大租户被视为业主，但进行调查的当时由于小租户实质上享有的权利更为强有力，事实上已获得了业主的地位。另外，噗权被作为“因一定目的而使用他人土地的权利”的总称，其范围非常广泛，既包括类似于地上权或永佃权等“具有物权性质”的权利，也有佃作关系这样相当于“债权性质”的内容。关于典权，该书指出“是支付对价的前提下对他人不动产进行占有、使用、收益的权利。但同时也具有担保债权的效力，所以很类似于日本法律中的不动产质权”。该书作者还注意到，以前“典”被视为相当于“附有物权性回赎权的买卖”，在当时的台湾地区，“承典一方面被看做信用借贷行为，同时在一定程度上又存在将此视为买卖的观念，所以中国法中典的概念今天也还在变迁进化的过程之中”。

对当时台湾地区的不动产权存在形态，一方面看不到“台湾私法”有勉强套用西洋近代法观念来直接说明的企图，但同时也可感觉到，此书并不存在通过把握某种区别于西洋近代法的中心范畴以找出中国固有的土地法原理这一问题意识。“台湾私法”

的特色在于，并不试图给错综复杂的现象以某种统一或体系性的理论解释，只是着力于了解实际生活中发挥作用的种种惯行，包括那里存在的模糊性和矛盾。之所以有这样的特色，是因为构成该书基础的所谓“旧惯调查”是在以下方针指导下进行的。在初期，对大陆居民与台湾本地同胞之间以及其他台湾同胞之间的民事问题采取了适用当地原来的习惯加以处理的方针。在此方针下，通过调查了解当地有什么样的习惯或惯行即把握“旧惯”就成为必要。但由于这个方针意味着把台湾地区特有的“法律”惯行与日本国内的法律体系区别开来基本上照原样维持下去，所以当时的“旧惯调查”并没有按近代法的体系来整理当地惯行的政策意图。与此相对照，后来在编纂“中华民国民法典”“伪满洲国民法典”等立法过程中，新的法律体系应如何对待如“典”“田面”等中国传统的土地惯行就成为问题。于是也就出现了用西洋近代法的观念来说明“典”等概念的倾向以及有关的一系列争论。

例如，关于“典”的性质，当时讨论的情况是“有人看成担保物权，有人视为用益物权，也有人作为附有条件的买卖，还有人理解为附有回赎条款的买卖，总之几乎没有统一的见解”（杉之原，1947年）。结果，“中华民国民法典”把“典”作为位于质权和留质权之间的某种担保物权式的权利，而“伪满洲国民法典”则将其置于各种用益物权的末尾。关于用近代法的范畴来理解“典”这一概念的种种尝试，可以参考吴佩君的论文（吴，1991年）。当然，对于试图把“典”直接解释为近代法范畴的观点，一直存在着批评。例如，清水（1943年）和杉之原（1947年）等人指出，与其在近代法体系中找“典”的对应物，还不如说“典”有与西洋历史上如“法兰克时代的古质权”等古代的各种质权形态更相近的一面。他们都认为中国的“典”属于向“作为一种担保制度的近代质权”发展中的一种过渡形态。

此外，关于清末民初编纂民法典时如何处理田面惯行的问题，可参见草野靖的著作（草野，1984年）。

（三）战后历史学的明清契约文书研究

第二次世界大战前和战争期间对明清契约文书和契约关系的研究与其说是历史学研究，还不如说是为了了解把握当时的现状而进行的研究。可是，中华人民共和国成立之后，经过土地改革等大变动，废弃了大量的契约文书，与明清时代一脉相承的契约关系在社会现实中已不复存在。于是，无论在日本还是在中国，对明清契约文书的研究也主要移向了历史学的领域。而当时在历史学界占支配地位的方法和概念体系当然也充分地反映在明清契约文书研究之中。这种方法或概念框架的特色简单说来就是按发展阶段论式的标准来解释和评价历史现象。战前和战时确实有不少研究指出中国契约关系区别于西洋近代法的特殊性质，而且也有人从法的进化或进步过程这一发展阶段论式的观点来把握评价中国契约现象。但是，战后的研究已经不限于法的领域，最大的关心是企图在整个社会结构的发展进化过程或阶段中找到明清契约关系的位置。且由于发展阶段论以生产关系作为发展的基轴，对契约文书进行研究的重点也从契约的法律性质转向了契约内容中体现出来的社会经济关系。

于是，对明清时期契约文书的分析着力于把租佃契约、奴婢契约、雇佣契约等当时存在的契约关系用“奴隶制”“地主制”“雇佣劳动制”等表现生产关系的范畴来分类，然后按这些范畴在历史发展不同阶段上的位置进行评价。但是，由于在以前的研究中就已经意识到了的中国各种契约关系的复杂性，以西欧历史为标准而抽象出来的这些范畴当然很难用来构成中国现实的恰当分类。

旗田巍在其试图对华北地区土地关系的各种范畴进行整理的论文（旗田，1950 年）结论部分指出，（1）中国的土地所有关系中仍然残留着许多“古代的关系”（家长奴隶制），（2）封建制关系与古代的关系相交错而成立，尚未得到充分的发展，（3）资本主义的关系逐渐侵蚀了上述两种关系，或者在这些旧的关系内侧生长起来。对于旗田来说，古代的关系、封建制关系、资本主义关系本来处于继起式的发展系列这一前提是不言自明的，但怎样维持这个前提，同时又能说明旧中国社会里多种土地关系并存的事实却成为问题。照顾两个方面的结果当然只能是描画出一种多重生产关系“重叠——交错”型的社会图景。

在中国，明清社会经济史领域代表性的学者傅衣凌采用的也是类似的研究方法。他一方面积极地考察富农经营、雇佣劳动等明清时代“新的”生产关系，另一方面也充分地关注到了佃仆制或宗族经营等“旧的”生产关系保有的势力。为了统一地说明这些生产关系的并存现象，他提出了旧中国社会富有“弹性”的理论（例如，傅，1978 年）。但是，无论是“重叠——交错”论还是“弹性”论，结果都停留在指出了多种生产关系同时并存的事实，至于在新旧生产关系为何不是继起式的发展交替而是呈现并存状态这一点上，却没有提出更进一步的说明。

在这里对战后关于中国明清社会生产关系的研究作一个总回顾是不可能的，以下只简单列举主要以契约文书作为史料来进行研究的一些成果。上面已提到的傅衣凌所发现的永安县文书包含关于“赔田”即买卖典当田面的契约，对这批文书的研究构成了战后中国学术界研究田面的源流之一。同时，日本的明清土地制度研究中关于如何历史地评价田面的性质曾有过激烈的争论。主要在草野靖和藤井宏等人之间展开的这一争论焦点在于，田面究竟是作为佃户的耕种权并发挥着牵制地主所有权的作用而产生的（藤井），还是与地主所有权并不抵触的“工本请求权”（草野）。这个争论不仅停留在田面的性质问题上，还牵涉到如何把握宋代以来尤其明清时期地主与佃户关系的发展动向，即是否能够通过田面确认佃户权利有所扩大这样一个关系到明清社会整体性质的根本问题。此外，由傅衣凌最先介绍的徽州佃仆契约，很快也得到了日本学者的注目（仁井田陞，1961 年），尤其在“文革”后研究徽州文书的热潮中，关于佃仆制又出现了章有义（1978 年）、韦庆远等（1982 年）、叶显恩（1983 年）以及日本的小山正明（1984 年）等人的研究。徽州的佃仆在生产劳动过程中进行自立的经营，但同时又对主家负有徭役的义务，而且法律上也被作为存在“主仆之分”的一种身份。于是如何把握佃仆的历史性质就成为研究者关心的对象。至于利用有关工商业的契约文书进行的研究，除上述邓拓关于北京西郊煤矿业的研究外，最近关于四川自贡盐业的研究也很兴盛。煤矿业和盐业的经营形式有不少共同之点，如果进行比较可能会有令人感兴趣的发现。其他如合伙及商店经营契约方面，则存在今堀诚二的详细研究（今堀，1958 年）。

与注重生产关系的方向并行，战后研究明清契约文书的第二个研究方向就是着眼于体现在买卖惯习中的土地所有权形态，从近代的土地所有权是否成立这一角度来考察明清时期的契约关系。关于旧中国的土地所有权性质，存在以排他性、一元性为指标来强调其表面形态极其类似于西洋近代所有权的见解。这种见解典型地表现在法学家戒能通孝的研究（戒能，1943 年）中。但是，重田德在其著作（重田，1975 年）中指出，所谓具有“排他性、一元性”的所有权，应该理解为“所有和占有的区别消失”即消灭了地主的土地所有，因此中国的土地所有与西洋近代是很不相同的。从这种观点出发来判断某种土地所有权是否具有接近西洋近代的性质在社会经济史领域中也得到了相当的支持。另外，与上述观点不同，即使把“类似于西洋近代的土地所有权成立”理解为土地所有者对土地权利的绝对化，当时中国的契约文书中反映出来的先买权、“找价”、田面等惯行看起来却都与“排他的一元性的土地所有权”相抵触。着眼于这一方面的话，也可以说这些惯行在当时土地交易中广泛存在的事实正好说明了中国土地所有权不具有西洋近代的性质或具有“前近代”的性质。

作为中国学者的研究成果，杨国桢所著《明清土地契约文书研究》一书的主要目的一方面在于整理收集土地价格等社会经济史研究的第一手资料，另一方面也在于弄清当时土地所有权的性质。他认为明清时期中国土地所有权的特征表现在以下三个方面：第一，封建国家中土地所有权的共同特点就是共同体所有与私人所有的结合，而在中国则具体地表现为国家所有、乡族所有和私人所有的三重结构。第二，中国自古以来通过契约买卖土地一直是主要的土地转让方式，显示了土地所有制度的“弹性”。但那时的契约与现代的契约不同，在背后往往存在乡族共同体或豪强的暴力，地主官僚等有势力者以暴力兼并土地表面上仍采取契约的形式。第三，私人所有与国家所有和乡族所有相比，逐渐占据了优势，同时另一方面在私人所有的内部又产生了一田两主惯行等新的所有权结构。

杨国桢的研究包含了“乡族所有”这一新的论点，在总体上其特点则在于把明清时期中国土地所有权的种种不同侧面毫无遗漏地纳入视野。这种兼容并包的学风与他的导师傅衣凌很相近。但是，与上述关于生产关系的“重叠——交错论”一样，他的研究并没有把所有权这些多样的侧面统一到一个完整的理论体系中去。

包括杨国桢在内，强调明清时期土地所有权具有封建性质的研究者们都注意到了两个方面的问题。即反映在“王土思想”中的国家土地所有问题和在“先买权”等惯习中表现出来的宗族等社会集团享有的权利问题。这些“权利”是不是一种古代的遗制而分层地积淀在私人所有权之上呢？清代的所有权关系变化是否真是如一些研究者（例如，李文治、1963 年，近藤秀树、1972 年）指出的那样，意味着“王土思想”和“先买权”逐渐衰落，土地私有权占据全面优势的过程呢？确实，一直到清末甚至在民国时期农村调查时农民表现出来的意识中，“王土思想”都保持着其生命力。但是，据我个人看来，在中国传统文献里表现出来的王土思想并不一定出于强调或拥护国家和皇帝对土地享有权利的积极意图。例如，从唐代陆贽“夫土地王者之所有，耕稼农夫之所为，而兼并之徒，居然受利”等说法可以看到，王土思想往往在责难豪强兼并的语境中出现。关于这一点这里不可能详细讨论，但笔者曾初步地指出过（岸本，1986 年），所谓“王土思想”是一种针对大土地所有者的横暴恣意，从公共利益的立场要求国家进行调整性介入或支持这种介入的言说。这种思想反映的是从实质正义的观点出发限制私有权的企图，与其说来自亚细亚形态的国家特征，还不如说与今天的福利国家采取的市场介入政策有更多相通之处。

关于“先买权”也是一样，我认为与其说这种习惯来自血缘共同体关系残留下来的限制，还不如说是当时人们对认为是过分了的土地流动性采取的一种防卫性反应。以前，日本学者内田智雄和天野元之助曾对同宗的“先买权”进行过研究（内田，1951—1952 年，天野，1953 年）。内田根据华北地区的事例指出同宗先买权表现的很弱，与其说是先买“权”还不如说不过是一种“先买观念”而已。与此相对，天野则认为从宗族关系比较牢固的华南地区看来，先买权是很强有力的。但尽管有这种见解的不同，他们两人都把先买权视为渊源于古代的宗族共有制。不过，天野所指出的“同宗集团的团结”现象，与其说是古代氏族集团的遗留物，还不如说是在一种流动和竞争性社会中人们为了防止没落、谋求上升而利用宗族关系推行的策略之一。这样理解的话，先买权其实也可以被看成民间层次上人们为了对付土地自由流通带来的危险而构成的一种制度装置。

在中国，绝对的私有权和私人自治原则从未作为一种明确的原理而得到确立。土地的私有除了自井田制衰落以来漫长岁月中逐渐形成的既成事实之外并无任何有力的思想基础支持。所以，国家或民间自身对土地私有进行的限制也不会引起违反基本原理的意识或批评。在这个意义上也可以说存在“土地私有权的不完全性”这一“前近代”的侧面。但是，与其说这种不完全是由于在私有权之上作为历史的遗产积淀着国家或乡族的所有权，私有权只是具有逐渐排除这些古代的遗物得到完全确立的倾向，还不如说这种不完全性质是国家和宗族集团对土地自由买卖进行的调整介入而产生的后果更为自然。

（四）契约各种范畴的重新构成

战后通过对明清契约文书的研究而逐渐意识到的一个问题就是以西洋近代法的概念和生产关系发展阶段论的框架来把握中国契约关系是非常困难的。于是，从 20 世纪 80 年代以来出现了一种虽然还未成系统却很引人注目的方法论主张，即有意识地立足于“中国的农民、地主等主体日常使用的类别称呼以及他们在日常生产活动中获得的认识”（草野，1985 年）来对契约关系进行分类和加以体系化的整理。这种从当时人们如何认识和理解自身所处社会的结构这一问题出发，把当时人们的观念世界作为分析社会结构时的中心的方法可称为历史研究的现象学方法或主观主义方法。自 20 世纪 80 年代以来，明清史学界以至整个历史学界的学术潮流都表现出这样的方法论倾向，可以预见今后的明清契约文书研究中这种方法将会形成一个重要的流派。以下通过介绍一些虽不一定以契约文书作为主要史料却与明清时期契约关系紧密相关的研究，对现象学方法所展开的研究方向作一考察。

“业主权”在从前的研究中已经被看作在旧中国相当于所有权的概念而受到重视，寺田浩明（寺田，1983 年）再次注意到“业”这一词的重要意义并以此为中心，从法学角度提出了关于中国土地契约关系内在结构的新见解。寺田的研究把日本学术界战后对中国土地制度进行研究时碰到的难题“一田两主”作为直接的研究对象，但与其说他的目的在于弄清“一田两主”现象的机制，还不如说是以这一现象为基点试图实现整个明清土地法研究的修正。其主要内容是：(1) 在当时的土地法秩序中成为交易对象的并不是具有物理性质的土地本身，而是作为经营和收益对象的抽象的土地，即“业”。某一特定土地的收益方法如果正好统一握在同一主体的手里，则呈现一田一主的状态；但若是同一土地上形成了复数的收益方法，各自以某种相对稳定的形态分别被不同主体交易的话，则构成了在“一田”上复数“业主”并存的状态。(2) 可以把当时关于土地交易的法秩序理解为正当地拥有一定收益方法的经营者对下一个经营者进行指定，并把自己拥有的正当性移交给他这样一种经营收益正当性的移转过程。移转的方法因是否存在回赎可能性而产生“活”与“绝”的区分。(3) 以上述两点为前提，关于田底田面惯行的形成与稳定可以从逻辑上作出以下说明。即田主对佃户的耕作以“绝”的形式赋以正当性时，或者佃户承佃之后以种种方法使自己的耕作权获得“绝”的正当性基础时，就出现了田底田面关系。这种情况下，佃户耕作的物权基础离开了与田主的关系，而呈现前佃可以直接向后佃移转权利而不受田主干涉的单一正当化过程。当这样的过程广泛出现于一定地域时，就可以称为田底田面惯行的渗透或稳定。

与以前的研究多多少少总是以建立在土地这一实体上的所有权概念作为出发点不同，这些观点的新颖之处表现在把当时的土地交易惯行视为“赋以经营收益行为正当性”的种种不同形态来加以把握。通过这个角度的改变，从一田一主前提下的绝卖活卖一直到田底田面的分别买卖等当时土地交易的种种习惯，都可能纳入一个相对完整的法秩序内而得到统一和自然的说明。当然，作者自身也承认，这些惯行都是经过什么具体过程而形成的等问题仍然需要通过考证等历史学的实证研究逐渐加以解决。此外，从经济史的角度来看，为什么一田两主惯行流行的地方田主能满足于只保有田底，佃农则着力于仅保持田面呢？一旦形成的一田两主惯行为什么能够稳定下来而不致退回一田一主的状态上去呢？这些问题仍然需要从经济学的角度作出说明。但是，在系统地理解旧中国土地交易惯行这一点上，学者们都会承认上述成果意味着成功地突破了以前的研究一直面临的一个难关。

尽管在研究对象和结论上与寺田上述论文不同，草野靖的研究（草野，1985年）也明确提出了按照当时人们的观念来构成契约关系各种范畴的主张。草野的这本专著收集提示了关于田主与佃农商定分配收获比率的所谓“分种”经营的大量事例，并详细分析了这种经营方式因地区和时期不同而产生的多种形态。通过分析，草野提出，“分种”和“租种”是完全不同的两种契约范畴，按照当时人们的观念，“分种”显然与土地借贷关系区别开来，是“地主招雇农民来耕种自己所有的土地，并把收获的一部分作为劳动报酬”的经营方式。

作者就历史研究中的范畴问题指出，“讨论中国租佃关系的结构意味着把租佃关系内在的种种重要范畴抽象出来并弄清它们之间的结构。立足于西欧社会土地关系的各种范畴来讨论中国的租佃关系是不行的。这样的方法说到底不过是从中国有关租佃关系的种种现象中找到与西欧相似的东西，再按西欧土地关系的框架加以排列而已”。他主张不是生搬硬套已有的范畴，而是重新设定适合于中国特点的范畴以把握具有中国独特个性的租佃关系。这种观点令人感兴趣之处还在于越出“租佃关系”范围，把视野扩展到旧中国契约关系整体结构上去的可能性。区分为“分种”与“租种”两种范畴的“租佃关系”究竟在当时的契约关系整体中占有何种位置呢？这本专著中频繁出现的“借贷关系”和“雇佣关系”等概念如果不是从西洋社会科学中借来的范畴，那么具有什么样的合乎中国特点或个性的独特内容呢？上述概念在关于中国契约关系整体的理论框架内又占据何种位置呢？这些问题还尚待回答。

当然，要描画出当时契约关系整体的图景是极其困难的。何况当时的契约关系究竟是否真是作为一个具有统一结构的整体而存在，这本身也是问题。想象当时的人们对自己社会的契约关系整体持有全面的知识或明确的观念恐怕不很现实，只要想想我们自己，如果不是法学方面的专家，关于现代契约法的体系究竟又知道多少呢。但是，当时的人们确实在一定情况下对自己熟悉的某些典型性契约关系给以特定的理解并进行有意义的选择。把握他们的这些行动蕴藏的含义，并进一步说明分析明清时期契约关系消长变化等研究的目的，如果离开了当时人们如何从整体上理解自己社会契约关系这一背景的话，无疑也是不可能达成的。

寺田浩明在上面提及的论文中试图从“经营收益的正当性移转”这一角度描画出关于当时土地法律关系的完整图景。他在近年来的研究（寺田，1989 年）中再次以一种更简洁也更为体系的方式进行了同样的尝试。这个研究把“典卖”理解为“管业来历的体系”、把“租佃”理解为“田主许可或不许可佃户生业的体系”，并通过描绘出“典卖”和“租佃”两种体系交错融合的事态，使已经成为我们头脑中既成观念的“所有”和“占有”、

“买卖”和“租赁”等概念区分得到了相对化。寺田再次提供了一种新鲜的角度，在这一角度上，“业”“活卖”“绝卖”等当时契约关系中常用的关键概念都可以获得确切的位置。不过，在当时的契约关系中显然还存在其他很重要的种种范畴，从另外的角度来整理这些范畴仍然是可能的。

例如，寺田也曾提到，如果以如何分配经营中的风险负担作为一个轴来把握土地经营的各种形态，则一极为“包”，另一极为“雇”。前者是田主自己完全不参加经营把土地承包出去，后者是所有者把经营的风险全部承担起来只付给劳动者一定的工资或实物。在此两极之间，位于正中的是土地所有者与劳动者进行共同经营，共同承担风险和分配收获的“分种”形态，以此为轴心向两极展开了多种多样风险承担的不同形态。风险承担的分配不仅限于土地经营，从商店、工厂的经营一直到税、徭役的负担等场面，都可以发现其存在。“包”或“合伙”等范畴在当时的契约关系中被广泛使用，确实是理解中国契约关系的关键概念。以这些概念为基点来把握当时各种契约关系的结构不失为一个有用的研究角度。

还有，从使用他人的所有物并缴纳使用费的关系这样一种“租”的角度，对一部分契约关系进行分类整理也是可能的。不过，草野靖对“租”的范围作了相当限定的理解，他认为定额支付地租与按事先商定的比率分配收获是完全不同的两种经营方式。但是如果把两者都作为支付土地使用费的不同形态，则它们之间并无质的区别。事实上，根据收成调整地租的做法等位于定额租和定率租的中间形态确实广泛存在。而且还可以发现把“分种”经营称为“租”的事例，对此恐怕不能像草野主张的那样理解为“误称”。总之，以当时称为“租”或“息”的使用费为轴对契约进行整理的方法同样不限于土地经营的领域，还可以用来考察房屋和货币的借贷等方面的契约关系。

当时人们对各种契约关系的认识并不是从单一的角度达到的单一理解，也不一定成体系。对同一现象可能同时存在多种解释，而不同范畴织成的多层解释之网又重叠交错，每一种解释之网都不能单独覆盖契约关系的全部——这恐怕才是现实的状态。例如，对特定的契约关系，因观察角度的不同既可以解释为买卖的一种形态，也可以看做在当事者之间分配利益和负担的一种经营方式，还可能表达为租金或使用费的一种支付形式。当时的人们也许同时了解这些重叠的解释，只是在人们各自所处的地域内几种契约样式因被经常使用而固定下来，多样的解释存在也不一定妨碍这些契约关系的功能或作用。我们的研究就像力图把当时人们在契约关系中使用的各种范畴拼接起来以形成一个具有统一结构的完整图形，但这个工作看来不能达到在一个平面上构成有清晰边界的图样，而只能把几种边缘模糊的图像重叠交错地组合起来形成某种立体的框架。

此外，种种契约关系中人身隶属关系占有的位置也值得注意。“奴隶制”“封建制”等战后研究明清契约关系时作为基准的范畴，本来是从欧洲历史抽象出来的、并具有特定结构的概念。经济的关系和人格、身份的关系以相互符合对应的形态表现在这些概念之中，而且与把人类历史理解为向一定方向发展的个人解放过程这样一种历史观紧密结合。但是，一定的经济关系必然与一定的人格、身份关系相对应这一不言自明式的命题，被用来理解旧中国的契约关系时却遇到了困难。确实，主仆关系常常存在于主人指挥的非自立性劳动形态中，但类似徽州的佃仆或江南的豪奴这种情况，在定额交租的租佃关系或自立的商店经营样式中同样可能发现主仆关系。另外，在主人直接指挥下的非自立性劳动形态里也存在毫无“主仆之分”的纯粹雇佣关系。

要想更确切清楚地说明这种复杂情况，还不如把“主仆之分”与经济关系的各种类型区别开来，作为可能附加在不同经济关系类型上的因素之一。在“包”的关系、“合股”的关系以及雇佣关系上，都可能产生通过拟制血缘似的尊卑关系来加强当事者结合状态的情况，当然也有无此必要的场合。并不是一定经营形态本身从制度上总与一定人身隶属关系结合在一起，而是一个个具体情况下因当事者一方或双方的需要而形成拟制血缘式的尊卑关系。这种关系在中国既不是完全因出生而确定的身份关系，也不一定是因不变的身份而决定的人身隶属，而是通过卖身契约或长年的恩养等形态而形成的“主仆之分”或从属关系。这种关系的强度因人因地而异，是否存在这种关系的界线也是比较模糊的。当时的历代政府就法律上如何处理这种关系、如何划分其界线等问题曾作出过种种努力。明清时期围绕“雇工人律”的讨论，还有当时对佃仆解放问题的关注，很大程度上来自如何找到一种客观的标准来确定不易掌握的“主仆之分”这一动机。

总之，据笔者个人的见解，尽管当时契约关系中的种种范畴都各自有其明确的内容，但欲把它们整理统合到“明清契约法”这样一个统一的体系中去却是非常困难的。因为当时的人们本来就从多样的角度来理解把握各种契约关系。笔者在上面表达的观点不过是一个简单的素描而已。立足于当时人们的观念意识来重新构筑契约关系整体体系的尝试，尽管在 20 世纪 80 年代的几项研究中已经产生了一些重要成果，但还只是刚刚起步。这些研究还不是关于契约关系整体结构的描述，仍停留在对其某个部分的探索上。期待着今后通过角度和方法论的转换，逐渐形成可能把握明清契约关系整体的理论框架。

四、支撑着契约关系的秩序

在传统中国，私法上的关系并不由国家法律加以规定调整，而听任民间自由地形成这种关系。关于这一点，自“台湾私法”一书问世以来，一直得到反复的强调。在中国社会里，私法性的关系通过民间个别缔结的大量契约自发地形成和发展，并显示出相当复杂的面貌。但是，如果承认这一点的话，像传统中国这样大规模的复杂社会，究竟是什么样的机制支撑或维系着这种私法秩序并使其在一定程度上顺利运转的呢？这似乎是一个谜。或者，是否应该说在中国从未生长出一种具有稳定结构的私法秩序，这一点正是中国文化传统必须克服的问题呢？看来，到目前为止的研究中存在着这样两种相互对立的见解，一种见解强调了出乎人们意料的私法性秩序存在和比较顺利地运转这一侧面；而另一种见解则主张旧中国社会里并不存在真正的私法秩序。后一种见解自从由戒能通孝明确提出之后，一直是在第二次世界大战后研究中国历史的日本学者中得到广泛支持的观点。当然，以中国的传统中是否存在私法性的秩序、这种秩序是否顺利运转等一般抽象的提法来提出问题可能是没有多少益处的。究竟讨论的是哪个地域、哪段时期、以什么作为标准？在这些前提下才能使问题具体化，而且其答案也必然是多种多样的。但是，我觉得上述的一般问题在明清契约文书研究中仍然具有不可忽视的重要意义。在不同研究者对此问题的多样回答中，直接反映着他们各自对“秩序”这一概念抱有的不同观念。

无论谁都会承认明清时期确实制作了大量的民间契约文书这一事实。但是，作为中国研究明清契约文书的先驱，傅衣凌曾指出，“明清时期土地集中的手段主要并不是买卖，而是政治性的暴力兼并”（傅，1978 年）。他强调尽管存在大量的契约文书，当时的土地买卖交易却没有真正建立在当事者双方合意的基础上，而具有暴力和强制的性质。对土地买卖的契约或合意性质持审慎、保留的态度似乎是许多中国学者的共同倾向。但是，即使土地交易实际上并未以双方的合意为基础，却总是采取包含着“自愿非逼”“两相允洽”等内容的契约形式。这一点也是事实。当时的买卖交易要求以契约的形式进行，而且根据双方的合意而得到正当化。另外，旧中国社会确实不是当事者根据自己的意志自由地缔结契约，而契约的履行受到统一的法律体系一视同仁地保障这样一种研究者心目中理想的“契约社会”。这一点正是日本学术界围绕中国的契约性质而进行争论的中心问题之一。

最先以一种极为鲜明、尖锐的方式提出这个问题的日本学者就是戒能通孝（戒能，1943 年）。在以中国农村惯行调查所取得的资料为基础而作的论文中，他一方面指出了中国土地所有权具有接近西洋近代的性质、经济关系包含着类似于资本主义那样重视功利打算的一面，所以从西欧封建制下“共同体”的形象出发来把握中国社会是成问题的。但另一方面他也指出了由于中国社会内在地缺乏支撑个人之间契约关系的公共意识，在真正的意义上不仅并不存在近代性的社会经济关系，而且今后实现近代化也是极其困难的。作为一种现实的秩序发挥作用的契约关系要求社会里普遍存在从背后支撑这种关系的“遵法精神”。只有在人们从内心深处愿意服从契约内在的确定性规范时，建立在意思自治基础上的契约关系才可能在社会里生根。战后日本的民法和法社会学领域中，以川岛武宜为中心的学者一再强调了这样的观点。尽管在什么是“封建社会”以及如何评价日本农村的社会结构等问题上川岛与戒能的观点不同，但就“近代社会”并不仅是竞争和功利打算的世界，而是由相互尊重彼此的权利等内在规范所支撑着的秩序这一认识来说，两位学者却是一致的。川岛在其著作中指出：日本农村社会缺少遵守契约的精神时附加了一个保留，就是缺乏遵守契约精神的现象“尽管还没有达到亚洲其他地区那样的程度”。在他心目中比起日本农村来更缺乏遵法精神传统的“其他地区”显然指的是旧中国（《川岛武宜著作集》第 4 卷 149 页）。从这里也可以看到，在不存在支持契约关系的内在规范这一点上，中国社会被置于与近代社会相距最远的对极位置。

仁井田陞和宫崎市定就宋代以来土地所有关系展开的争论在日本的东洋史学界是人人皆知的。他们在如何认识中国的契约这一问题上存在的分歧尽管没有充分表现出来，却仍然可以说是这场争论的中心论点之一。宫崎认为，自宋代以来土地的租佃关系已演化为建立在“自愿非逼”的契约之上的非人身依附性经济关系，“地主恃强凌弱、欺压佃户并不是法律上的权利，而体现了一种近代资本主义式的现实力量对比”（宫崎，1952 年）。与宫崎的观点相反，仁井田陞则认为听任地主随意欺凌佃户的所谓“契约”并不是资本主义意义上的契约（仁井田陞，1964 年）。

在主张中国的租佃关系不包含超经济强制的身份制或人身依附，而纯粹是经济性的契约关系这一点上，宫崎的观点接近于上述戒能通孝的观点。但是，宫崎强调这种契约关系形式上的“近代性”，同时也在一定程度上将支撑着契约关系的现实秩序作为某种自然存在的东西了。与此相对，仁井田陞指出契约的履行没有得到法律或社会规范的内在保障，实际上也不存在支持契约获得实质上实现的社会秩序。从着眼于中国社会缺乏近代性的实质这一角度来看，不如说仁井田陞的观点更接近于戒能通孝。

笔者觉得，这两位学者的分歧归根结底在于如何看待经济、社会意义上的强者与弱者之间缔结的“契约”这一问题。在宫崎看来，强者与弱者缔结的契约实质上往往不平等其实就是资本主义契约社会的本来面目，近代的“契约自由”原则内在地包含着对这种不平等的容认。但是，仁井田陞心目中的近代契约社会却是能够从实质上保障契约当事者和契约内容平等的社会，承认实质上不平等交换的社会并不是成熟的资本主义社会。我个人认为，西欧近代社会提出的契约自由理念实际上同时包含着相互矛盾的这两个侧面。如果把意思自治原则贯彻到底，就意味着承认实质上的不平等；另外，为了保障当事者实质上的对等关系，又不得不对意思自治原则进行限制或干预。在讨论中国社会究竟是“近代性”的还是“封建性”的之前，应当先注意到所谓“自由”“对等”的契约理念内在的这种悖论。旧中国社会里在理念上并不存在意思自治的观念，为了达到实质平等对私人行为的限制干预常常被要求和得到实行，但实际上，包括私人之间形成的人身依附关系在内，国家对民间广泛存在的私人相互行为是放任自由而不加干预的。在这个意义上，中国社会里放任与干预之间的悖论呈现了与西欧近代社会完全不同的局面或样相。

但是，对于中国社会的契约秩序异于西洋近代的特殊性质，不仅停留在有无近代性的讨论上，进一步考虑其固有的特点究竟是什么具有更重要的意义。这样的问题意识在以“中国农村惯行调查”为基础的研究中已经有所反映。例如，矶田进的研究（矶田，1942—1943年）就存在表达了这种问题意识的一些片段。他在讨论滦城县的租佃关系中“中人”“保人”等所起的作用时提出了以下问题，“在不存在国家或封建领主通过审判、强制执行等提供的权利保护或这种保护软弱无力的社会里，‘中人’‘保人’不就是以某种方式发挥维系社会秩序作用的主体吗？（中略）如果‘中人’‘保人’确实发挥着上述的功能，那么支持他们发挥这种秩序功能的社会机制是什么呢？如果说保证‘中人’作用的是‘面子’，这又是一种什么样的东西呢？——这些都是下一步必须考虑的重要问题”。在矶田看来，华北农村的租佃关系并不具有超经济的人身依附性质，“尽管经济上不平等，政治法律上却是对等的”。但是他同时指出，“租佃关系中的所谓权利并不像近代法制度上那样具有明确清晰、界限分明的性质，权利的实现归根结底依靠中人的说合调解”，是一种不透明、互让和妥协的过程。他还说，“尽管滦城的租佃关系中佃户的租佃权只是通过说合才有可能得到盖然性的实现，但在中国社会的意义上还是可以近似性地理解为佃户的一种权利吧”。

支撑着契约的法律稳定性究竟在中国社会中以何种方式存在呢？可以说所谓“中人”在契约中发挥的作用是研究这个问题时的焦点之一。森田成满在他的《清代土地所有权法研究》（森田，1984年）中专门设一章来讨论所有权的公证问题。他对“税契”

“过割”“清丈”等官府关于所有权从事的公证业务详加论述的同时，仍指出“这不过是把握民间土地所有权变动和存在样式的一个角度而已”，因而要重视民间的公证功能尤其是中人在契约中所发挥的作用。滋贺秀三在讨论民间的纠纷调解时也涉及了不动产的公证作用（滋贺，1984 年）。他指出，类似西洋社会里公证人那样的专门职业尽管在中国并不存在，但“取而代之的是另外的机制。不动产交易、家产分割、缔结婚约等等重要的法律行为一定会有中人、媒人等通常为复数的第三者在场。在他们的介绍、参与下，当事者们商定契约的内容、确认各自的意思，并写下契据、文约等文书（中略），最后往往还举行兼有公告性质的宴会。这些行为是中国古来就普遍存在的惯习。（中略）在那里，社会所需要的某种公证的功能并不集中在特定的专家或制度化了的机关手里，而是以极为分散的方式由具体场合下受到邀请委托来作为中介的一般人们所承担。所以，这是一种任何人都可能受邀或邀请别人来承担公证功能的机制”。当然，这样的环境也许并不适宜进行股份公司等样式的经济活动，“但对于当时生活在其中的人们来说，使任何必要的营生都有可能进行的交易或财产权安排，以及支持着这些活动的——用我们今天的法学专业术语来讲就是——法的稳定性，却大致能够在社会里得到维持。这一点是我们必须考虑到的。（中略）从上到下所有的人们都是法的外行，或者换言之，法只是由外行的人们所创造和支持——这一点难道不正是中国社会的底力之所在吗？”尽管滋贺教授使用的是相当委婉的表达方式，他的上述见解可以说与居高临下式地批评中国社会缺乏真正的契约秩序那种观点是相对立的。

关于动产的契约，在到目前为止的中国契约文书研究中是一个没有得到充分涉及的领域。对“台湾私法”中有关动产的契约进行了分析的布洛克曼（BROCKMAN，1980 年）注意到了契约自身内容中包含的保障功能。他提出，在缺乏明确稳定的商法体系、而且很难期待通过审判来强制履行的条件下，多种多样的契约惯习却能够在一定程度上存在并发挥正常的作用。使这种情况成为可能的机制与其说是中人这样的外部因素，还不如说由于有意识地使契约内容包含了一定的保障机制。这就是：（1）简单的规则，（2）不是通过抽象的原理而是根据如交付商品等具体行为来确定法律效果的发生，（3）契约条款中包含如定金等自我强制性的内容。由于这些方法，契约获得了更易得到实现的机制。布洛克曼的上述讨论使人联想到川岛武宜把定金的必要性与日本人契约意识薄弱的问题联系起来的观点（川岛，1946 年）。同样是定金的问题，布洛克曼的见解却与川岛不同，他把定金理解为缺乏外部的制度性支持条件下使契约关系发挥正常作用并包含在契约内容本身之中的一种机制。

明清时期的中国社会可以称为“契约社会”吗？在那里存在具有一定稳定性的法的秩序吗？对这些问题的不同解答，与其说是因为认识到的事实不一样，还不如说终究反映了研究者们观察历史上存在的社会秩序时所立足的多种角度或立场。究竟站在以某种理想的“契约社会”理念为尺度来衡量历史上的社会与此尺度之间的距离这一立场，还是从感叹于不同社会里契约秩序的多样个性并力图理解其内在的含意这一角度出发呢？这种角度或立场的不同归根结底也是来自研究者们面对自己所置身的现实生活环境而采取的态度。

结　语

本稿的讨论把重点放在契约文书的史料性质上并力图有所新意，但结果基本上成为关于明清时期契约的研究史的一般整理或述评。契约文书当然是研究契约的重要史料，但无疑也只是许多史料中的一种而已。对于写下契约文书的人们来说，当时的契约关系属于某种不言自明的社会存在，所以不会在文书中特意把契约关系本身作为考察的对象并加以明确的说明。正面论及当时契约关系的情况往往出现在其他史料里，因为这个缘故，也因为以前契约文书史料并不多见，过去的明清契约研究不少情况下依据的是其他史料。

现在，在明清史研究中，契约文书作为珍稀史料的时代已经结束，大量的文书史料开始为研究者所利用。不过，仅有丰富的资料，今后的明清法制史研究是否就能大有成就却是另一个问题。大部分契约文书都是以类似的样式制作的，“从法制史的观点来看，只要知道一个，就可以大体明白其他的了”（寺田，1989年a）。在史料的数量方面，法制史研究者的观察角度可能与要求多多益善的社会经济史研究者不一样。但是，对于我们社会经济史学者来讲，契约文书作为史料的魅力还不仅在于所记载的物价、租额等数据，纸质、字体、笔触以及其他通过文书可能察知的如登场人物、人和人之间的关系等，都能折射出当时社会的气氛。这些文书在当时的日常生活中是很普通的事物，但正由于其普普通通、无意造作的性质，反而更能够给研究者带来关于当时生活现实的实在感受。令人感兴趣的是，研究法制史的学者对于契约文书的这种魅力或感受又有何看法呢？

本篇文献目录

Ⅰ　契约文书资料集

1. 全国

①憲真《中国に於ける契约类集》（满洲文化协会、一九三二）

②东洋文库明代史研究室编《中国土地契约文书集（金—清）》（东洋文库、一九七五）

③浜下武志等编《东洋文化研究所所藏中国土地文书目录·解说》（上·下）（东京大学东洋文化研究所附属东洋学文献センター、一九八三、八六）

2. 东北地方

①南满洲铁道株式会社调查课《满洲旧惯调查报告书》全九卷（一九一三~一五。复印版、お茶の水书房、一九八五）

②伪满洲国地籍整理局《地券样式汇集》（一九三六）

3. 华北（北京、河北、山东、山西）

①天海谦三郎“华北土地惯行资料（一）（二）”（伪南满洲铁道株式会社调查部《中国土地问题に關する调查资料》一九

三七。清末以来の宝坻县の各种土地文书を收录）

②中国农村惯行调查刊行会编《中国农村惯行调查》全六卷（岩波书店、一九五二~五八。复刊、一九八一）

③中国社会科学院历史研究所《曲阜孔府档案史料选编》第三编第六册（齐鲁书社、一九八〇。清代孔府の土地关系をめぐって、官に提出された禀などを多く收录するが、土地买卖、租佃关系の契约书ち若干含まれている）

④“崇文门外万全堂药铺资料辑录”（《清史资料》一、一九八〇。乾隆~光绪の合同など十三件。邓拓旧藏）

⑤中国人民大学清史研究所·档案系中国政治制度史教研室合编《清代的矿业》上·下（中华书局、一九八三。北京西郊の炭矿业に關する契约文书三八点を收录）

⑥张正明、陶富海“清代丁村土地文书选编”（《中国社会经济史研究》一九八九—四）

4．江苏、浙江

①Pierr Hoang，Notions Techniques sur la Propriété en Chine（Variété Sinologique，No. 11，1920）

②南满洲铁道株式会社调查课《中国惯行调查参考资料》第一~三辑（一九四一~四二。合股关系契约文书若干を收录）

③山根幸夫“胥吏缺让渡文书”（《明代史研究》二、一九七五。浙江巡抚、布政司衙门の胥吏の株の売买に關する契约文书六点）

④洪焕椿编《明清苏州农村经济资料》（江苏古籍出版社、一九八八。清中期の置产簿、卖田契、租佃契约などを收录）

5. 安徽

①傅衣凌“明代徽州庄仆文约辑存”（《文物》一九六〇—二）

②方豪“明代各朝契据四十二件抄存”（《食货月刊复刊》二—三、一九七二）

③章有义“清代皖南休宁奴婢文约辑存”（《文物资料丛刊》一九七八—二。章一九八四に收录）

④傅同钦“明代安徽文约拾零”（《南开史学》一九八一—二）

⑤傅同钦、马子庄“清代安徽地区庄仆文约简介”（《南开学报》一九八一—一）

⑥刘慧珍“明代徽州田契选录”（《安徽史学》一九八五—一、二）

⑦安徽省博物馆《明清徽州社会经济资料丛编·第一集》（中国社会科学出版社、一九八八）

⑧中国社会科学院历史研究所　徽州文契整理组《明清徽州社会经济资料丛编·第二辑》（中国社会科学出版社、一九九〇）

⑨周绍泉、王钰欣编《徽州千年契约文书·第一编·宋元明代编》全二十卷（花山出版社、一九九二）

6. 四川、湖北

①陈上岷“地主阶级霸占土地的一个缩影——谈湖北竹溪虞姓地主的几张字约”（《文物》一九七六—二）

②张学君、冉光荣“清代富荣盐场经营契约辑录”（正·续）

(《中国历史博物馆馆刊》四、五、一九八二~八三)

③鲁子健《清代四川财政史料》上・下(四川省社会科学院出版社、一九八四、八八。四川省新都縣の嘉庆~宣统の卖田契六点を写真つきで收录)

④自贡市档案馆、北京经济学院、四川大学合编《自贡盐业契约档案选辑》(中国社会科学出版社、一九八五)

⑤彭久松“自贡盐业契约考释”(1)~(5)(《监业史研究》一九八六—一~一九八八—四)

7. 福建

①杨国桢“清代南平小瀛洲山契辑说”(厦门大学历史研究所 中国经济史研究室编《中国经济史论文集》福建人民出版社、一九八一。杨一九八八に收录)

②杨国桢“清代闽北土地文书选编”(1)~(3)(《中国社会经济史研究》一九八二—一~三)

③陈盛明“晚清泉州虈口黄置业契约选”(《中国社会经济史研究》一九八五—三)

④杨国桢“闽南契约文书综录”(《中国社会经济史研究》一九九〇年增刊)

8. 台湾地区

①临时台湾旧惯调查会编“台湾私法”全一三册(一九〇九—一一)

②临时台湾旧惯调查会编《契约及书简文类集》(一九一六。影印版、汲古书院、一九七三。《清代契约文书及び书简文类集》

と改题)

③ Murakami, Naojiro, The Bilingual Formosan Manuscripts (Taihoku, 1930)

④王世庆编《台湾公私藏古文书影本》全十辑。

⑤三田裕次藏、张炎憲编《台湾古文书集》(台北、南天书局、一九八八)

9. 广东、香港(特别行政区)、海南岛

①科大衛、陆鸿基“向东村杜氏地契简介”(《香港中文大学中国文化研究所学报》一一、一九八一。道光九年~民国三十二年の广东省宝安縣の卖田契三一点を收录)

②张雪慧“清代海南黎族的土地典卖契刻”(《中国社会经济史研究》一九八五—四)

③科大卫等编《许舒博士所辑广东宗族契据匯录》(上・下)(东京大学东洋文化研究所附属东洋学文献センタ−、一九八七—八八。James W. Hayes の搜集した契约文书二九二点を收录。黄永豪による序言、田仲一成、浜下武志による解題を付す。沙田开发に關わる文书を多数收录する)

10. 关联资料集

①“中华民国”司法行政部编《民商事习惯调查报告录》全二册(一九三〇。影印版、台北・古亭书屋、一九六九。清水金二郎、张源祥译《中国民事惯习调查报告》上・中、大雅堂、一九四三~四四)

②中国第一历史档案馆・中国社会科学院历史研究所《清代

地租剥削形态》上・下（中华书局、一九八二）

③中国第一历史档案馆・中国社会科学院历史研究所《清代土地占有关系与佃农抗租斗争》上・下（中华书局、一九八八）

Ⅱ　研究文献

［日文］

天海谦三郎“同族间における不立卖契の惯习”（《满铁调查月报》一八卷六号、一九三八）

——《中国土地文书の研究》（劲草书房、一九六六。官地の研究であるため、私文书は殆ど收录されていない。卷末に“中国旧惯の调查について”の座谈会あり。土地文书收集时の状况を回顾する）

天野元之助《中国农业经济论》上・下（改造社、一九四〇~四二。复刻版、龙溪书舍、一九七八）

——“海南岛土地买卖惯行と同族先买权の问题”（《东方学报》二二、一九五三）

安藤镇正“华北农村の金融机构——特に河北省乐城縣の典小作を中心として——”（仁井田陞博士追悼论文集第二卷《现代ァジァの革命と法》劲草书房、一九六六）

池田温“中国古代契约文书の整理”（东京大学东洋文化研究所东アジア部门《中国朝鲜文书史料研究》一九八六）

石崎博夫《满洲における合股》（伪满洲国司法部、一九三六）

矶田进“华北の小作——その性格とその法律”（《法学协会

杂志》六〇卷七号、一二号、六一卷三号、五号、七号、一九四二~四三)

今堀诚二“一六世纪以后における合夥（合股）の性格とその推移”(《法制史研究》八、一九五八 a。今堀一九九一所收)

——“清代における合夥の近代への倾斜——とくに东夥分化的形态について”(《东洋史研究》一七卷一号、一九五八 b。今堀一九九一所收)

——“清朝以降の徒弟契约とギルド规制”(《东方学会创立十五周年纪念东方学论集》一九六四。今堀一九六八所收)

——“清代における小作制度について”(《东洋文化》四二、一九六七。今堀一九六八所收)

——《中国近代史研究序说》(劲草书房、一九六八)

——“清代の人卖文书と家族制度”(《小尾博士退休纪念中国文学论集》一九七六 a。今堀一九九一所收)

——“清代以降の家族制度——土地买卖文书による一考察——”(《法制史研究》二五、一九七六 b。今堀一九九一所收)

——“中华民国时代の人身买卖文书と家族制度”(《酒井忠夫先生古稀祝贺纪念论集・历史における民众と文化》一九八二。今堀一九九一所收)

——《中国封建社会の构成》(劲草书房、一九九一)

内田智雄“中国农村における土地の先买权について（上）（下）”(《同志社法学》一〇、一三、一九五一~五二)

小山正明“文书史料からみた明・清时代徽州府下の奴婢・庄仆制”(《西嶋定生博士还历纪念东ァジァにおける国家と农民》山川出版社、一九八四。小山一九九二所收)

——《明清社会经济史研究》(东京大学出版会、一九九二)

戒能通孝“中国土地法惯行序说”(同《法律社会学の诸问题》日本评论社、一九四三。《戒能通孝著作集》第四卷、日本评论社、一九七七)

川岛武宜“遵法精神の精神的および社会的构造”(《法学协会杂志》六四卷七号、九·一〇号、一九四六。《川岛武宜著作集》第四卷、岩波书店、一九八二、所收)

——“封建的契约とその解体”(《法社会学における法の存在构造》日本评论社、一九五〇。《著作集》第一卷、一九八二、所收)

川胜守《明代江南农业经济史研究》(东京大学出版会、一九九二)

岸本美绪“租核の土地所有论”(《中国——社会と文化》一、一九八六)

草野靖“近代中国における民法典の编纂と永佃条项”(《熊本大学文学部论丛》一三、一九八四。草野一九八九所收)

——《中国の地主经济——分种制》(汲古书院、一九八五)

——《中国近世の寄生地主制——田面惯行》(汲古书院、一九八九)

吴佩君“中华民国民法典における典权概念の推移——传统的法惯习の近代的理解——”(《法学政治学论究》八、一九九一)

小口彦太“中国农村惯行调查をとおしてみた华北农民の规范意识像”(《比较法学(早稻田大学)》一四卷二号、一九八〇)

近藤秀树“清朝权力の性格——中国における绝对王制——”（《岩波讲座世界历史一二、中世六》一九七二）

盐见金五郎“华北农村における不动产权利变动に關する公证制度”（《满铁调查月报》二二卷一二号、一九四二）

滋贺秀三《清代中国の法と裁判》（创文社、一九八四）

重田德《清代社会经济史研究》（岩波书店、一九七五）

清水金二郎“华北の典惯行”（《东亚人文学报》三卷二号、一九四三）

——《契の研究——满・支土地惯行规范について》（大雅堂、一九四五）

——《满州地券制度の研究》（人文书林、一九四六）

清水金二郎、石田文次郎“满洲に於ける契の研究”（《东亚人文学报》一卷一号、一九四一）

杉浦贯一“寺北柴村における抵押”（《大阪经大论集》六、一九五三）

——“华北农村における土地买卖惯行——买卖手续と中人の性格——”（《大阪经大论集》五周年纪念论文集、一九五四）

——“乐城县寺北柴村における典”（《大阪经大论集》一〇、一一、一三、一四、一九、一九五四~五七）

杉之原舜一“典の法的性质——华北农村における惯行としての——”（《法律时报》一九卷一号、一九四七）

鹤见尚弘（姜镇庆等译、中文版）《中国明清社会经济研究》（学苑出版社、一九八九）

寺田浩明“田面田底惯行の法的性格——概念的检讨を中心にして”（《东洋文化研究所纪要》九三、一九八三）

——“中国近世における自然の领有”（《シリ-ズ・世界史への问い》第一卷、岩波书店、一九八九 a）

——“清代法制史研究と档案研究”（东京外国语大学アジア・アフリカ言语文化研究所主催シンポジウム“清代档案の研究”における报告、一九八九 b）

唐文基（鹤见尚弘译）“明清时代福州地方、土地典卖文书の研究”（《东洋学报》七二卷一・二号、一九九〇）

夏井春喜“一九世纪中叶苏州の一租栈における收租情况——同治减租とそれに至る过程——”（《史学杂志》九〇编七号、一九八一）

仁井田陞“明清时代の人卖及人质文书の研究”（《史学杂志》四六编四号、五号、六号、一九三五）

——“元・明・清代及び黎氏安南の保证制”（《史潮》五卷三号、一九三五。仁井田陞一九六〇所收）

——“中国の土地台帐鱼鳞图册の史的研究”（《东方学报（东京）》六、一九三六。仁井田陞一九六〇所收）

——《唐宋法律文书の研究》（东方文化学院、一九三七。復刻版、东京大学出版会、一九八三）

——“元明时代の质契约研究”（《蒙古学》三、一九三八。仁井田陞一九六〇所收）

——《中国身份法史》（东方文化学院、一九四二。复刻版、东京大学出版会、一九八三）

——“中国近世の一田两主惯习と其の成立”（《法学协会杂志》六四卷三・四号、一九四六。仁井田陞一九六〇所收）

——“中国买卖法の沿革”（《法制史研究》一、一九五二。

仁井田陞一九六〇所收）

——“元明时代の村の规约と小作证书など”（《东洋文化研究所纪要》八、一九五六。仁井田陞一九六二所收）

——《中国法制史研究　土地法・取引法》（东京大学出版会、一九六〇。补订版、一九八一）

——“明末徽州の庄仆制——とくにその劳役婚について——”（《和田博士古稀纪念东洋史论丛》一九六一。仁井田陞一九六二所收）

——《中国法制史研究　奴隶农奴法・家族村落法》（东京大学出版会、一九六二。“中国社会の农奴解放の诸段阶”“明清时代の族谱における家产关系文书と小作关系文书”“元明时代の村の规约と小作证书など（二）”を新稿として收录。补订版、一九八〇）

——“中国の农奴解放过程と契约意识——地主の支配权力をめぐって——”（《法制史研究》一四、一九六四 a。仁井田陞一九六四 b 所收）

——《中国法制史研究　法と惯习・法と道德》（东京大学出版会、一九六四 b。“元明时代の村の规约と小作证书など（三）”を新稿として收录。补订版、一九八〇）

根岸佶《商事に關する惯行调查报告书——合股の研究》（东亚研究所、一九四三）

旗田巍“中国の土地改革の历史的性格”（《东洋文化》四、一九五〇。旗田一九七三所收）

——《中国村落と共同体理论》（岩波书店、一九七三）

林惠海《中国江南农村社会制度研究》上（有斐阁、一九五

三）

本田悦郎《中国农村小作制度惯行调查》（近代文芸社、一九九〇）

增田福太郎《中国社会と财产契约》（福冈大学研究所、一九六八）

宫崎市定“宋代以后の土地所有形体”（《东洋史研究》一二卷二号、一九五二。宫崎《ァジァ史研究》四、同朋舍、一九六四所收）

村松祐次《近代江南の租栈》（东京大学出版会、一九七〇）

森田成满《清代土地所有权法研究》（劲草出版サ-ビスセンター、一九八四）

矢野春隆《华北地券（契）制度の研究》（南满洲铁道株式会社经济调查会、一九三五）

渡边幸三“南京不动产卖契の研究”（《东方学报》二二、一九五三）

［中文　著者名日本语读みの五十音顺］

韦庆远・吴奇衍・鲁素《清代奴婢制度》（中国人民大学出版社、一九八二）

周远廉・谢肇华《清代租佃制研究》（辽宁人民出版社、一九八六。刑科题本を主に使用して各种租佃制の富态を考察、土地买卖契约の特质などにも触れる）

周绍泉“徽州文书的由来・收藏・整理”（《明代史研究》二〇、一九九二）

章有义《明清徽州土地关系研究》（中国社会科学出版社、一九八四）

邓拓“从万历到乾隆——关于中国资本主义萌芽时期的一个论证”（《历史研究》一九五六—一〇）

汤明檖・李龙潜・张维熊“对邓拓同志从万历到乾隆一文的商榷和补充——并论处理和运用实地调查材料的方法”（《历史研究》一九五八—一）

傅衣凌《福建佃农经济史丛考》（福建协和大学、一九四四。“明清时代福建佃农风潮考证”“近代永安农村的社会经济关系”“永安农村赔田约的研究”を收录。のち、傅一九六一に收录）

——《明清农村社会经济》（北京三联书店、一九六一）

——“论明清社会与封建土地所有形式”（《厦门大学学报》一九七八—二・三）

傅衣凌・杨国桢主编《明清福建社会与乡村经济》（厦门大学出版社、一九八七。契约文书に關わる研究として、杨国桢“明清福建土地私人所有权内在结构的研究”、傅衣凌“福建农村的耕畜租佃契约及其买卖文书”、杨国桢・陈支平“从山契看明代福建山地的私有化”、陈支平“清代福建乡村借贷关系举证分析”などが收录されている）

叶显恩《明清徽州农村社会与佃仆制》（安徽人民出版社、一九八三）

杨国桢“中国学术界对明清契约文书的搜集和整理”（《中国近代史研究》五、一九八七）

——《明清土地契约文书研究》（人民出版社、一九八八）

李文治“论清代前期的土地占有关系”（《历史研究》一九六三—五）

［欧文］

Brockman, Rosser H., Commercial Contract Law in Late Nineteenth-century Taiwan (in Jerome A. Cohen, et al., eds., Essays on China's Legal Tradition, Princeton University Press, 1980)

Chen, Fu-mei Chang, and Ramon Myers, Customary Law and the Economic Growth of China during the Ch`ing Period (Ch`ing-shih wen-tǐ, 3-5, 1976)

McAleavy, H., Dien in China and Vietnam (Journal of Asian Studies, 17-3, 1958)

McDermott, Joseph p., The Huichou Sources - A Key to the Social and Economic History of Late Imperial China (《アジア文化研究》一五、一九八五)

伦理经济论与中国社会研究*

岸本美绪 著 陈少峰 译 王亚新 校

序 言

日本的中国历史研究者似乎一直对接受新颖的一般历史理论持有某种保留态度。这种态度的后面存在日本知识界对自己社会欧化风潮的一种反省意识——一意模仿西洋，似乎“越新越好”的心理难道没有妨碍日本人彻底地认识和改造自己吗？然而，尽管如此，20世纪70年代以来的历史学界新的理论潮流仍然极大地影响了中国史研究的动向。对于中国史研究者来说，现在已经是弄清这些影响来龙去脉的时候了。

英国史研究者近藤和彦在发表于《思想》杂志第776号（1989年2月出版）的《关于政治文化的社会史》这篇文章中，对探讨特定社会中人们的社会性结合或社会关系所具有的多层结构，以及隐含在这些结构中的政治文化因素及其相关的最近一些研究进行了评论。这些研究也包括较年轻的亚洲史研究者最近的研究成果。近藤论文以关注政治文化的社会史问题为直接内容，

---

* 本稿原载《思想》杂志792号，岩波书店，1990年。

实际上可算是要求日本的欧洲史研究和亚洲史研究进行交流的坦率提议，这是我们研究亚洲史的人衷心欢迎的。例如，近藤论文所采用的中心概念“伦理经济”（moral economy）正如众所周知的那样，首先在关于欧洲民众运动史的研究中出现，其次通过J. C. 斯各特关于东南亚农村社会特征的著作以及他与S. 波普金的争论，在亚洲史研究领域也引起了学者们的关注[1]。关于这一概念，我们中国史研究者应该怎样加以认识呢?[2] 无疑这是一个吸引人的课题。

如果考虑到由小农构成的中国社会及其漫长的历史——人们指出那里存在以村落为主的牢固的社会团体，并且力图捍卫农村使之不受商业的破坏性力量影响的农本思想也一直保持着强大的影响力——大概会获得传统中国社会也可作为“伦理经济”发源地之一这样的印象。但是，本篇并不想讨论伦理经济论是否完全适用于传统中国社会这样的问题，也不想阐明“伦理经济”概念

---

[1] 关于斯各特和波普金争论的主要文献包括：J. C. *Scott*, *The Moral Economy of the Peasant*: *Rebellion and Subsistence in Southeast Asia*, Yale University Press, 1976.

Samuel I. Popkin, *The Rational Peasant*: *the Political Economy of Rural Society in Vietnam*, University of California Press, 1979. 等。

此外，斯各特的其他著作有：

J. C. Scott, *Protest and Profanation*: *Agrarian Revolt and the Little Tradition* I. II. Theory and Society 4：1，2，1977.

J. C. Scott, *Weapons of the Weak*: *Everyday forms of Peasant Resistance*, Yale University Press, 1985. 等。其他相关文献的全面介绍就不是我这个外行所能胜任的了。关于这次争论的恰当介绍有白石昌也的《东南亚农村社会论的最新动态》，《东洋文化》64 号，1984 年，以及原洋之介的《克里福特 · 盖茨的经济学——在亚洲研究与经济理论之间》リブロポート，1985 年，第三章。

[2] 在研究中国史的立场以及以中国研究为素材的方法论这两方面，有以下文献介绍这一争论：

内山雅生《近代中国华北农村社会的构造与经济研究》，《金泽大学经济学部论集》9 卷 2 号，1989 年。

Daniel Little, *Understanding Peasant China*: *Case Studies in the Philosophy of Social Science*, Yale University Press, 1989.

的准确内涵，而是试图描述一下今天人们在“伦理经济”这一主题下探讨的几个问题历来在日本的中国史研究中拥有的意义——尽管笔者在什么才是上述“伦理经济”概念的准确用法这一点上并无发言权。有关伦理经济论的各种论点，令人联想到日本战后的中国史研究从方法论上或围绕具体史实等方面曾展开争论，但至今没有得到充分解决而呈现胶着状态的一些问题。以下将联系伦理经济论的有关论点简单地回顾一下关于中国社会的研究史上历来的几个争议之点，看看包括在其他研究领域（如西洋史研究）的更加广阔的学术脉络中，能否再度激活这些争论之点。

一、问题的多个层面

关于伦理经济论，日本学术界已经有很多介绍。此处希望避免屋上叠屋的愚举，只从最先在亚洲研究中引进伦理经济论的J. C. 斯各特的讨论中，在行文最小限度必不可少的范围内，抽出几个问题来加以分析。

斯各特的著作《农民的伦理经济》，正如他自己所指出的那样是从“经济学领域”开始探讨问题的。斯各特所讨论的内容大致体现在“维持生存经济”“避免风险”“安全第一原则”等关键词中。对于在生存线上挣扎、经常受到恶劣气象威胁和外部侵夺榨取的小农来说，引导其行为的基准不是追求“利润最大化”，而是不得不设法达到“风险最小化”。从“尽量减少最大损失的可能”这一观点出发，他们不是选择使平均收入增加的新耕作方法，而是选择风险小的传统耕作方法；不选择定额分租而选择风险共担的分租，而且宁肯与紧急时能够提供某种保障的实力人物保持一种从属关系。斯各特认为，乍看之下好像只是盲从于习惯的农民行为，实际上是以安全第一原则为基准而作出慎重选择的结果。在斯各特看来，这样的行为方式在微观经济学的框架内是可以理解的，农民回避风险的行为能够作为“风险管理之极限事例”加以理解；如果在确实没有风险而利益能够增加的情况下，农民大概就会积极采用新耕作方法或者从事商品生产。如果仅限定在这一侧面来看，斯各特的观点和他的论争对手波普金在其著作《合理的农民》中所发挥的观点之区别，也可以说不过在于作为农民的行为动机究竟应更重视利润追求还是应更重视风险回避这种程度问题而已。[3]

对于想探讨农民反抗之政治学问题的斯各特和波普金双方而言，“经济学”也许只是次要的问题领域。然而，如果将他们的讨论与日本的中国社会经济史研究状况相对照，就会感觉到斯各特通过“维持生存”这一共通的动机试图给予农民行为以一种完整说明，依然具有理论上的魅力。日本具有“理论性”指向的中国史研究历来关注体现传统中国社会经济特色的地主土地所有、血缘性·地缘性的社会集团、有力士绅与农民之间从属性支配关系等现象。但是如果稍冒一点过份简单化的危险，则可以说许多学者关注的并不是“为什么会形成这些现象或特征”的问题，而是以“奴隶制”或“封建性”等性质上的规定来把这些现象置于历史发展规律的某个阶段上。尽管也发现了不少重要的史实，但是，这些学者的研究与其说逐渐接近于揭示出一幅清晰的整合的

[3] 斯各特的立场经常被归属于经济人类学中实体主义论者这一类别（如 Philip. C. C. Huang, *The Peasant Economy and Social Change in North China*, Stanford University Press, 1985），但日本的读者阅读本书首先的印象恐怕是其形式主义的侧面。

社会结构图景，毋宁说更多地导致了因混淆不同时代的多种因素而显得纷纭复杂的社会图像和在时代分期上的纠缠不休。如果不再简单地依赖“遗制”“过渡期”等空泛的术语，而是从关于人们行为动机的几个单纯的假说出发，对多种多样的复杂现象的发生过程作出具有逻辑整合性的说明，这种方法是否可行呢？也就是说，是否有可能以建立在个人行为动机有关假说上的“经济学”方法来理解中国社会，这就是问题的第一个层面。

当然，从“经济学领域”出发对农民的伦理经济所进行的研究不能仅停留在这个层面上。斯各特说，这种研究必须发展到“文化与宗教”的层面。在他的著作后半部分，斯各特指出前半部分“经济学性质”的议论包含一种危险性，即把农民视作“为了达到保障或稳定生存条件这一私人目的而在与周围环境的关系上毫无道德制约地巧取豪夺的市场利己主义者”。他指出，如果停留在经济学层面上，就会看不到如下具有核心性质的事实：“农民总是在一定社会及其文化中被塑造的。在那里，他们接受一定的道德价值观、体会具体的社会关系、学习对他人行动的期待形态、获得关于同属一个文化的人们为了达到同一目的过去都采取了什么样方法的感觉。”在接下来的部分中，他把“互酬性的规范与生存的权利”这两个伦理原则作为构成农村社会“小传统”的真正要素来加以分析[4]。

在其著作中，斯各特议论的着眼点超越了仅根据利益动机而展开的经济学分析而强调了道德或伦理的方面，但同时也应看到这里还存在弱点。“维持生存的经济”通过什么样的逻辑产生

[4] The Moral Economy of the Peasant, p. 166.

“维持生存的规范”呢？以“市场利己主义者”为基础而描绘出来的社会图景与人们拥有共同的价值观并相互帮助的农村社会形象——如果斯各特不否定前一图景的话——具有什么样的关系呢？波普金的批评正指向这里。在他看来，从每个人都共同具有维持生存的目的这一前提直接得出结论，认为村庄公共事务的管理运营以一种能够保障村民全体生存的方法来展开这种伦理经济论者的观点是错误的。这是因为，只要每个人都筹划以最小的损失换取最大利益，人们更有可能成为自己不想对公共事业作出任何贡献而仅要求获得利益的所谓“搭便车者”（free rider），而警惕着出现“搭便车者”的人们也不会积极地参加村里的公共事务[5]。尽管波普金的批评似乎有些吹毛求疵，但这里提出的问题是，在具有功利主义倾向的人们相互争夺、展开生存竞争的逻辑前提下，怎样才能说明秩序或规范之存在呢？这也可以说是自霍布斯提出“万人与万人之战争”这一命题以来社会科学的最根本问题之一。

战后日本的中国史研究把根据生产关系进行阶级分析作为理论支柱。在那里作为潜在前提的是（尽管古典经济学的社会观完全不同但此前提却是一致的）个人被自身物质利益驱动的功利主义行为观。在这样的潮流中，不是单纯地把道德和宗教问题仅视为虚伪意识，也不同意意识形态不过只是斗争的武器、工具，而认为这些因素具有自身独特意义的观点立场，形成了一股虽然往往被视为异端却不能无视其存在的思潮。关于个人行为的功利主义说明和伦理、宗教等规范要素的关系，成为问题的第二个层面。

---

[5] The Rational Peasant, pp. 24-27.

作为问题的第三个层面而举出的是社会结构论这一方面的“规范形成和存在的场境构造”。关于这个层面，上述近藤论文中最引人注目的是以下的一些表述：“由多样的民众组成的微观社会空间所具有的独特性、自律性”，“围绕这个空间的外部世界发挥什么样的支配或主导作用？对应于来自外部的这种作用，民众自律的微观空间又怎样动作？——这种相互作用以及社会全体的结构”，“相对独立的文化空间或大小传统之间的相互渗透又相互抵触”，等等。这些语言所表述的可以说就是伦理经济论的这一个层面。正如近藤的论文所介绍的，斯各特在《抗议与冒渎》一书中讨论了这个问题，论述了精英所承载的“大传统”和农民所体现的“小传统”之间，存在结合了从属与对抗两个方面的所谓“通过讨价还价而形成的从属”关系。

斯各特在东南亚社会中找到作为“小传统”主要活动场所的是村落。尽管根据地域差别而出现开放或者封闭的不同，而在几乎所有的场合，“村落都具有超越农户聚居群落的含义”。“第一，村落在某种程度上从外部独立开来，构成了行为的以及地位、影响力、权威的地方性系统。于是，第二，村落作为一种共同享有认知与信息的——规定了一定政治上解释的范围并与外部明确分离开来。第三，村落具有排斥陌生人的倾向，是道德性义务（能够发动强有力社会制裁）的单位。”[6] 而在波普金那里，他则把村落视为其有实力的头面人物抑制内部的对立、猜疑及竞争的系统，从这一角度来把握村落作为共同体的性质。因此，他指出在村民中常常潜在地抱有通过与外部结合而获得利益与权力的动

---

[6] “Protest and Profanation” Ⅱ. p. 213.

机，市场或国家权力并不是如伦理经济论者所说的那样从外部“侵入”村落，而是从内部被村民要求的东西。

虽然关于东南亚传统村落的这种议论正确与否应该让东南亚研究者来判断，不过，像以上所论述的那种村落的共同体性质在中国史研究中也成为争论的焦点。强调作为独立空间的村落之孤立性以及与外部世界的隔绝性等见解，作为与停滞论相关联的论点虽然在战后受到了批判[7]，但所谓“国家与社会”问题，即国家权力与社会团体之间的关系依然在中国史研究中作为未得到解决的重大问题而存留下来。关于中国的传统村落，存在将其视为不过是农户聚居的一种物理性形式、强调中国村落缺乏内在凝集力的有力见解。但是，尽管如此，如果传统中国社会并没有陷于万人对万人的永久战争，而保持了一定的秩序而延续着的话，那么，这种秩序究竟是在什么样的场境中以怎样的方式发生作用的呢？这就是问题的第三个层面。

当然，伦理经济论所提出的问题本来就不是这三点所能穷尽的。不过，如果思考一下战后日本的中国史研究者们所展开的学术争论深层具有的根本问题，那么这三点都因具有某种切实的内容而浮现出来。以下，拟按上列顺序予以讨论。

二、小农的维持生存经济

根据从西欧史或日本史中所抽象出来的阶段发展模式来测试中国社会之发展程度的话——实际上到今天仍然有许多人在这样

---

[7] 松本善海：《对旧中国社会特质论的反省》《对旧中国国家特质论的反省》，《东洋文化研究》9、10号，1948、1949年。

做——常常感到困惑的是，中国社会虽然很早就具有了“近代化”的侧面，可是时至今日仍然带有浓厚的“前近代性”因素。一方面，在帝政时代的中国，在全社会水平上已经不存在将社会分工用世袭制固定下来的身份制度。职业的选择、土地的买卖、租佃关系的形成等种种在广域范围的经济活动，至少在形式上都建立在每一个人“自愿非逼”（基于自发性的同意而不是强制）缔结的契约之上。但是，另一方面，通过这种“自由”的契约所形成的关系，与西欧市民社会或资本主义“近代性”的各种关系相对照，又因其伴随高额地租的“封建性”租佃关系和“奴隶式”的人身依附关系等特点而使研究者备受困扰。既缺乏“封建性”的身份关系，同时也不是“资本主义”，这一问题在欧美学术界关于“从封建制向资本主义过渡”的论战以及日本学术界关于“日本资本主义论战”中早已被提出，与所谓过渡期的时代分期问题具有某种共通之处。不过，在中国情况下，作为研究对象的时期，不是所谓“前近代到近代的过渡时期”，而是二千余年帝政时代的整体。进一步加以限定的话，即使从解除了对土地买卖的限制、地主土地所有全面展开的宋代以后来说，也是达到千余年的漫长时期。

战后日本的中国史研究主要在时代分期论的范围内来处理这一难题。作为其代表性的事例，可举出围绕宋代以后土地所有之特征而展开的争论[8]。关于宋代的佃户是否被束缚在土地上这一事实问题，从20世纪50年代起开始了这场争论。在宫崎市定

[8] 相关文献很多，本文直接提及的有，宫崎市定：《宋代以后的土地所有形态》，《东洋史研究》12卷2号，1952年，以及仁井田陞：《中国社会的农奴解放之阶段》，同《中国法制史研究　奴隶农奴法·家族村落法》，东京大学出版会，1962年。

和仁井田陞之间，争论向有关时代分期的方法论这一方面发展。在针锋相对的分期论战早已退潮的今天来看，也许这种争论的风格使人觉得迂腐。但是，这是与传统中国社会经济的基本性质紧密相关的重大争论。而且，在早期即暴露出日本战后的中国史学所存在的问题点——以西方起源的理论模式来理解中国历史发展——这一意义上，这是研究史上重要且必然出现的争论。这一争论虽然如众所周知的那样只是使宋代以后究竟是“近世”（近代早期）还是“封建制”时期的分歧在日本的中国史学界广为人知而告结束，但在争论过程中，许多具有核心意义的论点——尽管未能被充分明确地表达出来——被涉及也是事实。

例如，提倡宋代以后“近世”说的宫崎强调，在当时的地主和佃户之间，带有“封建制”特点的人身或身份性的支配隶属关系几乎不存在。他认为，当时的地主——佃户关系是基于对等的契约关系的经济关系，即使地主利用佃农的弱点而残酷压榨他们，这也不是法律制度上的权利，而是一种建立于“资本主义性质之上的威力”。这正是近代早期的特征。尽管宫崎使用的“资本主义”一词本身含义模糊，但是如果能够抓住这点展开建设性讨论的话，或许争论会产生意味深长的结果。另外，仁井田陞针对宫崎的这种议论提出，即使是通过契约形式所形成的关系，也不能将容许地主单方面恣意妄为的“契约”看成资本主义性质的契约。他的批判，可以说尖锐地批评了宫崎对于隐藏在契约行为背后并支撑着这种行为的秩序框架缺乏关心。如果他不仅作出当时的契约并非近代性契约这一否定性论断，而且再前进一步，对于当时的契约及支撑它的秩序也抱有关心并积极地加以正面探讨的话，就有可能把讨论向新的方向推进。但是，由于双方都忠实于如何在西方起源的发展阶段模式中找到中国社会的位置这一所期望的目的，结果使问题仍旧仅停留在是近代早期还是封建制这样的二项对立命题上，而对于当时人们如何通过自身的功利性选择而形成传统的从属关系这一过程本身却没有加以关注。

而这样的关注，却在史学界围绕宋代以后土地所有的性质而展开争论之前就已经存在的另一观点中，以一种相当精致洗练的方式表达出来。这种观点与所谓时代区分论形成鲜明对照，考虑的问题是中国社会的经济究竟具有什么特殊性质或个性，因此可以称为类型论。作为这种观点的代表，可以举经济学者柏祐贤与村松祐次于20世纪40年代末发表的著作为例[9]。村松在说明自己采取的方法时，把中国经济整体上比喻为体育竞技。对经济中相当于竞技规则的部分，他作出了以下的说明：

“置身于特定的规范性或习惯性秩序之中，一个个经济主体受到由无数允许作和不允许作的（中略）行为所构成的体系制约，并在这种制约中相互结合起来。广义上的社会规范或社会伦理等词语，可以说指的就是这样的行为体系。在这种行为体系不知不觉的支配之下，一个个经济主体的行动差不多总是不加思索地受到其反射性的规定，他们在特定社会中的生活也因为这个体系的存在而呈现出一种独特的节奏来。考虑到这样的情形，与特定行为体系互为表里的这种生活节奏或许能够被理解为特定社会的‘心态’或者‘整体意识’、‘生活感觉’”。

合股、家庭手工业、包买制等组织都是在这样的规则制约下

---

[9] 柏祐贤：《经济秩序个性论——中国经济之研究》Ⅰ.Ⅱ.Ⅲ，人文书林，1947—1948年；村松祐次：《中国经济的社会态制》，东洋经济新报社，1949年（复刊，1975年）。

“为了扩大、强化和确保经济行为的效果，由一个个经济主体创造出来的有关人员配置、物品分类以及生产经营和生活的内部秩序”。用竞技比赛来比喻的话，就“相当于选手位置的安排、训练日程的决定以及比赛中代表队的组成等”。村松在其著作《中国经济的社会态制》中以这种竞技规则的框架解读了民国时期的种种经济现象，力图给那里产生的多种多样的组织和制度提供某种完整的说明。他在这本书里表明了一种方法论上的个体主义观点。这种观点把说明经济现象的基础放在一个个经济主体的动机与行为之上，而且这里所说的个体并不是与外部环境隔离开来的抽象主体，而是把特定社会的“意识”或“感觉”内在化了的个人。

与斯各特一样，村松祐次与柏祐贤都强调了当时人们所处的自然和社会环境之不安定，并指出了在此直接影响下人们自我防卫的心理、对维持家计的关心以及谋求通过建立种种关系来保证生计安全的倾向。这里说的种种关系包括通过亲属、同乡等血缘和地缘等形成的宗族、行会、村落等社会团体。或者像柏祐贤提出的关键词“包的秩序”所表达的那样，主要是以二者之间承包关系的连锁为特征的一种经济秩序[10]。这些关系、组织或秩序并不是非理性的“旧时代的遗物”，而被视为主体为了对付极不安定的环境而努力形成自我保护机制的结果。可见这些观点与斯各特的“伦理经济”说中有关“经济学”的部分十分相近。但是有趣的是，这两位日本学者所描绘的中国社会形象与斯各特看到

[10] 例如，关本照夫在《二者关系与经济交易》（《国立民族学博物馆研究报告》5卷2号）中所论述的东南亚社会中经济行为的“二者关系”特点，与柏祐贤的论述相比较，令人颇感兴趣。

的东南亚社会却大相径庭。斯各特关于东南亚社会而描出的图景是由村落内部人们内在的共同意识所支撑的相互扶助制度，以及在村落与外部世界之间存在的互酬性规范。由于这些因素的支持，在那里有一种稳定而明确的习惯性秩序。与此相对，从村松祐次与柏祐贤的著作中所看到的中国社会经济，却依然是一个富于竞争性和很不安定的形象。从在个人力量的范围内克服环境的不安定性这一意图出发，人们力图构成种种私人关系的尝试就相当于村松所说的“比赛队伍的编成”。但这些尝试并不会停止或缓和竞争本身。相反，那里出现的状况甚至可以同激烈竞争中经济主体不断谋求建立某种垄断地位的市场相比。与波普金不同，村松祐次与柏祐贤都对经济行为背后的“心态”、“生活感觉”或“伦理秩序”抱有深切的关心，但他们认为这些心理或意识的因素在中国社会里并不表现为相互扶助的共同性。而只是意味着人们相互理解或共有的竞争方式。他们指出，中国农民的行动不仅有谋求安全的一面，同时也有冒险和投机的一面。这两个方面相互补充地结合在一起，就构成了中国经济的一种“商业性的律动”。

他们所描绘出来的这样一幅中国社会的图景是否恰当呢？对此这里没有进行充分讨论的余地。就笔者个人看来，关于中国经济的这种竞争激烈而不安定的形象，很意外地与中国传统的知识分子持有的看法非常接近。中国社会很早以前就存在自由竞争式的经济制度，但却不能发展出与此对应的自由主义经济思想体系，毋宁说强有力的一直是美化自给自足的农村生活并主张限制商品经济的农本思想。之所以如此，是因为当时的人们并不把眼前的竞争性经济视为能够实现平衡的体系，而看成如果放任就会造成弱肉强食以及导致经济整体崩溃的无规范状态。对于秩序能够在功利主义的利益追求上自动形成这样的观念，中国传统的知识分子一般都不会持乐观的态度。传统中国的经济思想并不是在个人各自追求其利益的前提下尽量排除经济外的因素来描述经济自身运行的“经济理论”，而往往具有把伦理道德置于优先的地位，并力图给经济的自然动向加上种种限制的控制性政策论的倾向。这并不能归因于当时人们的无知或阶级利害的缘故，而应该说来自于一种因经济极端的不安定性而产生的危机感。

三、中国经济中的伦理与宗教

对于传统中国的社会哲学思想以及宗教的研究，在战后日本关于中国的研究中占有很大的比重。但是，以社会经济史研究为中心的所谓“理论性”中国史研究中，使人们超越功利主义的考虑而走向相互结合或共同性的伦理、宗教问题，却似乎没有得到过某种稳定和重要的位置。在这类研究中对伦理宗教问题最典型的处理就是或者把伦理道德视为使阶级统治正当化的意识形态，或者把农民起义中的宗教色彩看成未成熟的阶级意识表现。不过也有学者向这种占据主流地位的观点提出了正面的挑战，他们强调伦理、宗教自有其独特的意义，不能把这种问题都还原到经济性的支配关系上去。首先能够举出的就是20世纪70年代前后给中国史研究带来冲击的谷川道雄和小林一美二人[11]。不过这两

[11] 谷川道雄：《隋唐帝国形成史论》，筑摩书房，1971年；谷川道雄：《中国中世社会与共同体》，国书刊行会，1976年；小林一美：《抗租·抗粮斗争的彼方——下层生活者的怀想与政治性·宗教性自立之途》，《思想》574号，1973年。

位学者之间的差异也是很明显的。谷川氏从统治阶层的思想这一方面，即从主宰共同体结合的士大夫自我抑制的伦理出发，强调了伦理道德的重要性。而与此相对，小林氏所探讨的问题却是在农民的反抗中，农民们如何突破以谋求个人利益为基础的经济性斗争所具有的局限，而达到某种新的共同性观念的。这两种研究途径其实已经以一种统一的方式包含在斯各特的“小传统论”中。村落的人们所共有的伦理，一方面支撑着村庄头面人物支配下的基层社会日常生活，同时另一方面又提供了一种基础，使人们能够对抗“大传统”的支配并形成“另一个象征性的观念世界”或“影子里的社会”（shadow society）。但是在日本，沿着农民对地主士大夫的阶级关系这一主轴而展开的中国史研究，却很自然地把士大夫支配共同体的伦理与农民抵抗的伦理分离开来。上述两位学者也是从不同的两极出发来批评战后中国史学的经济决定论倾向的。

谷川道雄的理论在中国史研究者中间通称“谷川共同体论”，这个理论是直接从关于六朝时期中国社会（3世纪到6世纪）的研究中提炼出来的。但是，他所具有的问题意识却涉及了日本战后的中国史研究的方法论框架以及内在于这一框架中的近代主义思想。在他看来，并不一定是大土地所有者的六朝贵族（门阀士族）之所以能够成为当时的统治阶层，是因为他们具有一种独特的士大夫伦理，以及存在因此而承认他们充当领导者的一般舆论。这种士大夫的伦理意味着对世俗欲望的自我抑制并在此基础上使家庭、宗族、乡党等共同体的结合得以成立。谷川指出，“假使认为欧洲社会具有一种以私有财产制发展史为特征的性质的话，那么中国史具有的特殊性质则应该被理解为村落共同体自身的展开过程吧”。他还直率地说，“我们对中国史的这种理解只有置身于超越了‘近代’的地方才有可能获得”[12]。这些话表达的是对日本战后在中国史学界所流行的阶级分析方法的不同意见。

对于这样的共同体论，当时的理论派研究者如明清史学者重田德指出，这是一种“世间罕见的伦理性精神世界”，是“作为历史学方法应该避免的过于幼稚和掺入了过多主观愿望的”共同体论[13]。在当时，谷川理论受到这种带有讥讽口吻的批判可以说是非常自然的。但是，谷川氏以一种类似于涂尔干那样的信念一直坚持主张的观点，就是对于社会之成其为社会来说，第一重要的因素是渗透于人们内心的共同意识，而这样的意识绝不能简单地还原到物质性利害以及建立在物质利害上的支配与被支配关系中去。这个观点本身恐怕绝不是幼稚的见解，其意义在于针对战后中国史学界作为潜在前提的功利主义主体观、社会观，尖锐地指出了那里所存在的问题。

关于谷川的共同体理论，重田德还指出，“共同体的实体基础必然由当时发展阶段上固有的物质条件所构成，其作用则在于使再生产得以进行的同时又不可避免地规定了共同体成员个别的意思。没有明确地提供这种实体基础及其作用，只是把挣扎在几乎是生存极限状态下的民众关于平等的愿望和希求等心情举出来”，正是谷川共同体理论所具有的“主观性、观念性”缺陷。这个批评提醒我们注意到谷川共同体理论中作为“实体”的共同

[12] 谷川，上揭：《中国中世社会与共同体》，第298页。
[13] 重田德：《清代社会经济史研究》，岩波书店，1975年，第391—392页。

体与作为“观念”或“愿望”的共同体这两者之间的关系[14]。谷川氏所说的“共同体”究竟是实际状态还是愿望呢？如果只是愿望的话，如重田氏意下所示的那样，是否就不应该作为认真的研究者所考察的对象呢？谷川氏强调，六朝士族的伦理精神“并不仅仅是观念的世界”，而是“把作为其对象的家族、宗族、乡党或士大夫之间交往等社会生活结合起来形成的现实社会关系”[15]。作为实际的例子，他举出了由豪族率领的自卫性质的村落之存在。但是在另一方面，阅读谷川著作的读者无疑会得到一种印象，就是感觉到频繁出现的“共同体”一词带有强烈的主观愿望或应然的性质。谷川氏关心的是六朝这一动乱时期的人们意图克服混乱走向共同性秩序的意志，而不是构成前近代社会基础的封闭性共同体是否实际存在的问题。这一点从他以下的表述也可以看出：“所谓乡党的共同体，（中略）不外就是乡人共同对士族抱有的心情和乡论发挥作用的社会。所以，这种共同体并不是特定的排他的具体空间，可以从身边的小范围一直扩展到更广的范围，例如从郡县一直到天下国家，同心圆地扩展开来也是可能的”[16]。

在把所谓“共同体”不言而喻地视为客观实在的学者看来，谷川共同体理论的主观性质肯定是决定性的弱点。但是谷川本人恐怕不这样想。他曾针对把隋唐帝国作为非人格的客观性统治机构来加以分析的研究方法提出批评，主张应该考察“使那个历史

[14] 白石在前面注〔1〕的论文中指出，在包含伦理经济论在内的东南亚农村社会研究的整体中可以看到“规范与实态相混淆”的缺陷。

[15] 谷川，上揭：《中国中世社会与共同体》，第103页。

[16] 谷川，上揭：《隋唐帝国形成史论》，第23—24页。

的社会空间得以形成的现实含意"[17]。他所说的"现实含意"指的就是当时的人们所理解的隋唐帝国，或者说是隋唐帝国对于当时人们来说所具有的意味。谷川氏想追问的是，无视这样的"意味"而考虑客观实在的"国家"或"共同体"是否可能呢？谷川共同体理论的弱点其实恐怕在于强调的伦理只是"自我抑制的伦理"这种过于一般的内容，而未能弄清中国以及六朝时期特有的伦理体系。就"自我抑制"来说，在今天我们的生活中，不也同样将一种更精致的伦理内在化了吗？

小林一美也同样关心"共同体"的"主观方面"。通过研究抗租抗粮这种民众的经济斗争是如何走向政治性、宗教性叛乱的这一问题，他指出应该考察从内心支撑着斗争反抗行动的民众精神世界。在他看来，支撑着起义反叛的民众精神并不是植根于日常现实生活中的观念之自然延长，恰恰相反，民众这种精神世界的最大特点在于与日常的利害状况发生断绝，是在"日常的颠倒"上构筑起来的一种"幻想的共同体"。在将此观点具体化的过程中，小林氏通过描述日常生活中被作为"负面"的因素如女性、残疾人、盗匪等在农民起义反叛时获得"神性"的事例强调了这种"颠倒""断绝"的性质[18]。

谷川氏和小林氏在战后日本的中国史学界以一种最具争论性的方式提出了伦理、宗教的问题。但在这两位研究者那里，伦理和宗教并不是深深植根于稳定的日常性生活之中的东西，相反是作为困难的处境下渴望秩序安定的人们对共同性抱有的一种"愿

[17] 同上书，第 7 页。

[18] 如《齐王氏的叛乱——嘉庆白莲教叛乱研究序说》，参见青年中国研究者会议编：《续・中国民众叛乱的世界》，汲古书院，1983 年。

望”和“幻想”来把握的。这一点如果与斯各特的理论相比较的话，颇令人感兴趣。在中国，社会现实是激烈苛酷的竞争，而与此互为表里的却是关于共同性的丰富设想以及对共同性的热切渴望。这也基本上符合今天的日本人往往对中国社会抱有的二重印象——在精于打算的同时又极为重视伦理、利己的同时又有归属于集体的倾向。作为传统中国社会里共同体伦理的原像，我们看到的是比斯各特所谓的“互酬性规范与生存权利”更为直接、更易溶为一体的血缘或“同气”的关系。在这种关系中，个体并不是通过客观的权利义务与他人结合起来，而是大家都融合在一种不分自他、浑然一体的感觉之中。然而作为反映这种理想的现实，实际上的共同关系却表现出多种多样的状态。例如，父子之间的一体化关系，既可以体现出最亲密的父慈子孝融洽无间的感情，也可能反映最冷酷无情的支配。但无论皇帝与人民之间的关系还是会党等秘密结社，其共同性原理都往往以父子、兄弟等血缘的比喻来表示。传统中国的这种社会观——如果用西洋的眼光来看，或许也称为“亚洲式的”——并不意味着强调生物学意义上的血缘，而表达了一直生存在一个不安定的竞争社会里的人们所追求的，恰恰是具有最高安定程度的共同性。

四、规范成立的“场境”之结构

对于斯各特来说，东南亚的传统社会中实质上规定着人们生活的团体就是村落。这一点差不多是用不着论证的明明白白的事实。但是，在日本的中国史研究中，自从20世纪40年代围绕中国的村落是否具有共同体性质发生争论以来一直到今天，这依然是一个重要而未能得到解决的问题。

以 20 世纪 40 年代前期在日本侵略下的华北实施的农村调查中获得的资料为素材，平野义太郎与戒能通孝就中国村落的性质展开了争论。关于这场争论的内容，已经由旗田巍作了中肯的解说[19]，这里不再重复。值得注意的是，近年来又有学者指出，在强调中国自治的村落具有紧密结合的内部秩序的平野和主张中国的村落缺乏共同体意识的戒能之间进行的这场争论，与斯各特和波普金围绕东南亚农村性质而展开的争论在结构上具有共通性[20]。

自平野与戒能展开争论以来，平野所描绘的“占有一定范围土地而安土重迁的村民们辛勤地从事农耕，同时又以作为该地村民偶像而保佑一乡的土地庙神为精神生活中心，在代表村民并服务于他们的权威人物率领下建立起社会性协同关系的群体”[21]，这样一幅中国村落的图景，已经很难得到学者们的支持。但是，对于“共同体”问题的关心却并没有衰退，相反已成为刻画出日本的中国史学界独具特征的标志之一。这里不可能介绍围绕如共同体内部的阶级关系、使共同体的结合得以成立的物质基础以及共同体的具体范围等个别课题而展开的讨论。如果要找出关于共同体的这些讨论后面所存在的秩序观及其性质的话，则似乎可以举出以下几点。

第一，这些讨论有一种倾向，就是力图把秩序成立的框架放到国家或特定共同体等具有明确范围的集团中去。由此而导致的

---

[19] 旗田巍：《中国村落与共同体理论》第三章，岩波书店，1973 年。

[20] 见 Huang 上引注〔3〕书，第 28 页。

[21] 《华北的村落社会》，1944 年。转引自旗田前引书第 45 页以下。

就是二项对立式的问题设定，如出面解决纠纷的究竟是国家还是社会集团，或在水利灌溉上组织共同劳动的是国家权力还是地方上的共同体，等等。第二，与上述特点相关，这些讨论都有把秩序问题理解为集团内部客观的支配与被支配关系或结构的倾向。结果，各种各样的社会团体如何通过人们的行为本身而产生形成的所谓“发生学”问题却被等闲视之。而作为这种发生学问题的前提，活动于比特定社会团体范围更广的空间内的个人以及这些个人所持有的主观动机，也同样被置于视野之外。就笔者看来，这种狭窄的秩序观或关于秩序的框架已经碰到了几个难题，如确定共同体具体范围的困难、在“国家与社会”问题上的僵局等。目前学术界的现状就是正在摸索和酝酿对上述框架的突破。

1981 年，在名古屋大学召开的题为“地域社会的视角——地域社会与领导者”的中国史专题研讨会上，森正夫作的基调报告中提出了作为方法论概念的“地域社会”。在“究竟什么是日常中规定着我们的意识，同时又由我们自身支持着的秩序或秩序原理”这一问题意识下，他给“地域社会”下了一个定义，即“尽管彼此之间的关系包含阶级的矛盾或差异，但为了从事广义上的再生产却面临共同现实问题的人们，置身于共通的社会秩序之下，并在共通的领导者（领导者个人或领导集团）指导下结合起来而形成的地域性场境”。他还指出，“在人们所生存的基本场境中，规定着构成这一场境的成员们意识并由这些成员自身所规定的社会秩序问题，（中略）与经济、政治、意识形态都有微妙区别而属于另一层次的问题”，因此应积极地将此作为研究对象[22]。这个“地域社会”概念是与村落或县等实体的范围分离开来而提出的一种方法论框架，内容相当模糊，确实令人很难想像其具体的形象。但是，对于上述把秩序的框架等同于实体性团体的倾向来说，森氏的议论却包含了一种批判，所以这个议论缺乏实体框架的内容是理所当然的。如果不怕可能会稍稍扩大解释的话，那么可以说森氏的地域社会论中作为分析单位而提出的，正是一种不一定与明确的实体性团体范围相重合的“场境”，或者说是一个人们在意识中共有的认识的、观念性的世界。在这个世界内部，人们确认相互对立竞合的各种势力、承认自己的领导者、与他人形成结合关系、构成团体以及选择方针政策。这类似一种竞技比赛场境的形象，而所谓“秩序”则可以比喻为参加比赛的人们所共有的关于竞技规则的认识以及对彼此行动所包含意味的理解。

把中国社会的秩序空间设想为由无数各自拥有习惯法并据此控制所属成员的共同体或地域团体构成的集合或集积这种观点，在法制史领域也受到了强有力的挑战。滋贺秀三在对清代审判制度的研究中，批评了村落、宗族、行会等民间团体各自拥有审判权以及各地存在不同的习惯法这一在中国审判制度的研究中历来占有主流地位的见解。他认为，民间经常进行的纠纷解决不过是一种私人性的调解，地方上的习惯也并非实定化的法规范。但是，滋贺氏也并没有主张在全国范围内存在有效的国家民事法律以及依据这种法律的审判成为解决纠纷的主要方法。中国的审判本来就不是遵循某种在一定领域内具有客观性、妥当性的实定规

[22]《中国前近代史研究中的地域社会的视点》，《名古屋大学文学部研究论集》史学 28 号，1982 年。

范来对纠纷作出判定的制度。在那里，法官需要按照普遍的常识性道理（“理”）并细致入微地考虑斟酌个别具体的情节以及当事人的心情（“情”），达到实质上妥当并能够使当事人承服的结论。这样的纠纷解决可说是具有调解的性质，在此意义上与民间的解决并无质的差异[23]。从滋贺氏以上的议论看到的不是各个地域特有的习惯法以及这些习惯法的集积与国家法之间的竞合，而是一幅没有清晰边缘的空间图像，在这幅图像中，普遍的“理”与个别的“情”在对实质性正义的追求中溶为一体而发挥作用。这就是滋贺氏所描写的“规范成立场境的结构”。

实际上，地方上人们的社会行为中，应该存在某种指针使他们能够据此来预测彼此的行动，或者说一般情况下他们总能据此指望社会秩序将顺利运行。如果这种指针并不以“法”的样式出现的话，这究竟是什么东西呢？“如果秩序不是像西洋社会那样集中体现在‘法与审判’这一形态中的话，那么当时以规范为媒介而形成的秩序，究竟在什么样的结构基础上生成、存在以及变化推移的呢？”在对于这个问题的关注下，寺田浩明对相当于上述“指针”的“惯行”在清代地方社会中如何推移变化进行了考察。他提出的论点包括：清代的民事惯行并不具备作为客观规范的固定性制度结构；地方官在内的各种主体各自按照自己的判断采取行动，而作为行动结果产生的事实状态或者在其大小不一的影响力作用下形成的“重心”则被理解为惯行；惯行仅意味着“许多人都在如此行动”，因而与“风俗”并无本质的区别；

---

[23] 滋贺秀三：《清代中国的法与裁判》第四、五章，创文社，1984年。

等等[24]。

地方社会里人们所共有的具体而明确的“法”、以自己的手来坚定地执行这些“法”的民众——与这种构成了伦理经济论的中心且给以人深刻印象的形象相比，否定中国传统社会存在着习惯法的上述观点显得有些“逆潮流”而行。但是，对于民众来说是正义观念为社会所共有时，其存在的“场境”具有多种多样的结构形态应该说是理所当然的。例如，批判地主富人“为富不仁”的聚敛行为，对于中国社会下层的人民来说是很自然的事情，但这种批判却未必以地方社会“固有的法”作为根据。一方面是延续了二千余年的中央集权国家体制，或者进一步说是把整个“天下”设想为统一在唯一一权威之下的大一统空间这种极端的普遍主义；另一方面，却是终于没有实现制度化而因人们的行动自在变化的地方势力和社会集团，还有流动不居的地方性习惯。为了把这两个极端的现象纳入一种完整的方法论框架来进行分析，有必要暂时把西洋的“法与秩序”的框架（伦理经济论结果也不外是其中的一种而已）加以相对化，而虚心地去解读在地方社会里生活的人们眼中当时的秩序究竟是一种什么样形象的问题。

结　语

斯各特在《农民的伦理经济》一书开头说，“这项研究的主题是农民的政治行动和反抗的基础，其出发点在于把生活在农村

[24] 寺田浩明：《清代土地法秩序中“惯行”的构造》，《东洋史研究》48卷2号，1989年。

的人们的处境比喻为‘就像一个男子不得不长久地站在深至脖颈的水中，即使只是小小的风浪也可能使他溺死’的托尼的描述”。托尼就是有名的英国历史学家 R. H. 托尼，上述比喻则是他应太平洋问题调查会之邀访问中国并进行了调查之后，在其调查报告《中国的土地和劳动》一书中写下来的。此书出版于 1932 年，同年出版的乔治·鲁菲布尔所著《1789 年的大恐怖》，在卷首也用了引自泰纳《法国专制王政》一书中类似的比喻。“人们就像在水淹至颈的池中步行的男子。池底一个小小的坑凹或不大的风浪，都会使他失足沉没遭受灭顶之灾。”超越了作为研究对象的不同时期与不同地域，“水淹至颈”的比喻对于置身于世界性萧条时期的两位历史学者同时产生的心灵上震撼引人深思。这个比喻之所以给我们深刻的印象，不仅因为显示了农民走投无路的穷困处境，更因为鲜明地表达了孤立无援的人们不得不面对绝望的处境时而产生的不安心情。关于中国社会中人们的处境，本稿中介绍的许多研究在其根底上或明或暗地都抱有与上述比喻同样的印象。这个印象在日本战后关于中国的研究中形成了“内在地理解对象”这一学术传统的一个部分。

不用说，“水淹至颈”的比喻不仅可以用来形容中国传统社会。毋宁说这个形象作为“小农经济”社会的特征具有广泛的妥当性。但是，在这种状况的基础上形成的秩序形态却是多种多样而各有其个性的。在传统中国，秩序究竟具有什么样的形态呢？对这一问题进行探究的尝试，现在才刚刚开始。

关于岸本美绪教授论文的解说

王亚新　著

岸本美绪教授属于与寺田教授同一世代的研究者。20 世纪 70 年代中期她毕业于东京大学文学部后即进入研究生院学习，专攻中国社会经济史学，1979 年任东京大学东洋文化研究所助教，1981 年转到御茶水女子大学历任讲师、副教授等职，1989 年回到东大文学部工作，现为该校研究生院人文社会学系教授。作为明清社会经济史这一领域的代表性学者，岸本教授不仅在日本的中国史学界有着广泛的影响，而且也很重视与日本史、西洋史、阿拉伯史以及东南亚史等其他领域的研究者进行学术上的对话。在日本整个史学界的层次上，她还积极参加了很多诸如组织学会、主持跨学科的探讨会、编辑学术杂志和丛书等方面的工作，十分活跃。

一

岸本教授在二十余年的研究生涯中发表了大量的论文以及书评等其他文章，涉及的内容可说是跨越了明清时期的经济史和社会史两个领域，其中有关经济史的一部分论文近年已汇集成为一册长达 540 多页、题为《清代中国的物价与经济变动》的大著出版（研文出版，1997年）。仅从这本书中所收的论文来看，也可以明白作者走的是一条极为扎实的研究途径：首先，把主要精力集中在特定时期（清代前期）和特定地域（江南地区）的物价变动这一表现经济环境的重要指标上，对此进行定量分析（在国外学术界，这被作为经济史研究的基本功之一）；在此基础上，逐渐把考察对象扩展到人们的市场活动、政府的经济政策以及当时有影响的经济思想上，同时研究所涉及的时间与空间也到达了整个明清时期和全中国的范围。其次，对于聚焦于经济活动和市场秩序这一经济史课题中的功利性和伦理性、竞争性和共同性、以及国家和社会等关键概念及其关系进行较全面的理论整理，以期在总体上就当时中国的社会经济状况获得一种暂定的、但却也是能够更新学术界原有认识的新的形象。

在经济史的专业领域内持有扎实的学术功底和较深厚的研究积累，同时在此背景下又对秩序及规范问题表现出浓厚的兴趣这一特点，无疑是岸本教授在我们这本旨在介绍法制史研究成果的书中占有重要位置的原因之一。她不仅着眼于契约、市场等作为经济现象的侧面，也同样关注其规范的或法秩序的侧面，且由于自己的经济史学术背景，她从规范及秩序的侧面来观察契约、市场等现象而提出的见解常有不少独到之处。与经济史的基本课题相联系，作为社会史方面的研究，她所考察的对象还涉及当时地方上的日常生活、社会精英和地域的权力结构乃至文化现象，从而使她对规范及秩序的观察也具有一种社会史的内涵或力度。岸本教授的研究一方面吸收了滋贺教授、寺田教授以及其他法制史学者的成果，另一方面她自己的成果也在法制史学者的研究中产生了相当的影响。但促使我们把岸本教授的工作列入本书的更重要因素则是，她在研究方法上与滋贺教授、寺田教授所采取的方法论途径是息息相通的[1]。这个方法论途径的特点就在于：一方面始终对自己使用的概念装置及依据的准据框架保持清醒的反思意识，具有不断地将其相对化的思想准备；另一方面借助这种精心结构而成的装置和框架来解读当时生活在中国社会内的人们所拥有的话语及观念，并力图通过对其含义的内在理解来重新构筑关于当时的市场及社会秩序的整体形象。

岸本教授的研究还有一个特点，就是高度地重视对学说史或研究史的整理介绍。她擅长于通过对不同时代的学者们提出的种种论点进行梳理来说明自己关于某个或某些问题的思考和见解[2]。本书所收她的两篇论文基本上都属于这个类型。其中《明清契约文书》一文总结了日本学术界研究传统中国的民间契约所积累起来的成果，也积极地吸收了中文和英文学术圈内最新的资料和观点。而另一篇论文的特点则是着眼于欧美的理论动向，并以一种与之回应或对话的方式对日本学术界有关研究成果进行重新整理。如果说本书中所收滋贺教授和寺田教授的论文比较具体地展示了传统中国的民事审判和民间的民事法秩序，则岸本教授的这两篇论文所发挥的作用就是为我们提供了关于当时中

[1] 事实上，尽管专业有所不同，他们仍有很多机会在一起切磋交流，在研究上常常相互呼应。这一点从本书所收的一些论文也可以看出。

[2] 与此相关，岸本教授花费了很多时间和精力写下了数量可观的书评。其中大多针对的是日本学者的著作，但也有几篇关于中国和欧美学者所著的评论。这里仅将她对中文著作的书评目录列举如下：

许涤新、吴承明编：《中国资本主义发展史（1）——中国资本主义的萌芽》（书评载于《东洋史研究》38号，1987年）。

傅衣凌：《明清社会经济变迁论》（书评载于《中国图书》5月号，1990年）。

余英时：《中国近世宗教伦理与商人精神》（书评载于《思想》809号，1991年）。

国社会总体形象的一般背景。

笔者的本行并非历史学，不用说经济史、社会史更是陌生的专业领域。但是如果作为自己的学习体会，不揣冒昧地对岸本教授的研究成果以及她所涉及的重要论点作某种整理归纳的尝试，可能在与读者阅读学习进行交流的意义上仍然是有益的。尤其是考虑到由于篇幅关系她的大部分研究都未能译出收入本书，介绍这部分研究中包含的一些重要论点显得更有必要。以下想分几个方面来试一试这样的解说。

二

第一个方面关系到明清时期的“市场”及其秩序。在大致对应于国内史学界就“资本主义萌芽”问题进行热烈讨论的时期，日本学者围绕中国明清时期社会经济的性质这一问题也提出了种种观点。对于这些观点，如果从明清时期的中国是否可能被称为“市场社会”的角度来看，似乎可以大致分为肯定性和否定性的两种不同见解。一种见解是根据土地频繁的买卖流转、择业的自由、契约性的雇佣关系等社会性质以及消费物资商品化的数量程度等而达到对中国“市场社会”性质的肯定性观点；另一种见解是否定性的观点则强调当时社会中带有自给性的小农经济普遍存在，而且人们的经济交往主要依靠的仍然是宗亲和行会等血缘、地缘以及业缘的人伦性纽带，还有人身依附关系在相当程度上也是常见的现象等。因此，与其说那里已经存在“市场社会”，还不如说是一种“封建”的性质或色彩极浓的社会[3]。显然，简单地为当时人们经济活动或交易行为的整体贴上一个“市场社会”或“封建社会”的标签已经没有多大意义，更进一步的课题在于揭示那里所发生的这些现象的内在结构、机制，或者说在于解读其中所包含的（对于当时人们来说的）意义。

着眼于所谓“纯粹经济性的侧面”，则可以暂定地把市场理解为由价格显示出来的供求关系和对价格信号作出灵敏反应的理性主体组成，在那里存在供求关系因市场主体的理性反应而不断变动，同时主体也不断地根据价格变化而改变自己的行为这样一种循环性机制。但是，对于旧中国的经济而言，这里所说“理性反应”却应该包括“利润最大化”和“维持起码生存”这两种不同的内容。在十多年以前发表的论文中，岸本教授就已经通过对苏州地区田底田面惯行的分析提出了“投资者的合理性”与“小农的合理性”两者的关系问题[4]。在本书收入的《伦理经济论与中国社会研究》一文中，她进一步探讨这个问题，但却强调了不能把问题仅限定在“经济学说明”的层次内，而应当注重这些“合理性”的伦理、宗教等规范性层面。首先，由于一般生产要

[3] 参见岸本美绪，“自中国史的角度来评论市场史之射程”（《社会经济史学》63卷2号，1997年）114—115页。

[4] 这篇题为“《租核》的土地所有论”的论文最初发表于1986年的《中国——社会与文化》第1号，后收入《清代中国的物价和经济变动》一书（参见422—424页）。

此外，在笔者极为有限的接触范围内，作为从经济学角度考察旧中国社会这两种合理性的关系结构及其后果的研究，恐怕黄宗智教授《华北的小农经济与社会变迁》（牛津大学出版社，1994年。英文版为 Philip. C. C. Huang, The Peasant Economy and Social Change in North China, Stanford University Press, 1985）一书所提供的说明最为精致和具有说服力。他通过“内卷化”（involution）等关键概念解释了为何商品化、市场化的进展能够与小农经济的普遍存在并行不悖，为什么在一定条件下伴随竞争性市场经济的却是贫困的加深和社会的长期动荡。

素的商品化和流通的发达，“小农的合理性”通过市场经济所要求的功利性计算来发挥的倾向进一步加强。如岸本教授指出的那样，“无疑明清时期农村中自给的部分仍占有不小的比率，但这种自给性并不是孤立于市场之外的纯粹自给自足，而是一个个农民考虑到市场的风险而慎重选择的结果。很难否认当时的农民已经深深地卷入到了市场经济中去”[5]。其次，对于商品化和市场竞争的现实，却没有像在西欧历史上那样，既有自由主义的经济思想又有类似新教伦理那样来自道德或宗教观念的强有力支持[6]，因而也不可能发展出一整套制度装置来有效地保护所有权和维持交易秩序。不过，实际上广泛存在的商品和市场缺乏“终极关怀”式的支撑并不意味着伦理道德的无力。恰恰相反，当时的“市场经济”表现出极为浓厚的泛道德或人伦的性质。或者说正是这种人格的、伦理的性质规定了旧中国社会内“市场”的基本形态。

首先，反映在发生纠纷冲突需要处理解决或有必要对人们之间的经济关系进行调整或施加影响时，各种各样占据着“公”的制高点的主体作为自己处理解决纠纷的正当性基础或调整原理的，仍然是一种高度强调伦理道德的话语。在这样的话语支配下，出现的只能是这些主体在强调折衷和共存的基础上对经济活动及市场秩序进行的微调整。无论“投资者的合理性”还是“小农的合理性”在这样的环境中都不得不被相对化，不仅分别建立

[5] 见上揭注〔3〕论文，114页。

[6] 但是，岸本教授并不见得支持韦伯关于中国的宗教与资本主义之未能发生这两者之间关系的论断，也没有主张当时中国的市场经济缺少伦理的道德的基础。由于时间精力等方面的限制，这里不能介绍岸本教授在这个方面的讨论。关于她对此问题微妙的分析，参见上揭注〔2〕所列对余英时著作的书评。

在这两种合理性上的“权利主张”相互侵蚀，而且在价值上它们同样总是被置于“共存”“和谐”这种最大目标以下的地位。

其次，当人们为了进行交易、从事经营而相互缔结契约时，往往依赖私人之间通过血缘、地缘等形成的关系网络。由“中人”“保人”“面子”“关系”等语词表达的这些私人网络源于特殊的人际纽带和日常生活交往的礼仪规范，并建立在对个人人格的相互信任上，因而带有极浓的人伦色彩。通过私人关系网络来缔结契约并使之获得担保的普遍做法意味着把具体的个人之间分别成立的伦理道德带入或溶进了追求功利的一般交易中。从经济学的角度讲，这种动员人格及伦理等因素来提供保障的机制是一种双刃之剑：一方面，由于关系网络的无处不在和操作的方便，交易费用可能得到有效抑制；另一方面，这些网络的特殊性以及人们在动员关系网络能力上的差别同样可能使交易费用上涨或居高不下。

受这种一方面是极具普遍性的、泛道德的调整原理，另一方面却是特殊的关系伦理的人伦色彩影响，当时人们在认知把握牵涉经济活动和交易行为的种种范畴上并未作出进一步整理归类的专门化努力，同时在与之相关的规范确定上也没有注意树立某种程序性的一般框架。例如，岸本教授援引寺田论文所归纳的那样，如果把土地流转从“活”到“绝”视为一条连续的轴线，则“租佃”、“典”和“买卖”可以分别排列在这两极之间；如果是关于经营的方式，“包”和“雇”同样可以成为这种轴线的两端。但是，生活在旧中国社会里的人们，无论官方还是民间都没有要从事类似的归纳整理和使之制度化的明确意识。

任何自生的秩序都生长出无限丰富多样的行为类型和范畴，

且这些类型和范畴因时因地的不同而变动不居是普遍存在的事实。在现象的混沌和无限性之中，人们总会在不同程度上发展出某些对现象进行把握整理并赋以其意义的范畴体系或框架，从而形成自己的生活世界。如果特定的社会中有一些人在部分社会关系上实现了整理范畴和形成概念体系的职业化、专门化，且他们的活动成果又在全社会范围内获得了一种话语的霸权（hegemony），或者再进而构筑起一套保障其霸权的制度化装置的话，则可以说该社会的这部分范畴（在享有话语霸权和制度化保障的意义上就是规范）具有了“实定性”。但是，岸本教授的见解基本上与滋贺、寺田两教授一样[7]，即认为旧中国社会里不仅这样的情形从来没有成为过现实，而且生活在那里的人们本来就不会承认这种做法的价值，而宁愿选择另一种生活样式。这就是在“市场经济”的规范形态上中国区别于西欧式近代的特点之一，也是中华文明相对于西方文明而言的一个重要特征。

三

第二个方面想提出来考虑的是国家和市场，还有与之相联系却更加广泛的国家与社会的关系问题。关于国家的民事审判以及这种审判形态对民间的民事法秩序发生的影响，滋贺教授和寺田教授的论文已经有充分的说明。岸本教授在论及国家与市场关系

[7] 需要强调的是，对于滋贺与寺田两位教授的研究成果，岸本教授并不因专业领域不同而持一种只予援引不加批评的态度。相反，最近她在一篇集中讨论两位教授研究成果的论文中提出了一些重要的批评意见，也就他们两人之间存在的一定分歧表达了自己的看法。但是因为三位学者在这方面的对话尚未充分展开，岸本教授的这篇论文也还没有正式发表，对于他们之间批评与反批评的学术动向，希望能够在今后适当的时候介绍给读者。

的这部分内容时，基本也是援引他们的成果（尽管不是没有批评）。所以这里将不再涉及审判的问题，而先介绍一下岸本教授在对清代国家采取的经济政策进行研究所得到的一些结论。

在1986年举行的中国近现代经济史研讨会上，岸本教授发表了题为“清朝中期经济政策的基调”的研究报告，然后写成论文刊载于学术杂志上[8]。在这篇论文中她首先提出了三个重要问题：清朝政府的阶级性质、中央和地方在实施经济政策过程中的关系，以及清代国家经济政策的基调究竟是对民间市场的介入还是放任。通过对作为素材的清朝中期粮食政策进行的详细考察，岸本教授对这些问题大致作出了以下的回答：

1. 清朝政府的经济政策所产生的实际结果总的来看确实维护了地主富户的利益。但是，至少就政策决定者的主观上而言，他们所追求的是社会的和谐稳定以及所有人的共存，而不是对地主富户这一部分利益的强调。事实上，采取压制地主富户政策的事例也并不罕见。当然，追求社会和谐稳定这一目标所包含的维持现状意义，已经表明了国家保护地主富户的阶级性质。但如果考虑到在旧中国，任何要求保障社会特定部分既得权益的主张都难以获得正当性，而一切个人和集团的利害都应该服从社会普遍利益的要求则构成了中国传统经济思想一贯特点的话，则又可以说国家缺乏对阶级性的认识是一个令人感兴趣的现象。

2. 在清朝决定和实施经济政策的过程中，中央政府的指令不过是一种大致的指针，根据各地区的不同情况地方官员采取了多种多样的政策。但是，在当时人们的观念中，并没有建立在明确

[8] 该论文后来收进了上揭《清代中国的物价和经济变动》一书。这里所介绍的内容见289—290、318—319页。

的权限分配基础上的自治或分权等意识，他们似乎把地方官员的行动看成仅是使中央的政策能够更加灵活地传达到所有基层并得以实施的一种手段而已。在中国强调“因地制宜”的传统后面，似乎存在一种相信各自采取的灵活措施最终总能在整体上达到调和或和谐的普遍主义信念。

3. 很难说清代国家对于经济或者市场采取了单纯的“介入”或“放任”的态度。政府基本上不问介入和放任在道德伦理上孰是孰非，而把这两者作为维系社会安定的手段，只考虑在特定条件下采取何种手段更有效的问题。作为政策选择指针的则是“中”的观念，即综合考虑政策可能带来的好处和弊害，力图找到一个最佳的均衡点。其结果表现出随着经济情势的变动，政府采取的政策显得是在“介入”和“放任”之间来回摆动。

就政府具体的经济政策来说，确实可以用建立在“国家对社会”这一图式上的“介入”和“放任”概念来把握，但如果讨论到作为官方政策一般背景的权力在国家与社会中的分布状况或旧中国特有的权力结构，则不得不将这一图式加以大幅度的相对化。

关于明清时期中国的国家与社会关系，在两者既不是互不交涉的分离，又不是基于各自不同功能结构的互补或对抗这一点上，岸本教授所持有的看法与滋贺教授、寺田教授大体是一致的，但她的理解和表达又有自己的特点。在她看来，国家（以皇帝为顶点的官僚机构）与社会（遍在于民间的种种集团和不定型的私人关系网络）在维持秩序全体的安宁稳定这一共同的目的下构成了一个既没有外在的断绝标志又没有内在实质性区别的连续性整体[9]。在那里支撑着秩序的是人们承认上至皇帝、官僚，下至乡绅以及村庄里有实力者等主体在个人人格或“名望”上分别拥有不同程度的优越性这样一种“信用体系”。非常有趣的是，她曾用“银行”来比喻人们对于权力的认知形态以及在这种形态下行动的样式[10]。

假设正当的权力（或者说是因承认而获得的 power 资源）本来分布于天下，每个人都有自己的一份。但作为资金每人持有的这一份权力过于零碎，微不足道而没有意义，于是人们可能在小范围内来个“钱会”或者加入近处的“信用社”（向民间有势力的人士或乡绅等权力中心寻求保护），或者存进“银行”（指国家及各级官僚机构——“中央银行和各地的支店”）来加以运用。与社会契约论那样设想所有的国民把全部权力一下子存进一个单一的“银行”（国家）不同，在这里人们可以选择存款的对象，也可以相对自由地取出和再存。当然，无论民间的有实力者还是国家本来都各自拥有一定的财富、名声或强制装置等“自有资金”，但他们的权力不能仅建立在这个基础上，而更依赖于自己广泛地吸收更多存款的“信用能力”（一般而言，“自有资金”越多就越有“信用”）。“银行”、“信用社”和“钱会”等既可以是互通有无、互相援助，也可以相互竞合甚至彼此敌对。当“中央银行”强大到可以把其他一切权力机构统合为一个系列，“资金”就显得只是从上至下地流动，以至使人们忘记那本来是自己存进去的东西。但一旦“中央银行”破产的消息传出，人们

[9] 参见岸本美绪，“比较国制史与中国社会像”（《人民的历史学》116 号，1993 年度）9 页。

[10] 参见岸本美绪，“地域社会的视点与明清国家论”（1990—1993 年度科学研究费补助金一般研究（A）研究成果报告书）63—64 页。

则会设法弄回自己的“资金”，只在地方层次上加以运用（发生如地方割据等情形）。

既然“一切比喻都是跛足的”，上述讨论自然只能表达问题的一个侧面。但这种“信用体系”式的图景确实意味着一种具有包容性的说明（其中所牵涉的“权力”似乎既融合了韦伯的“权力”概念又包含了福柯的“权力”概念）。中国历史上，当人们批判士绅以及官僚的腐败不正时可以强调皇帝的权威，批判皇帝的失政专制则又可能主张社会贤达主持下的地方自治，而对从士绅到皇帝的所有权力者进行批判时，作为根据而举出的却是体现“天意”的“民心”。在外部的观察者看来，这些话语以及历史上的现实似乎可以分别与中央集权的专制主义、地方自治主义和大众民主主义相对应。实际上，这些话语和现实并不相互矛盾或相互排除，而都是从社会全体和谐共存的理想状态出发，追求能够最恰当地代表普遍利益（“公”）的主体这样同一个逻辑或理念在不同社会情势下呈现出来的多样局面。无论是国家还是社会都在这样一种逻辑或理念的支配之下，人们不大可能把这种逻辑理念本身作为反思的对象。于是，一旦不具备“公”的资格的主体消失，问题似乎就得到了解决[11]。

贯穿着这样的逻辑理念，国家和社会的关系也就具有了浓厚的人伦色彩。关于这一点，岸本教授对官僚资格的分析同样发人深思[12]。她指出，旧中国的官僚在通过科举考试获得资格、科举向一切成年男子开放以及官僚资格本身不能继承等方面确实不同于西欧封建制下的支配者，而更类似于近代科层制度下的文

[11] 见上揭注〔7〕11—12页。
[12] 同上6—7页。

官。但是，在中国对官僚的资格要求并不是专门的行政能力，而是能够作为皇帝代理和民之父母的高尚人格和伦理品行。通过科举认定的不是他们的专门知识，而是建立在一般教养基础上全人格的优秀。一旦得到认定，即使未曾出仕或已经致仕退休，科举合格者们能够把这种资格保持到死。因此，科举合格者与没有功名的一般民众之间存在的并不是部分能力的差别，而是全人格或整个人伦的高下之分。在此意义上，作为国家一个重要组成部分的官僚，不是在功能上与社会分离开来的专业集团，而只是一种因人格和伦理品行的优秀而获得了“治者”资格的社会群体。

四

最后，我们有必要探讨一下岸本教授似乎并未正面涉及的两个问题。一个问题是：以上所述的那种“市场经济”以及作为其背景的国家—社会结构究竟是在何时又何以形成的呢？而与此紧密相关的另一个问题是：我们如何来评价这种经济的、文化的社会形态呢？

关于第一个问题，岸本教授在一篇评论性文章中介绍的观点很有参考意义。一位研究朝鲜史的学者提出，经常用来与“近代”作对比的所谓“传统”并不是很久以前就存在的东西，而只是17世纪前后伴随着小农社会的成立而出现的新的社会结构。在援引了这个见解之后岸本教授指出，中国那种极富竞争和流动性的社会结构其实也不过是经历了明末清初的大变动后，在清朝时期才最终形成的一种更为纯粹的形态。她还转述了另一位学者的以下观点：中国社会和文化的许多特征与其说是源于什么特殊的固有的原理，还不如说仅来自形成并维持了一个拥有极其庞大的人口的大帝国这一事实[13]。

确实，如果要说明这种经济的、政治的和文化的结构何以会最终形成于清代，并能够将其纯粹的形态保持到帝国主义列强以坚船利炮来撞击我们的大门之际，庞大的人口、与小农经济紧密相关的生产力水平和生产关系、国家的作用、国际关系的影响[14]、泛道德的以及强调人伦的意识形态、诸子均分的继承等为代表的制度性文化等，都是必须涉及的因素。但是，任何力图把复杂的社会结构及现象还原到一种或数种因素上去的决定论观点，在今天恐怕已经很难获得广泛的共鸣。更有说服力的方法似乎在于弄清这些因素发生作用的机制，并在此基础上构筑起能够将所有因素内在地联系起来的某种模型。然而，这完全不是笔者力所能及的工作。作为非历史学专业却对此问题感兴趣的观察者，在这里仅想提示一点个人大略而零碎的感想。

如果把上述的种种因素都看作外在的结构性规定，则当时人们作为一个个的行为主体则好像停留在对这些外在因素作出反应的被动地位。但是，岸本教授反复强调的通过解读当时人们对周围现实的认知样式以及他们行动的内在逻辑去把握社会结构的现象学方法，却潜在地包含一个个主体的观念与行为能够“构成”社会本身这样一种理解。我们在考虑清代那样的社会何以形成的问题时，可以进一步把当时人们的“视界”（perspective）和话语

［13］ 参见岸本美绪，“从亚洲出发的多种视角——‘交错’与‘对话’”（《历史学研究》676号，1995年）42、45页。

［14］ 这方面的因素包括如对外贸易的状况、白银的大量流入现象以及海禁等国家政策。作为对一部分这类因素的分析，参见岸本美绪，“清代前期的国际贸易与经济变动”（上揭注〔6〕著作）173—212页。

(或者“言说”)(discourse)作为秩序形成机制的关键概念。这些概念与一般社会理论中新的方法论潮流相联系，意味着一种力图解消学术传统中“主体和客体（主观和客观）”“宏观和微观(整体与部分)”“结构与行为（规则性与偶发性）”等范畴二元对立的理论框架[15]。从这种框架看来，一方面，上文所举的种种结构性因素确实时时影响或规定着当时人们的话语，而人们通过话语不断地重新构成自己的视界；另一方面，一个个主体在视界支配下的行动却在反映种种结构性因素的同时，也在不断地重新形成、强化或改变着这些因素。这就是上述种种二元对立的范畴“循环回归”(reflexive)式的融合过程，而清代的经济社会也正是通过这样一种过程被建构（construct）出来的。例如，人口的压力显然是促使中国社会在经济上表现出流动性、竞争性的因素之一[16]，但两者之间并不是一种决定和被决定的关系。作为媒介把两种因素连接起来的，是由话语的解释而构成的主体视界以及在这种视界规定下一个个主体的不同行为。正是经过同时积淀着许多其他因素的一定视界“过滤”并体现在无数个别选择的“理性”行为之中，沉重的人口压力才导致了生产要素的进一步流动和竞争性的增大，同时社会的流动性和竞争性所创造出来的生产力又为人口急速的增加提供了可能性或余地。通过这样的

---

[15] 关于笔者对这种理论框架的理解，以及将其运用于分析具体研究课题的尝试，参见王亚新，“中日合营企业的一种日常性理解——从社会理论视角的考察”（九州大学《法政研究》64 卷 4 号，1998 年 3 月）。

[16] 作为就人口与社会经济结构的关系对中国和封建制西欧所作的一项比较研究，参见 Kang Chao（赵冈），*Man and Land in Chinese History: An Economic Analysis*, The Board of the Leland Stanford Junior University, 1986, pp. 6-30.（转引自金观涛、刘青峰：《开放中的变迁——再论中国社会超稳定结构》，香港中文大学出版社，1993 年，389—391 页）。

机制，两者都实现了扩大再生产。

在如何评价当时的社会形态这一问题上，似乎同样有必要突破“不是肯定就是否定”这样单纯的二分法。在同为农业社会的条件下，当时也许只有中国在一个极为广阔的空间里长时期地树立和维持了一种大规模的社会秩序。恐怕也只有当时的中国，才把一种限制在小农经济格局内的生产力差不多发展到这种制约所允许的极限。在此基础上建立起来的是一种具有内在合理性的社会体制和高度繁荣的文化。中华文明的这些特征不仅给同时代欧洲的一些人士，也给当代力图把西欧历史的模型和价值相对化的学者们留下了深刻的印象[17]。就当时占人口大多数的农民而言，与西欧的近代开始以前束缚于封建制领主人身支配之下的农民相比，也许可以说他们确实享有较为宽松的生活空间。尤其在所谓“康乾盛世”等盛期，中国更显得像是将自己的文明及其特有的内在合理性发挥到极致的一种样板。但是，正像人口增长的趋势所象征的那样，骄人的成就同时也能够是急剧凋落的原因。从18世纪中叶到19世纪中叶，中国的人口从一亿四千万左右急速地增长到四亿三千万左右[18]。用国外学者的话来表达的话，这一事实既表明“仅占世界耕地中极小一部分的中国土地资源，竟然向世界1/3的人口提供了似乎基本上还算令人满意的食物”，另外，“本来可以转而用于1850年之后现代化目标的早期剩余，已经实际上被1750—1850年这一百年间的人口急速增长消耗殆尽”[19]。

[17] 例如可参见水林彪，“关于进行国制比较史研究的框架”（铃木正幸等共编《比较国制史研究序说——文明化与近代化》柏书房，1992年）。

[18] 参见费正清、赖肖尔：《中国：传统与变革》，陈仲丹等译，（江苏人民出版社，1995年）（不过，作者对文中所述数字持有一定的保留态度）。

[19] 参见罗兹曼主编、国家社会科学基金“比较现代化”课题组译《中国的现代化》（江苏人民出版社，1995年）191页。

或许可以说，传统中国社会的许多特征，都是在当时人们试图解决自己所面临的种种紧迫问题时采取的观念和行动中积淀起来的制度或文化的合理建构，这些建构凝集着先人们的智慧，在对付他们当时的问题中确实也发挥了相应的功能。然而，当以另外的合理性武装起来并把弱肉强食作为其行动原理的帝国主义列强闯进来时，拥有这些制度或文化特征的中华文明却无力与之抗衡。19 世纪中叶以后，中国社会的目标不得不从维持和谐安宁转向了追求富强，而许多传统的特征却显得无法适应这种目标转换而更像是沉重的负担或顽固的障碍。这也是近现代史上彻底否定传统的呼声一再出现的原因所在。但是，“传统”究竟是什么呢？是我们与生俱来的“遗传因子”或宿命，还是能够因时因地而无穷变化的人工性产物呢？在什么样的条件下，它们才有可能为构筑我们的未来而提供资源呢？这些都是不确定的、需要长期继续地探索下去的问题。唯一确定的一点就是：为了使这种探索真正是有成效的，我们需要不断地更新自己的视界，不断地将自己的认识框架相对化。而在这种反思的过程中，岸本教授这样的外国研究者所提供的观察则可以成为非常宝贵的“他山之石”。

明清时代的讼师与诉讼制度*

夫马进 著 范 愉 王亚新 译

序 言

现在，中国把相当于日本的辩护士职业称为律师。在论述律师制度时，经常有人指出，历史上曾经存在过类似律师的讼师，然而，律师是国家公认的，而与此相反，讼师则是国家所禁止的，因此实质上讼师只是与律师貌同实异的一种职业[1]。

正如这些论著所指出的，在历史上，讼师曾经时常被叫作讼棍，即专营诉讼的地痞流氓，是一些极不正派或名声极坏的人物。虽然称为讼师，但人们常常习惯用教唆词讼、包揽词讼、颠倒是非、惯弄刀笔、架词越告、打点衙门、串通衙蠹、诱陷乡愚、欺压良民、从中取利、恐吓诈财等用语来描述他们的行为。也就是说，讼师被视为教唆人们进行毫无必要的诉讼，颠倒是非、混淆黑白，利用诉讼文书和花言巧语诱惑人们陷入诉讼，与盘踞官府的胥吏或差役相互勾结，从善良的人那里骗取金钱等作

---

* 本稿原载梅原郁编《中国近世的法制与社会》，同朋舍，1993 年。

[1] 例如，参见尤英夫：《中国律师制度概论》（尤英夫律师事务所，1972 年），周奔编著：《律师业务知识》（广西人民出版社，1985 年）。

恶多端的地痞流氓。讼师在日语中有时被译为“三百代言”，在英语中被译为 pettifogger（骗人的律师）。然而，这些译语都不足以充分表明这样一个问题，即无论讼师怎样被官僚们厌恶，相反，对于当时的社会来说，讼师却曾是一种重要的存在。

由于讼师一贯被作为不合法的事物而遭到禁止，并被视为地痞流氓的一种，其结果是，研究者们极少关注讼师问题。迄今为止，尽管关于明清时代的司法制度或诉讼制度的研究中，可以说必然都或多或少地提及讼师，但对于讼师本身，或者说结合讼师问题来研究诉讼制度的，几乎付诸阙如[2]。确实，在致力于司法制度或诉讼制度的叙述时，如果把扰乱司法或审判、规避法制的人物作为中心加以研究，未免过于愚蠢；而且，自从清末作为近代法律专门家的律师出现之后，特别是现在被称为司法的“现代化”之时，把像讼师那样极不正派并且是“前近代的”产物作为研究的对象，可能会被认为是毫无意义的。

然而，必须指出，地方官对讼师视同蛇蝎般地厌恶，以及国家一贯视讼师为非法的态度，与讼师在民众的社会生活和诉讼制度中所占据的重要地位是完全不同的问题。讼师在宋代即已存在[3]。但是，此后约一千年间，尽管国家始终劝导人们讼师是

[2] 参见陶希圣：《清代州县衙门刑事审判制度及程序》（食货月刊专集）（食货出版社，1972 年）。杨雪峰：《明代的审判制度》（黎明文化事业公司，1978 年）。那思陆：《清代州县衙门审判制度》（文史哲出版社，1982 年）。张伟仁：《清代法制研究》第一辑（“中研院”历史语言研究所专刊之 76）（“中研院”历史语言研究所，1983 年）。郑秦：《清代司法审判制度研究》（湖南教育出版社，1988 年）。

[3] 宫崎市定：“宋元时代的法制与审判机构”（原载《东方学报》京都第 24 册，1954 年，后收入《宫崎市定全集》第 11 卷，岩波书店，1992 年）。此外，《名公书判清明集》（中华书局，1987 年）473 页、481 页等可见关于讼师的记载。顺便说一下，川胜守：“关于明末清初的讼师——旧中国社会中无赖知识分子的形态之一”（《九州大学东洋史论集》第九号，1981 年）中，认为讼师是“在 16、17 世纪，即所谓明末清初的变革时期”出现的，这一观点并不能成立。

如何教唆诉讼、导致委托人倾家荡产，并一贯对其施之以禁止弹压，却最终并未能使之归于消亡。相反，如果从较长的时间段来看，越接近清末，讼师的活动就越趋于活跃。这是否表明，讼师是普通民众的社会生活中所不可或缺的人物，并且是当时的诉讼制度中不可或缺的部分。如果讼师总是在吸普通人的血，那么即使地方官不起来加以禁止，民众自然就会与其疏远。然而，事实上一向并未出现这种情况，这只能说明，讼师还具有与地方官表面上的非难完全不同的存在意义。

在这个问题上，我们是否可以尝试对当时的诉讼制度，不是作静态的即自上而下地观察，而是从普通民众在涉及诉讼时必须采用的程序的视点即自下而上地加以探索呢？这样，才可能弄清地方官所说的教唆词讼、包揽词讼、打点衙门、串通衙蠹等的实际情况，才可能纠正对讼师的看法。

本文的主题就是基于以上的疑问，试图弄清当时普通人在发生诉讼时的实际活动、讼师们与这些诉讼活动的关系，以及讼师在当时的诉讼制度中究竟具有什么意义的问题。明确了这一点，或许也就可以弄清与此相关的、讼师作为法律的规避者，其存在实际上在国家法中究竟具有什么意义的问题。

一、诉讼程序与审判过程

1. “好讼之风”“健讼之风”

在记载明清时代风俗的资料中，经常提到“好讼之风”或“健讼之风”的情况。关于为民众的好讼之风所困扰的文字，从宋代起即已时常可见，但却极难发现其实际情况。这是因为，虽然提到“好讼之风”“健讼之风”的资料很多，但其说明却过于抽象。然而，从这些资料或判牍中浮现出来的民众的印象似乎是，他们实际上进行了为数众多的诉讼。关于这一点，滋贺秀三曾指出，较之现在日本的民事诉讼，清代中国的“打官司”与民众日常生活的距离可能要近的多，这一论述极富启示意义[4]。作为论据，滋贺举出的一个例子是，清代嘉庆年间安徽省六安州的知州在其在任的10个月，曾处理了1360件案件。虽然，这里不可能显示全中国范围内每年有多少案件被提交处理，但还是可以举出几个资料，以证明上述推测。

据清代康熙末年曾任浙江省会稽县知县的张我观所言，他每天要收受一百数十余份告诉呈词，而披阅时发现其中所写属实的，连十分之一二都不到[5]。这里所说的告诉呈词是指告词和诉词，其中告人（原告）提出的文书叫作告词或告状，诉人（被告）为了反驳而提出的文书叫作诉词或诉状，原告和被告提出的文书统称为呈词、呈状或词状。当时，对不必须紧急处理的案件规定了可提出的期限，一年中原则上只有从八月一日到三月末的8个月，在这8个月中也只限其中几天可以提出诉讼，叫作告期。例如，如果说三八放告，就是说逢三或逢八，即三日、八日、十三日、十八日、二十三日、二十八日的6天为告期。张这里所说的“每天”，是指告期的每天。张我观所定的告期，具体日期没

[4] 滋贺秀三：《清代中国的法与审判》（创文社，1984年）260页。

[5] 张我观：《覆瓮集》刑名卷一，“颁设状式等事”（康熙五十九年三月份）：“独是告诉呈词，乃民间被抑含冤，情不能已之事。……本县于每日收受词状一百数十余纸，即焚膏披阅，其间或有片纸率书字迹潦草，或有叙述情节语句支离，或有田地婚姻一无凭据，或有原被证佐并不列名，或架重大之情而诳听，或摭琐屑之事而渎呈，或一事而进数十之续词，或一词而赘无干之节略，或翻旧案而捏造新题，或代旁人而称为切己，大都影响，不少虚词，究之实迹真情十无一二。”

有记载，假定他实行三八放告，而且每次收受 150 份词状，那么 1 个月就是 900 份，8 个月就要收受 7200 份左右的词状。其次，乾隆五十二年（1787 年）任湖南省宁远县知县的汪辉祖曾说，他在三八放告时，每天收受了 200 余份词状[6]。如果用与前面相同的方法计算，就是说汪辉祖一年间约收受了 9600 余份，即收受了约 10，000 份词状。此外，同是乾隆年间的湖南省湘乡县，三八告期中每次递交呈词不下三四百份[7]。在这种情况下，可计算出一年间约收受了 14，400 份到 19，200 份呈词。另外，据说乾隆年间的湖南省，呈词多的州县每次超过千份，呈词少的州县每次也超过数百份[8]，由此可见，绝不能认为宁远县或湘乡县的情况纯属特殊。还有，据说道光年间任山东省邱县知县代理的张琦，仅一个月就收到诉讼文书 2000 余份[9]，这说明这种计算绝非不合情理。

如果一个县一年间收受了一两万张甚至更多的呈词的话，这种状况恐怕确实不能不称为“好讼”“健讼”了。之所以这样说，因为根据《光绪湖南通志》，嘉庆二十一年（1816 年）宁远县的户数为 23，366 户，湘乡县为 77，750 户，两县都绝非大县[10]。以宁远县而言，虽然仅有 23，366 户，却居然在一年间提出了约

[6] 汪辉祖：《病榻梦痕录》卷下，乾隆五十二年（《汪龙庄遗书》华文书局，第 420 页）。

[7] 《湖南省例成案·刑律诉讼》，卷八：“告状不受理，代书每词给钱十文”：“查看得湘乡县禀请添设代书一案，缘乡邑民好健讼，词状繁多，三八告期，每次不下三四百张。”

[8] 前揭书，同卷，“通饰力清讼源”：“楚南素称健讼，而致讼必有因由。闻州县告期收词，多者盈千，少者亦累百。”

[9] 徐珂：《清稗类钞·狱讼类》，“张翰风治狱得民心”（台湾商务印书馆，1967 年，稗二五，174 页）。另外，《清史稿》卷四七八，据张琦传，张在一年多的任期内，结案 2000 余件。

[10] 《光绪湖南通志》卷四八，户口。

10，000 份诉讼文书。

然而，据汪辉祖称，即使说州县如何健讼或到任之初提出的呈词如何之多，其实作为新案受理的告状每天不过 10 份，其余皆为被告的诉状或督促状[11]。据此可知，假定每次告期中有 10 人作为新的原告出现，且概算一下每年有多少人结成新的诉讼关系。如果每次告期中有 10 人作为新的原告出现，那么至少有相等的 10 人成为新的被告。汪辉祖所在的宁远县实行三八放告，因此可以推算出一年中有 48 天告期，原告 480 人、被告 480 人，合计 960 人参与新的诉讼。然而，事实上被告不可能与原告人数相同。因为根据当时的资料，原告在一次告状中经常以极多的人作为被告提起诉讼。如果是这样，那么如果推定一年中一个州县至少有千人以上作为新的原告或被告参与诉讼，大致不会出入很大。由于汪辉祖仅在宁远县担任过知县，假定这是基于亲身体验的材料，那么可以据此计算出，户数为 23，000 户规模的县每年约有千人以上作为新的原告或被告参与诉讼。

这里必须注意的是，这一数据只是就通常的案件而言的，并未包括告期以外提出的诉讼。还必须注意，这一数据只是指被受理的案件，而不包括未被受理的案件。如后述所言，知州、知县把告状分为准=受理、不准=不受理，分别加以处理。在收到告状时，其中所书或为胡言乱语或为毫无内容的很多，关于这一点不仅有前述张我观的证言，当时的资料也时有记载，湖南省有不少州县也同样是呈词每次超过数百份，而作为新案必须受理的告状不满 10 份。这样大的差距，除包括汪辉祖所指出的诉状和督促

[11] 汪辉祖：《学治说赘》，“理讼簿”（前揭《汪龙庄遗书》164 页）：“邑虽健讼，初到时词多，法应准新词，每日不过十纸，余皆诉词催词而已。”

状之外，大概主要是因为不被受理的告状极多的缘故。如果是这样，应该认为，户数为23，000户规模的县，每年有千人以上作为新的原告或被告参与诉讼的估计，只不过是实际数目的一部分，实际上远比这一数字多得多。

这种情况，毕竟不能不说确实是“好讼”“健讼”。不能不认为，一个（男）人或他的家族成员一生中必然有一次或两次涉及诉讼。所以，我们必须明确地舍弃一种所谓“常识”或“偏见”，即由于明清时代基本上是农业社会，所以对于一般民众来说应该距离诉讼相当远，或者当纠纷出现时，应该在付诸审判前，在村落、宗族或行会等小范围的团体或集团内部调解解决。实际上，对于当时的民众来说，涉及诉讼似乎是非常自然的事情。

然而，为了说明“好讼之风”而举出的以上数据，不过是通常情况的反映。在特殊情况下，这一数字肯定还会极大地膨胀。例如，明末松江府的民众，为了夺回被徐阶等大地主侵占的土地，争先恐后地提起诉讼，就属于这种特殊情况。据松江府上海县人朱察卿的目击记，当时准备提起诉讼的人争相购买诉讼用纸，以致纸价高涨，某商店一天卖纸的营业额竟达30两银子[12]。而且达到，“市廛之徒，言讼者十家而九，田亩之夫，言讼者十家而八”的程度。这里或许有对“好讼之风”忌而嫌之的记录者的夸张，但即使如此，仍然可以从中看到，当时众多的、并确实是普通的民众多么广泛地卷入、参与了诉讼。而且，由此还可以

[12] 朱察卿：《朱邦宪集》卷一四，“与潘御史”：“白发黄童，俱以告讦为生。刀笔舞文之徒，且置弗论，而村中执耒荷锄之夫，亦变为雄辩利口。……竟入市，市纸书讼词，郡中为之纸贵，一肆中有日得三十金者。……今市廛之徒，言讼者十家而九，田亩之夫，言讼者十家而八。由邑走郡城，则计程百里。走吴门则计程二三日。度其乞书于刀笔之费，及治装投宿食饮之费，一人近一金，则万人近万金。月必三走开府，其费何可胜算。”

理解，在像松江府那样的长江下游地区，民众与诉讼的距离在城市与农村之间并没有决定性的差别。而讼师就是在这样的时代孕育、在这样的社会中成长起来的。

其次的问题是，使最普通的人卷入诉讼的，是什么样的案件。关于这一点，几乎可以说无疑其大多数是所谓“州县自理的案件”。州县自理的案件，是指在州县一级终审的案件，即无须报送府以上进行审理，在州县一级，作为刑罚可处笞、杖，或完全不处刑罚而仅以训谕结案。具体地说，是有关婚姻、户籍、田土、斗殴、偷窃、田粮等的案件。汪辉祖把有关户婚田土的琐细案件称为寻常讼案[13]。这只能是因为，当时认为州县自理的案件作为诉讼乃是寻常之事。因为下一节将对普通的人在进行诉讼时一般所采取的程序加以论述，在该节结合论述州县自理的案件更为适当，所以这里仅只指出这一点便足够了。

2. 诉讼程序

无论是婚姻问题，还是土地问题，在作为争讼提交审判时，首先，必须向被告居住的州县提出告状。越过州县而直接向府以上的官府提出诉讼，叫作“越告”“越控”，被严加禁止。有时，在案件发生后，可以立即到所属官府衙门，敲击大堂悬挂的铜锣以口头告状，还可以在估计知州、知县外出时，拦路口头直诉，但这些都属特殊情况。通常无论是谁，都必须以书状起诉。关于这一点，可以说即使是解决民间纠纷，只要一提交官府，毕竟还

---

[13] 汪辉祖：《学治臆说》卷上，“寻常讼案不宜轻率申详”（前揭《汪龙庄遗书》50页）。另同书同卷，“据笔迹断讼者宜加意”（49页）中也把民间契约称作寻常讼案，同书同卷，“非刑断不可用”（48页）及《学治说赘》，“查管押簿”（162页），相对于命案称作讼案。

是书面主义优先。

正如关于官府的文书行政有种种规定，当时对民间百姓提出的诉讼文书也设定了各种规格。如前所述，原告告诉所用的文书叫作告状（告词），而被告的反驳叫作诉状（诉词），此外，告状或诉状被受理后，为了说明而提出的文书或一般诉讼文书，叫作投状（投词）。但是，一个案件通常以告状和诉状各提一次为原则[14]。并且，因为如果告状不被受理，案子就会就此完结，所以，原告必须按照所定规格，相当慎重地作成其告状。

相当于官府在受理告状时的文书格式的叫作状式。明崇祯十二年（1639年）刊佘自强《治谱》中，记载着以下“自理状式”：

——牵告多人、不准。

——牵告妇女、不准。

——牵告乡绅、不准。

——牵告久事、不准。

——状中里甲姓名籍贯、与廒经不对、不准。

——状中无写状人、歇家姓名、不准。审出情虚系歇家讼师拨置者、重责[15]。

至清代，状式的条款略有增加，有十条、十三条、十五条、十六条等[16]。而且，清代不仅将这些条款加以刊印，并且将印有在告诉文书中必须书写的、约三百字左右的条目，及原告、被告、证人等的姓名、住址、提出年月日等规定事项的状纸发放至

---

[14] 前揭注〔5〕，同文：“再词讼止许一告一诉，不得陆续投递。”卢崇兴《守禾日记》卷二、堂规：“词讼止准一原一诉。其续投词禀，经承不许出牌拘累。违者必究。”

[15] 佘自强《治谱》卷四，“自理状式”。

[16] 前揭注〔2〕那思陆著书，80—83页；张伟仁著书，第二册14页。以及后注〔19〕，《太湖理民府文件》所举为十五条。

全国各地，原告只须在空白栏目中填上必要的事项就可以提出了。

原告既可以通过填写状式自己作成告状，当然也可以在内容无虚假的前提下请人代作。只是，无论是明代还是清代，都不允许代理诉讼，原告必须亲自携带告状，递交到所定官府。只有生员、监生、妇女、老人、幼儿及残疾人可以例外。相反，这些人必须依赖他人才能提起诉讼。在明代，如属于与生员、监生本人有切实关系的问题，似乎可以允许其本人提起诉讼，而时至清代，则除一部分可通过状式提起诉讼之外，通常禁止乡绅本人提起诉讼。生员、监生本人诉讼之所以被禁止，虽然是为了尊重他们的体面，但也因为顾虑他们会因其特权而仗势欺人，致使知州、知县们徇私枉法，危及其自主性和权威。

如果原告住在远离官府的农村，就不得不赴城里告状并在城市里留宿。据汪辉祖说，如果要从他的故乡萧山县大义村到萧山县城去告状，往返需两天左右[17]。从大义村到县城距离约 15 公里。告状的人多投宿于称作“歇家”的旅馆。所谓歇家，相当于日本江户时代的“公事宿”[18]。但是正如上述《治谱·自理状式》中的一条所表明的那样，歇家被看作是与讼师一同制作虚假呈词的罪魁祸首。然而从专为诉讼而来的投宿者看来，歇家一般可以提供难以掌握的官府的情报，他们正是为了贪图获得有关诉讼的种种情报之便，才不选择普通的旅馆，而投宿于“歇家”的。

---

[17] 前揭《学治说赘》，“勤怠之分”，173 页。

[18] 有关日本江户时代的“公事宿”，参阅泷川政次郎：《公事师、公事宿的研究》（赤坂书院，1984 年）。

此外，在告状的提出上，明清两代有一点不同，即在清代，一般必须接受“代书”事先对告状进行的审查。“代书”又称为“官代书”，只有通过官方考试合格，获得资格，才可接受委托，在民间进行呈词的审查。不用说，代书也为人代作告状和诉状。他们持有官方委托的戳记，在呈词上盖上此印，即作为已经审查、誊清的证据。在国会图书馆所藏的诉讼文书中，可以看到官定状纸上事先印有“无代书戳记，不阅”七个字，其下确实押有朱红色戳记[19]。这种戳记的费用，乾隆年间的湖南省定为每件十文钱，虽然这绝算不得高价，但“代书”们总会以种种理由索取超过规定的手续费[20]。

在得到代书的戳记后，终于可以到官府去告状了。告期决非都为三八放告，各州县有所不同。有每天都放告的，也有如三、六、九放告，每月 9 次的。相反，还有像《治谱》所示那样的诉讼较少的地方，每月只在二日、十六日设告期两天的[21]。无论何种情况，如欲提出呈词，必须到官府确认告期。放告日之外，虽然也有以“传呈”名义特别接受的呈词，但这种情况下需要支付特别的费用。

官府在收到一天一百至数百份的呈词后，让递交呈词者依次排列，并将呈词在坐于大堂的知州、知县们面前的台案上按次序

[19] 国会图书馆藏《太湖理民府文件》，“宋惟勋呈为逞酒纠扰叩恩究赔事”，同治九年。有关太湖理民府文件，参照拙稿“国会图书馆藏太湖厅档案中所见到的诉讼与审判的实际——初步见识”（永田英正编：《中国出土文物文字资料的基础性研究》，1993 年）。

[20] 前揭注〔7〕此外，根据光绪四年二月十一日《申报》所载“酌减代书费告示”，当时的宁波府实际上每份代收费为一千二百文，该告示命令，最高只能为七百文。

[21] 前揭《治谱》卷四，“准状不妨多”：“民淳事简之地，初二十六放告，此正理也。然州县繁剧，无日无之。”

一份份放好。其时，如怀疑其中有举止可疑者、诬告他人者或受讼师暗地挑唆者时，就在当场询问，使其接受简易的审判。很多官箴书都指示，审判应以尽量迅速、简洁为宗旨，所以，可在接受告状的同时就进行询问、判决。与此相反，像前述那样告状条件完全具备、并且递状者一眼看去似乎并无可疑之处的情况下，知州、知县们则必须受理此案。因为《明律》和《大清律例》中都规定，即使是斗殴、婚姻、田宅等琐细案件，即州县自理案件，地方官如拒绝受理也应受到处罚[22]。如果告状人携状而来却未被受理，固然很麻烦，但他们可以到府或道等州县的上一级官府，去告州县官“告状不受理”。

放告后的下一个阶段是“批示”，也叫作“批发呈词”。也就是知州、知县收到告状后，决定将此案作为审判案件正式受理，同时必须将此决定告知原告。受理叫作“准”，不受理则为“不准”。例如，国会图书馆所藏的一份诉讼文书上，只记着“候差提查讯”五个字的批示，这明确表示此件已获准[23]。因为将由官府派遣差役传唤原告、被告进行调查询问，因此指示其等候通知。原告得到这样的批准后，可以回家等候传唤。与此相反，如果地方官认为应予不准时，必须说明其理由，叫作批驳。这时，原告只能后退一步。他必须决定或者从此放弃告诉，或向府、道等去告州县批驳不当，或采取其他手段，等等。由原告进行的诉讼程序，到此可以说就告一段落了[24]。

---

[22]　《刑律·诉讼》，“告状不受理”。

[23]　前揭注〔19〕。

[24]　以上无特别注记者，主要出自徐栋《牧令书》卷一七——九，刑名。

3. 审判过程

告状受理后，知州、知县必须迅速处理。根据清代法令的规定，州县自理案件必须在20日内审结[25]。知州、知县首先必须决定该案的处理由哪一个胥吏承担。担当某一案件的胥吏叫作“承行胥吏”（承行吏书），而委托某一胥吏处理案件则叫作“胥吏承行”（吏书承行）。这种安排当然理应由知州、知县亲自进行，但至少在清代，似乎多数是由幕友代行。据汪辉祖说，无论是决定审理日程，还是监督胥吏，都是幕友的工作[26]。这里需要注意的是，让哪个胥吏承担什么案件。这是因为，对于胥吏来说，处理案件与其说是义务，毋宁说是一种权益。

之所以说与其是义务，毋宁是权益，是因为以下事实。即在胥吏承行以后的阶段，原告或被告有数件必行之事。作为原告，首先必须在告状批准后立即与承行胥吏就应支付的“房费”数额进行交涉[27]。所谓“房费”，是胥吏事务室的经费。经此交涉后，胥吏才开始处理文书，进入为了传唤被告而派遣差役的程序。差役也同样，不给钱就不去传唤被告。即使地方官督促其尽

[25]　《光绪钦定大清会典事例》卷八三六，第9页（新文丰出版公司影印本，15523页）。《西江政要》同治八年，江西布政使司按察使司为会议详覆事。

[26]　汪辉祖：《佐治药言》，“检点书吏、词讼速结”（前揭《汪龙庄遗书》195、198页）。

[27]　裕谦：《勉益斋续存稿》卷六，“通饬不许书差延搁词讼檄”（道光十四年十月）：“苏省州县审理案件，向有会书差名目。凡民间递词，一经批准，原告即须向承行经书讲明房费，始得送稿佥牌牌发矣。而所佥差役亦必致送钱洋，名为放差东道，如不讲明送给，则词虽准而不为牌唤，牌虽出而未必传审。迨本官催之紧迫，而该差反以被告抗避不面，捏饰混禀。然其费犹细也。若被告则差役到家，即须先付洋钱三四元或五六元为盘费，亦名见情，然后约期，再会书差。至期讲价，则以案情之大小家道之肥瘠为需费之多寡，自数洋至数十洋，甚至一二百洋不等。书差满欲，始许具呈，否则未由投诉，代书亦掯不用戳。”

快将被告传唤到案，差役也会以被告反抗或逃避不见等理由加以搪塞。

被告也同样必须有所对策。首先，他们要了解原告提出的告状的具体内容，方可准备与其对抗，因此，必须贿赂承行胥吏，才能抄到告状[28]。他们必须在此基础上，写出并提出诉状，即反论，然而，只有向承行胥吏和差役赠送贿赂，才能获得许可提出诉状，否则，代书将不会在其诉状上盖押戳记。道光年间的江苏省，这类费用的金额根据案件的大小和家庭经济状况决定，据说从数元到一二百元不等。此外，当差役到家里传唤自己时，也必须进行贿赂，作为“见情”（小费）赠送盘费（路费）。当时，仅此就需三四元到五六元。

历代的地方官之所以经常教导民众尽可能避免诉讼，主要是因为，无论对于原告还是被告，诉讼都是花费钱财的。对他们来说，必要的费用还远不止这些。当原告、被告终于面临审判的时候，他们必须提前一天到达州城或县城投宿，一直逗留到判决作出之日。明代四川省成都府在衙门外设小屋和留宿设备及锅灶，为诉讼而来的人可在此“寓居”到判决作出之时[29]。在“歇家”投宿，一半是因为差役的强制，另一半是因为原告、被告的期望和需要。前面看到的《治谱》的状式中之所以规定必须写明歇家之名，是为了一旦官府需要传唤原告、被告时，可以据此取得联系。歇家还可应官府委托拘留被告，并可充当被判有罪的被告的

[28] 黄六鸿：《福惠全书》卷十一，“立状式”：“凡原告状准发房，被告必由房抄状，该房居为奇货，故意刁难，视事之大小，为需索之多寡。被告抄状入手，乃请刀笔讼师又照原词多方破调，骋应敌之虚情，压先攻之劲势。”

[29] 余懋学：《仁狱类编》卷十七，“永清去妇衣”：“鲁永清蕲水人。为成都守，决讼如流。门外架屋数椽，锅灶皆备，讼者至寓居之，一见即决，饭未尝再炊，有鲁不解担之谣。”

保释保证人。因此，他们可以同官府保持一种关系，自然也就同胥吏和差役互通声息。他们向毫不了解诉讼程序和官府内情况的投宿者们提供各种各样的咨询意见和情报。据《湖南省例成案》，凡乡民赴官诉讼之时，近者必在府州县城的歇家投宿，而远者必在省城的歇家投宿[30]。另据《西江政要》，乡民赴官诉讼者必先投宿于歇家，在此讲定呈词代作费、承行胥吏所取费用、差役所取费用等全部诉讼费用，才可以提出呈词[31]。承行胥吏和差役皆听从歇家的指挥，对于同当事人讲定的诉讼费用，与歇家四六分肥。此外，根据清初黄六鸿的目击见闻，当时县衙门前并排建有酒肆和旅馆，多为乡绅或生员所经营。这里住宿费用极高，及至审判完结算帐时，已达数十两银子[32]。

这样，终于到了审判的时刻。在公堂进行询问叫作“听讼”。我们一说到审判，首先会想到公堂的询问。确实，很多官箴书中都强调听讼是如何之重要。然而，据一官箴书所言，处理一个案件所必需的劳力，阅读文书占七分，而听讼只占三分而已[33]。这说明，在处理一般州县自理案件时，是以阅读文书为中心进行审查的。这进一步说明，原告、被告提出的告状和诉状以及证据文书是多么重要，同时或许也可以说明，为什么承行胥吏可以借

[30]　《湖南省例成案·刑律诉讼》卷十，“教唆词讼，严查歇家息讼安民”：“兹查有歇家一项，凡乡民偶有赴官控告事件，或近在府州县，或远至会城，必借歇家以为停足之地。乃民间讼狱之兴胶葛不休，由于若辈酿成者每居其半。访得有种不法之徒，外借寄寓为名，实则包揽词状，非本身系积惯讼师，即与讼师交结勾通，互相呼应。”

[31]　《西江政要》卷三六，嘉庆二年，按察使汪“严禁地方弊端条示”：“一、劣生恶监作歇包讼，最为民害也。……甚至专开歇店，乡民赴控者必须先投歇家讲定，方可递状。经承原差悉听指挥。其议定作词出票发签以及挂牌铺堂之银钱，与书差等四六分肥”。

[32]　前揭《福惠全书》卷十一，“设便民房”。

[33]　前揭《牧令书》十八，王凤生，“亲民在勤”。

其力量左右判决的方向。

判决叫作“堂谕”，或称“面谕”“面断”。知州、知县在公堂作出的训谕即为判决。这时，原告、被告都要签字画押，作为对判决承诺的证据。这叫作“遵结”。判决书未必发给本人。因此，一旦原告、被告之间再起纠纷之时，把作为证据的判决书拿到手就十分必要，这样，为了抄写判决书，又得向承行胥吏使钱[34]。

至此，一个诉讼、一个审判终结了。作为州县自理案件，知州、知县没有必要将案件报送府或道。只需几个月一次，将终审案件作成汇总的文书，向府或道报告就可以了。但是，原告、被告的任何一方，如果对已遵结的判决不服，可以推翻其遵结，向上一级官府上控。这叫作“翻控”。任何一方如果认为“该地方官审断不公，或曲苟私情，贪赃枉法”，无处伸冤的时候，可以到府去申诉。如果知府审断不公，还可以依次赴道或司（按察司、布政司），进而赴巡抚衙门控告[35]。理论上和实际上，这种控告制度可直达中央，赴北京控告被特别称为“京控”。因为控告的问题相当烦琐，这里不拟论述。只是需要注意，这种控告绝非少数。据明代宣德年间任苏州知府的况钟所言，当时的情况已经达到，道路上赴府告状者不下百人接踵而至，或者每日诉讼者

---

[34] 方大湜：《平平言》卷四，“判语须列榜”：“断案之后，两造向承行书办钞录堂谕，往往任意需索。若将堂谕榜示头门，则需索之弊不禁自止。其有关两造永远者，不妨将堂谕钞录盖印，给两造收执。但须防家丁索钱耳。”

[35]《湖南省例成案·刑律诉讼》卷八，“告状不受理”，晓谕民间一切争讼事件应赴有司控理：“照得，民间一切争讼事件，悉应先赴有司控理，听候秉公审断。倘该地方官审断不公，或曲苟私情，贪赃枉法，于民实有冤抑难申之处，方许赴府控告。如知府审断不公，方许赴道赴司控告。如仍不能代为昭雪，始准赴本院衙门控告。”

不下千余人的程度[36]。清代道光年间任湖北省荆州府知府的裕谦，在任实行三八放告之始，每次收呈词五六十份，不久以后减少到每次只收二十余份[37]。康熙年间任湖南省巡抚的赵申乔，每次只受理告期中收受的百余份呈词中的数份，说明每次收呈词也是百份左右[38]。这些数字表明上控不仅是作为制度存在，而且在实际中也发挥着重要的作用。

根据上述资料，可以理解明清时代的诉讼制度中的以下几个问题：

第一，明清时代的诉讼，不仅作为制度是为千万人开设的，而且实际上也确实有为数众多的民众参加。一个州县一年收受一两万份之多的呈词，这只能是因为有制度的保障使然。这个开放的体系，不仅设在州县，而且联结着府、道、省，直至北京。

第二，在诉讼制度中，彻底实行着书面主义。这就为上述为千万人开设的诉讼制度提供了基本的条件。形式上，只要符合条件，任何告状都会被受理，并且必须受理。而且，在审理案件时，官员在阅读文书上，较之询问上花费了更多的精力。

第三，在这种诉讼制度下，要花费大量费用，并且必须进行贿赂。清代官箴书《平平言》中所举的各种诉讼费用包括：戳记费、挂号费、传呈费、取保费、纸笔费、鞋袜费、到单费、夫马

---

[36] 况钟：《况太守集》（江苏人民出版社，1983年）90页，“请给通关勘合及禁词讼牵告奏”，140页，“填注善恶簿榜示”。

[37] 裕谦：《勉益斋续存稿》卷一，“发戒讼说檄”（道光七年正月）：“本府莅任之始，每一放告所收呈词总有五六十纸……近来刁词日渐稀少，每届告期仅收呈词二十余纸或十余纸。”

[38] 赵申乔：《赵恭毅公剩藁》卷三，“恭谢天恩疏”：“康熙四十二年，职到任之后，见湖南民俗健讼，谆谆诫饬，尤严拿讼师以杜讼源，每遇告期，百纸之内所准不过数张。”

费、铺班费、出结费和息费等[39]。此外，还需要投宿歇家的费用。而且，最重要的是，必须对胥吏和差役进行贿赂。如果请讼师包打官司，还要花更多的费用。

以上三点，不仅对于理解明清时代的诉讼制度本身是重要的，而且也是理解以下将要考察的讼师业务问题的基础。

二、讼师的业务

1.“包揽词讼”“教唆词讼”

那么，讼师们在实际的诉讼与审判过程中究竟做些什么呢？对于这个问题，可以首先从人们在非难讼师的活动时经常使用的两个用语“包揽词讼”和“教唆词讼”着眼。

首先，“包揽词讼”的“包揽”，是指代理和承包。虽然说是“包揽词讼”，但那时包揽词讼的讼师们，连做梦也难以想象在我们今天生活的社会已经司空见惯的、被视为律师的一项中心业务的情形，即律师作为诉讼代理人或作为刑事案件中被告的辩护人，堂堂地立于法庭之上的情形。

“包揽词讼”有两层意思，广义上是指诉讼的代理，狭义上则是指诉讼的承包。在广义上，比如说“包告”，就是指代理提出告状；而如果说“包准”，就是承包保证使案件得到受理；“包审”则是指代替本人出庭接受审理。讼师中有人承揽从代作告状，到审理以至判决的所有诉讼环节，即承包保证获得有利的判决。此外，还有一些讼师代人从捏造事实、寻衅闹事开始，继而

[39] 前揭《平平言》卷二，“为百姓省钱”。

无论是继续诉讼还是私下和解都承包到底的。这样的事例，在蓝鼎元的《鹿洲公案》等中时时可见，此外，如《红楼梦》第八十五回、第八十六回，可以看到薛蟠杀人犯事时，委托“刀笔先生”图谋把事件压下去或找人顶替的事例。所谓“刀笔先生”即讼师的别名。一旦发生了什么事件，当事人常常找讼师咨询，怎样可以减刑，是否可以得到无罪判决等，以求其授以计谋策略。这类工作，以今天的意识看来，与其说是律师，毋宁说像是以煽动纠纷、恐吓当事人、骗取钱财来谋生，或以把持操纵纠纷为业的黑社会分子，然而，在论述讼师的时候，不能仅从这一个侧面作出论断[40]。因为在这种广义上的包揽词讼中，有各种各样的侧面。

与此相对，狭义的包揽词讼，似乎意味着在诉讼的长过程中，特别以承包与胥吏、差役的交涉为主。之所以这样说，是因为《湖南省例成案》中根据讼师从事的业务将其区分为“唆讼棍徒”与“包讼棍徒”，据其所言，唆讼主要是挑唆诉讼、代作呈词，而包讼则主要是出入衙门，与胥吏、差役交涉[41]。不言而喻，唆讼是指教唆词讼，包讼则是指包揽词讼。也就是说，当时代

---

[40]　这种讼师给人的印象极深，《清稗类钞·狱讼类》中“讼师伎俩”所记的几乎都是这类情况，此外，及至民国，还出版了像襟霞阁主人新编《恶讼师刀笔故事》（上海书店，1937年）等一些关于恶讼师的故事。

[41]　《湖南省例成案·刑律诉讼》卷十，“教唆词讼，严禁棍徒唆讼包讼”：“若无唆讼之人为之设谋画策，舞弄刀笔，以小作大，驾轻为重，则健悍之性亦苦于无施。乃有讼师，遇小民一时之气愤，辄挑唆告状，诱人犯法，而见有健讼之辈，尤喜其奸得售，海市蜃楼，任其驾捏，只图告准，不顾审虚。因又有包讼之棍，向与上下衙门熟识，而出兜揽，招寓于家，一应房差费用，代其料理，捏称门路，说合打点，指撞钱财，肆无忌惮。有唆讼而兼包讼者，拔长刀笔而家又安歇诸人。大抵蠹胥劣衿一流。有唆讼而未能包讼者，地方游民粗知文墨，与人代作词状，引至包讼之家，彼此结连，欺骗瓜分。亦有大蠹巨豪，广寓构讼之人，家延讼师，商谋倾陷，或雇买硬证，或假造凭据。”

理、承包诉讼，其中心的部分好像主要是与胥吏、差役的交涉。在这种情况下，因为通常伴随着收受贿赂，国家自然是要加以禁止的。

其次，所谓“教唆词讼”，是指教唆不必要的诉讼，但是前述《湖南省例成案》中，却主要是将其与代作呈词联系起来讲述的。像这样将“教唆词讼”一词与代作呈词联系起来讲述的资料极多。“教唆词讼”是《明律》和《大清刑律》所定禁则的一个条目，该罪名规定，“凡教唆词讼及为人代作词状，增减情罪诬告人者，与犯人同罪”，“其见人愚而不能伸冤，教令得实，及为书写词状而罪无增减者，勿论”。然而，在实际案件中，要证明欲行诉讼之人与教唆诉讼之人是如何相互串通的，立证极为困难。而是否代作呈词的立证，则比较容易。资料中“教唆词讼”一词之所以总是与代作呈词相联系，大约正因为如此。

清代对“教唆词讼”的处罚，是极其严厉的。例如，据《刑律汇览》所见的一个案例，有一年逾七十的老讼师，尽管只是为人代作呈词五六次，且均为寻常案件，全无勾结胥吏欺骗乡愚、诈取钱财之形迹，却被作为“积惯讼棍”而处以流刑，减一等判以满徒[42]。也就是说，在他的情节中，并无狭义的包揽词讼的行为，也未骗取委托人的钱财，仅仅为人代作呈词五六次就构成了其罪状。

讼师的业务主要就是这种代作呈词和代理与胥吏、差役交涉。下面，来看一下其各自的具体情况。

---

[42]《刑律汇览》卷四九，“教唆词讼，为人代作呈词五六次”。

2. 代作呈词

讼师有时也称作状师。这是说，书写告状、诉状及督促状是他们的最重要、并且最具特征的事务。

首先，书写告状之所以重要，是因为如果告状不被受理，该诉讼就会就此完结。任会稽县知县的张我观在列举不适格的呈词时，举出："或有叙述情节语句支离，或有田地婚姻一无凭据。"[43] 而且，在实际处理案件时，他认为："卑职阅其呈词，忽曰占业，又曰拔苗，再曰割稻，词无一定。疑为讼笔点染，是以未曾准行。"[44] 像这样，因为告状不具充分的逻辑和说服力就不会被受理。在这种情况下，有时仅批驳以"胡说、不准"四字，不予受理[45]。

写《秀山公牍》的四川省秀山县知县吴光耀，曾对一位提出告状的妇人给予这样的批驳：

"纵子为非，犹敢如此捏诉。不知官之明不明，能受尔之欺不受。岂足当讼师耶。空骗愚夫愚妇纸笔钱耳。可恨之至。"[46]

这一批示是针对提出告状之人的，确实像是半截批示。然而，在批示中途却突然转向了对讼师的攻击。不用说，讼师代作告状是被禁止的，但是，知县却以讼师代作的告状为前提读了该状。这位知县还像下述那样，在批驳的同时对讼师加以批判。

"一概横拉野扯不通情理之词，希图抵骗。此种咬文嚼字初学入门之讼笔，实辜负人家笔墨钱。应饬令田宗万交出此人掌

[43] 前揭注〔5〕。

[44] 前揭《覆瓮集》卷五，"废经界占等事"。

[45] 樊增祥：《樊山政书》卷一，"批白河县民张肇忻控族叔张雯词"。

[46] 吴光耀：《秀山公牍》卷三，"余田氏呈霸索难甘批"。

责，庶免下次害人。”[47]

尽管讼师是被禁止的，但知州、知县或幕友在阅读告状之时都将讼师作为告状的作者。此外，由此可以看出，告状不具充分的逻辑和说服力的情况自不必说，就是告状用语夸大其词，也会被怀疑为讼师之笔点染。清代的状纸与现在的稿纸相似，一页的字数是加以限定的。根据《未信编》，这本是对“字多则易入无情之词”的限制，然而“刀笔作家”却能“于简练之中，装点埋伏”，致使阅读者信以为真[48]。如果在为数不少的告状中引起知州、知县的注意，虽然怀疑为讼师代作，但仍勉强受理了的话，即为讼师大功。讼师们根据知州、知县们所下的“准”“驳”的批示来判断地方官的能力，并以被受理而夸耀其功[49]。而对于原告来说，获“准”似乎也是相当值得夸耀的，据说“一词准于上司，便自称系某衙门原告，不但恃为护身之符，而且凌烁良善，旁观者亦凛凛惮之，侧目而不敢犯”[50]。

这里产生了一个疑问，就是：在众多告状之中，能引起知州、知县注意、并被准确地予以受理的告状，是否确实可以由那些粗通文墨的人来书写？果真是像政府所考虑的那样，告状和诉状均由当事人本人书写，或是由代书根据本人的陈述写下来，就能够受理吗？对于这个问题，其实在当时就有人提出质疑。《崇祯外冈志》中，有这样的记述：

---

[47] 同上同卷，“田宗万呈无契可立批”。

[48] 《未信编·刑名上》，“准状”：“告者只许言其紧要。恐字多则易入无情之词。故宜定以字格。然刀笔作家，颇能于简练之中，装点埋伏，使看者遽信为真。”

[49] 《乾隆长洲县志》卷十，“风俗、禁讼师示”：“恣叠控之不休，必掣准而后已。一经准理，彼遂夸功，既现获润笔之资，又预讲将来之谢。”另如樊增祥：《樊山批判·自序》，“大率讼牒之来，不外准驳两途。讼师即持是以觇官之能否。”

[50] 《政刑大观·告示》，“刑律，再禁健讼”。

“夫词以达情，小民有冤抑不申者，借词以达之，原无取浮言巧语。故官府每下令禁止无情之词，选代书人为之陈其情。然其词质而不文，不能耸观，多置勿理。民乃不得不谋之讼师，田土而诬人命，斗殴而诬盗劫。对簿之日，官府即审，其情惘然，未必按以反坐之律。”[51]

尽管所诉是事实，但像代书所写的那种质朴无华的文章，却“多置勿理”。此外，有多年幕友经验的王有孚，曾这样写到：

“若夫安分良民，或为豪强欺压，或为仇盗扳累，大则身家几陷，小则名节攸关，捶胸饮恨，抱屈莫伸，仅假手于庸碌代书，具词呈诉，非格格不吐，即草草敷衍，徒令阅者心烦，真情难达。”[52]

从幕友的眼光来看，庸碌代书所写的东西，也同样“徒令阅者心烦，真情难达”，那么，这种告状是否果然能够受理，就十分令人怀疑。所以，国家提出的是极其不合理的要求。也就是说，国家要求提出的告状应是不含虚假的，但是原告或代书根据事实所写的如实、质朴的告状，却经常不予受理。如前所见，批驳以“胡说、不准”的告状，说不定在成为符合逻辑、有说服力的东西之前，曾经是相当真实和质朴的文字。而且，批驳以“咬

[51] 《崇祯外冈志》(《上海史料丛编》所收，1961 年) 17 页，“讼师”。

[52] 王有孚《一得偶谈》初集，三九 b：“讼师教唆词讼，例禁綦严，恶其播弄乡愚恐吓良善也。若夫安分良民，或为豪强欺压，或为仇盗扳累，大则身家几陷，小则名节攸关，捶胸饮恨，抱屈莫伸，仅假手于庸碌代书，具词呈诉，非格格不吐，即草草敷衍，徒令阅者心烦，真情难达，于此而得一智能之士，为之代作词状，摘伏发奸，惊心动魄，教令对簿当堂理直气壮，要言不繁，卒致冤者得白，奸者坐诬，大快人心。是不惟无害于人，实有功于世。吾乡老友中，似此刀笔间亦有之，然不多觏。宜其子孙蕃衍，保世成家。律内虽有见人愚而不能伸冤，教令得实者勿论之文。阴曹不特不罪之，且有以报之也。若而人者庶不愧讼师之名哉。彼播弄乡愚，恐吓良善，从而取财者，乃讼棍耳。安得以师字加之。余谓讼棍必当惩而讼师不必禁。”

文嚼字初学入门之讼笔”的知县，反之恐怕也未必会受理质朴无华的告状。

在这里，原告、被告都明知违法，但为了胜诉，又无论如何不能不依赖讼师代作呈词。根据前面介绍过的《崇祯外冈志》，写诉讼文书的名家被称为“状元”“会元”，将自己写的文书比作《战国策》《左氏传》《国语》以自诩[53]。另外，根据徐复祚《花当阁丛谈》，讼师也有等级，最高的为状元，最低的叫作大麦。如果是“状元”，就可以此道获厚利成家业，即使是“大麦”一级，也可以以其笔墨保证衣食无忧。据徐复祚言，他们多是读书人的子弟，他所见过的张状元就曾经是一位生员[54]。

讼师业务的主体，无论怎样看还是代作呈词，但时至清代，由于代书戳记成为义务，讼师又增加了一项工作，即替当事人同代书交涉，让他们按照自己的意思写文章、押戳记。

桂超万《宦游纪略》中记叙了这样一件事。有一个妇人，大概是寡妇，以其堂兄及养子（嗣子）夫妻为对手打了一场官司。经过调查，好像发现她与寄食于其家的讼师通奸。于是传唤代书，当问到该妇人来求写告状时与谁同来时，答曰与讼师一同前

[53]　前揭注〔51〕。“吴民健讼莫如吾邑，即三家村犊鼻负担之人，无不持橐吮笔，随手信口，动成爰书。昔维沈天池杨玉川有状元会元之号，近金荆石潘心逸周道卿陈心卿，较之沈杨虽不远，然自是能品。其一词曰，此战国策也。其一词曰，此左国语也。其自负如此。”

[54]　徐复祚：《花当阁丛谈》卷三，“朱应举”：“村老曰，甚矣，吴人之健讼也。俗既健讼，故讼师最多。然亦有等第高下。最高者曰状元，最低者曰大麦。然不但状元以此道获厚利成家业，即大麦者亦以三寸不律足衣食赡俯仰，从无有落莫饥饿死者。则吴人之健讼可想矣。然多是衣冠子弟为之。余识一张状元，昆山人，忘其名。每与筹计一事，辄指天画地，真有悬河建瓴之势。可令死者生，生者死，诪张变幻，时阴时阳，百出不穷，何愧状元名号哉。乃其初亦曾为博士弟子也。”

来，该讼师进屋后要求代书书写告状，并让代书修改了文章[55]。

还有一例，也是出自《宦游纪略》。这是桂超万在任河北省正定府栾城知县时发生的事。有一个寡妇没有到县里起诉，而是向府里越控。在这种情况下，该案由府发回县里。桂超万传唤了寡妇之子，问其是谁唆使她挑起诉讼的，答曰是一名叫刘殿的男子所教唆。问刘殿是否代作告状，答曰刘殿未写，而是推荐了生员殷慕棠，请殷所写。经过调查发现，殷慕棠是有名的讼师。经询问殷慕棠及车夫，得知刘殿与该寡妇乘车到栾城县的冶河铺，在此将殷慕棠接载后，一同赴正定府而去。向府里所递的告状，是殷慕棠与府里的代书商量后写成的。此外，该寡妇与刘殿在此之前，曾于放告日为会见殷慕棠到正定府去过，但当天未能找到殷[56]。也就是说，讼师殷慕棠住在冶河铺，但时常到正定府去。毫无疑问，他早已与府里的代书非常熟识了。

从以上两例中，代书按照讼师之意写文书、押戳记的情况可见一斑。虽然设立代书戳记制度的主要目的是取缔讼师，但在清初浙江省就已有人指出："近阅呈词多有讼师起稿，代书誊清用戳。"[57] 乾隆年间的湖南省，也是讼师"令代书照誊，名为用戳呈词"[58]。乾隆十二年（1747年），中央政府也不得不承认，虽尝试设立代书，但由于代书与讼师串通作恶，所有呈状皆具代书之名，实出讼师之笔[59]。结果，代书戳记制度并未充分发挥其

[55] 桂超万《宦游纪略》卷三，"讯史赵氏控伊侄赵连城图财捆卖一案"。
[56] 同上书同卷，"讯马刘氏府控王成文领本昧帐一案"。
[57] 前揭《覆瓮集》卷一，"饬谕事"（康熙五十九年三月）。
[58] 《湖南省例成案·刑律诉讼》，卷十，"教唆词讼，饬谕代书出首讼师"："乃有一等讼棍……逞刀笔做稿，令代书照誊，名为用戳呈词，实非本人情节。"
[59] 《光绪钦定会典事例》卷八一九，（前揭影印本，15365页）。

作用，只是增加了一项讼师的业务而已。

以上，虽然是围绕原告所提出的告状的代作做了阐述，但可以说对被告一方情况完全是相同的。当时，据说“被告抄状入手，乃请刀笔讼师又照原词多方破调，骋应敌之虚情，压先攻之劲势”[60]。通过讼师抄写对方的告状之后，必然要请更高一筹的讼师写出更有力的诉状。至少，是不能不意识到，如不这样做，就可能导致败诉。

3. 与胥吏、差役交涉

讼师的另一项中心业务，是代替诉讼当事人与承行胥吏和差役就案件的处理进行交涉。这就是在非难讼师时所说的“打点衙门”和“串通衙蠹”等。不过，即使不是讼师，也可以出入衙门，进行这类活动，如既述所示，歇家也从事这类活动。

如前所述，告状受理之后，原告必须与承行胥吏就房费的多少进行交涉，而被告为了了解原告告状的内容，必须抄写告状。这是告状者与被诉者无论如何必须做的。例如，“凡原告状准发房，被告必由房抄状，该房居为奇货，故意刁难，视事之大小，为需索之多寡”[61]。对于不谙熟衙门内情况的普通人来说，自己进行这种交涉自然绝非易事。在当时非难讼师时经常提到，有人标榜以“向与上下衙门熟识、与胥吏和差役结交深，与衙门有关的诸事都能代办”，从而骗取当事人的钱财的情节，但是对当事人来说，如果没有这些人物，他们是否能够完成这种交涉，是值得怀疑的。

---

[60] 前揭注〔28〕。
[61] 前揭注〔28〕。

此外，胥吏和差役索取的，究竟是我们试图加以区别的手续费，还是贿赂，对当时的人们来说，也是暧昧的。我们至今总是将其收受的钱财称为贿赂。然而，无论在支付钱财的原告和被告，还是在收受的钱财的胥吏和差役的心目中，哪些是必要的经费，哪些是贿赂，无疑是无法清楚地分开的。虽说是“讲明房费”，如果房费是明确决定的手续费的话，也就无须再就此商谈了。另外，正如已知的那样，胥吏和差役的俸禄都不足以保证其生活，他们的生活费主要依靠民间百姓支付的手续费来维持。从这个意义上可以说，国家在诉讼中采取的是彻底由受益人负担的方针，正因如此，才教导民众应极力避免诉讼。当时就已有人指出了这个问题，如针对田文镜的必须彻底取缔差役，监督其不得收受贿赂的意见，裕谦提出了以下反对意见：

“此言可谓正矣。然有未尽人情之处。不可不知古之庶人在官者，与下士同禄，其禄必足以给其仰事俯畜之资。今之差役应领工食皆不足以敷一口，岂得责以枵腹办公。但知禁其需索而不为谋可生之路，其势不行，无情之严，一官如此，彼或忍之须臾，以俟取偿于异日，官官如此，非逃即死耳。此何可行哉。……夫信义者君子之事。官之俸廉不给，虽忍饥守义固是君子之职分，何可以忍饥守义责之胥役哉。彼亦有父母，彼亦有妻子，彼亦须衣食。仁人君子当亦有以处之矣。”[62]

本来，只发给不足以抚养妻子的一点俸禄，不收受贿赂是不

---

[62] 裕谦：《勉益斋续存稿》卷五，“州县当务二十四条（道光十四年二月）差役”。另外，吴光耀在《秀山公牍》自叙中，发表了以下意见：“古者庶人在官，禄足代耕。今乃书差额设不足用，役食又徒有名。流品不齿士夫，性命直同狗彘，安有良家而肯为此。一州县中多或万千，少亦百数。聚无赖之穷民而用之，又无以养之。是此万千百数中，无一人不恃构弊内外为生活者，势使然也。”据此，近乎于无俸的胥吏和差役在一些州县达到一万或数千人之多。

可能的。然而可以说，国家在这里对诉讼当事人提出的也是极不可能做到的要求。国家一方面严格禁止诉讼当事人向胥吏和差役支付贿赂，另一方面却让诉讼当事人以贿赂的形式负担胥吏和差役的生活费。而且，这种费用是以手续费与贿赂不分的暧昧形式负担的。于是，担任中介、代理交涉的，就是讼师。这里，尽管当时的资料对讼师的活动都使用了极其非难的语言，如“打点衙门”“串通衙蠹”等，但是我们似乎有必要重新考虑当时的实际情况，至少有必要重新考虑对诉讼当事人来说这意味着什么。

不过，由于这种手续费与贿赂的区别的暧昧，以及在承包诉讼时，行贿也就是承包胜诉，所以毫无疑问，讼师们所使用的手段是无所不用其极的。例如，他们向承行胥吏行贿，可以使审判及早进行或相反使其推迟。虽然法令规定，案件必须在二十日内审结，但实际上很难保证。由于地方官收到告状后，常常是总也不审理，所以由讼师代替当事人向胥吏、差役行贿，使案件加快审理自然是必要的。然而有时这种手段只是为了给对方制造麻烦，作为胜诉的一种策略而使用。

一部分讼师在这一过程中的所为甚至更加毒辣，如向承行胥吏行贿，在已经提出的告状、诉状和证据文书中弄虚作假，或偷换询问笔录等。汪辉祖就介绍过这样一个实例：在一个关于土地买卖的诉讼中，胥吏将证据文书的“绝卖”（不可买回）中的“绝”字削除，之后又把“绝”字加写上，造成是当事人一方弄虚作假的假相[63]。还有一个明代的资料介绍了一个实例：因为胥吏私自将询问笔录调换，与不了解情况的地方官所作判决不

---

[63] 汪辉祖：《学治臆说》卷上，“据笔迹断讼者宜加意”（前揭《汪龙庄遗书》49页）。

符，被审查案件的上级官府几次退回[64]。这些实例虽然并不是作为与讼师串通者所为而记载下来的，然而既然讼师承包了胜诉，就不可避免地向这个方向努力。前面提到的作为以把持操纵纠纷和当事人为业的黑社会式的包揽，就是向这个方向的延展。

除此之外，在这个阶段，讼师还要教给原告或被告在当堂询问时如何供述。如果原告雇请了著名的讼师，被告当然也要雇请著名的讼师，在这种情况下，审判实际上是讼师与讼师之间的交锋。而原告和被告对讼师的斗争，“止从壁上观”[65]。在我们今天所处的社会，经常也可以看到双方的律师在法庭交锋，但在明清时代，讼师在法庭辩论当然是不可能的。必须出庭的只能是原告和被告双方当事人。因此，无论如何他们必须牢记到时应该如何供述。然而，有时由于原告和被告没有把供词完全背下来，因而在询问时不能自圆其说，以致受到刑罚。在这种情况下，讼师总是归咎于当事人，并且责备他们损害了自己作为讼师的名声。而且，一部官箴书中也引用“言多必失”的谚语，教导（官员）在公堂上应该尽量让原告多讲话，因为这样他们就会渐渐忘掉事先与讼师商量好并背下来的供词，说出自相矛盾的话，因此，审判时应该尽量让当事人多说话[66]。

讼师在一个案件审结之后进行的业务，主要可以举出两件。一是败诉一方讼师的活动。如前所述，败诉不服者可以上控。从

[64] 前揭《仁狱类编》卷三十，“先君狱案十条，断争赡学田”。

[65] 前揭注〔41〕：“又有原被各投著名之讼歇，两造讼歇各逞手段，状内之情节、衙门之打点，原被止出钱与用，详细俱不预闻。不啻讼歇构讼而原被止从壁上观，直至经官审理，原被始行出面，教供虽熟，刑罚加身，而讼歇脱然事外，尚归咎其供吐不明，损伊包讼声名。”

[66] 《牧令书》卷一七，刘衡，“蜀僚问答”。

当时的资料中常常可以见到讼师教唆败诉当事人上控的记载[67]。而且，据说，在上控的情况下，讼师常常作为当事人的替身而参与诉讼。例如，桂超万《宦游纪略》中介绍了这样一个例子。一件向布政司上控的案件被发回县府。传唤原告，问其前往布政司所在的省城之路时，答曰不知，问其是怎样到布政司去上控的，也不知其所以然。后来查明是一位生员冒名顶替。这是因为当事人在县里败诉后，被教唆上控，因本人恐惧，故由生员冒名顶替，前往省城[68]。

但是，关于上控的原因，有必要注意下述那种为数很多的资料。即如《刑案汇览》中道光皇帝对一个京控案件所作的谕旨中所指出的："各州县审断不公，致令属民上控。"[69]《图民录》也说："审后上控误多在官。"[70] 另外，还有一部官箴书《刑钱指南》也指出："彼谓词讼不宜滥准者，大率懒于从事耳。岂知下情未达，终必上控。"[71] 当时，既已有这样的认识，即上控绝非只是由于讼师教唆，多数原因是由于州县官的判决不公正或误判，乃至州县官的怠懈所致。这里，我们也需要重新考虑，当时的资料中对讼师极力非难的用语"架词越告、诱陷乡愚"的实际

[67]《嘉庆长沙县志》卷二三，"政绩，巡抚郭世隆，请严行禁革疏"："一、讼棍之包揽词讼宜禁也。楚俗刁悍率以越诉为常，无论户婚田土小忿口角，有不由州县而遽赴上控者。……盖由各属不逞之徒，往来省会，交结在省讼棍，狼狈为奸，遇事风生，代人架捏情词，包告包准，扛帮硬证，而愚民无知，信若神明，甘心健讼，往往倾家财产而不悔。"

[68] 卷二，"访有劣衿包讼，在县不胜，唆使上控"。

[69]《刑案汇览·刑律诉讼》卷四五，"控府三次不行提审饬查参办"："各州县审断不公，致令属民上控，全在该管上司亲提审断，庶不致有冤抑。"

[70] 袁守定：《图民录》卷二，"审后上控误多在官"："凡自理词讼，审后上控，误多在官，民之刁健不至是也。"

[71] 万维翰：《刑钱指南》卷中，"词讼"："彼谓词讼不宜滥准者，大率懒于从事耳。岂知下情未达，终必上控。一经批查批审，仍不免于讯详反多周折。"

情况究竟如何。

毫无疑问，对于普通民众来说，到县城或州城所设的衙门去打官司，是困难重重的。而对判决不满的当事人到更加遥远的府城、甚至省城上控，则更是难上加难。确实，当时一部分资料说，各地的“不逞之徒”与省会的讼师相互勾结，教唆上控，但是，如果当事人因认为州县审断不公或误判，或者断定因为州县官的怠懈而不受理其案，决定上控时，如果没有那种“不逞之徒”或讼师，又将何去何从呢。本来，因为提到省城上控的多数是错综复杂难以明确解决的案件，仅靠朴素真实是无法取胜的，所以不仅上控方，而且被上控方都更需要讼师的帮助。应该认为，比起州县一级的诉讼来，上控更需要讼师。

另外，胜诉一方的讼师的续加业务是自我宣传。乾隆二十七年（1762年）一位做江西省布政使的人物，作过以下的报告。据说，他本人从九江府进入江西省直到省城南昌府，沿途深入进行察访。所到之处，见各州县都有人将已审结案件的判决书印刷，随处张贴。甚至有人在判决书之后加写上胜诉的情节，任意夸张[72]。这位布政使认为，这“实属讼棍恶习”，但毫无疑问，对于讼师来说，胜诉案件正是最好的宣传材料。不用说，讼师一贯受到严禁，但能如此将夸耀自己胜诉的案件判决书印刷，随处张贴，说明不仅禁令的效果实际上相当弱，并且表明他们对地方官的轻视。同时，也说明当时讼师人数已经很多，以至他们不得不

[72]《西江政要》乾隆二十七年，“民间词讼禁刊谳语”：“本司今岁自九江入境，到省沿途所到之处，留心察看，见有各县审断事件所发谳语俱刊刻，随处刷贴，更有好事之徒，于谳语之后，复自叙讼胜情节，任意夸张，实属讼棍恶习。本司正在察访各府情形，禀请通饬严禁间，兹据湖口县许万玢禀陈办理地方情形内称，该县民风，凡讦讼之辈，每逢审结案件，必将官发谳语刷贴城乡。在理曲者，既经审输，已遭谴责，复被张扬，彼此嫌隙日增，多方讦讼以泄其愤。”

为赢得顾客而奔走竞争。

与州县自理案件相关的讼师的业务，大体上就是以上这些。通过这些可以理解，普通人一般在事件或纠纷发生、不得不涉足诉讼时，在当时的诉讼制度下，如果没有讼师，将会感到非常困难。首先，若要告状，必须先作成状词，而到底什么文化程度的人才能写出可被受理的状词就成为问题。即使今天，当我们提起诉讼时，对多数人而言，能否由本人亲自写成能够受理的书状仍是值得怀疑的。何况在明末以后的那种诉讼社会中，某些地方官以为少一件案子就减少一分负担，以尽可能地对每一份状词吹毛求疵不予受理为目标。向这种地方官提起的告状，即使粗通文墨的人，如果不在行也未必能写成。正如已述的那样，告状如果只是符合状式还不行，还必须是符合逻辑、有说服力的。而且，必须具备在数量很多的诉讼文书中能格外引人注目的情节才行。因为在普通的事件中，即使此方当事人的主张是正确的，有时也不予采纳。在这种情况下，如果同讼师商谈，可以在写状词时，尽可能以夸张的表达方式引起阅读者的注意。然而，这样做有时会被当作诬告，这时有能力的讼师就会尽量使其避免被适用诬告罪，教之以在询问时应如何搪塞。尽管地方官多次发布禁令取缔讼师，说告状、诉状应由本人或代书书写，却是在要求一种几乎是不可能的事情。况且，告状最终能否受理，即使受理了能否胜诉仍存在着极大的疑问。无论如何，向诉讼专家咨询，请他们代作状词，并在此后按其指示行事才是明智的。

告状受理之后讼师也是必要的。对于某些地方官和几乎所有胥吏及差役，诉讼是一种权益。当时，衙门受理诉讼也就是收受贿赂，是一种常识。而且，无论是对于行贿方还是受贿方，在多大程度上与我们所理解的贿赂的意义相近，还存在着很大的疑问。没有贿赂就不能胜诉，甚至有可能永远不开始审理。但是，对普通人来说，通过怎样的途径才能将贿赂转交到老奸巨猾的承行胥吏和担当差役的手里呢？《清明集》曾指出：乡民大体上都是足不曾踏进过府县衙门，连胥吏的面也不曾见过，口齿不清，不识文墨之人[73]，他们多数甚至不可能踏进衙门。他们明知讼师也是老奸巨猾的，但又必须借助讼师为桥梁。如果没有地方官所非难的“打点衙门、串通衙蠹”的讼师，他们怎样才能进行有关“贿赂”“手续费”的交涉呢。在这一点上也同样，不依靠讼师是无论如何难以做到的。

因此，当时的状况是，提起诉讼的人“必求讼师代书”[74]，从地方到省城求助于讼师而来者“塞户填门，殆无虚日”[75]。

总之，对讼师的需要只能是出自于诉讼制度本身。

三、讼师的出身及其活动场所

如果把讼师看作当时的诉讼制度本身的必然产物，就需要进一步认识，讼师不仅产生于诉讼制度，而且深深植根于中国社会乃至政治制度本身。如前所述，明清时代的诉讼制度彻底贯彻了书面主义，并且是向千万人开放的。同时，这一制度还是由从州

[73] 前揭《名公书判清明集》479页。

[74] 《万历将乐县志》卷一，“土风，巡按监察御史杨四知谕民息讼告示二道”：“照得，小民兴讼，必求讼师代书。讼师谓小事不足耸动，必捏虚妄，一经准受辄扬扬得意，感谢讼师，不知讼师已将尔身投之法网矣。”

[75] 同前揭书，同卷同文：“访得，闽俗好讼，漳泉为甚。每遇新院下马，无论曲直，群然溷扰，皆因省城聚居讼师，游手好闲，专一兴灭词讼，教唆善良，以此为生，四方求者，塞户填门，殆无虚日。”

县开始，经由府、省，最终直达北京的循环构成的。此外，讼师们还要具有能写出高明文章的技能，以至于能让阅读者认为在为数很多的文书中惟独此件必须受理。那么，不能不说这与科举制度极其相似。在表面的世界上竭尽心血按照固定格式作八股文的生员的身姿，与在地下的世界里精心按照状式书写呈词的讼师们的身影，如果阴阳倒转的话，其实完全是一样的。

实际上，多数讼师原来都是生员，即使没有成为称之为讼师的诉讼专家，生员们也时常作为兼职为人代作呈词。仅从前面介绍过的资料中就可看到，据《花当阁丛谈》，讼师多数都是读书人的子弟，某著名讼师曾是生员。在桂超万《宦游纪略》中所见的殷慕棠和上控时充当替身的人物都是生员。《秀山公牍》中也可看到拔贡生和革生成为讼师的两个例子[76]。高廷瑶《宦游纪略》中也有因见寒士数人包揽词讼，而支给他们的家庭以抚养费，诫其改业的记事[77]。清代道光年间在湖北省崇阳县谋反的钟仁杰也是曾做过生员的讼师[78]，明代万历年间在杭州谋反的革生丁仕卿也极有可能是一面教私塾，一面经营讼师业的[79]。除了这些具体事例之外，各种法令、布告中一般经常中见“劣生恶监，作歇包讼”“士不自爱，乃好干（讦）讼”之类的表述。

---

[76] 吴光耀：《秀山公牍》卷一，“通禀讼棍革生吴怀让诬陷吴正斗父子，请发局或交新任本州审办”，及卷一，“通禀革办讼棍拔贡吴孝麟”。

[77] 高廷瑶《宦游纪略》卷上，“又有寒士数人包揽词讼，余得其情，给资养膳其家口，送至书院读书，诫其改业”。

[78] Philip A. Kuhn, *Rebellion and its Enemies in Late Imperial China, Militarization and Social Structure*, 1796-1864, Harvard U. p., 1970, pp. 98-99. Philip A. Kuhn and John K. Fairbank, *Reading Document, The Rebellion of Chung Jen-chieh*, Harvard University, The John King Fairbank Center, 1986.

[79] 拙稿“明末的都市改革与杭州民变”（《东方学报》京都第49册，1977年）237页，前揭注〔3〕川胜论文，128页。

成为讼师的，或为现役生员或曾是生员，还是即将成为生员的监生、贡生，总之，都属于生员一类的身份。

生员之所以时常成为讼师，不言而喻，是因为除一部分人之外，他们不可能都达到举人、进士及第，加上仅依靠做私塾教师的收入难免过于贫寒。据清末报纸《申报》的一篇记事，在以漕米纳税的地方的生员“以包揽漕米分得规费（包括贿赂在内的手续费）为才”，而无漕米地方的生员“则以学习刀笔挑唆词讼为务”，假如有人遵守规定生员行为的法令，反被“笑为无能之人”[80]。国家培养生员、通过科举从中选用官僚，在这个过程中还培养了无用武之地的贫穷的预备队、培养了只有在作文章方面有出色技能的大量讼师预备队。他们在限定字数的试卷中以儒家的语言作文，不仅应是合逻辑、有说服力的，还要以超群的文笔作出能令考官瞩目的文章，这种作业反过来就是，同样是在限定字数的状纸中以刀笔讼师的语言作文，而且不仅应是合逻辑、有说服力的，还要以超群的文笔作出能令法官瞩目的文章，这种作业的转换实际上是十分自然和容易的。对此有所妨碍的，唯有视讼师为恶的法令和伦理而已。生员成为讼师的事例在宋代既已可见[81]，而且，直至临近辛亥革命之际，仍有许多生员成为讼师，这种情况意味着，讼师的存在与科举制度有着极其密切的联系。

这里应该注意的是，对于关闭了荣华之路的生员所选择的职

---

[80]　《申报》光绪二年九月十一日（1867年10月27日）“论士习”：“既得一衿，其有漕之地方，则以包揽漕米分得规费为才，其无漕之地方，则以学习刀笔挑唆词讼为务。若有恪守卧碑，安分度日者，人皆笑为无能之人。再侥幸而得贡得科得甲，其所为仍不过如此。及登仕之后，其专心致志者，又皆在于损人益己，其能关心民瘼者，更有几人。尤可笑者，在下之日则已包漕唆讼为能，在上之日又以惩办漕棍讼师为能。”

[81]　前揭《名公书判清明集》477、481页。

业，除讼师之外，还有幕友。又据《秀山公牍》，刑名幕友多为“往往学儒不成，弃而学律”者[82]。在学儒不成，弃而学律这一点上，幕友与讼师毫无区别。也就是说，失意的生员一部分选择了幕友的道路，另一部分则选择了讼师生涯。而且，当时，讼师与幕友的相互转换，实际上似乎是很频繁并容易的。万历四十年（1612年）序刊的《王肯堂笺释》原序，在报告当时地方官的实际情况时，叙述了其时官员们“自不知律”，或者诉讼文书的处理一切倚办吏书，或者“于原籍携带讼师罢吏，同至任所”[83]。这表明，当时刑名幕友中由讼师改任是极其普通的事。这方面的实例，在同时期的资料《退思堂集》（崇祯九年［1636］刊）中可以看到。浙江省嘉善县某人在赴任四川省新宁县主簿时，请老讼师同行，该讼师因见新宁县的官舍不大合意，不到两个月就辞归了[84]。诚然，这种行为方式属于幕友的“不合则去”，但此例中，毫无疑问是老讼师改任幕友，与主人一同赴任。

幕友与讼师同属所谓“不见阳光之界”，在地下世界里畅通无阻。如果说，讼师是生员转入地下世界的产物的话，幕友则是从地下世界里再次转回正式制度的“阳界”的。幕友的盛行与讼师的盛行只不过是同一问题的不同表现而已。如果一个社会是“健讼”“好讼”的话，一方面，民众需要讼师，另一方面，地方

[82] 前揭《秀山公牍》自序：“律者情理之准耳。古者经师亦注律。今乃取士之术疏，官人之途杂，以为律者专门之学，大小衙门公事，罔不受成于刑名之宾，位尊务繁，则倚刑名，益专且重。业是者又往往学儒不成，弃而学律。”

[83] 王肯堂：《王肯堂笺释》原序（万历四十年）：“今之仕宦者，多不体此意。为经生时既自不知律。及有民社之寄，又漫不经心，一切倚办吏书而已。其不任吏书者又于原籍携带讼师罢吏，同至任所，用为主文，招权纳贿，无所不至。”

[84] 李陈玉：《退思堂集》，“谳语二，都院一件驾抄屠门事”：“沈弘原姓杨原系盐棍，专以打诈为事。有沈万龄者，任四川新宁主簿，倩老讼师陈其秀以行。其秀至新宁，见衙舍淡薄，不二月辄辞归。然而万龄已去安家银五十两。”

官则需要幕友。正如不懂法律知识的官僚需要雇用幕友来对抗人民和胥吏、差役，同样不懂法律知识的民众需要雇用讼师与官僚和胥吏、差役对抗。在这一点上，必须认识到，讼师的存在是深刻地扎根于明清时期政治制度之中的。在幕友是必要的情况下，当讼师的人物也就会源源不断地产生出来。只要科举制度和幕友制度存续，讼师就会源源不断地产生出来，以满足不断膨胀的需求。

那么，作为讼师们的活动场所在哪里，而是否也适应了人们不断膨胀的需求呢。这个回答比较简单。如果讼师是与生员和幕友类似的人物，就只能是主要在州城、县城以上的都市活动。而且，作为与诉讼有关的职业，当然应在进行审判的都市居住，以接待委托人。实际上，在一部官箴书中，作为针对讼师的对策，曾提出，因为讼师一般都住在衙门附近，所以如果怀疑呈词为讼师代作时，应在问清其住址及年龄后立即前往逮捕[85]。《秀山公牍》中可见到两个讼师住在县城的实例[86]。此外，据说歇家有时也是由讼师本人经营的[87]。

但是，在考虑明清时代的讼师时，这种常识性的看法不够全面。实际上，在乡村也住着极多的讼师。例如，前述《湖南省例成案》把讼师区别为“唆讼之徒”和“包讼之棍”，指出：唆讼即“与人代作词状”，包讼之棍即“与上下衙门熟识”，“地方游民粗知文墨，与人代作词状，引至包讼之家，彼此结连，欺骗瓜

[85] 前揭《牧令书》卷十七，“刘衡，理讼十条”：“一、究出讼棍必须严惩也。”

[86] 前揭《秀山公牍》卷一，“录复田步云州控并请验惩讼棍叶云帆”：“倘非有叶云帆坐城包揽，惯弊书差，何遂敢藐官抗断。详情解回讼棍何樾审办。何樾亦在城教书为名。……何樾闻风逃走，卑县以为既不在城滋事，亦未追究。”

[87] 前揭注〔31〕、〔41〕。

分”的人[88]。讼师中像那种只代作词状者极多。在这种情况下，他们完全没有必要住在都市里。同一部《湖南省例成案》中，讲到乾隆年间湘乡县“而原被按期递状，势必托唆讼之辈代作。若辈散处城乡，实繁有徒，要不止于百十余人”[89]。认为代作呈词之人，城乡合计大约不下于百人。他们中的多数，大概是住在乡下的。江西省的乡下也住着很多讼师，一个政令命“应令保甲查禀”[90]。明末的江苏省，如《崇祯外冈志》描述的那样，甚至“三家村犊鼻负担之人，无不持橐吮笔，随手信口，动成爰书”[91]。《平平言》也说到，如讼师拿不到案，知州、知县“遇因公下乡之时，接见该乡绅士及该族户长，不妨直言某人唆讼，拿到之后，予以严惩”，使其“必不敢再入城”[92]。《秀山公牍》还讲到，某讼师当察觉到危险后，从城里销声匿迹了[93]。

这些资料都说明，为数很多的讼师住在乡下。特别是，从“必不敢再入城”这样的话中，对相当多的讼师过着农村与都市的二重生活，可以略见一斑。实际上，正如已介绍的那样，桂超

[88] 前揭注〔41〕。

[89] 《湖南省例成案·刑律诉讼》，卷八，“告状不受理，代书每词给钱十文”：“向来呈词止代书戳记，不经代书书写，悉系地方无业游民略识数字，即代人作状谋生。无论在城在乡，此辈实繁有徒。楚民向属刁诈好讼成风，偶有不平之事，往往投若辈商议。一入其场，若辈视为奇货，即怂恿告状，从中取利，而告状纷纷，半由此辈播弄所致。讼师例应查拿而此辈实无讼师伎俩，不过希获微利为糊口计。……而原被按期递状，势必投托唆讼之辈代作。若辈散处城乡，实繁有徒，要不止于百十余人。”

[90] 《西江政要》卷三，“实力奉行保甲条目”：“一、里内讼师之敛迹与否，应令保甲查禀也。”

[91] 前揭注〔53〕。

[92] 前揭《平平言》卷三，“讼师未获须恐以虚声”；“不论大案小案，均有讼师唆耸。……如拿不到案，遇因公下乡之时，接见该乡绅士及该族户长，不妨直言某人唆讼，拿到之后，必应严惩。该讼师闻之必畏惧，必敛迹，必不敢再入城。”

[93] 前揭注〔86〕。

万所揭发的生员殷慕棠就住在距离河北省正定府和栾城县城均为十公里的冶河铺，并且频繁往来于冶河铺与府城之间。或许，这样比住在府城和县城更为安全。毫无疑问，这样身为生员的“著名讼师”所居住的地方，即使是农村，也都是称作镇、市、集、铺的该地域的中心地。由此可见，支撑着明清时代“健讼”“好讼”之风的，无疑绝不只是住在都市的讼师，还有遍布广大农村的讼师或“唆讼之辈”。或许，上述资料中提到的“地方游民粗知文墨”“唆讼之辈”等，是因其尚不具备可称为讼师者所应有的能力，确实只是“讼棍”之流。此外，很多资料都记载，原告、被告在受到询问时，当其呈词为讼师代作已完全暴露，诘问代作呈词之人时，他们常常答曰为过路的算命先生，“反复根究，抵死不吐”[94]。这除了是与讼师订立了攻守同盟之外，实际上或许确有“星相流民”所书的可能性。也就是说，甚至小小的三家之村也雇养着许多持刀笔之人，雇养着云游兼持刀笔之人，镇、

[94]《湖南省例成案·刑律诉讼》，卷十，“教唆词讼状纸代书戳记之旁，注明作稿人姓名住址”：“向来呈状款式，令填注作稿人姓名。原为稽查讼师而设。但未奉有章程以致办理参差。地方官往往视为具文，无关紧要，作稿字样式内多不刊列。即有刊入之处，而姓名住址或填或不填，概置勿论。故一加盘诘，不曰外方过客，即称星相流民，任其支吾捏饰。”

《雍正朱批谕旨》楼俨（第六函第六册，文海出版社影印本，1884 页）：“及至庭审之时，虚诬毕露，诘问主唆之人，该犯则一口咬定坚供并无其事，复究其状系何人所作，非称过路外客，即云算命先生，反复根究，抵死不吐”。

《雍正朱批谕旨》李卫（第一三函第一册，4303 页）：“大抵通省（浙江省）最难除之害，莫过于讼师。凡两造争控，必各请主谋之人，又有劈空插入扛帮教唆，以致无知愚氓尊之若师，靠之如山，指东不敢向西。及至审虚问其主使者，断不肯说出，愿甘受刑死而无悔。即或发觉访拿到官，皆不敢告讦其恶，恐过后复仇之故耳。此辈非劣衿，即革蠹或土棍稍能识字好事之人，种种不一，唯武举武生更甚。”

《乾隆长沙府志》卷二三，“政绩，禁讼师示”：“凡有控告呈词，批饬该地方官查审，审属虚诬，所称不识姓名及过路之人所作，从不轻信，必究出作词之人。”

市、集、铺那样的地域中心地雇养着讼师，而县城和府城则雇养着更多的讼师。讼师就是这样，适应人们的需求，从农村到都市多层次地存在。

州县城或府城，从与民众诉讼的关系上看处于重要的中心地带，对于讼师也是重要的中心地区。前面已经提到，在州县或府衙门前，并排建有为前来诉讼的人而设的歇家，和为进行各种交涉而设的酒肆。歇家招请讼师进行谋划，据说有时还用金钱雇用证人，所以大概是讼师经常出入的场所。完全可以想象，在向上一级衙门上控的情况下，这里也能兼作一个代办点。

此外，在一些都市里还有集聚着讼师，或像诉讼咨询会馆那样的场所。例如，湖南省会同县城东街的苍颉庙就是这种场所。据《光绪会同县志》，道光十四年（1834 年），龙道谟、周金鹏等人结成一党，号为三十六英雄，凑钱共买土地，修造店房，“以为包揽词讼往来聚会之所”，但不久因恐人讦告，乃就其中奉祀苍颉。后来，有人因争田水构讼拖累不堪，将该田捐入苍颉庙，遂成苍颉会[95]。不用说，苍颉是创造文字的始祖，但作为刀笔讼师的行会之神，倒也恰如其份。既然是包揽词讼，很自然地使人们将其看作讼师。只是，因为讼师是严禁的对象，作为公开的会馆担心被人告发，所以，以奉祀苍颉作伪装。

这种在县城里设讼师们的同业行会和聚会场所的情形，会使人联想起欧洲中世纪和近世社会中的律师行会和律师协会。但遗

[95]《光绪会同县志》卷一二，“艺文，苍颉庙地基田租断归三江书院记”：“县城东街文庙门口，有苍颉庙者。访闻系道光十四年有痞棍龙道谟周金鹏等结成一党，号为三十六英雄，凑钱共买斯地，修造店房，以为包揽词讼往来聚会之所。既而恐人讦告，乃就其中奉祀苍颉。未几有口二里杨姓争田水构讼拖累不堪。将该田捐入苍颉庙，遂成苍颉会焉。然此田有人收租无人完钱粮。里差亦无可奈何。久之其党以争收租谷互相猜忌，而田遂荒芜。”

憾的是，除此之外对其实际情况一无所知。至此可知的，只是在地方小城有36名讼师，他们以苍颉庙为媒介联合起来，其中可能有某种内在的联系，或许包括乡下在内的该县讼师都以此为活动据点。会同县位于湖南省南部，根据嘉庆二十三年（1818年）的统计，仅有14，693户，是人口约11万人的小城市[96]。很难想象在诉讼方面它与其他都市有什么区别。如果是这样，毋宁设想这样的可能性，即这种半秘密半行会的讼师的团体在其他地方也同样存在，会馆那样的设施在其他城市也有很多。

由于一个州县有不下百人的讼师或还称不上讼师的诉讼文书代作者，所以一个州县一年内递交一两万张那样出奇多的呈词完全是可能的。他们以乡村和城市为活动场所，由乡下的讼师向当事人介绍城里的讼师，由州县城的讼师介绍府城省城的讼师，形成一个网络，以适应人们诉讼和上控的需求。至少，根据至此介绍的资料，江苏省、浙江省、江西省、湖南省、四川省是如此。尽管地方官们千方百计地对讼师进行弹压，却始终无法使其消失。明末既已是诉讼者“必求讼师代书”，至清代乾隆年间，正如袁守定在《图民录》中所指出的，“后世词讼必由讼师”，而且“南方健讼，虽山僻州邑，必有讼师”[97]，讼师已经非常普遍，与民间的诉讼结成了密切的联系。以致袁守定继而感叹：“投诉者之多，如大川沸腾，无有止息。办讼案者不能使清，犹挹川流者不能使竭也。”我们由此感悟到的，与其说是对弹压讼师，以

[96] 同前揭书，卷三，“食货，户口”。

[97] 前揭《图民录》卷二，“诸经中言讼必曰听”：“况后世词讼必由讼师，虽理直之家，其所讼情节，每为讼师雌黄。”同书同卷，“南北民风不同”：“南方健讼，虽山僻州邑，必有讼师，每运斧斤于空中，而投诉者之多，如大川沸腾，无有止息，办讼案者不能使清，犹挹川流者不能使竭也。”

改正“好讼之风”“健讼之风”一向成效甚微的焦虑，毋宁说是一种绝望。

前近代中国的诉讼制度就这样竭尽全力地继续前行，然而，竭尽全力却仍未见到出路。

结　　语

产生“好讼之风”“健讼之风”的根本原因，在于明清时代的诉讼制度本身曾是一种向千百万民众开放的制度。无论诉讼费用如何之高，只要有够打官司的资财，任何人都可以提起诉讼。随着社会的复杂化，人们对诉讼的利用也不断增加。

尽管当时的官僚们把产生“好讼之风”“健讼之风”的一个重要原因归结为讼师的存在、讼师的教唆和包揽诉讼，我们却不得不说这是极大的估计错误。正如以上论述所表明的那样，讼师产生的必然性，无非是采取书面主义和受益者负担原则的诉讼制度本身。如果我们继续忽视像讼师那样的法律的规避者，不充分估价讼师在诉讼制度中的地位，恐怕就不可能最终弄清那个时代人们在接近国家法时的具体途径，也不可能真正了解该司法制度本身。

孕育讼师的条件，还有国家为了录用官僚而设的科举制度。讼师是在国家科举制度之下出乎意料诞生的怪胎。讼师中的优秀者被称之为“状元”“会元”，就巧妙地说明了这一事实。然而，虽然与讼师同根的刑名幕友还可再度纳入诉讼制度，国家却无论如何不能承认讼师的存在。

之所以不能承认讼师的存在，是因为如果承认了讼师，就不得不从根本上改变对诉讼本身的看法，而且因为存续了一两千年的诉讼制度和行政制度本身已无改革的余地。如果承认了讼师，也就不得不容忍“好讼之风”和“健讼之风”。必须认识到，如若如此，世上就会渐渐成为诉讼的地狱，而且就会有越来越多的呈词递交上来。或许可以把成为诉讼的地狱归结为人民的责任。然而，当时既已达到一个县年间收受一两万份呈词的程度，如果在此基础上继续增加，又该如何是好呢？在这种情况下，不仅为处理这些诉讼的官僚人数要增加，而且胥吏、差役必然随之膨胀，他们的生活费又如何解决呢？如果说，他们当时从民众那里攫取贿赂、手续费是国家的理念所不容许的，那么，如果由国家筹备如此巨大的俸禄，又从何处才能获得呢。剩下的办法只能是减轻由受益者负担的部分，而改为通过收税来筹集，即走重税化道路。或相反，只能大幅度增加手续费，使其正规化，一方面使收费光明正大，另一方面也使受益者负担的原则更为彻底。然而，这里所考虑的问题，对他们来说却是无法解决的。

尽管在宋代中国社会发生了根本性的变化，诉讼制度却并未从根本上发生变化。随着时代推移，尽管民众参加诉讼已成为可能，但处理案件的官僚人数却几乎没有增加。加之胥吏、差役这种基本没有俸禄的人物却不断增加，以至这种不合理的制度越发不合理。一些地方官，一方面不愿这个世界变成诉讼社会，另一方面也不打算改变这种诉讼制度和行政制度，试图通过自身励精图治学习法律，监督胥吏、差役，渡过难关。这也是官箴书的出版和流行的原因之一。而且不论何种官箴书，都教导人们必须通过弹压讼师而减少诉讼。对于帮助人们进行诉讼的讼师，无论如何是必须弹压的。

这里作为例外，清代嘉庆年间当过幕友的王有孚所提出和论证的讼师理论特别引人注目。如前所述，他在讲到请庸碌代书代作词状时，说其“徒令阅者心烦，真情难达”，无法伸冤，同时指出：“于此而得一智能之士，为之代作词状，摘伏发奸，惊心动魄，教令对簿当堂理直气壮，要言不繁，卒致冤者得白，奸者坐诬，大快人心。是不惟无害于人，实有功于世。吾乡老友中，似此刀笔间亦有之，然不多觏。宜其子孙蕃衍，保世成家。律内虽有见人愚而不能伸冤，教令得实者勿论之文。阴曹不特不罪之，且有以报之也。若而人者庶不愧讼师之名哉。彼播弄乡愚，恐吓良善，从而取财者，乃讼棍耳。安得以师字加之。余谓讼棍必当惩而讼师不必禁。”[98]

虽然属于例外，既然当时就有这样的意见存在，使人确信以上所见的那种关于讼师的思考方法绝非不合情理。或者说，也许正因为他并非官僚，而不过是一介幕友，才可能作出那种议论。这里所提到的讼师基本上与现代应有的辩护士、现代应有的律师完全相同。而且，这里作为与讼师的对比所提到的“讼棍”，也可以使人联想到，现代社会也有一向无法根除的道德败坏的律师，和把持操纵纠纷、欺骗当事人或审判机关的律师。当然，他当时还无法梦想到讼师出庭，而且绝不是主张改变现有诉讼制度和行政制度。然而，十分明确的是，这种议论是中国历史自身的产物。

讼师的存在深深植根于中国特有的诉讼制度和政治制度，并且名声极坏地存在于地下社会之中。地下社会尽管不同于正式的制度空间，具有其独特的历史或演化过程。但讼师这一历史上的特殊现象，与我们今天普遍存在的律师制度绝非毫无关联。

---

[98] 前揭注〔52〕。

讼师秘本《珥笔肯綮》所见的讼师实象*

夫马进　著　严雅美　廖振旺　译

序　言

讼师实际上到底从事的是哪些工作？他们将诉讼想成是怎样的一回事？而我们又应该如何恰如其分地重建他们的实际形象呢？

阐明讼师实际上从事的是哪些事，是极为困难的问题。其原因之一在于，即便统称为“讼师”，实则却像过去所说的一般，讼师从被称作“状元”者以至被称作“大麦”者等，存在各种各样的等级，因此难以一概而论[1]。

而回答这些问题极其困难的第二个原因，则是讼师一直是为国家所禁制的人物，因此由地方官的记录及法令中所见之讼师，

---

* 本稿原载邱澎生、陈熙远编：《明清法律运作中的权力与文化》，台北：“中研院”、联经事业股份有限公司，2009 年。

在本稿写作过程中，名古屋市的开业辩护士缬缬和义先生向笔者提供了许多宝贵的建议，谨致简端，用示谢忱。又，严雅美小姐与廖振旺先生将本文译成中文，特此致谢。

[1] ［日］夫马进：《明清时代的讼师与诉讼制度》，收入梅原郁编：《中国近世的法制与社会》（京都：京都大学人文科学研究所，1993 年）。有英文译本："Litigation Masters and the Litigation System of Ming and Qing China", *International Journal of Asian Studies*, Vol. 4, No. 1, 2007. 中译文收入本书 399-443 页。

几乎一律都被描绘成“恶讼师”的形象。在这些记录当中，“以假作真”“以轻为重”“颠倒是非”“妆点巧词”“串通书吏”“嘱托承差”“教唆词讼”“包揽词讼”等，都是表现讼师时常见的惯用语。这与同样被国家所一贯禁制的宗教秘密结社，常被记载为“夜集晓散”“男女混淆”等，然而实情如何却难以掌握的状况恰好相似。不仅官僚所写的记录如此，其他诸如《清稗类钞·狱讼类·讼师伎俩》中的记载，或是襟霞阁主人新编《恶讼师刀笔故事》（上海：中央书店，1937）等小说，或者各类《刀笔精华》中所登场的人物，几乎都伴随着这种恶讼师的形象。即不只对地方官，就是对民众而言，大部分的讼师形象，似乎都是擅长狡计并助纣为虐的人物。而这种形象一直根深蒂固地留传至今。

至于困难的第三个原因则是：就目前所知，并无一本讼师自传能得传世。因此，前文所述的恶讼师形象，为讼师酿成了一种颇为神秘的意象。而“幕友”这种人物的存在，与讼师极为相似。事实上，也确曾有讼师出任幕友，或反之也有幕友转任为讼师的例证。虽然幕友也确实带着一点神秘的意象，但却不似讼师那样带有强烈地“恶”和“神秘”的感觉。究其原因，除了幕友是为国家所认可的职业之外，也因为有幕友自传如汪辉祖《病榻梦痕录》《梦痕录余》等得以传世之故。另外，当时有教导幕友这门专业应如何为之的所谓“幕学书”，以作者的真实姓名大量出版，亦为其原因之一。

相当于幕友之“幕学书”的，就是讼师的“讼师秘本”[2]。然而迄今所知，这些讼师秘本中，没有任何一本是标上作者原名的。吾人过去曾经考察过讼师秘本中所呈现的讼师是怎样的形象[3]。其中所论及的讼师，主张自己从事“代哑言、扶瞎步”之职。而其中论及讼师在助人诉讼时，应以情、理、法之尊重为其首要，并劝导其不可滥造不必要之诉讼或危险之诉讼。又其论及代写诉讼文件时，则告诫为讼师者不可诬告或伪造。由此可见，讼师秘本中所见的讼师形象，正是所谓“善讼师”形象，可以说与官箴书和地方官的行政记录中所见者有着一百八十度的不同。因此，目前我们或许可以认为，讼师的形象大致可说有上述两种极端的存在。

不过，讼师秘本的世界当然不是现实世界本身。讼师秘本中的教诲，到底被现实世界中的讼师所遵守、奉为圭臬到何种程度，则又是另外一个问题。迄今为止所考察过的讼师秘本，只是出版物，抑或出版物的抄本，故而其中可见的讼师形象，都只是经过极端理想化和概念化后的产物。在这一点上，与我们能从汪辉祖的传记或幕学书中得以一窥幕友侧影的状况，迥然相异。

出现在明代讼师秘本中小说里的讼师形象，只是虚构的。出现在清代创作的戏曲及民国初年由襟霞阁主人所创造出来的一连

---

[2] ［日］夫马进：《讼师秘本〈萧曹遗笔〉的出现》，《史林》第7卷第2号，1994年。本文有中文译本：杨一凡、寺田浩明编，《中国法制史考证·丙编》第4卷，北京：中国社会科学出版社，2003年。

[3] ［日］夫马进：《讼师秘本的世界》，小野和子编，《明末清初的社会与文化》，京都：京都大学人文科学研究所，1996年。本文有中文译本：《讼师秘本的世界》，《北大法律评论》，第1卷第1辑，2010年。

串"恶讼师故事"中的讼师形象，也都只是虚构的创作而已[4]。因此，想要从中一窥讼师的实际所为，可以说是不可能的。更大的问题是，尽管一连串的《恶讼师故事》和《清稗类钞·狱讼类·讼师伎俩》，以及《刀笔精华》中所出现的情节几乎全属虚构，然而现代的研究者们却将这些虚构人物论述得有如实际存在过的人物一般，使得虚构呈现事实化的倾向愈形增长[5]。

传世文献中，有一本名为《珥笔肯綮》的讼师秘本。该书既未曾正式刊行，亦非既有出版品的传抄手稿。此书看似不过是一本经过多次辗转誊抄，仅有74页的小册子，然而，却与迄今为止学界曾介绍过的其他讼师秘本有截然相异之处。那就是应曾亲任过讼师的作者，针对若干举为范例的告状、诉状和上呈文，附加了自己的评语。针对告状、诉状和上呈文添加自己的评语一事，在现今全无讼师自传和传记的状况之下，使本书成为极其珍贵的史料。借由分析此一讼师秘本中所载的作者评语与主张，我们对讼师的实际作为以及讼师对诉讼的真实想法，便得以举出更加确实的例证。虽然该书并非一本讼师的自传或传记，然而，因为其多处反映一位讼师对诉讼细节的具体评价与看法，因而足以使读者由此一窥讼师的思虑过程与具体观点。再者，吾人也认为透过如此的研究，应能在前述迄今存在两种全然相异的讼师形象之间，在某种程度上起到一些牵线搭桥的功用。另外，吾人也想透过这份数据考察一些较大课题的端倪：当时诉讼制度究竟具备何

[4] Melissa Macauley, *Social Power and Legal Culture: Litigation Masters in Late Imperial China*. Stanford: Stanford University Press, 1998, pp. 277-324.

[5] 党江舟：《中国讼师文化——古代律师现象解读》，北京：北京大学出版社，2005年。

种特殊的性质与结构，才使这些人被贴上种种“恶讼师”的标签？另外，又是何种因素导致不少地方出现“健讼之风”并产生众多“诬告”现象？

一、《珥笔肯綮》的作者、著作地点以及著作年代

《珥笔肯綮》是一部厚仅74页的抄本，现藏于江西省婺源县图书馆[6]；在卷首的《珥笔肯綮序》上，有着“新安婺北小桃源觉非山人序”的署名。“觉非山人”是个笔名，这是毋庸待言的。笔者此前介绍过的一些讼师秘本刊本，也都使用笔名或假名来指称其作者，《珥笔肯綮》也不例外；这表示此书作者也在回避他人知道自己真名以及自己确实也是一位“讼师”的职业身份。

《珥笔肯綮》作者觉非山人自称是“新安婺北小桃源”人。“新安”即徽州，“婺北”则应指婺水或婺源县的北部。由于本书现今收藏于婺源县图书馆，且如后文所述，书中所引用的种种范文（范例文字），似皆作于徽州府左近；因此，若将本书作者视为徽州府婺源县人，应无大误。

同时，也几乎可以断定《珥笔肯綮》所录诉讼文书与上呈文书的范文，基本上都是以徽州为舞台而制作的。这是因为范文中出现的地名，除了以诸如“徽民养女”（《珥笔肯綮·刑·人

[6] 承蒙中国社会科学院历史研究所故教授周绍泉先生，不吝提供笔者《珥笔肯綮》之影印本，在此深表谢忱。作为标点本，现有两种：邱澎生：《觉非山人〈珥笔肯綮〉点校本》，《明代研究》，第13期，2009年；孙家江、龚汝富整理：《珥笔肯綮》，《明清讼师秘本八种汇刊》上，《历代珍稀司法文献》第11册，北京：社会科学文献出版社，2012年。

命》)、“徽民赖商过活”(《户·财本私债》)、“身系徽民,现在饶开布店”(《户·商贾》)、“地限徽严(徽州、严州)”(《户·商贾》)等语句直接标明徽州地名之外,还有一些反映当事人因经商而赴外地的语句,如所谓“往杭开店”(《刑·辨人命》)、“现在湖、杭两处开典,苏、杭糖铁货行”(《工》)、“弟在湖广买卖”(《户·财本私债》)等,还提及了汉口、武昌、汉阳等地名(《户·商贾》)[7]。这些地点都位于以徽州为中心所画成的圆弧线附近地区,明确道出这部讼师秘本采录诉讼文书的原本,正是写成于徽州。如此,将所有焦点集中在徽州这样一个特定的地区,也是《珥笔肯綮》大不同于笔者前此介绍其他讼师秘本之处。例如《新锲萧曹遗笔》(万历二十三年[1595]刊)这部讼师秘本的代表性著作,就在各篇诉讼文书中标示出许多不同县名,以表明书中收录诉讼案件的不同分布地区;这其实反映出《新锲萧曹遗笔》的编纂者或出版者,除了是要让收录范文带有好似都曾实际被使用过的现实感之外,也应是为了想要借由标明江南各地的地名,以促使本书能在更广地区营销的缘故。与此相反,一些并不标示特定地名的讼师秘本,或者是将原来地名抹掉,或者是只有零星出现的一点点地名,这类讼师秘本便很难据之以判断其成书于何地。因而,我们可以由这些线索而判定《珥笔肯綮》作者应为徽州人,并可将其收录范文的发生地断定为徽州,就也正是笔者认为可将《珥笔肯綮》作者的讼师“觉非山人”,视为是真实人物的主要根据。

《珥笔肯綮》全书的内容,包括《珥笔肯綮序》、附录口诀、

[7] 《珥笔肯綮》原本并无标明页数。因此本文中引用此书原文时,按此史料中的分类,记于括弧之中。下文亦然。

告状（告发状）、诉状（答辩书）、呈词（上呈文）、禀帖式、执照等。其中的“告状”与“诉状”内容，则还各按吏、户、礼、兵、刑、工等部做了分类；并且在这六类告、诉状之下，作者又附加了小标题。如在“户”类之下，即附有“钱粮户役”“山田坟地”等小标题。就这点而论，《珥笔肯綮》也与其他讼师秘本的体例大致相同。

在《珥笔肯綮序》中，作者自云：“即生平所经历者，逐类叙之。”如后文所分析的，《珥笔肯綮》作者经常扮演评论者的角色，对书中收录的诉讼文书及上呈文书范文进行评论。因此，所谓“生平所经历者”，这话即便是事实，但也并不意味这些诉讼文书真的都和作者有直接的联系；在笔者看来，所谓“生平所经历者”，指的应是“著者之目所曾触及者”，也就是指作者亲眼看过，但不必然都是作者自己撰写的。纵然书中收录范文是否全部属实，我们已很难判定；但这些范文反映着内容与其相近的司法文件确曾实际存在过，则应是可以肯定的。书中所举诉讼文书中，被告和证人等姓名皆被用“厶”（亦即“某”）予以抹匿，但是，作者对原文进行加工改写的程度似乎不大。在其他曾经出版的众多讼师秘本当中，经常内含出版商欲以某种形式掺入贩卖此书的意图；但两相比较，《珥笔肯綮》则仅显示这位讼师出身的作者对收录范文写作方式或是对技巧的评论，并不带有借由刊登涉讼关系人姓名以为自身讼师业务进行广告的企图。

然则，《珥笔肯綮》纂于何时？此书收录范文成于何时？第一个问题，笔者认为最早也只能断定是在明弘治十三年（1500年）之后。主要理由如下。在一篇对《刑·斗殴》案件所提告状的后面，附有作者的一条评论：

此以棍伤，长猰有似铁尺，故作铁尺告之。亦欲援铁器伤人者充军之例也。(《刑·斗殴》)

作者在此论及“铁器伤人者充军之例”。证诸《明律》及《问刑条例》，可知此例是以《弘治问刑条例》(弘治十三年)的《刑律·斗殴》条中的“一、凶徒因事忿争，执持枪、刀、弓、箭、铜铁简、剑……俱问发边卫充军”法律文字为基础[8]。由于洪武年间制定的《明律》对于凶器种类并无相关规定，要到弘治十三年的《问刑条例》才出现可援用的法条文字。可知《珥笔肯綮》应为弘治十三年以后所编纂。

我们还可以再进一步限缩此书的成书年代。《珥笔肯綮》曾经出现“丈量”(《户·钱粮户役》)与“新丈”(《呈词》)二词。这两个词语所指的，必定是万历年间由张居正主导而实施于全国的土地丈量。至于徽州府由明令颁行“一条鞭法”到实际进行土地丈量，则是在万历九年至十年(1581—1582年)之间[9]。因此，将《珥笔肯綮》成书年代定在万历九年或是十年以后，应可无疑。

另外，《珥笔肯綮》还两次出现“均徭”二字。一次是“轮均徭”(《户·钱粮户役》)，另一次则是“均徭在尔”(《户·钱

[8] 黄彰健：《明代律例汇编》，“中研院”历史语言研究所专刊之七十五，台北：“中研院”历史语言研究所，1994年，下册，第826页。

[9] [日] 西村元照：《张居正的土地丈量》(上)，《东洋史研究》，第30卷第1号，1971年，第46页。[日] 川胜守：《中国封建国家的支配构造》，东京：东京大学出版会，1980年，第249页。栾成显：《明代黄册研究》，北京：中国社会科学出版社，1998年，第161页。关于徽州府之实施“新丈”，笔者曾得高丽大学校权仁溶先生指教，特此致谢。

粮户役》)。由此，我们可以进而推定本书应写于“均徭”差役因为“一条鞭法”实施而得改用纳银方式的徭役制度改革之前；而轮番服役的“均徭法”，正是在隆庆三年（1569年）由巡抚海瑞上奏实施“一条鞭法”而在徽州府遭到废止[10]。要补充说明的是，《珥笔肯綮》作者经常是站在当时人的立场，对告状、诉状、呈词等范文进行评论，可知注重现时的实用确是本书重要的基本精神；因此，若是假定作者在均徭法废止甚久还仍特意收录当时已无实用价值的文书范例，便不太符合本书最基本的实用精神。因此，本书编纂完成的年代应不会距离隆庆三年废止均徭法的时间太久，推为万历九年或十年以后不久，也就是16世纪80年代左右，应该是适当的。

如上所述，《珥笔肯綮》应可认为是在万历十年以后不久编纂成书的。然而，现存版本却似乎是明末崇祯年间的抄本；书中曾为避讳崇祯皇帝本名朱由检，而将“巡检”写作“巡简”，并将“由”字写作“繇”，可推定此书应是崇祯年间抄本。同时，自最初编纂成书的原本，到现存的抄本之间，中间似乎经过多次的辗转誊抄，因此，书中存有许多文意不通或是引文错漏之处。例如，在引《明律》“开棺椁见尸者绞”文字时，即误作“开椁见棺者绞”（《刑·诉侵坟》）；又曾将《明令》原文的“夫逃三年（载）不还”，误写作“夫出外八年不归”（《礼·婚姻媒妁》）。当然，这些错误究竟是此书初次编纂时即已出现，抑或是在辗转誊抄过程中才产生，便无法真正确认了。

[10] 《天下郡国利病书》，原编第9册，《凤宁徽》。[日]岩见宏：《明代徭役制度的研究》，京都：同朋舍，1986年，第128页。[日]中岛乐章：《明末徽州的里甲制关系文书》，《东洋学报》，第80卷第2号，1998年，第142页。

二、从对于范文的评语看到的讼师实象

以下，笔者则想由《珥笔肯綮》作者对书中收录范文的一些评论，考察当时讼师的实际作为。

讼师的首要工作，基本上就是为人代作诉讼文书或是呈请文书。如同笔者过去研究所分析的，优秀讼师通常也是善于文章写作的人。由于告状或诉状有字数上的限制，因此，讼师便有必要在简洁的文章中浇注种种精妙的技巧，以便更有效地为当事人向审判官员提呈控诉[11]。《珥笔肯綮》作者在《珥笔肯綮序》中即具体提道："限字之法立，字限渐少，愚民每每不能自伸其词说，不已而求之能者。奈何浅见陋学之士人，不能以数十字该括情词，往往负人者多矣。"这位讼师即据以主张这便是人们需要讼师的重要原因。下面，笔者将例举一些《珥笔肯綮》作者的评论内容进行分析。

先看一份被《珥笔肯綮》作者誉为优秀文章的范文内容与评论意见：

(A) 乞均天惠事。切缘律设大法，礼顺人情。身与弟厶共掌兄厶绝产，议待生子均继，合同存证。岂厶瞰伊今有二子，唆舅告举，蒙审，律无待继，断令伊子入绍。切思兄死十年之前，弟继十年之后，若拘律无待继，当时应属他人，何得延待今日。且能悬待十年，候弟生子，岂不能暂悬数月，

[11] 前注［1］，［日］夫马进：《明清时代的讼师与诉讼制度》，第455页。中文译本，本书，第420页。英文译本，第93页。

候身生孕。况协力扶保家业，一旦属弟独承，情实难堪。乞赐原情议处，均沾天惠。告。

[**评语**] 此词皆以情言，但亦说得极妙。继产上必得一处。乃超群之作也。(《礼·继立》)

这场诉讼肇因于三兄弟中的长兄过世，引发两个弟弟争论应由谁来继承兄长遗产。原告为二弟，被告为三弟。讼词提到长兄过世时，二弟与三弟原本均无子息，故而共同管理长兄遗产；两人并立下契约，同意日后两人生子之后，可以平均继承长兄遗产。然而十年后，三弟生了两个儿子，但二弟却始终没有子嗣。故此，三弟便向官方提出呈请，希望批准自己儿子继承亡兄家业；但二弟不服，因此提出告诉。

官方以“律无待继”为理由，批准三弟方面的呈请，“断令伊子入绍”，以三弟的子嗣继承“绝产”。所谓的“待继”，就是拥有继承权的某位亲属，等到其有子嗣出生后，再允许其继承；简言之，也就是纵使当下还没有儿子，但等将来有儿子出生，即可让他成为继承人，这便是“待继”。只是，“待继”在法律上并不受认可。作者评语盛赞这份范文，“此词皆以情言，但亦说得极妙”，其中应有两层道理：第一，状词妥适地表达了二弟看似并无法律根据的主张，强调官府虽以“律无待继”批准三弟子嗣可以不再等待二弟生子而径予继承长兄家产，但这个判决仍让人感到有所不公；二弟状词并不否定“律无待继”的法律，但其状词却特别再由“情”方面做了申论：若是严格地解释“律无待继”，则二弟与三弟两人在十年前立下的契约本身就该系属无效，十年前本该依法判决两人都不能继承长兄财产，不能拖延十年；

可是，现今却在三弟生下两个儿子而自己仍然可能生育子嗣的情形下，骤然且片面地批准三弟方面的请求，这个判决便有些不合人情。第二，词中所谓“兄死十年之前，弟继十年之后”，作者似乎认为这段句子就修辞说来十分出色，非常能够动人以情。《珥笔肯綮》作者认为：一旦呈上这篇状词，则官方势必得对遗产继承问题采取一些补救措施，让二弟方面也能“继产上必得一处”，故而盛赞此词实为“超群之作”。作者对这篇告状的评价是：在情、理、法的“法”字上，虽然气势上处于劣势，但在“情”上，却能收胜效，蕴含了足以引发法官同情的理论内容与文章技巧[12]。

作者又举出下列一篇文章技巧特别突出的范文，并加附以下评语：

(B) 乞断隐祸事。原聘厶女为媳，临及亲迎，陡称女已先聘厶，挟赔财礼若干。岂期阴娶厶出妻，厶偿厶为妻，又称费重挟索。思豪厶饮恨易妻，势必待时而发，厶因财失配，难克终身无言。男若再受伊女，未免日后遭殃，身家坑累。乞容退婚，追给原礼，庶得另娶承宗，祸端预绝。告。

[评语] 此违律之亲，不可不离者。此词后截极妙，令人心动。前截简，令人心怒。(《礼·婚姻媒妁》)

---

[12] 民事诉讼的法源，包括情、理、法三者，参见［日］滋贺秀三：《民事法源的概括性检讨——情·理·法》，见［日］滋贺秀三：《清代中国的法与裁判》，东京：创文社，1984年。本文有中文译本：《清代诉讼制度之民事法源的概括性考察——情、理、法》，本书，第21—56页。另外，在已经出版的讼师秘本中，也常教导学习者必须兼顾情、理、法三方面的内容。参见前注［3］，［日］夫马进：《讼师秘本的世界》，第198页。中文译本，第217页。

这篇告状用意是在呈请解除婚约并要求退还聘金。在此案例中，被告两次收取财礼（聘礼），也就是重复索取了聘金；因此，作者认为被告系属“违律”，自然应当偿还财礼并且解消婚约。评论文字所提及的“前截”“后截”，指的是写作一篇诉讼文书时必需采取十个写作程式中的第八个，也就是讼师秘本中经常指称的“截语”[13]，截语是一篇状词中最重要的部分。在这篇范文里，“男若再受伊女，未免日后遭殃，身家坑累”，此句大概就是所谓的“后截”，作者评其是“令人心动”。又“岂期阴娶厶出妻，厶偿厶为妻，又称费重挟索”大约就是“前截”，作者评之为“令人心怒”。因此，所谓优秀的讼师，具体而论，便是能采用上述范文一般的修辞技巧，是一位可以写出“令人心动”与“令人心怒”状词的人物。

又在针对一篇为争夺遗产致使弟告兄的范文中，作者如此评论道：“凡弟告兄，词气须存宛款，更有哀动之意为妙，切不可称豪称恶。”（《礼·继立》）兄弟不和，对法官来说，绝非值得鼓励的事；更何况就“长幼之序”的人伦观念而论，弟告兄是不妥当的。因而，作者劝人在诉讼文书中必须要采用较为委婉的文词表达方式。除了用词必须委婉之外，作者还认为：能令法官产生哀怜之情者，才是好状词。再者，一般案件的告状用语，多将被告写作“豪某”“恶某”，但在此处，作者却劝人留心，切不可使用此等称呼。

上述两份范文，或许可以说是仅论及文章表现的技巧。然而，《珥笔肯綮》当然也有超越文章技巧的层次，有些能让被告无法

---

[13] 前注［3］，［日］夫马进：《讼师秘本的世界》，第201页。中文译本，第219页。

再找到遁词作为理据的范文，也受到作者的高度评价：

（C）杀妻大变事。恶婿厶奸污伦理，亲家厶遗书责戒可证。女见不悛，禀知伊母教谕。岂恶怪逞忿，立时逞凶杀死，急计殓密，方报身知。往察暴死因繇，侍婢厶吐出被杀情故，恶慌将婢远迹灭踪。不思侍婢可调，尸伤难掩。伏乞吊验，究实责偿，免女无辜被杀，含冤九泉。告。

[**评语**] 凡人妻死，被其岳家所告者，多挟其父母诉抵之。此以其父责戒之书作证，则旧套不能用矣。律云：无故殴杀妻妾者，绞。故末云免女无辜被杀。（《刑·人命》）

这是岳父控告女婿（文中的“夫”）杀害其女的一篇范文。针对这篇范文，《珥笔肯綮》作者评论道：一般在岳家（妻的娘家）告女婿的案例中，做为被告的女婿，经常将自己父母拉扯进来，以与原告进行答辩，这本是一种借机脱罪的诉讼常套；针对此种常套，这篇告词却已预做防范，“以其父责戒之书作证”，可见这位女婿根本即曾因为品行不端而被自己父亲写信“责戒”，有此事实，“则旧套不能用矣”。作者因而评论道：告状一旦如此架构，则被告便无法再拉扯其他遁词了。

劝告写状者要仔细斟酌法官的心理，这也经常出现在作者的评语中。针对一篇控告对方借银五两不还的范文，作者的评论是：“此系小事，多难告准。故词内叙事闲话多者，布情以动人也。”（《户·财本私债》）也就是说由于是过于琐碎的小问题，用一般告状多半难以被受理，因此需要多添加一些闲话，诉之以情。再如以下的一篇范文和评语：

(D) 枉坐死刑事。祸因弟厶与族弟厶葬厶，弟厶酗酒驰逐，失脚堕岸，扶归身故。岂厶妄指身殴，遍投妖帖，激怒问官，以致不辨跌打伤痕，不究有无行凶，坐身填命。……况身是日同厶在县，焉能化身相殴。且尸伤脑骨折损一片，跌损无疑。……告。

[评语] 此词以脑骨折损为跌伤，乃是指出一条去路矣。若只云我未殴，则此伤从何而来。折狱者又将从何路以活我矣。(《刑·辨人命》)

评论中所说的“指出一条去路”，就是提出一些指示，让折狱者（法官）容易下判决；亦即预先提出将“脑骨折损”的伤痕视为“跌伤”无疑的替代方案。原告是在死者的致命伤还未辨认是跌伤或是打伤的情形下，就被判了杀人罪，因此如此的主张，或许可以促使法官再次进行现场搜证也未可知。

与此相似的表现方式很常见，再如以下的范文与评论：

(E) 诬害天伦事。刁族厶骗男厶毗田凑局，恨不顺谋，呈男不孝，捏身上年投词作证。不思男果不孝，自行送县究治，岂肯投族即休。况干大逆，一刻难容，设伊受身投词，应作当时呈首，何数载绝无一言，待今争田，陡捏仇害。本因寸土激忿，动辄残人父子，刁恶何甚。乞赐剪革，俯全天亲。告。

[评语] 此事纵其父之投词为是，但已多年，冷落久矣，故其父可不认也。且官府入人重罪，亦其情法之必不能逃者

也。稍有一条去路，即从此去矣。今此事又岂责其父之认投词而为苛刻者乎。(《刑·诉不孝》)

这是一件某男的父亲告其族人的案子。族人某想要骗取原告儿子的田土却没有成功，因此怀恨在心，向官府提出其捏造原告多年前向族人控告其子不孝的投词。针对此事，作为原告的父亲主张并未向族人提交过这种文书。评语中指出，即使父亲曾经向族人提交过这类文书，也已经事隔多年，父亲的情绪也冷静了，因此其父纵然不否认投词，其子也应被宽容才是。问题在于下文中。就是此案是关于“不孝”重罪的案子。官府通常不会想用这种罪名判人重罪，然而也有事关情法而不得不判重罪的情形。所以说官府若被指引有“一条去路”，则势必会往那个方向走去。因此作者认为，官府应该不会强逼父亲承认曾经提交过此种文书，也不会责问父亲而予以苛刻的处置。这也是在揣摩法官的心理。或者说，在教导如何揣摩法官的心理。另外，也有像“凡事官府既先禁，必寻一条去路，使好宛转”(《户·商贾》)这样的评语。凡此一切都是在说，引导法官一条去路，好让他容易作出判决。

以上所举数例，笔者认为在很大幅度上都已超越了讼诉文书修辞技巧的范畴。同时，《珥笔肯綮》作者也还从理论上教导人们如何进行诉讼，这方面的范例如下：

(F) 贿弊脱役事。极富厶财甲一方，丁粮百石。每遇差役，弊脱得计。今轮编签粮长，计隐伊户不佥，独将身等下户顶充粮役。思奉明例，凡丁米五石以上，方佥正差。今身户止二丁，米仅石余，较伊丁米，天渊悬绝。岂应违例弄弊，卖富欺贫。乞查丁粮，易苏重役。告。

［评语］凡脱户役，较伊丁米来比。若只说我户不能当，则差役当责何人。此所以不准也。（《户·钱粮户役》）

如同此条评语所见，若只是提出自己因为贫穷而无法充当粮长这个户役，那么这样的告状是不会被受理的。因此作者评道，必须要明示谁该充当这份差役才是。吾人曾经提过，对于讼师来说，代作能为官府所受理的文书是何等重要的工作[14]。这个事例可以说已经超越了单纯只是教人如何运用修辞表现技巧的范畴，而是在指引人应该如何进行诉讼。这是针对诉讼文书中称为告状的文类所作的评语。对于不属于诉讼文书，而是上呈官府的上呈文（《呈词》），作者也下了相同的评语。作者对于充当六甲里长的某人所上的呈词：

（G）甲首逃绝，现存仅有六户，丁粮更寡。里长厶十里（里为甲或户之误?）俱全，带管尚有五六，册籍可证。

作者在此做成如下评语：

凡遇此等事情，须要指一甲户多者来比说。若泛说我户少，官府从何处补我。

［14］ 前注［1］，［日］夫马进：《明清时代的讼师与诉讼制度》，第456页。中文译本，本书，第420页。英文译本，第93页。

作者在此提出以下建议：若只是模糊提出自己的甲户过少是行不通的，需得指出该从哪一甲来补足所欠的户数才是。这与上文中所见的“指出一条去路”，应可视为同类例证。

此外，尚有如下的范文和评语：

（H）恳拘究剿以苏商困事。奸牙厶屡残异商，节屠孤肉。身贩厶货来省，被厶诱接入行。串棍厶等，集众勒赊，定价若干，议即付还，亲笔帐证。讵赚入手，藐商货如轻尘，视客本如弃灰，恣意伙噬朋吞，屡取计延不吐，触党，唏言从杀异命，任告谁何。……催告。

［**评语**］凡告牙棍，若有市棍并铺户鬼名串赊，必告牙行与棍同告。若单［告］（原文缺“告”字）牙行，恐负欠者以我未告他，推在牙行身上，一时难决。若单告铺户，市棍恐棍逃避。正所谓有眼牙行无眼客，在人酌用之。（《户·商贾》）

这是作者在忠告远处来的商人，若是要告牙行所做的恶事，必得同告和牙行同谋的市棍。

《珥笔肯綮》在教导人“如何诉讼”的同时，也教导了与其有连锁反应的诸项，如“发起诉讼前应做什么”，或是“依法应如何处置某事较为妥当”。下列范文与评语就是一例。

（I）违墨越扰事。原父虑身力只，偶见族人厶丧父无依，收归抚养，代娶成家。后父病，单扒田若干、住房三间，给厶另居，遗嘱存证。岂听仇唆，越诬逐继。思父怜贫恩养，满望扶助身后。讵意坟土未干，即行反噬。乞赐验嘱，杜革奸贪，免致养虎为患。诉。

[评语] 凡与义子之产，只可批与之，不可与亲子立关分之。盖分则当均，以为继子不均则有后患。批则以我物与人，其多寡随我出意。此事幸原父批有产着他去了，亦无词争也。(《户·山田坟地》)

这篇范文是诉状，所以前此应有义子某提出过请求分让遗产的告状。《珥笔肯綮》的作者在评语中主张，给义子的财产应要在其父生前“批”给他，而不该同亲生儿子一起“立关”来分财产。这代表该书的作者不单单从事诉讼文书的代作，还担任了教人在某种情形下发生诉讼时该如何应变的法律咨询者以及法律顾问的角色。此外，对于为了管理族中祠庙，而令僧侣住庙，并置祀田时，为使在祖庙废弃、僧道亡故后还能确保其祀田的所有权，作者还建议“故管业此等田土者，必先自告官给帖”(《户·山田坟地》)。也就是建议有祀田者为了不致引起诉讼，应该事先从官府申请执照。

在真正发生诉讼之前，讼师确曾担任过法律顾问的角色。这不只从《珥笔肯綮》，还可从许多曾经出版过的讼师秘本中得以了解。因为这些讼师秘本中，除了收录告状、诉状等引起诉讼以后的文书之外，也刊载了许多“执照”的范文。吾人认为，这是在考察讼师们的实际工作时十分重要的一点。一般提到讼师，就如同字面上所说的，指的应是诉讼方面的师爷，然而他们的活动范围中，充当法律顾问的角色也应当占了相当大的部分。也就是说，他们实际所从事的工作，不仅止于代作文书的纸上作业，而是具有相当广度的。他们在民间做为通晓“法”，抑或是通晓“诉讼与审判”的人物，在事情导致诉讼之前，就在针对各种问题，参与了法律磋商。

若单是从《珥笔肯綮》上文中所引的评语来看，“恶讼师”的形象是稀薄的。吾人可以说几乎不可能从《珥笔肯綮》中得出一个蹂躏法律的人物形象。犹如后文中反复可见的，作者在其评语中引用了许多的律文或其摘要，并以此为大前提来进行议论。然而，他们又为了容易取得法官的同情而灵活运用适切或不适切的表现方式，还进一步揣摩法官的心理，暗示法官“一条去路”，并将其视为必要。讼师大概不会认为这是违法的事，而当时的法官们或处身现代的我们，也无从判断自当时的法律来看，这是否是违法的事吧！即使在现代的审判中，律师也会劝导委托他代为辩护的人，尽可能地引起法官的同情；并且也会使用各种手段，希望法官的心理能够导向委托者所期望的方向。只是旧中国的审判是所谓的纠问式审讯。而且和现代的律师全然不同的是，讼师完全无法出庭进行辩论。法官以父母官的身份，又以皇帝代理人的身份，以绝对性的存在出现在人民的眼前。至少，就国家和他们官僚的理念上是如此的。孰料他们本身的心理状态、思路历程或判断，竟然在不知不觉间被藏在背地里的人所左右了，那将如何？结果应该是这些官僚会想要将并不违法的行为视作“违法”，也应会嫌恶这样的“违法者”吧！事实上这样的事例，也就是嫌恶并畏惧自己的心理或判断被人揣摩，遂将没有从事任何违法行为的讼师判为“违法”而问罪的法官，在明末的小说中确实曾被实际地具象化[15]。在这些情形中，无论是如何的“善讼师”，也难以不被法官视为“恶讼师”。

《明律》之《刑律·诉讼·教唆词讼》云“其见人愚而不能伸冤，教令得实，及为人书写词状而罪无增减者，勿论”，可知当时代作诉讼文书是合法的。在明代，官代书的代书戳记还不是绝对必要的。只要各种技巧和“指出一条去路”的手段能够对“教令得实”起到作用，而又只要是“罪无增减者”，那么这个行为就完全不是违法的。然而这并非违法的行为，却被法官所忌避，其中应该总是有想要将这个行为定做“违法”的心态在法官心中酝酿吧！

以上是以《珥笔肯綮》中所出现的“指出一条去路”一语为关键词，论述了如何将并非违法的行为转化为“违法”的状况。反之，在下文中，吾人想举出“诬告”这个违法的诉讼行为，来考察即使其不“合法”，但又如何被《珥笔肯綮》的作者认可为并非极端悖离道义的事。再者，吾人还想指出一个可能性，就是如此的认可并不仅只有讼师，甚至连地方官也作如是想。

三、作者对于“诬告”的评论

必须再做考察的一个关键问题，即是《珥笔肯綮》作者究竟如何看待法律。在该书书首附加的《附录口诀》中，有一条文字便很具体地表明作者对这方面问题的看法：

[15]　前注［3］，［日］夫马进：《讼师秘本的世界》，第226页。中文译本，第235页。

一、事经判断，后复翻告者，须看判语并供招不合律处，明白挑出。若如初告之词，一样孟浪，终无益也。

在此，作者教导道：若想对已有判决的案件进行翻告，便需要在判语（判决文）和诉讼对象的供词里，找到不合律文规定的地方。同时，《珥笔肯綮》作者又对一份告状范文添加了一段相关评语，其格式与内容如下：

（J）恳绝祸胎事。原夫艰嗣，惊见叔伯虎狼，病危，请族长厶等托付后事，嘱待厶生子承继，遗嘱证。岂厶欺寡越争，坑阿不宁。切思亲疏有分，情难强合，况夫遗言在耳，岂忍遽忘。且待继欲联一脉，争继不过贪求。幸今婶妾已怀二胎，夫嗣未必久悬。恳乞继容待继，免致祸延孤寡。告。

［评语］律无待继之理。此词皆以情言也。但如此说，情亦通。二胎谅是假说的。（《礼·继立》）

这也是关于待继的诉讼。提出这份告状的人亦即原告，是一位寡妇。这名寡妇的丈夫在儿子还未生下就亡故了。这名寡妇与叔伯间为了丈夫的继承问题发生争执，因此她在告状上主张丈夫留有遗言，嘱咐待其弟生子之后成为继承人。而事实上婶与妾已怀有身孕，故而希望待其子出生后由其承继。

对此，《珥笔肯綮》作者再次标举了法律上的“律无待继之理”，并对此案案情做了推测：“二胎谅是假说的”。可见《珥笔肯綮》作者是同时引用“法”和“理”两层面来否定这类告状。他将这篇告状评为“皆以情言也”“情亦通”，认为情与理、法并不相称。他并且暗示了，这场诉讼的结果应会是原告的寡妇败诉。这条事例，会令人联想起刊本《刑台秦镜》的格言：“三者（情、理、法）缺一，不能全其必胜矣。”[16]

另外，还有如下的范文与评语：

（K）瞒天霹骗事。阿夫厶娶阿，抱男厶过门。阿夫无子，肢脉伶仃，浼约里厶等立男过户当差，聚媳绍嗣，遗嘱证。鳏棍厶序踰六服，冒捏亲支，欺阿夫故，拴党牟台欺骗。思夫生前立继已定，死后遗墨未干，遭棍违嘱欺骗，孤寡难安。乞电遗书，审约里，究棍安祀。诉。

［评语］ 律云异姓不得紊宗。然有从幼抱养者，不可例论。今此词援此律。（《礼·继立》）

这篇范文是某位寡妇的诉词，亦即是一种答辩书。这名寡妇带着与前夫所生的儿子再婚，但因新任丈夫并无子嗣，因此便立前夫之子为继承者；然而，某位远亲（诉词中所谓的“鳏棍”）却主张自己有继承权而提出告状，这名寡妇乃撰写此份答辩书作反驳。

《珥笔肯綮》作者在此也举出了“律云异姓不得紊宗”的相关律文。这项条文在《明律》之《户律·户役·立嫡子违法》，其文有云：“其乞养异姓义子，以乱宗族者，杖六十。”而其反驳的根据，也可见于同条后文云“其遗弃小儿年三岁以下，虽异姓仍听收养，即从其姓”。作者将法律视为诉讼时的大前提，并评

[16] 前注［3］，［日］夫马进：《讼师秘本的世界》，第234页，注10。中文译本，第216页，注10。

论寡妇的主张是合乎律文的。

《珥笔肯綮》还有这方面相关的范例与评语：

> (L) 阱陷生命事。刑最重于死刑，冤莫大于枉死。仇里厶纠捏身与厶等劫掠，贿供同死。蒙送察院，批云未得赃，又未同行，驳回再招。岂又坐身同谋造意。蒙刑部批，同谋造意，惟同盗之人知之，里排安得与闻。此本部终不免有疑也。续值恤刑梁爷审批，未见失主举告，又未见贼犯扳扯。里排之呈，有何凭据。仰理刑官速究。豪惧延抗不结，惟在坑死。乞天早拔冤阱。哀告。
>
> [**评语**] 此事道理律法，官俱驳明，不必再辨。只将批语叙得明白简易，此亦另是一格。(《刑·辨盗》)

作者在此也提到“道理律法，官俱驳明”，认为法官已下了正确判断，暗示了冤情应该不久即能洗雪。此外，对于被胥吏奸计判为贼犯者的申诉，作者则评为“凡盗须要赃证分明。有证无赃，亦难定罪。况盗犯多年，前关又无其名。乃权吏栽害平民，律宜革役”(《刑·辨盗》)。他在此再度强调了法律，主张只要按律文解释，则冤名必能洗清。还主张加害平民的“权吏”，按律应当革役。又在另一篇范文中，作者针对为了举发盗贼而以自己的婢女为目击者的例事，评为“凡盗贼必要有实赃实证，方可成招。此虽有婢认厶在内，然婢已家人也，不能作证”(《刑·盗贼》)，认为作为一个家人的婢女是不能充当证人的。

从上述事例可以窥见的是，《珥笔肯綮》这部讼师秘本的作者，完全不是蹂躏法律的人，反倒是同意法律具有效力并期待法律效力的人。作者在这里，也完全不带有“恶讼师”的形象。他还是一位以是为是，以非为非的人，全然没有“颠倒是非”的形象。这可以说和刊本的讼师秘本中所见的讼师形象非常相近。

然而，对于诬告一事，作者在《附录口诀》中叙述如下：

> 一、作者不可搜罗事砌，不可虚空扯拽，致自招诬重罪。或遇一时难准之状，不得不架捏者，亦要招诬无大罪，方可。又必观者信之，乃善。

这里反映三项事实，必须特别标示出来。第一项，《珥笔肯綮》作者确实警告那些有志写作诉讼文书者不可滥用文字修辞技巧，以免因为混淆莫须有之事而为自身招来诬告的重罪。在前文介绍的几种讼师秘本刊本中，也可以见到同类主张。然而，《珥笔肯綮》也反映了饶富趣味的第二项事实：作者同时说及“或遇一时难准之状，不得不架捏者”；也就是说，作者其实坦承有时候也“不得不架捏者”，在碰到“一时难准之状”的场合，也只好搬弄些“架捏”的诬告手段。如此言论便并不见于其他的讼师秘本刊本。接着必须指出第三项：细究其实，作者之所以强调诬告在原则上不可以做，毕竟仍是担心诬告会导致“招诬重罪”，这其实是一种相当现实的考量。可以这么说，《珥笔肯綮》之所以反对诬告，并不是因为考虑到诸如“做一个有人格的人，不可以做虚伪的控告”，或是“诬告行为会令被告非常困扰”等出诸于个人道德伦理性的因素，而是一种现实的功利性考量。

关于诬告的问题，还可以再做进一步考察：

（M）谋命夺妻事。淫豪厶奸嫂厶氏，逐兄厶流外。厶日身浼厶寻回，岂豪欺身居远，与嫂阴谋，兄午到家，晚即暴亡，乘夜密殓，令厶急移魆葬。身知奔理，嫂已被夺归家，强占为妾，族长厶可审。痛兄无故暴亡，谋害显然。况又强夺宗妻，兼更难掩。乞吊兄尸，检伤正罪。告。

［**评语**］一、此死者难必是何伤，然中风卒故者亦有之。故不可硬说。只以奸情而指其谋，则检之无伤，招亦无罪。在彼奸夺宗妻之罪，重于我矣。（《刑·人命》）

这篇告状是原告认为其兄长突然死亡必然是某位奸夫与兄嫂的谋杀，因此请求官方验尸。事件的成立，是以某人与兄嫂的通奸为前提。作者在其评语中指出，其兄暴卒很难断定为何伤所致，也不能排除中风猝死的可能性，因此在告状中并没有强硬地主张其死因。

很显然地，作者知道这项谋杀的指控其实是诬告。但尽管如此，在这条评语中也完全未曾加以诸如“违反正义”等伦理道德因素。因为他告状的目的，并不是要致奸夫与兄嫂于杀人罪，而是要让他们被判通奸罪。然而却以这样的杀人罪控告他们，那是由于当时有口诀上所说的“或遇一时难准之状，不得不架捏”的情形之故。这大概是因为《明律》之《刑律·犯奸》定有“其非奸所捕获，及指奸者，勿论”的条文，说明通奸罪的成立，必须要抓到犯罪的现场等证据，若是单控被告某通奸，这种告状是很难被受理的。

根据作者判断，通奸罪应该是会成立的。而若是通奸罪成立，则“检之无伤，招亦无罪”，亦即作者认为验尸后，即使发现其兄身上没有被杀害的证据，诬告罪也仍应不会成立而能够获判无罪的。还提到与对方适用通奸罪后所受的刑罚相较，原告因诬告而受到的刑罚则轻得多。

这个例证告诉我们，讼师的形象也的确会让人觉得狡猾多诈。同时并教导我们，在官箴书或地方官的行政记录中，将讼师描写作“以假作真”“以轻为重”，并不是全然的无稽之谈。然而吾人又必须作如是想：在我们所生活的世界中，由于通奸罪没有被定在法律之内，因此在确知这宗案件有某些罪行，但却缺乏证据来证明它时，只能换用另一种方式来解读。这样的情形，会让人想起即使是现代的警察或检察官，在遇到难以证明某件大的犯罪案件时，也会因为出于搜查的必要，而用其他的小案件将嫌犯“另案逮捕”。这样的行为，到底到何种程度才能被称为“合法”，而又到何种程度才能被称作“违法”，其界线并不是必然清楚的。相同地，即使是现代的律师，在遇到如下的问题时，也恐怕会在意见上有所分歧吧！也就是确信他的委托人想要提起告诉的对象有“犯罪”，却又得不到其确证时，能否为了促使警察或检察官对其进行搜查，而以更重大的“罪嫌”提起告诉。

做为诬告的事例，还有一则值得引用的范文与评语。

(N) 渎伦伤化事。原用重财聘定厶女，与弟为婚。岂厶贪接礼仪，措不于归，纵伊兽侄厶与女通奸，致怀胎孕。暗地生儿，生婆厶侍证，乡邻吐骂，丑不可言。……乞严拷究罪给财，容弟另娶，庶风俗少端。告。

［评语］此女子既生子，则奸淫实矣。纵所告奸夫不实，亦无反招之罪。(《刑·告奸》)

在此情形下，就如作者所论，“此女子既生子，则奸淫实矣”，因此原告为将财聘礼金追回，并为求解除婚约而引起诉讼，应该是件正当的行为。但是原告指名此女的堂兄弟（女父之侄）某为其奸夫。《珥笔肯綮》的作者对此评曰“纵所告奸夫不实，亦无反招之罪”。从我们的角度观之，这相当于诬告，而对于侄某来说，如果并无此事，无疑是个极大的困扰。事实上，在这篇告状中，虽然明记了奸夫之名，但并未举出其人证、物证。所以作者才会评其为“纵所告奸夫不实”。这个事例，也明示了讼师是个“以假作真”“以轻为重”的人物，而若是确曾有过此类诉讼，则其必将助长“健讼之风”。

然而，按作者的判断，“纵所告奸夫不实，亦无反招之罪”。这大概是暗示着，若是遇到这类情形，必须举出某个具体的人物姓名。M 的例证中是“则检之无伤，招亦无罪”“在彼奸夺宗妻之罪，重于我矣”；而在 N 的例证之中，也是“纵所告奸夫不实，亦无反招之罪”。这代表尽管仅限于明代中后期，但在整个诉讼界中似乎普遍存在着一种共识，那就是若是呈交如此这般的告状，原告就不致反招诬告罪，或者就算反招诬告罪，也只会受到轻微的惩罚。一如上文所述，作者在《附录口诀》的一条中说道：“或遇一时难准之状，不得不架捏者，亦要招诬无大罪，方可。”“架捏”，也就是说，即使作伪的事情被发现，诬告的事实被揭发，只要是“无大罪”就好了。这也是在暗示着，在当时的审判系统之下，即便是诬告，结果也往往不会招致大罪。若果如此，则与其说问题存在于会下“招亦无罪”“无反招之罪”判断的作者——按我们的前提来说就是讼师，还不如说问题应该存在于会下如此判决的审判系统本身吧！

在讨论和诬告相关的例证中，下列范文与评语也相当重要：

> (O) 戴罪陈情事。父娶继母生弟厶。岂弟恃母宠渥，蛊父偏爱，动肆侵克。亲叔厶惧身兄弟乖离，劝父分业杜衅。弟图独吞肥产不遂，唆告不孝钳压。弟幼，父无间言，弟长，遂遭父谴。祸繇唆胁，形迹毕见。幸仰神明在上，光彻覆盆。乞审族长，俯靖家难。上诉。
>
> [**评语**] 父告子，律无招诬之法，故诉者只可推与他人，使官中可从轻路断去。诉他人皆云诬，此独云谴者，责也。(《刑·诉不孝》)

这篇范文是儿子对于父亲以“不孝”之罪控告自己的诉状(答辩书)。若是根据评语，则父告子时，即使其为虚妄，也不会反招诬告之罪。事实上，这在《明律》之《刑律·诉讼·干名犯义》中已明定为“其祖父母、父母……诬告子孙……者，各勿论”。从而作者认为，这位被父亲所控告的儿子，当拉他人（这里指的是其弟）下水，让法官易下判决。并且指出，若是以父亲以外的人为对象来进行反驳时，诉状中一般都是用遭到“诬”告的字眼来表现。但在这个例证中，由于无法反问其父以诬告罪，因此将一般应作“遂遭父诬”处表现为“遂遭父谴”。

在这件事例中，《珥笔肯綮》的作者似乎并不真正认为其弟教唆父亲告兄不孝。而是说到由于父亲不适用于诬告罪，因此不得不将他人卷入。然而，若是告子不孝仅是出于父亲的任性，而非其弟唆使，那么对于其弟来说，也必然是个极大的困扰。

作者并没有责难其兄诬告其弟。这正是当时的官箴书所说的“颠倒是非”“以假为真”。然而令人不得不如此“颠倒是非”“以假为真”的，则是因为有父亲即使诬告其子，其诬告罪也不成立的法律大前提。其兄既然无法用诬告罪起诉其父，为自己洗脱冤情，除了诬告其弟之外，又有何方法可想？这也是“不得不架捏者”之一例吧！而作者更有一种判断——或许不只是他，而是当时的常识性判断，亦即既然法官也是在父亲的诬告罪无法成立的大前提下进行审判的，那么也当默许了开此方便之门，即使知其于法有亏，也能运用情与理来补足其所欠缺的部分，裨使父亲和兄弟都不至于判成重罪而使事情圆满解决。

结　论

以上，通过分析《珥笔肯綮》这部讼师秘本，吾人认为已让讼师自己道出了讼师实际的所作所为，以及诉讼在他们心中是怎样的一回事。并且吾人认为已然出示了确实的证据，使讼师更接近其实际的形象。当然，这只不过是徽州府“觉非山人”的一个例证而已，绝非用此就可以将所有关于讼师的一切都道尽。其次，吾人也无法得知，这位作者到底是属于“状元”至“大麦”讼师中的何种等级。此外，由于该书以“应该写作怎样的诉讼文书”为着眼点，因此对于讼师所从事的其他工作，例如实际上如何处理诉讼时与胥吏的交涉或京控，或者讼师们心中是如何看待这些事务的等，都完全未曾提及。再者，对于那些强化恶讼师形象的、专门居间调停与私下和解来谋利，或是遇到刑事案件时收取金钱来摆平案件的所谓“刀笔先生”的一面，亦即较该书可见的法律顾问还要广面的工作范围，从这份史料中也是全然无法得知的。然而透过这份史料，相信应该揭开了不少讼师们“神秘”的面纱。又由于这份史料，吾人才得以将官箴书等所招致的“恶讼师”形象，和刊本讼师秘本中所见的“善讼师”形象，重叠在同样的一位讼师之上。

《珥笔肯綮》的作者，与官箴书和刊本讼师秘本中所见的主张一样，都表示尊重情、理、法。于是乎构成了以法为前提的议论，并且不同意在诉讼上脱离法的范围。如果认为尊重这个说法太过度，吾人至少可以说他们在诉讼时，将情、理、法当作其大前提是无误的。在此是以法为前提来进行议论，并否定了诉讼时背离法。然而在以情、理、法三者为前提的，为国家所公认的诉讼制度之中，假如发现自己的主张从法的立场看来有些弱点，也可以强化情的方面来补充法的不足。我们虽然怀疑，是否真的诉之于情就能够导向胜诉，但如事例 A 所见，凭着极妙的诉讼文书，是可望官方作出某种决定的。这也成了助长“健讼之风”的一个原因吧！诉讼文书的写作，并非单靠罗列事实就得以完成，而是有必要揣摩法官的心理来留意文词的表现。字数限制的实施，应该又越发增加了在文词表现上下功夫的必要性。而这揣摩法官心理的功夫，更和将法官的心理导向某个方向亦即“指出一条去路”密不可分。这令法官产生了对于讼师的畏惧、警戒和嫌恶之情，最终联系到“恶讼师”的形象。

这里让我们回想一下事例 F，亦即说自己因为贫穷而无法充当粮役，就指名他人来充当一文的评语。其评曰：“若只说我户不能当，则差役当何人。此所以不准也。”但是谁富裕而能够充当粮役，本应是由官府来调查选定的。然而作者的判断却是，就当时的诉讼制度和徭役制度，如不指名谁该充当，那么这份告状就不会被受理。另外，对于呈词 G，即某里长户申请从甲首户和带管户较多的甲将带管户编入自己的里中，作者也作出了全然相同的判断。而这样的诉讼制度和徭役制度，理所当然地导致了许多“被告”的产生，又使得“健讼之风”“好讼之风”的流行成为无可避免的事实。国家采用如此的诉讼制度，亦即让治下的各个人民指名住在同一地区内，或同里内的某人来举发告状的诉讼制度，应当剥夺了村落发展其自律性的契机；设若当时存在如欧洲或日本般的村落共同体（community），那么这种诉讼制度应当产生了破坏其自律性的功能！而这也成了将其社会导向“诉讼社会”的一个原因！

再让我们回想一下事例 M，也就是针对将其兄暴亡归罪于奸夫与兄嫂谋杀一文的作者评语。作者判断为“检之无伤，招亦无罪”。就这条例证来看，就如同屡屡出现在官箴书中的评价一般，我们也不得不将讼师们视为“以假作真”“以轻为重”的人物。然而犹如上文所述，即使是现代的律师，对于设若确信某人有“犯罪”行为，但却得不到其确证时，可否为了促使检察官（警察）对之进行搜查而采取如此手段，是可能有意见上的分歧的。这里可以说横亘着一个即使到了现代也尚未解决的大问题，就是司法能否完全实现正义。而这些事例中所见的判断，即“检之无伤，招亦无罪”“纵所告奸夫不实，亦无反招之罪”等，除了是作者个人，即讼师个人的判断之外，是否对当时的法官而言，也是种常识性的判断？讼师秘本是教导人如何进行诉讼的实用书。因此，若是作者的判断和包含法官在内的当时诉讼界一般常识大相径庭的话，此书就失去了作为实用书的功能。而如果作者的想法不具实用价值，那么本书就失去了作为讼师秘本的意义了。

断言“或遇一时难准之状，不得不架捏者”的讼师，当然知道这种行为是犯罪。讼师们必然知晓，前文例举 M、N、O 等范文所反映的情况，其实已符合《明律》“教唆词讼”律文所处罚的“为人作词状，诬告人者”；然而，必须要考虑的是，在当时的诉讼界中，如上文所举程度的“诬告”，似乎是普遍被人们所宽容的；或者即使控告的结果被拆穿是诬告，也不会被判为重罪。清代幕友王有孚肯定讼师角色的相关主张，就是在如此的诉讼结构中所作的发言[17]。

[17] 前注［1］，［日］夫马进：《明清时代的讼师与诉讼制度》，第 474 页。中文译本，本书第 442 页。英文译本，第 108 页。

中国诉讼社会史概论*

夫马进 著 范 愉 译

序 言

现在日语中的“诉讼社会”一词，是从英语 litigious society 一语翻译而来。litigious 一词有“好讼”之意，因此，如果翻译成中文，译为“好讼社会”更为适当。

通常，人们总是把现代美国作为“好讼社会”最典型的代表。[1] 而说到“诉讼社会”，人们通常会列举出这样的事例，这就是某一市民会为了某种通常不会发展为诉讼的细微问题而兴讼。此外，在多数情况下，诉讼案件数量之多可以作为诉讼社会的证据，有时律师人数之多也可以视为诉讼社会的一种标志。这

---

* 本稿原载［日］夫马进编：《中国诉讼社会史研究》，京都大学学术出版会，2011 年。

鸣谢：在调查收集四川省档案馆藏《巴县档案》过程中，承蒙西南交通大学郭红玲教授及唐雪梅研究生鼎力相助。此外，在收集“中研院”近代史研究所藏《巴县档案》的缩微胶卷等资料时，承蒙中国文哲研究所林月惠研究员和历史语言研究所邱澎生研究员的协助。本文的中文是由中国人民大学范愉教授翻译的，在此一并表示谢意。

［1］ Jethro K. Lieberman, *The Litigious Society*. New York: Basic Book, 1981. 日文版《诉讼社会》，长谷川俊明译，东京：保险每日新闻社，1993 年；平野晋：《超诉讼社会：モンスター化する‘権利主張’と恐怖の連鎖［超诉讼社会：异化的权利主张与恐怖连锁］》，东京：ビジネス社，2008 年。

是因为，人们通常认为，律师与普通民众关系越密切，民众就会更方便地接近或利用诉讼和审判。这正是“法治”社会的特征，即人们拥有“获得救济的权利”，并可以主张依法保障这些权利的实现。人们在律师的帮助下，以法律为根据而提起诉讼。

此外，至少在理论上，民主社会被认为是任何人都可以提起诉讼的社会。在欧洲传统社会，习惯曾经重于法律，在纠纷发生时常常借助民间调解作为解决手段；而这种共同体的规制力也成为人们诉诸法庭的障碍。然而，随着这种曾经存在的父权性强制力或共同体的规制力逐步消解，其结果是当人们发生争执时，如果认为自己的权利受到了侵害，往往会立即直接提起诉讼。也就是说现代的美国社会，正是由于传统的共同体彻底解体、人们的权利意识不断高涨而形成的法制化社会，在这种社会中人们偏好诉讼，由此导致社会诉讼多发。

人们通常认为，传统中国社会与现代美国诉讼社会相比，正好成为根本对立的典型。例如，一位专门研究欧洲法制史的美国学者曾经指出：中国在帝政时期不存在为解决民事纠纷而设立的法庭。[2] 迄今为止，欧美的多数研究者可能都认为，在传统中国，作为维持社会运行的机制，相对于法或权利而言，更为优先的是服从于以儒家伦理为基础的礼制或谦让。或者说，一般认为，人们在将纠纷诉诸法院之前，通常可以通过亲属关系的纽带或村落共同体在内部加以解决。这种情况是所谓专制统治体制所

[2] Fredric L. Cheyette：《各人にその取り分を——11 世紀から13 世紀南フランスにおける法と紛争解決［各予应得之分——11—13 世纪法国南部的法与纠纷解决］》，服部良久编译：《纠纷中的欧洲中世纪》，京都：京都大学学术出版会，2006 年，第 7 页。本论文曾发表为“Giving Each His Due”，*French Historical Studies*，6，1970；B. H. Rosenwein and L. K. Little eds.，*Debating the Middle Ages：Issues and Readings*，Mass and Oxford：Malden，1998.

特有的，与民主社会相反的现象。为了实行专制统治，统治者希望民众服从于儒家伦理，尽可能少提起诉讼，为了追求这一目标，可能会竭力阻止民众将纠纷提上法庭。或者说在古代中国只有与专制统治密切相关的刑事法庭受到高度重视，但与此相反，民事法庭则很不发达。

然而，这种想法其实完全是一种误解，不过只看到传统中国社会的一个方面。本文将通过以下事实证明这一点。

首先，“健讼”或“好讼”这些用语，在中国上千年以来的文献中随处可见。“健讼”的“健”是强健的健，也就是顽强地进行诉讼或诉讼兴盛之意，“好讼”则是指热衷于诉讼，正是letigious之意。而从宋代，即10世纪、11世纪前后开始，这些用语在史料中的出现的频率越来越高。

其次，有关权利意识的问题。在前近代的中国，确实不存在权利意识这一用语或概念，但却存在一种可与权利意识相互替代的“情理意识”。所谓“情理意识”，是一种人情与道理相结合的社会意识，或者说是基于人情的道理意识。在美国，权利意识是指人们在主张自己的正当性时，通常会以法律为依据；与此相对，中国的情理意识既有与法律相一致的情况，也不乏与法律相背离的场合。至少，在本文所探讨的汉代以后，根据这种情理意识主张自己的正当性而提起诉讼，完全是理所当然之举。史料表明，针对这种情况，统治者并非总是极力通过专制统治和国家权力加以遏制；而且，根据情理意识引起的纠纷，有时并不能在亲属间或村落等小范围内得到妥善解决。

最后，我认为，诉讼在中国曾经是更严重的社会问题。这是因为，诉讼并不都是基于情理意识之类的冠冕堂皇的理由而提起的。至少在宋代以后，不仅毫无疑问，民众可以根据法律以及众所周知的“道理”提起诉讼，而且有时明明知道对方当事人并没有什么过错，也可以凭空捏造口实提起诉讼。这种行为通常被称之为“图赖”，是希图赖骗、图骗抵赖等词的缩略语，指找借口欺诈对方、攫取钱财之意。在以诉讼为手段的情况下，可称之为“架词诬控”，即“图赖诉讼”。总之，从现代称之为民事诉讼的金钱借贷或土地纷争，到杀人、偷盗等刑事案件，都会不时出现这种捏造事端、向他人嫁祸责任的诉讼。一旦原告这样做，被告往往也会以其人之道还治其人之身。尽管在现代社会，无论是美国还是日本，也都存在这种“架词诬控”或“图赖诉讼”，然而在古代中国，这种诉讼无论是数量还是性质上，所显示的问题都更为深刻。

此外，必须进一步考虑的问题还有专制统治与诉讼之间的关系。表面上看起来，实行专制统治需要减少诉讼，在这个意义上，中国以往的专制统治确实是国家限制诉讼的要因；然而，专制体制恰恰也成为诱发民间纠纷多发的要因，并且也是导致纠纷较多地诉诸法庭的要因。

首先，本文的第一个目的是揭示中国历史上毫无疑问确曾出现过名副其实的“诉讼社会”，并进而考察导致中国社会成为这种“诉讼近在身边的社会”的要因是什么。同时，将会以专制统治与诉讼之间的关联为主轴展开观点的论证。

其次，本文的第二个目的是根据现有的档案资料，推算出清代的一个县，当事人每年向官府提出的诉讼文书的件数。因为在论证一个社会是否是诉讼社会时，必不可少地需要举出一定的数据作为佐证。与此相关，本文还将揭示，官府为了遏制诉讼的过度增长，在债权回收案件等所谓琐细诉讼中对当事人提出的诉状多不予受理，因此，这些文书在档案中也没有保存下来。

如果说前一个目的旨在揭示古代中国诉讼的数量，本文的第三个目的则是揭示其实质。通过这一研究试图说明，不同朝代的中国人在当时既有的制度下，通过诉讼和审判所追求的具体诉求是什么。其中，通过介绍清代《巴县档案》这一地方文献中的若干案例，说明当时的巴县的诉讼实践，已经不仅是“诉讼社会”一语所能让人联想到的一般形象，甚至已经达到“诉讼战”的激烈程度。

一、无讼的理念与费孝通的无讼论——《太湖厅档案》与《巴县档案》

如前所述，直到近年为止，一些欧洲法制史研究者仍认为古代中国不存在解决民事纠纷的法庭。中国法制史研究者当然很少有这种极端的看法，不过即使在中国的法制史学界，也只是近十几年才认识到前近代中国社会也曾出现过诉讼多发的情况。[3]每当提到有关中国古代社会诉讼很少的论断，人们通常必然会举出以下两个根据。一个是孔子有关诉讼的名言，另一个则是著名社会学家和文化人类学家费孝通根据亲身体验而作的调查报告。在论及中国诉讼社会史之际，让我们首先从检验这一理念和议论的可信度开始。

孔子的这段名言是：听讼吾犹人也，必也使无讼乎（《论语·颜渊》）。孔子所言之意是，如果在法庭上审理诉讼，自己

[3] 范愉：《诉讼的价值、运行机制与社会效应——读奥尔森〈诉讼爆炸〉》，《北大法律评论》，第1卷第1辑，1998年。

与别人相似，但本人的理想是必定使诉讼不再发生。孔子及其信奉者认为，为了让诉讼从社会中消除，为政者和被统治者之间应该建立相互谦让、为对方着想的氛围或情绪，通过教化使礼之精神内化为每个人的行为，才能真正实现这一理想。这种统治理念被称之为德治主义或礼治主义。汉代以后，儒教被奉为国家的统治理念，这种“无讼”理念或孔子的“必也使无讼乎”的名言不仅大量出现在文献中，而且有关一些官员通过身体力行使这一理念得以实现的记载也屡见不鲜。[4] 例如，后汉的王堂在山东省某地任职时，“至数年无辞讼”。[5] 再有，北齐天保年间（550—559年），宋世良任地方官时，据说“狱内穞生，桃树、蓬蒿亦满。每日衙门虚寂，无复诉讼者”。[6] 此外，隋开皇年间（581—600年），刘旷做地方官时，人们受其德行教化，“争讼绝息，囹圄尽皆生草，庭可张罗”。[7]

两千年以来，这种无讼的理念及其实践记录一直传承不绝，《清史稿》循吏传中也记载了不少此类传说。例如，杨荣绪在同治年间（1862—1874年）任湖州知府，因审判公正令众人叹服，以至“讼以日稀，刑具朽敝。隶役坐府门，卖瓜果自活”。[8] 这类实现无讼的传说不仅出自正史，而且载于地方志或文集中的历代地方官传记，其数量之多可谓不可计数。

有关“无讼”的另一个证据，是将费孝通在《乡土中国》的

---

[4] 瞿同祖：《中国法律与中国社会》第六章《儒家思想与法家思想》，北京：中华书局，1981年，第291—292页。

[5] 《后汉书》列传第二一《王堂传》（中华书局标点本，以下同），第1105页。

[6] 《北齐书》卷四六《循吏传·宋世良传》，第639页。

[7] 《隋书》卷七三《循吏传·刘旷传》，第1685页。

[8] 《清史稿》卷四七九《循吏传·杨荣绪传》，第13085页。据《同治湖州府志》卷五，杨荣绪同治三年至九年、十年至十三年在任。

一章“无讼”中所称的“乡土社会”加以概念化的结果。费孝通是这样描述民国时期的农村社会的：与都市中律师活跃、重视法律的状态截然不同，在乡间人们总是尽可能回避纠纷和诉讼的发生，民众间一旦发生纠纷，主要是通过地方长老进行调解（调停仲裁）解决。作为费孝通在农村的亲身体验，他曾经多次参加这种调解纠纷的集会。[9] 费孝通的报告是基于其田野调查而成，充满了现场感，令人感到颇具可信度。他的观察，即在农村主要通过地方长老的调解解决纠纷，民众通常不会陷入诉讼的情况，与历代文献的记载，即从汉至清代的文献中不胜枚举的记录亦相吻合。历代统治者不断向人们反复宣传陷入诉讼给人们带来的无穷危害，同时，在纠纷发生后，竭力避免由政府的基层派出机关，即县府受理，而是尽可能依靠居住在乡间的“长老”，即被称为里长、耆老、老人、社长、乡约、约保、保长的人来解决。即使是提起诉讼、进入裁判程序之后，统治者仍然努力通过长老调停解决。可以说，无讼的理念与乡村自治具有亲和性。费孝通有关无讼的论述也正是历代统治者所主张的理念。例如，康熙钦定的《圣谕十六条》之一即“和乡党以息争讼”。可以说至少在表面上，二者之间所具有的亲和性显而易见。

然而，这种看法存在两个重要的问题。一个是费孝通在论证无讼论时究竟是以哪里的农村为样本的？另一个是他据以为样本的农村，在中国广阔的地域和漫长的历史中处于什么位置？根据费孝通自传以及《乡土中国》后记的记载，他在成书之前，也就是1936年赴英国留学之前，曾在江苏省吴江县的开弦弓村进行了

[9] 费孝通：《乡土中国 · 无讼》，上海：观察社，1948年，第58—63页。

为期两个月的农村调查。1938 年回国后，曾到昆明的农村进行过第二次调查。而《乡土中国》中描述的农村，作为中国典型的事例和形象，显然不可能是处在边疆地区的昆明。也就是说，其样本只能是他的故乡——吴江县近郊的农村，即非开弦弓村莫属。显而易见，在《乡土中国》一书中得以概念化的乡土中国的形象，与费孝通的成名作《中国农民的生活》的调查对象开弦弓村极其相似。[10] 在这部详细描述农村中农民生活的著作中，费孝通一次也未提曾及有关诉讼之事，这与他在《乡土中国》中所描述的自己亲身参加调解集会的体验形成呼应。可以认为，作为费孝通无讼论之基础的材料，主要是他 1936 年亲自在江苏省吴江县的开弦弓村搜集的。

如果确实如此，非常幸运的是，恰好有一批产生于大约其 50 年之前与开弦弓村近在咫尺的同一地域的诉讼文书。同时，还有一批处于同一时期，但完全是另一地域的诉讼文书。这样，我们虽然没有与费孝通的体验完全相同的材料，但一方面有同一地域农村的若干涉讼事例，另一方面有与此同期的其他诉讼文书；将这两批材料一起对照阅读，可以印证费孝通体验的真实性。

所谓与开弦弓村相当近的农村地域是指太湖厅。两地之间只隔着太湖的一道狭窄的湖湾，距离不过 10 公里而已。日本国会图书馆现存有《太湖厅档案》，即江苏省苏州府太湖厅的一批文书，其中涉及诉讼的档案共计 21 件。时间跨度为清末同治八年

---

[10] 费孝通：《学历简述》，《中国当代社会科学家》第 3 辑，北京：书目文献出版社，1983 年，第 227—228 页；*Peasant Life in China: A Field Study of Country Life in the Yangtze Valley*, London: Routledge, 1939. 其中文版《江村经济：中国农民的生活》，南京：江苏人民出版社，1986 年。

（1869年）到光绪二年（1876年）。[11]

同时，中国四川省档案馆存有《巴县档案》。巴县的县府设在四川省重庆府城内，管辖范围包括府城内外的城市和近郊农村。《巴县档案》中同治年间（1862—1874年）的部分大约有17，000件，其中大多数为诉讼档案。

《太湖厅档案》与《巴县档案》同为清末同治年间的诉讼档案，但只要阅读二者并进行比较，任何人都会发现，生活在这两个地方的民众所进行的诉讼以及官府的审判方式迥然不同。关于这两种类型的详细比较研究不得不留待以后，这里为了立论之便，暂且先简单地概括一下对二者的印象。太湖厅的民众尽管实际上也会发生纠纷，但他们与同时期的巴县人比较而言，温和稳重得多，对作出判决的地方官可以说相当顺从（No. 27、31）。给人的感觉是，尽管当时在一些相当于现在刑事案件的处理中确实会判处枷刑，但实际上多数案件连最轻的处罚（掌责）几乎也很少使用。的确，这里也有不少金钱纠纷、打架斗殴，乃至偷盗事件和继承纠纷，而且这些案件也进入了审判，但是，这类案件的原告和被告提出的诉状都很少，几乎都只有一两份。多数案件就是根据这些诉状进行审判，由地方官即法官作出堂谕（判决），之后原告与被告共同结状，即签署服从判决的誓约书而终结诉讼。或者在判决作出之前达成调解，而且其中一部分确实如费孝通所见，在诉讼中由“长老”出面达成调解，从而当事人申请撤诉（No. 14、16、18、26）。

---

[11] ［日］夫马进：《国会图书馆藏太湖厅档案所见诉讼与裁判的实态——其初步的认识》，永田英正编：《中国出土文字资料的基础研究》，京都：京都大学文学部，1993年。

在这些方面，巴县的诉讼和审判则截然相反，其实际情况将在下文中分析，此处暂不赘述。任何人在读了同治年间的《巴县档案》后，恐怕都会感到用“诉讼社会”一词来形容当时的情况实在是过于温和了。在这里，诉讼给人的感觉就像是被卷入巨大的黑色漩涡一样。尽管同样处于清末同治时期，《巴县档案》为我们展现了一个“诉讼社会”，或者一个远超“诉讼社会”的社会；而相比较而言，《太湖厅档案》所显示的，则可以说是一个与“诉讼社会”完全无缘的社会。

由此可见，在日本国会图书馆藏的《太湖厅档案》与作为费孝通“无讼论”之样本的农村一脉相通，生活在这种社会中的民众所参与诉讼的过程和审判方式都传达出很多非常重要的信息。与日本国会图书馆藏《太湖厅档案》同样珍贵并同名的文献，是南京博物院所藏《太湖厅档案》，二者结合起来，可以对当地跨越太平天国时期的诉讼审判方式进行比较研究。南京博物院所藏《太湖厅档案》是从嘉庆八年（1803 年）开始至咸丰二年（1852 年）的诉讼档案，共 40 余件。[12] 与其相比较而言，《巴县档案》则是包括从乾隆、嘉庆时期，跨越同治时期，直到宣统时期的连续的诉讼材料。我们可以借此了解江苏省太湖厅与四川省巴县这两个地方的诉讼和审判，比较其截至太平天国时期的各种变化以及两地之间的差异。

首先，根据南京博物院所藏《太湖厅档案》的材料可以看到，该时期即从嘉庆八年（1803 年）开始至咸丰二年（1852 年）

---

[12] 范金民：《太湖厅档案所见洞庭湖商人的活动　附：南京博物院藏太湖厅档案目录》，［日］夫马进编：《中国明清地方档案研究》，京都：京都大学大学院文学研究科东洋史研究室，2000 年，第 137—140 页。

的半个世纪中，诉讼与审判的方式与前述同治时期并没有很大的差别。当时生活在那里的民众与太平天国以后的档案中所见的形象大致相同，与巴县民众比较而言，温和而稳重，这与同治时期也并无二致。当时当地的民众普遍尊重地方官的权威，态度颇为顺从，与同治时期一样，经常由亲属或近邻作为中介，促使当事人达成和解而申请撤诉（No. 2102、2116）。各种案件多数都是通过原被告结状而终结，这一点同样与同治时期相似。也就是说，我们所见到的清末同治时期太湖厅的诉讼和审判所具有的各种特征，至少在清中期的嘉庆年间既已形成，各时期并无显著差异。换言之，费孝通的"无讼论"，如果以太湖厅的情况而言，至少上溯 50 年至清中期，大致都是吻合的。

对此，相对太平天国之前的巴县，诉讼与审判的方式则与同治时期存在显著差异。笔者选择了从乾隆二十三年（1758 年）到六十年（1795 年）的《巴县档案（乾隆朝）》（地权，No. 645—663）、（借贷，No. 1006—1024）和从嘉庆元年（1796 年）到十六年（1811 年）的《巴县档案（嘉庆朝）》（地权，No. 1396—1415、1888—1917）共 90 件作为样本，对乾隆、嘉庆期与同治期进行了实质性的比较研究。确实，生活在乾隆、嘉庆时期的巴县人，与生活在嘉庆至同治时期的太湖厅的人相比有欠文雅。每一桩诉讼所提出的诉状的数量远比太湖厅更多，也就是说同治时期盛行的"好讼""健讼"之风在嘉庆时期已初见端倪。但是，乾隆、嘉庆时期的巴县与同治时期巴县的审判方式完全不同。在乾隆、嘉庆时期，地方官仍然牢固地维持着其权威，原被告多数能够服从其判决，并常常据此具结息讼（乾隆朝 No. 1007、1018、1019、1021）；而且，乡约和近邻在审判中也发挥着重要作用，他们往往顺从地奉知县之命，进行事实调查，并在调解中也起到重要作用（乾隆朝 No. 1013、1015，嘉庆朝 No. 1888、1889、1891）。此外，当案件进行到最后阶段时，与同治时期相比，地方官直接作出黑白分明、一方胜诉、一方败诉的判决较多（乾隆朝 No. 1005、1007、1018，嘉庆朝 No. 1880、1891、1892）。简单地说，值得注意的是，乾隆、嘉庆时期在审判中，地方官的控制十分有效，乡约和邻人能够服从地方官的权威，协助其进行事实调查，原被告也服从地方官的权威而具结，审判中一方胜诉的判决多数也能被接受和服从。这些方面与此后同治时期的审判方式截然不同。如前所述，同在同治时期，太湖厅与巴县的诉讼与审判方式完全不同，如果仅就审判方式而言，则可以说，在嘉庆时期，巴县与太湖厅比较接近。

黄宗智曾经讨论过中国地方官在审判中究竟是作为调停人，还是作为法官发挥作用的问题，并以巴县、宝坻县、淡新等三种档案为样本进行了实证研究。其结论是，在这三种档案中的 221 个案件中，有 170 件即占 76.9%的案件，明确作出一方胜诉的判决。其中，《巴县档案》中，知县作出明确判决的包括原告胜诉的 47 件，被告胜诉的 22 件。[13] 也就是说，在《巴县档案》的 98 件诉讼档案中，有 69 件即占 70%，明确作出原告或被告胜诉的判决。然而，黄宗智从《巴县档案》中抽取的样本均为 19 世纪 50 年代以前的，即咸丰年间以前的档案，而且其中约 58%是

[13] 黄宗智：《清代的成文法典与州县审判》，白凯、黄宗智编：《清代与中华民国的民法》，斯坦福大学出版社，1994 年，第 144、185 页（Philip C. C. Huang, "Codified Law and Magisterial Adjudication in the Qing", Kathryn Bernhardt and Philip C. C. Huang. eds., *Civil Law in Qing and Republican China*. Stanford: Stanford University Press. 1994, p. 144, 185）；黄宗智：《民事审判与民间调解：清代的表达与实践》，北京：中国社会科学出版社，1998 年，第 78、231 页。

乾隆年间到嘉庆初年（1799 年）的。[14] 虽然究竟从何时开始档案中出现了明显的差异，仍需要进一步的检讨，但显而易见，乾隆、嘉庆时期，巴县的诉讼和审判方式与同治时期存在非常明显的差异。进一步说，同治年间所下的判决中，在很多情况下很难分清原告或被告何方胜诉，即使能够分清，在很多案件中其意义有时也令人非常费解。这一点从下面论及的若干实例中可以得到证实。如果黄宗智在选择样本时，与《淡新档案》和《宝坻档案》一样，在《巴县档案》中主要选取同治、光绪时期的样本，那么或许就会得出完全不同的统计结果和结论。

同样处在清末同治年间，巴县与太湖厅的诉讼和审判方式为何如此不同？对此，可以归结出若干要因。第一要因是两地的人口问题不同。众所周知，清代的四川省人口激增，而最大的问题是从 1851 年开始持续数十年之久的太平天国之乱，对太湖厅与巴县两地的人口变动造成了不同的影响。据推算，巴县所在的四川省重庆府在太平天国之前的咸丰元年（1851 年）有 455 万人，太平天国失败后的光绪六年（1880 年）则增加到 559. 4 万人，人口增加 20%以上。另一方面，太湖厅所在的江苏省苏州府，1851 年人口为 654. 3 万，至 1880 年则骤减为 236. 7 万人。这 30 年间该地区人口实际减少了 60%以上。[15] 太平天国军从苏州城撤退是同治二年（1863 年）。虽然说这一人口数据是整个苏州府的，现在尚无法找到能够证明太湖厅人口变化程度的具体数据，但毫无

[14] 前注［13］，黄宗智：《清代的成文法典与州县审判》，第 181 页；黄宗智：《民事审判与民间调解：清代的表达与实践》，第 227 页。

[15] 曹树基：《中国人口史》第 5 卷《清时期》，上海：复旦大学出版社，2001 年，第 691—696 页。

疑问，1880年前后太湖厅不存在巴县所面临的人口压力。

导致两地明显差异的第二个要因，是社会发展形态的差别。当时的太湖厅属于苏州，却是与苏州城并不一样的乡村社会；而巴县则位踞该地最大都市重庆的具有重要地位的中心地区。施坚雅（Skinner）曾指出，在长江上游地区，1843年前后的重庆是已与成都并列的特大都市（metropolitan city）。[16] 同治时期的巴县一年间究竟有多少诉讼，将在下文再予论证，然而从《巴县档案》中确实能够感受到，其诉讼数量之多、社会的痛苦与活力之大，无疑都与当时人口的压力，以及作为都市社会及其近郊所特有的因素有关。

第三个要因是巴县正处在开发过程中，并且是移民聚集的中心地；相比之下，太湖厅则是已臻于成熟的社会。巴县是一批又一批追赶时代潮流的新移民植根之地。美国之所以会成为诉讼社会，其中要因之一就是因为那里是数百年来一批又一批的新移民不断植入而构成的社会。清代同治年间的巴县也确是如此。同治时期的《巴县档案》中充满了这种极端危险的活力。例如，重庆城面临长江和嘉陵江，常常发生翻船事故，死者众多，并因此成讼。其原因多数是船夫经验不足，或者超载搭客和装载货物所致（水运，No. 14395、14405）。恐怕当时社会秩序的建构完善远远赶不上人口与物质激增的速度，因此，生活在这里的人们比较粗野，而社会则处在尚未成熟的状态。与之相比，嘉庆时期开始至同治时期的《太湖厅档案》中，则显示出当地居民比较稳重和保

---

[16] G. William Skinner, "Regional Urbanization in Nineteenth - Century China", in G. William Skinner ed., *The City in Late Imperial China*. Stanford, Stanford University Press, 1977, p. 215. 日文译：《中国王朝末期的都市——都市与地方组织的阶层构造》，今井清一译，京都：晃洋书房，1989年，第6页。

守。19世纪的太湖厅民众似乎有意识地避免诉讼，而且不使诉讼长期不决。我们可以看出，他们接受了无讼的理念，认为极力避免兴讼可以为自身带来利益，只要地方官的判决不是完全不合情理，他们就遵从该判决。这是只有在安定和成熟的社会中才能看到的情形。

通过《太湖厅档案》和《巴县档案》的比较可以看出，即使是在同一个时期，即清末同治时期，太湖厅与巴县的诉讼和审判方式也截然不同。费孝通在开弦弓村进行社会调查是在1936年，据一份人口统计，1933年苏州府的人口为243.5万，[17] 假定这个数据基本准确的话，与《太湖厅档案》形成的光绪六年（1880年）前后的人口数236.7万相比，几乎没有发生什么变化。可以说，费孝通所描述的“无讼”的“乡土社会”，正是在《太湖厅档案》中所见的类型。

如果是这样，与费孝通“无讼论”相契合的社会形态无疑是存在的。但是，这种基于体验并加以概念化的中国农村社会的典型形象，并不能意味着是普遍存在的；相反，恰恰是建立在一些偶然性极强的因素之上。如果费孝通曾访问巴县的农村，是否也会抽象出同样的“乡土中国”的概念呢，这显然是值得怀疑的。再者，“无讼论”肯定不适用于生活在城市中的大众。通过以上对费孝通“无讼论”的检讨，必须承认，中国在同一历史时期曾经出现过诉讼社会与非诉讼社会并存的局面。因此，本文首先需要对论述的重点加以明确界定，即主要围绕中国历史上诉讼社会

[17] 前注［15］，曹树基：《中国人口史》第5卷《清时期》，第459页。

这一侧面展开研究。[18]

二、无冤的理念与现实

以上分析了费孝通的“无讼论”中存在的问题。但是，无讼的理念及其实践还有一些其他问题需要关注。

其一，无讼的理念必须与无冤的理念并论，才能作为一种要因对中国社会诉讼数量的增减变化发生直接的作用。所谓无冤的理念是指：孔子确实提出了无讼的理念，并成为为官者延续两千年重要的政治指针。但是，实现这一理念的困难不言自明，因为人与人之间的不平或不满一旦积聚爆发，诉讼的发生不可能完全避免。因此，孔子只不过是陈述自己“一定要实现无讼世界”愿望而已。而事实上，历史上不时有人指出：“舜亦难使无讼”“使民无讼，古帝尤难之”“无讼圣人所难”，等等。

其二，被寄予厚望的农村的调解，其作用并不足以被依赖。因为，担任调解人的“长老”有时本身就是当地的豪强，或者是横行乡里、无恶不作、破坏秩序的罪魁祸首。[19] 他们常常就是威胁民众生活的元凶，当然不可能进行公正的调解。不仅如此，“长老”往往是作为承担国家徭役而被指派去进行调解的，而绝非因其擅长调解，或受到当事人欢迎而值得信赖。徭役是谁都不愿意承担而避之不及的，但只有有钱有势的人才能免除，所以往

[18] 关于在清末四川省一个乡村社会的实际状态，另有［日］夫马进：《清末巴县“健讼棍徒”何辉山与裁判式调解“凭团理剖”》，《东洋史研究》，第74卷第3号，2015年；中译文：《中国古代法律文献研究》第10辑，2016年。

[19] ［日］中岛乐章：《明代乡村的纷争与秩序——以徽州文书为史料》，东京：汲古书院，2002年，第331—344页。该书用私受词状和武断乡里之语举出了若干事例。

往是那些既无才能又无势力的穷人被派去调解。这些人缺少调解所必需的权威，诉讼当事人也不会对其作出的裁断心悦诚服。这种情况，在费孝通的调查报告中所描述的他亲身经历的调解现场中亦有所体现。他写道："最有意思的是保长从不发言，因为他在乡里并没有社会地位，他只是个干事。"正是由于保长是不得不干的苦差事，所以他们理所当然地希望从中获利，即谋求贿赂，自然也就无法指望他们能作出公正的调解和裁断。

这里的问题是，社会在推崇"无讼理念"的同时，又产生出另外一种理念，即希望尽可能由县以上的官府来受理诉讼、作出公正审判，并将其作为为官者的责任。民间各种各样的争议，包括围绕土地交易、家产继承或者徭役负担等出现的各种纠纷，常常积累而最终引发诉讼，而当事人基于前述"情理意识"以某种形式提出主张的事件也屡见不鲜。即使是在"图赖诉讼"的情况下，当事人也会振振有词地举出自己的道理和人情依据。这种情况与"冤抑"的感觉形成一种相反相成的关系。所谓"冤抑"，是指自己感到受到对方不讲情理的不当对待，或者诉讼当事人提出一种主张而时常使用的用语。[20]"冤抑"的"冤"通"怨"，诉讼当事人的怨气首先是针对对自己施以不当行为的对方当事人。其次也是针对审判的控诉，即在感到判决不公时，对地方官所表达的冤情和怨气。所谓"无冤理念"是要求为官者必须尽力通过公正的判决而消除民间的"冤"即"怨气"，同时自身也需要防患于未然，避免因诉讼造成冤情，引发或扩大民众对自己的怨气。

[20] [日] 寺田浩明：《权利与冤抑——清代听讼世界的全体像》，《法学》第61卷第3号，1997年。中文版见于本书，第205—286页。

自汉代将儒教奉为统治理念之日起，“无冤的理念”就已经产生，一直延续到清末，始终是统治者努力实现的目标。《汉书》就已经将“天下无冤民”作为应予褒奖的政绩。[21]《后汉书》曾记载了以下故事：陈寔任太丘县县长时，司官（监察官）将到其属地视察。陈寔的属下官吏担心县民向司官投诉，试图加以禁止。但陈寔则认为“讼以求直，禁之理将何申，其勿有所拘”。司官闻之而叹息曰：“陈君所言若是，岂有怨于人乎。”结果“亦竟无讼者”。[22]

这一事例说明，从后汉时代起，无冤的理念曾被一些为官者所切实实践。无冤的理念与无讼的理念相辅相成，共同存在并相互补充，这一点颇具意趣。但是，值得回味的是，如果没有陈寔那样独特的地方官，其治下的民众恐怕会将司官的到来视为倾诉冤情和怨气的最佳时机，而地方官则会千方百计地试图遏制或者消灭这种陈情的行为。之所以这样说，因为这一佳话与后述王符的《爱日篇》有关，因为陈寔与王符大致是同时代的人。《陈寔传》所提到的司官（监察官），据说是州从事，或郡督邮，[23] 无论是哪一种职务，当时到太丘县来的都带有监察使命。

无冤的理念后来作为诉讼制度，发展为中国特有的两个制度。一个是上诉（上控）制度，另一个是禁止告状不受理的制度。

其中明确规定上诉制度的法令，至少在隋代已经出现，如规定在诉讼中当事人如果“有枉屈县不理者，令以次经郡及州，至

[21] 《汉书》卷七一《于定国传》，第 3043 页。

[22] 《后汉书》列传第五二《陈寔传》，第 2066 页。标点根据吉川忠夫训注《后汉书》第 7 册，东京：岩波书店，2004 年，第 500 页。

[23] 一说为《后汉书集解》卷六二所引沈钦韩之说。有关州从事见严耕望：《中国地方行政制度史》上编卷上《秦汉地方行政制度》，台北：“中研院”历史语言研究所，1974 年，第 305 页以下。郡督邮见同书第 138 页以下。

省级不理，乃诣阙申诉”。此后如仍有不满，则可以直接通过登闻鼓进行申诉。[24] 宋代也规定了县（知县）—州（知州）—路（监司）—中央省部（尚书、刑部）的上诉途径。[25] 实际上，这类上诉盛行的情况在此后的《清明集》中可以看到。清代嘉庆五年（1800年）规定：“军民人等遇有‘冤抑’之事，应先赴州县衙门具控。如审断不公，再赴该管上司呈明。若再有屈抑，方准来京呈诉。”[26] 根据以后的《巴县档案》所见，当时的上诉称之为上控，常常采用从县（知县）—府（知府）—道（道员）—省（布政司）的途径；而称之为京控的到北京上诉的情况非常盛行，这也是《中国诉讼社会史研究》第八章的作者阿风的论文所探讨的情况。[27]

另一方面，根据当时的法令规定，民众在提起诉讼时，如果诉状没有违反规定的地方且一看就好像没有诬告，那么，官府也必须受理。官员如果不履行该法令，反过来要受到处罚。明清时代这一相关法令名为“告状不受理”。[28] 实际上，这种禁止告状不受理的法律规定，早在《唐律·斗讼》中就已经出现，即“若应合为受，推抑而不受者，笞五十”之规定。

允许无限制地上诉或者官府必须受理诉状的原则，作为无冤理念的法制化的结果，与无讼的理念并不矛盾。不如说，国

[24] 《隋书》卷二五《刑法志》，第712页。

[25] 《宋会要辑稿·刑法三》，北京：中华书局，1957年，第6582—6591页。

[26] 胡星桥、邓又天主编：《读例存疑点注》，北京：中国人民公安大学出版社，1994年，第679页。

[27] 阿风：《清代的京控：以嘉庆朝为中心》，夫马进编：《中国诉讼社会史研究》，京都：京都大学学术出版会，2011年，第八章，第332页。

[28] 《明律·刑律·诉讼》“告状不受理”条，以及《大清律例》本书有中文译，杭州浙江大学出版社，2019年，第310页。同条。

家认为这些制度正是实现无讼理念的前提和手段。但实际上，该制度却产生了许多棘手的问题。这是因为当无冤的理念不仅仅是作为一种话语，而被付诸实践之时，有时不仅不能达到无讼的结果，反而会激发诉讼的产生。举例而言，可首推海瑞的实践为证。

从隆庆三年（1569年）到翌年为止的几个月，海瑞曾任应天巡抚这一当地最高长官。他在任期时曾宣称：

> 若先亿其诬捏十状九诬，弃九人之诬，而一人之实亦与其中矣。况十人中或不止一人之实，十人中一人为冤，千万人积之，冤以百以十计矣。不能执我严法，使诬者惧之不来，乃并实者弃之，使含冤之人不得伸雪，可以为民父母哉。[29]

可以看到，这是一种身体力行追求无冤之理念的典型形象。当然，其初衷并不是期望增加诉讼，相反正是在追求无讼的境界；其目标是努力通过尽可能受理诉讼，教化民众，同时通过公正严明的审判，最终实现诉讼的减少。然而，当他的指令在其治下的南直隶下达后，得知的人争先恐后地前来提起诉讼。因为当地有很多乡绅不断进行土地兼并，海瑞的指令正好给那些被剥夺了土地的人一个夺回土地的机会；但其中不乏趁火打劫提出不符合事实的诬告之人。为此，松江府上海县等地诉讼激增，甚至导致书写诉状的用纸价格飞涨，一个店铺光卖状纸一天的营业额就

[29]《海瑞集》上编六《示府县状不受理》，北京：中华书局，1962年，第275页。

高达 30 两银子之多。[30] 海瑞在任不过数月就被从应天巡抚之位解职，主要原因就是因其造成了这种混乱。

与海瑞同样追求无冤之理念也同样以“失败”告终的还有清代的嘉庆皇帝。他也认为“即健讼者十居七八，亦岂无一二衔冤负屈之民以实情上诉乎”。[31] 所以主张必须认真对待。嘉庆八年(1830 年)，嘉庆帝下达上谕，命令为了这十个人中的一两个衔冤负屈之人，必须尽力受理京控案件，慎重调查。其结果京控案件与日俱增，以至各省积聚的未决案件都达到数千件之多。

这就是前面所说的棘手的问题。官僚们作为孔子的弟子，一方面，追求无讼的理想；另一方面，作为民众的父母官，哪怕十个人中有一两个含冤负屈者，就不能舍弃无冤的理念。然而，在一个已然是诉讼多发的世界里追求无讼，要对大量包含诬告或图赖诉讼的上诉一件件慎重审理，必须耗费大量的经费，而行政效率的问题更不可等闲视之。为此，官府不得不增加大量胥吏、差役等人员，以及协助官僚工作的幕友，而这些经费最终都必然转化为民众的负担。

对此，比较有良心的地方官采取的方针对策，是自己尽职尽责地尽可能多处理哪怕一件讼案；同时，在正式受理诉状之前，官府在原告准备提交诉状的现场先行采用简易审判的方式对其进行调查，观察他们的言谈举止是否存在诬告之嫌。这种做法是康

[30] [日] 夫马进：《明清时代的讼师与诉讼制度》，梅原郁编：《中国近世的法制与社会》，京都：京都大学人文科学研究所，1993 年，第 443 页；中译文收入本书，第 405 页。英译文：Litigation Masters and the Litigation System of Ming and Qing China, *International Joural of Asian Studies*, Vol. 4, No. 1, p. 83.

[31] 《嘉庆道光两朝上谕档》第 8 册，桂林：广西师范大学出版社，2008 年，第 146 页。

熙初年任知县的于成龙力荐的，他说："先审查原告之词辞色，勿为滥准，而刁顽之风可息。"[32] 康熙年间先后形成的官箴书《未信编》《福惠全书》也都推荐在诉状受理之前对原告进行讯问的简易审判方式。[33] 通过这种针对原告是否有诬告之嫌的调查，即在诉状受理之前进行讯问等手段，真正做到成功地使诉讼激减的名人当属道光五年（1825 年）至道光七年（1827 年）任巴县知县的刘衡。[34] 据现存《巴县档案》记载，刘衡在任的道光六年（1826 年），与其他年份相比，案件数量出现了不自然的大幅度减少（见表 1）。这种手段如果成功，或许确实有可能在逐步接近无讼目标的同时，相对实现无冤的理想。

表 1　巴县档案事案件数

单位：件

年	案件数	乾隆 5	3	乾隆 10	4	乾隆 15	7
乾隆 1*	2	乾隆 6	4	乾隆 11	1	乾隆 16	2
乾隆 2	0	乾隆 7	5	乾隆 12	2	乾隆 17	7
乾隆 3	3	乾隆 8	2	乾隆 13	1	乾隆 18	4
乾隆 4	1	乾隆 9	3	乾隆 14	4	乾隆 19	3

[32] 于成龙：《于清端政书》卷一《对金抚台问地方事宜》，《四库全书》，台北，台湾商务印书馆，第 1318 册，第 549 页。

[33] 潘杓燦：《未信编》卷三《放告》，《官箴书集成》，合肥：黄山书社，1993 年，第 3 册，第 71 页；黄六鸿：《福惠全书》卷一一《放告》，《官箴书集成》第 3 册，第 329 页。

[34] 拙稿《アテナイ市民の訴訟好きと中国訴訟社会［雅典市民的好讼与中国诉讼社会］》，《ギリシャ喜劇全集［希腊喜剧全集］》第 5 卷之《月报》5，东京：岩波书店，2009 年，第 9 页。

续表

乾隆 20	10	乾隆 43	94	年	案件数	嘉庆 23	285
乾隆 21	7	乾隆 44	102	嘉庆 1	170	嘉庆 24	401
乾隆 22	6	乾隆 45	99	嘉庆 2	296	嘉庆 25	432
乾隆 23	27	乾隆 46	122	嘉庆 3	143	嘉庆其他	167
乾隆 24	58	乾隆 47	78	嘉庆 4	243	嘉庆无记录	11
乾隆 25	53	乾隆 48	60	嘉庆 5	214		
乾隆 26	39	乾隆 49	136	嘉庆 6	224	总计	8952
乾隆 27	84	乾隆 50	100	嘉庆 7	191	年	案件数
乾隆 28	63	乾隆 51	104	嘉庆 8	234	道光 1	560
乾隆 29	103	乾隆 52	122	嘉庆 9	206	道光 2	521
乾隆 30	179	乾隆 53	87	嘉庆 10	387	道光 3	597
乾隆 31	117	乾隆 54	82	嘉庆 11	360	道光 4	673
乾隆 32	154	乾隆 55	92	嘉庆 12	420	道光 5	796
乾隆 33	132	乾隆 56	102	嘉庆 13	432	道光 6	452
乾隆 34	69	乾隆 57	86	嘉庆 14	537	道光 7	678
乾隆 35	101	乾隆 58	100	嘉庆 15	537	道光 8	619
乾隆 36	71	乾隆 59	131	嘉庆 16	570	道光 9	690
乾隆 37	47	乾隆 60	157	嘉庆 17	304	道光 10	500
乾隆 38	65	乾隆其他	104	嘉庆 18	452	道光 11	745
乾隆 39	120			嘉庆 19	375	道光 12	900
乾隆 40	127	乾隆无记录	252	嘉庆 20	582	道光 13	650
乾隆 41	98			嘉庆 21	405	道光 14	750
乾隆 42	62	总计	4060	嘉庆 22	374	道光 15	943

续表

道光 16	560	咸丰 5	862	同治其他	223	光绪 19	1013
道光 17	891	咸丰 6	1017	同治无记录	35	光绪 20	1096
道光 18	986	咸丰 7	746			光绪 21	1071
道光 19	877	咸丰 8	1165	总计	16,980	光绪 22	1050
道光 20	903	咸丰 9	1122	光绪 1	1499	光绪 23	766
道光 21	809	咸丰 10	1231	光绪 2	1187	光绪 24	971
道光 22	789	咸丰 11	1019	光绪 3	1369	光绪 25	975
道光 23	742	咸丰其他	148	光绪 4	1586	光绪 26	1276
道光 24	603	总计	10,359	光绪 5	1868	光绪 27	881
道光 25	784	同治 1	1172	光绪 6	1382	光绪 28	1051
道光 26	508	同治 2	1312	光绪 7	1614	光绪 29	1056
道光 27	784	同治 3	1338	光绪 8	1345	光绪 30	1094
道光 28	568	同治 4	1443	光绪 9	1081	光绪 31	1066
道光 29	783	同治 5	1320	光绪 10	1777	光绪 32	1436
道光 30	820	同治 6	1573	光绪 11	1491	光绪 33	1240
道光其他	372	同治 7	1401	光绪 12	1537	光绪 34	1391
总计	21,853	同治 8	1325	光绪 13	1788	光绪其他	485
年	案件数	同治 9	1376	光绪 14	1441	光绪无记录	2008
咸丰 1	881	同治 10	1221	光绪 15	1343		
咸丰 2	685	同治 11	996	光绪 16	1480	总计	46,164
咸丰 3	727	同治 12	1109	光绪 17	1284		
咸丰 4	756	同治 13	1136	光绪 18	1166		

* 本文诸表纪年均用阿拉伯数字表示。

说明：

(1) 本表由中田裕子在夫马进、伍跃、山崎岳所做调查的基础上整理制作而成。

(2) 四川省档案馆的目录中，可能存在一些实际年代记载的错误，但是本表以目录为准。

(3) 其他：例如，乾隆年间记载中有年代不明或无法判断年代的，标为乾隆其他。再如，目录上记载为嘉庆二十九年，但实际上并无嘉庆二十九年，故也计入嘉庆其他。

(4) 无记录：指年代一栏无记录的。

(5) 记录为某年至某年，某月至某月的，原则上以起始年月计入。由于各案件一般都连续多年或数月，因此只记录一个日期。

(6) 道光年间的目录有重复的编号，本表对此作了调整。

雍正四年（1726 年），湖南巡抚布兰泰奏参衡山知县张翼，原因是他沉溺于戏剧声色和饮酒而不去护送监犯，并且“不接民间词状”。雍正接到弹劾状后，以沉溺于戏剧声色和饮酒而贻误公务之名对张翼予以革职处分。但值得注意的是，他对于不肯接受词状的问题作出了如此的评价：

> 但称张翼不肯接受词状，此语甚属错误。民间词状虚妄者多。若一概接受，必启刁民诬告健讼之端。此风断不可长。即如余向任山东按察使时，多收词状，后来办理不清，人受其累。布兰泰若以收受词状之多寡，定属员之贤否，则属员

必致以此相尚，生事滋扰。[35]

《大清律例》中虽然明确规定禁止“告状不受理”之条，但雍正皇帝所下的上谕却明显违反了该法律。确实，正如雍正帝指出的那样，民间词状中虚妄之言甚多，俗语说“无谎不成词”，这种说法在康熙初年就已经出现在文献中，可见当时诉状中含有大量虚妄之词乃是众所周知的常识。[36] 进而言之，在明末清初大量出版的讼师秘本中，无一不是教人在制作诉状时必须采用夸大其词和刺激的表述方式，也说明当时的诉状确实充满了夸大其词和耸人听闻的不实之词。然而，为什么非要采用这种夸大其词的表述方式甚至谎言呢？从根本上是因为倘若不如此，反而可能不被受理的缘故。[37] 海瑞和嘉庆皇帝都是明知如此，仍坚持无冤理念而指示应尽可能多受理民间诉状。

雍正皇帝的上谕明显是自身违反法律而作出的命令，可以说是专制统治的一种表现。他围绕告状不受理的观察和作出的判断，虽然与约80年之后的嘉庆皇帝完全不同，但却恰如其分地预见到后者的政策所必然导致的司法界的大混乱。另外，必须注意的是，雍正皇帝所作的判断，绝不是他个人与众不同的一己之见，其父康熙皇帝也有此见解。康熙皇帝在听说浙江布政使赵申乔“好收词讼，民多受累”的传言后，曾批评道：“如果好受词

[35] 《世宗宪皇帝上谕内阁》卷四六，雍正四年七月五日。

[36] 于成龙：《于清端政书》卷二《请禁健讼条议》，《四库全书》，第1318册，第608页。

[37] 前注［30］，［日］夫马进：《明清时代的讼师与诉讼制度》，第457页；中文版：本书第421页；英文版第194页。

讼，刁民兴讼，即使审理，其被讼之人，一家产业已荡然矣。”[38] 赵申乔乃是与明代海瑞一样闻名的清官。

实际上，无视“告状不受理”的法律禁令，拒不受理诉讼，并不只是通晓世情的皇帝个人的判断，不如说是当时士大夫作为美谈的共识。康熙初年的毛奇龄曾记载一位任知县的朋友的政绩，称其“务与民休息，一切词讼不为理”，[39] 当然，知县很难只凭自己的好恶做到一切诉状均不受理。例如，同样是康熙初年任黄州知府的“清官”于成龙则相反，以无冤为目标，曰：

> 如州县不准民词，或已准塌案不审，许赴府控告，务于状内开明州县不准、塌案不审年月情由。如本府不准民词，或已准塌案不审，应赴上控诉……[40]

如果前述“好收诉讼”的赵申乔是毛奇龄相识之人的上司，那么在其统辖并监督下的知县，恐怕也很难自作主张地“一切词讼不为理”吧。

这样看来，即使在诉讼多发的时代或环境下，一方面有皇帝、总督或巡抚等对诉讼的负面判断，另一方面又有官员整体腐败程度不断深化的官场氛围，由此出现了通过人为努力达到无讼状态的可能性。官场上下，对不受理诉状形成某种心照不宣的默契。

[38] 《圣祖仁皇帝御制文集》第三集，卷四，康熙四十二年二月二十日；《圣祖仁皇帝圣训》卷四五，康熙四十二年二月乙未。赵申乔任浙江省布政使为康熙四十年正月到四十一年正月。

[39] 毛奇龄：《西河文集》卷九八《墓志铭八·骆明府倪孺人合葬墓志铭》。

[40] 于成龙：《于清端政书》卷二《请禁健讼条议》，《四库全书》，第1318册，第608页。

这样一来，无论地方官多么无能或懈怠，都可以直接获得无讼的美名。例如，刘基对元末地方社会的诉讼这样评说：

> 仆往尝观于牧民之以简讼名者，之其庭，草生于阶，视其几，尘积于牍。徐而访于其乡，察其田里之间，则强梁横行，怨声盈路。问其故，曰“官不受词，无所诉受之而已矣”。大吏至则曰，“官能不生事，民哗非官罪也”，则皆扶出之。诉者悉含诟去，则转以相告，无复来者。由是卒获简讼之名。[41]

《元史·刑法志》记载，元代也曾有相当于《明律》中禁止“告状不受理”的条款。[42] 据刘基的观察，由于前来公堂诉讼的人迹罕至，乃至堂前台阶生草，表面上看起来是在世间实现了无讼的社会，但实际上并非如此，不过是通过不受理诉状而达到“无讼”的假象罢了。

刘基的解释，迫使我们不得不对中国历史上各朝代中诉讼方式或案件数量的多少进行反思。或者说有必要对于中国在宋代之前诉讼较少的情况重新进行检讨。确实，如果阅读历代正史中的循吏传，会看到从后汉到宋之前的时代中，诉讼一直较少。当然，这个时代并非没有诉讼。例如，据《宋书》记载，山阴县（浙江省绍兴）有居民三万户，而诉讼案件大量累积，乃至公堂上常常有数百人蜂拥而至。《南齐书》同样记载了山阴县“狱讼

---

[41]　刘基：《诚意伯文集》卷七《书苏伯修御史断狱记后》。苏伯修是于元代至顺三年（1332 年）任南台御史的苏天爵，因此刘基的观察并非明初而是元末的情况。

[42]　《元史》卷一〇四《刑法志》，第 2671 页。

烦积”。[43] 《颜氏家训》的作者颜之推也说，在他的家乡江南，某家族有人“身没之后，辞讼盈公门”。在北齐的都会邺，“邺下风俗，专以妇持门户，争讼曲直，造请逢迎，车乘填街衢，绮罗盈府寺，代子求官，为夫诉屈”。[44]

然而，另一方面，也可以看到很多奇怪的描述。如北齐的高隆之，其政敌“乃谮云，隆之每见诉讼者，辄加哀矜之意，以示非己能裁”。[45] 此外，南朝宋王僧达任宣城太守时，“性好游猎，而山郡无事，僧达肆意驰骋，或三五日不归，受辞讼多在猎所”。[46] 还有，萧梁时任昉任新安太守时，“在郡不事边幅，率然曳杖，徒行邑郭，民通辞讼者，就路决焉”。[47]

根据这些史料，从中国诉讼史的角度看来，无论从无讼的理念，还是无冤的理念来说，南北朝时代都属于多少有些异常的时代。如果与刘基的观察相互印证的话，由于这个时期官场的风气所致，与其前后的时代比起来诉状受理相对较少，或者即使受理也常常不进行审判。可能正因如此，当时有关诉讼的史料很少留存下来。

由此可见，不仅费孝通的诉讼理论，而且“无讼理念”本身都隐含着很大的问题。其一，与无讼的理念似乎颇具亲和性的乡村“长老”的调解，实际上并不可依赖；其二，由“无冤理念”而生的实践，促生了上诉制度的发达和原则上禁止“告状不受

[43] 《宋书》卷九二《江秉之传》，第2270页；《南齐书》卷五三《傅琰传》，第614页。

[44] 颜之推：《颜氏家训》卷上《后娶篇》《治家篇》。

[45] 《北齐书》卷一八《高隆之传》，第237页。

[46] 《宋书》卷七五《王僧达传》，第1952页。

[47] 《梁书》卷一四《任昉传》，第254页。

理”的法律，但事与愿违，也成为导致诉讼多发的重大要因；其三，“无讼理念”在整个中国帝政时期始终是一种重要的价值观，以致引导一些官员追求通过不受理诉状而博得名声，并成为其治下诉讼大幅度减少的重大要因。一旦不受理诉状成为整个官场心照不宣的默契，就会导致当时诉讼数量出现较大幅度的减少。

期待让“无讼理念”与“无冤理念”相辅相成共同实现的难度之大，从海瑞及嘉庆皇帝的事例中可以得到雄辩的证明。而在诉讼多发的社会中想要同时实现这两个理念，即努力通过一件件地减少诉讼，最终实现无讼的困难程度，可以通过道光年间巴县知县刘衡的事例而略见一斑。我们曾经看到他通过采用简易审判方式等办法，能减少一件诉讼也好，最终务必使诉讼数量大幅减少。但从表 1 中可见，刘衡从道光五年（1825 年）至七年任巴县知县，他在任的道光六年诉讼量确实激减，但他离任的翌年，案件数立即又反弹到原来的基数。这里显示的数据正如第五小节中分析的那样，如果是准确的案件数的话，其中大半为诉讼案件。根据这种情况，可以认为当时的社会已经成为诉讼社会，或者诉讼有进一步增长的趋势。然而，这个故事令人深刻回味之处在于，一个知县为了追求无讼理念所做的努力几乎是无济于事的，这位有“良心”的官员的所作所为，完全是一种毫无意义的徒劳的努力。

为了了解为官者所信奉的无讼理念及其表现，我们接下来对东汉的诉讼实践做一些考察。

三、王符的诉讼论及后汉的冤结

健讼，即诉讼兴盛的表达，较多地见诸宋代以后的文献。这就是说，正是从宋代才出现这种特有的社会现象。迄今为止已经有大量关于宋代诉讼的研究，其中多对导致健讼的各种原因进行了分析。[48] 在这些分析中，一种意见认为宋代诉讼增加的根本原因是唐代中期以后确立了土地所有制，加速了民间土地的买卖。[49] 这种看法与我们有关唐宋社会变革的理论共识相契合，颇具说服力。

然而，这种观点存在以下两个难以回答的问题。其一，对土地所有的公认或对土地买卖的认可绝不是从宋代才开始的。恐怕汉代之时，就曾出现过十分活跃的土地买卖。即使我们认为汉代存在土地私有制的说法不够确切，但至少可称之为私人占有。但是，这两种说法都不能改变土地买卖基本上已经得到公认的事实，至少得到容忍的事实。其二，本小节探讨的后汉王符在其《潜夫论·爱日篇》中记载，当时全国每天参与诉讼的人有 10 万人之多。假定这个数字有一定可信度的话，那么从宋代上溯一千年之前，那时的中国人就已经常性地进行诉讼，在这个意义上可以说，那时就已经可以视为诉讼社会了。

研究者对宋代成为健讼社会的要因的各种分析，包括指出这种土地所有制变化的看法，其中多数都隐含着一种与唐代社会的比较。以下，我们可以通过比较后汉与宋代的诉讼，揭示中国诉讼中共通的东西，以及一千年间所发生的根本性变化。

王符的生卒年及《潜夫论》的写作和完成时间似乎并无定论，但确定无疑的是，王符写作《潜夫论》的时间大约是在公元

[48] [日] 小川快之：《传统中国的法与秩序——从地域社会的视点出发》，东京：汲古书院，2009 年，第 7—9、34—38 页所列出的论文。

[49] 陈智超：《宋代的书铺与讼师》，《刘子健博士颂寿纪念宋代史研究论集》，京都：同朋舍，1989 年，第 118 页。

110—150年，而他目睹并记载下来的正是当时的社会。

研究王符的议论，首先需要注意的是，在《潜夫论》描述的社会之后数十年，发生了黄巾之乱。此外，《潜夫论·爱日篇》描述的后汉时期的诉讼问题，籾山明在《中国诉讼社会史研究》第二章做了详细的研究，此处不多赘述。[50]

王符的《爱日篇》中最关注的问题是，人们为了诉讼耗费时日，却对最为重要的农耕漠不关心。《爱日篇》的“爱日”，是指应该爱惜农时，而不应将农时浪费在毫无价值的诉讼中。他写道：

> 今自三府以下，至于县道乡亭，及从事督邮，有典之司，民废农桑而守之，辞讼告诉，及以官事应对吏者……日废十万人。[51]

三府即三公府，是指设在国都洛阳的三个最高官府，以下是州、郡，再下是县、道，县、道下设乡，后汉时期一个县大约有三个乡，乡以下设亭。后汉在一个乡设三四个亭。乡中设作为县属吏的啬夫，担任征税职能的同时，也负责听讼，即审判。亭中设作为县属吏的亭长，其中心工作是逮捕盗贼，同时也进行听讼。[52] 州府的从事与郡府的督邮则是在各自治下进行巡回的监

[50] 籾山明：《后汉后半期的诉讼与社会：以长沙东牌楼出土第1001号简牍为中心》，前注［27］，夫马进编：《中国诉讼社会史研究》第二章，第144页。中译本，第127页。

[51] 标点据汪继培：《潜夫论笺》，北京：中华书局，1979年，第219页。所缺文字，根据《后汉书》列传第三九《王符传》，第1641页；吉川忠夫训注：《后汉书》第6册，第393页补充。

[52] 前注［23］，严耕望：《中国地方行政制度史》上编卷上《秦汉地方行政制度》，第57—60、237—243页。

察官。也就是说，从中央的三公府，到县以下的乡、亭，乃至包括从事、督邮在内的全国各种与司法有关的官府，都充斥着各种告状申诉的人，每天达 10 万人之众。如前所述，如果确定《潜夫论》成书约为公元 110—150 年，根据多数比较一致的数据，当时的户数约为 1000 万户。[53] 假定王符以某种方法推算出当时每天有 10 万人在参与诉讼，一户中有一人出来的话，即可以简单地推算出，相当于每天大约百户中有一户在参与诉讼。毫无疑问，这个数据包括原、被告双方。王符的这个数据可能有夸张的成分，而且也不可能全国一律，但作为当时人的实际体验，即使有较大的出入，但如果完全缺少现实主义基础的话，本身必然难以成立。假如这里记载的是每天全国有 1 万人参与诉讼，那么全国 1000 余县，每个县每天不过才有 10 个人参与诉讼，在当时的知识人看来，这样的描述显然缺少说服力。但如果说每天百户中有一户参与诉讼，那么，这个社会就可以说是诉讼多发。那么如果根据这个依据，实际上就不得不承认后汉已显示出诉讼社会的征兆了。

根据王符的认识，这个时代中诉讼多发的程度已经影响了农业的顺利进行。在后汉的 2 世纪前半叶，诉讼之所以特别多发，其原因首先是当时县以下的乡，以及乡以下的亭大量受理诉讼的缘故。据认为是吕后二年（前 186 年）所下的《二年律令》的具律规定，“而远其县廷者，皆得告所在乡”。[54]《爱日篇》中说，乡亭的部吏也可以进行审判，这里，乡和亭都被视为有权审理诉

---

[53] 赵文林、谢淑君：《中国人口史》，北京：人民出版社，1989 年，第 52 页。
[54] 冨谷至编：《江陵张家山二四七号墓出土汉律令研究》（译注篇），京都：朋友书店，2006 年，第 68 页。

讼的官府。后汉大约一个县约设三个乡，一个乡设三四个亭，由于不仅乡，而且其下的亭也都能受理诉讼，这样，对于居住在乡村的人们来说，可以进行审判的官府实际上就近在身边。当时，多数诉讼首先在乡、亭受理，从《爱日篇》的描述可以看到，这些司法活动往往是被乡亭的“豪吏”即啬夫、亭长把持。接着，王符在《断讼篇》中论及诉讼不公的原因时明确指出：“其本皆乡亭之所治者，大半诈欺之所生也”。

至于导致诉讼大量发生的原因究竟是什么？王符对此并没有作出具体的回答。他虽然描述了从乡、亭到三公府的诉讼过程，但仅讲到乡亭中“羸民”“贫弱”即穷人，与“豪富”“豪滑”即豪族或狡猾的有钱人之间的争斗，或只是大致描述了“豪富”“豪滑”与乡亭的“豪吏”相互勾结，欺压“羸民”“贫弱”的基本形态。

如果说，诉讼在乡村是“豪富”与“羸民”之间的争斗所引起的，究其原因，会首先想到当时盛行的土地兼并。王符所说的“豪富”与“羸民”，酷似宇都宫清吉在论及土地兼并时所说的“上家”与“下户”的概念。[55] 然而，从《汉书》到《后汉书》中出现最多的诉讼案例，大多是兄弟之间、伯父与子侄之间的争斗等亲属间发生的纠纷，即便这些都与土地分配问题有关，但是却看不出“羸民”与“豪富”之间的纠纷，尤其是与土地兼并有关的纠纷。

但是也有下面这样的案例，陈宠任四川广汉郡太守时，“西

[55] 宇都宫清吉：《僮约研究》，氏著：《汉代社会经济史研究》，东京：弘文堂，1955 年，第 316 页。

川豪右并兼，吏多奸贪，诉讼日百数”。[56] 陈宠是早于王符数十年的人，他所提到的每日百件以上的诉讼，是主要指郡府衙门直接受理的案件。实际上还应该将这个数字与郡的督邮在各县受理来的案件加在一起考虑。所谓郡，自然是指县以上的一级官府。

陈宠所说的“豪右”及贪吏与《潜夫论》中所说的“豪富”“豪吏”十分相像。郡府每天处理的多达百件以上的诉讼，当然不可能都是“豪右”兼并所致，但这里明确记载这确是其中的主要原因。

苑康任太山郡太守时，郡内不法“豪姓”很多，他们畏惧苑康严厉的作风，于是在他下令之前，纷纷自动先将夺取他人的田宅返还给原来的所有者。[57]

在苑康那样的官僚赴任之际，被剥夺土地的人向“豪姓”提起诉讼是完全可能的，正因如此，“豪姓”才会在此之前主动归还了土地。王符的《爱日篇》中所描述的在乡亭进行的诉讼，将“贫弱”的“羸民”视为诚实正直之人，他们不肯对负责审判的乡亭吏进行贿赂或馈赠；而那些“豪富”“豪滑”则与此相反。假如在苑康赴地方官之任时，“羸民”对不法夺人土地的“豪富”提起诉讼，这些诚实正直的人应当完全有胜诉的可能，也就是说，如果“豪姓”通过不法的暴力强夺土地的话，“羸民”胜诉的可能性很大。

但是，围绕土地兼并引起的“羸民”与“豪富”间的诉讼，还有必要考虑另一个方面。这就是与土地买卖相伴随的诉讼。从前汉开始，土地买卖就不断扩大，也被认为是广大的农民为了生

---

[56] 《后汉书》列传第三六《陈宠传》，第1553页。
[57] 《后汉书》列传第五七《党锢列传》，第2214页。

存而不得不采用的手段。王莽时代起来造反的隗嚣，在其讨伐新帝王莽的檄文中，痛斥王莽“田为王田，卖买不得”。[58] 对于广大的农民而言，私有土地的买卖实在是不得不为的事情。隗嚣的檄文正是农民们的思想的反映，土地的买卖对他们来说，是符合“天理”、顺乎“人情”之事，如按此理，土地买卖本不应导致诉讼。

前汉的晁错描述当时农民的贫困化以及与其相伴的土地兼并过程时指出：由于灾害频仍，国税沉重，贫困的农民不得不半价出售土地；而无地者不得不付出双倍利息借钱，乃至卖掉房屋甚至卖儿卖女还债。[59]

这里所说的并不是暴力性的强夺土地，而是通过买卖进行土地兼并的过程。这种过程及其导致诉讼的事例，可以参考后汉钟离意所述的有关案件。这是发生在钟离意任会稽郡督邮时的事情。

孙常与孙并兄弟二人已分家。弟弟孙并去世后，当地发生了饥荒，孙常不时接济弟媳家一些粮食，每次所给的一升一合都记录下来，作成债券（借据），最后以此为手段将孙并家的土地据为己有。孙并的儿子长大后，为了收回土地，提起诉讼告伯父孙常。审判过程如下：

掾史议皆曰，孙并儿遭饥，赖常升合，以长成人，而更争讼非顺逊也。意独曰，常身为父遗，当抚孤弱，是人道正义，而稍以升合券取其田，怀挟奸诡，贪利忘义。并妻子虽

---

[58] 《后汉书》列传第三《隗嚣传》，第516页。
[59] 《汉书》卷二四上《食货志上》，第1132页。

以田与常，困迫之至，非私家也。请夺常田畀并妻子。众议为允。[60]

虽然这个故事并不是“豪富”通过买卖从“羸民”那里获得土地的情形，但其过程形态大致相同，晁错所说的在饥荒等危机时刻乘人之危下手的方式，也是相同的。小吏（掾史）所作出的判断是应对侄子的主张加以斥责，他们的根据有二：一是欠债还钱天经地义，这是社会的通识。另外，侄子竟敢对作为尊亲属的伯父提起诉讼，乃是不敬，这也是常识。有关后一个理由，还有另一个案例：同为后汉的周党“家产千金。少孤，为宗人所养，而遇之不以理，及长又不还其财。党诣乡县讼，主乃归之”。[61]首先应该确认的是，与孙常的侄子一样，对于周党来说，为幼小的他代管财产，并且抚养他的宗人是他的至亲——伯父和叔父。如果是这样，那么，孙并儿子的主张被驳回是因为侄子不应该状告伯父。至少这一点不应该是主要原因。掾史的判断是根据欠债还钱天经地义的社会通识和一般的情理意识。相比较而言，他们对孙常在危机之际，在亲属之间用借据为手段夺取土地的行为则不认为是重大的罪过。这是除钟离意之外普通人的判断。那么，如果不是在亲属之间的话，一般人相互借贷而导致土地转让的结果，恐怕必然是债权人一方胜诉吧。

掾史的判断与钟离意的判断的差异，是如何衡量法庭审判正义的问题。掾史考虑的是，法庭实现的正义应该是欠债还钱，即

[60]《通典》卷一六八《刑六·决断》。《折狱龟鉴》卷八《钟离意》等亦有相同内容。

[61]《后汉书》列传第七三《周党传》，第2761页。

使由此导致当事人不得不放弃土地，也不得不如此，因为这是社会通识，也就是说，这种情理意识是在当时农民普遍认可的土地买卖惯行基础上产生的。与此相对，钟离意则主张法庭必须实现的正义，是更应受到重视的“人道正义”，即近亲属之间应相亲相爱，苦难时理所当然相互扶助的美好图景。这种伦理观是另一种情理意识。孙并的儿子之所以起诉伯父，是因为亲属之间乘人之危，借接济粮食之机，通过借据的手段夺取土地，用钟离意的话，此乃“奸诡”之举。这种判断无疑是根据这种“人道正义”作出的。

这里，我们可以联想到王符的《潜夫论》中也充满了“奸诈”“诈欺”“诡诈”“欺负”“欺绐”“虚伪”“诘诈”“诘诡”“巧伪”之类相似的用语。王符对于现实的批判，多少也是基于这样的伦理观。如果遭遇到与钟离意相同的情况，王符恐怕也会像孙并之子和钟离意一样，认为孙常的行为是“奸诡”，并依据“人道正义”的伦理作出判决。然而，这种判断毕竟是少见的，而掾史的判断恰恰是当时的普遍认识，正因如此，这些罕见的美谈才得以传世。

在王符所描述的在乡亭进行的诉讼中，并没有将那些诚实正直的善良“羸民”称作原告。值得注意的是，他并不是将“羸民”作为原告、“豪富”作为被告来讨论这个问题的。因为，在多数情况下，催还借贷的是“豪富”一方，更可能是他们作为原告向债务人提出诉讼。在《居延简牍》中可以看到，很多因借贷问题引起的诉讼案件几乎都是对欠债不还的人提起诉讼，而债务人则作为被告进行答辩。此外，后汉建武三年（27 年）前后，居延县发生的一起民事诉讼，即“候粟君所责寇恩事”，也是候粟君向寇恩提出返还钱财的要求而提起的诉讼。[62] 如果这样，可以认为，与土地兼并有关的诉讼一般并不是贫穷的农民提起的，而多数是要求还钱的“豪富”提起的。前汉最后的年代，生于河南省南阳的豪族樊重，一方面作为大庄园主，开垦了300多顷田土，收容了千余户老弱人口；另一方面向乡间民众大量借贷钱财，达数百万钱之多。[63] 樊重临终时遗言令人将这些借契全部付之一炬，被传为美谈。但是，这一美谈的反面，则是如果他为了索偿这些金钱债务进行诉讼的话，这些借契必然会被作为债权证据而提出。

然而，在发生金钱借贷诉讼时，如果自认为是诚实正直的债务人，向债权人提起诉讼，是否可能胜诉呢？根据《二年律令》规定，债权人索取抵押物属于违法行为，而且以他人名义登录土地房屋也被作为违法行为而禁止。[64] 然而，不得不放弃土地的农民，怎么会知道法律是如何规定的呢？即使知道，他们自己能够根据法律主张自己的诚实正直吗？

实际上，发生金钱借贷诉讼时，自认为是诚实正直的债务人，如果向债权人提起诉讼，恐怕在多数情况下是不懂这些法律规定的。正如前述孙并之子那样，通常是认为兼并土地的人采用了“奸诡”手段，违反“人道正义”才提起诉讼的。但是实际上当时审判作出的判决往往都是像掾史的判断那样，让“奸诡”一方

---

[62] 在籾山明《中国古代诉讼制度研究》，京都：京都大学学术出版会，2006年，第204—213页中，可以看到很多借贷案件。“候粟君所责寇恩事”，见第139—147页。

[63] 《后汉书》列传第二二《樊宏传》，第1119页。前注［55］，宇都宫清吉：《汉代社会经济史研究》，第319页。

[64] 前注［54］，冨谷至编：《江陵张家山二四七号墓出土汉律令研究》（译注篇），第122、214页。

胜诉。在借贷诉讼中，基于“人道正义”告对方为“奸诡”而获得胜诉的概率是绝无仅有。即使是有关土地买卖的诉讼，在多数情况下土地也不可能返还原主。否则，晁错的议论就不足为奇、难以成立，而钟离意的佳话也不会流传后世了。因为，人们都认为所有的审判都应该实现某种正义。可是，后汉时代，审判在处理土地兼并诉讼方面已经形成一套固定的套路，这种模式就是审判不得不违背“人道正义”而保护土地买卖。这种现实就是，后汉无论提起多少诉讼，都无法消解王符称之为“冤结”的民众的怨气及悲剧性结局的根本原因。

王符的诉讼理论认为，“嬴民”即贫弱的民众参与诉讼的场合，大多数都会以一种悲剧性结局而告终，即从乡亭一路奔走到三公府，结果不过是表明“治讼若此，为务助豪猾而镇贫弱也，何冤之能治?”。[65] 他在《潜夫论》中多次使用诸如“怨”“冤”“冤民”“冤枉”“愁怨”“怨言”这类用语，值得注意的是，其中多次使用的是“冤结”一词。这是指冤或怨气集结成了难以化解的“结”。《潜夫论·爱日篇》对“冤结”的记述，在《后汉书》中记为“怨结”，《汉书》与《后汉书》中提到冤结，都是指冤屈很难得到昭雪的情况。王符在《三式篇》中说：“细民冤结，无所控告，下土边远，能诣阙者，万无数人。”《述赦篇》也有近乎相同的说法。这些描述与后世《清明集》和《巴县档案》中看到的当时有关诉讼的形象大相径庭。确实，宋代和清代的文献中也不时可以看到有关民众的沉冤得不到昭雪，即冤结的记载；但是，《清明集》和《巴县档案》带给人的印象，毕竟还是

［65］ 前注［51］，《潜夫论笺》，第217页。

有关人们热衷于健讼、缠讼的生动描述。而王符的诉讼理论中显示出的诉讼形象，则是极其灰暗和痛苦的。也就是说，宋代以降，进行诉讼的民众成为被非难的对象。相比较而言，王符的诉讼理论对进行诉讼的人们至少还使用“正直”之类的用语报以同情的描述。

出现这种差别的根本原因在于，如前所述，王符时代的“羸民”与“豪富”之间发生的有关金钱借贷或土地的诉讼，本来“正直”的“羸民”大多数却都以败诉告终。此外，更重要的原因还在于，当时还未出现始见于宋代文献中的讼师，即帮人打官司的人；而且，教人如何在诉讼中取胜的“讼学”尚不发达。《后汉书·郭躬传》中所记河南省颍川郡阳翟人郭躬之父曾学习过前汉杜延年教授传承的法律《小杜律》，并在当地颍川郡官府掌管司法（断狱）之职达30年之久。据说“躬少传父业，讲授徒众数百人”。[66] 如此说来，颍川郡地区确实是讲法之地，无疑有很多人学习法律。据《后汉书·地理志》所言，颍川之地为战国时期韩国都，曾出过申不害、韩非子之辈，“好文法，民以贪遴争讼，生分为失”。[67] 正像宋代的江南西路（后来江西省）的几个地方素以健讼闻名那样，汉代的颍川郡在诉讼方面似乎也带有某种特别的地方风气。而且出现了《辞讼比（词讼）》七卷和《决事都目（决事科条）》八卷等判例。[68]

然而，郭躬向数百生徒所授的法律学实际上或应称之为断狱

[66] 《后汉书》列传第三六《郭躬传》，第1543页。

[67] 《汉书》卷二八下，第1654页。

[68] 《东观汉记》卷一四《鲍昱传》；《后汉书》列传第三六《陈宠传》，第1549页。同书列传第三八《应劭传》中对《汉仪》《春秋决狱》等法律书均有记载（第1612页）。

学，而不是俗称为讼学的知识。前面论及无冤的理念时，曾介绍了陈寔，他在任太丘县县长时，曾反对阻止县民们向监察官告状。陈寔实际上就是颍川县人，他年轻时刻苦学习，还担任过颍川郡西门的亭长。据说，乡里发生纠纷时必由陈寔出面裁断，但从没有人对他作出的裁断表示不满或怨言。陈寔的裁定之所以具有说服力，是因为他曾刻苦学习法律学或断狱学、掌握了法律武器的结果。陈寔辞去太丘县县长之职的理由也与此有关，“以沛相赋敛违法，乃解绶去”——他认为作为太丘县的上级官府的沛国长官征税违法，因此自行辞官而去。这个逸闻栩栩如生地表现出一个学习法律之人的刚直形象。但是，郭躬所传授的法律学或断狱学并不是普通被统治民众所学习的讼学，而是更适合陈寔那样的亭长、县长等进入仕途的人学习的知识。

综上所述，有关后汉的诉讼，可以得出以下结论。正如王符所言，2 世纪前半叶，全国每天有 10 万人以各种方式参与诉讼，可谓诉讼多发。其原因在于：第一，诉讼在由县一级受理之前，首先由乡亭受理，因此，诉讼的受理较为便利。第二，诉讼虽然多数在表面上表现为“豪富”与“羸民”的对立，实质上多数是以金钱借贷开始，以土地兼并为结果的纷争。这两个要因同时存在，所以导致每百户中就有一户在进行诉讼的情况。

王符所描述的，正是这种社会矛盾不断扩大深化的时代，同时，建立在乡亭一级的诉讼制度也起到重要作用。《后汉书·爰延传》记载，爰延在任陇西县的乡啬夫时，“人但闻啬夫，不知郡县”。[69] 爰延与王符几乎是同时代人，啬夫是乡里负责征税兼听讼的小官吏。他治下的乡人纳税和诉讼都无需到县乃至更上一

[69]《后汉书》列传第三八《爰延传》，第 1618 页。

级的郡里去，确实，王符将“羸民”的诉讼描绘成结果悲惨的“冤结”，然而，社会如果已经混乱到那种程度，诉讼自然就会功能尽失，人们也就不可能通过诉讼解决争议。于是，黄巾之乱就不可避免地发生了。

正如严耕望多次强调的那样，乡里的啬夫或亭长只不过是“直郡县属吏之出部者”而已，完全不意味着是地方自治。[70] 由啬夫或亭长审理农民的诉讼，是因为县城非常遥远，所以常常由他们代替县令、县长就近受理诉讼、进行审判。在乡亭里提出的诉讼，表明那些纠纷已经不能在当地居民内部经调解解决；而如果像王符所说每百户就有一户诉讼的话，说明国家权力已经渗透到农村最基层。中国从战国或秦国开始，国家就开始否认民众自发结成的一切共同体关系，追求将每个个人作为单个的存在，直接受君主权力的统治。[71] 这一点从国家的角度说来，体现为在县令、县长之下设置啬夫与亭长的制度；从民众的角度而言，则表现为纠纷不能仅依靠他们自发结成的共同体内部解决。我们将这种统治方式称为专制统治。

从王符的诉讼理论中，我们可以看到专制统治可能导致诉讼多发的一个例证，而这种情况在很早以前的时代就已经出现了。

四、宋代的健讼与差役的纠论——上诉及中国近世的税赋负担与诉讼

如前所述，中国历史中“健讼”一语出现在宋代，这一表述

[70] 前注［23］，严耕望：《中国地方行政制度史》上编卷上《秦汉地方行政制度》，第 237 页。

[71] ［日］谷川道雄：《中国中世社会与共同体》，东京：国书刊行会，1976 年，第 72 页。

在以后的历代王朝中作为对诉讼多发的非难而持续使用。“健讼”一词可以当之无愧地作为表现宋代以降诉讼之特征的关键词。[72]

此外，宋代文献的数量远超前代，恐怕这也是一个原因，在这些文献中多次出现关于某县或某府州每年受理诉讼的数量，以及诉讼文书数量的记载。说到诉讼文书，原文一般称之为“词状”，所谓“词讼”既意味着诉讼，又有诉讼文书之意。州是县的上一级行政区划，府与州同级，但作为一路之首城，它是地位比州高一些的大城市。宋代的州与后汉的郡以及明清时代的府大致相当。宋与后汉不同的是，受理诉讼的最下级机关是县。后汉时代的乡、亭一级也可以受理诉讼，与之相比，宋代的诉讼当然没有如此便利。不过，如北宋的程颢代理上元县知县时，据说“上元剧邑，诉讼日不下二百”。然而无论多大的县，诉讼达到每天200件都是不可思议的，因此这里特别注明为词状数量，即“民之诉讼，日常一二百状”。[73]

据朱子所言，南宋的漳州龙溪县“理诉之牒，日百余纸”。[74] 南宋时代编纂的官箴书《昼帘绪论》一书中也记载，“（知县）初至之日，多者数百，少数亦以百数”。[75]

程颢赴任的上元县，是当时江宁府城即现在的南京所在的县，龙溪县是漳州治下的四个县中的一个特别大的县，朱子本人曾为

[72] 宋代健讼之用语及其实例可参见刘馨珺：《明镜高悬——南宋县衙的狱讼》，台北：五南图书出版公司，2005年，第287—318页；梅原郁：《宋代司法制度研究》，东京：创文社，2006年，第169—179页。

[73] 程颢、程颐：《二程集》，《河南程氏文集》卷一一《明道先生行状》，北京：中华书局，1981年，第630页。熊节：《性理群书句解》卷二〇。

[74] 朱熹：《朱文公文集》卷一九《荐知龙溪县翁德广状》。

[75] 胡太初：《昼帘绪论·听讼篇》，《官箴书集成》，合肥：黄山书社，1997年，第1册，第105页。

之作过记。《昼帘绪论》所说的情况，并不是说全国都达到的程度，或许是按照较大的县的情况而论。但至少全国的大县每天受理百件以上的诉讼文书应当是确定无疑的。即使《昼帘绪论》列举的数据是指清代多数县采取的正式受理诉讼的方式，即三八放告、只在农闲时期受理，那么所述一年间受理诉讼文书的数量也与清代多数文献记录的数据并无很大出入。[76]

但是，为什么会出现如此大量的诉讼文书？其原因之一就是，当时与清代一样，每个案件中原告和被告都会反反复复地提出诉讼文书。《昼帘绪论》说，每次受理的诉讼文书中，几乎没有多少是新案，十之七八都是与以前完全相同的内容，这一说法与以后清代《巴县档案》显示的情况完全相同，说明在这一点上宋代与清代的诉讼非常相似。

然而，宋代的诉讼与明清时代又存在一些较大的差别，其中之一是向县以上的州及府提出的诉讼文书很多，州和府在诉讼与审判中起到重要的作用。南宋时代的官箴书《州县提纲》说“州县一番受状，少不下百纸”。[77] 同是南宋人的陈淳多次提到其故乡漳州（福建省）的诉讼文书数量：

> 其间亦有奸雄健讼为善良之梗……盖缘一种人长于词理，熟公门事体，浅深识案，分人物高下，专教人词讼，为料理公事，利于解贯头钱，为活家计。凡有词讼者，必倚之为盟主，谓之主人头。此其人或是贡士，或是国学生，或进士困

[76] 前注［30］，［日］夫马进：《明清时代的讼师与诉讼制度》，第440页；中文版：本书第402页；英文版第81页。

[77] 陈襄：《州县提纲》卷二《籍紧要事》，《官箴书集成》，第1册，第54页。

> 于场屋者，或势家子弟宗族，或宗室之不羁者，或断罢公吏，或破落门户等人。

曾任漳州知州的赵伯逷（庆元元年——1195年任）曾将这些人抓起来，在州府的后园内建了一所称为“自讼斋”的建筑，将他们监禁起来，一年内不准回家。[78] 其结果是，在如此健讼之地，翌年受理的词状（诉讼文书）锐减至一日不足30份。但是，下一任知州废止了自讼斋，之后诉讼文书数量又骤然增加，达到一天400—500份。此后的张斗南参照赵伯逷的做法，在官府门口张贴告示，词状再次急遽减少。至溥伯成赴任之际，词状又达到一天300—400份，因为他没有仿效赵伯逷的做法。[79]

据此记载，赵伯逷去任后，已经被遏制的词讼高企之势再次死灰复燃，达到每天400—500份，少则亦有300—400份之多。

如果陈淳的记述属实的话，那么，假定不像赵伯逷做知州时采用粗暴的手段加以遏制，大概每天也会有至少300份的词状提交到漳州衙门。漳州最大的县是县府设在漳州城的龙溪县，陈淳是朱子任漳州知州时最喜欢的弟子。如前所述，朱子在记述中强调龙溪县是漳州四县中特别大的县，故诉讼较多，每天要处理百余份词状。朱子还说，漳州治下的四个县中除龙溪县之外的其他三县的税赋不及龙溪县的十分之八。也就是说，漳州所受理的诉讼文书中，估计至少有一半是龙溪县下的民众提出来的。从朱子任漳州知州开始，到赵伯逷赴任为止，只有5年的时间，其间的

---

[78] 有关“自讼斋”，参见前注［72］，刘馨珺：《明镜高悬——南宋县衙的狱讼》，第398页。

[79] 陈淳：《北溪大全集》卷四七《上傅寺丞论民间利病六条》；《万历漳州府志》卷三《秩官上》。

情势似乎并未发生显著变化。如果是这样，从龙溪县一个县到漳州州衙提出的诉讼文书每天达 150—200 份。如果将两份史料结合起来看，那么尽管宋代的诉讼制度与明清时代一样，必须首先由县一级受理，但是其上一级官府州也几乎受理了同样多的词状，这一点在明清时代是异常的。

总而言之，在宋代，民众向州一级官府提出的词状几乎与向县里提出的同样多。其原因就诉讼制度而言，有两点需要指出：一是在宋代越诉极多。根据法令，诉讼当事人如果认为判决有错误，即“断不当”“断不公”时，任何时候都可以向作出判决的上级官府即州提出上诉；而如果对州府的判决不满时，则可以向路一级提出上诉。但实际上，越过县一级直接向州提出词状，或越过州一级直接从县向路提出上诉的情况经常发生。这种越诉在宋代屡见不鲜，宋史研究者早已指出了这一点，阅读了大量明清史料的笔者对此持赞同意见。

还有一点，宋代的上诉制度是截至当时最为发达的，并实际发挥着很大的作用。不仅在《宋会要·刑法门》中有很多关于上诉的规定，而且在《清明集》中也频繁出现此类实例。例如，一个家族继承这种亲属之间纠纷引起的诉讼，不仅会在向县里起诉之后向州提起上诉，而且会从州到路相继提起诉讼，直至告到中央的刑部。像这种没有任何刑事因素，在现代属于纯粹民事诉讼的案件，不仅向中央的刑部提起了上诉，而且持续达 20 多年之久。[80] 此外，据《续资治通鉴长编》记载，北宋咸平元年（998年），家族内因财产分配不公平而相互诉讼的一个案件，尽管下

---

[80] 《名公书判清明集》卷一三《挟仇妄诉欺凌孤寡》，北京：中华书局，1987 年，第 504 页。

了十几次判决，但当事人仍然不服，一直诉至中央的台省（御史台、尚书省）。[81]

上诉制度的实质性功能，其一是通过它经常可以推翻原来作出的判决。《清明集》中可以看到很多此类案例。毫无疑问，《清明集》对那些县、州已作出判决但依然上诉不止的当事人称之为“健讼”，并加以非难；但值得注意的是，该书所载州或路的上诉判决或者说这些判决的原作者“名公”们，通常都明确指出到达他们那里的上诉案件，要么是县的原判决有误，要么是州的审判存在错误。也就是说，一方面将上诉不止的人斥之为“健讼”，另一方面最终仍明确承认他们的上诉有理。例如，任路转运司的范应铃对上诉至路的案件如是说：

> 乡民持讼，或至更历年深，屡断不从，固多顽嚣，意图终讼，亦有失在官府，适以起争。

在坦率地承认县、州的判决有时存在错误，在将多年坚持诉讼的乡民斥之为“顽嚣”的同时，亦指出：

> 失在州县，民户所不足责。[82]

另外，大约在府一级做官的吴革处理的一个案件，原被告争

[81]《续资治通鉴长编》卷四三“咸平元年十月乙未”；《涑水记闻》卷七；《东都事略》卷三二。

[82]《名公书判清明集》卷四《漕司送下互争田产》，第 120 页；［日］高桥芳郎：《译注〈名公书判清明集〉户婚门》，东京：创文社，2006 年，第 73 页（下称“高桥本”）。

议的土地原本是作为抵押，而不是买卖。他对于县的判决，他加以严厉的批评说：

> 起初不合以其抵当为正典，前后累判，并不曾剖析子政（原告徐子政）不过税，不过业，其为抵当，本非正条，无以杜绝其希觊之心，故子政尚敢固执己私。[83]

任知府或知州的姚珤，明确指出县里对一个与一方当事人姓名相似的他人错误地作出判决，同时府州的司法官也对一个本来应当作为诈欺罪处罚的案件作出了错误的判决。[84] 蔡抗任路的提点刑狱官职时，认为：

> 本州佥厅之所断，本司检法之所拟，皆为失之。[85]

提点刑狱是一个路的司法长官，州的佥厅是其下一级的州的签书判官厅办公之处。检法官是在提点刑狱之下的官员，负责检索与案件最相适合的法律条文。也就是说，蔡抗不仅认为其管辖下的州作出的判决不当，而且认为自己直接部下所拟的判决草案也是不适当的。

一个州的佥厅的官僚也曾明确指出同一佥厅的前判断是“毋

[83] 《名公书判清明集》卷六《抵当不交业》，第 168 页；前注，“高桥本”，第 174 页。

[84] 《名公书判清明集》卷五《重叠交易合监契内钱归还》，第 142 页；前注，“高桥本”，第 117 页。

[85] 《名公书判清明集》卷九《卑幼为所生父卖业》，第 298 页；前注，“高桥本”，第 259 页。

乃失之偏听耶”，并加以斥责。[86]

就这样，宋代这种已作判决被上级官厅的府、州或路频繁推翻，有时即使未被完全推翻，也常常作出对上诉人较为有利的改判。这样，诉讼就不会成为“冤结”。向州或府提出的词状之所以很多，毫无疑问，越诉是一个重要原因；同时也因为通过上诉有时能够获得较为有利的判决或胜诉。如前所述，吴革在任知府时，严厉地批评某知县将本应作为抵当的误认为买卖而作出错误的判决。他在指出这一错误的同时，也承认：

> 初亦疑其健讼，反覆看详，盖有说焉。[87]

这种说法俨然是主张“健讼有理”，照此逻辑，上诉当然不会停止。

宋代通过上诉频繁推翻判决，以便使诉讼不致成为“冤结”。为了达到这一目标，很多纷争持续达数十年之久，原被告无疑也会被拖得精疲力竭。现代社会奉行“一事不再理”原则，这确实是生活智慧的结晶，但是，对于某某案件应该适用哪一种法律，即使在现代，也有合理选择的空间，而且追求绝对的真实或公正，也只是一种社会正义的表现而已。确实，正如宋代及后汉的王符所记载的那样，担任法官的地方官往往会收取贿赂，作出不公正的判决。在《清明集》中也有清廉的地方官直陈作官很难，

[86] 《名公书判清明集》卷五《侄假立叔契昏赖田业》，第 147 页；前注，“高桥本”，第 127 页。

[87] 《名公书判清明集》卷六《以卖为抵当而取赎》，第 169 页；前注，“高桥本”，第 174 页。

说“豪民巨室有所讼愬，志在求胜，不吝挥金，苟非好修自爱之士，未有不为污染者”。[88] 但是，从上述几个例子可以看出，能指出下级官府的判决不当和部下的错误的这些官僚，其形象都属于极其认真的“清官”。这是《清明集》给人的整体印象，恰如《名公书判清明集》之书名所表现的，该书是“名公”对自身政绩的叙述。确实，仅凭《清明集》一书来描述宋代诉讼和审判的整体情况需要慎重，但宋代的文献与明清时代的文献相比较而言，得到的整体印象是，《清明集》中所记载的推翻判决的“名公”绝非例外。这种情况与当时流行的以朱子学为代表的“新儒学”的精神相通，都带有某种特别认真的劲头。

“名公”带来的司法界的活跃，以及他们对提起没有必要诉讼的当事人的斥责或对帮助诉讼的揹客进行的恐吓，确实有可能使诉讼数量得以减少。但是，不可否认，另一方面，“名公”们的活跃反而有可能导致诉讼的增加。

“名公”之一的吴革提出“健讼有理”的观点，显然与无讼的愿望渐行渐远。而另一位“名公”胡颖对健讼之徒刘涛加以处罚，将其收进“自讼斋”监禁，进行再教育。在判决书中称：

> 刘涛……今乃背圣贤之戒，缪用其心，出入公门，搂揽关节，又从而为之辞曰：此义也。嗟夫！天下之义事，岂常人之所能为哉！……孟子以往救乡邻之斗为惑，而涛以干预他人讼为义乎？[89]

[88] 《名公书判清明集》卷一《谕州县官僚》，第 5 页。
[89] 《名公书判清明集》卷一二《士人教唆词讼把持县官》，第 477 页。

刘涛无疑是一个讼师，“专以教唆词讼为生业”。胡颖在评价刘涛时，引用孔子的“不在其位，不谋其政”，和曾子的“君子思不出其位”等出自《论语》中的箴言，说明刘涛并无任何官职，本应按照君子即读书人所为。因此，将其监禁于“自讼斋”，令其诵读《论语》等书接受再教育。刘涛将自己的行为标榜为“义”。胡颖曾经大量引经据典，试图以孔子、曾子、孟子、董仲舒、马援和韩愈等人的事例批驳刘涛，遗憾的是没有多少说服力。

胡颖描述刘涛时称其“阖邑之人，凡有争讼，无不并走其门”，这与此前介绍的陈淳的有关记载“凡有词讼者，必倚之为盟主，谓之主人头”相当契合。陈淳所建的“自讼斋”位于漳州城内的州府后园，前面已经说明，宋代县民经常到府、州诉讼。对于住在遥远的乡间的民众而言，到州里诉讼肯定比在县里诉讼远为不便。但显而易见，由于州城、府城内外聚集了讼师一类“健讼之徒”，依赖这些“盟主”“主人头”进行诉讼则十分方便。

在宋代，如同很多“名公”们所说的那样，诉讼没有出现“冤结”的原因在于，当时广泛存在导致健讼的讼师。讼师的存在与科举制度有密切的联系，主要是由科举而促生的庞大的生员即学生转化而来。我曾经对明清时代的讼师问题作了相关研究。[90] 在这方面，宋代几乎是相同的。据研究，南宋时代的进士阶层中，约半数出身于祖上三代无为官之人的家庭，即庶民出身。这种科举及格者在身份上的比例，具体说来就是出身于庶民

[90] 前注［30］，［日］夫马进：《明清时代的讼师与诉讼制度》，第466—468页；中文版：本书第431—433页；英文版第101—104页。

的进士约占进士总数的一半的情况，在明清时期也基本没有变化。[91] 许多出身于庶民阶层的生员为了能够成为进士，发奋苦读，但在乡试中却铩羽而归。这类生员的人数无疑是十分庞大的。

陈淳认为，成为讼师者既有贡士、国子监生，也有进士困于场屋著。他还说过，成为讼师者都是科举中的失意之人。分布在各个州县的这些未能成为贡士、国子监生的半士人的人数究竟有多少？在南宋时期，如果进士中约半数出身于庶民，那么未能成为举人，甚至未能成为贡士和国子监生的半士人，亦即那些不仅可以识文断句，而且可以舞文弄墨书写状词的“半士人”“半庶民”究竟有多少？

所谓“讼学”，就是传授诉讼技巧和词状制作方法的教育。讼学从北宋的文献中开始出现，这一点，经宫崎市定指出后已为众所周知。[92] 其中引用的《宋会要》所载史料将教授讼学的人称之为“教书夫子”，这个称呼绝不会让人联想到上等的知识人，恐怕他们多数以及他们的学生都属于这种半庶民半士人群体。如果是这样，他们教授讼学的对象中可能多少有一些普通民众。在宋代，正是这些讼师和广大的庶民，支撑着健讼和消解“冤结”的社会风气。前面说过，后汉的颍川郡的郭躬经常向数百学生教授法律学即断狱学，与此相比，宋代的庶民则与讼学近在咫尺。

---

[91] ［日］周藤吉之：《宋代官僚制与大土地所有》，东京：日本评论社，1950 年，第 55—56 页；何炳棣：《科举与近世中国社会》，寺田隆信、千种真一译，东京：平凡社，1993 年，第 115 页。

[92] ［日］宫崎市定：《宋元时代的法制与裁判机构》，《宫崎市定全集》第 11 册《宋元》，东京：岩波书店，1992 年，第 206—211 页；龚汝富：《明清讼学研究》，北京：商务印书馆，2008 年，第 69 页。

总之必须承认，民众由此获得了远比过去丰富的诉讼智慧。

必须指出，役法的问题是导致宋代社会发生健讼化的要因之一。这个问题与诉讼之间的关系，以往鲜有人知，但实际上，这一问题不仅重要，且一直持续到清末。

宋代住在乡间的一般民众通常根据其家产被分为九个等级。一等户和二等户是家产丰厚富裕的家庭，需要承担较重的差役。其中包括到州、县衙门听差，看守仓库、受官僚胥吏之命提供各种费用，承担从修缮官衙到运送物资等各种各样的衙前之役，还要承担里正、保正、大保长之役，负责下乡征税，甚至要负担其他纳税人户未纳的税粮等。这些都是众所周知的重役。[93] 这种沉重的差役人人都避之不及，而实际上只有有钱有势的人家才可能免除，结果不富裕的家庭反而却承担了更重的负担，这成为宋代严重的社会问题。王安石用“募役法”取代原来的“差役法”，将原来的由差役户负担差役改为可以用钱雇工代为服差役。这就是彪炳史书的王安石新法之一，也是当时新法党与旧法党之争的焦点。

差役的问题往往成为引发诉讼的原因。例如，南宋的叶适指出，在募役法已经实行的情况下，每当选定保正与副保正的时候，常常会导致诉讼多发。这是因为乡村民众都不愿意当这些差，故此在评估家产时拼命力争。他又认为：

今天下之诉讼，其大而难决者，无甚于差役。[94]

---

[93] ［日］宫崎市定：《以胥吏的陪备为中心》《宋代州县制度的由来及其特色》，《宫崎市定全集》第10册《宋》，东京：岩波书店，1992年。［日］周藤吉之：《宋代乡村制变迁过程》，氏著：《唐宋社会经济史研究》，东京：东京大学出版会，1965年。

[94] 叶适：《水心先生文集》卷三《役法》。

同样，南宋的杜范也说：

> 每一遇役次，则讼牒纷然。[95]

朱子也指出，为了保证差役的公平分担的对策而实施的义役，本应按顺序轮流担任，但却导致“目下词诉纷然”，而且：

> 差役一事，利害非轻，本司日逐受理词讼，多是人户陈诉上项事理。[96]

当时的民众都不愿意担当衙前差役以及里正、大保长之类的重役，因为他们有比如像“里正代纳逃户税租”那样的负担，这关乎一家人死活。所以，选定差役时，大多农户无不战战兢兢。如果官府不能准确地评估农民的家产，就可能导致本来可以免除差役的穷人不得不负担，这就必然会引发官与民之间的矛盾，也就是现代的行政诉讼。然而，中国宋代并无行政诉讼，这是因为，原本是国家与民众的对立转变为民众之间的对立，原本意义上的行政诉讼变成了民事诉讼。更简单地说，将这些矛盾转化为民众之间的相互告发——例如，某人不该免除差役，某人是富人、理应当差，等等。

有关围绕服差役而展开的官民对立和民与民的对立的结构，可以结合明末编纂的诉讼秘本《珥笔肯綮》的内容进行分析。

[95] 杜范：《清献公文集》卷八《便民五事奏札》。
[96] 朱熹：《朱文公文集》卷一八《奏义役利害状》；卷二一《论差役利害状》。

《珥笔肯綮》中所教授的有关词状书写的方法值得注意，所举实例是明代的，但所描述的有关里甲之役的诉讼，与宋代的差役诉讼涉及的问题几乎完全一样。秘本告诉读者：假定一个当事人主张自己贫穷、不应担当粮长一役而提出申诉，但是“若只说我户不能当，则差役当责何人。此所以不准也”。在拒不担当里长一役时，也不应只主张不能负担，“若泛说我户少，官府从何处补我”。而必须在诉状中明确具体指出有能力担当此差役之人的名字。[97]

宋代的情况与此几乎并无二致，这类具体事例在《清明集》中也可以看到。其中一件大致如下：某县担任十五都保正的熊俊英任期已满，县里决定由熊澜接替担任保正，但熊澜以自己纳税额达不到服此役之标准为由拒绝接替保正，并到府上提起诉讼。负责处理的府签书判官厅公事调查了熊澜提出的诉状，其中对熊俊乂、熊俊民、张师说、张师华、师承之、师望之六人有所“纠论”。对这六人每一个是否适合担当保正，签书判官厅进行调查的结果是，熊俊乂等五人的资产额与其应当差役的实绩不相当，师承之则完全符合继任此役之条件。因此，签书判官厅向知府要求应下令让师承之担当此役。[98]

那么，熊澜的诉状中对六人进行的“纠论”是什么意思呢？

---

[97]　[日] 夫马进：《讼师秘本〈珥笔肯綮〉所见的讼师实象》，邱澎生、陈熙远编：《明清法律运作中的权力与文化》，台北：“中研院”、联经出版事业股份有限公司，2009 年，第 20—21、31 页。中译本收入本书第 459—460、474 页。原文见邱澎生：《觉非山人〈珥笔肯綮〉点校本》，《明代研究》第 13 期，2009 年，第 237、284 页。

[98]　注，《明公书判清明集》卷三《产钱比白脚一倍歇役十年理为白脚》，第 82 页。根据前注 [72]，梅原郁，第 88 页和前注，高桥本，第 31 页，都以“使府”为对知府的敬称。

“纠论”是指对某个人非常适合担当差役所进行的举名揭发。《州县提纲》在论及公平分配差役负担的方法时指出：“要其所争，多于税高而歇役近者则以轮差之法，而纠税少歇役久之家，税少而歇役久者则以歇役六年再差之法，而纠税高歇近之家。”[99] 也就是说，在乡间所有有义务当差的人家之间，富裕户可以实名揭发“虽然贫穷但长时间没有当差”的人家。反之，穷人家可以指名告发“刚刚支过差但家庭富裕，有能力负担差役的人家”。对纠论作出决定，称之为“纠决”。北宋文彦博每次在决定由谁担当在衙门服役的里正之时，都进行“纠决”，为此导致了持续几个月的大骚乱。[100] “纠决”也称之为“指决”，即鉴于某人已经承担了足够的差役，故决定指名他人承担差役之意。北宋时期的一个史料用“指决”代替“纠决”，并进一步又说“许人投名”。[101] 被人采用纠论、纠决这种手段当上差役，就称之为纠役或纠差。

《清明集》中所见的事例，即熊澜对六人指名，认为他们都可以担当保正之役，并为此提起诉讼。这一诉讼纠纷而上诉至府。府里特别提醒被指名的“被告”师承之“不得妄有推托，如再妄状迁延，以致本部事件无得了绝”。说明截至当时阶段，各方已经反反复复地多次提出答辩、反诉的词状。前面提到杜范之言“每一遇役次，则讼牒纷然”，就是指这种事态。

决定担当差役的顺序的这种纠论、纠决的方法，产生出奇怪的“原告”与“被告”，导致诉讼多发。这种情况不仅发生在农

[99] 陈襄：《州县提纲》卷二《酌中差役》，《官箴书集成》第1册，第56页。
[100] 文彦博：《潞公文集》卷一七《奏里正衙前事（至和二年）》。
[101] 陈襄：《古灵集》卷六《乞均差衙前等第状》。

村社会，而且在商人和工匠的社会中也是如此。王安石施行的“市易法”之前，由于各行业的商人必须缴纳官府御用物品，负担过重，因此“每纠一人入行，辄诉讼不已”。[102] 负担官厅营缮工事的工匠亦然。官府有都城木匠的名簿，由他们轮流担当营缮之役，称之为“当行”。一旦有人被免除“当行”，“则其侪相与讼，挽之不置，盖不出不止也”。这就叫作“纠差”。[103]

有关这种纠差、纠役与诉讼的关系，南宋的袁说友曾说：“今当官者往往知有差役之弊，而不知纠役者其弊尤甚于差役。差役之不公，害固及于一家也，纠役之不当，其害岂止一家哉！盖甲役已满而当替，则乙合充役，而妄奸被纠者不一人。……凡妄纠一人，有经涉一二年而不能决者。”[104] 实际上，《清明集》中就有六个人被纠论的案例。

这种纠论、纠决的做法，不仅是宋代独有的问题，基本上一直持续到清末。在明代，这个问题与里甲制度的解体有着密切的联系，成为社会经济史上的重要问题。讼师秘本中可以看到很多里甲制下的农民对同一里甲中的人提出告诉的事例。例如，万历二十三年（1595 年）出版的讼师秘本代表作《新锲萧曹遗笔》卷二“户役类”中，以“告争甲首”为题的一套告状和反诉状范本，以及以“告甲下”等为题的一套告状和反诉状范本，共有五例之多。这里有里长户诉其他里长户、里长户诉甲首户、甲首户诉里长户等各种各样的情形。但是都不仅感叹里甲编制不均衡，声称自己贫穷不该当此差，而且一定列举出具体人名进行告发。

[102]　《续资治通鉴长编》卷二四〇“熙宁五年十一月丁巳”。

[103]　岳珂：《愧郯录》卷一三《京师木工》。

[104]　袁说友：《东塘集》卷九《纠役疏》。

这个时代出版的讼师秘本《新镌订补释注萧曹遗笔》卷二“户役类”，同样收录了各种诉状范本，都是模仿真实的诉状，使用原告与被告的专名。[105] 以这种词状范文看，里甲制下发生的诉讼，不仅仅只是发生在指名由谁来继任粮长、里长之役之际，而且在诸如某甲首户没有按时纳税，自己不得不代替缴纳等情况下也会引发诉讼。总之，在里甲制解体的过程中，这种相互指名告发的方式成为激发诉讼的重要因素。

清代开始实行地丁银制，征税方面通过官收官兑，这种纳税者个人亲自纳税的方式表面上应该使纠论之类的问题不复存在，但事实上却绝没有消亡。《巴县档案（同治朝）》中《契税》部分可以看到很多此类实例。举例而言，同治元年（1862 年）四月二十二日，直里七甲的乡约谢文华与总役王才联名对甲内的粮户陈桂芳等十人提起诉讼，其“禀状”得以保留下来。一般告状通常明确将对方当事人作为被告提出诉求，与此不同，“禀状”只是向官府提出申请酌情处理的词状，但无疑也属于诉讼文书。此案原委是，陈桂芳在前一年本应承担纳税义务，但抗税未纳，乡约谢文华不得不代为支付；此后谢虽然多次催促，但陈却始终未支付分文，甚至反过来以提起诉讼（赌控）作为反抗。当年，陈桂芳等仍未纳税，谢与王表示不愿替他们代付，因此提起诉讼，请官府把他们传来，问明究竟。对此，知县批示道：“候签唤讯追。”（No. 14533）

粮户们以“某人抗税，自己代其缴纳”为由提起诉讼的事例，在“契税”这一类别中屡见不鲜。例如，No. 14533，包括上

[105] ［日］夫马进：《讼师秘本〈萧曹遗笔〉的出现》，《史林》第 77 卷第 2 号，1994 年，第 160 页；中译本载《中国法制史考证》丙编第 4 卷，北京：中国社会科学出版社，2003 年，第 464 页。

述案件在内共八个案件归为一类，这八件案件中，提出“禀状”的人都是承担催促某甲内各粮户纳税义务的乡约及差役，他们亦被称之为“催差”。陈桂芳等十人指名“被禀”，知县批示“候签唤讯追”的方式与通常的词状处理方式完全相同。

纳税问题，即像这种收不上税或滞纳的场合，如果是现在，明显属于国家或地方政府等公共机关与纳税义务人之间的争议。但是在中国无论是宋代还是清代，都将本应属于行政争议的问题转化为民间纠纷，采用相同的民事诉讼程序处理。同为一个行政编制的粮户，由同一个甲的乡约以“某人滞纳的税赋，已由本人代为缴纳”为由提起诉讼，“被禀”即被告反过来以“赌控”（赌禀，诉讼到底）作为反击。于是在这里，纳税问题这种官与民之间的矛盾转化为民与民之间的私人诉讼，采用与私人间的金钱借贷诉讼一样的诉讼形态。宋代的纠论、纠决也是一样。由于拖延交税的人数众多，因此每一次这种有关纳税的诉讼参与的原被告往往人数众多，有时会产生庞大的被告群体。例如 No. 14533 档案中所收录的十个案件中被禀或被告人数分别是：10 人、3 人、6 人、6 人、2 人、9 人、20 人、9 人、25 人、8 人，共计 98 人。对这些禀状，知县大概一律以“候签差催缴。如违带案讯追”或“候签差协同，往催还款。倘再抗延，准即带究”相威胁，而档案则在这里就终结了。

如果在日本，是否可能提起这样的诉讼呢？至少在日本江户时代的征税制度与徭役制度下，这种诉讼是不可能发生的。因为征税或徭役负担是以村为单位整体承包下来的，这样，由谁来缴纳或负担的问题实际上是在村里内部决定的，而幕府或藩里不会过问或干预村里的内部决定。城市的街道（町）居民承担公役或各种负担时同样如此，不是以个人为单位，而是以町为单位承担的。村或町的全体居民作为整体负担税役时，某个个人脱离这种共同体对同一共同体的其他成员提起诉讼，根本上是不可能的。[106]

与此相对，中国从乡到都、里为止，自上而下层层课下来的赋税徭役应该由谁来实际承担的问题，绝不可能在乡、都、里内部得到解决。毋庸置疑，国家是希望这样的问题能够在编为保正、里长、乡约等各种单位内“自治”解决的，但实际上，保正等重役的继任这种问题，总是通过“纠论”“纠决”这样的方式，由前任实名向县里举报，或者像《珥笔肯綮》所教授的那样，即使是自己因贫穷不应承担粮长、里长之役，拟申请免除的情况下，也必须实名举报应由谁代替自己承担此役。根据《巴县档案》，负有征税责任的乡约或催差，往往也要对粮户指名并提起诉讼。如前所述，最迟自秦代以后，国家对一切民众自治结成的共同体关系实际上都加以根本否定，这样，每个个人都被分解为个体的存在，直接受国家的统治。这种“纠论”“纠决”，都是国家实行这种统治的一种方式而已。围绕不交赋税和徭役不平均的问题，民众相互间不得不成为原告与被告，这也成为诉讼多发的原因之一。

这种构造并不仅是农村的情况，城市也是基本相同。《中国诉讼社会史研究》第七章作者范金民所研究的，正是在清代重庆这个大都市中，商户之间争相诉讼的情况。[107] 工商户们结成的同业行会，以负担官府御用配给物品等差役为代价，获得了国家对其专有经营的许可。为了履行这些差务，同行业者不得不分摊大量缴纳差费、帮义钱等名目繁多的义务。如果谁要拒交，也会

---

[106] ［日］渡边尚志：《百姓的力》，东京：柏书房，2008 年，第 110—120 页；［日］秋山国三：《近世京都町组发达史》，东京：法政大学出版局，1980 年，第 226—234 页。关于这一问题受到立命馆大学大平祐一教授的指教，特此致谢。

[107] 范金民：《把持与应差：巴县档案中所见重庆的商贸诉讼》，前注［22］，［日］夫马进编：《中国诉讼社会史研究》第七章，第 304 页。中译本，第 285 页。

遇到被指名告发的诉讼。这说明，在税役负担与诉讼的关系方面，城乡基本是相同的。

五、清代同治时期《巴县档案》所见历年诉讼文书与诉讼案件数量

我在阐述明清时代讼师的活动及其具体形象时，也论及了当时的诉讼实态。这些人遍布城乡，活动范围广泛，从代写词状到帮助当事人打点官府，向原告、被告教授如何在法庭上供述（应注意之处），帮助他们解决诉讼中的各种问题。讼师中有些人为了满足上诉人的需要，在都市之间结成网络，形成像基尔特之类的行会。他们被视为无视官宪与法律、颠倒黑白、教唆诉讼的人，因此国家始终对其采取禁压政策。此外，国家规定，诉讼当事人本人只能由其近亲属代理诉讼。尽管讼师被视为为了金钱的目的，热衷于参与他人纠纷之辈；但是，在不擅长诉讼的一般民众看来，他们帮助自己，且精通法律和审判程序，能够给自己带来很大的便利。对于已经惯于诉讼的当事人而言，通过向讼师咨询，也能够从中获益，确保自己的安全并推动诉讼向有利于自己的方向发展，或者能帮助其进行上诉，等等。总之，对于当事人而言，讼师是非常必要的，他们的广泛存在，也意味着民众参与诉讼与审判的便利性。[108]

此外，根据诉讼的各种类型而编写的诉状文例集，汇集了各种诉讼语汇，从贬低对方到博得他人同情，无所不有，并写明诉讼的注意事项。这些统称为讼师秘本的书籍，在16世纪后半叶，

---

[108] 前注［30］，［日］夫马进：《明清时代的讼师与诉讼制度》，第452—472页；中文版：本书第416—440页；英文版第90—107页。

即中国明代嘉靖年间到万历年间，开始大量发行、广泛普及。[109]在讼师群体不断扩大的基础上出现的秘本的广泛传播，正如祈望无讼的官府倍感畏惧的那样，无疑使一些原本可用含糊不清的方法处理的纠纷变得十分棘手。进一步说，毫无疑问，其中容易产生大量诬告和图赖诉讼。

前文已经阐述分析指出，在宋代，一个大县所产生的大量诉讼文书规模已与清代大致相当。本小节将专门对清代的一个县每年实际提出的诉讼文书的数量以及每年新提出的诉讼的数量进行更加细致的考察。

这里所说的诉讼文书，最为普通的是词状，又称呈词、呈状。下面即将讨论的《巴县档案》表明，词状通常先由原告开始提起，将被告告上官府的文书称为“告状”；被告答辩或反诉的文书则称为“诉状”。原告和被告再次提出的文书一般称为“禀状”，禀状的“禀”，是“禀诉”之意。比如，禀状往往并不明确指名某人为被告、对其提出指控，而是向官府指出其行为古怪、有问题，应对他采取处理等。这时，也不称对方为被告，而称之为“被禀”。所谓词状，即诉讼文书，不仅包括称之为诉状的文书，而且还包括民间人士应地方官的调解批示而回复的禀状，以及作为服从判决的誓约而提出的“约状”等。总之，词状是民众围绕诉讼提出的各种文书的总称。

关于这种诉讼文书的数量，笔者曾指出：从史料中可以看到，明清时代一个县每日受理的词状、呈状达百数十份或200份，乃至300—400份之多。根据这些数据，可以大致估算出一个县一年

---

[109] 前注［105］，［日］夫马进：《讼师秘本〈萧曹遗笔〉的出现》，及夫引进《讼师秘本的世界》，［日］小野和子编：《明末清初的社会与文化》，京都：京都大学人文科学研究所，1996年；中文版《讼师秘本的世界》，《北大法律评论》第11卷第1辑，2010年。

大约可以提出多少份诉讼文书。当时，除了紧急案件之外，原则上只有在每年八月一日到次年三月底才可以受理诉讼文书，而且，比如说三八放告，那么一个月中只有三日、八日、十三日、十八日、二十三日、二十八日六天才可受理诉讼。这是清代最普通的方式。假定每天受理200份，那么，一般而言200份×6天×8个月=9600份。[110] 然而，这只是以一些官箴书或地方官的行政记录中看到的数据为根据，对当时的诉讼制度所进行的大致的推算而已，而不是根据现有的档案即真实的诉讼文书做出的计算。不过，现在我们已经有了能够对这一问题作出更准确回答的有力资料，这就是《巴县档案》。

《巴县档案》作为现存清代地方档案中数量最多、持续时间最长的档案而闻名。但是，《巴县档案》的价值远不仅在此。这个档案虽然不完全，但根据诉讼的年代和内容进行了分类，制作了目录。因此，我们可以根据这个目录将每年新提出的诉讼的件数分离出来，获得数据。[111] 更为宝贵的是，从咸丰元年（1851

[110] 前注［30］，［日］夫马进：《明清时代的讼师与诉讼制度》，第441页；中文版：本书第403页；英文版第82页。

[111] 为了明确这一问题，需要注意以下问题：现存档案不可能是巴县衙门保管的全部文本。这些古旧的档案，在清代可能就曾有意识地废弃了一部分，因为当时已有部分已经被腐蚀，所以不得不舍弃。根据伍仕谦《一座内容丰富的文献宝库——巴县档案》（《文献》第1辑，1979年，第62页）的记载，这一档案1953年被发现送到博物馆之前，一直放置在重庆（巴县）城南一座古庙里，附近的居民、小孩和乞丐经常用此点火。其中一部分被国民政府运往南京。因此可知，根据这份非常难得作成的目录，很难准确推算每年的诉讼件数。

但是，在利用上述目录进行年代统计的过程中，笔者有了重要发现。这就是说，本文涉及的同治年间的现存的档案几乎保持了当时的原貌，之所以这样说，因为现存档案数咸丰六年（1856年）达到1000件的高峰，之后除咸丰七年（1857年）与同治十一年（1872年）两年外，20多年每年为1000—1800件。除去大幅度减少的年之外，可以说档案基本上没有被废弃。此外，如后述那样，推算一年间提出的诉讼文书的数量，即使每年的档案中有部分废弃的，在某种程度上也有可能进行修正。因此，至少有关同治年间的档案在统计上可以得到相对准确的数据。

年）或咸丰二年开始，到清末宣统年间，原告或被告提出的一部分诉讼文书，官府编有字号。我们通过研究这些字号[112]是在诉讼的何种阶段、以何种形式、编列在何种文书之上的问题，可以大致估算出每年提出的诉讼文书的概数。由此检证笔者以前在研究中提出的概算在多大程度上是妥当的。首先，将时间限定在同治时期的13年间，在这一范围内计算巴县一年内实际提出和受理的诉讼文书各为多少。

后面称为状式格状的一类特殊诉讼文书，除了个别例之外，几乎所有的《巴县档案》都有如下字号，如图1所示。

丁字第一千〇四号，捕衙挂号讫［《巴县档案（同治朝）》商贸 No. 8711］。

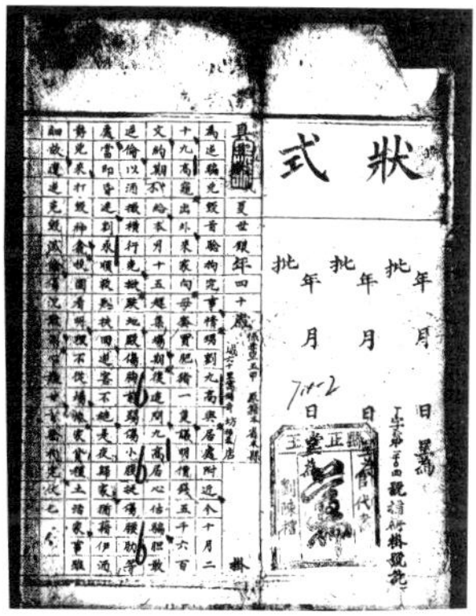
状式
批　年　月　日
批　年　月　日
批　年　月　日

图1　状式格状（No. 8711，第一面与第二面）

右下为捕衙戳记（字号），左下为代书戳记，左上为"新案""内号"戳记。

---

[112]　诉状是从哪一年开始编有号字的，拜托复旦大学王志强教授进行了调查，特此致谢。

这份文书标明日期为同治六年（1867年）十一月十八日。丁字是指同治六年为丁卯年，例如丙字即前一年同治五年（丙寅），戊字即翌年同治七年（戊辰）。通过这种文字可以明确诉讼文书相对应的年代。原则上当年正月所记的字号数小，而年末十二月所记的字号数大，而且大多数根据日期顺序，字号机械地增长。例如，很明显，第1004号就是同治六年的第1004份文书，这就是该字号的由来。也就是说，原则上，各个年度十二月的最后一天字号的诉讼文书，应该正好是该年诉讼文书的总数。同治七年（1868年）五月下旬，“捕衙挂号讫”五个字变更为“捕衙验讫”四个字，但字号方式完全未变。

但是，如果说年底提出的诉讼文书附加的字号就是该年度的诉讼总数的话，在这样简单摘录出来之前，必须解决两个问题。第一个问题是，如果一件诉讼文书虽然提出，但并未被受理，那么该文书是否也计入了连续的字号，是否被删除？如果不受理的诉讼文书数量很大，如果它们都没有字号，那么每年年底的诉讼文书字号能否作为该年诉讼文书的总数吗？第二个问题是，某种类型的诉讼文书没有标明字号，如果这类无编号的诉讼文书很多的话，那么年底的字号就不能作为全年诉状的总数。为了解决这两个问题，有必要作以下考证。

首先，有关第一个问题，近年发现的清末《黄岩档案》中的诉讼文书基本保持原样的虽然仅有78份，但弥足珍贵的是，其中包含很多注明为“不准”，即不予受理的文书。在《黄岩档案》中，明确批示“不准”，即不予受理的共计20份，即占全部文书的30%;[113] 其中凡第一次提出的诉讼，其词状原则上都盖有"初呈"的戳记，或写有"初呈"二字。在标明"初词"，"初呈"或其内容可确认为初次提起的词状中，明确为"不准"的共有16份，即占20%。假定《巴县档案》和《黄岩档案》一样，有占20%的诉讼文书在初次提出的阶段不予受理的话，这些诉讼文书是否连续编有字号并加以合计，会导致一年间诉讼文书总量的统计结果大相径庭，甚至可能出现很大的混乱。

在《巴县档案》的场合，官府进行文书处理，是在哪个阶段加注连续的字号呢？是在分别作出准与不准的处理之前，还是在此之后？清初编纂的《未信编》与《福惠全书》记载了诉讼文书的处理过程，以及加注字号的时点。我们不妨以此作为参考。以下的文字描述了衙门处理诉讼文书的流程，由此可以看到文书是在哪个阶段被编上字号的。

县衙门分为两处，一个是胥吏等办事人员及衙役等下属活动的地方，另一个是作为知县秘书的幕友及门丁、门子等知县个人的使役活动之处。后者在衙门里面，又称为"内衙"。两个空间相互之间被严格地加以区分和隔离，中间用一道"宅门"隔开。正如汪辉祖明确指出的那样，"宅门外为官，宅门内为家"，内衙

---

[113] 田涛、许传玺、王宏治编：《黄岩诉讼档案及调查报告》上卷《黄岩诉讼档案》，北京：法律出版社，2004年。此外，邓建鹏在《讼师秘本与清代诉状的风格——以"黄岩诉讼档案"为考察中心》，《浙江社会科学》2005年第4期，第74页中指出：在收录的78份诉状中，共有40份诉状被明确裁定驳回起诉，占总数的51.3%；共有20份诉状被裁定自行处理或邀同族众调解，占总数的25.6%；裁决同意当事人诉讼请求的只有7份诉状，仅占总数的8.9%。该论文将后面将要讨论的介于"准"与"不准"之间的"未准"文书，也包含在"驳回"和由亲属等自行调解处理的部分中。

就是知县个人执行公务的空间。[114]

诉讼文书首先在胥吏活动的空间，即宅门外的衙门受理。受理后的文书用白纸包束起来，为了避免衙役私自替换，被加上封印后，当天就移往内衙。之后，在这里由知县或他的秘书幕友加以批阅，分为准（受理）和不准（不予受理），并在上面作出批示。

《福惠全书》将上述流程称为“批阅”，下面的程序则记在“挂号”的名目下。所谓“挂号”就是在内衙，将获准（受理）的文书的要点及批示的内容记入名为“自理词状号簿”的账簿中，并加注字号，称为“内号”。这里需要记录承行差役的姓名，并明确记载由谁负责案件的处理。之后，内衙将连续处理的一批受理的诉讼文书一起送往胥吏所在的承发房，在这里才向实际处理各种案件的部门分发。而承发房再次将诉讼文书编有字号，称为“外号”。[115]

以上是《福惠全书》所记载的诉讼文书处理流程。《未信编》中也有同样的记载。根据《福惠全书》先经过“批阅”，才进行“挂号”，而且“准过词状，必须挂号”，这说明，只有受理的诉状才会编有字号。

真实情况是否如此，档案本身就是最雄辩的证明。首先，无论是《巴县档案》还是《黄岩档案》，以及《太湖厅档案》，所

[114] 汪辉祖：《学治臆说》卷下《宅门内外不同》，前注，《官箴书集成》第5册，第288页。

[115] 黄六鸿：《福惠全书》卷一一《刑名部·放告、批阅、挂号》，前注，《官箴书集成》第3册，第328—330页；潘杓燦：《未信编》卷三《刑名上·准状》，前注，《官箴书集成》第3册，第73—74页。

有的诉讼文书的第一行最开头的部分都盖有“内号”或“登内号”的戳记（见图1），在《黄岩档案》中盖有“内号”戳记，文书上则没有任何字号之类的东西，也就是说，“挂号”或加注字号，并不是指在文书上写上字号，而是写入名为“自理词状号簿”的册中。这是按照案件的内容、原告和被告的姓名、受理年月日和批示等必要事项所作的简要记载。毫无疑问，是在内衙盖上“内号”戳记的同时，将这些必要事项记入簿册的。有时，也有用“登内号”的印记与“内号”相互替代混用的，可能表示“作为内号登录”之意。《黄岩档案》的诉讼文书中也完全看不到记有字号，这一点与承发房加注“外号”的方式也几乎完全相同。

虽然《福惠全书》记载“准过词状，必须挂号”，即受理的诉状才有字号，但在《黄岩档案》中，明确记有“不准”字样的诉讼文书，也全部盖有“内号”的戳记。这说明《福惠全书》的记述并不准确。或者说毫无疑问，全国的情况并不完全统一。而且，值得注意的是，《黄岩档案》全部78件诉状中有24件盖了“承发房吴庆惠挂号讫”（No. 71）等的戳记。其中7份明确标注“不准”，而且都是初次提起的词状。如前所述，文书中看不到字号，承发房也只是在簿册中编写字号，并根据案件的情况进行概要记录。即虽然批示“不准”，但内衙向承发房发送的诉讼文书仍然记着“承发房吴庆惠挂号讫”，内衙也好、承发房也好，都照常在簿册上附加字号。

在《巴县档案》中看到的字号是否与《黄岩档案》中一样，也是将各种文书从内衙送回到胥吏与衙役工作的地方，之后再作记录呢？这里先举一例说明字号是如何编写的。档案中记着“丁字第一千〇四号 捕衙挂号讫”的字样，数字是用毛笔写上去的，而“捕衙挂号讫”五个字则是盖的戳记。捕衙是捕厅衙门，又称捕署，其长官称为典史，负责一个县的刑狱，比如逮捕犯人、诉讼审判、监狱监理等职。也就是说，“捕衙挂号讫”表示“捕衙已经挂号”之意。

在巴县，黄岩县由承发房所做的工作是否完全由捕衙代替完成的呢，有关档案本身就是雄辩的证明。第一，《巴县档案（同治朝）》《商贸》No. 8928 中包含的一份文书就是证据。这份文书非常罕见地没有盖戳记，而且也没有应由捕衙记入的字号。因为不合常规，故这里记下的批示是：“词无捕衙戳記，不合，并饬”。这清楚地表明，在巴县，通常是由内衙作出批示之前，先由捕衙盖上戳记、编写字号。

另一份证据是《巴县档案（同治朝）》《商贸》No. 8947 中的另一份文书，这是用下面将要说明的略式格状（一种格式用纸）上写的字号。称为略式格状的用纸与普通的状式格状相比，书写批示的空间更为狭窄。字号写在文书的最后部分，即批示之后。在这份文书中，批示共有 5 行，因为在狭窄的空间里写不下，几乎要占用捕衙写入字号的地方。这些批示避开了字号（字第七百五十二号）部分，说明字号是先写上的。因为如果是内衙先将批示写在格状上，之后由捕衙写上字号，应该是捕衙一方避开批示才对。

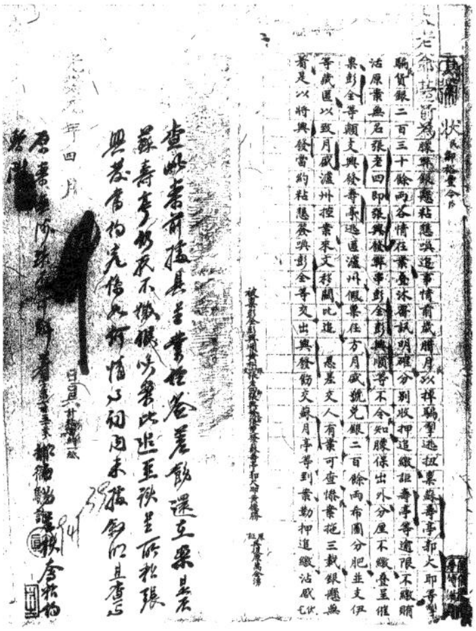

图 2 略式格状（No. 8947）

批示由五行构成，倒数第二行为捕衙戳记与字号

以上考证的结果，说明巴县的做法与《福惠全书》所记以及黄岩县的实际实行的文书处理流程不同，诉讼文书在送往内衙之前，先由捕衙编写字号。因此，可以断定那些批示不准的文书，尽管并未保留，但同样编写了字号。

但是，还必须再进行一个考证。因为以上所说的那种编写字号是所有称为状式格状的文书和一部分略式格状，它们不过是全部诉讼文书中的一部分而已。巴县诉讼文书采用的文书样式大致有四种，即状式格状、略式格状、衙内格状以及无格状，以下对此分别加以说明。

第一种是普通的状式格状，基本上所有的状式格状都要字号。这是同治年间巴县最普通的诉讼文书，为六面的折本，采用专门印刷的固定格式。第一面最上端为横书的“状式”两个大字，左下角盖着代书戳记。这种戳记是由官府在任的知县制作后，发给官代书的印章。他们在代做或誊写诉状时使用，并收取费用。据此，一方面可以保证该文书不是由讼师做成的，另一方面，通过这一过程对诉讼文书是否适格进行初步的审查。捕衙戳记一般盖在右侧（见图1）。第二面为事先印刷好的方格纸，竖排，一行25个字，共有8行，合计200字，诉状的内容就书写在这一格式用纸之中。第三面书写被告、被禀人、证人的姓名及日期。第四面到第五面书写知县的批示。最后的第五面到第六面印刷有提起诉讼的各种禁止事项。这是《未信编》所载的样本，也与在《太湖厅档案》、《黄岩档案》和《淡新档案》等文献中所见的诉讼文书基本上大同小异，为当时的普通诉讼格式。《福惠全书》将这种格状称之为刻印状或格状，其大字书写的“状式”二字是其显著特征，这也是将其称为状式格状的缘由。

第二种称为略式格状。这种样式是状式格状的简化，只保留前一种样式第二面的方格部分和第四面知县批示的部分，而且只印刷纵向的竖线。初次提出诉状的人一般使用状式格状，而此后当事人已经了解诉讼禁止事项，也不再需要进行审查并盖代书戳记，因此原则上当事人第二次以后提出诉状时，可以采用略式格状。当然，这只是原则而已，有些明显是新提诉讼的也有使用这种略式格状的。这种诉状与状式格状一样也需要编写字号，但也有不写字号的。表2中“略式格状数”仅为编有字号的诉状的数据。

第三种称为衙内格状，是用巴县衙门内部使用的公务用纸所写的诉讼文书。这种用纸很像是现代政府机关或企业内部使用的印刷的格式公笺。在衙门工作的差役在遵照知县的指示写报告时也使用这种格式用纸。胥吏或差役在自作原告提起诉讼时也使用这种衙门内的公务用纸书写诉状。例如，某份衙内格状所诉之事是，“役（差役）妻在家，被贼私开箱内，窃去银簪一只、银挖耳一支”等，因此“恳签究追虚坐”（《盗窃》No. 10368）。如果是民间人士的话，必然会使用状式格状或略式格状提出诉讼，但因该原告是衙门内的人，所以采用这种格状。这种书状不编写字号。

如前所述，负有纳税义务的农户如果拖延不交，乡约或差役（催差）替其垫交之后，提出“代某某交付税负，向其索要却不曾返还”的诉讼。这种情况同样属于负有公务之人提起的诉讼，因此一般也使用衙内格状。

第四种称为无格状。官府之间的往来公文，一般使用无线格的用纸。此外，有团练的责任人团首或监正这种头衔的人以及作为商人团体的行会的首脑等有身份的人，在提出禀状时有时也使用这种用纸，这种书状也不写字号。

当然，以上的区别都是原则上的，实际上，四种样式中使用哪一种有时是很灵活的。有时团练的负责人抓捕盗贼后送到衙门时的文书也不是用无格状，而是用写有字号的略式格状（《盗窃》No. 10370）。其中采用状式格状或是略式格状的灵活性很大。此外，略式格状中，尽管大多数都是内容相同的诉状，但有的附有字号，有的则没有字号。或许是因为附加字号的诉状比不加字号的诉状提出的费用更高吧。就像现在中国邮局的挂号信一样，当事人选择挂号信的理由是因为这样送达会更加安全可靠。民众之所以选择捕衙挂号的诉讼文书，可能是希望得到更加安全可靠的保管。

表 2 《巴县档案（同治朝）》状式格状数与略式格状数

同治年	状式格状数	月　日	（档案号）	略式状式数	月　日	（档案号）	计	知县
同治 1 年（1862）	5775	12 月 26 日	（No. 8512）	2821	12 月 28 日	（No. 14420）	8596	张秉堃
同治 2 年（1863）	1243 4824 （6067）	3 月 23 日 11 月 16 日	（No. 14423） （No. 14481）	511 1814 （2325）	3 月 8 日 12 月 3 日	（No. 14422） （No. 6811）	8392	张秉堃 王臣福
同治 3 年（1864）	5195	12 月 22 日	（No. 14483）	2942	12 月 26 日	（No. 8633）	8137	王臣福
同治 4 年（1865）	3322 3687 （7009）	7 月 22 日 12 月 24 日	（No. 8620） （No. 8627）	1638 1445 （3083）	7 月 30 日 12 月 15 日	（No. 8602） （No. 14432）	10，092	王臣福 黄朴
同治 5 年（1866）	3800 3094 （6894）	7 月 9 日 12 月 21 日	（No. 8634） （No. 14436）	581	2 月 9 日	（No. 8615）	7475	黄朴 霍为芬

续表

同治年	状式格状数	月　日	（档案号）	略式状式数	月　日	（档案号）	计	知县
同治6年 （1867）	8040 2246 （10,286）	10月3日 12月25日	（No. 8454） （No. 8714）				10，286	霍为芬 王宫午
同治7年 （1868）	4664 800 4791 （10，255）	5月15日 6月28日 12月23日	（No. 6978） （No. 8740） （No. 6953）				10，255	王宫午 王宫午 金凤洲
同治8年 （1869）	3421 3997 322 （7740）	6月10日 11月29日 12月23日	（No. 14446） （No. 8763） （No. 8784）	186 545 （731）	5月13日 11月28日	（No. 14407） （No. 8805）	8471	金凤洲 王燕瓊 田秀栗
同治9年 （1870）	5817 3928 （9745）	8月3日 12月29日	（No. 14423） （No. 6957）	377	6月22日	（No. 8823）	10，122	田秀栗 李玉宣

续表

同治年	状式格状数	月　日	（档案号）	略式状式数	月　日	（档案号）	计	知县
同治10年（1871）	7994	12月26日	（No. 14454）	840	8月26日	（No. 8883）	8834	李玉宣
同治11年（1872）	8287	12月26日	（No. 7044）	272	6月29日	（No. 8908）	8559	李玉宣
同治12年（1873）	4062 3907 （7969）	闰6月25日 12月21日	（No. 14426） （No. 8946）	200	闰6月20日	（No. 14464）	8169	李玉宣 王鳞飞
同治13年（1874）	1835 5315 （7150）	5月10日 12月29日	（No. 8959） （No. 14472）	126 1437 （1563）	5月11日 12月19日	（No. 14416） （No. 14416）	8713	王鳞飞 李玉宣

说明：本表的读法参照注114，知县的姓名根据《民国巴县志》卷6职官记入。

表2包括同治朝的13年，巴县衙门的捕衙中所有明确编有字号的文书。[116] 据此，可以看到同治五年中期开始到同治七年间，采用略式格状提出诉讼的很少。这似乎是官府鼓励民众不要使用略式格状的结果。从字号的数字可以看出，同治五年（1866年）最少有大约7000件文书，而同治六年则至少有1万件文书。同治六年以及同治七年的数字如果是官府鼓励民众不要使用略式格状的结果的话，那么就是说除衙内格状和无格状之外，还有总数达1万多件的诉讼文书——民众通常使用的诉讼文书。而且，可以这个数据为基础，推算出每年全部诉讼文书的数量。

那么，全部词状即全部诉讼文书中，状式格状与略式格状中有编号的占有多大的比例呢？换言之，诉讼文书中既有编写字号的，也有没有字号的，所有的加在一起，巴县一年间到底提出多少件诉讼呢？

如果只说结论，可以推算出同治年间一年提出的诉讼文书数

---

[116] 文书的字号按照以下的原则排列，本文亦按照这一原则计算：（1）新的一年从正月起改换新的字号；（2）在某一年度内，如果知县发生更换，原则上改换使用新的字号，如同治二年四月，王臣福继张秉堃之后任知县。表2三月二十三日文书的字号为癸字第1243号，根据我个人的调查，这是目前所知张秉堃日期内最后的字号。同样十一月十六日文书的字号为4824号，显示的是从三月末之后，到四月初开始重新字号，从1号开始截至十一月十六日当时为4824号。这个日期以后的数值不十分明确，这样当年的状式格状数至少也有6067件，实际上应该更多。但是，在田秀栗任知县的同治九年八月，当字号达到6000号以后又开始重新编号。同年十二月，李玉宣新任知县之后，继续使用田秀栗的新字号。（3）在同治七年五月底，王宫午在任中，戳记“捕衙挂号讫”改为“捕衙験讫”，随之开始重新编号。

量在 12，000 份至 15，000 份。[117] 这个数据说明我们此前采用的计算方法基本上没有错误，据此得到的数据大致也是适当的，但也不得不承认确有可能估计略微偏高。[118]

再来看每年的诉讼件数。如前所述，《巴县档案》中清乾隆年间至宣统年间的所有案件都根据分类按照年代列出了目录，这种分类包括：《内政》《司法总类》《命案》《地权》《房屋》《借贷》《欺诈》《家庭》《妇女》《继承》《商贸》《凶殴》《盗窃》《租佃》《赌博》《烟泥》《水运》《工矿》《宗教》《契税》《移关》《其他》共 22 个项目。根据年度对各种各样的数据进行统计，即表 3 中“新事案件数”。《内政》的中心是所谓行政文书。《司法总类》不收录个案。《移关》是指巴县以外的各官府移送来的文书（移文）或者交送人或物时附带的文书（关文）。基本不包括巴县本地发生的事案的诉讼文书。《契税》是契约文书与税捐合一的分类，其中与诉讼案件有关的大约占 80%。档案中非诉

[117] 将《巴县档案》中的《命案》《地权》等分类抽出来，以此为样本计算出整体的比例，每个项目之间不可能有太大的偏差。本文根据这些分类，将各类别中的文书数根据其在全部文书数中所占的比例分解出来，由此选定样本数。例如，从文书数量最少的《继承》《水运》中各抽取一个样本，按此比例，从文书数量最多的《盗窃》中选出 132 个样本，然后分别考证各分类中有字号的文书所占的比例。原则上所选的样本均为同治元年的文书。

[118] 例如，乾隆五十二年（1787 年）湖南省宁远县，汪辉祖根据自己的体验称：“三八收辞，日不下二百余纸”。据此，我从前推算他每年接受的文书是大约近 1 万份（前注［30］，《明清时代的讼师与诉讼制度》，第 44 页；中文版：本书第 403 页，英文版第 82 页），但可能估计略高了。之所以这样说，因为宁远县的户数在嘉庆二十一年（1816）为 23，366 户，与此相对，同治年间的巴县户数约为 12 万户。目前并无否定乾隆年间宁远县一年接受近万份诉讼文书的充分依据，但是根据现有依据看，一年接受近万份的数据确实显得过高。汪辉祖所言可能估计略高了。他所称“日不下二百余纸”，可能是事实，不过是指在三八放告的情况下，最多时一天接受多达 200 余份，如果省略了“最多时”这种限定，就可能夸大其词了。此外，根据《巴县档案》，这个时期，这个县也确实实行三八放告，但是民众提出诉讼文书的日子在一年间实际上是十分分散的。

讼的部分包括《内政》《司法总类》《移关》与《契税》在内约占不到20%，除此之外，其他19个分类的数据加起来就是表3中的“新诉讼件数”的数据。[119]

据此，同治朝的13年间，诉讼最少的同治十一年有863件，最多的为同治六年有1357件，平均每年诉讼件数合计约1098件。文书档案保留至今，无疑有一些已被废弃和遗失，所以统计表明的数据只能作为每年诉讼总数的基础数值。例如，如表2所示，同治元年和十一年的诉讼文书件数并非少于其他各年。但是，从表3可以看出，这两年的诉讼文书件数都在800左右。这也许说明，同治元年和十一年的诉讼文书有被废弃和被遗失的情况。在基础数据中还应加上《内政》类中包含的若干件诉讼。这样，根据残存的档案，13年间平均年诉讼件数为1000件到1400件左

[119] 如果对22分类逐一加以考证的话，可以看到《命案》《地权》《房屋》《借贷》《欺诈》《家庭》《妇女》《继承》《商贸》《租佃》《赌博》《烟泥》《水运》《工矿》《宗教》《其他》所收录的多为诉讼案件或几乎都是诉讼案件。《盗窃》所收的各种案件多数采用状式格状与略式格状，也有不少衙内格状或无格状的文书。因为这些案件多数为现代意义上的刑事案件。其中有些只是团练提出的被害情况报告，有些甚至连被告的名字也没有（No. 10362）。还有一些尽管有被告的名字，但以后并没有进行审判或判决。这种事案与所谓诉讼案件的概念不尽相符，因此包含这些事案的数据与其称为诉讼件数，不如称为事案件数更为合适，故本文使用“事案件数”这一用语。但是，很多情况下，团练以禀状报告逮捕犯人、提起诉讼，或者被害者个人以禀状将其作为犯人带到官府时，被害者也需要以“原告”的身份立场接受讯问。在这种情况下，实际上并无严格的民事案件与刑事案件以及民事诉讼与刑事诉讼的区别。《凶殴》和《水运》类所收的事案中一部分也是如此。因此，本来应该叫作“事案件数”的案件也包含在“诉讼件数”内。

另外，在《内政》中所包含的事案，在此并没有包含在“诉讼件数”中，其理由是。第一，购入的《巴县档案》中本来没有包含《内政》部分，因此这里所收录的事案无法确认；如果根据目录中显示的事案名称判断，那么《内政》部分的事案约占15%好像是某种诉讼案件。第二，四川省档案馆常常将原为同一案件中所含文书中的一部分分离出来作为一个事案独立登录。本文的目的是推算一年间诉讼件数的概数，因此，将《内政》部分所包含的诉讼数整体不予计入，主要是为了将一件案件重复的部分加以抵销。

右，应没有太大的出入。

此外，这一数据只是新的案件，基本上没有包含不准或后面要讨论的作未准处理的案件。《巴县档案》保留下来的主要是“准”即受理的诉讼文书。“准”即为受理，在文书处理的过程中基本上相当于“立案”。立案亦称立卷。“立案”是指负责该案件的胥吏对相关文书建立案卷，为以后的审理做准备，也就是从这一阶段开始，案件就真正成为案件。有关的档案将永久保管，如果一份文书不能“立案”，那么这一文件就不构成已经提到的事案件数，也不构成诉讼件数。《黄岩档案》的场合，新提起的诉讼中大约有占20%的文书明确“不准”——不予受理，未准的案件数量更大。如果是这样，《巴县档案》中初次提起诉状的很多不能立案，换言之，并未向原告、被告发出传唤，也没有采取让仵作前去验伤、验尸等措施。因此有必要注意，这种不立案的案件是一个相当大的数字。也就是说，每年提起的诉讼件数为1000—1400件，基本上只是予以立案的数字，从残存的档案看，这是一个最低限度的数据。进一步说，通常一个诉讼往往要持续两三年，这样算来，每年间实际进行的诉讼数量无疑为这个数字的数倍。

每年1000—1400件的数字，仅仅具有这样有限的意义。如果以这一最低限度的数据为基准，能否推算出生活在巴县的人每年多大程度上参与诉讼呢？如果将各种要素综合加以考量进行推断，不妨假定一件诉讼中一个家族为原告，另一个家族为被告。同治年间巴县的户数在同治元年（1862年）约12万户，同治十三年约为134，000户，平均为126，600户左右。[120] 同治年间，巴县每年最少有1000—1400件新起诉并予以立案的诉讼。假定原告为一户、被告为一户参加诉讼的话，我们可以简单地计算出，每年大约每40户或60户中有一户提起新的诉讼并予以立案，参与诉讼。此外，假定每年有1000—1400件新立案的诉讼发生，每一件原被告各一人计算，每年有2000人至2800人与新起诉案件发生关联。然而，实际的诉讼很少只是原告一户、被告一户的情况，在同治元年，巴县的原被告合计五六个人名记录在案的情况非常普遍。如果是这样，每年每40—60户中一户参与新的诉讼只是一个最低限度的数据。如前所述，纳税诉讼案件常常有10—20人一起成为“被告”。他们被作为“被告”起诉时，“赌控”（诉讼到底）好像已成为家常便饭。清末同治年间，生活在巴县的人不仅是自己的家庭作为原告或被告涉讼，而且很多人还不得不作为证人、近邻、团练关系人等名目出庭。假如每40—60户中有一户作为当年新受理诉讼案件的直接当事人的话，那么，没有立案的原告、加上得知自己被诉的被告，涉讼人数的比率就更高了。再加上人们频繁地听到自己的亲属、近邻参与诉讼的传闻，

---

[120] 前注［15］，曹树基：《中国人口史》第5卷，第275页。《嘉庆四川通志》记载，嘉庆十七年（1812年）巴县户数为75，743户。他说这是可以采信的依据。此外四川大学历史系、四川省档案馆主编《清代乾嘉道巴县档案选编》（下册，成都：四川大学出版社，1996年，第341页）根据道光四年（1824年）进行的保甲调查获得的数据，计巴县城内及乡村包括本地人和外来人口共计有82，053户。道光四年较之嘉庆七年距同治年间更近，这一数据应与实际相差无几，故本文采用这一数据为基准。

此外，根据《重庆市志》第1卷（成都：四川大学出版社，1992年，第774页）所记宣统二年（1910年）户口调查结果所得数据，巴县户数为191，394户。曹树基也认为宣统二年的数据是可信的。本文计算出道光四年到宣统二年的86年间平均户数增加约为0.9897%，并据此推算出同治13年间的平均户数为126，600户左右。

可以想象，当时的人们确实生活在与诉讼近在咫尺的社会环境中。

以上是对清代的一个地方，即同治年间的巴县的诉讼案件数量进行考察的结果，旨在从量的角度对当时诉讼社会的特征加以论证。以下，本篇将继续从质的角度对这一诉讼社会进行考察。

表 3 《巴县档案（同治朝）》所见的新事案件数与新诉讼件数

项目	同治 1（1862）	同治 2（1863）	同治 3（1864）	同治 4（1865）	同治 5（1866）	同治 6（1867）	同治 7（1868）	同治 8（1869）	同治 9（1870）	同治 10（1871）	同治 11（1872）	同治 12（1873）	同治 13（1874）	同治其他	同治无记录	总计
内政	220	131	105	84	79	93	116	89	74	72	60	66	76	15	16	1296
司法总类	14	6	9	8	4	3	8	16	6	3	6	1	6	1		91
命案	27	55	59	65	52	67	57	33	54	55	65	56	71	20		736
地权	52	87	80	91	78	131	102	138	88	113	83	69	89	25		1226
房屋	4	7	17	10	8	12	6	8	12	5	14	10	7	1		121
借贷	28	44	61	54	59	60	60	65	97	53	45	62	41	11		740
欺诈	174	210	207	221	193	206	205	208	241	186	153	181	145	31	10	2571
家庭	11	31	18	22	23	32	37	32	26	23	14	22	19	3		313
妇女	80	97	107	112	106	128	133	121	121	98	65	112	81			1361
继承	1	2	2	1	1	4		4	5		3	2		2		27
商贸	29	38	34	39	47	51	44	47	53	39	25	26	39	14		525
凶殴	106	99	92	138	109	139	97	99	131	122	63	85	60	10		1350
盗窃	207	288	281	334	328	368	221	158	216	211	202	191	261	26		3292
租佃	22	39	43	34	30	22	19	35	38	33	18	19	25	9		386
赌博	12	12	14	20	23	30	17	21	29	15	23	20	13	3		252

续表

项目	同治1（1862）	同治2（1863）	同治3（1864）	同治4（1865）	同治5（1866）	同治6（1867）	同治7（1868）	同治8（1869）	同治9（1870）	同治10（1871）	同治11（1872）	同治12（1873）	同治13（1874）	同治其他	同治无记录	总计
烟泥	11	11	6	11	11	4	8	5	6	5	6	10	10			104
水运			2	5	4		4	3	1	2		2	2			25
工矿	5	5	1	7	2	3	4	5	3	3	3	9	6	1		57
宗教	1	8		2	1	3	6	2	5	5	3	5	1	1		43
契税	17	9	22	15	11	23	17	17	16	15	9	9	18			198
移关	54	46	75	98	85	115	124	113	57	60	65	63	101	19		1075
其他	97	87	103	72	66	79	116	106	97	103	71	89	65	31	9	1191
新事案总计	1172	1312	1338	1443	1320	1573	1401	1325	1376	1221	996	1109	1136	223	35	16,980
新诉讼件数	881	1127	1145	1250	1150	1357	1150	1104	1236	1083	863	977	949			（年平均）1098

说明：

（1）目录上为同治十四年、十七年的档案，包含在“同治其他”内。

（2）目录中内政之下包括外交、军事、财经、工交、农林、文教、社会等项，均属于内政类。

（3）最下段项下为新诉讼件数（推算）。

六 清代同治朝巴县的缠讼与渎讼

清末的档案或记录地方官判决的判牍中，常常可以看到“缠讼”的表述，都形容某个诉讼就像一团乱麻一样没完没了。这个用语不仅是地方官，而且诉讼当事人自己也经常用来贬低对方当事人，并经常与健讼、好讼等词汇一同使用。缠讼之类的现象在宋代就已经出现，而且这个问题与现代中国的诉讼方式也有着直接的深刻关联。[121] 如果说健讼和好讼的表述仍不足以揭示出中国诉讼社会的特征的话，那么缠讼可以说是解释这一特征的一个关键词。

另外，地方官的批示中使用较为频繁的还有一个“渎”字。地方官在训谕民众提出如此之多的诉讼和毫无必要的诉状时，常常批示曰“毋庸多渎”。渎是指对上不尊重之意，即亵渎，“毋庸多渎”即对于拥有绝对权力的本官，无须提出毫无必要的诉状加以亵渎。“渎”字在《太湖厅档案》和《巴县档案（乾隆朝）》中也都经常使用，当时在这种场合，地方官用一个“渎”字加以训诫，尚有一些效果；但是，及至《巴县档案（同治朝）》的时代，地方官反复以“毋庸多渎”等语训谕当事人，但已经完全无效。“渎”字含有缠讼一词所没有的含义，也反映了清代诉讼社会的一个方面，与现代社会的滥诉一语意义相近。史料上“冒渎”“多渎”“哓渎”等词的使用也非常普遍，此外还有使用“渎控”“渎诉”“渎告”“渎讼”等用语的。因此，本文姑且用

[121] 陈柏峰：《缠讼、信访与新中国法律传统：法律转型时期的缠讼问题》，载《中外法学》第16卷第2号，2004年。

“渎讼”一词代替“渎”字。

（一）“未准”的领域

根据一般理解，清代的诉讼文书在衙门接受之后，知县或作为其秘书的幕友书写批示，由此将“准”即受理的，与“不准”即不予受理的文书分开，[122]《福惠全书》也是如此记载的。根据这种理解，通常认为一旦文书被接受，衙门就会马上作出某些处理。但是，在文书上只批示“毋庸多渎”与批示“不准”二字有很大的不同。这样说，从《巴县档案》可以看到，“毋庸多渎”“毋遽兴讼”“不必捏伤呈渎”等批示，毫无疑问，这种批示的意思是目前不予受理。尽管如此，通过一而再、再而三地反复提出诉状，最后被受理的情况，即复活的案件，依然存在。另外，除去已经受理、正在审理的案件外，作为“新案”提出的诉讼被批示“不准”后，同一当事人继续提出诉状而最终被受理的案件却几乎完全没有发现。已经受理、正在审理的案件中，原告或被告继续提出的诉状上批示“不准”的少见。但这个“不准”表明，知县认为可以无视或不再考虑此状。在我阅读过的《巴县档案（同治朝）》所收录的文书中，作为新案提出的已批示“不准”，最终又得以复活的仅只一件而已，即《租佃》No. 13650。而且，如果仔细查考，这是因为诉讼的对方当事人“被殴”，反过来起诉才使该案得以受理，即虽然已经作出“不准”批示，但又作为特殊情况被“复活”。但如果对方的诉状不予受理，则“不准”的文书很快就会被废弃。

---

[122] 例如，滋贺秀三：《淡新档案的初步知识——诉讼案件所见文书的类型》，氏著：《续・清代中国的法与裁判》，东京：创文社，2009 年，第 35 页。

不用说，虽然被批示“不准”，但当事人为了使其受理而再次提出同样的文书的可能是存在的。例如，《樊山批判》中一度“不准”的案件，当事人再次提出诉状，而最终仍被批示“毋庸饰渎干咎。此呈仍不准”。[123]《黄岩档案》也可以看到几件同样的实例（No. 23、40、58）。在《巴县档案》中也可以看到新案虽然被批示“不准”，但当事人仍然毫不畏惧再次提出相同诉状的事例。但是，正如《樊山批判》所见的案例那样，巴县的案件一旦批示“不准”，实现复活的即使不是绝无，但只是极少的例外。假定不是如此，如果《巴县档案》也同《黄岩档案》一样，在新案中明确批示“不准”的案件占全部案件的20%的话，在大量保留下来的文书中必然会有不少复活的案件。

与此相对，没有明确批示“不准”的案件有时确实是可以复活的。虽然同样当面受到批驳、没有受理，但必须看到，有没有明确批示“不准”之间存在很大的差别。在当时的巴县，没有明确批示“不准”的案件被称为“未准”，即尚未受理的意思。所谓“未准”，既非“准”，亦非“不准”，可以理解为介于二者之间的状态。不用说，作为“未准”案件，由于没有当面受理，诉讼文书并没有转发给负责处理案件的部门。在保管一段时间之后，就会被废弃。某件在两年后实现复活的文书中提到，由于呈词，不发房立案，事隔两年，仲主批呈难寻”，就是此案“未准”，因此很难找到两年以前提出的文书（《巴县档案（乾隆朝）》《借贷》No. 1021）。

正是这种“未准”而时时能够复活的做法，成为导致清代的

---

[123] 樊增祥：《樊山批判》卷二《批许则喜呈词》，载《历代判例判牍》，北京：中国社会科学出版社，2005年，第11册，第60、65页。

诉讼中渎讼与缠讼相互交错的要因。这一点从以下的案例中可见一斑。

同治元年（1862 年）八月二十九日，64 岁的寡妇李吴氏作为“新案”提出一份诉状，称因娘家的母亲去世，其弟吴星平从她那里按照市价 65 两银子赊欠了一副棺木，据说该棺木原是李吴氏为自己的后事所准备的。然而，其弟只还过 13 两，一直拖欠着剩下的银子。她前往催促还钱，却被其推倒殴打，腰和肋骨被打伤，小腹被踢，导致其吐血几乎死去。李吴氏请求官府验伤追究其罪责。对此，知县批示“该欠银两为数无多，仰仍凭证理讨，不必捏伤呈渎”，未予受理。

但是李吴氏于闰八月二十五日作为“旧案”再次提出诉状，称已遵照批示将原证人请到处理，但其弟仍然未返还欠款，并以先前诉讼未准，叫嚣即使诉讼百次也不会还钱（“藐批未准，吼称任百控”），还往自己身上泼冷水令自己伤风，乃至旧伤复发，不能进食已经濒临死亡。为了数十两银子竟欲令其生死两隔。本人绝非好讼之人，实乃被逼无奈，不得不诉。

这次，知县没有加以斥责，批示“候验伤察夺”，也就是说正式受理了此案（《借贷》No. 3480）。由此可见，这个案件李吴氏第一次提出诉状时确实“未准”，但根据通过原证人等的处理，向对方据理索求遭到拒绝，因而再次提出诉求，结果最终被受理了，使得初次提出的诉讼文书得以复活，并一直保留至今。

在此顺便提及该案最后的结果：

十月五日，据派去验伤的仵作报告，李吴氏的伤已经平复，故没有作出验伤报告。简言之，她所称伤重濒死的说法完全是夸大其词的谎言。尽管如此，李吴氏仍于当天提出诉状，称：

今伤已验明。(吴)星平恃无票唤，胆敢乘刑仵回辕，串同李先达统不识痞党多人，寻氏子捉害，图泄叠控之忿，氏子潜匿，未遭毒手……氏因前伤未愈，气激转沉，卧病难起……

显然，李吴氏仍然毫无顾忌地继续撒谎，对此，知县批示曰：

现据刑仵禀，称该氏伤已平复。仰仍遵批，凭证清理。毋庸滋讼。

根据这三份诉状和知县的批示，可以说明以下几点：如果没有明确批示“不准”的案件，而是批示要求当事人借助保证人解决纠纷的情况下，可以视为“未准”。从后面将要考证的刘氏家族的遗产继承诉讼可以看到，原告刘元庆作为“新案”提出诉状，知县批示由宗族集会处理（“凭族集理”）。对此，亲属中的房长也提出了一份文书，称“遵批禀复”。但是尽管有这种由亲属应知县的批示加以处理的回复文书，也仍然可以认为是“未准”案件。因为刘元庆在五天之后再提出的诉状里，明确写到初次提出的文书为“未准”。此外，针对名为刘元坦的人提出的“新案”诉状，知县作出了很长的批示予以劝谕，要求其停止兄弟之间的骨肉相争，由同族人公正处理。但是，尽管有如此恳切详细的批示，这同样仍属于“未准”的文书，因为在刘元坦以后继续提出的诉状中，他也指出从前提出的文书是为“未准”（《家庭》No. 6940）。

这种命令由保证人、中介人、亲属及近邻进行调处的批示，在《巴县档案（同治朝）》中非常之多，但那样的批示都不能被认为“准”即受理。那么如果明确批“准”的案件，会做什么呢？一般官府会派出验伤、验尸的仵作，或者传唤关系人等。总之是一系列作为公权力应该明确采取的处理案件的行动，这也是一种宣言的形式。而未准的案件，如果原告不再继续提出诉状，也没有根据批示对案件作出处理的保证人或亲属回复的话，案件一般就自然消失。如前所述，在这种情况下，很多已经提出的诉状很快就会被废弃。

假定如此，那么这种“未准”或介于准与不准之间的状态很可能覆盖了相当大的范围和领域。然而，像李吴氏那样因为多种因素叠加最终逆转而被受理的情况也很多。在清末巴县的场合，这正是导致没完没了的“缠讼”或者“渎讼”之事态泛滥并不断扩大的要因。以下，将以债权回收诉讼和遗产继承诉讼案件为例，对这一问题做进一步的考察。

（二）债权回收诉讼

首先来看一件围绕债权回收进行的诉讼案件，因为由此引发的争议显然是当时民间最为频发的诉讼类型，例如前述老寡妇李吴氏的诉讼。《巴县档案（同治朝）》《借贷》分类中收录了共740件诉讼案件，此外《商贸》、《欺诈》或《赌博》等分类中也包含大量与债权有关的案件。有关这一问题，可以参照王志强在《中国诉讼社会史研究》一书第十四章的研究。[124]

---

[124] 王志强：《清代巴县钱债案件中的受理与审判：以近代早期英格兰法为背景》，前注［27］，夫马进编：《中国诉讼社会史研究》第十四章，第821页。中译本，第536页。

有一个比较简单的案件经过大致如下：

玉器商人蒋洪顺于同治元年四月十一日作为“新案”提出“告状”，告发掌柜李双发有140余两银子的货款未交纳，并写明了两名证人以及当时应其请求主持调解的两个人的姓名。对此，知县作出批示：“着仍凭证清理。毋辄兴讼”（《商贸》No. 8493）。这就是前面所说的“未准”的案件。在作出这种批示的情况下，官府并未采取任何如讯问被告人等处理，这说明当事人只能依靠证人或中介人，通过自己的力量解决纠纷。

“被告”李双发为了对抗原告的起诉，于四月二十三日自作“原告”，以蒋洪顺为被告提出诉讼，文书上也盖了“新案”的戳记。李称自己才是受害人，因蒋洪顺尚欠自己工钱若干未付。对此，知县批示“工银细故。着仍凭证理讨。毋遽兴讼”，仍然未准。

时隔一天，四月二十五日，蒋洪顺再次提起诉状，称已经依此前的批示再次与李双发讲理讨要欠债，但对方仍未归还，所以不得不再提旧诉。这次，知县明确批示“候唤讯察追”，要求传唤关系人，案件最终被受理。

到五月七日，知县发令传唤有关人员，继而，五月十二日李双发提出“诉状”（盖有旧案戳记）。在这种场合，“诉状”是指被告的答辩状或反诉状。根据这些文书，六月二十六日，知县对当事人进行讯问，七月一日，被告李双发承认双方债务相抵之后，还欠对方40千文。原告蒋洪顺也提出了“结状”（誓约书）。此案就此了结。

本案原告蒋洪顺提出的文书共有告状、禀状、结状等4份，被告李双发提出的文书包括告状、诉状和结状共3份。在《巴县档案（同治朝）》中，此案可以算是比较简单结案的一件，判决亦是以原告一方胜诉而告终。但李双发请求的未支付的工钱问题在判决中并未提及。

然而，以上只是一个比较简单的案例；实际上，大多数案件并非如此。

通常来说，债权索取诉讼都像这样由原告首先在告状中提出谁欠自己多少钱未返还，或尚欠多少商品货款或工钱，谁是证人等。但是，对这种诉求，知县通常像前面所说的那样，批示“着凭证清理。毋得率渎”等。无论所涉金额是十两还是百数十两，几乎都是这样处理。但仔细考虑一下就知道，原告在诉讼之前肯定已经借助诉讼的证人或者借贷时的保证人等多次请求偿还借欠或债务，因此，这种批示其实毫无意义。通常来说，即使再次求助证人等进行调解，往往也无济于事。蒋洪顺再次诉讼时，只字未提证人调解之事，结合其他案件的情况考量，他或者是在衙门内找到了熟人帮助，或极有可能是做了贿赂打点。

普通的原告一般会怎样做呢？他们常常为了索回欠款和债务到被告家索要，然而往往不仅不能如愿，而且会反遭殴打，不得不再次提出诉状。或者，从一开始就是因索债被打而告状的也很常见。这时，单纯的金钱借贷等债权案件往往已发展为《大清刑律》中规定的斗殴案件。这样知县就必须派人前去验伤，以确认伤情是否属实，程度如何。派去验伤的人就是仵作。不过，仵作在多数情况下都是呈报说未见到本人，无法验伤并写出报告——“未与书（仵作）睁面，无凭开阅”；或者像前案寡妇的情况那样，“伤已平复，无凭开阅”。假如仵作没有见到受伤者，知县就会批示“显系捏伤”，这样，多数情况下诉讼就很难有所进展

(No. 3476);有时知县会批示“查验并不眸面,显系捏伤妄控。候集讯察究”(No. 3500)。这种情况下,谎称被打之人即使确实真的被拖欠债务,通常也不敢出庭,而知县也并不想进一步深究。无论如何,《借贷》和《商贸》类里收录的案件大多数就这样不明不白地结束了。

同治十二年十二月十八日,商人杨世柱提起诉讼,告交易对手魏敦五有100千文赊欠货物的货款没有支付,他前去索要,却遭到殴打。但直到第二年,知县才派仵作前往验伤,仵作的验伤报告直到二月二日才作出,称“杨世柱伤痕业已平复,无凭开阅”。后杨世柱见验伤后仍迟迟不传唤,久等无讯,再次提出诉状,请求尽快传唤当事人。对此,知县批示:“验明该具呈,伤已平复,且事甚细微,尽可投凭团证以理向讨。毋得捏词复控取累”(《商贸》No. 8954)。于是,这件诉讼就此结束。

杨世柱索要的100千文钱,按当时的比率换算相当于60~70两银子,这并非“甚细微”的金额,且验伤结果也并非“未与书(仵作)眸面,无凭开阅”,不过是“伤已平复”,知县对斗殴之事非常清楚,却以债权问题替代了斗殴问题,并进而将伤情用病情加以替换,从而大事化小,就此使诉讼终结。

从这件诉讼中可以发现,单纯的债权问题几乎很难达到作出公开判决的地步,也就是说,即使提起诉讼,大多数争议也得不到解决。对这样的债权诉讼,知县首先会作出“凭证以理向讨”的“未准”批示。如果事态不发展到斗殴事件或捏伤事件,就很难进入审判。这种状况对期待通过诉讼解决债权争议问题的当事人无疑会产生很大的负面影响,使得他们不得不打消诉讼的念头。实际上,有此类诉求的人数相当多,可视为一个庞大的潜在诉讼预备队，而《借贷》《商贸》类档案所收录的案件，只不过是当时此类纠纷的冰山一角罢了。

在借贷时设立中介人或保证人，本是世间为了尽可能避免诉讼而建立的重要措施。然而，如果不幸这种中介人或保证人无法发挥作用，原告就不得不以遭到殴打为由提起诉讼。由于原告经常使用遭到殴打这种谎言，以增加诉讼的理由和气势，官府本来不得不对这些诬告者进行处罚。不过，除了诬告的原告本人不受处罚之外，近邻和亲属即使为当事人作了伪证，官府也会对他们网开一面，宽宥他们的责任。这种情况在当时非常普遍（《商贸》No. 8486）。至少一般档案中没有记载对他们有过任何处罚。

此外，从这些案件中可以看到，原告被告同样都对知县，即法官公然撒谎，这已成为理所当然之事。或者可以说，撒谎之风相当盛行。当事人看待知县的目光毫无敬畏之感，而是极其轻慢。这也正是知县不得不不断斥之以“毋庸多渎”的原因之一。例如，有人告状说：

> 娄国辅等复索钱文不遂，将蚁（原告王万福）凶辱。蚁妻牟氏理劝，被伊等凶凌，掀蚁妻跌地，致落五个月之胎孕。

此案为同治三年二月十五日提起的诉讼，仵作在一个月之后的三月十八日才作出报告。报告称：

> 验明王牟氏并无伤痕。据王牟氏吐称，伊□年二月初七日产下胎孕，业已丢去无存，无凭查验（《借贷》No. 3472）。

虽然原因不明，但件作是在事件发生后许久后才去验伤的。估计这对夫妇预想到这种情况，于是在做戏吧。

这些被归入《借贷》和《商贸》类的金钱纠纷的第二个特征是，地域共同体的纠纷调解功能很弱，甚至几近于无。这一点与乾隆朝和嘉庆朝并不一样。这里所谓共同体是指如团练这样的组织。或者不如说，团练本身根本不具有解决内部纠纷的能力。例如，团练内的人借了公款不还时，团练自己不得不提起诉讼。由此可见，团练内部解决其成员间的借贷纠纷的能力是值得怀疑的。称为廉让团的团练成员刘元芳借了10千文公款，每月利息为几文，连本带利一共13千200文钱，对此，知县莫名其妙地批示"惟为数无多。仰仍凭团理讨"。即使如此，刘元芳还是没有还钱，团练的负责人总监正再次提出诉状。知县对此批示："候签唤讯追"。而案件就此就终结了。有可能是刘元芳惧怕官府讯问最终还了钱，或者采用了什么其他的对策（《借贷》No. 3495）。这个案件涉及团练的公款，且仅有13千200文钱欠款，但团练内部都无法自行解决，一度不得不走上诉讼之路。这说明，巴县的共同体的调解功能弱化，无疑也是其诉讼多发的重要原因。

下面，通过介绍一件与债权问题有关的案件，看一下诉讼中到底存在哪些具体问题。

这一案件的全部过程如下（《借贷》No. 3545），并分别用英文字母表示其发生的顺序。

孙德禄以周以江为保证人向曾怡昌支付了180两银子作保证金（押银），获得了佃农的权利。后来发现，这块土地实际上并非曾怡昌本人的土地，而是由其管理的江西省吉水县同乡会（吉水会）的共有土地。同治三年（1864年）春天，在开始春耕时，原先租种这块地的佃农谢仁和却拒不退地。也就是说，曾怡昌也曾收取了谢仁和的押银，即租种土地的权利保证金，但双方并没有进行任何退佃的协商，事后查明，实际上曾怡昌和谢仁和之间也发生了诉讼。

这样，孙德禄为了从曾怡昌那里要回押银，将曾怡昌及保证人周以江一起告到官府（A：二月二十一日）。对此，知县一如既往地批示："着凭团证理落。毋得率渎。"孙德禄按照批示再次讨要未果，于三月二十九日再次提起诉讼（B）。这次的批示是："尔凭遵批集理。曾怡昌胆敢占抗不场，殊属藐违可恶。候即唤讯究追。"

然而，曾怡昌尽管接到了传唤的令状，却躲到女婿家里拒不出面。到了六月，这个案件发生了急转直下的变故。孙德禄妻子由于无法要回押银，携带幼子以及嫂子黄氏一起来到曾怡昌家，据守在曾家不走，以迫使其还债。这时，据说曾怡昌教唆其子对黄氏施暴力，导致黄氏精神不安。六月二十日，孙德禄的幼子突然死亡，其后二十三日，黄氏亦暴毙。两人的死亡都被归咎为曾怡昌的责任，孙德禄要求传唤曾怡昌的儿子和女婿（C：六月二十四日）。

第一次讯问于六月二十五日进行。其结果是知县作出判决，对曾怡昌课以"械责锁押"，并限其5日内必须向孙德禄返还168两银子及3千500文钱。同时决定，如果曾怡昌违反判决的话，将传唤讯问吉水会当年的会长（第一次讯问）。然而，曾怡昌还是没有还钱。八月二日，知县进行了第二次讯问，判决曾怡昌必须在10日内还清欠款，并同时传唤吉水会会长和佃户谢仁和进行讯问（第二次讯问）。

此后，案件的发展越发复杂，根据时间顺序将经过简要记述如下：

D：八月十八日，曾怡昌提出诉状（被禀：孙德禄、周万兴）答辩称：他已经将孙德禄的押银交给曾义生，而后者却逃跑了；是讼棍周万兴唆使孙德禄告自己的。

E：九月三日，江西吉水会所在的团练四位负责人联名提出禀状，称曾怡昌被拘禁、衣食无着，先后三次请求吉水会裁断，后又向四位团练请求裁断。佃户谢仁和对其借贷进行了清算，但以曾怡昌的名义向吉水会借的公款93两，尚未归还。

第三次讯问：九月九日。

F：九月九日，曾怡昌提出禀状（被禀：孙德禄、谢仁和、余璋、曾体聪、曾澄彩），称谢仁和借款之事，经讯问查明。堂侄曾体聪、曾澄彩曾从曾怡昌处借银3600两与养老膳银270两。同时蠹役余璋故意拖延案件应答之事。

G：九月九日，谢仁和提出禀状。称去年八月曾怡昌曾以“恶佃欺主”的罪名对自己提起诉讼，讯问的结果证明实为诬告，并已经作出判决。曾怡昌本人欠人粮食和银两不还，反倒毫无证据地说自己曾三次向他借钱。自己所借的实际上是吉水会的公款。

第四次讯问：九月二十三日。判决在10日之内，曾怡昌应该向孙德禄支付20两，吉水会的夏永顺等人和谢仁和各向孙德禄支付40两。并将曾怡昌锁押。

H：九月二十六日，吉水会的夏永顺等人提出禀状。称曾怡昌所做恶事与本会无关，不应由本会支付40两。

I：九月二十八日，谢仁和与谢仁礼两兄弟联名提出禀状。称前一年，即同治二年，曾怡昌曾将谢仁和与谢仁礼作为对手提起诉讼，他们与孙德禄的诉讼并无关系，不应支付40两。

第五次讯问：十一月三日。判决曾怡昌在5日之内，向孙德禄支付20两，在此期间继续锁押。同时改判夏永顺等人和谢仁和各向孙德禄支付30两。

J：十一月九日，谢仁和与谢仁礼提出禀状。主张不能支付30两，但称可将耕牛卖了返还10两，其余无力支付。

K：十一月九日，吉水会的夏永顺等人提出禀状。称曾怡昌曾向知县提诉吉水会会员，要求判还借款，得到知县批准。不过，吉水会会众有200户之多，而且会银不多，但是如果能够断绝与曾怡昌的关系，会众或许可能同意用会银支付曾怡昌的欠款。

第六次讯问：十二月二十六日。判明：曾怡昌应支付20两，但只付了8两。夏永顺等人未支付30两。谢仁和应支付20两，但只付了10两。

L：十二月二十九日，曾怡昌提出禀状（被禀：孙德禄、谢仁和、谢仁礼、周万兴、四厢团正蒋洪顺等5人），要求返还被孙德禄霸占的家财，锁押恶佃谢仁和兄弟，并将其逐出住所。

M：同治四年正月十九日，孙德禄提出禀状（被禀：曾怡昌、夏永顺、裴万昌、光裕茂、谢仁礼、谢麻二），称曾怡昌、夏永顺等人仍未支付。

N：二月十五日，曾怡昌提出禀状，告称他已于年末支付了20两，但黄氏的尸体仍放在自家。

O：四月八日，孙德禄提出禀状，称因为各方仍未支付全部款项，故黄氏的尸体仍不能安葬，不得不继续放在曾家。

P：五月九日，曾怡昌提出禀状，称自己被吉水会的新会长刘两仪愚弄，家产尽失，房东声称要售卖自己租住的房屋，请求尽快将黄氏的尸体搬走，并讯问唆讼的周万兴。

Q：五月十九日，曾怡昌的房东寡妇吴刘氏提出禀状（被禀：曾怡昌），称曾怡昌租住在自家，但有四个月的租金尚未支付，已拖欠银20两。且黄氏的尸体放在自家的房屋中堂，臭气熏天，无法忍耐。因夏永顺等人还不支付孙德禄欠款，致使尸体迟迟不能搬走。

第七次讯问：六月二十日。判明：曾怡昌已付完20两，谢仁和已付完10两。判决：谢仁礼更应该付10两，夏永顺等更应该付30两。

R：六月二十七日，曾怡昌提出禀状（被禀：吉水会的夏永顺等3人），称自己为江西省人氏，夏永顺等想要将自己从吉水会中彻底除名，才能提供30两赞助，此举无论于天理人情实属过分。

S：七月十九日，夏永顺提出禀状，称代曾怡昌支付30两，请将其从吉水会中除名。要求曾怡昌出具收据。

同治四年七月十九日，孙德禄、曾怡昌、夏永顺三人各自提出结状，同意就此解决纠纷，终结诉讼。

通过这件围绕押银返还进行的诉讼，可以看到以下令人瞩目的特点：

第一，提出的诉状多、关系人多。孙德禄初次作为新案提出告状时，为同治三年二月二十一日。他与被告曾怡昌以及吉水会的夏永顺三人提出结状同意纠纷解决，则是在翌年的同治四年七月十九日，中间经过了1年5个月时间，共计提出19份诉状，其中原告5次、被告6次、吉水会负责人夏永顺4次、佃户谢仁和等3次，此外，被告的房东吴刘氏也提出一次。包括最后提出的3份结状，这一案件共提出了22份诉讼文书。

这样一来，形式上是一个诉讼案件，但当各种各样的纠纷卷进来之后，问题开始复杂化，被告人数也不断增加，争点也很难限定。比如，孙德禄告状中“被告”一项中，本来只写了曾怡昌及担任保证人的周以江二人。但是，到了黄氏去世的阶段，提出的禀状中“被禀”中除此二人之外，又增加（“添唤”）了曾怡昌的女婿廖老耶以及参与殴打的其子曾二，接着，在一份文书中又将一名身份不明的陈妇的名字也加入进来。在19份诉讼文书中，被告和被禀的人，即因各种原因被诉的人共计达17人之多。

在八月十八日曾怡昌提出的禀状中，除了“被禀”的孙德禄之外，还写上了唆讼的周万兴的名字。然而，尽管曾怡昌以讼棍之名起诉周万兴，但在六月二十五日初次讯问以及此后的所有讯问中，周万兴都没有被作为嫌疑人传唤到场。也就是说，曾怡昌以讼棍之名起诉周万兴有可能是一种诬告，不过曾怡昌本人似乎也并未因这一诬告而受到任何惩罚。在诉讼进行中，当事人为了证明自己的“正当性”或减轻自己的罪责，作为一种战略，往往会尽可能把可以利用的人牵扯进诉讼。这样，曾怡昌起诉的人为2人+4人+6人+3人，共15人。

此外，一旦提起一场诉讼，相关的人都会将其作为良机，趁机把很多纠纷混在一起加以解决。最典型的例子是曾怡昌所租住房屋的房东吴刘氏，她本来与这个诉讼毫无关系，但也将这场诉讼视为一个好机会，趁机提出曾怡昌还欠其房租20两的禀状。吉水会负责人也认为这是一个转祸为福的好机会，可乘机与曾怡昌断绝关系，将其从同乡会中驱逐出去。同样，佃户谢仁和也充分利用了这一诉讼。

知县在这里几乎是无足轻重的角色。例如，在第四次讯问时，知县作出判决，令曾怡昌向孙德禄支付20两银子，谢仁和及夏永顺应向孙德禄各支付40两银子，但谢仁和与夏永顺无论如何都拒不服从，知县批示："银数无多，尚不难于措办。既经劝谕，应即遵照，毋得饰词推诿，违延率渎。"这些措辞几乎完全感觉不到什么权威性。一个月之后，在第五次讯问时，谢仁和与夏永顺必须支付的款项数额都降到了30两。

确实，被告曾怡昌被判令在还款期限内清偿负债，而且还受了锁押之刑罚。然后，当事人提出了结状，本案就此宣告终结。就像此前举例的掌柜未交纳货款的诉讼一样，债权问题有时也像这样在某种程度上通过审判得到解决，所以诉讼不断。但是如果我们认为，这个诉讼是通过判决被告曾怡昌一方败诉而终结的，并据此进行统计，那么这种理解是不正确的，而且这样的统计对于理解同治年间巴县的诉讼是什么而言，几乎毫无意义。

最富有意味的是，本案中黄氏之死所起到的作用和带来的结果。本来，在这类诉讼中女性历来具有重要的作用。孙德禄向曾怡昌索取预付的押银未果，于是令妻子携幼子及其嫂黄氏一起到曾家坐守索债，请求返还押银。估计妇女可能都是自愿参与的，因为她们也会理解，如果只是为了请求返还押银而打官司，那么就无法拿回押银。尽管声称遭到殴打的虚假诉讼并没有太大的作用，但如果真的遭到殴打，的确可以有效地推进诉讼，因此，在这种与债权债务有关的纠纷诉讼中，当事人使用这种手段司空见惯。正因如此，这些女人才会豁出命去要债。据孙德禄诉称，黄氏受到了曾怡昌之子的"凶凌"，但是到底被"凶凌"的程度如何，则不得而知，因为连一次验伤验尸也未进行。事实是，几天之后黄氏死去了。从孙德禄在二月二十一日第一次起诉曾怡昌，三月二十九日再次起诉，到当时已经过近三个月时间。假如没有黄氏之死这一契机，这个债权纠纷通过诉讼得不到解决的可能性极大。

黄氏之死被孙德禄等人最大限度地加以利用：他在黄氏死后马上将尸体抬到曾怡昌家的中堂陈放，任其腐烂，臭气熏天，也拒不埋葬。由此对债务人曾怡昌施加压力，使其最终无法忍受，不得不返还了20两。即使这样，孙德禄仍未将尸体抬走，直到迫使吉水会的夏永顺等人也支付了30两之后，才终于将尸体抬走。

《巴县档案（同治朝）》《命案》中，有女子出嫁后突然死亡的案件。媳妇的死对于夫家而言是大不利的，很多情况下甚至被作为谋杀提起诉讼（No. 2078）。在夫家不得不将情况报予其父母后，对娘家而言，女儿的死可能正好成为一个提起“图赖诉讼”或“架词诬控”的“良机”。寺田浩明在《中国诉讼社会史研究》一书第十章中介绍了若干此类案件。[125] 读起来使人感到这些父母“连死人（尸体）都不浪费”的厚颜无耻和顽强精神。表面上看去，孙德禄当然有权收回已经支付的押银，他本来无疑是受害人，但他所使用的手段同样是“图赖诉讼”或“架词诬控”。因为，黄氏之死与债权纠纷之间本来毫无关系，他也并未请求官府验尸，但却不失时机地将黄氏之死作为“良机”，“连死人都不浪费”。此外，吉水会的夏永顺等人、佃户谢仁和以及房东吴刘氏也都最大限度地利用了这一“良机”。

---

[125] 寺田浩明：《自理与上申之间：清代州县审判中处理命案的实际状态》，前注[27]，夫马进编：《中国诉讼社会史研究》第十章，第446页以下。中译本，第420页以下。

（三）遗产继承诉讼

接下来，要考察的是当时同样频发的围绕遗产继承和家产分割的诉讼。以一个案例为例，在若干亲属家族间的诉讼中，这个刘氏家族间发生的案件与“缠讼”之语非常契合，对于理解何谓缠讼，具有非常深刻的意义。

首先，先简单描述一下这个案件的始末（《家庭》No. 6940）。

刘氏家族居住在距离重庆 60 公里外的地方。[126] 刘光先是一个大地主，他与前妻之间生有两个儿子，与后妻蒋氏之间生有四子。刘光先生前，于道光元年（1821 年）将为了养老而保留的膳田以外的田产均分给六个儿子。道光二十五年（1845 年），刘光先去世，六个儿子将膳田均分。由于第二个儿子刘元庆急需现金，在道光二十五年将自己所有的土地卖给兄弟。当年各方将上述事由记录在一纸契约中，并且约定“倘有不遵，许令受累者，执约禀官”。此后，其母蒋氏于同治六年三月去世。

刘元庆在同治七年（1868 年）闰四月二十九日作为新案初次提起诉状。他主张还有部分未分割的土地，母亲蒋氏以明显过低的价格收买自己名下的土地，接着又以母命将剩下的共有土地除自己以外的其他四个兄弟均分，其做法实属不当。故将其弟刘元晖、刘元坦以及侄子共六人作为被告告到官府。根据道夫光元年的契约和第二次讯问后知县作出的不得对遗产进行再次分配的裁定，我们可以看出，刘元庆的诉讼不过为了获利而强词夺理、故意找茬。这一年，他已经是 68 岁的老人。

---

[126] 即使是同一个原告和同一个被告提出的诉状，究竟是距离重庆城 120 里还是距离 160 里都各不相同，这里姑且采用 120 里，即 60 公里之说。

对于刘元庆提起的诉讼，知县批示"着仍凭族集理"，这意味着"未准"。宗族长老刘友堂等三人按照知县的指令，附上道光三年与道光二十五年的两份"约"，向知县作了回复。并称"均属和好，不知讼何由兴"。这个回复几乎毫无意义。

刘元庆所告的被告之一是刘辅臣。在看到刘元庆的诉讼以"未准"告终之后，刘辅臣于五月二十五日自作原告提起新案，理由是刘元庆之子曾向其借贷10两银子未还，而且不顾叔侄关系殴打作为尊亲属的本人。于是，这一家产分割的问题同样也开始向斗殴事件发展。由此，他的诉状被受理了。此后，刘元庆、刘辅臣、刘元晖、刘元坦等陷入诉状的混战之中，这里谁是原告、谁是被告已经无法分清。第一次讯问一再推迟，直到十一月七日才进行。十月五日，刘元晖提出诉状，对刘元庆的儿子刘天训等提起反诉，同时指名将刘王氏作为必须传唤的人。对这份诉状，知县作出以下批示：

> 查戴王氏即刘王氏，前据具诉，批准集讯。因何不即投到。且查此案已延四月之久，两造首禀以及府控不下二十余张，竟未一讯。是否图告不审，抑系贿差延塌。似此同室操戈，缠讼不休，案无结日，天良何在。

从闰四月二十九日，刘元庆初次提出诉状，到十月五日的这份诉状为止，算下来各方一共向县里提出的诉状达到18份之多。其间，尽管刘元庆的诉讼一次也没有在巴县开庭审判，但他却直接到重庆府提出上诉。如果加上这份上诉状，那么，在不到6个月的时间内，原、被告双方合计提出19份诉状。这确实可称得上诉状大会战，正如知县所言，实属名副其实的“缠讼”。

这里先描述一下刘元晖要求传唤的刘王氏。刘王氏实际上正是导致这场缠讼的关键人物。在知县看来，刘元晖和刘元庆的诉讼都是她所采取的战略，而且正是她教唆并期待的结果。

刘王氏本来是戴氏之妻，30岁时再婚成为生员刘元坦之妻，而刘元坦当时已有二妻。刘王氏提出诉状称自己为刘元坦的侧室，在接受讯问时则答称自己为妾。她多少读过一些书，而且好像有很强的经营手腕和交际能力，刘元晖称她是导致“缠讼”的关键人物且具有很大威力，提出若干份旨在贬低其人格的诉状。其中一份得以保留下来，内容称刘王氏再婚之前曾经在重庆城内经营栈店（旅馆），刘元坦为了“应试”曾在此投宿，由此两人之间发生恋情。之所以说她多少读过一些书，是因为刘元晖所提出的文书中提到“抄戴王氏与刘元坦勾奸情诗单”，她不顾刘元坦已婚，仍向其赠与七言绝句情诗，而刘元坦则以七首诗回赠。后二人成婚。刘元坦对此加以反击并为刘王氏辩解，称两人结婚时有一族长老刘进光为媒妁人，以证明其关系的正当性。

之所以说刘王氏有很强的经营手腕和交际能力，是因为刘元晖和刘元坦之母蒋氏发现了其才能，让其代替病弱且致力于科业的刘元坦，负责家中的各种经营和对外交际，据她自己的申辩，蒋氏为褒奖其辛劳，曾特意赠送大米作为奖赏。

回到刘王氏与诉讼的关系上来，刘元晖在提出的诉状中极力贬低刘王氏，告其好讼、不守妇道；同时作为其主谋诉讼的证据，将其从咸丰十一年（1861年）至同治七年（1868年）所涉足的共12件诉讼逐一列举出来，并多次将刘王氏称为戴王氏，以强调其再婚的不道德性和身份不当。该诉状最初的两段是：

一、咸丰十一年九月，刘元坦以串卖凶阻控赵元汇弟兄一案。临审，戴王氏即刘王氏名捏夫元坦有病，自恃能言舌辨，代夫投审，跪堂三次，缠讼二年，被张主（知县张秉堃）辱骂，始结。

一、同治元年五月，刘元坦以乘危占搂控胡自堂、张德春等一案。临审，戴王氏又即刘王氏名捏夫有病替审，跪堂四次，缠讼四年，王主（知县王臣福）辱骂，始结。

据此可知，从咸丰十一年（1861）到同治七年的 8 年，刘元坦及其妻刘王氏提起或参与的诉讼共达 12 件之多，其中多数似乎是刘王氏挑唆其夫参与的。假如按照刘元晖所言进行计算，那么他们在同治三年、四年、七年这几年，每年同时参与了 4 起诉讼。由此可以理解当时的巴县是一个怎样的诉讼社会。

刘元坦及其妻刘王氏在 8 年的时间内提起或参与 12 件诉讼的事情未必是刘元晖等人的诬告，因为刘王氏自己提出的辩护文书中也包含这类内容：

为缕晰呈明事。缘咸丰三年，氏□□刘元坦其劳心家务，自四年冬月二十七日□□□请凭族戚，即将外事交氏经理。连年先后得……奉姑命，因为铁厂与赵元济构讼来渝……氏以一门二请控诉案。是年发匪扰境，氏姑搬寨，被人搂抢什物谷米。氏夫刘元坦因控胡自堂在卷，夫旋包病，氏禀请代质。二年氏以设关搂搕上控于府宪，系刘香亭（刘元晖）、刘辅臣、魏清奇作干证，侄刘锡三为抱告，均属有卷可查。

刘王氏指出，刘元晖和刘辅臣是当下正在进行诉讼的对手，而他们当时则是自己诉讼中的证人。这些人非难自己好讼，正说明他们自己的人格有问题。刘王氏对自己8年间参与12件诉讼的事情完全未予否认，将其中哪些案件是自己正当起诉的，哪些是受亲属所托作证人的，分别一一列出，认为所有案卷都保存在衙门中，应该进行调查。她的态度毫无愧疚之感，而是显得堂堂正正。

十一月二十二日，知县进行第二次讯问，并作出裁定，将去世的蒋氏所有的年收入460石的租田分为十等份，每份为46石，其中一份分给刘元庆作为其养老之用，同样的一份分给刘元坦作为偿还其与蒋氏共同经营的铁厂所负债务，剩下的八份平均分给第三房刘元晖、第四房刘元章之子刘天策等、第五房刘元东之子刘天乐等以及第六房刘元坦等，各方对此达成了合意。讯问后审判记录中特别记明，刘元庆“不应再分”。所谓“不应”是指其本来无权再分得财产，此次之所以分给其蒋氏遗产的十分之一，并不是因为严格遵守兄弟之间继承份额应该均等这一普遍公认的原则的结果，而是由于同胞兄弟见其贫困而照顾其养老而为。简而言之，刘元庆迄今所进行的诉讼不过是“图赖诬讼”而已，对他来说上述裁定与合意正好是无理蛮缠的结果。

这个问题看起来是解决了，案子好像可以就此终结。但是，刘元庆与刘元晖等则不同意。十二月十四日，又进行第三次讯问，官府要求刘元芳将一族中有关系的人集合在宗祠中，继续进行协商。担当调解的刘元芳对官府作出以下回复：

无如戴王氏利口唆离，居倾产业，用同姓不宗之刘万成引诱天训，赴省上控，碍难禀复。

由此可见，亲属间的调解功能在这里已经完全“瘫痪”。而知县对此回复的批示是：

即戴王氏刁唆家长刘平臣（刘元坦）藉争财产，缠讼不休。已属不守妇道，姑念妇女无知，未予深究。乃竟执迷不悮（悟），尤支刘万成引诱刘天训赴省上控。纵能利口强辩，凡事不外乎理。

知县同样认为，直到省城上诉缠讼不止，不过是刘王氏在兴风作浪而已，其批示只是在重复刘元芳的回复，自己却并未提出任何解决方案，似乎是在掩饰自己的无能。

知县虽然认定当事人越过府一级而直接向省城的布政使提起上诉是由刘王氏一手造成的，但并没有对她采取任何措施。可以认为，刘王氏到省会成都进行诉讼必然利用了讼师，而且，她从咸丰十一年到同治七年的8年间共涉足12件诉讼，肯定也是依靠了讼师的帮助，而她本人看起来甚至比讼师更精通诉讼的窍门。当时的地方官已经对讼师进行了严厉的弹压，并且非常担心他们死灰复燃。[127] 所谓“姑念妇女无知，未予深究”，固然是地方官在批示中经常使用的修辞，但时任知县的金凤洲有可能对刘王氏心怀恐惧之感，或者说担心如果对刘王氏深入追究，最终可能会

[127] 邱澎生：《十八世纪清政府修订〈教唆词讼〉律例下的查拿讼师事件》，载《“中研院”历史语言研究所集刊》第79本第4分，2008年，第665页。

陷入她的圈套。无论如何，令人难以理解的是，知县一方面将刘王氏视为这次缠讼的罪魁祸首，另一方面却未对她采取任何处罚。作为法官和调解人的知县，其威严和力量完全不知所踪。看来，不能有效发挥纠纷解决功能的，不仅是亲属间的调解，知县本身也是如此。

此后，当事人之间的诉状大会战以及相关的讯问并没有衰减，反而在刘元庆于同治八年五月去世后再次进入高潮。因为刘元庆的妻子刘杨氏将丈夫之死视为难得的“良机”，继续展开新的“图赖诉讼”。刘元晖等人并未将年收入 460 石的田地的 1/10 分给刘元庆。刘元庆作为年近 70 岁的老人，其去世本来属于自然的衰老之故，但是其妻却称丈夫是受到刘元晖的“威逼”，被气氅的，并以此为由提起了诉讼（同治八年五月十三日）。

接着，刘元庆之妻又到省城的布政使提起上告（六月十日）。在八月十九日提出的诉状中称，其夫被刘元芳和刘辅臣“凶辱凌逼，掀跌倒地，气急身亡”，俨然是被二人所杀害一般。这与迄今为止在《巴县档案（同治朝）》《命案》中屡见不鲜的利用某人的死而进行的“图赖诉讼”如出一辙。刘辅臣和刘元晖等好像在刘杨氏以及刘元坦和刘王氏之间采用了离间战术。此计成功后，刘辅臣、刘元晖与刘杨氏之间达成调解，而这些人则一致对刘元坦和刘王氏提起诉讼。根据文书中明确写明的日期可以看出诉讼的持续时间，一份保存下来的诉讼文书日期为同治九年二月八日，这说明至少在当时这件诉讼尚未解决。

刘元庆初次提起诉讼是在同治七年闰四月，所提出的诉讼文书最后的一份日期是同治八年十月二十一日，这说明这个诉讼至少在近两年之后仍在继续进行。从诉讼开始到当时已经过 18 个月时间，其间双方所提出的诉状共计40份之多，加上调解人所提出的两份文书，18个月间共提出42份诉讼文书。如果再加上截至同治九年二月各方到府、道、省等处上诉（上控）的诉状，合计总数肯定会超过50份。

这里必须考虑的问题，与其说是诉状的数量，不如说是关于诉讼实质的问题。这个诉讼中到底哪方是原告，哪方是被告完全不得而知。刘元庆提出的诉状表明刘元坦、刘王氏似乎以某种方式参与其中。而在他第一次提出的诉状中列出的“被首”之一，即是刘元坦。这无疑也是一种所谓诉讼战术。

另外，上诉（上控）也多次进行，刘元庆甚至在一次也没有在县里进行讯问的情况下就直接到重庆府提起上诉。而且如前所述，刘元庆之妻在丈夫去世后又到省城成都布政使那里提起上诉。实际上，到同治八年三月为止，刘元晖一方也到重庆府对刘王氏提起上诉（同治八年六月三十日刘杨氏的禀状）。在宋代的场合，当事人经常从县里到上级官府的府、州或路提起上诉，其结果往往会推翻原判决，这也成为当时社会健讼的要因之一。但是，从《巴县档案（同治朝）》看来，府和省官府所做的大多只不过是命令县府对该案件加快进行审讯而已。可见上诉只是进一步促进了实质性的缠讼罢了。

刘氏一族的遗产继承诉讼，确实可称得上名副其实的缠讼和渎讼。巴县的缠讼和渎讼，往往是发生在像刘氏这样的家境富裕的人有纠葛的情况下。知县对诉状的批示往往是“毋庸多渎”（同治七年六月十四日）、“慎勿固执缠讼伤和”（同治七年七月九日）之类的命令，但是似乎毫无作用。刘元坦本为生员，被批为“恃身列胶庠，瞒案岐控……似此逞刁健讼，殊属卑鄙”、“毋得多渎”（八月八日），但是他毫无惧怕之态，仍继续不断地提出诉讼。知县对刘元庆的遗孀刘杨氏批示“氏年已六十余岁，不得呶渎”（同治八年八月十九日），但不到两个月，她就又提出了诉状。由此可见，知县几乎毫无权威可言。

最成问题的是，已经指出的知县对刘王氏的处理。一方面他明明认为该女无疑就是该案缠讼不止的元凶，但另一方面却对其未作任何处罚。她的存在比讼师还具有危险性，或者其身后隐藏着讼师的身影也未可知。刘王氏本人针对她在 8 年间参与 12 件诉讼的谗言提出辩解，其内容清楚地表明，她善于将对手的谗言直接转化为证明自己正当性的依据，作为反击的话语而用之。根据其辩解，她完全没有做任何违反法律之事。

从诉讼件数和诉讼文书的数量可以看到，将清末的巴县称为诉讼社会是恰如其分的。加上以上的若干案例中所显示出的诉讼的复杂性以及讼师的身影，进一步证明了诉讼社会的真实存在。

结　语

中国诉讼的多寡及其形态与其统治方式有着密切的关联。所谓统治方式是指迄今多次提到的统治体制。从后汉的乡亭一级的设置所导致的诉讼多发，到宋代以后围绕征税和徭役负担产生的大量诉讼，都是这种统治方式导致的结果。宋代的“纠论”“纠决”之类的做法可以令人联想到秦代的密告制度。如果专制统治下的纠纷解决机制能够有效运行，那么，诉讼当事人不仅会服从地方官的权威，而且亲属邻人的调解也可以发挥积极作用。尽管地方官的审判与民间调解往往被理解为相互对立的纠纷解决方式，但实际上并非如此。

专制统治这一概念，通常容易被理解为贬义，但其实未必如此。以诉讼制度而言，作为一种很早就向广大民众开放的司法制度，恰恰是专制统治体制特有的方式。民众间的纠纷如果不能依靠共同体或中间层次的群体得到抑制，必然会凸现爆发。中国古代之所以会出现“无冤的理念”、发达的上诉制度以及禁止告状不受理的法令，都与这种统治方式有密切的关系。在日本江户时代，京都的市民如果想提起诉讼，首先必须通过町役这种街道（町）的负责人，如果有人未经过这种程序而提出诉状，则会被要求撤案，只能先在町内提出相关文书。[128] 美国式的诉讼社会是随着现代化过程中共同体的治理控制能力逐步衰落、导致诉讼多发而形成的结果；而在古代中国，则由于这种共同体的控制力过早地衰落，而形成了诉讼社会。

从居延汉简中可以看到，与债权回收有关的案件在2000多年前就已经多发，这一点具有很深刻的意义。显而易见，与债权有关的纠纷正是从古代到现代民间最为多发的纠纷类型。但是，根据《巴县档案（同治朝）》所见，这种类型的纠纷能够真正进入诉讼的却为数不多。这正是由于当时此类案件过多，即使提起诉讼、进行审判也很难获得有效的判决。甚至诉状的受理本身也十分困难。

那么，为什么这类纠纷不能有效地得到解决呢？因为诉讼案件整体增加的同时，涉及人命、盗窃、斗殴等案件也在大量增加，而这些案件必须优先处理；因此，户婚田土等类案件就被推

[128] 前注［106］，秋山国三：《近世京都町组发达史》，第205页。

到次要地位，并往往不予受理。表 3 在一定程度上显示出这一情况。此外，通过《珥笔肯綮》这一明末出现的讼师秘本中《财本私债》的有关内容，也可以发现一些值得注意的信息，该书中的诉讼范本中提到与债权有关的诉状，并在其后提出如下注意事项：

> 此系小事，多难告准。故词内叙事间话多者，布情以动人也（负本坑生事）。[129]

也就是说，由于与债权回收有关的诉讼“此系小事，多难告准”，因此必须动之以“情”，然而为了感动法官，恐怕需要花费相当一番功夫才行。

《巴县档案》或《太湖厅档案》中并未收入大多数“不准”的诉状（明确不予受理的文书），或者“未准”（被委婉地搁置的案件）。因此，例如债权回收案件中，究竟有多大比例的诉状被受理实际上不得而知。幸而，《黄岩档案》中包含“不准”或“未准”的诉讼文书，据此可以对实际处理的案件加以确认。

《黄岩档案》中的 78 件（文书 78 份）中，与债权回收有关的有 17 件。其中被受理的案件数只有 2 件而已。而且其中一件还是与名分有关的，另一件则是与征税有关的案件。也就是说，请求债权回收的诉状中真正被受理的只是个别特殊案件。作为纯粹的债权回收案件而被受理的则完全没有。注意考察官府对这 17 件案件的批示，发现基本上都以某种理由作为“不准”（不予受理）或“未准”而被驳回。例如，一件诉讼中，被告侵吞了 15 块银

---

[129] 前注［97］，邱澎生：《觉非山人〈珥笔肯綮〉点校本》，第 249 页；夫马进：《讼师秘本〈珥笔肯綮〉所见的讼师实象》，本书第 457 页。

元未还，诉状上的批示为“既有票据给执，又有抱还之人，尽可自行邀同向讨，毋庸遽请饬追。票揭还”。[130] 提出这一诉状的原告尽管有债权凭证和中介人，但仍然收不回债权，因此才不得不提起诉讼以求获得裁判，但知县明知如此，反过来仍要求其依靠票据和中介人解决，并以此为由驳回了诉讼。

笔者此前已经对《巴县档案（同治朝）》《借贷》《商贸》中有关债权回收的案件诉讼中通过批示“凭证理讨”之类而未准的方式及其所具有的效果进行了考证。除了这些以未准处理的诉讼文书外，直接作不准处理也很多。这样看来，这种方式确实可以有效地减少诉讼案件的数量。不仅是《借贷》《商贸》中包含的案件，本文前面所举的小佃农孙德禄要求返还押银而与曾怡昌所进行的诉讼案件，虽然归在《借贷》分类中，但在《租佃》类中也同样出现。《商贸》中仅收录有关商贸交易的案件，但与土地买卖相关的则收录在另外的《地权》类中。当时，土地虽已出卖，但卖主却并未让出土地而引发的纠纷相当多。在这种情况下，巴县知县还是要求当事人“仰仍凭中，理令退佃，搬迁了事。不必兴讼取累”（《租佃》No. 13668）。

此前提到的同治年间巴县每年诉讼文书的数量约为 12，000 份到 15，000 份，正式受理作为档案保留下来的新的诉讼件数为每年 1000~1400 件。从以上情况看来，这些数据只是大量潜在的此类纠纷中显露出来的冰山一角而已。根据纠纷的实际情况，恐

[130] 前注［113］，田涛等编：《黄岩诉讼档案及调查报告》上卷《黄岩诉讼档案》，第 167 页，No. 47。此外，《黄岩档案》中判断为可能是债权回收案件的包括：No. 1、No. 2、No. 19、No. 22、No. 31、No. 34、No. 40、No. 41、No. 42、No. 43、No. 46、No. 47、No. 48、No. 53、No. 55、No. 58、No. 70。其中 No. 1 和 No. 22 两个为受理案件。

怕当事人本应提出的诉状会是这个数字的数倍之多。然而，官府通过采用以上那样的“不准”或“未准”的方法，确实使诉讼数量被压了下来。康熙帝或雍正皇帝自己带头违反《大清律例》的“告状不受理”条款，并命令部下“务必不要多接受词状”，但是，巴县采用的方法，即将词状批为“不准”或“未准”加以驳回的方法，既不违反法令，又能够减少诉讼，确实不失为一种非常巧妙或用贬义表述称为非常狡猾的手段。我们此后从官箴书或地方官的政治记录中看到诸如“本地健讼，一日提出诉状达几百枚”“日不下几百余纸”等记载时，必须意识到这个数据表面之下所存在的庞大的诉讼后备军的事实。

此外，提到官方针对诉讼多发而采取的遏制对策，一般人首先会想到对讼师的取缔。但上述这种植根于诉讼制度本身的“不准”与“未准”的做法，无疑也是一种减少诉讼的行之更有效的对策。

清末通过近代化司法制度改革，在省会城市或类似重要城市设立地方审判厅。经过辛亥革命之后，在民国三年（1914 年）再次对新设立的审判厅进行大规模的整合，在巴县也设立地方审判厅。巴县地方审判厅的管辖范围，除了江北厅被缩减掉之外，基本上与清代巴县相同。据“中华民国政府司法部”所做的统计，民国四年（1915 年）巴县地方审判厅新受理的案件，即“新受受理案件”民事为 1679 件，刑事为 1281 件，共计 2960 件。[131] 这个数据与同治年间受理的案件相比较而言，约 40 年间增长了

[131] 司法部总务厅第五科编：《第二次刑事统计年报 中华民国四年》（1918 年），载《第二次民事统计年报 中华民国四年》（1918 年）。这份史料由田边章秀氏提供，特此致谢。此外有关地方审判厅的研究可参见田边章秀：《北京政府时期的覆判制度》，前注［27］，夫马进编：《中国诉讼社会史研究》第十一章，第 481 页。中译本，第 447 页。

2.5倍。清末光绪新政以后的司法制度改革所导致的诉讼方面的变化，是一个重要的问题，需要慎重地加以研究。同时，这一时期巴县人口的增加的因素也需要加以考虑。但是，如果可以进行一定的假设的话，那么可以说导致案件激增的原因之一，是在清代备受抑制的诉讼，在民国变得比较容易受理了。换言之，同治年间每年1000~1400件诉讼数是已经经过复杂的“不准”与“未准”的处理之后的结果。而那些烦琐的“不准”与“未准”之类的处理程序，现在变为仅经过形式上的审查就可以受理了，这无疑正是司法近代化的一种表现。在我们所处的现代社会，一个债权回收纠纷无论是否有证据、是否发生斗殴，法院都必然会受理。在这个意义上，如果单单以史料中显示的诉讼件数为依据，与现代美国、近代的欧洲以及旧中国相比较，那么将古代中国定位为诉讼社会还是罕讼社会的这种考察，似乎显得毫无意义。

然而，一旦像巴县那样，诉讼件数增加超过了一个衙门能够承受的处理能力时，诉讼与审判的形态必然发生显著变化。同治年间的《巴县档案》就是一个明证，这一时期与乾隆、嘉庆时期不同，那些确有必要进行诉讼的人为了使案件能够得到受理，有时不得不夸大其词、编造谎言而达到这一目的。正如上述债权回收诉讼实例所看到的那样，使案件被作为斗殴案件受理，这种强烈的动机必然导致人们的行为更加粗野，在审判中间往往会出现像原告孙德禄那样以尸体作为筹码的粗暴做法。

滋贺秀三曾经说过，他在阅读《淡新档案》时有一种印象，注意到这个社会非常粗暴，民事纠纷往往伴随着暴力行为。[132]

---

[132] 滋贺秀三：《清代州县衙门中围绕诉讼的若干所见——以淡新档案为史料》，氏著：《续·清代中国的法与裁判》，东京：创文社，2009年，第64页。

笔者仅仅阅读过《淡新档案》的一些案件，但每次读来，对其中事件的印象与《巴县档案（同治朝）》受理的案件给人的印象完全相同。在巴县这样的移民社会中，确实自始就充满了这种粗暴的风气。在这一点上，笔者同意滋贺对《淡新档案》的印象。然而，滋贺忽视了一个重要的问题，就是他所阅读的《淡新档案》恐怕只是光绪时期的资料，也就是说民事纠纷时时伴随着暴力行为，很有可能只是某一特定时期的偶然现象。之所以这样说，是因为以巴县而言，从同治时期上溯100年，即乾隆、嘉庆时期，这里的诉讼和审判与百年之后的情况大相径庭。这时，以皇帝名义赴任的知县的统治还是卓有成效的。专制统治的方式与“无讼”的理念至少比较接近，并较好地发挥了作用。在同治时期所看到的粗野风气和暴力行为之所以显得特别引人注目，恐怕正是因为诉讼多发才使审判的样式发生了变化，而审判样式的变化又改变了诉讼本身的形态。也就是说，对于《淡新档案》和《巴县档案（同治朝）》中所显示出的当时当地的人在纠纷解决的过程中，经常伴有采用暴力的倾向，有必要加以注意。本文第六小节所提到的事例，也证明了这一点。正是由于这种情况不断重复，并相互作用，才将巴县变成一个缠讼和渎讼的世界；人们在诉讼与审判的过程中也越发热衷于采用粗暴的行为。不仅如此，同治年间的巴县人，看待作为调停人和法官的知县的目光实在是相当轻慢的。这一点从他们在知县面前毫无顾忌地公然撒谎，而所谓“图赖诉讼”“虚假诉讼”之类的东西屡见不鲜这些事实中可见一斑。与此同时，这里讼师活动的范围也在不断扩大。

中国的司法近代化，就是以这些事实为前提而开始进行的。

关于夫马进教授论文的解说（一）

王亚新　著

夫马进教授出生于1948年，1971年毕业于京都大学文学部，经过一段时间在研究生院的学习之后，1974年任京都大学人文科学研究所助教，以后又转至富山大学人文学部，历任讲师、副教授等职，1987年回到京都大学文学部任教，现为该校研究生院文学研究科教授。

夫马教授的专业可以说交错了中国社会史和法制史两个领域。在关于讼师的研究之外，他的主著是《中国善会善堂史研究》（同朋舍出版，1997年）。就讼师研究而言，除了本书所收的论文之外，他的有关论文还包括：《讼师秘本〈萧曹遗笔〉的出现》（《史林》77卷2号，1994年）、《讼师秘本的世界》（小野和子编《明末清初的社会与文化》京都大学人文科学研究所，1996年），以及《从讼师到律师》（日美历史学者专题研讨会“后期帝制中国的法、社会和文化”上提出的论文，1996年）等。限于篇幅，本书只收进了《明清时代的讼师与诉讼制度》一文。然而这篇论文不仅在日本的中国法制史学术圈子内获得了相当高的评价，被认为是近年来不可多得的上乘之作之一，而且就其研究的主题、揭示出来的史实以及作者自身的观察角度来说，这篇论文对于深化和更新我们关于传统的纠纷解决和民事审判的知识确实是大有帮助的。

由于笔者在自己的研究中对律师等当代的法律职业比较关注，所以虽非史学专业，却始终对传统的讼师抱有一定兴趣。根据笔者的了解，在国内除了以前一些法制史学者在自己的著作中曾经或多或少地论及讼师之外[1]，近些年来比较集中地考察了讼师的学者大概就是梁治平了[2]。幸而治平就是本书的编者之一，想来他会立足于自己对讼师的研究对夫马论文作某些论评。笔者在这里将不涉及关于讼师的不同学术见解之间的比较，而只是围绕夫马教授的论文，就讼师在当时社会中的位置以及讼师与审判制度的关系等作一点展开或发挥式的讨论。

一

关于讼师的研究，或许可以说存在着两条不一定能够清楚地相互区别开来的途径。一条是法制史的研究途径，主要以讼师和法律、诉讼制度的关系以及与此相关的讼师业务内容、专业知识等作为研究对象；而另一条途径则是社会史的研究，考察的对象包括从事讼师行业的人之一般出身、所属阶层、内部组织、收

［1］ 参见本书所收夫马论文注〔1〕、〔2〕中列举的著作。关于国外的有关研究，除同一论文的注〔3〕所举书目之外，还有 Melissa A. Macauley, "Civil and Uncivil Disputes in Southeast Coastal China, 1723 - 1820", in Kathryn Bernhardt and Philip C. C. Huang. eds., Civil Law in Qing and Republican China. Stanford University Press, 1994.

［2］ 参见梁治平《寻求自然秩序中的和谐》（修订本，中国政法大学出版社，1997年），以及他的两篇短文“讼师”“再说讼师”（收入他的《法意与人情》海天出版社，1992年）。另外，作为对他在上述短文中所述观点的批评，参见马作武，“为讼师辩护——兼与梁治平先生商榷”（《比较法研究》第11卷第3期，1997年）。

入、职业特征以及社会上的名声等。这样的分类显然来自现代对律师等法律职业的研究，相对于历史的研究而言，前一条途径是基于法律学角度的研究，后一条途径则大致属于社会学的领域。

本书所收的夫马教授论文主题是讼师与诉讼制度的关系，尤其对他们在诉讼审判中的业务内容作了比较详细的考察，但也涉及了讼师的出身阶层、活动场所及其组织等。按上述分类来看的话，可以说这篇论文主要采取的是法制史的研究途径，但又包含了许多社会史研究的因素。不过，关于讼师的研究尽管可能如此地与现代的律师研究相类比，但在作为研究对象的讼师与律师之间，制度上最明显的区别恐怕就在于一者非法、一者合法。而与这个区别相关，现代的研究者们总面临一个如何评价讼师（或者说如何看待史料上关于讼师的一般评价）的问题。

为了整理关于这一问题的种种见解，出于价值中立或者暂时回避判断评价的目的，我们首先可以把讼师考虑为一种非正式制度。就其与诉讼审判制度的关系而言，夫马论文清楚地揭示了讼师在当时正式的制度安排下其实是不可避免的产物。他的论述使人联想到一种制度经济学式的关于正式制度与非正式制度之间关系的描述：当正式制度供给不足而导致对制度需求的相对增大（并使提供制度变得更加有利可图）时，总会引起试图满足这种需求的努力。而非正式制度的产生就是增加制度供给的方式之一。不过，这一描述隐含的前提主要在于正式制度与非正式制度在功能上的互补关系，而讼师与当时的诉讼制度之间显然同时还存在更为复杂的矛盾或对抗。由于这种互补和矛盾对抗关系的交织，我们可以说当时的诉讼审判制度必然产生对讼师的需要，同时也必然地产生对讼师的否定评价。

作为一种能够发挥补充和支撑正式制度的功能，同时却不得不被正式制度本身定义为非法的非正式制度，应该如何考虑讼师在当时的存在意义呢？夫马教授在他论文的结论部分已经稍稍地涉及了与此相关的一个重要问题：在当时条件下，是否有从制度上消除讼师存在的可能呢？简单说，其方法就是增加正式制度的供给来减少对非正式制度的需求。例如，增加处理纠纷的官员人数并把他们配置在离老百姓更近的地方；与此相关在诉讼程序上则采取缓和书面原则、容许口头起诉等更灵活的措施；另一方面把幕友以至胥吏、衙役等都纳入行政的正式编制；明确规定各种诉讼费用或手续费的种类和金额等。考虑到讼师的业务与当时诉讼制度之内在结构的紧密联系，上述这些意味着从根本上改变那种结构的制度安排即使不能完全消除讼师的存在，至少也可以在很大程度上减少对讼师的需求。但是，不仅当时国家的目的与统治哲学不会允许采取这样的措施，而且在由人口压力、小农经济的生产力水平以及充满流动性、竞争性的社会结构等许多因素复杂的相互作用而构成的总体条件下，意味着改变大规模社会中“小政府”形态的这些制度安排不仅在原理上，而且也许就是在技术上也是不太可能的[3]。

二

另外，作为一种假设的思考实验，我们还可以考虑对于当时

[3] 当然，当时的国家并非完全没有尝试过提供追加的正式制度。夫马论文中提到清代的“官代书”就属于这样的尝试。然而这种小修小补式的尝试显然是没有希望成功的。

的国家来说，是否存在允许讼师业务或者使讼师合法化的选择余地呢？如果仅仅从官僚们压制纠纷，一心只想“非讼”或息讼的角度来看待当时国家对讼师的态度，似乎是过分单纯了[4]。这一问题还可以从讼师的业务内容以及他们实际上的所作所为来考察。在当时的国家或官僚们看来，讼师们干的无非都是教唆词讼、颠倒是非、打点衙门、欺压良民来从中取利的勾当。而从这些指控看来，讼师的恶行按其直接涉及诉讼审判的业务层次可分为三种情况。这就是：（1）无中生有、挑起事端。即本来当事人之间不存在应该进行争议的情况，讼师却从中挑拨教唆，导致争执以至成讼。（2）小题大作、煽风点火。当事人之间本来只有一些小的不和或矛盾，讼师却添油加醋、从中搅和、扩大了纠纷直至酿成讼事。（3）颠倒黑白、混淆是非。纠纷本来自有是非曲直，而讼师却不择手段，或妨碍查清案情真相，或制造迷惑人的假象，使诉讼案件不能得到公正的处理。而在此过程中，讼师则可以通过隐瞒欺骗和勾结胥吏、衙役等手段浑水摸鱼，达到从当事人身上榨取钱财的目的。但是，同样是对这三个层次上讼师的作用行为，也可能设想存在相反的情况。首先，在纠纷确实存在，而一方当事人仗势压人，另一方则只能忍气吞声的情况下，讼师有可能帮助弱者通过诉讼等争取实现自己的权利。其次，在纠纷的起因本身并不复杂，事态也不严重，当事人之间存在较大和解余地的场合，讼师也有可能从中说合劝解，使纠纷冲突在提交诉讼之前得以缓和或平息。最后，即使在诉讼中，讼师仍可能

[4] 当时的国家和官僚们对纠纷以及诉讼现象并不单纯是一味地否定压制。关于清代的地方官在这方面所采取的微妙态度，参见收入本书的寺田浩明论文，“权利与冤抑——清代听讼与民事法秩序”第三节第二小节“审案之后与告状之前”。

在查明事实、分清是非以达到正义的实现这方面给当事人以至法官提供帮助。而讼师通过这些业务行为而获得的收入在一定的金额范围内可以说是正当和必要的费用。

从史料上看，上述后一类情况尽管很少出现，但确实也是有反映的[5]。但如果要问这两类正好相反的情况实际在历史上各占多少比例的话，恐怕这是一个永远无法得到确实回答的问题。即使按史料上所显示的程度来推定前一类情况是一般现象，而后一类情况只是例外，仍不足于说明国家为何必须视讼师为非法。因为讼师的正面作用成为例外可能只是国家将这种职业列为非法的政策结果，而采取相反的政策说不定就能改变那样的局面。

看来，无论仅仅从国家意识形态还是只从讼师的行为本身都不足说明上面提出的问题，也许我们需要转换一下思路，从定义讼师行为或作用的范畴以及建构范畴的社会过程这一角度来重新思考。在这种视角看来，类似讼师（或者律师）这样的法律职业是否被社会认知为有用或有必要，以及与此相关的国家是否从政策及制度上承认这种职业的问题，在更为根本的层次上关系到生活在一定社会或文化内的人们对纠纷及纠纷解决的理解或认知样式。

当然，在任何时代、任何社会的日常生活中，人们都总会发展出种种认知或描述纠纷状况和纠纷解决的范畴。关于什么是本无真正的纠纷却有人无中生有，或相反什么是面对非正义而应该

[5] 作为反映了讼师正面作用的史料，例见前揭注〔2〕梁治平，“再说讼师”。此外，夫马教授在研究被作为禁书的讼师秘本时发现，这些书的内容并非都是反道德的。相反，许多这种书包含了如对情、理、法的尊重，不能颠倒黑白、混淆是非以及能够劝说当事人和解时应尽量这样办等与当时的道德观一致的要求。参见文中所揭“讼师秘本的世界”一文。

挺身而出的局面；什么是应当劝说当事人息争息讼，或者相反什么是应当鼓励帮助他们争议到底的状态，以及纠纷的是非曲直究竟是什么；等等。一般而言都能够通过作为日常生活常识的这些范畴来把握理解，并据此在一定程度内加以处理。但是，在更为复杂和大规模的社会中，纠纷的认知与处理却不可能总停留在这样的状况上。同样以这种普遍的状况作为一般基础或共通的起点，历史上不同的文明类型进一步发展出了各自认知和处理纠纷的范畴体系以及多样的纠纷处理样式或有关的社会过程。从这样的角度来比较中华文明与西欧文明的话，则可看到差异是十分明显的，而这种文明的差异就导致了类似讼师这样的法律职业存在意义上的根本区别。纠纷的认知及处理样式与法律职业的关系牵涉极为多样的因素，这里不可能一一论及。以下想仅仅就两个方面来考虑上述两种文明各自所具有的特色。

三

第一个方面关系到的问题是：对于纠纷究竟是普遍适用一套相对地与日常生活常识相分离并事先结构而成的规范体系来统一地把握处理，还是立足于常识并根据一个个纠纷的具体情节情境给以完全是个别化的把握和处理？在纠纷的处理中，可以分别用“同样案件同样对待”和“不存在两个相同的案件”来表达的这两个侧面或两种范畴，尽管存在深刻的内在矛盾，同时也都具有无法以一个侧面来完全否定另一侧面的价值意义。所以在实际上，任何文明的纠纷处理样式恐怕都不得不在某种程度上同时包含这两种价值，并对两者之间的矛盾作出某种调整性安排。但是，强调哪一个侧面或以哪种价值为主，都能够导致不同文明的纠纷处理样式或制度安排出现重大的差异。这样来看的话，就可以说西欧文明强调的是前者，而极为重视后一种价值则是中华文明的特征。与发展和运用一套相对独立于日常生活常识的规范体系这一必要相联系，在西欧历史上很早就出现了专门从事这种规范体系的生产与再生产的法律家职业；相反，传统中国社会中由于用以认知、处理纠纷的范畴体系与日常生活常识在更大的范围和程度上是相互重合的，因而极不容易在给予其业务内容以肯定性评价的前提下发生对法律家职业的社会需要。而且，在西欧法的演变过程中，因为认知、处理纠纷的范畴体系与日常生活常识的相对分离，法律家更容易强调法独立于伦理道德的性质，并发展出一套外观上“中立”于一般伦理道德的特殊程序、技术和有关知识。作为法律职业的律师正是据此来保障自己谋生的基础，同时又向社会主张自身存在的必要性与正当性。相反，在传统的中国社会里，认知和处理纠纷的范畴体系与伦理道德在很大程度上合为一体，纠纷的认知处理于是由社会所公认的道德伦理上优越程度不等的主体所主宰，因而不太可能承认某种主体以“中立”的程序或技术为根据来主张自己介入纠纷处理过程的正当性。

第二个方面牵涉认知和处理纠纷的过程中权力的结构问题。一般而言，卷入纠纷的认知处理过程的最基本主体就是发生纠纷的当事人与力图解决纠纷的第三者。而第三者之所以能够介入这一过程并可能使纠纷得到解决，往往是因为他相对于当事人而言拥有能力、名声、威望或强制装置等一定的权力资源。在纠纷处理的三者关系中表现出来的这种权力结构也是几乎在任何文明中都可看到的现象。然而，某种与日常生活常识相对分离的范畴或规范体系是否被视为认知、处理纠纷时不可缺少的资源，则会给纠纷处理样式的权力结构带来重大差异。在西欧历史上，拥有这种资源的法律家既可能与第三者合为一体（如作为法官出现），也可能与第三者相对分离（如领主在进行审判时请法学者出具判断意见，更为典型的是延续至今的陪审制度）。在这样一种必要的资源能够相对地与权力相分离或中立于权力的纠纷处理结构中，法律家作为律师利用自己拥有的资源来帮助当事人显然也是完全能够被容纳和承认的。但是，由于并不把上述那样的范畴或规范体系视为认知处理纠纷时所必需的资源，中国传统社会里涉及纠纷的认知和处理过程的权力结构则呈现另外的特征来。既然用来认知把握纠纷的范畴与日常生活常识或所谓“情理”基本上重合，而且判断处理纠纷的样式就是根据具体个别的案情到达最为恰当的解决，原理上这是任何人都能做到的事情。但就具体的纠纷处理而言，只有当事人和拥有权力的第三者才被允许参加这种过程。当事人尽管可以对纠纷状况和纠纷的处理作出自己的把握和判断，但由于自身“私”的利害影响，他们的认知或判断并不能作准。只是因为他们最了解案情和有切身的利害关系，当事人才被允许作为信息的提供者和纠纷解决的配合者参加进来。而其他能够参加这样的处理过程并能对具体纠纷作出权威性认知和判断的主体，则只有占据着“公”的制高点并拥有权力资源的第三者。在这样的结构下，既无直接的利害关系又不一定了解案情，同时也并未具备如乡绅、地方官等主体所拥有权力的其他人如果介入纠纷处理过程，必然会被认为即使没有害处至少也是多余的。而介入或参加这种过程的目的在于取得收入以支撑自己生计的讼师，被看作不仅多余而且十分有害更是显而易见的事了。

四

从上述讨论看来，地方官等对讼师的指责攻击既不完全是基于现实，另外也不一定只是出于偏见的发言。同样，当时的正式制度将讼师视为非法，也很难说仅仅是一种政策上的错误选择。或许可以说，关于纠纷及其处理的认知范畴以及诉讼制度的结构本身，在原理的层次上只能否定讼师的存在，因为如果承认其存在则无异于否定自身。但是，随着历史的演化，不得不否定讼师的那些原理以及作为其制度体现之一的诉讼样式逐渐失去了许多支撑自身的社会条件，从而加剧了原理、制度与社会现实之间的游离。讼师在现实生活中的活跃恰恰在相当的程度上发挥了联接或弥补这种游离的功能。于是，对于当时的社会来说，讼师就成为一种相当尴尬的存在。一方面不否定讼师就不足以维持构成社会的原理以及诉讼制度本身的正当性，另一方面离开了现实中讼师的存在与作用，诉讼制度已不可能保持运转。而讼师也正是在这样的情况下获得了自己独特的活动空间。夫马论文中出现的关于讼师栖身于“阴阳”两界的对比准确地表现了这一点：就出身母体或身份而言，他们中不少人两栖于“生员”与“讼师”之间；就社会上一般人对其职业特点的认识而言，他们好像徘徊在正当职业与某种黑社会行当之间；就其业务内容而言，他们发挥的作用似乎在一种至少是“必要恶”的法律服务和“颠倒是非、混淆黑白”的捣乱破坏行为之间摇摆；而在收入性质方面，与胥吏、衙役拿到的究竟是手续费还是贿赂这一问题直接相关，他们获得的报酬也随时游移于正当的费用于非法的榨取之间。

无论讼师得以发生和存立的社会空间还是讼师本身，似乎早已成为一去不复返的历史。今天的开放改革条件下，以律师为代表的法律职业正在我们的社会中实现着方兴未艾的发展。然而，在社会的深层结构上，究竟什么是要求法律职业的存在并促进其发展的根本条件呢？为了健全地发展法律职业以及保证这种发展与社会之间的协调，在我们面前存在什么可能的选择呢？当我们去探索这一类问题时，相信关于讼师的历史研究仍能够不断地提供发人深省的参考材料。而在这种研究已经获得的成果中，夫马教授的论文显然是非常出色的一篇。

关于夫马进教授论文解说（二）

赵　晶　著

夫马进教授的学术履历与研究特长，王亚新教授在二十多年前的“解说”中已有介绍，此次不拟多作重复。假如读者想要进一步了解的话，不妨参看《东洋史研究》第 71 卷第 4 号（2013 年 3 月）上刊登的《夫马进博士著作目录》。[1] 从主要的研究领域而言，夫马教授的论著可大别为三：其一是中国善会善堂史；其二是中国法律社会史；其三是燕行录所见的东亚交流史。近二十年来，夫马教授着力的主要方向无疑是后二者。而在法律社会史领域，他又“花开二朵”，分别以讼师秘本为核心材料研究讼师文化、以司法档案为基础研究诉讼社会，取得了十分重要的研究成果，此次增补的两篇文章即其中的代表。

王亚新教授所撰的前篇解说从中西文化比较的结构性层面，对夫马教授之文进行了学术意义上的拓展与发挥，可谓高屋建瓴。但这种解说模式既非笔者学力所能支持，二度为之，也怕所论无甚新意、拾人牙慧，浪费读者宝贵的精力与时间。至于最近十多年来，中国学界在这一领域也积累了相当丰富的学术业绩，从学术史的角度述评夫马教授的观点，进而与现有研究进行对话

---

[1] 该目录有电子版可下载：https：//repository. kulib. kyoto - u. ac. jp/dspace/bitstream/2433/210160/1/JOR_ 71_ 4_ c. pdf。

甚至给出回应，这也只能留给学有专长的同仁进行。因此，笔者以下只是汇整夫马教授相关成果，尝试呈现他的研究思路与问题意识的演进，或许有助于读者更好地把握他的运思脉络，这大概可称为“内在理路”式的解说。

一

熟悉夫马教授研究的读者应该都知道，他的学术关注点一直聚焦于国家和社会的互动关系上，即体现国家权力意志的制度、政策的制定与实施如何影响社会、群体乃至于个人，个人、群体乃至于社会的应对之道又如何反作用于这些制度、政策的推进与改变，从而影响国家。无论是他早年有关明末民变、士变的探讨，[2] 还是对于善会、善堂的开创性研究，[3] 都充分显现了他的这种学术关怀。从这个意义上说，关于讼师与诉讼社会的研究自然处于这一延长线上。

事实上，许多史料为这些主题研究所共享，由一个主题衍生出另一个主题，是自然而然的事情。譬如在20世纪80年代前期，夫马教授为了了解善会、善堂在清末的状况，曾仔细阅读过同治末年至光绪初年的《申报》，而该报于1873年9月16日所刊《状师论》一文引起了他对“从讼师到律师”这一问题的兴趣；

[2] 如夫马进：《明末の都市改革と杭州民变》，载《东方学报》第49册，1977年，第215—262页；《明末反地方官士变》，载《东方学报》第52册，1980年，第595—622页。后者涉及徽州府丝绢分担的纷争，夫马教授后来又做过相当深入的探讨，参见氏著《试论明末徽州府的丝绢分担纷争》，载《中国史研究》2000年第2期，第144—156页。

[3] 相关研究已集结为夫马进：《中国善会善堂史研究》，同朋舍1997年；中译本由伍跃、杨文信、张学锋译，商务印书馆2005年版。

与此相似，他在逐一翻阅地方志、官箴书等的过程中，也注意到与明清讼师相关的记载，如明末上海史料《崇祯外冈志》中有关讼师的材料，即是他留学中国时（1983 年 5 月至 1984 年 3 月）在上海图书馆寻找善会、善堂史料时发现的，而 1990 年前后他在徐栋所辑《牧令书》中读到王有孚的《讼师论》，更成为他开始讼师研究、撰写第一篇作品《明清时代的讼师与诉讼制度》的直接契机。[4]

正因如此，夫马教授的讼师研究具有极为鲜明的个人特色，滋贺秀三教授在给《明清时代的讼师与诉讼制度》撰写的评论中曾有过极为精到的总结：该文从被既往遗忘的角度出发挖掘问题，从一般民众的立场自下而上地考察清代诉讼制度，广泛利用官箴、公牍、仕宦经历的记录、省例、地方志、清末《申报》等史料，引证之广，令人惊讶，再辅以明快的行文，给予学界相当大的冲击，是法制史研究者必读的文献。[5] 我们可以从中抓取两点重要的信息：第一是自下而上的研究路径，第二是极为丰富的引证材料。

上述滋贺教授的激赏之言并无过誉之处，夫马教授这一脱胎自社会史路径的研究确实给当时正在谋求转型的法制史研究注入了新的活力。如收录夫马教授此文的论文集《中国近世的法制与社会》就倡导不应仅聚焦于“一小撮统治阶层”，而要尝试展现

[4] 类似的情况也见于夫马教授对朝鲜燕行使的研究。他曾回忆道，申在植的《笔谭》对他而言具有启发思路的重要意义，而这一文献是伍跃教授作为“中国明清地方档案的研究”的课题组成员在山东省图书馆调查地方档案时发现的。参见夫马进：《朝鮮燕行使と朝鮮通信使》，名古屋大學出版會 2015 年版，第 693 頁。

[5] 滋賀秀三：《〈批評・紹介〉梅原郁編〈中國近世の法制と社會〉》，载《東洋史研究》第 52 卷第 4 號，1994 年版，第 159—160 頁。

包含全体民众在内的“法意识”和中国式的“审判”结构,[6]讼师研究是最能体现这一旨趣的成果。

正因如此，出身不同学科、分别专攻不同主题、采用未尽相同的研究方法等差异并未影响滋贺教授与夫马教授之间惺惺相惜的学术情谊。例如1996年9月，以滋贺教授与黄宗智教授为首的日、美学者以“后期帝制中国的法、社会、文化”为主题举行座谈会，夫马教授曾受邀发表“从讼师到律师”的论文；而在2011年出版《中国诉讼社会史研究》时，夫马教授又写下极为动情的文字，怀念滋贺教授：“另一件令人遗憾之事是滋贺秀三（东京大学名誉教授）在2008年2月逝世。本书几乎所有的执笔者或曾亲聆教诲，或曾私淑问学，都得到过先生的指教。先生敏锐的视线每每使人感到一丝不安。通常说滋贺秀三先生是一位令人敬畏的学者，但至少我本人每次得到的都是先生充满温情的激励。现在，无法聆听先生对本书的批评指正，为此深感遗憾。”[7]

二

迄今为止，夫马教授已公开发表了如下五篇有关讼师的论文（依发表时间为序排列，下同）：

①《明清时代的讼师与诉讼制度》，梅原郁编：《中国近

[6] 梅原郁编：《中國近世の法制と社會·序》，京都大學人文科學研究所1993年版，第3頁。

[7] 夫马进主编，范愉、赵晶等译：《中国诉讼社会史研究·日文版序言》，浙江大学出版社2019年出版，第xii页。

世的法制与社会》，京都大学人文科学研究所 1993 年；中译本载王亚新、梁治平编：《明清时期的民事审判与民间契约》，法律出版社 1998 年；英译本 Litigation Master and the Litigation System of Ming and Qing China, *International Journal of Asian Studies*, vol. 4, No. 1, 2007. 1。

②《讼师秘本〈萧曹遗笔〉的出现》，《史林》第 77 卷第 2 号，1994 年 3 月；中译本载杨一凡主编、寺田浩明编：《中国法制史考证》丙编第四卷《日本学者考证中国法制史重要成果选译》（明清卷），中国社会科学出版社 2003 年；后又改版为《日本学者中国法制史论著选》（明清卷），中华书局 2016 年。

③《讼师秘本的世界》，小野和子编：《明末清初的社会与文化》，京都大学人文科学研究所 1996 年；中译本载《北大法律评论》第 11 卷第 1 辑，2010 年。

④《讼师秘本〈珥笔肯綮〉所见的讼师实象》，邱澎生、陈熙远编：《明清法律运作中的权力与文化》，中研院、联经出版事业股份有限公司 2009 年；简体字本为广西师范大学出版社 2017 年。

⑤《清末〈申报〉所见律师观的发展与讼师观的变迁：从讼师到律师（一）》，《东方学》第 134 号，2017 年 7 月；中译本载周东平、朱腾主编：《法律史译评》第 6 卷，中西书局 2018 年。

这些论文想要解决的问题大致可以分解如下：

（一）讼师为何能够存在？

夫马教授在论文①中给出了他的答案，主要是从诉讼制度与官僚行政体制的结构性角度予以立论。

从讼师存在的必要性上言，至少有以下三种制度构成了一条完整的因果链，互为配合地发挥相应的作用：

1. 诉讼制度本身是一种开放性的设计，只要具备能够打官司的财产，任何人都可以提起诉讼，由此产生“好讼之风”“健讼之风”，使地方官员疲于应对；

2. 诉讼以书面主义为原则，又因第一项原因，地方官的判断更多依赖文书阅读而非当面询问，所以文书撰写的技巧等在很大程度上决定了起诉是否被受理、案件能否最终获胜；

3. 官、吏分途的制度设计，以及因第一项原因所致胥吏、差役在中间环节所起的作用越来越大，由此产生大量“寻租”行为，诉讼当事人需要有熟悉各种门道的中介来做疏通工作。

而从讼师存在的可能性上论，科举制度也有相应的“贡献”，亦即在“千军万马过独木桥”的国家抡才过程中，大量读书人被淘汰出局，他们除了具备出色的作文技能外，别无其他谋生能力。

既然民众对某种职业有市场需求，又存在可以胜任这种工作的预备人选，讼师这个行业就应运而生了。

（二）讼师如何习得专业知识？

在论文①中，夫马教授归纳讼师的业务内容是包揽词讼、教唆词讼，而这种工作所需的专业知识与经验却不在科举应试的范围之内，因此科场失意者如需胜任此种工作，还需进行专门训练。论文②考察的就是他们获得法律知识、学习诉讼文书写作的蓝本“讼师秘本”。

夫马教授广泛搜罗海内外各机构所藏近四十种讼师秘本，总结相关特性如下：

1. 它们通常被冠以“萧曹”或“萧曹遗笔”之名，无论是作者还是出版年代，皆无清楚标记；

2. 承揽诉讼或书写诉讼文书时的注意事项、民众向官府提出诉讼文书的文例集、诉讼文书的用语集是它们的核心三要素，以此教授读者如何制作诉“无不胜”的文书。如文例集一般采用“告词—诉词”的对应形式，有助于原、被告预先了解对方的主张并思考反驳之法；再如文书所用的语言具有强烈攻击性等。

3. 上海图书馆藏二卷本《萧曹遗笔》是目前所见年代最早的一个文本，大概出现在明代嘉靖年间至万历初年。当时里甲制度崩溃，土地纠纷频繁、诉讼急剧增加，使得这一文本得到广泛流传，并出现了各种各样的模仿本，虽然基本结构与内容并未发生质变，但文例从原本的抽象性变得更为具体，原本采用的“告词—告词”的并列关系也改换为了“告词—诉词”的攻防关系。

除此之外，夫马教授还提到，讼师秘本中也附加了一些明、清律文的知识，这一点在论文③中进行了详细探讨。目前，所见讼师秘本收录法律的方式有三：对于条文进行删削、摘要，着重列出户律与刑律的完整条款，采用“断律问答”式的解说。由此可见，他得出了讼师秘本的又一条特性：

4. 它们以传授诉讼文书的写作技巧为重点，并非教授法律的书籍。

（三）讼师秘本如何构建理想的“善讼师”形象？

在论文②中，夫马教授指出，讼师秘本的流传促使诉讼进一步激增，这些行业内部的专业技巧与语言开始对普通民众发生影响，使讼师与外行人的区分变得相对模糊，虚假或夸大其词的语句泛滥于诉讼文书之中。这无疑加深了官方对讼师、讼师秘本的厌恶，而我们所熟悉的、作为流氓恶棍的讼师形象就是出自这些人的笔下。

基于“言听两造”的庭审原则，论文③就为我们呈现了讼师秘本所建构出来的另一种形象，即讼师应该具备如下职业伦理：

1. 这一职业的本质是惩恶扬善的诉讼援助，“乃仁中之直”；

2. 尽量避免诉讼，以和解、调停为上策；

3. 即使兴讼，也要尊重情、理、法与事实，不得诬告。

问题在于，这些与官箴书有着高度共通性的职业教诲，究竟是生活在“违法”环境中的下层知识分子的护身智慧，还是当时之人所共有的价值标准、行为准则，抑或古今中外的讼师、律师所共享的职业伦理？夫马教授给出的设想是它包含着上述三者的重合部分。

（四）讼师秘本如何沟通善、恶两种讼师形象？

由论文③可知，讼师秘本除了构造理想中的“善讼师”形象，也将现实中存在的“恶讼师”作为反面例子进行记录，由此强化“去恶从善”的教诲。然而，除了叛乱这种明显的“为非作歹”外，讼师秘本还反映了哪些可能遭致“恶讼师”评价的职业手段呢？

论文④以成书于万历十年以后、转抄于崇祯年间、以徽州为地理元素的《珥笔肯綮》为研究对象，利用作者对若干文书范例所作的评语，推测讼师在现实中的以下职业行为或许为自己招来恶评：

1. 文书写作要仔细揣摩法官心理，灵活运用一些适切或不适切的方式，来博得法官的同情，甚至给出一些暗示（“指出一条去路”），来引导法官作出判决。虽然这些行为并不违法，但容易引起法官的嫌恶、畏惧与警惕。

2. 虽然严禁诬告，但是在“遇一时难准之状，不得不架捏者”的情况下，也可以使用一些非常手段，由此凸显了讼师狡猾多诈的形象。

讼师之所以会采用上述手段，除了现实中存在介乎合法与违法之间的灰色地带外，还有两项传统中国的制度成因：

1. 审判考虑情、理、法三者，所以讼师如果自知于法有亏时，运用一些技巧来展现情、理，弥补不足，也有胜诉的可能性；

2. 一定程度上的诬告为现实与制度所宽容，即使被拆穿为诬告，也不会被判为重罪。

除此之外，夫马教授还特意指出，《珥笔肯綮》的作者强调诬告不可为的出发点并非道德，而是出于遭致重罚的现实考虑，由此回应（三）中的问题。

（五）近代化进程中律师观与讼师观如何发展、变化？

无论是“善讼师”还是“恶讼师”的形象构建，都是传统中国的文化产物。进入近代之后，随着外国人律师的出现，中国人对于这种新兴职业有何认识？又如何认识律师与传统讼师的关系？这就是论文⑤想要回答的问题。它以《申报》为核心史料，检讨了 1897 年以前对于上海租界律师的相关评论，得出以下结论：

1. 律师观：在 1870 年代，评论者高度评价欧洲的律师制度与审讯制度，对“律师”的发现是和批判刑讯结合在一起的，但他们对领事裁判权、律师过度保护犯罪等存有疑问。他们虽然不要求引入律师，但建议设立懂得中外法律的中国人“听审官”，来维护中国人的利益；到1880年代，评论者认为欧洲的律师制度也有问题，以牟利为目的的律师在法庭上越活跃，正义就越难实现。而这些评论背后所贯穿的依然是儒教徒的传统社会观，与自由、平等、权利等近代价值无关。

2. 讼师观：传统的讼师依然被评论人视为“讼棍”，是诉讼繁多、诬告频行的原因之一，而这种与律师似是而非的职业群体成为引入律师制度的障碍。即使后来出现建立律师制度的建议，也只是将律师的角色限定为诉讼状子的代作者，完全无涉法庭辩论、律师培育等问题。

所以在夫马教授看来，且不论这种根深蒂固的观念迄今仍对中国有所影响，在当时相当长的一段时间内，中国社会依然可能处于“由讼师到‘讼师’”的阶段。这个阶段究竟持续多久、涉及律师的各种制度如何建立与变革等，将是他下一篇文章要讨论的对象。

以上笔者不厌其烦地概括了夫马教授的相关论点，目的是说明这二十余年来的讼师研究已具备相当完整的体系性。可以说，每篇论文凝结的主题环环相扣，论证互为照应，即使是单篇论文各自发表，但它们已经构成一本完成度颇高的专著，实在难能可贵。

三

无论是讼师还是讼师秘本，“健讼”或“好讼”等指摘都与他们如影随形。夫马教授通过以上研究，指出了两个可能性的事实：其一，讼师与讼师秘本、健讼或好讼之风都是制度设计的产物；其二，在这一制度设计之下，讼师与讼师秘本、健讼或好讼之风确实呈现相互促进的关系。身处制度结构之中的官僚、胥吏、幕友等无力改变体制，只能将矛头指向讼师、讼师秘本，由此形成了“污名化”。

正因如此，夫马教授在开始讼师研究之初，就在论文①中利用传世文献讨论清代各地县级官府接收诉讼文书的数量，触及这一“从宋代起即已时常可见，但却极难发现其实际情况”的好讼之风问题。而在1996年发表的论文③中，他开始引入地方司法档案，讨论诉讼文书引用法律条文的方式。

或许是有感于自己“手头只有为数不多的档案”，[8] 所以夫马教授于1996~2000年组织、开展了名为“中国明清地方档案研究”的共同研究。根据网络公开的“研究成果报告书概要”（1999年）可知，他们在三年内调查了上海市档案馆、上海图书馆、上海历史博物馆、中国第一历史档案馆、中国社会科学院历史研究所、北京大学图书馆、北京图书馆、南京图书馆、南京大学图书馆、中山图书馆、辽宁省档案馆、苏州市图书馆、苏州市档案馆、山东省档案馆、山东省图书馆、河南省档案馆、南阳市档案馆、吴江市档案馆等，利用新见的明清档案及其相关史料，研究以下七大问题：（1-1）明清时期中国的地方行政制度与文书整理状况；（1-2）诉讼的实况与调查过程；（1-3）档案所见的审判制度；（1-4）档案所见的商人（特别是太湖洞庭商人）活

[8] 夫马进著，李力译：《讼师秘本的世界》，载《北大法律评论》第11卷第1辑，2010年1月，第227页。

动；（1-5）善堂的文书整理与善堂的强权特征；（1-6）中国近代慈善事业的实况；（1-7）黄册所见明代户籍制度等。[9]

夫马教授自己在回顾研究历程时也指出，在“中国明清地方档案研究”课题实施过程中，他们购入了《顺天府档案》中诉讼文书的缩微胶卷并往四川省档案馆搜集相关资料；而在2006年开始新的共同研究计划“东亚史上的中国诉讼社会研究”后，他们又购入了《巴县档案（同治朝）》的缩微胶卷，并与日本国会图书馆所藏同治至光绪初年的《太湖厅档案》进行比较研读。[10]通过这一共同研究，他们想要通过以下四个具体方面来阐明中国特有的诉讼社会问题：（2-1）在中国从古至今的历史上，这种诉讼社会从何时开始，至何时终结？原因为何？（2-2）与日本江户时代和韩国朝鲜时代的社会相比较，中国诉讼制度的特色为何？（2-3）如果聚焦于中国清明时代的社会结构、司法制度与诉讼之间的关系，那么这种社会中冤罪、诬告等为何频繁发生？诉讼社会为何长期持续？（2-4）在中国社会，一方面存在讼师、讼师秘本等导致诉讼增加的文化性、社会性装置；另一方面一部分知识分子推动善书的普及，明清政府又实施各种政策，想要以此减少诉讼。这两方面的努力究竟产生了怎样的效果？[11]

自2010年7月开始，夫马教授组织了《巴县档案》轮读会，又于2013~2015年展开了“以《巴县档案》为中心所见清代中

---

[9] 引自日本科学研究费助成事业数据库：https：//kaken. nii. ac. jp/ja/report/KAKENHI-PROJECT-09041015/090410151999kenkyu_ seika_ hokoku_ gaiyo/。

[10] 夫马进主编，范愉、赵晶等译：《中国诉讼社会史研究·日文版序言》，第ix-x页。

[11] 夫馬進：“‘東アジア史上における中国訴訟社会の研究’課題　自己評価報告書”，2009年5月11日，引自日本科学研究费助成事业数据库：https：//kaken. nii. ac. jp/ja/file/KAKENHI-PROJECT-18202022/18202022hyoka. pdf。

国社会与诉讼、审判——中国社会像再检讨”的共同研究。在这一课题的前半期（2010年7月~2014年5月），他们继续研读《巴县档案（同治朝）》，后半期（2014年7月~2015年8月）则集中轮读从庆应大学扫描而来的《巴县档案（乾隆朝）》。[12]这一共同研究的目的有三：(3-1) 关于中国社会，以内藤湖南为代表的国家、社会二元论是颇具典型性的看法。而在夫马教授看来，与日本江户时代相比，中国明清时代并不存在像日本那样的“村社会”，因此拟以《巴县档案》为核心资料，进行具体检证。(3-2) 阐明以巴县为中心的地方社会的结构以及它在清代中国整体中的普遍性与特殊性。(3-3) 阐明清代中国社会与现代中国之间的结构性关系。[13]

笔者之所以详细征引这些研究计划的学术目的，其实是想指明，夫马教授对自己的学术定位从来都只是“社会史”研究者，只不过所研究的对象恰好与“法制”问题相关而已。我们可以由上述课题设计，窥见社会史研究与纯粹的法制史研究在问题意识上的不同。正因如此，夫马教授才会在解释“诉讼社会”一词时，特意强调这其实还“包括关于诉讼问题的社会史（Social History）的含义”。[14]

通过上述三个共同研究，他先后发表了两篇立足于地方司法

[12] 关于轮读会的相关情况，可参见小野达哉编著，杜金译：《〈巴县档案〉读书会研讨词汇集》，徐世虹主编：《中国古代法律文献研究》第12辑，社会科学文献出版社2018年，第536—537页。

[13] 夫馬進：“‘《巴県档案》を中心として見た清代中国社会と訴訟・裁判——中国社会像の再検討’課題　研究成果報告書”，2016年6月21日，引自日本科学研究费助成事业数据库：https：//kaken. nii. ac. jp/ja/file/KAKENHI-PROJECT-25284134/25284134seika. pdf。

[14] 夫马进主编，范愉、赵晶等译：《中国诉讼社会史研究·日文版序言》，第vii页。

档案、阐述中国传统诉讼社会的论文：

⑥《中国诉讼社会史概论》，夫马进编：《中国诉讼社会史研究》，京都大学学术出版会 2011 年；中译本载徐世虹主编：《中国古代法律文献研究》第 6 辑，社会科学文献出版社 2012 年。

⑦《清末巴县"健讼棍徒"何辉山与裁判式调解"凭团理剖"》，《东洋史研究》第 74 卷第 3 号（特辑"《巴县档案》所见清代社会与地方行政"），2015 年 12 月；中译本载徐世虹主编：《中国古代法律文献研究》第 10 辑，社会科学文献出版社 2016 年。

我们不妨以这两篇论文为例，来检视一下夫马教授如何实现前述课题研究的学术目的（每个小标题之后的数字分别表示前述的目的与论文编号）：

（一）何为诉讼社会？（2-3、3-1，⑥、⑦）

在夫马教授看来，史料中常见的"健讼""好讼"之说，以及民众据理而诉甚至"架词诬控"的事实都表明，中国历史上毫无疑问地出现过"诉讼社会"。因而从《巴县档案》所存同治朝的档案可知，诉讼社会的表征至少有"量"与"质"两个方面：

1. 量：根据所存诉讼文书的编号特征可以推算，当时每年提出的诉讼文书约为 12，000～15，000 份，平均每年受理立案的新诉讼约为 1000～1400 件。如果结合当时巴县的户口数，并假设每件诉讼的原、被告分别来自一户中的一人，那么每年大约每 40 户或 60 户中有一户提起新诉讼并获得立案，约有 2000～2800 人与新起诉的案件有关。一旦考虑实际诉讼的原、被告很少限于一户、一人，以及每起诉讼还牵涉证人、近邻等，那么实际涉诉的人数就远不止此了。

2. 质：从具有代表性的债权回收案件与遗产继承案件来看，当时的巴县民众表现出“缠讼”和“渎讼”的热情和能力。在前者，由于单纯的债权问题很难得到立案受理，所以纠纷往往会发展到斗殴的程度，借此再度进入官方的诉讼程序。这两类案件都显示，不仅亲邻、团练等地域共同体的调解毫无作用，即使是知县也几乎没有权威可言，当事人撒谎之风盛行，甚至深谙诉讼门道。对此，夫马教授还专文讨论了一位名为何辉山的“健讼棍徒”。此人冒用或利用国家给予的身份，抬高自己的社会地位，不但通过诉讼获得并保有自身的财产利益，还包揽词讼，介入他人的诉讼活动。

（二）中国的诉讼社会起于何时？成因为何？（2-1、2-3，⑥）

夫马教授指出，其实汉代就已经出现了这样的诉讼状况，当时的诉讼先由乡亭受理，便于民众告发，且往往从金钱借贷发展为土地兼并，只不过与后世的区别在于似未出现讼师与讼学。到了宋代，文献中关于“健讼”“好讼”的指摘大量出现，从国家制度层面来看，当时的诉讼多发与越诉、上诉等制度设计以及差役等财政摊派密切相关，而且讼师、讼学相当发达。

由此可见，诉讼社会在传统中国的存续时间相当漫长。至于个中要因，他依然倾向于发掘司法理念、司法程序乃至于国家体制等结构性因素：

1. 自战国或秦国以降，国家开始否认民众自发结成的共同体关系，每个人都直接受到君主权力的统治，纠纷也不能仅仅依靠共同体的内部解决，必须诉诸专制统治。

2. 与无讼理念相辅相成的是无冤理念，它要求为官者应尽量受理诉讼、作出公正审判，从而消解民间的怨气，避免冤情的产生。

3. 无冤理念发展出两个特有的诉讼制度，即上诉（上控）制度和禁止告状不受理制度，以此作为实现无讼理念的手段。

因此，自汉代将儒教奉为统治理念开始，至清末为止，只要统治者以追求“无冤”作为施政目标，诉讼社会就有存在和延续的土壤。

（三）官方采取了何种手段来减少诉讼？效果如何？（2–4，⑥）

面对这样的诉讼社会，无论是君主还是官员都曾想方设法地减少诉讼。夫马教授指出，处于专制统治下的君臣，采用的对策有积极与消极两种：

1. 尽可能受理各种诉讼，想要通过公正严明的审判，教化民众、消解怨气，从而实现“无讼”理想，而这样的实践很多都以失败告终。

2. 为了博得治下“无讼”的美誉，地方官对诉状采取不予受理的态度，这种人为减少诉讼的假象成为整个官场的默契。然而，从《巴县档案》来看，地方官虽然会在制度的框架内利用“不准”“未准”的方式处理起诉，从而减少诉讼的数量，但许多没有明确批示“不准”的“未准”案件却能时而“复活”，重新得到受理，由此导致清代诉讼中的“渎诉”与“缠诉”。

（四）地域性差异与每个地域的阶段性差异为何？（3-2，⑥）

虽然诉讼社会的存在与延续在根本上源自传统中国不可克服的结构性问题，但不同地域、同一地域的不同历史阶段还是表现出了不同的程度。夫马教授利用《太湖厅档案》与《巴县档案》，分别比较了不同时期的太湖厅、不同时期的巴县、同一时期的巴县与太湖厅的诉讼状况，指出以下三点：

1. 在太湖厅，民众尊重地方官的权威，对审判结果较为顺从，纠纷当事人也会在亲邻的主导下达成和解并申请撤诉，这种状况至少在清中期就已形成，在此后也没有显著变化。

2. 在巴县，乾隆、嘉庆时期的地方官仍然维持着权威，民众大多服从判决，乡约与近邻也在审判、调解中发挥重要作用；但到了同治时期，该地成为一个“诉讼社会”，盛行“好讼”“健讼”之风。

3. 在嘉庆时期，巴县与太湖厅的诉讼状况与社会风气较为接近，而到了同治时期，两地呈现截然不同的诉讼与审判方式。

之所以同治年间的巴县与太湖厅在诉讼与审判方式上有如此大的差异，他认为原因至少有以下三点：

1. 两地的人口数量不同，亦即诉讼社会的出现与人口压力密切相关。

2. 两地的社会发展形态有别，太湖厅是苏州城近郊的乡村社会，而巴县是位于大都市中心地带的城市社会。

3. 两地处于不同的发展阶段，太湖厅是安定、成熟的社会，而巴县则处于接纳了大量移民的开发过程中。

由此可见，专制统治、无冤理念、司法制度等是中国历史上诉讼社会出现的必要条件，但并非充分且必要条件，人口因素等则是起到“引爆”作用的催化剂。

（五）近世中国的社会像为何？（2-2、3-1，⑥、⑦）

通过对诉讼社会的诸多描述，夫马教授指出，费孝通在《乡土中国》中刻画的中国农村社会的典型形象建立在一些偶然性极强的因素之上，并不具有普遍性，中国在同一历史时期曾出现过诉讼社会与非诉讼社会并存的局面。

至于中国近世与日本江户时代的差别，他的论文涉及以下两点：

1. 宋代因差役问题而引发的诉讼多发，至少在日本江户时代的征税和徭役制度下，是不可能发生的，因为征税或徭役负担是以村为单位整体承包下来的。

2. 清代巴县所出现的“凭团理剖”等虽然并不是地方官府的裁判、调解，但其主体仍是国家组织的团练或乡约，与日本江户时代的自治性村落截然不同，依然体现了国家权力对于地方社会的渗透。

四

从2016年起，夫马教授又开始了新的为期三年的研究计划“清末、民国时期的讼师与律师——中国诉讼史上的近代”。该研究想要探讨的主题有二：（4-1）在移植近代律师制度之前，中国人如何认识活跃在租界的外国人律师与讼师的关系？这种认识如何发生变化？随着对律师认识的推进，对讼师的认识又发生了怎样的变化？（4-2）进入民国以后，诉讼的实态发生了怎样的变化？曾经的讼师在其中处于怎样的位置？[15]

如前所述，关于主题（4-1），夫马教授已经通过论文⑤，阐述了他的个人看法，而且在行文中以《龙泉司法档案》来讨论代书戳记的废除问题，可见他所关注的档案范围又进一步扩大了；至于主题（4-2），则有待于新作的问世。而且尤其值得注意的是，夫马教授的学术关怀并未止步于民国时期，这在论文⑤中就有态度鲜明的表述：

> 查治福事件与诱拐幼尼事件大大地提高了《申报》对律师的认识。在那时发表对律师的否定的意见，也表明了当时只发展出那一点的认识而已，而在那里提出的一些问题，到现在仍然没有能充分地得到回答，也包含了现在在中国还在继续讨论的话题……以"由讼师到律师"为论题的我们，对于现在中国再次出现诉讼量激增的情况，以及到今天"律师"仍然有被称为"讼棍"的现实，以至把"赤脚律师""土律师""黑律师"的存在也纳入视野，将不能不进一步追论这个问题。[16]

这种现实关怀既来源于传统中国与现代中国之间千丝万缕的延续性（3-3），也源于夫马教授考察的问题中包含着一些古今、中外共同面临的法制难题。

---

[15] 夫馬進："'清末・民国時期の訟師と律師-中国訴訟史上における近代'課題研究実績の概要"，引自日本科学研究费助成事业数据库：https://kaken.nii.ac.jp/ja/grant/KAKENHI-PROJECT-16K03080/。

[16] 夫马进著，杨文信译：《清末〈申报〉所见律师观的发展与讼师观的变迁：从讼师到律师（一）》，周东平、朱腾主编：《法律史译评》第6卷，中西书局2018年版，第239—241页。

譬如，官方虽然并不鼓励在诉讼文书中大量运用写作技巧，一再提倡文辞朴实，但当事人想要获得立案、赢得诉讼，却必须要文辞动人、叙述精妙。如果当时之人严守官方教诲，则不但可能败诉，而且连立案的机会都没有，反之则大大提高胜诉的可能性。比之当下，我们又何尝少见这种守法成本高而违法成本低的“反法治”现象？

又如，官方设置代书的目的之一是取缔讼师，其制度实施的结果却是讼师与代书的勾结，进一步增加了民众的诉讼成本；海瑞担任应天巡抚期间，以追求“无冤”为理念，广开告诉之门，希望借此教化民众，摈弃诬告，实现无讼，其结果却是诉讼数量激增，诬告案件频出。与此相类，我们当下引入、设计的诸多“良法美制”也同样频繁遭遇这种“事与愿违”的制度实践。

再如，讼师秘本所教授的部分诉讼技巧介乎合法与违法之间，而夫马教授亦曾追问，即使是我们所生活的现代社会，有些行为究竟在何种程度上被称为“合法”、在何种程度上被称为“违法”，其界限并不必然清楚。自诩比古人更加高明的今人又该如何摆脱这种“灰色地带”的迷思？

正因如此，夫马教授的这种现实关怀并非随着研究的演进而逐渐产生，在他尚未正式投入讼师研究之前就已萌芽。承夫马教授告知，他曾抱着对律师问题的关心，于1984年3月在上海市虹口区人民法院旁听庭审，转眼之间就过了三十五年。

笔者在撰写这篇解说时，日本公布了新的年号“令和”，而夫马教授为期三十五年的中国法律社会史研究已经历了昭和、平成两个时代。让我们翘首期盼即将于令和时代问世的《訟師——

中国の訴訟社会》吧，相信它会带给我们更加“令和”的阅读体验。

2019 年 4 月 23 日初稿

2019 年 5 月 8 日二稿

于德国明斯特大学汉学系

评　　论

梁治平

在由编者撰写的4篇解说之外，本书共收论文10篇，其中，旨在厘清学术脉络的评介性文章4篇，直接针对明清时期民事审判和民间契约及相关主题的研究性论文6篇。后者篇幅最大，为本书主干，也是这篇评论所主要针对的对象。

从时段上看，本书所收论文跨越两代学人，代表了日本学者在这一研究领域的最新动向与成就。不过，要对这些动向与成就有真正的了解和恰当的评估，恐怕不能仅仅关注其本身，而需要对它们所由出的更早的学术传统有所了解。本书收入相当数量的评介性论文，部分也是为了向读者提供这方面的背景材料。下面，我仅根据评论的需要，对相关背景再加概括和重述，并在此基础上尽可能简单地勾画出上述“动向与成就”的轮廓。

根据岸本和寺田两位教授介绍，战后日本的中国研究（历史、社会、法律等）领域，除了流行马克思主义分析方法之外，套用西洋近代概念的做法也十分普遍。在中国法律史的研究方面，当时流行的见解还认为，在中国传统社会，法律虽然被制定出来，但是并无实际效用。换言之，古代法律对于普通民众的日常生活没有影响，后者受各种地方共同体内部的习惯法支配。大约在70年代，上述做法和看法受到质疑，支持着这些做法和看法的潜在的研究立场和研究方法更成为反省的对象。正是在这一怀疑和反思的基础上，出现了一种研究范式的改变，我们现在读到的这些文章，就是这一改变的结果。

新的研究表明，在传统中国社会里面，法律并不是一纸空文，与实际的社会生活无关，反过来，民众也不只是生活在地方共同体当中，与“国家”相隔绝。不过，正如寺田教授所指出的那样，仅仅证明法律在当时具有实效是不够的，还应当说明法律是如何发挥其效用的（页112—114）。事实上，关于这个问题可以有相当不同的答案。也正是在这一点上，我们可以看到由滋贺和寺田等教授所代表的这一类研究的独特性，看到所谓“范式转换”的意义。

新的研究并没有简单地摈弃近代西洋法的概念和理论，但是很显然，它们对这类概念和理论的应用采取了非常审慎的态度。以中国租佃关系的研究为例，研究者明确指出：“讨论中国租佃关系的结构意味着把租佃关系内在的种种重要范畴抽象出来并弄清它们之间的结构。立足于西欧社会土地关系的各种范畴来讨论中国的租佃关系是不行的。这样的方法说到底不过是从中国有关租佃关系的种种现象中找到与西欧相似的东西，再按照西欧土地关系的框架加以排列而已。”（页303—304）扩大来看，这是岸本教授所说的“把当时人们的观念世界作为分析社会结构时的中心”的所谓现象学方法或主观主义方法（页301）。采取这样的方法意味着研究者要超越现下的立场，以一种谦逊的和平等的态度进入研究对象内部，倾听被研究者的声音，并试图内在地理解被研究者生活于其中的世界。在具体研究层面上，这种努力主要在两个方向上展开，即一方面是对于被研究者世界中“固有”概念的重视和梳理，另一方面是力图将这些概念按照其内在逻辑联系起来，并给以系统性的说明。前一方面的例子有研究者对“情”“理”“业”“包”“雇”“租”“息”“冤抑”等概念的仔细分析。后一方面的例子则有，比如，滋贺教授通过对法律渊源（“情、理、法”）的深入考察，试图沟通调解和审判以及审判中的狱、讼等不同部分，为中国传统社会中的法和秩序提供一个完整的说明；又如，寺田教授通过对明清时期“约”的考察和对“冤抑”概念的辨析，力图将国法与私约、官府的审判与民间自生秩序等两极现象纳入一个统一模式，并在此基础之上把握明清时期乃至传统中国社会的规范秩序。事实上，支配着这些研究者的一个基本信念是，中国社会与西洋社会的差别不是程度上的，而是类型上的。中国社会是不同于西洋社会的另一种文明类型。因此，要了解中国社会，就不仅要采取内在的方法，而且要采取整体的观点。

这里，我不准备逐一引述和评价上述研究中的具体结论，尽管其中有许多结论非常有趣和重要；同样，我也不打算对这些研究者为我们勾画出来的明清社会图像的真实性作面面俱到的评述，尽管这样做并不是没有意义。我的兴趣毋宁说是在方法论方面。因为在我看来，具有决定意义的往往不是具体的结论，而是研究者的立场、视角和方法，即所谓研究范式。前者固然能够影响人们的思想，后者却能够决定人们的思想方式，设定观察者的视界。

我想要讨论的主要问题是类型研究的方法。

有关类型的问题，可以在比如“具有自身特殊性质的旧中国文明或法文化”（页 126）、“另一种秩序类型”（页 129）、“旧中国文明的根本价值”（页 129）一类提法中见出。然而，一个显而易见的事实是，本书各位作者并没有从正面对所谓类型问题加以论证。这并不奇怪。因为，把中国法作为一种独特的文明类型的一个部分来把握，这种立场与其说是经由一系列经验验证所达到的结果，莫如说只是一个假说，一个作为研究起点的预设。事实上，这个几乎是未经言明的立场贯穿于本书所收滋贺教授与寺田教授的全部研究，意义十分重大。

就其性质而言，类型论采取的是一种特殊主义的视角。它抵制普遍主义的滥用，尊重研究对象的内在逻辑和完整性，试图从内部去了解和理解被研究者的生活世界，为此，它尽量避免把自己的概念从外部强加于研究对象，尤其反对简单粗暴的肢解式解读。自然，要成功地做到这一点实际上非常困难。因为首先，无论研究者所受的训练还是他们事实上能够运用的概念工具，或多或少都是普遍主义的，因此，即使人们意识到其局限性，也很难找到可资替代的恰当的分析工具。其次，即使在今天，能够认识到普遍主义的不足并且有意识地想要超越其界限的研究者仍然极少，他们所面对的，不仅是普遍主义的强势话语，而且是经此普遍主义构筑的世界图像，这些图像业已深深地嵌入人们的心灵，极难改变。因为第一点，类型研究要取得建设性的推进极为困难；第二点，这种研究往往要从“中国并非如此”的辨异开始。不过，正如我们在本书中所看到的那样，以滋贺和寺田两位教授为代表的两代学人，锲而不舍，孜孜以求，业已为这项艰苦的事业开创了一片相当广阔的天地。因为他们的努力，不仅以往许多关于中国古代社会和法律的谬见被逐步清除了，而且一些似是而非的见解也遭到暴露和质疑，取而代之的，是对于研究对象的更有说服力的分析和更加细致入微的把握。这里，仅以寺田教授关于“权利”的最新研究为例来说明这一点。

在《权利与冤抑》一文中，寺田试图在乃师滋贺教授和他自己以往研究的基础上推进一步，为明清时代市场化、契约化的民间秩序与国家通过审判而建立的法律秩序提供一个完整而统一的说明。这时，他所针对的首先是一种具有普遍主义特征的功能主义解释，即一方面是（民间）当事人主张权利，另一方面是国家依法对权利提供保护这样一种解释模式。表面上看，这种解释几乎无可置疑。因为在大多数场合，我们视为“权利”的东西确实得到了或者基本得到了承认和保护，而且，当事人在其纠纷中所“主张”的，如果不是“权利”又是什么呢？的确，今人面对私有秩序中间的利益分配和争端，在“权利/义务”一类概念模式之外，似乎也没有更合适的描述方式了。然而，这些并不表明在对非西方社会的研究中运用这类概念和解释模式就是恰当的。事实上，多数人都这样做并不是因为他们在深思熟虑之后作出了这样的选择，而恰恰是因为他们在这方面缺乏足够的反省。当他们着手去描述一段久远的历史或者一个异己的社会时，往往不自觉地从那些“普遍有效”的概念模式出发，有意无意地把原本是陌生的对象变成一个他们所熟悉的世界，而因为上面所提到的原因，他们这样做又似乎是“有道理”的。显然，寺田教授不这样认为。他直接对“当事人（在诉讼中）主张权利”，或者扩大地说，对“民间秩序具有权利的性质”这类功能主义解释的前提提出质疑。在他看来，当事人在纠纷或者诉讼中并不是在主张权利，民间的调解和官府的审判也不以权利的保护为目标而展开。那么，当事人所要求的究竟是什么？调解和审判要实现的又是什么？以及，在一个不以“权利/义务”语汇描述的社会交往、经济生活和法律世界的图景里面，实际上的社会情态究竟是怎样的呢？这些，寺田教授在其长篇论文中作了详细而深入的讨论，内容不乏精彩的分析。这里，我想指出的只是，尽管这项工作并不是无可挑剔，但却不失为文化类型分析的一个范本。它成功地超越了功能主义解释模式，在一个迄今为止，至少在我看来，最基本但也最微妙最复杂的问题的解释方面取得了建设性的进展。的确，只是意识到并且指出中国传统社会里人们并不以“权利/义务”的方式思考问题，这是一回事，告诉我们当时人们实际上如何思考和行事并且提出有说服力的论证，这又是一回事。后者比前者困难得多。毕竟，这是一个诸多因素纠结在一起的社会关系领域，要将其中的关系梳理清楚，进而提供恰如其分的和有说服力的解释，是一件极为棘手的工作。在此，我想就同一问题稍加阐说，同时指出寺田教授的类型分析方法中可能存在的问题。

功能主义解释乃是基于一种朴素的常识，即民间的契约性秩序事实上得到官府的认可，而且通过诉讼，我们视为“权利”的东西大体上也得到了保护。不过，因此而把明清社会描写成一个与西方近代财产法秩序非常类似的东西，又会与人们另一种朴素的常识相悖。无论如何，明清时代中国的社会制度，以及当时人们的思想、观念和行为，都与近代西方社会的大不相同。那么，问题出在哪里呢？寺田教授指出，对于“事实的统计性分布”的分析，逻辑上不一定能够推出（当时的诉讼和审判都是基于实现民间客观存在的权利规范这一）“制度性当为要求”层次上的结论（页196）。也就是说，实然与应然之间并没有必然的联系。功能主义解释的不足，就在于它们忽略了观念世界和意义世界，混淆了实然与应然、行为与观念。正因为存在观念世界和意义结构方面的重大差异，明清社会与近代西方社会才会在制度上显出如此不同的面貌与格局，尽管同时它们各自所实现的社会功能可以有部分的重叠。类型分析的优长，是它能在功能满足与意义世界之间作出一种微妙但是重大的区分，从而为我们深入了解不同类型的社会提供一种更有说服力的解释。须要说明的是，采取这样的研究视角并不意味着回避功能问题，相反，它一定是把社会功能及其满足纳入其解释框架的。因此可以说，它所不满意的并不是对功能作出说明，而是功能主义的解释模式。

尽管与比如功能主义解释模式相比，类型研究在像中国历史—社会这样的研究中有着明显的恰当性，但它终究只是观察和说明历史的一种方法，也会有自己的限度。一般对于这种研究方法的批评，是认为它有过分强调研究对象整全性的倾向。这样的问题似乎也可以在寺田教授的研究中看到。

如前所述，《权利与冤抑》一文试图在契约性的民间社会秩序与国家方面的司法秩序之间建立起某种内在联系，以便为这两种看似不同的社会现象提供一个统一的说明。他做到了这一点，而且在我看来，他的尝试非常成功。但是即便如此，我还是想指出，一幅真实的明清社会图景并不是没有裂隙的，在某种统一的秩序下面，潜藏着各式各样的矛盾、冲突和紧张，甚至就在寺田教授及其被批评者双方都竭力加以调和的“民间秩序”同“司法秩序”之间，也存在内在的紧张。尽管包括契约习惯在内的民间秩序与官府通过管理和审判等手段想要实现的秩序之间存在某种“分工”“合作”的关系，尽管一个更大范围内的秩序正是经由此二者之间的互动才得以实现，它们之间却有不可忽视的紧张，这种紧张，用我自己的话来说，实具有“断裂”的性质。这是因为，自生的民间秩序，尤其是其中与日常经济生活关系密切者，较多受实用理性的支配，这使它明显地区别于受到自觉维护的精英文化的知识传统。不仅如此，由于种种原因，所谓契约化的民间社会秩序，从未被人根据其内在逻辑加以理解和说明，以至那些支撑着民间秩序的规范性知识只能是一种粗糙和零散的地方性知识，而无由成为一套系统的学理。[1] 这样说并不表明我主张契约性的民间秩序是根据类似于“权利”的概念构筑起来的或是具有“权利”的性质，相反，我和寺田教授一样相信，明清时代的中国人以及他们的祖先，都不依“权利/义务”方式来思考问题。我要指出的是，在普通民众的日常生活世界里，每天都有利益的生灭、聚散、分配、流转，有在此过程中发生的各种各样的冲突和纷争。当然，这并不是一个混沌无序的世界。这里有一种自生的秩序，一套可以用来分配和调整不同利益的习俗和惯例，一些解决纷争的办法，一种朴素但是实用的规范性知识。这当然不是我们可以恰如其分地冠以“权利话语”的那种知识，因为，不妨再重申一遍，拥有这套知识的个人或组织，并不依我们所谓“权利”的方式思考和行事。但是，这套知识却可能成为某种权利观念生长的土壤。也就是说，如果我们愿意并且条件许可，这套知识有可能被放在一种“权利—义务”的知识框架中加以改造和重述，相反，要对精英知识传统做这样的改造却不大可能。这并不是一种反事实假设或者思想实验，事实上，在中国法律近代化初期，历史的发展正是如此：律例系统被弃置不用，民间习惯

[1] 参阅梁治平：《清代习惯法：社会与国家》，中国政法大学出版社 1996 年版，第 127—140 页。

却被系统地搜集、整理和重新分类，经由司法和立法而吸收到现代法律体系之中。这段历史为我们理解上面所说的两种秩序—知识传统之间的“断裂”提供了一个反面的注解。这个例子同时也说明，即使是在文明社会，权利也不是那种具有普遍性的客观存在的事实。毋宁说，它是一种文化构造，一个凝聚了特定时空里的特定人群之想像力的社会事实。这样一种社会事实的形成需要许多代人长时间的探索和努力，而它一旦成型，又能够反过来极大地改变和规定人们的生活世界。想一想诸如所有权、占有、物权、债权、先占、时效或者不当得利一类概念吧，想一想它们曾经并且仍在对人们的思想方法和实践方式产生着怎样深刻的影响吧。这些精致的概念最初可能源于民众日常交往中产生的不成系统的习惯和粗糙的知识，但它们显然不是自然生成的东西，而是经过长期提炼、浓缩、抽象而形成的人造物。固然，这只是一些语词，但它们也是人类所创造出来的最强有力的武器，一种既改变世界也改变人类的武器。语词的力量如此强大，如何命名便不是一件无关紧要的事情了。因此，我们今天作“权利”之辨，关系重大，绝非学究式的语词之争。[2]

批评寺田教授没有注意到明清社会两种秩序之间存在裂隙乃至内在紧张，也许有点苛刻，因为他并没有为自己提出这样的任务。不过，上面关于“权利”问题的讨论不能说与其论文的题旨无关，而他所以没有在这方面作更加细致的辨析，可能是因为，

---

[2] 我曾在其他地方从不同方面讨论过相关问题。历史方面的论述，参阅梁治平：《寻求自然秩序中的和谐：中国传统法律文化研究》第七—九章（中国政法大学出版社 1997 年版）；理论方面以及有关语言的讨论，参阅梁治平：《法律的文化解释》，载梁治平（编）：《法律的文化解释》（增订本），三联书店 1998 年版，第 1—72 页。

对于研究对象整全性的关注多少使他忽视了其中分化、断裂、脱节的一面。关于这一点，还有一些其他的事例。

在《明清时期法秩序“约”的性质》这篇文章里，寺田教授通过对乡村层次上“约”的考察，成功地揭示出一个位于“法”和“契约”之间的规范空间。在他看来，在这个空间里形成的规范，其结构与性质无法用“命令”（法）与“合意”（契约）的两级性原理来加以说明。因为这种规范类型既不单纯是“自上而下的命令”，也不简单是“基于相互合意的和约”，毋宁说，它是这两种契机的混合状态（页145）。[3] 在最后的结论里，寺田更进一步指出，这种通过他所谓“首唱与唱和”的相互作用而形成的规范，就其性质而言，并不只存在于乡村层次。包括“法”和“契约”在内的中国旧时所有规范实际都具有同样的性质（页178）。这是一篇很有分量的论文，其建设性意义是显而易见的。只是，把“约”这样一种区别于“法”和“契约”这两种“理念型”的“第三种（规范）类型”（页163）推及所有规范领域，视为唯一的中国式的规范类型，终究有些简单化。在寺田教授所举的例证中，也只是与纠纷解决有关的调解（契约领域）和听讼（法律领域）可以用“首唱与唱和”的规范模式加以解释（这一点当然是寺田教授的重要贡献），但是将普通缔约行为也归入其中就显得有些勉强，更不用说官府对命盗重案的审理。寺田教授似乎也注意到这一点，所以，在一处谈及规范的共同样式时，他

[3] 可以比较费孝通先生所谓“教化性的权力”。在《乡土中国》一书中，他把权力区分为三种不同的类型，即所谓横暴的权力（专制）、同意的权力（民主）和教化性的权力。在费氏看来，教化的权力既非专制的，亦非民主的，这种为中国乡土社会所独有的权力类型似乎是介于专制同民主之间。详见费孝通：《乡土中国》，三联书店1984年版，第60—70页。

把“官”限制在了“民事审判”的范围（页177）。这里，对传统的“讼”（民间词讼或所谓“民事案件”）和“狱”（命盗重案或所谓“刑事案件”）加以区分可能是有意义的。然而，从滋贺教授开始，“官法”的这两个部分一直是被从一致性的方面来观察、理解和说明的。其结果，一致性当中的不一致就多少被忽略了。当然，这里的问题不在于到底应该强调一致的方面还是不一致的方面，因为这不过是一个研究策略问题。应该突出哪一方面，或给予哪一方面多大程度的注意，取决于研究者为自己规定的目标，而一致和不一致实际是分布在同一事物的不同方面和不同层面上的。具体地说，在上述寺田教授的研究中，对无论是“法”还是“契约”中的不一致方面给予同样的注意可能是恰当的。换言之，在指出明清社会规范秩序内在结构特点的同时，对在不同空间里形成的不同类型的规范予以更细致的辨析和区分，也许更接近当时社会繁复多样的面貌和性格。不过，仔细读寺田教授的文章，我们会发现，他的不同方面的论证最后都指向一点，即描绘出一幅极为动荡不安的社会图景。强调规范秩序中“首唱与唱和”模式的普遍意义，也是服务于这一目标。由这里，我们也可以看到，研究者所采取的立场在很大程度上预先决定了其论证方式和可能的结论。这一点，也与其类型研究方法有关。

从某种意义上说，类型研究包含着一种悖论。因为一方面，它强调不同类型之间的不可通约性，但是另一方面，类型的确立只能是比较的结果。那么，在什么意义和层次上构筑不同类型是恰当的，根据什么标准对不同类型加以比较是公平的，这些显然都是可以讨论的有趣的问题。不过，这里还是想缩小范围，只谈比较方面的问题。

本书所研究的直接对象是明清社会的法律与秩序，间接地则是针对中国文明背景下一种特殊的秩序类型。这时，引为参照的是西洋法秩序，严格地说主要是西洋近代的法秩序，兼及中古。这种比较研究的策略固然不是唯一的选择，但是至少在我看来，它具有理论上的恰当性，在实践方面也不乏合理性。问题是，即使西洋近代法秩序也不是简单划一的。那么，滋贺与寺田两位教授援为参照的是一个什么样的秩序模式呢？尽管在我们读到的文章里面，直接和正面论述这一问题的文字极少，但是从他们大量的比较性论说方式当中，我们可以清晰地勾画出这样一个参照模式：当事人依法主张权利，法官依法作出裁判（页242）；而所谓法，是逻辑上先于纠纷和审判而“客观”存在的规范，也是当事人和审判者共同拥有的准据（页244）；审判的任务则不外是发现秩序客观的规则（无论是成文的国家制定法还是不成文的习惯法），并把它们公平一致地适用于具体案件，以确定当事人双方的权利和义务（页196）。最早采用这种参照模式的是滋贺教授，他的研究表明，中国传统社会中的“法”，不是这种具有普遍性、神圣性并且同时指导和约束着当事人和法官的客观规则。在中国，这种意义上的法，无论在国家层面还是在民间社会都不曾存在。用寺田教授总结性的话说，作为行为准则的判断标准始终只存在于每个人的心中，没有任何制度性的安排和程序把这种主观规范从制度上还原为客观的、外在的或具有可视性的法，不仅如此，对于这样的制度性努力，旧中国的文明原本就不提供价值支持（页126）。事实上，寺田教授完全接受了乃师的比较模式以及由这种比较中得出的基本结论，以之作为其进一步研究的基础，而他的这些研究也确实证实和强化了滋贺教授的观点。因此，毫不奇怪，我在两年前第一次接触寺田文章时得到的一个印象是，他对于明清社会法与秩序的研究“导致一系列否定性结论”，而在本书有关寺田教授论文的“解说”中，王亚新教授也说，其“关于规范成立过程的描写给我们一种极度不安定的印象”（页277）。显而易见的是，由滋贺教授发其端而由寺田教授加以发展的一系列有关明清社会乃至中国传统社会中法与秩序的研究论断，在很大程度上是由他们所运用的参照模式潜在地决定的。因此，关于这种参照模式及其恰当性，还可以作进一步的讨论。

很显然，被作为参照模式选定的“西洋法秩序”图像并不是当然的和无争议的。实际上，这幅图像中所表达的关于西洋法的观点，基本上可以说是正统的甚至是其中偏于保守的一种。因此很自然，它为我们展示的是一幅建立在客观规则基础之上的稳定的和具有制度保障的秩序。反过来，作为与之正相对应的“另一种秩序类型”的明清时代的法秩序，就顺理成章地被描写成与上述图景正相反对的样貌。关于滋贺尤其是寺田两位教授的这种立场，岸本教授在不久前的一篇文章里有相当准确的界定。她借用哈特的说法，指出寺田对“西洋的法和秩序”持慎重保留的“内的视点”，相对地，对清代社会则有意识地强调情理判断的不安定性而取“外的视点”。在岸本教授看来，由于研究者采取的视点不同，他们所描绘出来的社会图像的安定度也会相当不同。不过，究竟应该采取哪一种视点来观察和描述社会，这却没有绝对的当与不当的标准。[4] 最后，这个问题与研究策略有关，与研究者置身于其中的学术传统有关，也与研究者对研究对象的认

[4] 参见岸本美绪:《清代民事法秩序》，程兆奇译，载《中国研究月刊》1997年4月，第2—8页。

识、了解甚至直觉性的把握有关。事实上，寺田教授对一个动荡不安的明清社会的描述同岸本和夫马两位教授在他们各自领域里所作的研究和介绍是非常一致的。一个竞争激烈的不安定社会，一种维持生存的经济，一种介乎权利与事实之间的推来挤去的状态，一个为诉讼所累并且在行政上不堪重负的社会。把这些现象叠加在一起，我们对明清时代的社会危机便获得了相当深刻的了解。在这方面，滋贺与寺田两位教授以及他们所代表的学者业已作出的贡献，无论如何是不容低估的。不过，同时我也想指出，他们的这些研究和贡献可能在两个方面受到了限制。

首先，如果中国传统社会中的规范和秩序真的像滋贺和寺田这些学者所说的那样，是不固定的、非客观的、不稳定的、没有制度化的和无法倚赖的，那么，人们自然会问：在这样一个社会里，秩序如何可能？其实，这并不是一个与其研究无关或者在其研究目标之外的问题，而恰是其类型研究中应予探究的重要方面。因为在他们看来，中国传统社会中规范秩序的性质和机制虽然与西洋社会里的全然不同，但它们既不是没有意义的，也不是低级幼稚的，用寺田教授的话说，“这样的制度无疑也是人类的一种有价值的社会活动或者人类为了形成秩序而努力构筑的一种文明产物”（页121）。而他们的工作，正是要对这一在“方向上与西洋相异”（同上）的秩序类型给以全面的说明。事实上，滋贺与寺田两位教授在指出中国传统的规范秩序“不是什么”的同时，对于它们“是什么”以及它们如何运作也作了大量精细入微的研究和令人信服的说明，而且，他们也都看到这种规范秩序类型在历史上表现出来的有时是令人不可思议的强大功效。比如，滋贺教授注意到，“对于当时生活于其中的人们来说，使任何必要的营生都有可能进行的交易或财产权安排，以及支持着这些活动的……法的稳定性，却大致能够在社会里得到维持。……那是一个由富于理财感觉、擅长经济计算、能够根据需要和实际情况创造出关于契约和产权的种种类型的人们所组成的社会……法只是由外行的人们所创造和支持——这一点难道不正是中国社会的底力之所在吗？”（页 81）。寺田教授也说：“清代社会……是一个大规模的社会。而且在那里有相当程度分化了的民事契约诸多类型同时并存，并在起作用。这样一个社会用这样一种方式得以运行，至少大体上还能维持民事秩序，这本身是应该由法制史研究解决的一个谜。”[5] 尽管如此，由于上面提到的种种原因，他们对这个社会中稳定机制的描写，远不如关于这种秩序内在危机的刻画来得深刻和有力。当然，很可能在他们看来，当时的社会状态就是如此。但是这种看法本身是不是也多少限制了他们的想象力，使他们没能对当时社会机制中另外一些重要问题做深入的探讨呢？这里涉及的问题，并不是应当怎样评估明清社会甚至中国传统社会的历史地位，而是关于人们对历史尤其是自己的历史的多种好奇心。的确，生活在今天的历史学家，对过去的社会有着多重兴趣，他们希望了解社会的全貌和全过程。只说那个社会里没有西洋意义上的法和规范是不够的，说那里的规范秩序不具有客观性和缺乏制度装置也是不够的。人们还想知道，在这种情形之下，社会秩序是怎样被建构起来，又在什么条件下得到维系；这种规范秩序对于当时人的实际生活具有什么样的影响；它

---

[5] 寺田浩明：“关于清代土地法秩序‘惯例’的结构”，王莉莉译，673 页，载《日本中青年学者论中国史》（宋元明清卷），上海古籍出版社 1995 年版，第 51—178 页。

在多大程度上满足了当时的社会要求，以及通过什么样的机制做到这一点。对他们来说，当时在秩序核心处发生的事情与在秩序边缘上发生的事情可能同样地值得关注。因为，除了单纯的学术好奇之外，这些都与他们批评性地认识自己现下的处境有关。这里，我们可以引入另一个问题，即类型分析中的历史维度。

经常见到的对类型研究的另一种批评，是说这种方法容易导向静态的模式，因此不足以说明社会变迁。换句话说，注重类型的分析方法可能包含了某种非历史倾向。如果这种批评是有根据的，那么，在历史研究领域本身，也可能出现同样的问题。事实上，仅就本书所收的研究论文而言，时间因素在其中似乎没有受到足够的重视。表面上看，这确是一种令人费解的现象。因为对明清社会的研究本身就是历史性的，况且滋贺、寺田和夫马几位教授的研究，突出的并非明清社会的安定和稳妥，而是其动荡不安、矛盾纠结难解的状态。然而，在“动态”中形成的社会规范也好，不稳定的社会图像也好，都是在一种特定秩序类型的框架内被认识和说明的，而这种秩序类型的框架不但笼罩了明清社会，还可能超出明清时代，具有某种恒定持久的特征。在这样的叙述方式中，时间的维度很容易被淡化。相反，如果着眼于时间的流变，那么，即使不问这种秩序类型是在什么条件下和经由什么途径发生、发展和演变，而视之为讨论的前提，我们至少要了解这样一个问题，那就是，中国历史发展至明清时代，社会内部到底发生了什么，以及它们可能意味着什么？如果说，那样一幅动荡不安的社会图景并不是可以推及唐宋乃至秦汉的中国社会的一般历史图像，而在很大程度上为明清时代所特有，那么，我们想知道，究竟是什么样的历史和社会条件使然？换句话说，即使这种规范秩序的内在机制和结构不变，与之相伴随的社会也不总是处在完全一样的情态之中。因此，从变迁的角度看，重要的就不仅是一种规范秩序的类型，同时也是这种秩序类型在其中展开和发挥作用的特定时空。自然，滋贺和寺田几位教授所研究的正是明清时代这一特定时空，而且我相信，他们对于这一点也从来不乏自觉，但是无论如何，他们叙述中的这种时空上的特定性不是在一个更大的历史语境中展开的，毋宁说，他们的叙述策略是在具体的社会里面见出更具一般性的秩序类型，同时借助于对这种一般性秩序类型的观照来解释具体社会中人们的行为。这里，重点在类型，不在特定时空。这样，时间因素就变得不那么重要了，相应地，秩序类型中的不一致方面、变异因素和我所谓的“裂隙”没有得到应有的重视，其结果，明清社会研究所具有的历史意义可能也或多或少被削弱了。[6]

在时间维度之外，对变异因素和“裂隙”方面的关注也可以落实到空间上面。中国是一个幅员辽阔的大国，地域性差异十分显著，从历史上看，这种差异不但一般地对地方性的社会组织和知识形态有影响，而且在特定情况下可能左右大的历史变局。不过，在本书所收的研究论文当中，地域的和社会组织方面的差异似乎没有受到足够的重视。滋贺教授的研究以审判为中心展开，自然强调共通的模式。寺田教授认为超越“小家庭的宗族、村落、行会等共同性的组织一般都很软弱且不稳定”（页191），所以不曾给予更多注意。夫马教授的讼师研究重在对一般结构的说

[6]　在最近一篇文章里，我尝试着对寺田教授明清社会研究的“历史意义”加以发掘。详见梁治平：“从‘礼治’到‘法治’?”，“儒学的人论”国际研讨会论文1998年，第15—17页。

明，同样不重地域性差异。当然，他们这样做自有其道理，而且强调某种超越地域的和其他差异的秩序结构和秩序类型，这种做法本身亦不乏合理性。尽管如此，地域的和社会组织形态方面的差异仍然是重要的，这一点已为以往许多有关中国社会的研究所证明。[7] 因此，一种类型研究模式如果能对类型内部的差异——无论地域的、组织的、制度的，还是知识上的——及其相互关系予以适当注意的话，一定会更加丰富、更有包容性和更具有说明力。

在结束本文以前，我们不妨再回到"比较策略"这个话题上来。如前所述，本书作者有意识地把"西洋法"（秩序、观念等）当作参照物来了解和说明作为一种特殊类型的中国的"法秩序"。一个有意思的问题是，身为日本学者，他们如何界定自己的"法秩序"类型？已经有许多人指出，日本的社会结构与西洋的而不是中国的社会结构更加接近，但是，同样确实的是，日本在历史上不仅是一个东亚国家，而且是一个"儒教国家"，就此而言，说日本代表了一种介乎中国与西洋两种文明之间的另一种秩序类型也许更加确切。而这意味着，把日本的秩序类型引入其比较性研究当中，应当能同时丰富和深化我们对于中国、西洋和日本法律传统的了解。那么，我们的日本同行为什么没有采取这样的策略呢？我曾以这一问题向寺田教授请教，他的回答多少令我有点意外。在沉吟了一会儿之后他说，没有把日本引入比较之中，是

[7] 比如弗里德曼关于"边陲地区"和宗族组织的研究，施坚雅的经济区系结构研究，以及人们关于各种地域性政治变革、经济发展和知识群体的研究。法律史方面，我在最近的一篇文章里也谈到历史上不同组织、制度和法律源流的重要性。详见梁治平：《中国法律史上的民间法——兼论中国古代法律的多元格局》，载《中国文化》1998 年第 15—16 期，第 87—97 页。

因为包括他们在内的日本学界对于自己的法律传统尚没有清楚的了解，而他们研究和探索中国法律史的一个重要动因，正是要更好地认识自己的传统。仔细想想，我们对自己的历史同样所知甚少，只不过，许多人自以为已经一劳永逸地掌握了历史真理，以至对此毫无觉察，只是固执地重复同一个单调乏味的历史神话。对于这些人，我想，日本学者谦逊、审慎和反思的态度，以及他们在这种态度指导下对中国历史的深度发掘，应当具有促人反省的意义。同时，我也禁不住猜想，我的日本同行心中关于日本"法秩序"的图像——即使是不十分清楚的——可能是怎样的？在研究策略的选择之外，他们模糊地拥有的这幅图像对于他们所描述的中国历史图像又可能有什么样的影响呢？

跋

决定编撰这本集子是在 3 年前。

1995 年夏天到东京参加第 23 届国际法社会学年会时，我第一次见到本书编者之一、当时正在日本九州大学任教的王亚新博士。我们在谈话中提到了日本的中国法制史研究，我意外地同时也是高兴地发现，亚新虽然并不以法制史为专攻，但他对这一研究领域的最新发展却有相当的了解和很高的评价。我很希望他能够在教书之余做一点事，好让国内的研究者也能够了解和分享这些研究成果。具体的做法，可以是选一两种有代表性的重要著作翻译成中文在国内出版。亚新的反应很积极，不过，照他的看法，近 20 年来，日本学界在这方面取得的成绩大而且多，译一、二种书很难反映其全貌。因此，更好的办法是择诸家之说，编为一集，尽管这样做比较麻烦，困难也更多。对此，我完全同意。当时我们还设想，是不是可以为此成立一个研究小组，把单纯的翻译工作变成中日学者之间的一项合作研究。自然，这个设想没有全部实现，但其中最重要的部分，也就是使翻译具有交流的和研究的性质这一构想，却被坚持下来，成为本书编撰上的一个特点。

这里，我想，没有必要详述 3 年来此项译介工作中的种种细节，我只想指出，这项工作是在本书编者和作者的密切配合之下进行和完成的。最能够表明这一点的是亚新的工作。亚新长年在日本学习和工作，不但熟悉有关领域的研究状况，更与本书几位作者有良好的信任关系。他的译文得到了作者的认可，他为本书撰写的“解说”也都经作者本人过目和认可。此外，他还在我同本书作者之间做了许多必不可少的沟通工作，使我们有可能通过见面和交谈等方式进行直接的交流。在此过程中，我们之间的“对话”也曾见诸文字，比如拙著《清代习惯法：社会与国家》一书的“跋”，本书另一位作者岸本美绪教授在1997年第4期《中国研究月刊》上发表的文章，等等。

按照约定，在本书的全部译文和解说完成之后，由我通读全稿，然后撰写全书的评论。坦白地说，这是一项令人兴奋的同时也是极富挑战性的工作。这不仅是因为，摆在我面前的这些论文，代表了最近十数年里两代日本学者在相关领域中所做的极为出色的研究，而且是因为，这些学者在其研究中所遵循的“范式”，如所谓现象学方法或主观主义方法，以及基于不同文明类型的比较的和类型的研究取向，恰与我自己学术实践的路径相同。就此而言，我的这篇“评论”，并不只是针对任何“他者”，而是，至少同时也是，一个针对自己的学术反思。当然，我这样说，并不意味着我以往的研究同本书作者的研究没有区别，或者，这种区别意义甚微，可以忽略不计。事实是，我们由相当不同的学术传统和问题意识出发，最后殊途同归，不期而遇，无论如何是一件值得注意的事情。仔细地辨析和比较这些研究的异同，可能发现现象学方法和类型研究方法的边界，也可能加深我们对这种研究范式解释力的了解，更重要的是，人们可能从中发现研究者的“视界”——由特定学术传统、问题意识、知识背景和个人经历等复杂因素构成——在其课题选择、叙述策略和最后形成结论过程中的决定性作用。自然，这种对研究的研究不是我现在所要做和能做的事情，尽管如此，在结束本文之前，我还是想回到一个具有反思性的话题上面，这也是最近在同寺田教授交谈时我们讨论较多的问题之一，那就是，我的问题意识是什么，为什么我会采取现在这种研究策略？

我转入对所谓习惯法的研究，直接的原因，是想要回答多年前我在《寻求自然秩序中的和谐：中国传统法律文化研究》一书中提出而没有正面解答的问题，即如果按照中国文化的内在逻辑，民法，或者，不管我们把它叫做什么，一种与西方法律传统中私法体系相对应的法律制度，不但不存在，而且也不可能生长起来。那么，当时社会的日常生活秩序，尤其是其中关涉经济交往和利益分配的部分，实际上是怎样一种情形呢？这种生活秩序需要规则和规范来维系吗？如果需要，这些规则和规范又具有什么样的性质呢？在回答这些问题的时候，我采取了一种主要来自社会学和人类学的立场，即不是把法同今人所熟悉的各种国家法律设施联系在一起，而是把它同秩序、团体和行动者相联系。我这样做的原因，固然是因为，在传统中国社会，所谓国家法律所及的范围极其有限，更不用说在我所讨论的这个领域，律例上的规定极为疏略，以至民间自生秩序事实上拥有广大的发展空间；同时也是因为，受正统法律观影响，这里流行的做法是突出国家意志（“统治阶级意志”），所谓习惯法也只能是在国家（意志）认可的基础上来加以定义。其结果，中国法制史研究往往局限于国家典章一类“正式制度”，而对民间自生秩序方面的问题极少涉及，偶有涉猎，也很难提供完整和有说服力的解释。后面这种情形，在我看来，根本是一种意识形态上的武断，也是一种“现代中心主义”的傲慢。我还认为，除非意识到这一点，进而摆脱这种武断和傲慢，我们不可能对历史或任何“他者”有真切的了解。当然，我同时也意识到，我所面对的社会远非简单小型的初民社会可比，它规模巨大，历史悠久，是高度分化的复杂社会。因此，我试图区分习惯法与“国家法”（官府之法），区分习惯与习惯法，试图探寻习惯法发生、演变和发挥作用的内在机制，确定习惯法在一个多元复合的法律—秩序架构中的位置。

对于这项研究，人们最喜欢提的一个问题是：为什么是习惯法而不只是习惯？习惯法如何区别于习惯？寺田教授也向我提出过同样的问题。应当说，这不是一个容易回答的问题。这部分是因为，即使接受这种说法，我们也乐于承认，在由习惯与法律所构成的连续体上，（狭义上的）习惯法是处在法律性最弱的一端。实际上，答案也包含在这种解释里面。如果我们不是把法律视为一个内部同质、边界清晰而且固定不变的实体，而把它看作一个不断变化的连续体，甚至，一个具有这种含义的能够帮助我们了解社会秩序形成和维系过程的概念，我们就可能采取一种更灵活的态度，去发现一些我们以往从“上面”看不见或者看不清楚的东西。比如，在我们的视野之外，存在大量的规则和规范，尽管这些规则和规范不是由官府所颁定，也不具有“官宪”的形态与权威，但它们一样发挥着规范行为、调节利益、定分止争的功能（就其产生与发展并非与纠纷无关这一点来说，它们并不是单纯的“非争讼性习惯”）。不仅如此，从当时流行的与之相联的名称如规、例、则、禁、章程甚至法里面，我们可以明确无误地读出法的意味。那么，如何区分习惯法与没有法之意味的习惯呢？关于这个问题，拙著《清代习惯法：社会与国家》（尤其在页

164—166）已有初步的讨论，不赘述。这里只想指出，以这种方式去区分习惯与习惯法虽然有种种困难，但不是不可能。问题是，根据法的其他定义，即使是大家容易接受的那些定义，就可以轻易地将法律与非法律的规则和规范区别开来吗？

我知道，寺田教授的问题还有更深一层含义。因为他所采取的策略，从某种意义上说，与我的正好相反。他的比较性框架的出发点既不是社会学的，也不是人类学的，而是狭义的法理学。他有意从一个严格界定的规范模式入手，以便凸显出建立在别一种文明类型上的秩序类型。因此，毫不奇怪，把这种策略的逻辑贯彻到底，可能得出同样令人费解的结论，即在传统中国社会，不仅民间的习惯不是法，国家的律例也不是法。不过，我也注意到，寺田和他的同事们不止一次地使用诸如“法秩序”这样的说法，这是否意味着他们愿意在“名称”问题上采取一种比较具有弹性的立场呢？的确，一旦通过反思了解了自己的和他人的立场和策略，结论上的分歧就可能退居次要的位置，甚至，我们可能发现，那些表面看来正相反对的结论，实际上并无矛盾。重要的是必须了解，这些不同的结论是从什么样的前提、经由什么路径推导出来的。认识到这些，我们就可能了解到自己所受的限制，知道在同他人（及其研究）的关系中自己的位置所在。我这样说可能给人一种印象，即历史研究并不是或者不能够为人们揭示出诸如真理或者历史规律一类确定不移的知识，而不过是一些不同的人所讲述的不同的故事。我承认，至少我自己并不以揭示历史规律为己任，而且，对于客观的历史真理一类说法，我也一向表示怀疑。历史，正如卡西尔所说，存在于历史家的记忆当中。记忆当然是主观活动，但不是胡思乱想，不是做白日梦。记忆是一种智力活动，它遵循一定的程序和规则，而且要接受检验。然而，正因为历史研究的这一性质，历史家所讲述的故事就总是不完整的、受到限制的。因此，要测度一则历史故事的真实性，应当从了解讲故事人所受的限制开始。

毋庸讳言，本书所勾画出来的清代民间秩序的图景，与我在《清代习惯法：社会与国家》一书中描写的有很大的不同。也许有人会问：两个当中哪一个更真实？不能说这个问题提得没有道理，但我还是宁愿把它变成：它们各自具有多大的真实度？在满足我们的历史好奇心、理论兴趣、实践要求等方面，它们可能作出什么样的贡献？我不准备回答这些问题，相反，我又引入了一个新的思考问题的维度。我相信，只有在一种开放的和多方参与的问答过程中，历史研究的意义才会逐渐显露出来。

两年前，在结束另一篇同样是与本书几位作者讨论的“跋”时（详《清代习惯法：社会与国家》页185—199），我为自己对日本同行的了解作了保留性的说明，同时表示希望那篇小文能够成为一个“对话”的开始。现在，两年过去了，我们之间的相互了解有了明显的增加，尽管如此，我仍觉得有必要就同样的问题作同样的保留。毕竟，我能够读到的只是相关研究的一小部分，而在这样的情况下发表议论，即使谨慎从事，恐怕也难免偏颇之讥。我所以大胆写出自己的意见，仅仅是因为，我相信这种“对话”是有意义的，而且事实上，它已经取得了建设性的进展。

1998年6月24日

北京万寿寺寓所

1980年以来日本有关明清时期民事法秩序研究的论著目录

小川快之　赵　晶　编

编集说明

A. 本目录主要收录1980年以来出版的各种日文论著信息，并对相关信息进行以下分类：

一、著作、史料集、译注、索引

（一）著作：1. 通代；2. 明清

（二）史料集、译注、索引：1. 通代；2. 明清

二、论文

（一）形成法秩序的各种制度及其特征

1. 法的存在形态：①通代；②明清

2. 官方的审判：①通代；②明清

3. 民间秩序的形成：①通代；②明清

（二）民事法的内容

1. 家族法：①通代；②明清

2. 土地法：①通代；②明清

3. 其他民事法：①通代；②明清

（三）史料介绍、译注

B. 本目录的1980—2007年部分，摘取自小川快之编《宋—清代法秩序民事法相关文献目录》（大岛立子编：《前近代中国的法与社会——成果与课题》，东洋文库，2009）；2008年以后部分，由赵晶主要依据《东洋法制史文献目录》（日本法制史学会主页所载）、《2016年度国外中国法律史研究论著目录》（徐世虹主编《中国古代法律文献研究》第11辑，社会科学文献出版社，2017）、《2017年度国外中国法律史研究论著目录》（徐世虹主编《中国古代法律文献研究》第12辑，社会科学文献出版社，2018）增补而成，部分内容采用人名搜索的方式，从“东洋学文献类目”（京都大学东亚人文情报学研究中心）、“CiNii Articles”（国立情报学研究所）等网络检索系统中获得。

C. 关于中译本的信息，若在著作部分已标注全书的中译本信息，那么在作为该著作之组成的单篇论文部分就不再重复说明。

一、著作、史料集、译注、索引

（一）著作

1. 通代

牧野巽『近世中国宗族研究〔牧野巽著作集3〕』，御茶の水书房，1980

広池千九郎（内田智雄校订）『东洋法制史研究』，创文

社，1983

中国史研究会编『中国史像の再构成——国家と农民』，文理阁，1983

评：岸本美绪（『法制史研究』34，1985）

大塚胜美『中国家族法论——歴史と现状』，御茶の水书房，1985

评：加藤美穗子（『中国研究月报』449，1985）

草野靖『中国の地主経済——分种制』，汲古书院，1985

评：丹乔二（『史学雑誌』95-11，1986）、柳田节子（『法制史研究』36，1987）、东北大学宋代史谈话会（『集刊东洋学』55，1986）、中谷刚・奥崎裕司（『史潮』新22，1987）、松田吉郎（『东洋史研究』44-3，1985）

牧野巽『中国社会史の诸问题〔牧野巽著作集6〕』，御茶の水书房，1985

草野靖『中国近世の寄生地主制——田面惯行』，汲古书院，1989

评：寺田浩明（『千叶大学・法学论集』4-2，1990）

中国史研究会编『中国専制国家と社会统合——中国史像の再构成Ⅱ』，文理阁，1990

今堀诚二『中国封建社会の构成』，劲草书房，1991

中村哲编『东アジア専制国家と社会・経済——比较史の视点から』，青木书店，1993

评：则松彰文（『社会経済史学』60-6，1994）、伊藤正彦「中国前近代史把握方法に関する断章」（『新しい歴史学のために』214，1994）

张晋藩（何天贵・後藤武秀訳）『中国法制史（上・下）』，中央大学出版部，1993・1995

梅原郁编『中国近世の法制と社会』，京都大学人文科学研究所，1993

评：滋贺秀三（『东洋史研究』52-4，1994）

滋贺秀三编『中国法制史——基本资料の研究』，东京大学出版会，1993

评：ポールチェン（『法制史研究』44，1995）、何勤华（『国家学会雑誌』107-1，1994）、中村正人（『东方』152，1993）

沟口雄三『中国の公と私』，研文出版，1995

王亚新『中国民事裁判研究』，日本评论社，1995

评：西野喜一（『ジュリスト』1108，1997）

足立启二『専制国家史论——中国史から世界史へ』，柏书房，1998

评：岸本美绪（『歴史学研究』722，1999）、太田幸男（『新しい歴史学のために』235，1999）、吉田晶（『新しい歴史学のために』235，1999）

滋贺秀三『中国家族法の原理（改订版）』，创文社，2000

中訳：张建国、李力（法律出版社，2003；商务印书馆，2013）

井上彻『中国の宗族と国家の礼制——宗法主义の视点からの分析』，研文出版，2000

评：寺田浩明（『集刊东洋学』85，2001）、菊池秀明（『社会経済史学』66-6，2000）、小岛毅（『歴史学研究』749，

2001)、山田贤（『名古屋大学东洋史研究报告』26，2002)；著者反论：「小岛毅氏の批判に答える」（『歴史学研究』758，2002)、「寺田浩明氏の疑问と提案に答える」（『集刊东洋学』87，2002)、「山田贤氏の疑问に答える」（『名古屋大学东洋史研究报告』28，2004)

中訳：钱杭（上海书店出版社，2008)

高桥芳郎『宋—清身份法の研究』，北海道大学図书刊行会，2001

评：伊藤正彦「中国近世身份制に関する覚书」(『熊本大学・文学部论丛』74，2002)、寺田浩明（『东洋史研究』60-4，2002)、陶安あんど（『史学雑誌』112-7，2003)

中訳：李冰逆（上海古籍出版社，2015)

滋贺秀三『中国法制史论集——法典と刑罚』，创文社，2003

绍介：滋贺秀三「中国における法典编纂の歴史——新著刊行の报告」(『日本学士院纪要』58-1，2003)

评：高桥芳郎（『创文』458，2003)

大岛立子编『宋一清代の法と地域社会』，财团法人东洋文库，2006

评：青木敦（『法制史研究』57，2008)

三木聪编『伝统中国の诉讼・裁判史料に関する调查研究〔平成16年度~平成18年度科学研究费补助金・基盘研究（B）研究成果报告书〕』，北海道大学大学院文学研究科东洋史学研究室，2007

※「伝统中国判牍资料目录稿（明清篇）」掲载

小川快之『伝统中国の法と秩序——地域社会の视点から』，汲古书院，2009

评：寺田浩明（『法制史研究』60，2011）；赵晶（『文汇报·学人』354，2018）

中訳：收入赵晶编译《传统中国的法与秩序》（台北元华文创有限公司，2018）

大岛立子编『前近代中国の法と社会——成果と课题』（东洋文库，2009）

三木聪·山本英史·高桥芳郎编『伝统中国判牍资料目录』，汲古书院，2010

伊藤正彦『宋元郷村社会史论——明初里甲制体制の形成过程』，汲古书院，2010

评：岸本美绪（『歴史评论』734，2011）

明石一纪『编戸制と调庸制の基础的考察——日·朝·中三国の比较研究』，校仓书房，2011

酒井忠夫『中国日用类书史の研究』，国书刊行会，2011

夫马进编『中国诉讼社会史の研究』，京都大学学术出版会，2011

评：朴永哲（『东洋史研究』71-1，2012）、陶安あんど（『法制史研究』62，2013）

中訳：范愉、赵晶等（浙江人民出版社，2019）

石冈浩·七野敏光·中村正人·川村康『史料からみる中国法史』，法律文化社，2012

评：冈野诚（『法史学研究会会报』17，2013）、松田恵美子（『东洋法制史研究会通信』24，2013）、森田成满（『法制史

研究』64，2015）

小口彦太『伝统中国の法制度』，成文堂，2012

小林一美『M・ヴェーバーの中国社会论の射程』，研文出版，2012

中砂明德『中国近世の福建人——士大夫と出版人』，名古屋大学出版会，2012

吉田浤一『中国専制国家と家族・社会意识』，文理阁，2012

评：中村哲（『新しい歴史学のために』282，2013）

吉尾寛编『民众反乱と中华世界——新しい中国史像の构筑に向けて』，汲古书院，2012

川口幸大『东南中国における伝统のポリティクス——珠江デルタ村落社会の死者仪礼・神祇祭祀・宗族组织』，风响社，2013

臼井佐知子・H・ジャン・エルキン・冈崎敦・金炫栄・渡辺浩一他编『契约と纷争の比较史料学——中近世における社会秩序と文书』，吉川弘文馆，2014

山本英史编『中国近世の规范と秩序』，研文出版，2014

评：赤城美恵子（『法史学研究会会报』18，2015）、亀冈敦子（『史学』83-4，2015）、寺田浩明（『法制史研究』65，2016）

小浜正子编『ジェンダーの中国史』，勉诚出版，2015

寺田浩明『中国法制史』，东京大学出版会，2018

评：久保茉莉子（『史学杂誌』127-11，2018）、高见泽磨（《中国研究月报》73-1，2019）、伍跃・阿风・赵思渊・孔

令伟（『中国古代法律文献研究』12，社会科学文献出版社，2018）

2. 明清

百瀬弘『明清社会経済史研究』，研文出版，1980

岛田正郎『清末における近代的法典の编纂〔东洋法史论集3〕』，创文社，1980

评：宫坂宏（『法制史研究』31，1982）

滨岛敦俊『明代江南农村社会の研究』，东京大学出版会，1982

多贺秋五郎『中国宗谱の研究（上・下）』，日本学术振兴会，1982

评：滋贺秀三（『法制史研究』34，1985）

滋贺秀三『清代中国の法と裁判』，创文社，1984

评：岸本美绪（『中国研究月报』449，1985）、小口彦太（『法制史研究』35，1986）、高岛俊男（『东方』149，1993）

森田成满『清代土地所有権法研究』，劲草书房，1984

评：岸本美绪（『中国研究月报』449，1985）、寺田浩明（『法制史研究』35，1986）

星斌夫『中国社会福祉政策史の研究——清代の赈济仓を中心に』，国书刊行会，1985

岛田正郎『明末清初モンゴル法の研究〔东洋法史论集6〕』，创文社，1986

评：二木博史（『法制史研究』37，1988）

岩见宏『明代徭役制度の研究』，同朋舍，1986

评：谷口规矩雄（『法制史研究』37，1988）、山根幸夫（『东洋史研究』46-1，1987）

东洋史研究会编『雍正时代の研究』，同朋舍，1986

森正夫『明代江南土地制度の研究』，同朋舍，1988

莊司格一『中国の公案小说』，研文出版，1988

山根幸夫『明清史籍の研究』，研文出版，1989

石桥秀雄『清代史研究』，绿荫书房，1989

呉金成（渡昌弘訳）『明代社会経済史研究——绅士层の形成とその社会経済的役割』，汲古书院，1990

森田明『清代水利社会史の研究』，国书刊行会，1990

岛田正郎『清朝蒙古例の実效性の研究〔东洋法史论集7〕』，创文社，1992

评：冈田英弘（『法制史研究』43，1994）

小山正明『明清社会経済史研究』，东京大学出版会，1992

评：岸本美绪（『歴史学研究』643，1993）、山田贤（『千叶史学』23，1994）

上田信『伝统中国——「盆地」「宗族」にみる明清时代』，讲谈社，1995

评：村井寛志（『中国研究月报』49-3，1995）

山田贤『移住民の秩序——清代四川地域社会史研究』，名古屋大学出版会，1995

评：井上徹（『东洋史研究』54-3，1995）、荒武达朗（『名古屋大学东洋史研究报告』21，1997）

檀上寛『明朝専制支配の史的构造』，汲古书院，1995

冈本さえ『清代禁书の研究』，东京大学出版会，1997

夫马进『中国善会善堂史研究』，同朋舎，1997

评：川胜守（『法制史研究』48，1999）

中訳：伍跃、杨文信、张学锋（商务印书馆，2005）

岸本美绪『明清交替と江南社会——17世纪中国の秩序问题』，东京大学出版会，1999

评：森正夫（『思想』917，2000）、山本英史（『史学雑誌』109-11，2000；后收入『清代中国の地域支配』，庆应义塾大学出版会，2007）、山崎覚士（『洛北史学』2，2000）、则松彰文（『东洋史研究』59-4，2001）、山田贤（『社会経済史学』67-4，2001）、岩井茂树（『歴史学研究』752，2001）

滨岛敦俊『総管信仰——近世江南农村社会と民间信仰』，研文出版，2001

评：岸本美绪（『史学雑誌』111-8，2002）、水越知（『东洋史研究』61-4，2003）

中訳：朱海滨（厦门大学出版社，2008）

三木聡『明清福建农村社会の研究』，北海道大学図书刊行会，2002

评：太田出（『东洋史研究』62-2，2003）、村上卫（『社会経済史学』68-6，2002）、卜永坚（『九州学林』4-2，2006）

中岛楽章『明代郷村の纷争と秩序——徽州文书を中心として』，汲古书院，2002

评：伊藤正彦（『社会経済史学』69-1，2003）、加藤雄三（『东洋史研究』62-1，2003）

中訳：郭万平、高飞（江苏人民出版社，2010）

熊远报『清代徽州地域社会史研究——境界・集团・ネット

ワークと社会秩序』，汲古书院，2003

评：中岛楽章（『社会経済史学』69-6，2004）

萩原守『清代モンゴルの裁判と裁判文书』，创文社，2006

评：二木博史（『法制史研究』57，2008）

山本英史『清代中国の地域支配』，庆应义塾大学出版会，2007

评：荒武达朗（『法制史研究』58，2009）、岸本美绪（『史学雑誌』120-11，2011）

细谷良夫编『清朝史研究の新たなる地平——フィールドと文书を追って』，山川出版社，2008

森田成満『清代中国土地法研究』，私家版，2008

中訳：牛傑（法律出版社，2012）

川胜守『明清贡纳制と巨大都市连锁——长江と大运河』，汲古书院，2009

评：森永恭代（『东洋史研究』69-2，2010）

滋贺秀三『続・清代中国の法と裁判』，创文社，2009

中岛楽章『徽州商人と明清中国』（世界史リブレット108），山川出版社，2009

寺田隆信『明代郷绅の研究』，京都大学学术出版会，2009

评：鹤成久章（『东洋史研究』70-2，2011）、中岛楽章（『歴史学研究』891，2012）

山本英史编『近世の海域世界と地方统治』（东アジア海域丛书1），汲古书院，2010

井上彻编『海域交流と政治権力の対応』（东アジア海域丛书2），汲古书院，2011

仓桥圭子『中国伝統社会のエリートたち：文化的再生产と阶层社会のダイナミズム』，风响社，2011

评：市原慎太郎（『明大アジア史论集』16，2012）、上田信（『史苑』72-2，2012）、小林义广（『东海史学』46，2012）

伍跃『中国の捐纳制度と社会』，京都大学学术出版会，2011

中訳：伍跃（江苏人民出版社，2013）

仙石知子『明清小说における女性像の研究：族谱による分析を中心に』，汲古书院，2011

党武彦『清代経済政策史の研究』，汲古书院，2011

评：上田裕之（『歴史评论』750，2012）、岸本美绪（『中国研究月报』66-10［776］，2012）、村上卫（『社会経済史学』78-3，2012）

堀地昭『明清食粮騒扰研究』，汲古书院，2011

评：藤谷浩悦（『史学雑誌』121-11，2012）、中村広一（『中国研究月报』67-3，2013）

山本英史编『近代中国の地域像』（庆应义塾大学东アジア研究所丛书），山川出版社，2011

足立启二『明清中国の経済构造』，汲古书院，2012

评：上田裕之（『史学雑誌』124-4，2015）

伊藤正彦代表『「万歴休宁県27都5図黄冊底籍」の世界』，2009—2011年度科研费报告书「宋-明期江南における小経営発展と里甲制体制下の阶层构成に関する研究」，2012

岸本美绪『风俗と时代観』（明清史论集1），研文出版，2012

评：山本英史（『东方』382，2012）、岛田美和（『中国研究月报』67-9，2013）、则松彰文（『史学雑誌』125-10，2016）

岸本美绪『地域社会论再考』（明清史论集 2），研文出版，2012

评：岛田美和（『中国研究月报』67-9，2013）、甘利弘树（『歴史学研究』914，2014）、则松彰文（『史学雑誌』125-10，2016）

佐藤仁史『近代中国の郷土意识——清末民初江南の在地指导层と地域社会』，研文出版，2013

中訳：佐藤仁史（北京师范大学出版社，2017）

太田出『中国近世の罪と罚——犯罪・警察・监狱の社会史』，名古屋大学出版会，2015

评：久保茉莉子（『史学研究』292，2016）、高远拓児（『东洋史研究』75-4，2017）、森田成满（『法制史研究』66，2017）

三木聪『伝统中国と福建社会』，汲古书院，2015

评：小川快之（『中国研究月报』70-7，2016）、稲田清一（『社会経済史学』82-4，2017）、山本英史（『史学雑誌』126-3，2017）

山本英史『赴任する知県——清代の地方行政官とその人间环境』，研文出版，2016

评：小川和也（『东方』426，2016）、喜多三佳（『法制史研究』67，2018）

新宮学『明清都市商业史の研究』，汲古书院，2017

评：岸本美绪（『歷史评论』828，2019）

特集「『巴県档案』に見る清代社会と地方行政」，『东洋史研究』74-3，2015

评：铃木秀光（『法制史研究』66，2017）

片山刚『清代珠江デルタ図甲制の研究』，大阪大学出版会，2018

（二）史料集、译注、索引

1. 通代

山腰敏寛『中国歷史公文书読解辞典』，汲古书院，2004

东洋文库前近代中国研究班・斯波义信编著『中国社会経済史用语解』，东方书店，2012

2. 明清

东京大学东洋文化研究所図书室编『我妻栄先生旧蔵アジア法制関係文献资料目录』，东京大学东洋文化研究所図书室，1982

濱下武志・久保亨・上田信・岸本美绪・臼井佐知子・寺田浩明编『东洋文化研究所所蔵中国土地文书目录解说（上・下）〔东洋学文献センター丛刊 40・48〕』，东京大学东洋文化研究所附属东洋学文献センター，1983・1986

旧雍正朱批谕旨研究班『雍正朱批谕旨索引稿——见出し项目』，旧雍正朱批谕旨研究班刊，1990

名古屋大学东洋史研究室编『「御製大诰」索引稿』，名古屋

大学东洋史研究室，1995

唐立·杨有赓·武内房司主编『贵州苗族林业契约文书汇编（1736 — 1950）』（全 3 卷），东京外国语大学アジア·アフリカ言语文化研究所，2001~2003

岩渊慎编『中国第一歴史档案馆·辽宁省档案馆编中国明朝档案编汇総目录』，私家版，2003

唐立编『云南西部少数民族古文书集』，东京外国语大学アジア·アフリカ言语文化研究所，2011

井上进·酒井恵子訳注『明史选挙志 1 明代の学校·科挙·任官制度』，平凡社，2013

伊藤加奈子·佐立治人·氏冈真士『「杜骗新书」訳注稿初编』，「『杜骗新书』の基础的研究」プロジェクト，2015

谷井俊仁·谷井阳子訳解『大清律 刑律 I』，平凡社，2018

德永洋介编『皇明条法事类纂条名目录』，科学研究费报告书，2018

二、论文

（一）形成法秩序的各种制度及其特征

1. 法的存在形态

①通代

中村茂夫「伝统中国法=雏型说に対する一试论」，『法政理论』12-1，1979

评：冈野诚（『法制史研究』30，1981）

滋贺秀三「伝统中国における法源としての惯习——ジャン・ボダン协会への报告」,『国家学会百年记念・国家と市民』第3卷,有斐阁,1987

池田温「伝统中国の法と社会(宋~清)」,『中国—社会と文化』3,1988

奥崎裕司「中国近世の〖民众法〗——善书の世界」,『中国—社会と文化』3,1988

梅原郁「中国法制史雑感」,比较法史学会编『歴史と社会のなかの法』,比较法制研究所,1993

松田恵美子「伝统中国の法と社会への一试论」,『名城法学』47-3,1998

评:奥村郁三(『法制史研究』49,2000)

寺田浩明「民间法论を超えて」,『ジュリスト』1258,2003

中国语訳:吴博(『民间法』3,山东人民出版社,2004;后收入王亚新等译『权利与冤抑:寺田浩明中国法史论集』,清华大学出版社,2012)

英语訳:"Beyond the Falk Law Theory", *Kyoto Journal of Law and Politics*, Vol. 1, 2004

寺田浩明「合意と契约——中国近世における『契约』を手掛かりに」,三浦彻・岸本美绪・関本照夫编『比较史のアジア——所有・契约・市场・公正』,东京大学出版会,2004

中訳:郑芙蓉、魏敏(『民间法』4,山东人民出版社,2005)

岸本美绪「土地を売ること、人を売ること——『所有』をめぐる比较の试み」,三浦彻・岸本美绪・関本照夫编『比较史

のアジア——所有・契约・市场・公正』，东京大学出版会，2004

寺田浩明「『非ルール的な法』というコンセプト——清代中国法を素材にして」，『法学论丛』160-3・4，2007

中訳：魏敏（『法制史研究』12，2007；后收入王亚新等译『权利与冤抑：寺田浩明中国法史论集』，清华大学出版社，2012）。

评：石川英昭（『法制史研究』58，2009）

寺田浩明「中国伝统法の视角から——朱苏力/张骐报告へのコメント」，『北大法学论集』58-3，2007

松田恵美子「伝统中国の科刑原理と徳、礼、法についての予备考察——喜多・中村・川村报告を闻きて」，『名城法学』58-4，2009

岸本美绪「徳治の构造：寛容の在り処を中心に」（2014年度大会シンポジウム 中国における规范と道徳），『中国—社会と文化』30，2015

寺田浩明「中国伝统法における法解释のあり方」，『社会体制と法』11，2010

评：中村正人（『法制史研究』61，2012）

中訳：收入王亚新等译『权利与冤抑：寺田浩明中国法史论集』，清华大学出版社，2012

寺田浩明「中国法史から见た比较法史—法概念の再検讨」，水林彪・青木人志・松园润一朗编『法と国制の比较史—西欧・东アジア・日本』，日本评论社，2018

②明清

谷井阳子「戸部と戸部则例」,『史林』73-6，1990

森田成満「清代法に于ける官の活动をめぐる不法からの救济」,『星薬科大学一般教育论集』11，1994

寺田浩明「明清法制史学の研究対象について」,『法学〈东北大学〉』58-3，1994

萩原守「清代モンゴルの法制史に関する研究——地方裁判文书からのアプローチ」,『三岛海云记念财团研究报告书』55，1994

寺田浩明「明清法秩序における『约』の性格」，沟口雄三他编『アジアから考える4 社会と国家』，东京大学出版会，1994

评：森正夫（『法制史研究』45，1996；后收入『森正夫明清史论集』第3卷，汲古书院，2006）

中訳：王亚新（滋贺秀三等著，梁治平、王亚新编『明清时期的民间契约和民事审判』，法律出版社，1998；后收入王亚新等译『权利与冤抑：寺田浩明中国法史论集』，清华大学出版社，2012）

英訳："The Nature of Social Agreements (yue) in the Legal Order of Ming and Qing China", *International Journal of Asian Studies*, (Part One) Vol. 2, Part 2, 2005;(Part Two) Vol. 3, Part 1, 2006

谷井阳子「清代则例省例考」,『东方学报·京都』67，1995

评：滋贺秀三（『法制史研究』46，1997）

中訳：收入寺田浩明主编『中国法制史考証』丙编第4卷，中国社会科学出版社，2003

森田成満「清代に于ける民事法秩序の构造」,『星薬科大学

一般教育论集』12，1995

评：中村正人（『法制史研究』46，1997）

寺田浩明「合意と斉心の间」，『明清时代史の基本问题』，汲古书院，1997

中訳：宋军（周绍泉、栾成显等译『明清时代史的基本问题』，商务印书馆，2013）

寺田浩明「後期帝政中国における法・社会・文化——アメリカと日本の研究者の対话」，『中国図书』1997—1

唐泽靖彦「『後期帝政中国における法・社会・文化』序论」，『中国—社会と文化』13，1998

寺田浩明「近代法秩序と清代民事法秩序——もう一つの近代法史论」，石井三记他编『近代法の再定位』，创文社，2001

ジェローム・ブルゴン（寺田浩明訳）「アンシビルな対话——清代では法と惯习とがシビルローの中に融合しなかった件について」，『中国—社会と文化』20，2005

寺田浩明「清代刑事裁判における律例の役割・再考——実定法の『非ルール的』なあり方について」，大岛立子编『宋—清代の法と地域社会』，财团法人东洋文库，2006

川胜守「明太祖『御製大诰』の政治行政原论」，『明清史研究』7，2011

三木聡「雍正五年『抗租禁止条例』再考」，三木聡编『宋—清代の政治と社会』，汲古书院，2017

猪俣贵幸・豊嶋顺挥「明钞本『皇明条法事类纂』原本调查记」，《立命馆史学》39，2018

时坚「明天启・崇祯期の考成法」，『歴史』131，2018

2. 官方的审判

①通代

小口彦太「中国の法と裁判」,『中世史讲座4中世の法と権力』, 学生社, 1985

赤城隆治「诉讼の性格とその周辺——中国中・近世史の近业から」,『史潮』新21, 1987

滋贺秀三「中国法文化の考察——诉讼のあり方を通じて」, 日本法哲学会编『东西法文化: 法哲学年报1986』, 有斐阁, 1987

中訳: 王亚新 (滋贺秀三等著, 梁治平、王亚新编『明清时期的民间契约和民事审判』, 法律出版社, 1998)

佐立治人「裁判基准としての『人情』の成立について」,『法制史研究』45, 1996

佐立治人「旧中国の地方裁判と法律——法律に従わない判决が持つ意味」,『东洋史研究』56-2, 1997

评: 松田恵美子 (『法制史研究』48, 1999)

王亜新「中国の学界における滋贺理论」(特集 滋贺法制史学に学ぶ),『创文』522, 2009

夫马进「中国诉讼社会史概论」, 夫马进编『中国诉讼社会史の研究』, 京都大学学术出版会2011

寺田浩明「裁判制度における『基础付け』と『事例参照』——伝统中国法を手掛かりとして」,『法学论丛』(京都大学) 172-4・5・6, 2013

中訳: 魏敏 (周东平、朱腾主编『法制史訳评 (2013年

卷）』，中国政法大学出版社 2014）

评：高见泽磨（『法制史研究』64，2015）

②明清

滋贺秀三「清代の司法における判決の性格——判決の确定という観念の不存在」，『法学协会雜誌』91-8、92-1，1974・1975；后收入『清代中国の法と裁判』，创文社，1984

滋贺秀三「清代诉讼制度における民事的法源の概括的検讨」，『东洋史研究』40-1，1981；后收入『清代中国の法と裁判』，创文社，1984

评：中村茂夫（『法制史研究』32，1983）

中訳：范愉（滋贺秀三等著，梁治平、王亚新编『明清时期的民间契约和民事审判』，法律出版社，1998）

川胜守「明末清初の讼师について——旧中国社会における无頼知识人の一形态」，『九州大学东洋史论集』9，1981

评：山根幸夫（『法制史研究』32，1983）

三木聡「清代前期福建の抗租と国家権力」，『史学雜誌』91-8，1982；后收入『明清福建农村社会の研究』，北海道大学図书刊行会，2002

小口彦太「清朝时代の裁判における成案の役割について——刑案汇覧をもとにして」，『早稲田法学』57-3，1982

评：滋贺秀三（『法制史研究』33，1984）

蒲地典子「档案资料にもとづく清代手続法の研究」，『近代中国研究彙报』7，1985

滋贺秀三「清代州県衙门における诉讼をめぐる若干の所见——淡新档案を史料として」，『法制史研究』37，1988

评：中村茂夫（『法制史研究』39，1990）

小口彦太「清代地方官の判决录を通して见たる民事的纷争の诸相」，『中国—社会と文化』3，1988

评：寺田浩明（『法制史研究』39，1990）

三木聡「抗租と法・裁判——雍正五年（1727）の『抗租禁止条例』をめぐって」，『北海道大学文学部纪要』37-1，1988；后收入『明清福建农村社会の研究』，北海道大学図书刊行会，2002

评：森田成満（『法制史研究』40，1991）

寺田浩明「清代司法制度研究における『法』の位置付けについて」，『思想』6，1990

中訳：王亚新（滋贺秀三等著，梁治平、王亚新编『明清时期的民间契约和民事审判』，法律出版社，1998）

三木聡「明代里老人制の再検讨」，『海南史学』30，1992；后收入『明清福建农村社会の研究』，北海道大学図书刊行会，2002

评：井上徹（『法制史研究』44，1995）

山本英史「雍正绅衿抗粮処分考」，『中国近代史研究』7，1992；后收入『清代中国の地域支配』，庆应义塾大学出版会，2007

夫马进「明清时代の讼师と诉讼制度」，梅原郁编『中国近世の法制と社会』，京都大学人文科学研究所，1993

中岛楽章「明代中期の老人制と郷村裁判」，『史滴〈早稲田大学〉』15，1994

评：井上徹（『法制史研究』44，1995）

中岛楽章「明代中期、徽州府下における『值亭老人』について」,『史観〈早稲田大学〉』131，1994

夫马进「讼师秘本『蕭曹遺笔』の出现」，『史林』77-2，1994

中訳：收入寺田浩明主编『中国法制史考証』丙编第 4 卷，中国社会科学出版社，2003

寺田浩明「清代民事司法论における『裁判』と『调停』——フィリップ・ホアン（Philip C. C. Huang）氏の近业に寄せて」,『中国史学』5，1995

唐泽靖彦「话すことと书くこととのはざまで——清代裁判文书における供述书のテクスト性」，『中国—社会と文化』10，1995

中岛楽章「明代前半期、里甲制下の纷争处理——徽州文书を史料として」,『东洋学报』76-3・4，1995；后收入『明代鄉村の纷争と秩序』，汲古书院，2002

伊藤正彦「明代里老人制理解への提言」,『东アジアにおける社会・文化构造の異化过程に関する研究』，平成 6-7 年度科学研究费研究成果报告书，1996

车恵媛「明末、地方官の人事異动と地方舆论」，『史林』79-1，1996

夫马进「讼师秘本の世界」，小野和子编『明末清初の社会と文化』，京都大学人文科学研究所，1996

评：川胜守（『法制史研究』47，1998）

上田信「そこにある死体——事件理解の方法」，『东洋文化』76，1996

谷井阳子「明代裁判机构の内部统制」，梅原郁编『前近代中国の刑罚』，京都大学人文科学研究所，1996

寺田浩明「権利と冤抑——清代聴讼世界の全体像」，『法学〈东北大学〉』61-5，1997

中訳：王亚新（滋贺秀三等著，梁治平、王亚新编『明清时期的民间契约和民事审判』，法律出版社，1998）

评：唐泽靖彦（『法制史研究』48，1999）

フィリップ・C. C. ホアン（唐泽靖彦訳）「『中国における法廷裁判と民间调停：清代の公定表现と実践』序论」，『中国—社会と文化』13，1998

→Huang，Philip C. C. Civil Justice in China：Representation and Practice in the Qing，Stanford University Press，1996. Introduction

唐泽靖彦「フィクションとリアリティのはざまで——清代诉状のテクスト的枠组み」，『立命馆言语文化研究』9-5・6，1998

寺田浩明「清代聴讼に见える『逆说』的现象の理解について——ホアン氏の『表象と実务』论に寄せて」，『中国—社会と文化』13，1998

中訳：郑芙蓉（『私法〈北京大学〉』4-2，2004）

滋贺秀三「清代の民事裁判について」，『中国—社会と文化』13，1998

评：高见泽磨（『法制史研究』49，2000）

唐泽靖彦「清代における诉状とその作成者」，『中国—社会と文化』13，1998

山本进「明清时代の地方统治」，『歴史评论』580，1998

山本英史「明末清初における地方官の赴任环境」,『史潮』新45，1999

稲田清一「清末、江南における『地方公事』と镇董」,『甲南大学纪要文学编』109，1999

中岛楽章「明代の诉讼制度と老人制—越诉问题と惩罚権をめぐって」,『中国—社会と文化』15，2000

评：青木敦（『法制史研究』51，2002）

铃木こずえ「旧中国地方裁判制度の実态について——聴讼と官箴」,『爱知论丛』68，2000

熊远报「抄招给帖と批発——明清徽州民间诉讼文书の由来と性格」,『明代史研究』28，2000；后收入『清代徽州地域社会史研究』，汲古书院，2003

唐泽靖彦「清代告诉状のナラティブ——歴史学におけるテクスト分析」,『中国—社会と文化』16，2001

寺田浩明「中国清代民事诉讼と『法の构筑』——『淡新档案』の一事例を素材として」,『法社会学』58，2003

中訳：李力訳（『私法〈北京大学〉』3-2，2004；后收入王亚新等译『权利与冤抑：寺田浩明中国法史论集』，清华大学出版社，2012）

山本英史「健讼の认识と実态——清初の江西吉安府の场合」，大岛立子编『宋—清代の法と地域社会』，财团法人东洋文库，2006

太田出「明清时代『歇家』考——诉讼との关わりを中心に」,『东洋史研究』67-1，2008

评：高远拓児（『法制史研究』59，2010）

冈田宏二「明代华南地域における土司の设置について」,『东洋研究』170（大东文化大学东洋研究所）, 2008

五味知子「『贞节』が问われるとき——『问心一隅』に见る知県の裁判を中心に」,『中国女性史研究』17, 2008

评：喜多三佳（『法制史研究』59, 2010）

三木聪「清代前期の福建汀州府社会と図頼事件——王廷抡『临汀考言』の世界」,『史朋』40, 2008

山本英史「『衙蠹』のいみするもの——清初の地方统治と胥役」, 细谷良夫编『清朝史研究の新たなる地平——フィールドと文书を追って』, 山川出版社, 2008

滋贺秀三「汪辉祖——人とその时代」,『日本学士院纪要』64-1, 2009

郭润涛「清朝における州県衙门の『告状』·『投文』·『批词』」,『大阪市立大学东洋史论丛』16, 2009

谷口规矩雄「明代官僚の汚职について」,『研究论集』7（河合文化教育研究所）, 2009

滝野正二郎「清代後期、四川省南部県における场市の设立と県衙门——『南部県档案』を史料として」,『九州大学东洋史论集』38, 2010

武内房司「地方官と辺疆行政——十九世纪前半期、中国云南·ベトナム西北辺彊社会を中心に」, 山本英史编『近世の海域世界と地方统治』（东アジア海域丛书1）, 汲古书院, 2010

辻原明穂「明代督抚幕府の构造と特色——嘉靖年间の胡宗宪幕府を手掛かりとして」,『史窓』67, 2010

中西直子「高朴玉石案捜查からみた乾隆帝の官僚统制」,

『史峯』11，2010

阿风（井上充幸訳）「清代の京控——嘉庆朝を中心に」，夫马进编『中国诉讼社会史の研究』，京都大学学术出版会，2011

王志強（田邉章秀訳）「清代巴県銭債案件の受理と審判——近世イギリス法を背景として」，夫马进编『中国诉讼社会史の研究』，京都大学学术出版会，2011

伍跃「近世中国における行政诉讼の一齣『民告官』——烈妇の顕彰と挙人の身份を例に」，夫马进编『中国诉讼社会史の研究』，京都大学学术出版会，2011

谷井阳子「なぜ『冤抑』を诉えるのか——明代における告状の定型」，夫马进编『中国诉讼社会史の研究』，京都大学学术出版会，2011

陈宝良（水越知訳）「『郷土社会』か『好讼』社会か？——明清时代の『好讼』社会の形成およびその诸相」，夫马进编『中国诉讼社会史の研究』，京都大学学术出版会，2011

寺田浩明「自理と上申の间——清代州県レベルにおける命案处理の実态」，夫马进编『中国诉讼社会史の研究』，京都大学学术出版会，2011

中訳：张登凯（『法制史研究』26，2014）

范金民（箱田恵子訳）「把持と応差——巴県档案から见た清代重庆の商贸诉讼」，夫马进编『中国诉讼社会史の研究』，京都大学学术出版会，2011

水越知「中国近世における亲子间诉讼」，夫马进编『中国诉讼社会史の研究』，京都大学学术出版会，2011

额定其劳「清代モンゴルのアラシャ旗における裁判」（1・

2·3·完)，『法学论丛』170－1，2011

佐々木爱「罗虞臣の族谱编纂と裁判——明代中期広东省顺德県」，『社会文化论集』(岛根大学法文学部纪要：社会文化学科编) 7，2011

荷见守义「明代辽东における情报と审判——自在州の场合」，『情报の歴史学』(中央大学人文科学研究所研究丛书 52)，中央大学出版部，2011

荷见守义「明代巡按山东観察御史の基础的考察」，『人文研纪要』72，2011

林乾「叶墉事件からみた清代讼师の活动方式とその特徴について」，『东アジア研究』(大阪経済法科大学アジア研究所) 55，2011

松原健太郎「（学界展望）Philip C. C. Huang，Chinese Civil Justice，Past and Present」，『国家学会雑誌』125－3·4，2012

山本英史「伝统中国の官僚道德规范とその变容」，山本正身编『アジアにおける「知の伝达」の伝统と系谱』，庆应义塾大学出版会，2012

额定其労「清代ハラチン・モンゴルの右翼旗における裁判」，『东北アジア研究』16，2012

五味知子「『诬奸』の意味するもの——明清时代の判牍·官箴书の记述から」，『东洋史研究』70－4，2012

谷口规矩雄「清代乾隆朝、官僚の汚职について（2）——乾隆中期（1）」，『爱大史学』21，2012

井上彻「明朝の州県管理——広东罗定直隶州の创设」，『东洋学报』96－3，2014

佐立治人「聴断は法を以てし、调处は情を以てす——清代の民事裁判の性格についての滋贺・寺田说に対する反论」,『関西大学法学论集』64-2，2014

臼井佐知子「诉讼関係文书を通してみた清代社会における女性」,『东洋史研究』74-3，2015

小野达哉「清末巴県村部の徴税请负と诉讼の関係——特に抬塾をめぐって」,『东洋史研究』74-3，2015

夫马进「清末巴県の『健讼棍徒』——何辉山と裁判的调解『凭団理剖』」,『东洋史研究』74-3，2015

中訳：曲艳丹（徐世虹主编『中国古代法律文献研究』10，社会科学文献出版社，2016）

水越知「清代後期の夫妇间诉讼と离婚——『巴県档案（同治朝）』を中心に」,『东洋史研究』74-3，2015

大泽正昭「明代日用类书の告诉状指南——『土豪』を告诉する」,『唐宋变革研究通讯』7，2016

邱澎生（辻高広訳）「一九世纪前半期、清代重庆城の债务诉讼における『証拠』问题」，井上徹・仁木宏・松浦恆雄编『东アジアの都市构造と集団性：伝统都市から近代都市へ』，清文堂，2016

谷口规矩雄「乾隆朝末期の胥吏の不法行為について」,『爱大史学』(日本史学・世界史学・地理学) 25，2016

海丹「『官は官を庇う』か：清代後期における地方官の『上控』をめぐる连络・交涉」,『东方学报』91，2017

伍跃「『顺天府档案』に見える清代国家基础権力の実現：宝坻県の官僚配置と社会组织の役割を例に」，『东アジア研究』

66，2017

谷口规矩雄「乾隆期、災害救済活动における官・吏・诸役の不法行為について」，『爱大史学』26，2017

宫崎圣明「明末広东における吏员の人事・考课制度：颜俊彦『盟水斎存牍』を手がかりに」，三木聪编『宋—清代の政治と社会』，汲古书院，2017

小野达哉：「巴県档案に见る诉愿と官府の対応：同治时代の2つの事件から见た」，『东アジア研究』69，2018

魏敏「清代官员の公罪と私罪に関して」，『东アジア研究』69，2018

赤城美恵子「清朝顺治期における滞狱解消问题—『苏理沈狱』・『京详之経制一复』の分析を通じて」，『帝京法学』31，2018

额定其劳，「役所と『地方』の间—清代モンゴルのオトグ旗における社会构造と裁判実态」，『法制史研究』67，2018

铃木秀光「清代刑事裁判における覆审制の再検讨に関する一试论—軽度命案を例として」，『法学论丛』182－4・5・6，2018

寺田浩明「清代中期の典规制にみえる期限の意味について・订误」，『法史学研究会会报』21，2018

真水康树「明代直隶州考」，『法政理论』50-2，2018

宫崎圣明「明代後期辽东における吏员人事—辽东都指挥使司档案を手がかりに」，『集刊东洋学』118，2018

宫崎圣明「明末広东における『书办』について—『盟水斎存牍』よりみる非正规胥吏」，『史朋』50，2018

李冰逆「清律の『老小廃疾収贖』条における司法上の展开—未成年者杀人事件を中心に」,『史林』101-3，2018

3. 民间秩序的形成

①通代

滨岛敦俊「东アジアにおける国家と共同体——中世」,『现代歴史学の成果と课题』Ⅱ·2，1982

森正夫「中国前近代史における地域社会の视点——中国史シンポジウム『地域社会の视点——地域社会とリーダー』基调报告」,『名古屋大学文学部研究论集』83〈史学26〉，1982；后收入『森正夫明清史论集』第3卷，汲古书院，2006

森正夫「宋代以降の士大夫と地域社会——问题点の模索」，谷川道雄他编『中国士大夫阶级と地域社会との関係についての総合的研究』，昭和57年度科学研究费补助金総合研究（A）研究成果报告书，1983；后收入『森正夫明清史论集』第3卷，汲古书院，2006

井上彻「宋代以降における宗族の特质の再検讨——仁井田陞の同族『共同体』论をめぐって」,『名古屋大学东洋史研究报告』12，1987；后收入『中国の宗族と国家の礼制』，研文出版，2000

岸本美绪「モラル·エコノミー论と中国社会研究」，『思想』792，1990

山田贤「中国史における人の移动と社会变容」，社会経済史学会编『社会経済史学の课题と展望』，有斐阁，1992

葭森健介「中国史における『社会』と『人间』の把握をめぐって——共同体、地域社会、モラル·エコノミー」,『中国—

社会と文化』7，1992

足立启二「中国専制国家の発展」，『歴史评论』515，1993

岸本美绪「比较国制史研究と中国社会像」，『人民の歴史学』116，1993

大泽正昭「中间层论と人间関係论への一视点」，中村哲编『东アジア専制国家と社会・経済』，青木书店，1993

岸本美绪「『市民社会论』と中国」，『歴史评论』527，1994

远藤隆俊「中国近世宗族论の展开——士大夫研究への一视角」，『集刊东洋学』71，1994

井上彻「宗族理解をめぐる若干の问题——远藤隆俊氏の论评に接して」，『集刊东洋学』72，1994

官文娜「中国の宗法制と宗族およびその研究の歴史と现状」，『立命馆文学』557，1998

井上彻「宗族普及の一局面——江苏洞庭东山を対象として」，『中国—社会と文化』13，1998；后收入『中国の宗族と国家の礼制』，研文出版，2000

伊藤正彦「中国史研究の『地域社会论』——方法的特质と意义」，『歴史评论』582，1998

井上彻「宋元以降における宗族の意义」，『歴史评论』580，1998

井上彻「伝统中国の宗族に関する若干の研究の绍介」，『弘前大学・文経论丛〈人文〉』33-3，1998

岸本美绪「宋代から清代中期を中心に」，『东方学』100，2000

山本英史「日本の伝統中国研究と地域像」，同编『伝統中国の地域像』，庆应义塾大学出版会，2000

葭森健介「『地域社会の视点』・『共同体论』・『基层社会』——1981中国史シンポジウム再论」，『名古屋大学东洋史研究报告』25，2001

小林义广「日本における中国の家族・宗族研究の现状と课题」，『东海大学纪要〈文学部〉』78，2002

井上彻「中国近世の地域社会に関する覚书」，『歴史科学』170，2002

谷川道雄「中国前近代社会の基本构造试论」，『名古屋大学东洋史研究报告』26，2002

滨岛敦俊「中国近世社会経済史研究の『粗さ』について」，『史学雑誌』111-11，2002

松原健太郎「『宗族』研究と中国法制史学——近五十年来の动向」，『法制史研究』57，2008

大学モンゴル研究所编『モンゴル史研究——现状と展望』，明石书店，2011

伊藤正彦「『伝统社会』形成论=『近代化』论と『唐宋变革』」，『新しい歴史学のために』283，2013

②明清代

森正夫「明末の社会関係における秩序の变动について」，『名古屋大学文学部三〇周年记念论集』，名古屋大学文学部，1979；后收入『森正夫明清史论集』第3卷，汲古书院，2006

森正夫「明代の郷绅——士大夫と地域社会との関连についての覚书」，『名古屋大学文学部研究论集』77〈史学26〉，

1980；后收入『森正夫明清史论集』第3卷，汲古书院，2006

山本英史「浙江省天台県における『図头』について——18世纪初头における中国郷村支配の一形态」，『史学〈庆応义塾大学〉』50，1980

山名弘史「清末江南の义荘について」，『东洋学报』62-1，1980

大谷敏夫「清代江南の水利慣行と郷董制」，『史林』63-1，1980；后收入『清代政治思想史研究』，汲古书院，1991

夫马进「明末反地方官士变」，『东方学报·京都』52，1980

夫马进「明末反地方官士变补论」，『富山大学人文学部纪要』4，1981

上田信「明末清初·江南の都市の『无頼』をめぐる社会関係——打行と脚夫」，『史学雑誌』90-11，1981

多贺秋五郎「宗族烂熟期における义荘条规について——湖南善北黄氏の场合」，『歴史における民众と文化——酒井忠夫博士古稀祝贺记念论集』，国书刊行会，1982

上田信「地域の履歴——浙江省奉化県忠义郷」，『社会経済史学』49-2，1983

檀上寛「『郑氏规范』の世界——明朝権力と富民层」，小野和子编『明清时代の政治と社会』，京都大学人文科学研究所，1983

上田信「地域と宗族——浙江省山间部」，『东洋文化研究所纪要』94，1984

王连茂（三木聡訳）「明末泉州の佃租収夺と『斗栳会』闘争」，『史朋〈北海道大学〉』17，1984

三木聡「清代の福建における抗租の展开」,『北海道大学文学部纪要』34-1, 1985; 后收入『明清福建农村社会の研究』, 北海道大学図书刊行会, 2002

岸本美绪「『歴年记』に见る清初地方社会の生活」,『史学雑誌』95-6, 1986; 后收入『明清交替と江南社会』, 东京大学出版会, 1999

佐伯有一「明清交替期の胥吏像一斑」,『中村治兵卫先生古稀记念东洋史论丛』, 刀水书房, 1986

三木聡「抗租と阻米——明末清初期の福建を中心として」,『东洋史研究』45-4, 1987; 后收入『明清福建农村社会の研究』, 北海道大学図书刊行会, 2002

岸本美绪「明末清初の地方社会と『世论』」,『歴史学研究』573, 1987; 后收入『明清交替と江南社会』, 东京大学出版会, 1999

上田信「明清期、浙东における州県行政と地域エリート」,『东洋史研究』46-3, 1987

滨岛敦俊「明初城隍考」,『榎博士颂寿记念东洋史论丛』, 汲古书院, 1988

上田信「中国の地域社会と宗族——14~19世纪の中国东南部の事例」,『シリーズ世界史への问い4 社会的结合』, 岩波书店, 1989

井上徹「宗族の形成とその构造——明清时代の珠江デルタを対象として」,『史林』72-5, 1989

田仲一成「粛山県长河镇来姓祠产簿剖析——清代浙东宗族における祠产形成と组织统合の过程」,『东洋文化研究所纪要』

108，1989

滨岛敦俊「明末江南郷绅の具体像——南浔・荘氏について」，岩见宏・谷口规矩雄编『明末清初期の研究』，京都大学人文科学研究所，1989

滨岛敦俊「明代の水利技术と江南地主社会の变容」，『シリーズ世界史への问い2 生活の技术・生产の技术』，岩波书店，1990

山田贤「清代の地域社会と移住宗族——四川省云阳涂氏の轨跡」，『社会経済史学』55-4，1990；后收入『移住民の秩序——清代四川地域社会史研究』，名古屋大学出版会，1995

山本英史「绅衿による税粮包揽と清朝国家」，『东洋史研究』48-4，1990；后收入『清代中国の地域支配』，庆应义塾大学出版会，2007

涉谷裕子「明清时代徽州江南农村社会における祭祀组织について——『祝圣会簿』の绍介（1・2）」，『史学〈庆応义塾大学〉』59-1・59-2，1990

中村哲夫「清末の地方习惯调查の报告书について」，『布目潮渢博士古稀记念论集・东アジアの法と社会』，汲古书院，1990

岸本美绪「明清时代の郷绅」，『シリーズ世界史への问い7 権威と権力』，岩波书店，1990；修订后收入『明清交替と江南社会』，东京大学出版会，1999

中岛楽章「明末清初の绍兴の幕友」，『山根幸夫教授退休记念明代史论丛记念（下）』，汲古书院，1990

西川喜久子「珠江三角洲の地域社会と宗族・郷绅——南海

県九江郷のばあい」,『北陆大学纪要』14，1990

山田贤「旧中国における同族结合・同郷结合に関する覚书——四川省云阳県访问记」『史朋〈北海道大学〉』23，1990；后收入『移住民の秩序——清代四川地域社会史研究－』，名古屋大学出版会，1995

滨岛敦俊「明清时代江南农村の『社』と土地庙」,『山根幸夫教授退休记念明代史论丛（下）』，汲古书院，1990

铃木博之「明代徽州府の郷约について」,『山根幸夫教授退休记念明代史论丛（下）』，汲古书院，1990

铃木博之「明代徽州府の族产と戸名」,『东洋学报』71-1・2，1990

铃木博之「清代における族产の展开——歙県の许荫祠をめぐって」,『山形大学史学论集』10，1990

山田贤「『绅粮』考——清代四川の地域エリート」,『东洋史研究』50-2，1991；后收入『移住民の秩序——清代四川地域社会史研究』，名古屋大学出版会，1995

三木聪「沙県——清代福建の一地方社会」,『史朋〈北海道大学〉』24，1991；后收入『明清福建农村社会の研究』，北海道大学図书刊行会，2002

岸本美绪「明清期の社会组织と社会变容」，社会経済史学会编『社会経済史学の课题と展望』，有斐阁，1992

山田贤「中国史における人の移动と社会变容」，社会経済史学会编『社会経済史学の课题と展望』，有斐阁，1992；后收入『移住民の秩序——清代四川地域社会史研究』，名古屋大学出版会，1995

铃木博之「清代徽州府の宗族と村落」，『史学雑誌』101-4，1992

檀上寛「明清郷绅论」，谷川道雄编著『戦後日本の中国史论争』，河合文化研究所，1993

岸本美绪「明末清初江南の地方民众と権力者たち」，『歴史学研究』651，1993

井上徹「宗族形成の再开——明代中期以降の苏州地方を対象として」，『名古屋大学东洋史研究报告』18，1994；后收入『中国の宗族と国家の礼制』，研文出版，2000

西川喜久子「珠江デルタの地域社会——新会県のばあい」，『东洋文化研究所纪要』124，1994

片山刚「珠江デルタの集落と『村』——清末の南海県と顺德県」，『待兼山论丛〈大阪大学〉』28，1994

三木聪「抗租と図頼——『点石斎画报』「刁佃」の世界」，『海南史学』32，1994；后收入『明清福建农村社会の研究』，北海道大学図书刊行会，2002

岸本美绪「明清交替期の江南社会」，『歴史と地理』483，1995

森正夫「明末における秩序变动再考」，『中国—社会と文化』10，1995；后收入『森正夫明清史论集』第3卷，汲古书院，2006

森正夫「『锡金识小录』の性格について」，『名古屋大学文学部研究论集』122〈史学41〉，1995；后收入『森正夫明清史论集』第3卷，汲古书院，2006

中谷刚「明清时代崇明岛の地域社会と宗族」，『年报社会科

研究〈岩手県高校〉』36，1995

小田则子「清代の华北农村における青苗会について」，『史林』78-1，1995

中岛楽章「徽州の地域名望家と明代の老人制」，『东方学』90，1995

三木聡「軽生図頼考——特に『威逼』との関连について」，『史朋〈北海道大学〉』27，1995；后收入『明清福建农村社会の研究』，北海道大学図书刊行会，2002

三木聡「死骸の恐喝——中国近世の図頼」，泥棒研究会编『盗みの文化誌』，青弓社，1995

中岛楽章「明代徽州の一宗族をめぐる纷争と同族统合」，『社会経済史学』62-4，1996

评：上田信（『法制史研究』47，1998）

中訳：李建云（『江淮论坛』2000-2・3）

滨岛敦俊「农村社会—覚书」，『明清时代史の基本问题』，汲古书院，1997

中訳：收入周绍泉、栾成显等译『明清时代史的基本问题』，商务印书馆，2013

上田信「山林および宗族と郷约」，木村靖二・上田信编『人と人の地域史』，山川出版社，1997

评：松原健太郎（『法制史研究』49，2000）

铃木博之「徽州の村落と祠堂」，『集刊东洋学』77，1997

渋谷裕子「徽州文书にみられる『会』组织について」，『史学〈庆応义塾大学〉』67-1，1997

片山刚「华南地方社会と宗族」，『明清时代史の基本问题』，

汲古书院，1997

中訳：收入周绍泉、栾成显等译『明清时代史的基本问题』，商务印书馆，2013

铃木博之「徽州の村落と祠堂」，『集刊东洋学』77，1997

井上徹「苏州社会と宗族」，『歷史』89，1997

井上徹「清朝と宗法主义」，『史学雑誌』106-8，1997；后收入『中国の宗族と国家の礼制』，研文出版，2000

三木聪「明清时代の地域社会と法秩序」，『歴史评论』580，1998

山田贤「中国明清时代史研究における『地域社会论』の现状と课题」，『歴史评论』580，1998

中岛楽章「明代後期、徽州郷村社会の纷争処理」，『史学雑誌』107-9，1998；后收入『明代郷村の纷争と秩序』，汲古书院，2002

评：川胜守（『法制史研究』49，2000）

中訳：收入寺田浩明主编『中国法制史考証』丙编第4卷，中国社会科学出版社，2003

高桥芳郎「明代徽州府休宁県の一争讼——『著存文卷集』の绍介」，『北海道大学文学部纪要』46-2，1998；后收入『宋代中国の法制と社会』，汲古书院，2002

寺田浩明「満员电车のモデル——明清期の社会理解と秩序形成」，今井弘道他编『変容するアジアの法と哲学』，有斐阁，1999

英訳："The Crowded Train Model: The Concept of Society and the Maintenance of Order in Ming and Qing Dynasty China", in *Law in a*

Changing World: *Asian Alternatives* (Archiv fuer Rechts - und Sozialphilosophie, Beiheft 72), 1998

中岛楽章「明末徽州の佃仆制と纷争」,『东洋史研究』58-3, 1999; 后收入『明代郷村の纷争と秩序』, 汲古书院, 2002

熊远报「清代徽州地方における地域纷争の构図——乾隆期婺源県西関坝诉讼を中心として」,『东洋学报』81-1, 1999; 后收入『清代徽州地域社会史研究』, 汲古书院, 2003

西川喜久子「清代珠江デルタの地域社会——香山県のばあい(上・下)」,『北陆大学纪要』22・22, 1999・2001

山本英史「清代康熙年间の浙江在地势力」, 同编『伝统中国の地域像』, 庆应义塾大学出版会, 2000; 后收入『清代中国の地域支配』, 庆应义塾大学出版会, 2007

三木聪「伝统中国における図頼の构図——明清时代の福建の事例について」, 歴史学研究会编『纷争と诉讼の文化史』, 青木书店, 2000; 后收入『明清福建农村社会の研究』, 北海道大学図书刊行会, 2002

滨岛敦俊「『民望』から『郷绅』へ——16・7世纪の江南士大夫」,『大阪大学大学院・文学研究科纪要』41, 2001

渋谷裕子「安徽省休宁県龙田郷浯田岭村における山林経営方式の特徴」,『史学〈庆応义塾大学〉』71-4, 2002

黒岩高「械闘と谣言」,『史学雑誌』111-9, 2002

上田信「封禁・开采・弛禁」,『东洋史研究』61-4, 2003

山田贤「记忆される『地域』」,『东洋史研究』62-2, 2003

中谷刚「明清时代崇明県の抗租の变迁——佃戸の结合と手

段」,『明代史研究会创立三十五年记念论集』, 汲古书院, 2003

中岛楽章「明代徽州の小规模同族と山林経営」,『明代史研究会创立三十五年记念论集』, 汲古书院, 2003

熊远报「村落社会における『銭会』」,『明代史研究会创立三十五年记念论集』, 汲古书院, 2003

岸本美绪「明末清初における暴力と正义の问题」, 须田努・赵景达・中嶋久人编『暴力の地平を超えて——歴史学からの挑戦』, 青木书店, 2004

日野康一郎「明末民変と山地开発の问题——江西省上饶県の场合」,『东洋学报』86-4, 2005

中岛楽章「清代徽州の山林経営・纷争・宗族形成——祁门凌氏文书の研究」,『社会経济史学』72-1, 2006

滨岛敦俊「明末华北の地方士人像——张肯堂『甾辞』に见る」, 大岛立子编『宋—清代の法と地域社会』, 财团法人东洋文库, 2006

小川快之「明代江西における开発と法秩序」, 大岛立子编『宋—清代の法と地域社会』, 财团法人东洋文库, 2006

岸本美绪「中国における暴力と秩序——前近代の视点から」,『歴史评论』689, 2007

铃木博之「明清时代、徽州の里社について」,『山根幸夫教授追悼记念论丛・明代中国の歴史的位相(上)』, 汲古书院, 2007

佐藤文俊「清初における土寨的秩序の解体——山东・河南を例として」,『山根幸夫教授追悼记念论丛・明代中国の歴史的位相(上)』, 汲古书院, 2007

甘利弘树「明代広东における反乱の诸相」,『山根幸夫教授追悼记念论丛・明代中国の歴史的位相（上）』, 汲古书院, 2007

甘利弘树「明清时代広东博罗県の郷约・保甲について」, 中央大学东洋史学研究室编『池田雄一教授古稀记念アジア史论丛』(中央大学アジア史研究, 32), 白东史学会, 2008

新宮学「明代中都皇城考」,『集刊东洋学』100, 2008

魏则能「贞节碑坊——安徽省徽州の贞节牌坊を中心に」,『多元文化』8, 2008

志贺市子「中国広东省潮汕地域の善堂——善挙と救劫论を中心に」,『茨城キリスト教大学纪要』42, 2008

杉山清彦「清初八旗制下のマンジュ氏族」, 细谷良夫编『清朝史研究の新たなる地平——フィールドと文书を追って』, 山川出版社, 2008

武内房司「清代贵州のカトリックと民间宗教结社」, 细谷良夫编『清朝史研究の新たなる地平——フィールドと文书を追って』, 山川出版社, 2008

唐立宗（太田出訳）「地方舆论の形成——明代広东省恵州府と『定氛外史』」,『史学』77-1（三田史学会）, 2008

松本隆晴「清代台湾府の官庙」,『栃木史学』22, 2008

杨国安（森田明訳）「塘堰と灌漑：明清时期湖北南部郷村の水利组织と民间秩序——崇阳県『华陂堰簿』を中心として」,『中国水利史研究』37, 2008

太田出「太湖流域渔民の香头と『社』『会』——华北农村调查との比较试论」,『近きに在りて』55, 2009

浅沼かおり「常州観荘赵氏の歴史にみる清代社会の一断面（1）」,『共立国际研究』26, 2009

岸本美绪「『中国』の台头——明末の文章书式に见る国家意识の一侧面」,『东方学』118, 2009

酒井恵子「明代正统・景泰年间における义民旌表と能粟入监」,『东洋史研究报告』33（名古屋大学）, 2009

陈支平「民间家族文书から见た清代台湾海峡两岸における移民のパターン」, 山本英史编『近世の海域世界と地方统治』(东アジア海域丛书 1), 汲古书院, 2010

巫仁恕（吉田建一郎訳）「明清都市民变研究の再検讨——集合行动の角度から」, 山本英史编『近世の海域世界と地方统治』(东アジア海域丛书 1), 汲古书院, 2010

三木聪「裁かれた海贼たち——祁彪佳・倭寇・澳例」, 山本英史编『近世の海域世界と地方统治』(东アジア海域丛书 1), 汲古书院, 2010

山本英史「清初における浙江沿海の秩序形成と地方统治官」, 山本英史编『近世の海域世界と地方统治』(东アジア海域丛书 1), 汲古书院, 2010

堀地明「光绪 24（1898）年浙江绍兴府における平粜」,『北九州市立大学外国语学部纪要』129, 2010

山根直生「程敏政の祖先史再编と明代の黄墩（篁墩）移住伝说」,『东洋史研究』68-4, 2010

鹫尾浩幸「清末苏州における地方自治の导入と基层社会の变化」,『东洋学报』92-3, 2010

足立启二「18~19 世纪日中社会编成の构造比较」,『文学部

论丛』（熊本大学）102，2011

荒武达朗「『珲春副都统衙门档案』より见た18 世纪後半の珲春地方の流民」，News letter（近现代东北アジア地域史研究会）23，2011

石野一晴「17 世纪における泰山巡礼と香社・香会——灵巖寺大雄宝殿に残る题记をめぐって」，『东方学报』86，2011

井上充幸「明清时代の黒河中流域における水利用について」，『东アジア文化交渉研究』4，2011

冈洋树「清代モンゴルの社会・行政统治构造理解をめぐる试论」，吉田顺一监修，早稲田林淑美「清代台湾における『番割』と『通事』の交错——道光 6 年黄斗乃の闽粤械闘再考」，*NUCB Journal of Economics and Information Science*，55-2，2011

濵岛敦俊「江南デルタ圩田水利雑考——国家と地域」，『中国 21』37，2012

井上彻「明末の商税徵収と広东社会」，『年报都市史研究』19，2012

喜多三佳「清代の知県と士人——学问奨励を通じた结びつき」，『中国文史论丛』8，2012

张俊峰（野口武訳）「明清山西における泉域社会研究の若干の问题」，『中国 21』37，2012

寺田隆信「学问のすすめ——『明代郷绅の研究』补遗」，『集刊东洋学』107，2012

豊冈康史「清代中期政策当局者の社会问题认识——海贼问题における『廃弛』・『盗首』论を中心に」，『东洋学报』94-2，2012

豊冈康史「清代中期における海贼问题と沿海交易」,『歴史学研究』891，2012

三木聡「乾隆年间の福建宁化県における长関抗租について——新史料二种の绍介を中心」，吉尾寛编『民众反乱と中华世界——新しい中国史像の构筑に向けて』，汲古书院，2012

森正夫「民众反乱史研究とフィールドワーク——明末清初福建省宁化県における黄通の抗租反乱に即して」，吉尾寛编『民众反乱と中华世界——新しい中国史像の构筑に向けて』，汲古书院，2012

森田明「福建莆田における木兰陂の管理机构と协応庙」，『中国21』37，2012

甘利弘树「刘进忠の乱と清初広东恵州府地方社会」，『中央大学アジア史研究』37，2013

村上正和「清代北京の乞丐头と社会秩序」，『社会経済史学』78-4，2013

滨野亮介「明代における里社及び郷厉祭祀の制度とその设置について」，『大谷大学史学论究』19，2014

前野清太郎「19世纪山东西部の定期市运営をめぐる郷村政治——孔府档案からの検讨」，『中国研究月报』68-2，2014

荒武达朗「嘉庆年间南满州の郷村役——近代前夜の地域社会と郷村统治」，『徳岛大学総合科学部人间社会文化研究』23，2015

伊藤正彦「『明代里甲制体制下の阶层构成』订误——任官者・読书人辈出人戸をめぐって」，『唐宋変革研究通讯』6，2015

魏郁欣「清代福建の宗族と坟树——福州郭氏を具体例として」,『东洋学报』97-1，2015

魏郁欣「坟树をめぐる法秩序の构筑——『大清律例』盗园陵树木附律条例を中心として」,『中国—社会と文化』30，2015

谷井阳子「清代中期の重庆商业界とその秩序」,『东洋史研究』74-3，2015

伍跃「『在民の役』:『巴県档案』に見える郷约像——前近代中国の国家による社会支配の一側面」,『东洋史研究』74-3，2015

中訳：收入徐世虹主编『中国古代法律文献研究』10，社会科学文献出版社，2016

凌鹏「清末巴県农村の租佃実态——『抗租』と『骗租』と『主客関係』」,『东洋史研究』74-3，2015

中訳：收入徐世虹主编『中国古代法律文献研究』10，社会科学文献出版社，2016

水越知「清代後期における重庆府巴県の寺庙と地方社会——『巴県档案』寺庙関係档案の基础的考察」,『史林』98-1，2015

评：喜多三佳（『法制史研究』66，2017）

村上正和「清代北京の捕り手——番役・捕役とその社会関係について」,『史学雑誌』124-11，2015

山本英史「清初のある地域社会における『光棍』の実像」,『史朋』48，2015

荒武达朗「嘉庆年间中国本土の郷村役——南满洲地域との比较」,『德岛大学総合科学部人间社会文化研究』24，2016

小川快之「明清时代の江西商人と社会秩序について」,『国士舘东洋史学』7・8・9,2016

中訳:收入赵晶编译『传统中国的法与秩序』,台北元华文创有限公司,2018

亀冈敦子「明代の福建漳州府における宗族の形成——龙渓県の白石丁氏をめぐって」,『东洋学报』98-3,2016

周芳玲・陈凤「中国における族谱の教化机能について——明清时代を中心に」,『东洋史访』23,2016

(二)民事法的内容

1. 家族法

①通代

堀毅「东アジアにおける法と惯习」,『中央学院大学総合科学研究所纪要』3-1,1986

堀毅「东アジアにおける法と惯习(2)——同姓不婚について」,『中央学院大学総合科学研究所纪要』3-2,1986

堀毅「东アジアにおける法と惯习(3)~(5)——「童养媳」について(上・中・下)」,『中央学院大学総合科学研究所纪要』4-2・5-1・6-2,1987・1989

胜山稔「宋元明时代の文芸作品に见える女家主导の离婚事例について」,『年报文学研究科』24,1995

韩秀城「汉民族の家族制度と婚姻形态」,『比较民俗研究』16,1999

川村康「法と孝の相剋」,阪仓笃秀编『さまざまな角度からの中国论』,晃洋书房,2003

大岛立子「『承継』判例から见た法の适用——宋・元・明代の比较から」，同编『宋—清代の法と地域社会』，财团法人东洋文库，2006

申秀逸「中日伝统の『家』相続制度の比较」，『千叶大学人文社会科学研究』16，2008

吉田浤一「中国家父长制论批判序说その後」，『唐宋变革研究通讯』5，2014

下仓涉「異父同母という関係——中国父系社会史研究序说」，小浜正子编『ジェンダーの中国史』，勉诚出版，2015

吉田浤一「エンゲルスとウェーバーの国家论と中国古代国家（続）——家父长制论批判」，『唐宋变革研究通讯』6，2015

葭森健介「『共同体论』と『儒教社会主义论』——谷川道雄と沟口雄三の『公』・『私』概念をめぐって」，『名古屋大学东洋史研究报告』39，2015

②明清

中谷英雄「明律上に于ける女性の地位——唐律と比较して（1~7）」，『信爱纪要〈和歌山信爱女子短期大学〉』20~26，1980~1986

中谷英雄「唐明律上に于ける家族関係用语解（1・2）」，『信爱纪要〈和歌山信爱女子短期大学〉』27・28，1986・1987

陈青凤「清朝の妇女旌表制度について——节妇・烈女を中心に」，『九州大学东洋史论集』16，1988

陈青凤「清代の刑法における妇女差别——特に伤害杀人・姦淫罪における」，『九州大学东洋史论集』18，1990

夫马进「中国明清时代における寡妇の地位と強制再婚の风

习」，前川和也编『家族・世帯・家门——工业化以前の世界から』，ミネルヴァ书房，1993

臼井佐知子「徽州文书からみた『承継』について」，『东洋史研究』55-3，1996

臼井佐知子「徽州における家产分割」，『近代中国』25，1997

森田成満「清代家族法に于ける教令の秩序とその司法的保护」，『星薬科大学一般教育论集』15，1997

评：奥村郁三（『法制史研究』48，1997）

喜多三佳「清代の寡妇の地位についての一考察」，『四国大学経営情报研究所年报』8，2002

森田成満「清代に于ける性を巡る法秩序のその司法的保护」，『星薬科大学一般教育论集』20，2002

喜多三佳「嬰児杀の处罚に関する一考察——清代を中心として」，『四国大学経営情报研究所年报』9，2003

森田成満「清代に于ける妻女の生活秩序を侵す罪とそれへの対応」，『星薬科大学一般教育论集』21，2003

中谷刚「清代食粮騒扰における女性」，『佐久间重男先生米寿记念明代史论集』，汲古书院，2002

喜多三佳「清代の『嬰児杀し』をめぐって」，『创文』463，2004

中岛楽章「明代中期、徽州农民の家产分割——祁门県三都の凌氏」，『山根幸夫教授追悼记念论丛・明代中国の歴史的位相（上）』，汲古书院，2007

森田成満「清代における夫妇関係の成立と解消の秩序」，

屋敷二郎编『夫妇（法文化［歴史・比较・情报］丛书⑩）』，国际书院，2012

岸本美绪「礼教・契约・生存——清代中国の売妻・典妻慣行と道徳観念」，『歴史学研究』925，2014

五味知子「明清时代の锢婢にかかわる社会通念」，『东洋文化研究』16，2014

李冰逆「明清时代の判例から见た雇佣人の法的处遇」（1-3・完），『法学论丛』（京都大学）175-3・5，176-1，2014

新田元规「明清期の立継论における古礼・经义の规范性」，『中国—社会と文化』30，2015

新田元规「殇後立继・间代立继の礼解释论——顾炎武の立继问题をめぐって」，『东方学』132，2016

新田元规「清初期士大夫の礼实践における『相互规制』の様相——汪琬の立継と王弘撰の服丧を事例として」，『徳岛大学総合科学部人间社会文化研究』24，2016

刘恋（新井崇之訳）「清初における旗人妇女の旌表制度确立に関する初步的考察」，『骏台史学』159，2017

岸本美绪「批评と绍介 マシュー・H・ソマー著『清朝中国における一妻多夫と売妻：生存戦略と司法的干涉』」，『东洋学报：东洋文库和文纪要』98-4，2017

五味知子「婚姻と『贞节』の构造と变容」，小浜正子・下仓涉・佐々木爱・高嶋航・江上幸子编『中国ジェンダー史研究入门』，京都大学学术出版会，2018

2. 土地法

①通代

寺田浩明「中国近世における自然の领有」，『シリーズ世界

史への問い』1『歴史における自然』，岩波书店，1989

中訳：冯潇（法律史研究编集委员会、中日文化交流丛书编集委员会合编『中外法律史新探（法律史研究第二辑）』，科学出版社，1994）

中岛楽章「墓地を売ってはいけないか？——唐一清における墓地売却禁令」，『九州大学东洋史论集』32，2004

岸本美绪「土地市场と「找価回赎」问题——宋代から清代の长期的动向」，大岛立子编『宋—清代の法と地域社会』，财团法人东洋文库，2006

②明清

藤井宏「一田両主制の基本构造 3～10」，『近代中国』7～11、13～15，1980—1984

寺田浩明「田面田底惯行の法的性格——概念的検讨を中心にして」，『东洋文化研究所纪要』93，1983

评：栗原纯（『法制史研究』34，1985）

中訳：收入寺田浩明主编『中国法制史考証』丙编第4卷，中国社会科学出版社，2003；又收入王亚新等译『权利与冤抑：寺田浩明中国法史论集』，清华大学出版社，2012

细川一敏「『中人』より観た中国郷村の土地所有意识と人间関係」，『弘前大学・文経论丛〈人文〉』19-3，1984

松田吉郎「清代台湾中北部の水利事业と一田両主制の成立过程」，『佐藤博士退官记念中国水利史论丛』，国书刊行会，1984

藤井宏「初期一田両主制の新研究——嘉靖『龙溪県志』の记载を中心として」，『东方学』69，1985

寺田浩明「『崇明県志』に見える『承価』『过投』『顶首』について——田面田底慣行形成過程の一研究」，『东洋文化研究所紀要』98，1985

评：片山刚（『法制史研究』36，1987）

滨岛敦俊「明清时代の地主佃戸関係と法制」，菊池英夫编『変革期アジアの法と経済』昭和58-60年度文部省科学研究费（一般研究A）研究成果报告书，1986

滨岛敦俊「『主佃之分』小考」，『中村治兵卫先生古稀记念东洋史论丛』，刀水书房，1986

岸本美绪「『租覈』の土地所有论」，『中国—社会と文化』1，1986；后收入『清代中国の物価と経済変动』，研文出版，1997

滋贺秀三「崇明岛の承価と过投——寺田浩明氏の论考の骏尾に附して」，『千叶大学・法学论集』1-1，1986

寺田浩明「清代中期の典规制にみえる期限の意味について」，『东洋法史の探究——岛田正郎博士颂寿记念论集』，汲古书院，1987

评：森田成满（『法制史研究』38，1989）

森田成满「清代土地所有権法补论」，『东洋法史の探究——岛田正郎博士颂寿记念论集』，汲古书院，1987

寺田浩明「清代土地法秩序における『慣行』の构造」，『东洋史研究』48-2，1989

中訳：王莉莉訳、周蕴石校（刘俊文主编『日本中青年学者论中国史・宋元明清卷』，上海古籍出版社，1995；又收入王亚新等译『权利与冤抑：寺田浩明中国法史论集』，清华大学出

版社，2012)

鹤见尚弘「元末明初の鱼鳞冊」，『山根幸夫教授退休记念明代史论丛记念（下）』，汲古书院，1990

唐文基（鹤见尚弘訳）「明清时代福州地方土地典売文书の研究」，『东洋学报』72-1・2，1991

山本英史「明清黟県西遞胡氏契约文书の検讨」，『史学〈庆应义塾大学〉』65-3，1996

岸本美绪「明清时代における『找価回赎』问题」，『中国—社会と文化』12，1997

中訳：收入寺田浩明主编『中国法制史考証』丙编第4卷，中国社会科学出版社，2003

森田成満「清代法に於ける坟塚の秩序」，『星薬科大学一般教育论集』17，1999

评：寺田浩明（『法制史研究』50，2001)

森田成満「清代に於ける民事法秩序の构造再论——特に土地所有権に着眼して」，山内进编『混沌のなかの所有』，国际书院，2000

松原健太郎「契约・法・惯习——伝统中国における土地取引の一侧面」，滨下武志・川北稔编『地域の世界史11支配の地域史』，山川出版社，2000

王泰升（铃木贤訳）「台湾における法文化の变迁——不动产売买を素材として」，『北海道大学法学论集』54-6，2004

松田恵美子「（学界动向）台湾法制史と土地法研究」，『法制史研究』61，2012

アラムス「モンゴル人箭丁の农地に対する诸権利の丧失过

程——清代帰化城トゥメト旗における戸口地问题」,『中国研究月报』67-2, 2013

アラムス「清代内モンゴルにおける农地质入契约の分类と质入れ时の惯行——帰化城トゥメト旗を中心に」,『北东アジア研究』24, 2013

伊藤正彦「明・万暦年间、休宁県27都5図の事产所有状况に関する资料」,『唐宋変革研究通讯』7, 2016

伊藤正彦「『丈量保簿』と『归戸亲供册』から——万暦年間、徽州府休宁县二七都五图の事產所有状况」,『东洋史研究』75-3, 2016

岸本美绪「清代中期の飢馑救済と赎地问题」,『歴史评论』799, 2016

3. 其他民事法

①通代

高桥芳郎「中国史における恩と身份——宋代以降の主佃関係とも関连させて」,『史朋〈北海道大学〉』26, 1993; 后收入『宋—清身份法の研究』, 北海道大学出版会, 2001

评: 岸本美绪(『法制史研究』45, 1996)

丹乔二「宋より清に至る佃戸、奴婢、雇工人の法的身份について」,『松村润先生古稀记念・清代史论丛』, 汲古书院, 1994

评: 岸本美绪(『法制史研究』45, 1996)

伊藤正彦「中国近世の身份制に関する覚书」,『熊本大学・文学部论丛〈史学篇〉』74, 2002

新田元规「中国礼法の身份的性格について——瞿同祖『中国法律与中国社会』を手がかりとして」,『中国哲学研究』24, 2009

②明清

高桥芳郎「明末清初期奴婢、雇工人身份の再编と特质」,『东洋史研究』41-3, 1982; 后收入『宋—清身份法の研究』, 北海道大学図书刊行会, 2001

西村かずよ「明末清初の奴仆について」, 小野和子编『明清时代の政治と社会』, 京都大学人文科学研究所, 1983

小山正明「文书史料からみた明、清时代徽州府の奴婢、庄仆制」,『东アジア史における国家と农民——西嶋定生博士还暦记念』, 山川出版社, 1984; 后收入『明清社会経済史研究』, 东京大学出版会, 1992

高桥芳郎「明代の奴婢、义子孙、雇工人——万暦十六年新题例の前提」,『柳田节子先生古稀记念・中国の伝统社会と家族』, 汲古书院, 1993; 后收入『宋—清身份法の研究』, 北海道大学図书刊行会, 2001

渡昌弘「明末清初・上海桃家の『家人』——奴仆理解のために」,『东洋史论集〈东北大学〉』6, 1995

マシュー・H・ソマー（寺田浩明訳）「晚期帝政中国法における売春: 18 世纪における身份パフォーマンスからの离脱」,『中国—社会と文化』12, 1997

岸本美绪「明清时代の身份感覚」,『明清时代史の基本问题』, 汲古书院, 1997

中訳: 收入周绍泉、栾成显等译『明清时代史的基本问

题』，商务印书馆，2013

岸本美绪「清代における『贱』の観念——冒捐冒考问题を中心に」，『东洋文化研究所纪要』144，2003

岸本美绪「近世身份社会の比较史　総合讨论　明清期の身份と日本近世の身份」，塚本孝编『近世身份社会の比较史』，大阪市立大学大学院文学研究都市文化研究センター，2010

岸本美绪「问题提起　明清朝の身份と日本近世の身份（共同讨论 近世身份社会の比较史）」，『部落问题研究』195，2011

岸本美绪「『岐路灯』に见る清代中国の身份感覚」，『お茶の水女子大学比较日本学教育研究センター研究年报』8，2012

（三）史料介绍・译註

川越泰博「『皇明祖训』编纂考——とくに『祖训录』との関係について」，『アジア史研究〈中央大学〉』7，1983

滨岛敦俊「北京図书馆藏『莆阳谳牍』简绍——租佃関係を中心に」，『北海道大学文学部纪要』32-1，1983

西川喜久子「『顺德北门罗氏族谱』考（上・下）」，『北陆史学』32・33，1983・1984

滋贺秀三「淡新档案の初步的知识——诉讼案件に现れる文书の类型」，『东洋法史の探求』，汲古书院，1987

评：中村茂夫（『法制史研究』39，1990）

刘重日（姜镇庆訳）「徽州文书の収蔵、整理と研究の现状」，『东洋学报』70-3・4，1989

臼井佐知子「徽州文书と徽学研究」，『史潮』新32，1993

周绍泉（岸本美绪訳注）「徽州文书の分类」，『史潮』新

32，1993

加藤直人「入関前清朝の法制资料」，滋贺秀三编『中国法制史——基本资料の研究』，东京大学出版会，1993

山根幸夫「明、清の会典」，滋贺秀三编『中国法制史——基本资料の研究』，东京大学出版会，1993

滨岛敦俊「明代の判牍」，滋贺秀三编『中国法制史——基本资料の研究』，东京大学出版会，1993

中訳：柏桦缩訳（『中国史研究』1996-1）、徐世虹・郑显文訳（『中国古代法律文献研究』1，巴蜀书社，1999）

岸本美绪「明清契约文书」，滋贺秀三编『中国法制史——基本资料の研究』，东京大学出版会，1993

寺田浩明「清代の省例」，滋贺秀三编『中国法制史——基本资料の研究』，东京大学出版会，1993

森田成满「清代の判语」，滋贺秀三编『中国法制史——基本资料の研究』，东京大学出版会，1993

蒲地典子「清季华北の『郷保』の任免——中国第一歴史档案馆藏『顺天府全宗』宝坻県档案史料の绍介を兼ねて」，『近代中国研究彙报』17，1995

喜多三佳「『天台治略』訳注稿（1）~（4）、（5）~（20）」，『鸣门教育大学研究纪要（人文・社会科学篇）』11・12・14・15，1996・1997・1999・2000；『四国大学纪要』18・19・20・21・23・24・25・26・27・29・30・31・32・33・34，2002・2003・2004・2005・2006・2007・2008・2009・2010

臼井佐知子「徽州文书と徽州研究」，『明清时代史の基本问题』，汲古书院，1997

中訳：收入周绍泉、栾成显等译『明清时代史的基本问题』，商务印书馆，2013

臼井佐知子「中国明清时代における文书の管理と保存」，『歴史学研究』703，1997

山本英史「ハーバードイェンチン図书馆所蔵の清代契约文书について」，『东洋学报』79-1，1997

松浦章「中国史における徽学の高扬」，『东方』193，1997

中岛楽章「明末徽州の里甲制関係文书」，『东洋学报』80-2，1998

小田则子「中国第一歴史档案馆所蔵の『顺天府档案』について」，『史林』81-1，1998

评：喜多三佳（『法制史研究』49，2000）

伊藤正彦「『教民榜文』訳注稿（上）」，『熊本大学・文学部论丛〈史学篇〉』82，2004

阿风「明清徽州诉讼文书の分类」，『地域文化研究〈史资料ハブ〉』7，2006

翟屯建「徽州文书の由来、発见、收蔵と整理」，『地域文化研究〈史资料ハブ〉』7，2006

伊藤正彦「『教民榜文』訳注稿（下）」，『熊本大学・文学部论丛』89，2006

小川快之「宋-清代法秩序民事法関係文献目录」，大岛立子编『前近代中国の法と社会——成果と课题』，东洋文库，2009

岸本美绪「明清契约文书研究の动向——1990年代以降を中心に」，大岛立子编『前近代中国の法と社会——成果と课题』，东洋文库，2009

山本英史「清代の公牍とその利用」，大岛立子编『前近代中国の法と社会——成果と课题』，东洋文库，2009

山本英史「清康熙の孤本公牍三种について」，『史学』（庆应义塾大）77-4，2009

佐立治人「呉讷撰・若山拯训読『祥刑要覧』の訳註（1）~（6）」，『関西大学法学论集』59-1、66-2、67-2・3・4、68-1，2009—2018

山本英史「中国地方文献の交际术——地方志、判牍、笔记」，『东アジア书誌学への招待（2）』，2011

山田勅之「『皇明恩纶录』の一部校注——中国国家図书馆所蔵抄本に基づいて」，『アジア・アフリカ言语文化研究』81，2011

木田知生「中国近世の官箴书について——史料学の视点から」，『东洋史苑』80，2013

评：赤城美恵子（『法制史研究』64，2015）

小野达哉「『巴县档案』轮读会检讨语彙集」，『东洋史研究』74-3，2015

中訳：杜金（徐世虹主编『中国古代法律文献研究』12，社会科学文献出版社，2018）

中村正人「『赎罪処底档』に関する基本情报の绍介」，『法史学研究会会报』21，2018

法律文化研究文丛

第一辑

（中国政法大学出版社出版）

清代习惯法：社会与国家	梁治平 著
法律多元：从日本法律文化迈向一般理论	[日]千叶正士 著　强士功 等译
乡土社会的秩序、公正与权威	王铭铭　[英]王斯福 主编
中国法律教育之路	贺卫方 编
欧洲法学史导论	[葡]叶士朋 著　吕平义　苏　健 译
法治、启蒙与现代法的精神	陈弘毅 著
明清公牍秘本	郭成伟　田　涛 点校整理
清代法制导论：从社会学角度加以分析	[英]S.斯普林克尔 著　张守东 译
法治在中国：制度、话语与实践	梁治平 编
儒家伦理与法律文化：社会学观点的探索	林　端 著
法辨：中国法的过去、现在与未来	梁治平 著
寻求自然秩序中的和谐：中国传统法律文化研究	梁治平 著
法制与治理：国家转型中的法律	强世功 著
法理学的世界	陈弘毅 著
法律与宗教	[美]哈罗德·J.伯尔曼 著　梁治平 译
法治及其本土资源	苏　力 著
东西方之间的法律哲学：吴经熊早期法律哲学思想之比较研究	[奥]田默迪 著
论当代中国的普通法教育	何美欢 著
论私力救济	徐　昕 著

法治与文明秩序　於兴中 著

日本法与日本社会　[日]六本佳平 著　刘银良 译

韦伯论中国传统法律：韦伯比较社会学的批判　林　端 著

第二辑

（广西师范大学出版社出版）

满地江湖吾尚在：章太炎与近代中国（1895–1916）　孙德鹏 著

迷信与暴力：历史中的宣誓、决斗、神判与酷刑　[美]亨利·查尔斯·李 著　X.Li 译

明清法律运作中的权力与文化　邱澎生　陈熙远 编

沈家本传（修订本）　李贵连 著

动物社群：一种政治的动物权利理论　[加]苏·唐纳森、威尔·金里卡 著　王　珀 译

第三辑

（法律出版社出版）

明清法律与社会变迁　邱澎生　何志辉 编

眼睛就是一切："法"的语词与源流辨析　金　敏 著

案例、故事与明清时期的司法文化（修订版）　徐忠明 著

思想与实践：宋元明法律文化变迁（即将出版）　蓝德彰 著　姜永琳　吴艳红 编

明清时期的民事审判与民间契约　王亚新　梁治平　赵　晶 编

法学知识的壮游——近代中法法学交流史（即将出版）　朱明哲 著